主编简介

张卫平,男,山东人,1979年考入原西南政法学院法律系,1983年本科毕业。1986年研究生毕业留校执教。1993年从讲师直接破格晋升为教授。同年赴日本留学,先后在东京大学法学部和一桥大学法学部学习。1996年获得博士生导师资格,同年任《现代法学》主编。1999年初调清华大学法学院任教至今。现为清华大学法学院教授、博士生导师,中国民事诉讼法学研究会会长。代表著作:《程序公正实现中的冲突与衡平》(1992)、《破产程序导论》(1993)、《诉讼构架与程式》(2000)、《探究与构想:民事司法改革引论》(2004)、《民事诉讼:关键词展开》(2005)。在《法学研究》、《中国法学》等杂志上公开发表学术论文百余篇。

齐树洁,男,河北武安人,1954年8月生。1972年12月自福建泉州一中应征入伍,1978年4月从新疆军区39487部队退役。1982年7月毕业于北京大学法律系,获法学学士学位。1990年8月毕业于厦门大学民商法专业,获法学硕士学位。2003年11月毕业于西南政法大学诉讼法专业,获法学博士学位。曾在西南政法学院、中国人民大学、香港大学、澳门大学、台湾中山大学、菲律宾Ateneo大学、英国伦敦大学、德国Freiburg大学、法国巴黎第二大学、美国佛罗里达大学研修和访问。现为中国民事诉讼法学研究会副会长,厦门大学法学院教授、博士生导师、司法改革研究中心主任。

Access to Justice

第十五辑

Judicial Reform Review
司法改革论评

张卫平　齐树洁　主编
李文革　执行主编

厦门大学出版社
XIAMEN UNIVERSITY PRESS
国家一级出版社
全国百佳图书出版单位

重估司法裁判的价值

张卫平*

众所周知,人民法院作为审判机关的主要和核心职能就是"审"和"判",而且关键是"判"。但我们注意到,较长时期以来,在人民法院的司法活动中,司法裁判的职能并没有得到充分的发挥。笔者认为,其中一个重要原因是司法裁判的应有价值似乎并未真正得到重视。这也直接导致了人民法院裁判功能的弱化,而裁判功能的弱化就直接影响了司法的权威性,影响了法律的权威性,并最终影响法治的构建与实施。因此,我们有必要重新认识,重估司法裁判的价值,将司法裁判置于人民法院司法活动最中心、最重要的位置,从而真正发挥司法机关在法治社会建设中的重要作用。

人民法院的功能在于通过司法活动解决法律纠纷,包括民事的、行政的、刑事的法律纠纷,但我们应当看到法院的功能不仅仅是解决个案纠纷,还具有司法解释、激活法律、细化法律、指引人们的行为、使法律实在化的功能,从而起到推动法律的发展,并最终推动法治发展的重要作用。人民法院的上述功能需要,而且必须,也只能通过自己的裁判行为才能实现,这就是司法裁判最基本的价值,也是人民法院作为司法裁判机关、审判机关存在的根本依据与本质所在。

解决纠纷是人民法院的职能,但只有通过裁判解决纠纷才能够真正充分发挥其作用。因为,任何法律作为法律适用推理的大前提,为了具有一定的涵盖性,就必须要求其规范高度抽象。要将抽象的法律规范运用于具体的个案中,就需要司法机关根据案件的具体情形适用法律的规定,这种适用就是法官对法律规范的认识和理解,实际上就是司法机关对法律规范具体内容的阐释。可以说

---

* 作者系清华大学法学院教授,博士生导师;中国民事诉讼法学研究会会长。

任何法律条文中的概念都需要阐释。本案中此种情形是否属于法律所规定的故意？此种行为是否属于高度危险作业？此种运输装置是否系高速运输工具，本案是否应当适用无过错责任原则？本案诉讼中的行为是否属于严重违法程序的行为，从而应当撤销原判发回重审？诉讼中法院的此种行为是否构成剥夺当事人辩论权的行为，从而构成再审事由，应当再审？如此等等，都需要在个案裁判中具体解释。从这个意义上讲，司法裁判活动就是解释活动。

司法裁判的价值在于，通过司法裁判的开放式结构能够将司法机关对法律规范的认识和理解，也就是个案的司法解释公开化。不仅告知当事人，法律在本案审理中是如何具体适用的，解决当事人之间的法律争议，更重要的是通过裁判的公开——依据和理由的公开，将法律的具体适用告知全社会，使得人们更加清楚地了解法律对自己行为规范的要求，使人们能够预判自己行为的结果。不断产出的司法裁判结果构成一个发展的，更为细致、丰富的法律知识网络，推动法律观念和知识的日益普及。而其他纠纷解决方式，例如人民调解、诉讼调解、仲裁等在这方面是难以做到的。只有通过司法裁判，通过最专业化、精细化的司法过程，抽象的法律规范才能被精确地细化，才能使法律真正丰满而生动，使得纸面上法律在现实世界中实在化，使法律真正能够发挥规范行为，成为具有体系化的社会秩序。

然而，我们注意到，较长时期以来，裁判的功能有所弱化，地位有所降低，我们期望更多地通过诉讼调解解决纠纷，诉讼调解率、调撤率被不断地强化，效果被不断拔高。裁判机关的职能和重心通过司法政策的导向被有意识地从裁判转向诉讼调解，甚至有的法院提出了"零裁判、零判决"这样的口号。为了满足对诉讼调解率的偏好，人们不惜采用各种攻心的方法促成调解，实际上成为变相的强制调解。我们不是说诉讼调解没有意义，诉讼调解也具有重要的意义，但诉讼调解的结构本身无法满足法律适用公开化的要求，调解不能通过文字将具体个案的法律适用清晰、明确地告知社会，不能够将司法机关对法律的认识和理解告知于社会，也就无法实现对人们行为的指引，使人们对自己的行为结果能够有所预期，也无法实现法律规范的细化，因为，调解本质上是沉默的。司法裁判不同于调解的价值不仅在于解决纠纷，还在于通过适用法律，解释法律、激活法律，司法裁判本质上是张扬的，是对法律内涵的公开宣示。司法实践中，我们过于强调对民事纠纷的调撤，虽然如此作为，有助于减缓纠纷裁判对司法机关所造成的压力，但却因为过分强调纠纷的调撤，而不能发挥法律的规范作用。因为基本原理是没有诉讼，就没有司法裁判，也就没有法律的实际存在。没有司法裁判或司法裁判没有得到足够的重视，也就不可能有司法权威。司法权威一定是，也只能是在司法裁判活动中才能体现，没有裁判何来权威？没有裁判的司法等于被阉割的司法。没有权威的司法也就必然会大幅度地增加司法的成本、法律实现的成本,司法的作用也就大大降低,法律也将衰微。徒有完善的法律体系也只是一张画饼而已。

裁判价值被低估,裁判功能被弱化的一个原因,在于我们在认识上、理念上存有误识,导致司法导向失误。这种误识在于我们在强化调解时有意无意地将和谐社会的建构与诉讼调解画等号,其结果是自然地将司法裁判视为和谐社会建构的对立面和消极因素,司法裁判似乎成为只有不得已才能为之的行为。如此认识,司法裁判必然被边缘化,被矮化,自然也就导致了裁判的弱化。在审判机关,人们的关注点和中心似乎在于如何达成调解,研究如何调解。实现高调解率成为司法机关的政治任务,成为一项最重要的考核指标。如何提高裁判质量被置于司法机关的边缘活动。民事审判存在"泛调解化"的趋势。实际上,调解和裁判均是和谐社会建构所必需的,从宏观意义上讲,由于裁判具有解释法律、细化法律、激活法律、使法律实在化的功能,因此,对于和谐社会的建构具有更大的意义,而不是相反。因为和谐社会的形成和维系关键在于社会秩序的完善和遵从。法律规范是社会秩序的核心和最重要的组成部分,司法裁判能够保证法律规范作用的活性化,从而有助于和谐社会的建构和维系。司法机关通过自己的司法裁判实现法律对国家和社会的管理和控制,这也是法治的基本要义。从法治国家的经验来看,通过实在的法律稳定社会,通过司法裁判稳定社会,不仅比压力型的维稳更有效,更有可持续性,其成本更低。对此,我们应该有所认识。

司法裁判的意义被低估,还在于我们常常将形式主义、法律适用的刚性化、教条化与司法裁判等同起来。基于我们惯常的意识和理念,司法裁判就被打上了消极的印记。我们应当意识到,通过预定的程序,适用预定的法律规范解决纠纷,保证人们的行为能够遵从法律是法治社会的必然要求。法治从某种意义上必须是形式化的,程式化的,可以说没有形式化的法律程序就没有法治。法律的适用也并非就是教条的,刚性化的,只要科学地适用法律,法律的精神就能够得到很好的体现。法律制定有时也可能滞后于社会发展,也有不能真正体现和反映社会正义的,法律也不是万能的,但我们不可能因此抛弃法律,不可能不适用法律。法律的发展正是通过司法活动发现法律中的问题,通过立法机关修正法律,促进法律的发展。从这个意义上讲,只有通过司法裁判才能将法律缺陷和不足揭示出来,并通过法律适用的技术科学消弭缺陷和不足。这也是司法能动性的一种体现。

司法裁判的价值被低估,导致司法裁判的功能弱化,不仅不能使法律实在化,影响法律的权威,也直接影响了法学研究和法学教育的发展,导致法学研究和法学教育愈加脱离司法现实和法律实践。法学研究和法学教育必须通过司法裁判这座桥梁才能与法律的实践活动相联系。只有司法裁判活动才能最充分、最直接地将法律实践中的问题和矛盾揭示出来。法学理论界和法学教育界可以通过各种裁判文本全面、准确地了解法律的实践活动。离开了司法裁判,所有的法学工作者都是一群盲人。学术研究成为无源之水,无本之木。正是因为司法裁判的弱化,我国的法学研究和法学教育难以提升,只在假想的法律问题中完成学术产出指标,学术研究难以实现本土化。在法学教育方面,司法裁判就是最生动的教材,最好的老师。此外,司法工作者需要从法学理论和学术研究中获得解释资源,离开了学术研究和理论,司法也会丧失力量和自信,也无法获得裁判的正当性。同时,因为法学研究和法学教育不能作用于司法裁判,又在另一个层面制约了法治建设。

在重估司法裁判的价值之后,为了体现司法应有的价值,需要我们对当下司法政策、司法导向进行适度的调整,将法院的审判工作转移到以司法裁判为中心、重心上来。以提高司法裁判的质量和效率为其工作的主要目标,坚持按照现行民事诉讼法的规定,正确地把握司法裁判与诉讼调解之间的关系。充分发挥司法裁判解决纠纷的作用,不躲避、不回避对法律纠纷的司法裁判。正确处理法律效果、社会效果和政治效果三者的关系。只有正确地适用法律才能真正实现社会效果和政治效果的最大化,因为法律是社会和政治稳定的基础。提高法官对纠纷事实认定的技术水平,提升法官适用法律的理论水平,鼓励法官研究法律和学习法律理论,将主要精力用于司法裁判水平的提高,尽量减少司法裁判以外的社会活动,回归法院应有的职能定位。地方法院的院长和庭长应坚守司法裁判第一线,将宝贵的司法经验传授给法官们,为法官树立坚持司法裁判的榜样。有理由相信,坚持充分发挥司法裁判的功能,坚持开放的司法,司法公正度将迅速提高,司法权威和司法公信力将一定能够得以重树。

2012 年 8 月写于清华大学忧斋书院

JUDICIAL REFORM REVIEW

目录

⋘ 卷首语
重估司法裁判的价值 　　　　　　　　　　　　　　　　　　张卫平(1)

⋘ 新民事诉讼法修改专题
第三人撤销之诉 　　　　　　　　　　　　　　　　　　　　张卫平(1)
完善回避制度,阻断"人情案"、"关系案" 　　　　　　　　　胡学军(14)
最新修订民事诉讼管辖制度研究 　　　　　　　　　　　　　王次宝(28)
送达制度:实践逼出的改革 　　　　　　　　　　　　　　　刘哲玮(44)
对我国民事立案受理制度修改的思考与完善 　　　　　　　　黄新华(55)
裁判文书公开 　　　　　　　　　　　　　　　　　　　　　冯　珂(71)
司法确认与实现担保物权程序 　　　　　　　　　　　　　　袁中华(90)
转型中的再审程序 　　　　　　　　　　　　　　　　　　　刘君博(105)
民事诉讼法修改与民事执行立法 　　　　　　　　　　李文革　罗　林(120)

⋘ 诉讼法理
论民事抗辩和抗辩权的概念 　　　　　　　　　　　　　　　刘金瑞(132)
国际衍生品场外交易中专属管辖权条款的阐释与适用 　　　　刘　卉(146)
民事诉讼案外人权利救济的路径分析 　　　　　　　　　　　黄　成(161)
民事裁判理论的改进与要件事实论 　　　　　　　　　　　小林正弘(173)

⋘ 纠纷解决
《人民调解法》的不足与统一"调解法"的必要 　　　　　　　吴　俊(183)
医疗纠纷人民调解制度问题研究 　　　　　　　　　　　　　徐喜荣(199)
我国金融消费纠纷替代性解决机制建构初探 　　　　　　　　凤建军(209)
我国乡村社会结构变迁与民事纠纷解决路径选择 　　　周洪江　孟祥滨(221)
厦门法院创建"无讼社区"活动综述 　　　　　　　　　　　　刘友国(231)

《《《 司法制度

基层法院审判委员会专职委员工作现状描述
　　和机制完善构想　　　　　　　　　　　　郭　瑞　薛海明(242)
论司法公信力的价值、现状及提升　　　　　　　　　崔四星(254)
法官个体化差异与裁判统一的冲突与协调　　　　　　施　忆(267)
劳动教养制度的性质及其正当性反思　　　　　　　　邓毅丞(277)
论公诉权与法律监督之关系　　　　　　　　　　　　李　勇(291)
社会底层抗争政治与司法行政应对策略　　　　　　　朱玉清(304)

《《《 刑事司法

刑事证明与"幽灵抗辩"　　　　　　　　　　　　　王一超(312)
卷宗移送方式法律变革对公诉工作的主要挑战
　　与应变对策　　　　　　　　　　　　　李雪山　陈龙环(326)
论强制证人出庭制度的实施　　　　　　　　唐开清　李　婷(336)
诈骗罪中"非法占有目的"的推定规则　　　　　　　李　明(347)
论刑事诉讼中未成年证人证言　　　　　　　　　　　杨金强(358)
论非法证据排除规则的制度成本　　　　　　　　　　韩彦霞(369)

《《《 域外司法

消费者权益保护与民事诉讼架构　　　　　　　　　　任　重(379)
大法官为何能说了算:司法权威的真正由来　　　　　王　聪(397)

第三人撤销之诉

张卫平[*]

一、第三人撤销之诉的概念、性质、目的

（一）第三人撤销之诉的概念

2012年修改后的《民事诉讼法》第56条第3款规定："前两款规定的第三人（即有独立请求权和无独立请求权第三人），因不能归责于本人的事由未参加诉讼，但有证据证明发生法律效力的判决、裁定、调解书的部分或者全部内容错误，损害其民事权益的，可以自知道或者应当知道其民事权益受到损害之日起六个月内，向作出该判决、裁定、调解书的人民法院提起诉讼。人民法院经审理，诉讼请求成立的，应当改变或者撤销原判决、裁定、调解书；诉讼请求不成立的，驳回诉讼请求。"该款规定意味着，在我国民事诉讼法中设立一种全新的诉讼程序和制度——第三人撤销之诉。概括地讲，所谓第三人撤销之诉，是指案外第三人申请撤销他人之间已经生效的、错误的判决、裁定和调解书，以维护自己民事权益的制度。这一制度的设立是本次民事诉讼法修改中的一大动作。

（二）第三人撤销之诉的性质

人们通常根据诉即请求的性质和内容，可以将诉分为确认之诉、给付之诉和形成之诉。确认之诉，是指原告请求法院确认其主张的法律关系存在或不存在。给付之诉，是指原告向被告主张给付请求权，并要求法院对此作出给付判决的请求。这里所谓的给付，并不仅仅指被告对原告金钱或实物的交付，还包括被告履行原告所要求的行为（作为或不作为）。例如，要求被告履行合同所确定的义务。形成之诉是指原告要求法院变动或消灭一定法律状态（权利义务关系）的请求。形成之诉是大陆法系民事诉讼理论中通用的概念，也称为"权利变更之诉"。我国以往的教科书通常称为"变更之诉"。第三人撤销之诉在诉的性质上可以归类

---

[*] 作者系清华大学法学院教授、博士生导师；中国民事诉讼法学研究会会长。

于形成之诉,虽然这种诉的内容是要求撤销他人之间的判决、裁定和调解书,但本质是要求改变判决、裁定和调解书已经确定的法律关系。这一特征基本符合形成之诉的特征。当然,第三人撤销之诉也有不同于一般形成之诉的地方。一般形成之诉依据的是民法上的实体请求权,针对的是义务人,而第三人撤销之诉不是直接依据实体上的请求权,而是诉讼法上的请求权,针对的是法院。这一诉讼法上请求权也是第三人撤销之诉的诉讼标的。在这一点上与再审之诉的诉讼标的类似。

(三)第三人撤销之诉的程序性质

第三人撤销之诉的程序性质,是指作为一种诉讼程序,是一种特殊救济程序,还是一般或通常救济程序。由于第三人撤销之诉针对的已经发生法律效力的判决、裁定和调解书,因此,考虑到已决裁判的安定性问题,总体上第三人撤销之诉在程序性质上应当与再审程序一样同属于特殊或非常救济程序。当然,第三人撤销之诉也有不同于再审程序之处。毕竟第三人撤销之诉的第三人是原诉讼的案外第三人,不像原诉讼的当事人那样在原诉讼中已经行使过一定的诉讼权利。因此,在注重裁判的稳定性方面,没有必要达到再审程序的程度。也就是说,在司法政策上第三人撤销之诉的门槛应当比再审程序要低一些。不过,第三人撤销之诉又不是通常的上诉救济程序,对于第三人撤销之诉审理程序的启动有着严格要求,否则,会因为撤销之诉的滥用,影响已决法律关系的安定性。

(四)第三人撤销之诉的目的

立法者增设第三人撤销之诉的目的在于通过撤销他人之间错误判决、裁定、调解书以维护案外第三人的民事权益。第三人撤销判决制度之所以必要,是因为在作出原判决、裁定、调解书诉讼中,该案外第三人没有参加诉讼,使得其程序权利没有得到保障,因而应当给予事后保障。如果案外第三人参加了他人之间的诉讼,则该第三人可以通过行使相应的诉讼权利维护自己的民事权益。在我国,第三人参加诉讼的制度有两种——有独立请求权第三人,无独立请求权第三人。这两种制度都是保障第三人正当权益的制度,相对于第三人撤销之诉而言是一种事前程序保障。立法者认为,如果案外第三人由于不能归责于本人的事由没有参加他人之间的诉讼,便不能维护其权利,可能因他人之间的错误判决、裁定、调解书而损害自己的民事权益。增设这一制度主要是为了回应有效应对日益泛滥的虚假诉讼的社会诉求。在我国,人们对现实中较普遍存在的借助司法程序侵害他人合法权益的现象深恶痛绝。例如,虚假诉讼①、恶意诉讼②、冒名诉讼③人们对此深恶痛。在法律应对方面,除了通过完善证据制度,对其违法行为给予制裁外,④有不少人也希望在民事诉讼法中增订第三人撤销判决制度在程序救济方面维护第三人的合法权益。一些学者的民事诉讼法修改建议稿中,在说明第三人撤销判决制度必要性时就指出是为了防止双方当事人恶意串通损害第三人权利。⑤

二、域外第三人撤销之诉

此次民事诉讼法所增设的第三人撤销之诉主要借鉴了法国和台湾地区的第三人撤销之诉⑥。因此,了解域外的第三人撤销之诉的制度构成,对于我们理解我国民事诉讼法中的第三人撤销之诉有重要意义。

(一)法国第三人撤销之诉制度

法国第三人撤销判决制度构成,主要包括以下几个方面:

1. 第三人撤销判决制度的作用

该制度的作用是,案外第三人在他人之间的判决所发生的效果损害了自己的利益时,可通过提起第三人撤销判决诉讼,撤销或变更他人之间的判决。第三人所提起的撤销判决的诉讼,既可以针对原判决中的事实问题,也可以针对法律问题。(法国《民事诉讼法》第582条)

2. 第三人撤销判决诉讼的当事人

(1)第三人撤销判决诉讼的原告。根据法国《民事诉讼法》第583的规定,提起第三人撤销判决的原告,首先,应当是与要求撤销的判决存在利益的人。在理

---

① 所谓虚假诉讼是指,形式上的诉讼双方当事人共谋通过虚构实际并不存在的实体纠纷(包括双方之间根本不存在实体法律关系以及虽存在实体法律关系,但并不存在争议两种情形),意图借助法院对该诉讼的判决达到损害诉讼外第三人权益的诉讼。

② 恶意诉讼是指,一方当事人通过捏造事实或理由,滥用诉权提起民事诉讼,以达到损害对方当事人的利益。

③ 冒名诉讼则是指,起诉人并非民事纠纷的当事人,但以纠纷一方当事人的名义向对方当事人提起诉讼,以便从中获取利益。

④ 2012年修改后的民事诉讼法第112条规定:当事人之间恶意串通,企图通过诉讼、调解等方式侵害他人合法权益的,人民法院应当驳回其请求,并根据情节轻重予以罚款、拘留;构成犯罪的,依法追究刑事责任。

⑤ 张卫平主编:《〈中华人民共和国民事诉讼法〉修改建议稿及释义》,载《民事程序法研究》(第7辑),厦门大学出版社2011年版,第390页。

⑥ 因为法国和台湾地区的第三人申请撤销的对象仅限于判决,因此,学者们也将域外的这一制度称为"第三人撤销判决制度"。考虑到我国的情形,申请撤销的对象不仅包括判决,还包括裁定、调解书,因此,将这类制度统称为"第三人撤销之诉"。

论上,这里的利益是指由于违法判决对第三人损害的利益。这种利益不仅是指物质或财产利益,也可以是精神利益;①其次,是未在原判决诉讼程序中作为当事人或被代理人参与该诉讼的人。该条第 1 项又具体规定为,一方当事人的债权人及权利继受人在原判决违法侵害权利或其主张独自(个人)法律理由时,可以提起撤销之诉。该条第 2 项规定,对于非讼案件,未受送达的第三人可以对非讼案件的判决提起撤销判决的诉讼。

(2)第三人撤销判决诉讼的被告。该诉讼的被告应当是原判决诉讼的原告和被告,包括共同原告和共同被告。

3. 第三人撤销判决诉讼的客体范围

按照法国《民事诉讼法》第 585 条的规定,除法律有规定之外,对所有的判决都可以提起第三人撤销判决诉讼。第三人撤销判决诉讼的对象既可以是已经确定的判决,也可以是未确定的终局判决。但对于法国最高司法法院的判决、有关身份关系的形成判决(如离婚判决)、关于诉权的判决等不能提起第三人撤销判决诉讼。②

4. 第三人撤销判决诉讼提起的时限

根据法国《民事诉讼法》,第三人撤销判决诉讼除法律另有规定外,可以在原判决宣告后 30 年内提起。

5. 第三人撤销判决诉讼的管辖

第三人撤销判决诉讼由作出原判决的法院管辖。如果该诉讼是在某一诉讼中附带提起的,而审理该诉讼的法院在级别上高于作出原判决的法院或同级法院时,可以由审理该诉讼的法院管辖(但有专属管辖规定的除外)。(第 587 条、第 588 条)

6. 第三人撤销判决诉讼的程序

第三人撤销判决诉讼有两种启动的方式,一是以起诉的方式,单独提起第三人撤销判决的诉讼;二是在已经系属的诉讼中附带提起。在系属的诉讼程序中附带提起的第三人撤销判决诉讼,已经系属的诉讼不会因此而中止。

无论是单独起诉,还是在诉讼中提起第三人撤销判决诉讼,受理撤销诉讼的法官可以决定停止执行原判决。

---

① [法]让·文森、塞尔西·金沙尔:《法国民事诉讼法要义》(第 25 版),罗结珍译,中国法制出版社 2001 年版,第 1286 页。该书第 28 版,2006 年出版,在论及第三人撤销判决诉讼的主体条件时,增加了"资格"(qualité)这一条件,见该书第 160 页。法国蒙彼利埃第一大学周建华博士为笔者有关法国第三人撤销判决制度的介绍提供了相关咨信,在此表示感谢。

② [法]让·文森、塞尔西·金沙尔:《法国民事诉讼法要义》(第 25 版),罗结珍译,中国法制出版社 2001 年版,第 1286 页。

7. 第三人撤销判决诉讼的裁判

经法院审理,认为第三人请求理由成立,原判决确实损害该第三人的,法院可以作出撤销原判决或变更原判决的判决。但这种撤销或变更仅仅是消除原判决针对第三人的那部分内容,关于原当事人之间法律关系的裁决仍然是有效的。①

对法院就第三人撤销判决诉讼所作出的判决,该诉讼的当事人可以提起上诉予以救济。②

(二)台湾地区第三人撤销判决制度

在 2003 年台湾地区修订的"民事诉讼法"中,关于第三人撤销判决制度共设置了 5 个条文对该制度的基本框架和适用作出了规定,根据台湾地区"民事诉讼法"第 507 条之一的规定,有法律上利害关系之第三人,非因可归责于己之事由而未参加诉讼,致不能提出足以影响判决结果之攻击或防御方法者,得以两造为共同被告对于确定终局判决提起撤销之诉,请求撤销对其不利部分之判决。该条规定是关于台湾地区第三人撤销判决制度的基本规定,涉及第三人撤销判决诉讼的原告、被告,撤销判决诉讼的对象以及撤销诉讼的判决等主要内容。

1. 第三人撤销判决诉讼的原告

提起第三人撤销判决诉讼的原告须具备两个条件:其一,是与他人之间的诉讼判决有法律上利害关系的第三人。其二,不是因为第三人的过错而没有参加他人之间的诉讼,导致其不能提出足以影响该判决的攻击或防御方法。如果满足了这两个条件,即为适格的第三人撤销判决诉讼的原告。关于何谓"法律上之利害关系的第三人",法条上并未具体予以指明,但从"立法理由"的说明来看,台湾学者一般认为,应当是指受判决效力拘束的第三人。"立法理由"说明,因为存

---

① 法国第三人撤销判决诉讼的判决示例。某案债权人 X 系 Y 夫妻共同财产的债权人,如果丈夫取得了撤销财产共同关系的判决,则这一判决将导致债权人无法向其丈夫主张权利,造成了对债权人 X 的不利,因此,债权人 X 向法院提起了第三人撤销判决的诉讼。法院经审理,作出判决如下:(1)准许该诉讼;(2)判决依据民事诉讼法第 591 条的规定,对第三人不利之点加以变更;(3)判决 Y 夫妻之间的财产分割不得对抗债权人 X,其财产共同关系对债权人 X 依然存在;(4)关于争议财产分割的判决对 Y 夫妻依然有效。引自姜世明:《概介法国第三人撤销诉讼》,载《台湾本土法学杂志》2005 年第 76 期。

② 关于法国第三人撤销判决制度,笔者还参考了,[法]罗杰·佩罗:《民事裁判法讲义》第三章"特别不服申请"第一节,第三人撤销判决之诉,载日本《近大法学》1994 年第 36 卷第 1 号,若林安雄译,第 153~161 页。[法]洛伊克·卡迪耶:《法国民事司法法》,"第三人异议"(第三人撤销判决之诉)杨艺林译,中国政法大学出版社 2010 年版,第 575~580 页。[日]德田和幸:《法国民事诉讼法的基础理论》,第 9 章,"第三人撤销判决之诉",信山社 1994 年版,第 196~233 页。

在判决效力扩张情形,因此,如果受此判决效力扩张影响的第三人在没有可归责于自己的原因而没有参加该诉讼的情形下强令其受不利判决的拘束,无疑剥夺了该第三人的诉讼权、财产权,因此,在保护该第三人权益的必要范围内可以请求撤销原确定判决。

虽然可以将第三人撤销判决诉讼的原告理解为受原判决效力扩张影响的第三人,但法律上的规定依然是抽象的。所谓判决效力及于第三人,在法律上有明确规定的是台湾"民事诉讼法"第401条关于既判力主观范围的规定、第582条有关身份关系判决的对世效力的规定以及"民法"第275条关于连带债务的判决效力扩张的规定。① 则按照台湾民事诉讼判决效力扩张的理论,有学者认为在涉及人事(身份关系)诉讼中如婚姻无效之诉、撤销婚姻之诉、确认婚姻成立或不成立之诉、否认子女之诉、认领子女之诉、认领无效之诉、撤销认领之诉等以及关于法人关系或公司关系的诉讼中法人社员以及公司股东有参与诉讼程序保障利益,因此判决的既判力应扩张及法人社员及股东,如撤销法人总会决议之诉、宣告财团董事行为无效之诉、撤销公司股东会决议之诉、宣告股东会决议无效之诉、解任公司董事之诉。② 由于判决效力扩张的情形,学者存有争议,因此关于第三人撤销判决诉讼的原告适格问题在学术上也是一个尚无定论的问题。③

台湾"新民事诉讼法"实施后,台湾地区的一些法院也按照该民事诉讼法的规定审理和判决了第三人撤销判决的诉讼,但关于何谓法律上的利害关系人,实务界也认识迥异。在台湾台中高分院一起第三人撤销判决诉讼中,法院认定第三人系原判决当事人房产纠纷中标的物的买受人,享有向原当事人之一请求所有权转移登记的债权,因此是第三人撤销诉讼的利害关系人。但在台北地方法院审理的另一起第三人撤销诉讼的案件中,同样是系争标的物的所有人,法院却认为该第三人不受前诉原判决效力的拘束,因而不是撤销诉讼的适格原告。④

2. 第三人撤销诉讼判决的被告

第三人撤销判决诉讼的被告为原判决案件的原被告双方。

3. 管辖法院

在台湾,第三人撤销判决诉讼的管辖法院专属于作出原判决的法院。对审级不同的法院作出的判决合并提起的第三人撤销判决诉讼或仅对上级法院所作

---

① 吕太郎:《第三人撤销之诉——所谓有法律上利害关系之第三人》,载《月旦法学杂志》2003年第99号。
② 陈荣宗:《第三人撤销诉讼之原告当事人适格》,载《月旦法学杂志》2004年第115号。
③ 吕太郎:《第三人撤销之诉——所谓有法律上利害关系之第三人》,载《月旦法学杂志》2003年第99号。
④ 黄国昌:《第三人撤销诉讼之原告适格——评最近出现之二个裁判实例》,载《月旦法学杂志》2006年第139号。

出的判决提起第三人撤销判决诉讼的,专属于第二审法院管辖。

4. 提起第三人撤销判决诉讼的期间

第三人撤销判决诉讼提起的期间为原判决确定时起 30 日内,如果原判决在送达前确定的,以送达时起算。如果申请第三人撤销判决的理由在此期间后发生或才知晓的,从知晓时起算至判决确定后五年内可提起。①

5. 不停止原判决的效力

在理论上,第三人撤销判决诉讼属于特殊救济程序,因此,第三人撤销判决的诉讼提起后,并不停止原判决效力的执行。只有在法院认为有必要或当事人申请请求停止并提供相应的担保之后,才能裁决停止原判决的执行。对于法院作出的停止或驳回请求停止原判决的裁决,诉讼当事人可向法院提出抗告。

6. 第三人撤销判决诉讼判决的效力

按照台湾"民事诉讼法"第 507 条之四的规定,法院认为第三人撤销之诉有理由时,应当撤销原确定判决中对第三人不利部分,并依第三人的声明,必要时在撤销的范围内作出变更原确定判决的判决。与法国第三人撤销判决制度相同,也不是在理由成立的情形下就全面否定原判决,仅仅是撤销或变更对第三人不利的部分,原当事人之间法律关系的判决部分依然有效。因此,第三人撤销判决诉讼的判决仅具有相对效力。有学者主张,如果原当事人与第三人在诉讼标的上必须合一确定的,原当事人之间的原判决效力也应当失效,即在此情形下将彻底否定原判决。②

(三)两地第三人撤销判决制度的主要差异

虽然台湾地区民事诉讼第三人撤销判决制度来源于法国民事诉讼,但两者之间存在某些差异,主要有以下两点:

其一,在第三人撤销判决的客体方面,法国的第三人撤销判决诉讼,不限于原判决是否已经确定,只要是终局判决,即可以提起。虽然在法国,第三人撤销判决诉讼也被作为特殊救济程序。台湾地区第三人撤销判决诉讼,则要求只能对已经确定的判决提起。两者差异的原因主要是,法国判决效力制度与台湾地区判决效力制度不同。法国与台湾地区虽都规定了既判力制度,也承认判决效力的相对性,但是与台湾地区不同的是,法国判决的既判力并没有在民事诉讼法中规定,而是规定在法国民法典之中。在性质上将既判力及相关理论归属于实体法层面的问题。因此,在法国常常将判决的效力等同于契约的效力。这就与属于德、日判决效力体系的台湾地区判决效力有了很大的不同,德、日判决效力及相关理论归属于诉讼法层面。这种差异表现在,在法国,所有终局判决一经宣

---

① 陈荣宗、林庆苗:《民事诉讼法》,台湾三民书局 2005 年版,第 808 页。
② 陈荣宗、林庆苗:《民事诉讼法》,台湾三民书局 2005 年版,第 809 页。

告,即具有既判力,相当于德、日判决理论中的羁束力①。如果不服判决的当事人用尽所有通常救济手段之后,未能推翻该判决的,该判决发生"不可争效力"(irrévocale)。法国未确定的判决即具有既判力效果,是因为在法国民法制定之前,理论上已经认可了未确定判决即具有拟制真实或绝对效力的观点,并为民法所接受。也就是说,在法国法上所有终局判决均有被推定为真实的效力。而在台湾地区,依据判决既判力制度和理论,未确定的判决基本上不发生对当事人的效力。②

其二,尽管法国和台湾地区的第三人撤销判决制度都是以废弃或变更原判决的方式来寻求对第三人权益的保障。但与法国制度不同的是,台湾地区的制度更强调对第三人程序权利的保障,而法国侧重于对第三人实体权利的保障。在台湾地区第三人撤销判决诉讼作为一种与事前保障程序配套的事后保障程序。按照台湾地区民事诉讼法学近些年盛行的程序保障论的理念,原则上应赋予纠纷当事人有事前参与该审判程序以影响裁判形成的机会,即保障当事人充分攻防、陈述意见、辩论的机会,以防止发生突袭性裁判。③ 为了保障当事人程序参与权,法院应当通知可能受判决拘束的第三人参与诉讼,为此,台湾地区在修改民事诉讼法时,增加了所谓"职权通知制度"(台湾地区新"民事诉讼法"第67条之二、254条第4项)。在第三人非因归责于己的原因没有参与诉讼,不能实施诉讼行为影响原判决的情形,就需要设置事后保障程序,实现第三人程序权利的保障,这种事后保障程序就是第三人撤销判决诉讼。④

三、我国第三人撤销之诉的制度构成

我国的第三人撤销之诉借鉴于法国和我国台湾地区的第三人撤销判决诉讼制度,也有其自身的特点。这些特点是由我国民事诉讼法中的各种相关制度本身的特点所决定的。仅仅有《民事诉讼法》第56条第3款的规定,并不能独立构成一个完整的第三人撤销之诉,需要与民事诉讼法的其他制度(如第三人制度、判决制度、法院调解制度等)的相关规定连接共同构成。

---

① 德、日判决效力理论中,所谓判决的羁束力,是指判决一经宣告或送达,便发生对法院的约束力,除非通过救济程序,如上诉或再审法院不能改变。与判决的既判力不同,羁束力发生无须以判决确定为前提。

② 吕太郎:《第三人撤销之诉——所谓有法律上利害关系之第三人》,载《月旦法学杂志》2003年第99号。

③ 邱联恭:《程序保障论之新开展——程序选择权论》,《月旦法学杂志》1996年第19期。

④ 许士宦:《第三人诉讼参与与判决效主观范围——以民事诉讼上第三人之程序保障为中心(上)》,载《月旦法学杂志》2010年第178期。

(一)第三人撤销之诉的主体

我国第三人撤销之诉的主体包括原告和被告。

1. 第三人撤销之诉的原告

根据《民事诉讼法》的规定,第三人撤销之诉的原告须是相当于诉讼中有独立请求权第三人和无独立请求权第三人地位的案外第三人。

所谓有独立请求权第三人是指,对他人之间争议的诉讼标的主张独立的请求权,而参加到他人之间诉讼的人。有独立请求权第三人通常是因为自己在实体法上享有实体请求权。参加他人的诉讼,是因为他人所主张的请求与自己所享有的请求权发生冲突,主张他人并不享有实体上的请求权。

所谓无独立请求权第三人是指,虽然对他人之间争议的诉讼标的没有独立的请求权,但他们之间的诉讼结果与自己有法律上利害关系,而申请或通知其参加诉讼的人。无独立请求权第三人在我国民事诉讼法中又可以分为两类:辅助型第三人和被告型第三人。辅助型第三人始终是站在本诉当事人一方,否则不是辅助人,通常是主动参加诉讼。① 被告型第三人则是独立地面对本诉的原告和被告,并且有可能承担民事责任,通常情况下是法院基于被告的要求而将其纳入本诉之中,即所谓通知参加诉讼。个别情况下,被告型第三人会主动参加诉讼,对本诉当事人主要是本诉被告的指控进行抗辩。因此,该第三人的地位实际上处于被告的地位。

按照立法者的意图,当他人之间已经生效的判决、裁定、调解书因为错误而损害案外第三人利益的,该第三人可以申请撤销该判决、裁定和调解书。这种救济因为是在判决、裁定、调解书生效之后,因而是一种事后救济程序和手段。有独立请求权第三人,在作为撤销之诉的第三人时,因为非归责于自己的原因而没有参加他人之间的诉讼,因而无法在他人的诉讼中主张自己的请求权,以维护自己的民事权益。如果有独立请求权第三人能够在他人的诉讼中提出自己独立的请求权,则他人诉讼的原告和被告将成为第三人诉讼的被告,如果第三人的独立请求权成立,那么原诉讼原告的请求便不能成立,这样有独立请求权第三人的合法权益就得以维护。由于有独立请求权第三人享有实体上请求权,因此,从民事诉讼法理而言,该第三人还可以在他人判决、裁定、调解书生效之后,向他人主张权利。因为,他人之间的判决、裁定和调解书对该第三人没有约束力。这样一来,就意味着有独立请求权第三人又多了一条事后救济途径。

---

① 辅助型无独立请求权第三人相当于大陆法系国家或地区的从参加人。由于我国的无独立请求权第三人实际上还包含了被告型第三人,因此,不能简单地将无独立请求权第三人等同于大陆法系的从参加人。张卫平:《民事诉讼:关键词展开》,中国人民大学出版社2004年版,第157页。

在无独立请求权第三人的场合,因为无独立请求权第三人有两种类型——辅助型和被告型第三人,所以我们的分析也应当注意根据无独立请求权第三人的不同类型。由于只有被告型的第三人才有可能承担民事责任,因此,如果这种责任的承担是错误的,那么也就可能造成该第三人民事权益的损害。如此,在无独立请求权第三人的场合,只有被告型第三人才能作为撤销之诉的原告,是撤销之诉适格的原告。在无独立请求权第三人的场合,如果该第三人因为法院的通知参加了诉讼,则可以在一审和二审行使诉讼权利维护自己的合法权益。如果第一审没有参加,法院的判决使其承担民事责任的,从理论上该第三人可以提起上诉,[①]要求撤销原判发回重审或要求改判,也能实现权利救济。但当判决已经生效时,无独立请求权的第三人才可以通过赋予第三人撤销之诉寻求救济。另外,如果承认该第三人实际是被告的地位,则该第三人可以通过申请再审寻求救济。再审事由为违法缺席判决。

2. 第三人撤销之诉的被告

第三人撤销之诉的被告是原判决、裁定、调解书中的原告和被告当事人。如果原诉讼有第三人的,则要具体分析,该第三人是否应当作为被告。从理论上讲,该第三人是有独立请求权第三人的,因为该第三人主张了实体权利,无论第三人是否败诉,都涉及他的实体权利,因此,该第三人应当作为被告,从而可以在第三人撤销之诉中一并解决实体权利是否成立的问题。对于无独立请求权第三人的场合应当将该第三人作为被告,因为无独立请求权的第三人在原诉中的地位实际就是被告,因此在第三人撤销之诉中,也依然应当作为被告。

(二)第三人撤销之诉的客体

所谓第三人撤销之诉的客体,是指第三人撤销之诉中第三人请求法院撤销的对象。我国的第三人撤销之诉与法国和我国台湾的撤销之诉有所不同,不仅包括判决、也包括裁定和调解书。

1. 生效判决

判决是对民事诉讼实体争议的裁判,他人之间的错误判决当然有可能损害案外第三人的民事权益,也就可以作为撤销之诉的客体。

2. 生效调解书

调解书与判决书相同,也涉及争议民事权益问题,因为调解书也与判决具有同等法律效力,有执行力,因此错误的调解书也可能损害第三人的民事权益,也应当作为撤销之诉的客体。

---

① 因为承担民事责任的第三人仍然是当事人,即使在第一审没有参加诉讼,该第三人也有权提起上诉,寻求上诉救济。

3. 裁定

对于裁定的情形，就相对复杂一些，因为民事诉讼中的裁定有很多，不可能所有的裁定都能够成为第三人撤销之诉的对象。这就涉及哪些裁定可能成为撤销之诉的客体问题。

一种思路是比照再审的对象。我们可以假设，立法者考虑将裁定纳入第三人撤销之诉的客体，是因为民事诉讼法已在再审程序的规定中将裁定与判决、调解书等同也纳入了再审的对象，所以，为了在法律救济对象上保持一致，第三人撤销之诉中将裁定也纳入其客体的范围。

不过，这种比照的思路可能忽视了一点，即再审救济考虑的情形显然不同于第三人撤销之诉的救济。再审所要考虑的救济对象不仅考虑实体权利，也要考虑程序权利。而从我国《民事诉讼法》的规定来看，第三人撤销之诉考虑的仅仅是对于当事人的实体权利——民事权益的救济，而未考虑程序权利的救济。如果考虑程序权利的救济，则再审程序就自然会将不予受理、驳回起诉、驳回管辖异议、不予执行等裁定都作为再审的对象。但如果第三人撤销之诉考虑的只是实体权利的救济，则第三人撤销之诉的对象就只能是那些涉及民事实体权利的裁定。从裁定的直接法律效果和内容来看，法院的裁定通常是不涉及民事实体权利的，因此，也不会直接涉及他人的民事权益。从现行裁定来看，只有少数裁定涉及民事实体权利。主要有：(1)关于财产保全的裁定；(2)行为保全的裁定；(3)关于先予执行的裁定；(4)关于不予执行的裁定。笔者判断的原则是，只有那些直接涉及案外第三人民事权益的裁定才能成为撤销之诉的对象。因此，上述裁定大体上可以作为撤销之诉的对象。

(三) 第三人撤销之诉提起的程序

1. 第三人撤销之诉提起的期限和管辖法院

根据《民事诉讼法》56条第3款的规定，案外第三人可以自知道或者应当知道其民事权益受到损害之日起六个月内，向作出该判决、裁定、调解书的人民法院提起诉讼。法律的规定并没有规定知道或应当知道的最长时限，不论经过多长时间，只要是在知道或应当知道的六个月以内，都可以行使起诉权。关于行使诉权的期限的规定与民事诉讼法关于再审申请的期间的规定保持了一致。这也说明，第三人撤销之诉在救济手段的性质上属于特殊或非常救济手段。

第三人撤销之诉的管辖法院是作出判决、裁定和调解书的法院。如果要求撤销的裁判是一审法院，则管辖法院就该一审法院。如果要求撤销的裁判是第二审法院作出的，则管辖法院就是第二审法院。

2. 第三人撤销之诉的审查和受理

第三人撤销制度的审查和受理的问题主要涉及，对于该诉是按照一般的诉讼对待，还是按照特殊救济的诉讼对待的问题。如果按照一般的诉讼，则法院只需要对诉的提起进行形式审查,而非实质审查。例如,关于诉讼提起的理由无须进行实质审查,也不需要当事人加以证明。相反,特殊救济诉讼的启动则需要对诉讼提起的事由,如原判决、裁定、调解书存在错误,进行实质性审查。对于事由的存在是否应到达较大可能性的程度,不能以再审制度中的"确有错误"加以要求。

(四)第三人撤销之诉裁判

法院对第三人申请撤销裁判和调解的请求,经审理之后,作出否定性或肯定性裁判。认为诉讼请求不能成立的,判决驳回诉讼请求;认为诉讼请求成立的,应当改变或者撤销原判决、裁定、调解书。

改变原判决、裁定、调解书,是指不完全否定原裁判和调解书的内容,仅仅是将错误的部分加以纠正。例如,在原判决中将本属于第三人的财产错误地认定为原告诉讼请求的财产之中,并判决该财产属于争议财产的一部分。在此种情形下,经审理认为该财产应属于第三人的,就要改变原判决中涉及第三人财产的判决部分。应当注意的是,无论是撤销、还是改变原裁判,在裁判的形式上都应当适用判决。因为,不管是撤销,还是改变都是对撤销之诉的实体裁判。在裁判的法理上,要求对实体问题的终局性裁决应当使用判决。

原判决、裁定被撤销之后,就只存在审理撤销之诉的法院作出的撤销判决。在改变判决的场合,当法院改变原判决之后,原来的判决也不再存在,审理撤销之诉的法院是以新的形成判决替代了原判决。这与上诉法院对第一审法院判决的改判是同样的情形。

这里需要注意的是,第三人撤销之诉的审理范围应当仅限于第三人请求撤销的部分,理由是基于民事诉讼处分原则的要求。另一个问题是,经审理虽然第三人的撤销请求不能成立,但发现他人之间的判决、裁定和调解书有错误时,是否应当主动依职权予以撤销?笔者认为,基于民事诉讼处分原则,法院同样也不能撤销。由此,我们也可以看出处分原则对于规范审判行为的重要意义。

单纯撤销调解书用判决的方式,同样也基于是对请求撤销调解书请求的实体处理。对于改变原调解书的情形,可以有两种思路:其一,法院以判决的形式直接改变原调解书的内容;其二,法院首先用裁定撤销调解书,然后由原调解的双方当事人达成新的调解协议,法院再根据新的调解协议制作新的调解书。笔者比较认同后一种思路。

(五)与案外人异议之诉的比较

2007年我国对《民事诉讼法》进行部分修订,其中一个主要的内容是对执行制度进行修订,修订后的民事执行程序增设了案外人异议之诉制度。《民事诉讼法》第204条规定:"执行过程中,案外人对执行标的提出书面异议的,人民法院应当自收到书面异议之日起十五日内审查,理由成立的,裁定中止对该标的的执行;理由不成立的,裁定驳回。案外人、当事人对裁定不服,认为原判决、裁定错误的,依照审判监督程序办理;与原判决、裁定无关的,可以自裁定送达之日起十五日内向人民法院提起诉讼。"根据该条规定,如果案外人对执行标的的异议与原判决、裁定无关,也就是说执行标的的错误不是由于作为执行根据(判决或裁定)的错误所致,例如在执行中错误地将案外人的特定财产作为执行根据的判决中应执行的标的。在此种情形之下,案外人可以通过提起诉讼的方式实现对自己实体权利的救济。① 案外人异议之诉是案外人以执行债权人为被告(原则上)向法院提起的要求法院作出不得强制执行或撤销执行程序判决的诉讼,其目的在于阻止或撤销执行机构对执行标的的执行。

虽然,第三人撤销之诉与案外人异议之诉都属于事后救济程序,都是为了维护案外第三人的实体权利,但两者适用的阶段不同。案外人异议之诉仅限于执行阶段,没有进入执行,也就不会发生案外人异议之诉。第三人撤销之诉只要原判决、裁定、调解书生效之后,无论原判决、裁定、调解书是否进入阶段都可以提起。

---

① 张卫平:《案外人异议之诉》,载《法学研究》2009 年第 1 期。

完善回避制度,阻断"人情案"、"关系案"

胡学军[*]

引 言

我国原来没有统一的诉讼回避规则,有关回避的规定散见于《刑事诉讼法》、《民事诉讼法》和《行政诉讼法》这三大诉讼法中。2000年最高人民法院制订了《关于审判人员严格执行回避制度的若干规定》(以下简称《回避规定》)这一规范性司法解释,试图对审判人员的回避作出统一而细致的规定,但在实际操作中还存在较多问题。本次《民事诉讼法》修改对民事诉讼回避制度补充了两款新规定,与《刑事诉讼法》的相应修改保持一致,着力于解决司法实践中的"人情案"、"关系案"现象,防治司法腐败,提升诉讼的公正性。

原《民事诉讼法》第45条:

审判人员有下列情形之一的,必须回避,当事人有权用口头或者书面方式申请他们回避:

(一)是本案当事人或者当事人、诉讼代理人的近亲属;

(二)与本案有利害关系;

(三)与本案当事人有其他关系,可能影响对案件公正审理的。

前款规定,适用于书记员、翻译人员、鉴定人、勘验人。

修改后的《民事诉讼法》将原第45条改为第44条:

审判人员有下列情形之一的,应当自行回避,当事人有权用口头或者书面方式申请他们回避:

(一)是本案当事人或者当事人、诉讼代理人近亲属的;

(二)与本案有利害关系的;

(三)与本案当事人、诉讼代理人有其他关系,可能影响对案件公正审理的。

审判人员接受当事人、诉讼代理人请客送礼,或者违反规定会见当事人、诉讼代理人的,当事人有权要求他们回避。

审判人员有前款规定的行为的,应当依法追究法律责任。

---

[*] 作者系南昌大学副教授,法学博士。

前三款规定,适用于书记员、翻译人员、鉴定人、勘验人。

一、新增审判人员不当行为引起的回避事由

如单从法律程序规定上来看,我国《民事诉讼法》对当事人的回避申请权是很重视的,如规定了在合议庭成立三日内应将合议庭成员告知当事人,以便于当事人尽早申请回避;在开庭前三日应公告合议庭组成情况;在正式开庭前还应当庭询问当事人是否申请回避,当事人此时还可临时提出回避申请。但从司法实践来看,我国并未从程序正义观念上真正重视回避制度的建构,而仅将回避制度看做是实体不公的防范手段。新修改的诉讼法对回避具体情形的规定有四种:除审判人员与本案有利害关系当然可能影响公正审理而必须回避之外,另三种情形分别是审判人员与当事人或诉讼代理人存在"近亲属"关系、"其他关系"或企图通过不正当行为建立"关系"。这三种情形正好完全符合我国台湾著名社会心理学家黄光国提出的中国社会个人可能拥有的三种人际关系:即情感性关系、混合性关系与工具性关系。这三种人际关系都是由工具性成分和情感性成分所构成的,其间差异仅在于不同关系中两种成分所占比例不同而已。① 如存在前两种关系固然可能影响审判人员公正处理案件,对这类"人情案"的回避问题后文将具体分析,但在司法实践中真正大面积影响裁判公正的往往是审判人员与当事人、代理人之间通过私下的不正当行为来实现的。在原有回避制度的法律规定下,对方当事人对此无法申请回避,如此一来,就使得回避制度形同虚设。稍了解司法实践的人都很清楚,"官司一进门,两头都托人"、"打官司就是打关系"这些谚语说明当事人与审判人员在诉讼过程中"拉关系"是普遍的现象。司法裁判会受到人情或利益关系的影响可谓我国司法实践中"众所周知的事实","关系案"导致的司法腐败已到了非治不可的地步。

从我国两大诉讼法修改后的新规定来看,诉讼回避事由主要可分为两大类:一是审判人员与诉讼参加人非因本案而存在着某种亲密或仇隙关系;一是审判人员与诉讼参加人在本案审理过程中意图建立某种不正当利益关系。当然,建立关系的过程中往往是通过第一种固有关系的人作为中介(转托关系),但这一中介人员的参与是隐形的,是一种幕后参与。"人情案"、"关系案"的存在是我国司法中的痼疾,回避制度的修改即着力于化解这一痼疾。

在2011年10月提交初审的《民事诉讼法修正案(草案)》(一审稿)第44条中,这两大类情形在法条体例安排上未作明确区分:

审判人员有下列情形之一的,应当自行回避,当事人有权用口头或者书面方

---

① 黄光国、胡先缙:《人情与面子 中国人的权力游戏》,中国人民大学出版社2010年版,第7页。

式申请他们回避：

（一）是本案当事人或者当事人、诉讼代理人近亲属的；

（二）与本案有利害关系的；

（三）与本案当事人、诉讼代理人有其他关系，可能影响对案件公正审理的；

（四）审判人员违反规定会见当事人、诉讼代理人，接受当事人、诉讼代理人请客送礼，或者有贪污受贿，徇私舞弊，枉法裁判行为的。前款规定，适用于书记员、翻译人员、鉴定人、勘验人。

前两款规定，适用于书记员、翻译人员、鉴定人、勘验人。

本次最终修改版相对于初稿有两大改进，一是将"审判人员违反规定会见当事人、诉讼代理人，接受当事人、诉讼代理人请客送礼"这一回避事由从原来作为与前三项并列的事由独立出来作为第二款单独加以规定，也即将回避事由中的"固有关系"和通过不正当行为"新建关系"作为两大类情形分别加以规定；二是删除了审判人员"有贪污受贿，徇私舞弊，枉法裁判行为的"作为应予回避情形的规定，因为这些行为的发生往往是案件审理完毕之后，此时再谈回避问题似乎为时过晚。当然，审判人员有这些行为时应当追究法律责任，已审结的案件发现审理过程中审判人员有这些行为，也是案件应当再审的法定事由。但回避问题一般是案件开始审理时的问题，不太可能将再审事由作为回避事由。另外，修订二稿并未将审判人员在审理该案时与当事人有不正当关系的情形作为列举的第四种情形，原列举的三种情形(亲属关系、利害关系、其他关系)均是固有关系，即在审理该案之前即存在的关系，而新法补充的这一关系是在审理该案过程中通过不正当行为企图建立的关系。当前司法实践中为维护司法公正确实应当重在消除这一"打官司要找关系"这一潜规则的影响。

民事诉讼就是民事纠纷双方在法官的主持下，在其他诉讼参与人的参与下，解决当事人之间的争议的过程。法官的中立并与双方当事人及案件本身没有利益牵连这是程序正义的基本要求，也是裁判公正的基本保障。如果审判人员与案件当事人、代理人之间存在某种亲密关系，显然不应当具有审理该案的资格。然而，在法定的当事人与参与人之外，实际的司法过程中还存在一些幕后的参与人。在司法实践中，审判人员与当事人之间因存在近亲属关系或因与案件有利害关系而影响司法的情形虽不能说完全没有，但非常少见。纯粹因与案件当事人之间存在亲友关系而枉法裁判的人情案并不是主要的，司法腐败最主要的方面是以人情为纽带而以不正当行为为实际内容的"关系案"。毕竟，在市场经济时代，物质利益的诱惑是最主要的。根据社会心理学的理论，混合性关系和工具性关系之间极容易相互渗透与转换，表现在实践中，固有关系和新建关系的情形在司法实践中常常混合在一起影响司法公正。一方面，近亲属之外的"其他关系"往往也需要以请客送礼"拉关系、走后门"的不正当行为方式来加固；另一方面,没有"关系"时案件当事人往往要通过与审判人员有亲友关系或其他亲密关系的人员作为中介来接上"关系"。而建立或加固"关系"的过程往往就是通过违规接触、请客送礼来进行行贿与受贿。

回避制度中的"其他关系"性质为"混合性关系",相当于社会学上的"初级群体"概念,初级群体是指以"面对面"交往方式维持的群体,不同于以观念、信仰、文化、规章制度等抽象载体凝结的"次级群体"。"面对面"是传统(前现代)社会组织的基石,不见面便无法合作,不合作便没有社会群体及交往行动。而现代团体是依靠抽象符号,如法规、章程、文件、合同、互联网等从事合作。一旦产生纠纷,也由陌生人按这些普遍性规范来"格式化"处理,在纠纷解决过程中不得考虑法律之外的人情或实际利益因素,现代法治设定的理想情境是陌生人社会。当然,诉讼主体之间具有"其他关系"并不一定会影响案件的公正审理,因为熟人与相识都不一定是"关系",关系的精髓是传导,是办事。① 从相识、熟悉到成为"关系",标志着关系操作从经验进入理性(实践理性)的高级阶段。当事人托人前那一瞬间的思维也依赖粗略定量,托还是不托,基于当事人的模糊计算。"找关系"的成本、成功的可能性、不找关系的可能结果都在当事人的实践理性之中。邻居、战友、同学、师生等等不同称谓在传统社会中抽象出共同的价值,而在现代社会,这些符号所具有的亲疏、情义、等级、轻重等诸种价值被轻飘飘一笔勾销,变成实际利益交换的外衣。关系传递在过程中可能会打折扣,在传递过程中办事效率和成功概率呈加速衰减趋势。而防止这种衰减的办法就是利益驱动,即通过请客送礼在一定程度上抵消关系转托的衰减。而这种利益驱动的需求无疑增加了交易的成本,"托关系"、"走后门"的直接目的就是为争得争议标的中的最大利益,如果结果可能反而增加了交易费用,这对找关系本身会形成一定的抑制。民事诉讼的结果无非是对争议标的利益的分配,是当事人双方之间的一种"零和博弈",在这一意义上不可能出现"双赢"的结果。找关系总体上必然造成纠纷解决这一交易活动成本的增加,使胜诉的实际意义打折(所谓"赢了官司输了钱"),因此预期胜诉的一方理论上不可能希望找关系增加费用,有"找关系"内在冲动的往往是预期应败诉的一方,而其基于目的理性行为只能建立在法官枉法裁判上。如此一来,预期胜诉一方为防止因对方找关系而枉法裁判,也只好被动遵循司法潜规则,由此造成法官"吃了被告吃原告"。"关系案"的最大危害不是一方当事人利益受损,而是法官为一己私利而减损国家司法权威与公信力!司法潜规则导致枉法裁判,枉法裁判的可能(过大的自由裁量权)产生和培育了潜规则的市场,二者互为因果关系。为防止"找关系"的潜规则泛滥与枉法裁判之间的

---

① 于阳:《江湖中国:一个非正式制度在中国的起因》,当代中国出版社2007年版,第79页。

恶性循环,严格回避制度杜绝"关系案"可消除司法腐败的诱因,而加强裁判的监督与检查也有助于抑制司法腐败。司法腐败和其他领域的腐败同样来源于"权力寻租"这一制度原因而主要不是所谓的中国"人情社会"这一文化背景。

从现状来看,关系案、人情案,越是基层越普遍。尤其在20万以下人口的小县城的基层法院,法官、当事人、律师之间或多或少都有某种"关系",背后渊源瓜葛一言难尽,案件裁判难免关系介入,影响司法公正。在这样的小城市实行回避制度和推行现代法治实际上相当困难,几乎不可能。有学者在广泛实证调研比较后得出结论:在一个人口少于50万的城市(或者社区)之内,通过关系传递所营造的关系网可以通达社区的每一个角落,形成一个名副其实的"关系社会"。而如果城区规模超过50万人口,则纯依靠关系链条来联系新人,就会产生困难。随着城市人口规模的增大,关系网逐渐淡出主流社会,现代法制和现代公共体系逐渐占上风。① 相当一部分当事人,打官司就是"打关系",一般都愿意找跟法院关系好,有"门路"的律师,甚至通过法官介绍律师。许多当事人宁可相信"关系"也不相信法律。司法腐败的大面积存在让当事人觉得律师没有用,或者只是个联系法官的"中间人"。律师不是法律服务的提供者,而是法律"捐客"。北京的一位王姓律师说:"我们给法官请客送礼,一方面是出于当事人的请求,另一方面也是多年办案经验使然。有时候,我们送礼并不是要求法官偏袒我们,只是要求他能够客观公正地判决而已,因为担心对方也在做工作。别人做工作,你不去做,肯定要吃亏。"云南震序律师事务所的资深律师张宏雷认为,现在90%的当事人每打官司之前都会向律师提出潜规则的要求,这说明潜规则已经无孔不入,竟然成为司法界的某种常态。"我踫到过这样的法官,当事人直接把他叫做15%——也就是每个案子标的的15%必须上贡给他,然后保证你胜诉。"潜规则在法院执行上也表现得比较突出,执行成为我国近年司法腐败的高发区,因此回避制度理所应当也适用于执行人员。"执行难"有时并不是难在被执行人上,而是"难"在法院。部分法院的执行人员,能执行却不去执行,只有收了"好处"才去使劲;有的甚至购买低价执行标的,然后"加大"执行,最后高价卖出。② 近年买卖"判决书"的情况的出现是中国司法的"奇耻大辱"!

其实,接受请客送礼与违规会见一直都属于明令禁止的法官违纪行为,应当依法追究法律责任。2009年初,最高人民法院为规范法官的职务行为,确保司法审判的公正与公平,即公布了"五个严禁"的硬性规定:严禁违反规定与律师进行不正当交往、严禁接受案件当事人及相关人员的请客送礼,等等。但仅仅将这

---

① 于阳:《江湖中国:一个非正式制度在中国的起因》,当代中国出版社2007年版,第125页。

② 本刊记者:《司法不公背后是什么》,载《半月谈》2009年第17期。

些规范停留在内部纪律的层面导致在实践中难以落实,新修改的诉讼法将其作为法定申请回避事由即赋予其一定的程序法后果,让利益对立的当事人来进行监督,显然会有助于推动这一规范的落实,将对关系案起到最大的阻击效果。本次修改的诉讼法也特别重申了审判人员存在不正当行为的,还"应当依法追究法律责任",这就要求完善配套的法官考核、任免制度。由于"拉关系"作为一种"潜规则",其行为方式是隐蔽的,外人往往不易察觉,因此对其作为诉讼回避事由发挥的实际作用我们不能过于乐观。这种工具性人际关系交往时所遵循的法则是"公平法则",在这种交往中,双方都会根据需支付的代价与预期回报两相比较的利益衡量法则来决定自己的行为。顺乎这一理论,杜绝"关系案"一方面是应规范法官的自由裁量权,以压缩枉法裁判的预期收益空间;另一方面应加大对审判人员司法腐败的惩处,要使枉法裁判的后果成为审判人员及请托人不可承受的代价。最重要的是应使法官队伍建设形成"有进有出"的刚性制度,并以案件当事人及社会舆论的力量来予以监督。现在法官队伍实行终身制,法官没有后顾之忧,即使出了问题还可以辞职去做律师,总之有生存的后路。法院虽有错案追究制度,但在很多地方执行不力,使这个制度形同虚设。个别犯错的法官越来越认为错不是错,所以便胆大妄为,指鹿为马。其实办错案的大多数法官不是能力和学识不够,而是受利益驱使故意践踏法律,错案的背后往往就是司法腐败。当前,对于司法腐败的惩治不仅在于惩治手段的严厉,更在于有错必究。

当然,关系社会的治理,在根本上依赖于现代社会制度的建立,尤其依赖现代法律制度下的交易费用优势。按照罗纳德·科斯的新制度经济学观点,所有合法的正式制度,都是追求交易费用最小化的规则。毫无疑问,宪政法治的交易费用理论上是最低的,所以法治战胜潜规则、战胜腐败是必然趋势。关系蕴含着腐败,所以交易费用必然提高,虚增部分恰好是贪赃枉法的收益。"打官司就是打关系"是司法潜规则,潜规则不可怕,可怕的是正式规则的失控。正是法律制度的虚化造成潜规则的泛滥,而非潜规则泛滥造成法律制度的虚化。因果关系倒置,很容易造成对真相的误读。我们不应纠缠于对潜规则的应对,而应着重正式法律制度的建设。在社会制度转型期,潜规则的存在是不可避免的,修补漏洞让潜规则无孔可钻只是一方面,要根本解决这些问题,最终只能仰仗正式制度的建设。依循这一逻辑,对司法腐败的治理也应是一系统工程,规范法官的自由裁量权,加强与完善审判监督,以全面提升审判的公正性是根本出路。但在当前司法腐败严重的形势下,"治标"的紧急措施也不可忽视。"关系案"现象表明"关系"正在挑战法律,正在入侵作为正式制度的司法,而司法功能的丧失则无异于对现代法治建设釜底抽薪,会使法治停留于"形骸化"。为防止"关系案"猖獗导致司法腐败的失控,回避制度的这一修改及其在司法实践中的真正贯彻对法治建设无疑具有重大的意义。

二、回避一般法定情形的扩大依靠新的解释论

关于回避法定事由中"固有关系"的规定,大致可概括为以下三种:一是与案件当事人有身份上的关系,即亲属关系;二是与案件具有法定利益上的关系,即"利害关系";三是与案件当事人有"其他关系,可能影响案件的公正审理的"。关于应当扩大回避制度适用的事由范围,在学界近年的讨论中观点十分一致。① 学理上对于第一种"亲属关系"和第二种"利害关系"的观点几乎没有分歧,争议焦点在于第三种情形,即"其他关系"。而在本次《民事诉讼法》修订过程中,对于扩大法定事由的观点也一直有众多的支持者,在多个版本的修订稿中也都有体现。② 本次最终修改稿对《民事诉讼法》第 45 条列举的作为法定回避事由的"三种关系"并未作文字表述上的变动,但并不代表关于扩大回避事由的争议就没有意义或相关观点不成立。任何立法都需要与时俱进的法律解释来补充,在司法实践中,法院应该参照原有的司法解释及相关学理上的探讨成果,在新的观念下进行新的法律解释。

一般认为,我国诉讼法对回避法定情形的规定是采取明确列举的立法体例,三项分别列举三种不同的情形,对第三项规定的"其他关系",相关司法解释解释为指前两款规定的关系之外的其他亲密或仇嫌的社会关系,如师生、同学、邻居、战友、朋友、上下级等关系。但传统通说认为存在这些关系情形时并不是要求法官必须回避,而是只有在"可能影响案件公正审理"时,才应予回避。而对是否

---

① 以中国期刊网收录文章为例,截至 2012 年 6 月 30 日笔者共检索到 1987 年至今关于"诉讼回避"的文章 197 篇,(相比较而言,在同类研究中,我这一研究涉及的全部的论文数量也还是较少的,笔者得以浏览全部文章并因此对以下结论多了一些底气)表明关系案引起的社会反响强烈,这些文章基本上均建议应扩大诉讼回避事由的规定,学者之间在扩大回避事由问题上观点保持了高度的一致。

② 中华全国律师协会赞同法工委草案修改意见,并建议增加两项回避理由,作为第(二)、(三)项,其余各项依次顺延:(二)是当事人或代理人三代以内其他旁系血亲或当事人配偶的近亲属的;(三)当事人提供证据或证据线索证明法官在审理过程中有明显偏袒一方当事人言行的。其理由为:我国《公务员法》第 68 条确立的公务员任职回避范围已扩大到三代以内旁系血亲关系以及近姻亲关系。在诉讼中,审判人员为当事人或代理人三代以内其他旁系血亲或当事人配偶的近亲属的,或者法官在审理过程中有明显偏袒一方当事人言行的,通常可能会妨害司法公正,应当成为回避理由。最高人民法院版的《民事诉讼法》修改建议稿将原第 45 条第一款第(一)、(二)项分别修改为:(一)是本案当事人或者当事人、诉讼代理人的配偶、直系血亲、三代以内旁系血亲;(二)本人或者配偶、直系血亲、三代以内旁系血亲与本案有利害关系。在学者主持的专家建议稿中亦多提出具体的列举情形,最细致的规范可参见张卫平教授主持的《中华人民共和国民事诉讼法》修改建议稿(修订稿)第 37 条、第 38 条。参见张卫平:《民事程序法研究》第 7 辑,厦门大学出版社 2011 年版,第 122 页。

"可能影响案件公正审理",则是由有回避决定权的主体根据个案具体情形来加以判断的,或说决定者可在个案中对这一问题行使自由裁量权。① 笔者认为这种解释在逻辑上是自相矛盾的,在实际操作中是行不通的。回避问题即裁判者资格否决问题,一般是在案件开始审理时即需解决的问题。法定的回避方式有两种,即自行回避和申请回避,自行回避是对法官行为的一种自我约束,是法官的一种自律规则,而当事人申请回避应作为法官中立原则的一项具体保障措施。法官一接手某个案件,对自己与案件或案件当事人是否存在某种法律规定的关系是很清楚的,如存在法定回避情形,即应自行披露,自请回避。而不是等到发现法官作出了可能影响案件公正审理的行为再去撤换法官,未雨绸缪显然胜于亡羊补牢。将"可能影响案件公正审理"作为决定个案法官是否回避的判断标准勿宁说是由法院自由决定某一法官是否回避。

当然,以上解释并非没有任何合理性,其实,这一解释能被司法界广为接受正说明了这是适应现实法制水平的。实际上,以上解释就是曾参与相关诉讼法立法的学者的解释,并顺理成章成为后来一致的通说。然而,法律一经颁布施行即应成为全社会之"公器",而非任何人之"私产"。学理解释上不应存在绝对的权威,即使是法律的起草者也不能垄断法律的解释。按照哈贝马斯的说法,在对于文本的理解方面,解释者当然享有比作者本人更好地理解一个文本的优势。② 诚然,研究立法过程中的法律提案、辩论记录及有关评述及报道,确认立法意图,从而确定法律条文的字面含义,③可划定文义解释的"活动范围",使其不至离谱。"然惟所谓立法者之意思,并非指立法者当时之意思而言,而系指依当时立法者处于今日所应有之意思,故法意解释,应依社会现有的观念,就立法资料的价值予以评估,而不能以立法当时社会所存的观念评估,其解释之目的,系在发现客观之规范意旨,而非探求立法者主观之意思,此即为立法意思之现代化及客观化。"④采何种解释为司法实践中的指导是受当时的社会法制水平和法制观念影响的,法律解释也应与时俱进。在诉讼程序价值被重新发现的今天,有必要对这一条文作出新的解释。

法律解释方式多种多样,基于不同的方式,得出的结论自然有别。文义解释是法律解释之开始,也是法律解释之终点。倘文义有复数解释之可能性时,始继

---

① 陈光中:《刑事诉讼法学(新编)》,中国政法大学出版社1996年版,第97页;江伟:《民事诉讼法学》,北京大学出版社2000年版,第63页;杨荣新:《中国民事诉讼法》,中国政法大学出版社1992年版,第120页。

② [德]哈贝马斯:《在事实与规范之间——关于法律和民主法治国的商谈理论》,童世骏译,三联书店2011年修订版,第681页。

③ 朱景文:《比较法社会学的框架和方法》,中国人民大学出版社2001年版,第183页。

④ 杨仁寿:《法学方法论》,中国政法大学出版社1999年版,第123页。

以论理解释或社会学的解释。① 其与文义解释结果相抵触时,如不超过文义或立法旨趣之"预测可能性"时,则从论理解释或社会学的解释结果。文义解释为最基本的一种法律解释方法,也为其他解释提供了一种可能性。对于诉讼法上规定的第三种回避情况,我认为严格从字面来看,这一款规定并未赋予决定者自由裁量权,相反,这一规定具有极大的涵盖面。"可能影响案件公正审理"并不是对个案具体情形的裁量权问题,而是对法律难以一一列举的"其他关系"的限定。即对于法官与案件或案件当事人的某种关系是否属于应予回避的情形由决定者根据一般生活经验来抽象地加以判断。如同学关系、邻居关系,根据一般生活经验是存在较密切联系的,当属"可能影响案件公正审理"的其他关系,因此,在这些情形下涉案法官应一律回避。不能认为某个法官素来具有公正无私的品格或法官在某个具体案件中不太可能徇私偏袒而不回避。而如果是校友关系、同乡关系,则是较疏远的关系,仅提出存在这种关系,则可不予回避。如果采纳这一种解释,则"其他关系"具有较大的涵盖范围。修改过程中提出的"三代以内其他旁系血亲或当事人配偶的近亲属"及其他难以一一表述的关系均可纳入这一项文义的意义"射程"。

目的论解释方法也支持以上文义解释。解释法律应以贯彻法律目的为主要任务,任何法律均有其意欲实现之目的。我国民事诉讼法的目的论宜采利益保障说,民事诉讼中应平衡保障当事人的实体利益及程序利益。② 而我国传统观念往往注重当事人的实体利益的保障而忽视程序利益的维护,重判决的结果公正而轻过程的公正。具体到回避问题上,在多数法官眼中,回避制度的意义在于防止法官因与案件的利害关系而作出不公正的判决,回避制度的设计即为保障案件结果的实体公正服务的。这是典型的程序工具主义观点,根据这种观点,法律程序的正当性或程序正义的合理性只能从程序对其所要产生的直接裁判结果的有利影响上得到证明。换言之,如果一项程序规范对于形成正确裁判结果是有效的,那么它就是具有正当性和可接受性的,法律程序在这里对于它所要达到的实体结果而言就只是具有一种工具或者手段上的意义。法官应退出与已有关案件的审理是因为这样做能够最大限度地保障裁判结果的公正无私。因此,按照这一逻辑思路,如果有理由相信法官并不会因与案件的某种联系而徇私情,失操守(我们一般认为正直是法官应具备的一种情操),则似乎不应在其审判资格上"吹毛求疵"。但随着诉讼法学研究的深化,学者们逐渐抛弃了程序工具主义的观点,认识到程序的价值不仅在于程序为实体服务,而且体现于程序本身,即程序正义。程序正义是要在法律程序本身或者法律实施活动过程本身得到实现

---

① 杨仁寿:《法学方法论》,中国政法大学出版社1999年版,第187页。
② 李祖军:《民事诉讼目的论》,法律出版社2000年版,第157~177页。

的法律价值,它与程序所要形成的结果无关。① 程序正义是对法律程序自身内在优秀品质的一种统称,它的存在不取决于任何外在结果,而取决于法律程序本身的公正性、合理性。程序正义在现代社会被归纳出一些最低标准,如裁判者的中立、当事人的参与及程序的透明与公开等。法官回避即是裁判者中立原则的一个必然要求。按程序正义论者的观点,法官不能与案件及案件当事人存在利益与情感方面的联系,否则,诉讼程序就是不符合程序正义的,而不管案件的裁判结果是否实现了实体公正。在我国古代"清官"多有所谓"大义灭亲"以维护公正的壮举,但这一公正的维护是寄托在审判者的崇高道德基础上的。而从现代程序公正观念来看,即便是法官"大义灭亲"的行为也会因这一程序难以达到起码的形式公正标准而失却其合理性。而审判程序一旦无法消除人们对裁判过程公正性的合理怀疑,就无法具备完整的内在优秀品质,因为公正的程序要求能消除当事人对法官可能偏袒的怀疑。这种怀疑并不是从裁判结果来加以判断的,由于结果是否真正正确难以实际检测,只能由程序的正确来间接地支持结果的妥当性。因为案件事实上的客观真实与法律真实的矛盾及法律适用上的严格规则主义与法官自由裁量权的矛盾是诉讼上不可避免的问题。认为自己有理是当事人的一种自然心理倾向,而不了解案件具体情况的一般社会公众更无从准确评判案件实体公正。公正的程序就具有吸收不满的功能,而程序上的一个小小不公都会使人对案件实体判决产生多方面的负面联想。英美法系国家对陪审团成员的回避除赋予当事人附原因的回避申请外,更有"无因回避"的保障,即申请回避时不必说明理由,在法德日等实行"有因回避"的大陆法系国家诉讼法上一般也赋予当事人可因"担心偏颇"而申请法官回避的权利,②都是为最大限度地实现程序正义。

程序正义还要求确立当事人在程序中的主体地位。依据程序主体性原理,立法者在设立程序制度及法院在运作诉讼程序时,必须兼顾当事人的实体利益和程序利益。为平衡当事人对其实体利益和程序利益的追求,就应当尊重和扩大当事人的程序选择权。程序主体性原则要求赋予程序主体一定的程序参与权,程序参与权的行使有助于提升程序主体对程序制度内容及其运作的依赖度、信服度和接纳度。事实上,诉讼当事人对其亲自参与的裁判过程越能信服、满足,则其越能自觉服从裁判内容,同理,当事人的参与行为受到否定,或参与受挫,则当事人对裁判就会排斥与抵制。因此,在推进诉讼的过程中,在无害公益的范围内,应为当事人提供充分平等的参与机会,以求通过其自身的行为感知诉

---

① 陈瑞华:《程序正义论纲》,载陈光中、江伟:《诉讼法论丛》第1卷,法律出版社1998年版,第48页。

② 殷啸虎、徐平:《我国司法回避制度存在的若干问题》,载《法律适用》2003年第4期。

讼的正当性与合理性,更好地发挥当事人的能动作用。申请回避,就体现了当事人的程序参与权,即一定意义上的裁判主体选择权或说否决权,这一权利的行使会增强当事人对程序本身的信任,使诉讼呈现理性活动的形象。从申请回避的程序设置看,以往司法实践中,当事人申请回避而提出回避事由的,法官通常认为根据"谁主张,谁举证"的一般诉讼规则,回避事由存在的举证责任应在提出申请的当事人,当事人应提出确切的证据来证明回避事由的存在。但这对当事人是非常困难的,这也是司法实践中限制当事人申请回避权实现的一个重要原因,是回避制度立法上又一不足之处。与实体权利无直接关系的程序事项应由法院来审查,并不适用证明责任分配的一般规则。申请回避制度体现的是正当程序对当事人的承诺,当事人提出回避申请的,不应要求当事人附具有关证据,而应由法院应依职权调查了解是否存在回避事由。可喜的是,2002年通过的最高人民法院《关于民事诉讼证据的若干规定》第15条已明确规定回避事项应属法院依职权调查收集证据的事项。而且对这一主张应采用较低程序的盖然性证明标准。具体来说,决定回避时采纳的是较低程度的证明标准,我认为是"怀疑"的标准,而如果法院决定不回避,则应采纳的是较高程度的证明标准,即"排除合理怀疑"。因此,当事人一旦提出回避申请事由即表明当事人已产生对法官中立的怀疑,从程序正义的角度出发,法院如不作进一步查证即应决定让有关人员予以回避,否则法院就应通过调查以证明法院有关人员不存在应当事人申请时提出的应回避事由,以证据消除当事人的这一怀疑。这也就是回避事由存在的推定。因此,从法院办案效率角度而言,如果当事人提出法官有与当事人存在"可能影响案件公正审理的其他关系"的嫌疑即应回避,因为理论上并不存在某个法官必须审理某一特定案件的情形,否则,法官审理该案的动机就值得怀疑。为彰显当事人程序主体地位并尊重当事人程序选择权,以增进公众对裁判的依赖,[①]我国台湾"立法院"甚至在2003年5月20日创造性地通过了当事人选定法官制度,虽然这一制度的实效性意义尚有待实践检验,但其中包含的价值理念代表了当代诉讼程序改革的潮流,值得重视与借鉴。

综上所述,对我国诉讼法上"与案件当事人有其他关系,可能影响案件公正审理"这一回避条款,应从程序正义理念出发作宽泛的解释。如按这一观念解释,则我们对诉讼法规定的三种主要情形之间的逻辑关系的认识也就不同,前两款规定采取的是明确的列举方式,第3款则属"其他"规定,是一项弹性条款,是一种概括性和开放性的规定,用于补充法律明确列举之不足与疏漏,是回避制度的"兜底条款"。实际上,列举与概括相结合来确定法律范围正是我国通常的立

---

① 关于当事人的程序主体权和程序选择权,参见邱联恭:《程序选择权论》,台湾三民书局2000年版,第31页。

法体例。根据以上解释,当事人申请回避的理由很宽泛,只要是当事人对该法官审理案件的公正性有合理怀疑的理由都能成立。三款规定的强制性并无区别,前两款列举的关系无疑是"可能影响案件公正审理"的关系,而一切"可能影响案件公正审理"的关系都属应予回避的法定情形。为避免司法实践中对这一条款的误解,最好是将来再次修改民事诉讼法时将其时表述为:"当事人认为有其他可能影响案件公正审理嫌疑的。"

三、关于无因回避及回避申请主张的具体化与举证责任

关于诉讼回避制度的修改,还有一种颇具影响的观点认为我国也应参照某些西方国家诉讼法一样设立无因回避制度,也有学者近期提出审判人员的信息披露是回避制度的根基[①]。在本次《民事诉讼法》修改草案的讨论过程中,中华全国律师协会认为:现行回避制度效果不十分理想,几乎形同虚设,其主要弊端是回避事由范围偏窄,当事人举证难,本院复议制度形同虚设。立法还应当降低当事人申请回避的举证难度,当事人申请回避的只要求其提供表面证据证明回避事由的可能存在即可,而不能苛刻地要求当事人充分举证。立法要求法院公开所有法官的姓名、性别、年龄、籍贯、学习工作简历、被投诉情况等基本信息,以便当事人判断法官是否具有回避事由。

中华全国律师协会提出的《民事诉讼法》修改稿采纳了有关观点并曾建议增设一条关于实行无因回避制度和降低回避举证难度的条文如下(该稿第46条):

"合议庭组成过程中,当事人可以对被选定的法官提出无因回避或者有因回避申请。

当事人提出无因回避申请的,被申请的法官不得参加合议庭,当事人各方可以在立案庭的主持下继续选定其他法官作为合议庭成员。每一审诉讼过程中一方当事人申请无因回避最多不能超过三次。

当事人提出有因回避申请的,应当提出证据线索或合理怀疑的理由。本院院长决定被申请的法官不予回避的,被申请的法官可以参加合议庭;申请人对此不服的,可以向上一级法院申请复议。"

所谓无因回避,是指法律赋予当事人不附加任何理由的回避申请权,对于这种回避申请,法院在必要的限度范围之内应当无条件同意。美国民事诉讼程序中对陪审团成员的回避即实行无因回避。美国民事诉讼中对于陪审团成员的选任非常严格。一般由法官首先提出预期的陪审团成员,预期陪审团成员将受到全面的查询,询问其姓名、年龄、住址、职业,以及先前的诉讼经历。这类个人信息的披露是对每个陪审团成员可能对案件处理造成偏见的背景详细询问的基

---

① 韩波:《论回避制度的根基:信息披露》,载《法律科学》2011年第1期。

础。在联邦法院和某些州法院,由法官进行这种询问,而在大多数州法院,由律师进行询问,允许他们对陪审团成员的品格及态度加以检验。对陪审团成员进行信息查询时如果表明其与当事人的关系或其他可能造成偏见的根源,则经由"附理由回避"而取消陪审员资格。各方当事人也可以提出"无条件回避"(联邦民事案件中可以提出3次),这种回避申请不需要附任何理由,这种无因回避是当事人借以排斥持有威胁性态度或不可靠陪审团成员的一种手段。① 陪审团成员的信息披露及无因回避属于当事人重要的程序权利,这种程序设计可以最大限度地防止陪审团成员与当事人一方具有友谊或共同的利益关系。在陪审团成员的选任程序中,当事人最大限度地参与了事实裁判者的选任,因此使当事人打消了裁判者可能不公正的嫌疑。无因回避确实可以最大限度地维护了程序公正,但这一方式的成本也是巨大的,如果直接将这一制度用于法官的选任,在我国是很难实行的,因为大多数法院法庭法官的数量都是有限的,如果当事人可以提出无条件的回避,将使现行的分案机制发生变化,在有些时候还可能造成无法审理的局面。无因回避在我国应当缓行,最好还是先完善我国回避的法定情形的规定。

其实无因回避与有因回避之间并非存在一条不可逾越的鸿沟,无因回避并非不存在任何理由与原因,而是这种原因与理由往往无法以证据证实或者很难作为一种正当理由来表述。无因回避制度是为最大限度地实现程序正义,通过正当程序来发挥其吸收不满的功能。但程序正义也是需要一定的成本与代价的。无因回避能够实行的基本条件是有足够数量的成员以供选任或调换,这也就是为什么无因回避只在陪审员选任时适用而不太可能用于法官选任的原因。在我国,法官编制的有限性决定了不太可能实行无因回避。但吸收无因回避制度的合理内核来修正我国回避的观念与制度是可行的。无因回避就是为了最大限度地消除当事人对裁判者中立性的怀疑,尽可能降低对回避申请时的具体主张与举证的要求。依循这一理念,在当事人提出有因回避申请时,应放宽对其申请主张的具体化程度要求。如当事人申请回避时提出审判人员与对方当事人存在"亲属关系"或"师生关系"即可,而不必要求提出是何种亲属关系或何时何地存在师生关系。对是否存在这些具体关系可由接下来的证据调查程序来证实或澄清。我国2001年《证据规定》将诉讼回避事由作为法院依职权调查取证的事由,就一定程度上体现了这一要求。有因回避要求在当事人申请法官回避时,应当提出具体的回避事由,但在这一程序事项上,不应实行严格的"谁主张、谁举证",而应由法官依职权进行证据调查,也就是由法院核实审判人员或其他人员

---

① [美]哈泽德等著:《美国民事诉讼法导论》,张茂译,中国政法大学出版社1998年版,第136页。

是否与当事人存在某种可能影响案件公正审理的关系或是否在办案过程中发生了不正当行为。这种调查显然也应当由有权决定回避的人员或组织来进行。实际上,这种调查不必采取实物证据证实的形式,而主要是询问被申请回避人员是否存在回避事由,由其进行诚实回答。如果一旦发现其回答不诚实,将影响对其今后的考核与评价。这种证明的标准也不应当是与实体法律事实证明同样的高标准,而只需相当低的标准:即存在某种关系或发生某种不正当行为的嫌疑即可。因为如果存在这一嫌疑,则表明申请回避的当事人已对审判人员的资格及其公正性产生了不信任,程序的公正性已受到影响,因此应当实行回避。相反,如果最终的决定是不予回避的话,则应当由法院出示证据表明申请回避事由确实不存在,以消除申请人对于审判人员资格及公正性的怀疑。通过对回避事由证据调查权与证明标准的不同设置,也可以部分达到无因回避制度的价值取向。本次民事诉讼法修改未涉及的关于回避事由的法院调查及证明标准的降低仍待由司法解释予以明确。

最新修订民事诉讼管辖制度研究

王次宝*

一、最新民事诉讼法修正案涉及管辖制度的内容综述

管辖制度作为诉讼的入口与前奏，在诉讼制度中占有重要的地位。此次民事诉讼法修正案60项修改意见中有10项涉及管辖制度的调整，增删条文达到12条。管辖条文的修改非常引人注目。具体来讲，主要包括如下五个方面的内容：

（一）统一了民事诉讼法对于国内协议管辖与涉外协议管辖的规定

1.扩大了原明示协议管辖的适用范围，将之一体适用于国内案件与涉外案件。具体表现为修正案第4项将原民事诉讼法第25条改为第34条，修改为："合同或者其他财产权益纠纷的当事人可以书面协议选择被告住所地、合同履行地、合同签订地、原告住所地、标的物所在地等与争议有实际联系的地点的人民法院管辖，但不得违反本法对级别管辖和专属管辖的规定。"

2.明确了应诉管辖制度（也称默示协议管辖）一体适用于国内案件与涉外案件。表现为修正案第6项将原民事诉讼法第38条改为第127条，增加一款，作为第2款："当事人未提出管辖异议，并应诉答辩的，视为受诉人民法院有管辖权，但违反级别管辖和专属管辖规定的除外。"

3.删去了原涉外民事案件的相关管辖规定。表现为修正案第58项删去原法第242条（涉外明示协议管辖）与第243条（涉外应诉管辖）的内容。

（二）增加了公司诉讼与非讼案件的管辖规定

1.增加了公司诉讼的管辖规定。修正案第5项在特殊地域管辖部分增加一条，作为第26条："因公司设立、确认股东资格、分配利润、解散等纠纷提起的诉讼，由公司住所地人民法院管辖。"

2.增加了确认调解协议案件的管辖规定。修正案第42项新增第194条："申请司法确认调解协议，由双方当事人依照人民调解法等法律，自调解协议生效之日起三十日内，共同向调解组织所在地基层人民法院提出。"

---

* 作者系山东科技大学文法学院讲师，法学博士。

3.增加了实现担保物权案件的管辖规定。修正案第42项新增第196条:"申请实现担保物权,由担保物权人以及其他有权请求实现担保物权的人依照物权法等法律,向担保财产所在地或者担保物权登记地基层人民法院提出。"

(三)限制了管辖权"下放性转移"的规定

修改方向是增加了上级法院向下级法院转移案件的难度。修正案第7项将原民事诉讼法第39条改为第38条,第1款修改为:"上级人民法院有权审理下级人民法院管辖的第一审民事案件;确有必要将本院管辖的第一审民事案件交下级人民法院审理的,应当报请其上级人民法院批准。"

(四)明确了提起诉讼或申请仲裁前的证据保全与保全的管辖规定

1.关于证据保全的管辖。修正案第17项将原民事诉讼法第74条改为第81条,其中规定:"因情况紧急,在证据可能灭失或者以后难以取得的情况下,利害关系人可以在提起诉讼或者申请仲裁前向证据所在地、被申请人住所地或者对案件有管辖权的人民法院申请保全证据。"

2.关于保全的管辖。修正案第22项将第93条第1款改为第101条第1款,修改为:"利害关系人因情况紧急,不立即申请保全将会使其合法权益受到难以弥补的损害,可以在提起诉讼或者申请仲裁前向被保全财产所在地、被申请人住所地或者对案件有管辖权的人民法院申请采取保全措施。申请人应当提供担保,不提供担保的,裁定驳回申请。"

(五)调整了再审制度中部分涉及管辖的条款

1.调整了当事人申请再审"上提一级"的管辖规定。修正案第43项将原民事诉讼法第178条改为第199条,修改为:"当事人对已经发生法律效力的判决、裁定,认为有错误的,可以向上一级人民法院申请再审;当事人一方人数众多或者当事人双方为公民的案件,也可以向原审人民法院申请再审。当事人申请再审的,不停止判决、裁定的执行。"

2.删去了"管辖错误"作为再审事由的条款。修正案第44项将第179条改为第200条,明确删去"第一款第七项",即"违反法律规定,管辖错误的"不再作为再审事由。

二、相关管辖条款修订的背景与依据

此次民事诉讼法修正案为何修订上述管辖条款,或者说上述管辖条款修订的背景与依据是什么呢?为了表述的方便,以下按照上述五个方面逐一展开分析。

(一)协议管辖制度的统一

我国的协议管辖制度正式确立于1991年的《民事诉讼法》。增设协议管辖主要基于两点:一是民事诉讼理论界主张允许当事人协议管辖是各国民事诉讼法通行的做法，不仅有利于扩大当事人的诉讼处分权，增加诉讼程序的民主性，而且能更好地贯彻"便民便审"原则；二是增设协议管辖制度有利于防范与遏制地方保护主义。① 在这一背景下，我国 1991 年《民事诉讼法》在第一编"总则"与第四编"涉外民事诉讼程序的特别规定"中分别规定了国内案件与涉外案件的协议管辖制度。国内协议管辖适用的案件仅限于合同纠纷，可选择的法院仅限于"被告住所地、合同履行地、合同签订地、原告住所地、标的物所在地"等五个连接点的法院，并且不适用应诉管辖（也称默示协议管辖）。与之不同，涉外协议管辖的适用案件范围不仅包括合同纠纷，还包括其他财产权益纠纷，选择的法院范围包括"与争议有实际联系地点的法院"，还规定了应诉管辖。这样规定的一个重要依据是为了通过协议管辖来积极拓展我国法院对涉外案件的管辖范围，从而更好地保护本国和人民的利益。基于我国 1991 年《民事诉讼法》制定和颁布时的社会政治与经济发展情况，在协议管辖中针对国内与涉外民事诉讼的不同特点采用内外有别的立法形式有其合理性与必要性。

随着我国市场经济的快速发展，特别是我国加入世贸组织以后，现实的社会情况发生了巨大的变化，民事诉讼法学者对于相关制度的研究也越来越深入，对这种"双轨制"的协议管辖制度诟病颇深。这一制度存在的问题主要包括四点内容：

一是与涉外管辖制度相比，国内协议管辖的适用范围显得过窄，不利于充分保障当事人的程序主体地位与程序选择权。在市场经济与民主政治高速发展的今天，充分尊重当事人的意思自治与有效保障当事人的诉讼权利成为各国民事诉讼法改革的重要内容。我国民事诉讼法学界虽然对扩大适用国内协议管辖的具体措施有分歧②，但对于应当扩大这一制度的适用基本达成共识。

二是内外有别的协议管辖制度违背了当事人诉讼权利平等原则，导致民事诉讼法中的同类制度自身的不统一、不协调。"双轨制"的规定让人感觉涉外民事诉讼的当事人享有的诉讼权利更多。正如有学者所讲，涉外协议管辖"这种高于'国民待遇'的立法规定不仅没有根据，对于针对中国公民的国内民事诉讼，以及纯粹适用国内民事诉讼的中国公民而言，也有不公之嫌"③。同类案件只要具有涉外因素就适用不同的协议管辖制度明显违背了平等原则。市场经济的迅速

---

① 江伟主编：《民事诉讼法专论》，中国人民大学出版社 2005 年版，第 143 页。

② 比如对于协议管辖适用的案件范围，有人建议将之扩大到专属管辖之外的所有民事案件；有人建议应扩大到大部分财产权益纠纷，与人身关系密切关联的婚姻家庭纠纷与继承纠纷不适用；还有人建议专属管辖案件，如果有数个管辖法院，也允许当事人在这些法院范围内进行协议管辖。

③ 廖中洪：《协议管辖：问题、原因及其改革设想》，载《西南政法大学学报》2008 年第 1 期。

发展客观上不仅需要统一的市场规则，也需要协调的司法救济规则。

三是国内协议管辖类型中不包含应诉管辖，导致该制度与管辖权异议制度的潜在逻辑冲突。我国民事诉讼法原第38条规定："人民法院受理案件后，当事人对管辖权有异议的，应当在提交答辩状期间提出。"这是关于管辖权异议的规定。假若受理案件的法院对案件确实没有管辖权，而当事人又未在规定期间内提出异议并应诉答辩的，这是否意味着受诉法院取得了本案的管辖权呢？如果主张法院因此取得了本案的管辖权，那么就变相承认了国内案件同样适用默示协议管辖制度。如果认为法院没有取得本案的管辖权，那么当事人还可以在二审乃至再审阶段以严重违反诉讼程序或者管辖错误为由就管辖问题进行上诉或者申请再审，规定管辖权异议期间的价值与意义无疑会大受折损。

四是内外有别的协议管辖制度不符合世界民事诉讼法的发展潮流，不利于民事诉讼制度与国际接轨。世界各国民事诉讼法普遍没有采取这种内外有别的管辖制度。我国作为一个正在快速成长的大国，在全球法律统一化、国际经济一体化的大背景下必然要更加注重自己的国际形象，积极推动国内民事诉讼法与国际民事诉讼法的对接。

正是基于以上认识，本次修正案参照原先相对先进的涉外协议管辖的规定，对我国的协议管辖制度进行了统一化的处理。主要的修改成果有三点：一是将国内协议管辖的案件范围扩大至"合同纠纷或其他财产权益纠纷"。在理论上讲，所有的非专属管辖的财产权益纠纷（比如票据纠纷、涉财产类侵权纠纷等）均可以进行协议管辖。二是将国内协议管辖可选择法院的范围扩大至"与争议有实际联系地点的人民法院"，不再局限于原先的五个连接点。三是国内协议管辖增加了应诉管辖的内容，正式确立了一体适用于所有民事诉讼案件的默示协议管辖制度，从而建立了完整、统一的协议管辖制度。值得注意的是应诉管辖有两个条件，一是消极条件，即"当事人未提出管辖异议"，二是积极条件，即"应诉答辩"。

（二）公司诉讼以及部分非讼案件管辖规定的增加

随着社会主义法治建设的不断推进，我国各类立法逐步完善。2005年10月27日，我国通过了对于《公司法》的最新修正，该修正案于2006年1月1日起施行。2007年3月16日我国通过了《物权法》，该法于2007年10月1日起施行。2010年8月28日我国通过了《人民调解法》，该法于2011年1月1日起施行。作为调整民商事纠纷的基本程序法，《民事诉讼法》的修正有必要根据这些实体法以及特别程序法的最新立法作出调整。2007年的民事诉讼法修正案主要关注的是再审程序与执行程序，只是一次"小改"。今年的这次修改涉及整部民事诉讼法的调整，因此在管辖制度方面就作出了一些与相关实体法或特别程序法内容相配套的规定。

首先看新增的公司诉讼管辖条款。随着我国社会主义市场经济的不断完善,涉公司类诉讼逐年增多。公司诉讼也越来越受到重视。2011年8月最高人民法院提出的《关于〈中华人民共和国民事诉讼法〉修改立法建议稿》明确提出增加"关于公司诉讼的程序规定",并列出了11个建议条文。其中第1条的内容为:"公司、公司股东和公司的债权人因公司设立、出资、经营管理、分配利润、公司解散、清算等发生纠纷,应当适用《中华人民共和国公司法》审理的案件,由公司住所地人民法院管辖。"最高人民法院2008年5月5日通过的《关于适用〈中华人民共和国公司法〉若干问题的规定(二)》第24条也明确规定:"解散公司诉讼案件和公司清算案件由公司住所地人民法院管辖"。这些因素共同推动本次民事诉讼法修正案增加了公司诉讼的管辖(即新法第26条)。从内容上看,公司诉讼的管辖条文与最高法的建议稿基本保持一致;从位置上看,公司诉讼的管辖定位为一种特殊地域管辖。

其次看调解协议司法确认案件的管辖。调解协议的司法确认案件在性质上可归入非讼案件。明确相关案件的管辖规定有利于推动调解机制与诉讼机制的有效衔接。2010年《人民调解法》第33条规定:"经人民调解委员会调解达成调解协议后,双方当事人认为有必要的,可以自调解协议生效之日起三十日内共同向人民法院申请司法确认。"其中没有明确规定申请司法确认的具体管辖法院。2009年最高人民法院《关于建立健全诉讼与非诉讼相衔接的矛盾纠纷解决机制的若干意见》第20条明确规定:"经行政机关、人民调解组织、商事调解组织、行业调解组织或者其他具有调解职能的组织调解达成的具有民事合同性质的协议,经调解组织和调解员签字盖章后,当事人可以申请有管辖权的人民法院确认其效力。"这一解释有效扩大了准许申请司法确认的调解协议的范围。最高人民法院2011年3月21日通过的《关于人民调解协议司法确认程序的若干规定》第2条明确规定:"当事人申请确认调解协议的,由主持调解的人民调解委员会所在地基层人民法院或者它派出的法庭管辖。人民法院在立案前委派人民调解委员会调解并达成调解协议,当事人申请司法确认的,由委派的人民法院管辖。"以上述立法与司法解释的相关规定为基础,本次民事诉讼法修正案规定了调解协议司法确认案件由调解组织所在地基层人民法院管辖(新法第194条),内容上涉及的调解协议不限于人民调解协议,性质上属于非讼案件的专属管辖。

再次看实现担保物权案件的管辖。2007年《物权法》在第四编通过71个条文对"担保物权"作了详细的规定。基于担保物权人在债务人不履行到期债务或者发生当事人约定的实现担保物权的情形下,依法享有就担保财产优先受偿的权利(但法律另有规定的除外)。实现担保物权案件属于一种典型的非讼案件。正是为了实现与《物权法》相关规定的有效衔接,民事诉讼法中新增了"实现担保物权案件的管辖规定"(新法第196条)。

(三)管辖权"下放性转移"的限制

管辖权转移通常直接在上下级法院之间进行,是对级别管辖制度必要的补充与微调。按照原民事诉讼法第 39 条的规定,我国的管辖权转移分为两种情形:一是"上调性转移",具体是指上级法院将下级法院管辖的第一审民事案件调上来由自己审理或者下级法院报请上级法院审理自己管辖的一审案件;二是"下放性转移",具体是指经上级法院决定或者同意,将其管辖第一审民事案件交给下级法院审理。虽然我们不能说上级法院的审案水平一定比下级法院高,但一般来讲,上级法院配备的法官应当具有更高的素质,其审理案件的能力也更让当事人信服。因此"上调性转移"受到的诟病较少。学界批评的矛头也主要集中在"下放性转移"上。实务操作中甚至出现了下级法院受理了应由上级法院管辖的案件以后,再向上级法院请求将案件的管辖权下放的做法。这样做的原因很多时候是因为原告追求故意规避级别管辖以及法院滥用管辖权转移制度所致①。原告规避的目的在于自己在基层法院更容易疏通关系或者希望自己所在的中级法院成为本案的终审法院。下级法院滥用管辖权转移的原因则是出于对经济利益的考虑或者实施地方保护主义。这不仅侵蚀了原有的级别管辖制度,不利于防范地方保护主义,更导致司法不公,损害了法院的权威与声誉。

早在 1996 年,学者李浩就明确主张限制或者删除"下放性转移"的规定②。其主张删除"下放性转移"的理由在于:一是与确定级别管辖的原理相矛盾;二是不利于严格执行民事诉讼法;三是削弱了民事诉讼法为正确处理重大案件所提供的程序保障;四是不符合诉讼经济的要求;五是不符合对级别管辖进行"微调"的一般规律;六是我国修订后的刑事诉讼法已删除了管辖权下放性转移的规定③。2009 年 7 月 20 日最高人民法院出台的《关于审理民事级别管辖异议案件若干问题的规定》第 4 条与第 5 条专门对管辖权的"下放性转移"进行了必要的限制④。由上不难看出,诉讼法学界与实务界均认同"下放性转移"确实存在问题。

正是基于以上原因,2011 年 10 月发布的《中华人民共和国民事诉讼法修正案(草案)》第 6 项直接删除了管辖权"下放性转移"的规定,仅保留了"上调性转

---

① 江伟主编:《民事诉讼法专论》,中国人民大学出版社 2005 年版,第 140 页。
② 李浩:《民事诉讼级别管辖存在的问题及其改进》,载《现代法学》1996 年第 4 期。
③ 详见李浩:《管辖权下放性转移若干问题研究——兼论我国民事诉讼法第 39 条之修改》,载《法学评论》1998 年第 1 期。
④ 第 4 条规定:"上级人民法院根据民事诉讼法第 39 条第 1 款的规定,将其管辖的第一审民事案件交由下级人民法院审理的,应当作出裁定。当事人对裁定不服提起上诉的,第二审人民法院应当依法审理并作出裁定。"第 5 条规定:"对于应由上级人民法院管辖的第一审民事案件,下级人民法院不得报请上级人民法院交其审理。"

移"的内容①。应当说这一修改方案比较干净利落,既符合民事诉讼的基本原理,又实现了诉讼法内部的协调与统一。但最终通过的修正案却采取了限制管辖权"下放性转移"的保守做法,要求"下放性转移"应当"报请其上级人民法院批准"。采取保留做法可能的考虑是:确实有一些案件交由下级法院审理更为方便②,一律禁止"下放性转移"会增加上级法院的工作负担;增加上级人民法院审批程序能够有效防止规避级别管辖与防范地方保护主义;现有的司法解释已对"下放性转移"作了必要的限制。但这种做法能否起到良好的效果,还有待实践的检验。

(四)证据保全与保全管辖的进一步明确

证据保全是对证据加以固定和保护的重要制度,包括诉讼中的证据保全与诉前证据保全两种。但我国1991年民事诉讼法只规定了诉讼中的证据保全,而没有规定诉前证据保全,这明显不利于充分保障当事人收集证据的权利。实践中,当事人在起诉前往往只能通过公证机关公证的方式来达到诉前证据保全的目的。此后不少法律对特定类型的案件规定了诉前证据保全制度,比如《海事诉讼特别程序法》第63条规定:"当事人在起诉前申请海事证据保全,应当向被保全的证据所在地海事法院提出。"《著作权法》第51条第1款规定:"为制止侵权行为,在证据可能灭失或者以后难以取得的情况下,著作权人或者与著作权有关的权利人可以在起诉前向人民法院申请保全证据。"《商标法》第58条第1款与《专利法》第67条第1款都作了类似的规定。相关的司法解释也有相关的规定③。而1994年《仲裁法》也没有规定申请仲裁前的证据保全制度。为了更好

---

① 中国人大网:《民事诉讼法修正案(草案)条文及草案说明》,http://www.npc.gov.cn/npc/xinwen/syxw/2011-10/29/content_1678367.htm,下载日期:2012年9月1日。

② 对"下放性转移"修正案定稿采取"限制"而不是删除的一个重要原因是:"最高人民法院提出,原则上上级法院不宜将本院的民事案件交下级法院审理,但民事案件情况复杂,有的案件如破产程序中的衍生诉讼案件,交下级法院审理更有利于当事人参加诉讼,节约诉讼资源。"参见张洋、毛磊:《民事诉讼法修改进入三审》,http://www.npc.gov.cn/huiyi/cwh/1128/2012-08/28/content_1734481.htm,下载日期:2012年8月30日。

③ 如最高人民法院《关于对诉前停止侵犯专利权行为适用法律问题的若干规定》第16条第1款规定:"人民法院执行诉前停止侵犯专利权行为的措施时,可以根据当事人的申请,参照民事诉讼法第74条的规定,同时进行证据保全。"《关于诉前停止侵犯注册商标专用权行为和保全证据适用法律问题的解释》第1条第一款规定"商标注册人或者利害关系人可以向人民法院提出诉前责令停止侵犯注册商标专用权行为或者保全证据的申请",第2条规定"诉前责令停止侵犯注册商标专用权行为或者保全证据的申请,应当向侵权行为地或者被申请人住所地对商标案件有管辖权的人民法院提出";《关于审理著作权民事纠纷案件适用法律若干问题的解释》第1条规定了人民法院受理"申请诉前停止侵犯著作权、与著作权有关权益行为,申请诉前财产保全、诉前证据保全案件"。

地保障当事人收集证据的权利,也为了更好地实现民事程序法与相关实体法的接轨,本次修正案专门增加了"提起诉讼或申请仲裁前的证据保全"。而明确此类证据保全的管辖问题则是细化证据保全制度的重要内容。所选的连接点也比较科学,对本案有管辖权的法院当然有权管辖诉前证据保全案件,证据所在地法院管辖的主要是实物证据的保全,被申请人住所地法院管辖的则主要是言词证据的保全。

我国原民事诉讼法只规定了财产保全制度,而没有规定行为保全制度。司法实践中,不少民事诉讼案件尤其是侵权案件,经常需要禁止当事人作出某种行为或者要求其作出某种行为,才能有效制止侵权的发生,防止损害的扩大。我国不少法律已经作了相关的规定。比如《著作权法》第 50 条规定:"著作权人或者与著作权有关的权利人有证据证明他人正在实施或者即将实施侵犯其权利的行为,如不及时制止将会使其合法权益受到难以弥补的损害的,可以在起诉前向人民法院申请采取责令停止有关行为和财产保全的措施。"《专利法》第 66 条第 1 款、《商标法》第 57 条也规定了类似的诉前禁令制度。《海事诉讼特别程序法》第四章则专门规定了海事强制令制度。正是基于保护当事人权利的客观需要以及知识产权法以及特别程序法已有制度的启示,此次民事诉讼法修正案进一步完善了保全制度,首次对行为保全制度作出规定,建立了更为完整的保全制度,同时也就新增了"提起诉讼或申请仲裁前保全"的管辖规定(新法第 101 条第 1 款)。

(五)再审管辖相关条款的调整

本次民事诉讼法修正案对再审管辖的一个重要修改就是对申请再审管辖法院"上提一级"的规定进行了再次调整。2007 年民事诉讼法修正案基于解决"申诉难"这一主要修法目的,规定当事人申请再审案件的管辖全部"上提一级"。其理由在于:一是在当前的司法环境下,当事人对作出生效裁判的原审法院普遍缺乏信任;二是由原审法院受理、审查当事人的再审申请在实践中也存在一定的障碍;三是原来的规定在审判实践中造成了一定的管辖混乱状况①。有学者明确指出:"尽管将再审申请的管辖法院上提一级符合当事人和社会大众的整体愿望,也有助于提升人们对审判监督程序的信赖感,但这样的修改并非是没有问题的",比如"上提一级"在很多情况下并不符合诉讼的便利性原则,也不符合各国再审程序设计的一般规律,更重要的是导致大量的申请再审案件涌向高级法院

---

① 最高人民法院民事诉讼法修改研究小组编著:《〈中华人民共和国民事诉讼法〉修改的理解与适用》,人民法院出版社 2007 年版,第 17~19 页。

和最高法院①。2007年修改后的再审案件审理状况充分验证了这一点。这就导致本次修改中,最高人民法院强烈要求修改"上提一级"的再审管辖规定。但毕竟2007年才刚刚对再审管辖进行调整,完全改回去肯定说不过去。因此,2011年10月发布的《民事诉讼法修正案(草案)》第40项在原有条文的基础上,新增了"发生在公民之间的案件可以向原审人民法院申请再审"的内容②。而最终修正案第43项又根据最高人民法院等方面的意见,新增"当事人一方人数众多的案件,也可以向原审人民法院申请再审",理由是"有些案件当事人一方人数较多,由原审人民法院再审,有利于查清事实,将纠纷解决在当地"③。最终形成了一个折中方案,即部分再审案件(当事人一方人数众多或者当事人双方为公民的案件)可以向原审人民法院申请再审。这样既保留了"上提一级"的部分改革成果,又回应了实务界尤其是最高人民法院与高级法院缓解压力的客观诉求。

关于"管辖错误"是否应当作为再审事由,自民事诉讼法2007年修订以来就一直争论不休。学界的观点大体上分为两种。一种是支持的观点。学者汤维建曾经专门撰文提出"'管辖错误'作为再审事由不宜删除",并认为"管辖错误"作为再审事由具有多种价值,包括:弘扬了程序正义的独立价值;体现了立法者通过管辖制度破解地方保护主义的努力;体现了对当事人诉权的充分保障;有助于调控审判权的公正行使;有助于在实践层面解决管辖乱象④。学者李浩也主张"管辖错误"作为再审事由应当予以保留,并认为如果这一理由能够"按照《审监解释》限定的范围⑤,并辅之以再审的补充性原则予以适用,应当是一种能够更好地达至纠正错误与维护裁判稳定两者间平衡的方案"。⑥ 另一种是反对的观点。学者张卫平、潘剑锋等均主张"管辖错误不宜作为民事再审的事由"⑦。主要的依据是理论上管辖确定错误不会对案件结果产生实质影响;违反一般管辖

---

① 赵钢、刘学在:《民事审监程序修改过程中若干争议问题之思考》,载《中国法学》2009年第4期。

② 中国人大网:《民事诉讼法修正案(草案)条文及草案说明》,http://www.npc.gov.cn/npc/xinwen/syxw/2011-10/29/content_1678367.htm,下载日期:2012年9月1日。

③ 陈丽平:《民事诉讼法修改:人数众多案可由原审法院再审》,http://www.npc.gov.cn/huiyi/cwh/1128/2012-08/28/content_1734493.htm,下载日期:2012年8月31日。

④ 汤维建:《"管辖错误"作为再审事由不宜删除》,载《法学家》2011年第6期。

⑤ 即最高人民法院发布的《关于适用〈中华人民共和国民事诉讼法〉审判监督程序若干问题的解释》第14条的内容。

⑥ 李浩:《管辖错误:取消还是保留——兼析〈民事诉讼法修正案(草案)〉第41条》,载《政治与法律》2012年第4期。

⑦ 张卫平:《管辖错误不宜作为民事再审的事由》,载《人民法院报》2007年9月18日第6版;潘剑锋:《论"管辖错误"不宜作为再审事由》,载《法律适用》2009年第2期。

规则的主要法律后果是给法院和当事人进行诉讼带来不方便;管辖权异议制度已经为当事人提供了较为充分的救济途径;因"管辖错误"提起再审,成本太高;将管辖事项纳入再审事由并不能解决地方保护主义问题等。最终本次民事诉讼法修正案采用了后十一种观点,选择将"管辖错误"这一再审事由删去。

三、新修民事诉讼管辖条款之得失

（一）新修民事诉讼管辖条款之得

全国人大法工委在《关于〈民事诉讼法修正案（草案）〉的说明》中提到,此次修改工作的要点包括:"总结民事诉讼法实施的经验"、"针对实践中出现的新情况新问题"、"进一步保障当事人的诉讼权利"、"遵循民事诉讼的基本原理"、"注重有效解决民事纠纷"等等。① 总体来看,有关管辖条文的修订基本遵循这些工作要点,取得了显著的进步。主要体现在：

1. 有效吸收民事诉讼法学界的先进研究成果。本次修改在管辖制度的完善上吸收了不少民事诉讼法学界的先进研究成果,主要体现在:建立了内外统一、类型齐全的协议管辖制度;完善了诉前证据保全的管辖;正式确立了行为保全的管辖;限制管辖权的"下放性转移"等。这些规定在客观上均有利于更加有效地保障当事人的诉讼权利。

2. 非常注重与民事实体法、特别程序法的对接与配合。一方面,本次修正案修订管辖制度时非常注重与《公司法》、《物权法》、《著作权法》、《商标法》、《专利法》等民事实体法的对接。比如,按照《公司法》的需求与公司诉讼的特点,设置了公司诉讼的管辖;配合《物权法》的担保物权编,规定了实现担保物权案件的管辖;参考知识产权类法律所规定的诉前证据保全与诉前禁令制度,健全了证据保全制度,创设了行为保全制度。另一方面,本次修改也适当关注与《人民调解法》、《仲裁法》、《海事诉讼特别程序法》等特别程序法的配合。比如,专门规定了调解协议司法确认案件的管辖,兼顾申请仲裁前的证据保全管辖以及行为保全的管辖问题,吸收了海事程序法关于海事请求保全、海事强制令、海事诉前证据保全管辖规定的经验。

3. 积极缓解与应对司法实践面临的困境。2007 年修正案中将再审申请管辖法院"上提一级",结果导致最高人民法院与各高级人民法院审查再审案件的工作压力急剧增大。这引发了高级以上法院部门对这一规定的强烈不满。为了解决原有再审申请"上提一级"条款过于僵化的问题,本次修正案规定了"当事人一方人数众多或者当事人双方为公民的案件,也可以向原审人民法院申请再

---

① 中国人大网:《民事诉讼法修正案（草案）条文及草案说明》,http://www.npc.gov.cn/npc/xinwen/syxw/2011－10/29/content_1678367.htm,下载日期:2012 年 9 月 1 日。

审",实际上是将相当一部分申请再审案件的管辖权重新下放到了原审法院。同时本次修正案在修订管辖权"向下转移"的制度时也有所保留,并没有如最初所设想的那样直接"删去",而是采取了进行"限制"的做法。这也为上级法院必要时通过管辖权向下转移"减负"留下了空间。

(二)新修民事诉讼管辖条款之失

如前所述,新修正案对于管辖部分的修订取得了显著的成绩,在很多制度规定上突破了既有的藩篱。但也不容否认,这次修订也存在一些瑕疵并可能带来一些新的问题。

1.统一后的协议管辖制度存在不足。协议管辖制度本身凸显的是当事人合意选择管辖法院的权利。扩大协议管辖可选法院的范围,放宽协议管辖的形式要件是大势所趋。此次修改在具体制度的安排上仍然显得过于保守。这体现在:一是统一后的协议管辖制度缩小了涉外案件可选法院的范围。按照原民事诉讼法第242条的规定,涉外案件的当事人不仅可以选择我国法院管辖,也可以选择外国法院管辖。但此次修改后,统一适用的协议管辖条款只允许选择"人民法院管辖",实际上缩小了涉外案件当事人可选法院的范围,立法有倒退之嫌。二是协议管辖的形式要件依然过于严格,仅限于"书面"。不少学者建议放宽协议管辖的形式要件[1],主要的理由有两点,一是人类进入E时代,当事人作出意思表示的形式也应当多样化;二是我国《合同法》已对订立合同的形式采取了比较灵活的做法,比如规定"当事人订立合同,有书面形式、口头形式和其他形式","书面形式是指合同书、信件和数据电文(包括电报、电传、传真、电子数据交换和电子邮件)等可以有形地表现所载内容的形式。"因此笔者建议民事诉讼法适当放宽对于"书面"的解释。

2.公司诉讼管辖的定性有欠考虑。本次民事诉讼法修订将公司诉讼定位为一种特殊地域管辖,条文设计没有包含"被告住所地"这一连接点。这与学界对于公司诉讼的认识有所偏差。学者江伟主持的民事诉讼法专家建议稿明确将"因公司、合伙企业的成立、解散、清算发生纠纷提起的诉讼"规定为一种专属管辖,理由是"这类诉讼可能为民事诉讼,也可能为行政诉讼。不管为何种诉讼,该类纠纷往往涉及行政主管机关,各国一般规定为专属管辖"[2]。学者张卫平主持的民事诉讼法修改建议稿也将"因公司、合伙企业的有效设立、解散和清算提起的诉讼以及因股东会、董事会决定的有效性提起的诉讼"规定为一种专属管辖,

---

[1] 陈爱武:《合意管辖制度:法理、问题与对策》,载《南京师范大学学报》2001年第3期。
[2] 江伟主编:《民事诉讼法典专家修改建议稿及立法理由》,法律出版社2008年版,第26页。

理由是此类纠纷很可能会涉及当事人之外其他人的利益①。随着我国经济的高速发展,与公司相关的诉讼逐步增多,公司诉讼涉及的范围也越来越大,具有很强的公益性。因此笔者赞同上述学者的意见,建议将之规定为一种专属管辖。

3. 没有彻底删去管辖权"下放性转移"条款留下隐患。管辖权的"下放性转移"存在很多弊端,前文已经介绍了。本来是级别管辖的补充和微调,管辖权的"下放性转移"却逐渐在侵蚀级别管辖制度设计的目的,成为下级法院谋取地方与部门私益以及上级法院减轻工作压力的"暗渠"。既然上级法院有很强的"减负"愿望,规定"下放性转移""应当报请其上级人民法院批准"的意义究竟有多大呢?对于最高人民法院来讲,根本没有所谓"上级人民法院",也就意味着本次修改对最高法进行管辖权的"下放性转移"丝毫没有影响。结合本次再次修订的关于"再审申请管辖法院"的规定,即使上级法院尤其是最高人民法院受理了再审申请以后,在很多时候下都可以将案件进行"下放性转移",当事人通过最高人民法院审理再审案件的机会无疑被大大压缩,这是否有利于切实保障当事人的合法权益,笔者不无担心。

4. 诉前证据保全案件的"被申请人住所地"这一管辖连接点的表述不够严谨。根据笔者的理解,诉前证据保全案件的三个连接点中,"证据所在地"主要针对的是实物证据,而"被申请人住所地"主要针对的是言词证据。关于诉前证据保全的管辖,我国台湾地区"民事诉讼法"第369条规定为:"受讯问人住居地或证物所在地之地方法院"管辖;《日本民事诉讼法》第235条规定为"应当向受询问的人或持有文书的人居所或者勘验物所在地的法院提出"。《德国民事诉讼法》第486条规定:"应当向就本案为裁判的法院提出;有急迫的危险时,申请也可向应讯问或应鉴定的人所在的、或应勘验或应鉴定的物所在的法院提出。"管辖法院的选择应当以便于及时采取保全措施为标准,修正案中提供多个管辖连接点确定保全法院无疑是正确的。但"被申请人住所地"的表述不严谨,被申请人是指"被申请进行证据保全的人"还是"被申请配合证据保全的人",意思表述模糊,因此笔者建议借鉴国外以及我国台湾地区的规定,将这一连接点改为"受询问人住所地"。

5. 再审申请管辖法院规定的修改思路存在偏差。当事人申请再审管辖法院的设定,一方面要考虑到上级法院的工作压力,另一方面更要考虑到当事人的程序主体地位。上级法院不能因为案件压力大,而推诿或拒绝管辖当事人向其申请再审的案件,也不能因为多数当事人更愿意到上一级法院申请再审而无视一些当事人愿意选择向原审法院申请再审的客观需求。从这个角度讲,2007年修改之前的规定"当事人可以向原审人民法院或者上一级人民法院申请再审"是没

---

① 张卫平主编:《民事程序法研究》(第7辑),厦门大学出版社2011年版,第7、114页。

有问题的。关键是在实际操作中,上级法院并没有尊重当事人对于申请再审管辖法院的选择权,而是一般将再审案件压至原审法院审查。虽然,从方便审理的角度,国外的再审一般规定由当事人向原审法院提出,由原审法院进行再审的审查与审理,但为了回应我国民众普遍担心原审法院难以公正裁决的大众心理,最终2007年修正案采取了将申请再审的管辖法院"上提一级"的做法,其本意是防止上一级法院无故拒绝当事人向其提出的再审申请,结果导致上级法院压至原审法院的再审案件一下子涌向了上级法院,最高人民法院与高级法院的工作压力陡然增大。为此,本次修正案再次修改这一条文,新增"当事人一方人数众多或者当事人双方为公民的案件,也可以向原审人民法院申请再审"。实际上给了上级法院重新将此类案件的再审申请压至下级法院的机会。这在本次修正案只对管辖权"下放性转移"的规定进行限制而没有删去的背景下更是如此。法院如果不能真正树立尊重当事人选择权的工作思路,上述规定很可能异化为此类案件一般只能向原审法院申请再审。

6. "管辖错误"作为再审事由的"来去匆匆"折射出立法的不稳定性。在2007年的民事诉讼法修订中,"管辖错误"顶着理论界的质疑、最高人民法院的反对,最终通过全国人大常委会的第三次审议,成为15种法定再审事由之一。显然这一修改有着强烈的回应社会"申请再审难"的影子。入法以后,为了更好地适用这一规定,最高人民法院在《审监解释》中将之作了限缩性解释,仅限于违反专属管辖、专门管辖以及其他严重违法行使管辖权等三种情形。此外最高人民法院坚持再审的补充性原则,如果申请人在原审中不提出管辖权异议,或者异议被驳回后不上诉,则法院将不支持以管辖错误为由申请再审。可以说这一事由经过最高法的限缩,已经能够进行良性运转。本次最高法提出的民事诉讼法修改立法建议稿也没有再提及删去这一再审事由的内容。全国律师协会提交的《律师建议稿》也明确主张保留管辖错误作为再审事由。正如有学者所指出的,"尽管有不少学者提出了批评意见,但主张完全取消这一再审事由的却没有"。[①]但是即使在这种争议较大的情况下,此次修改非常干脆地删去了这一条文。一项刚刚增设短短四年的立法条文,在入法时没有进行合理论证,在删去时也没有考虑现实需求,最终成为一项"来也匆匆、去也匆匆"的立法,折射出立法的不稳定性。

四、民事诉讼管辖制度进一步完善的方向

除了上述问题外,民事诉讼管辖制度存在的更大问题是整体体系设计中存

---

① 李浩:《管辖错误:取消还是保留——兼析〈民事诉讼法修正案(草案)〉第41条》,载《政治与法律》2012年第4期。

在的缺陷，主要表现为级别管辖制度的设计缺乏合理性，一般管辖、特殊管辖、专属管辖、协议管辖等地域管辖基本概念的定位与关系比较混乱。这将是民事诉讼管辖制度进一步完善的方向。

（一）真正实现级别管辖的"升级"

首先，笔者赞同有些学者提出的"借鉴大陆法系国家事物管辖的规定，实现我国的级别管辖向事物管辖的回归，将第一审案件的管辖权限定在基层法院与中级法院之间进行分配"。① 我国四级法院都可以受理第一审案件的级别管辖制度忽略了事实问题与法律问题、私人利益与公共利益、个案解决与统一法律规则之间的差异，不利于充分实现上下级法院应有的职能分工需求，不利于与世界各国法院管辖制度的发展潮流接轨。其次，关于级别管辖的确定标准方面，传统的以案件性质、繁简程度以及影响范围来确定管辖的标准本身具有较高的相对性与不确定性。从立法技术的角度，以争议标的额作为划分财产类案件级别管辖的标准更为客观与直观，对于非财产类案件的管辖则应辅之以案件性质、类型为确定标准。

（二）重新界定一般管辖及其与特殊管辖的关系

大陆法系国家只有在特定情形下，比如保护性管辖条款中②，才将"原告住所地"作为管辖法院连接点，并归结为一种特殊管辖制度；而一般管辖仅包括"被告住所地"这一个连接点。同时特殊管辖与一般管辖之间是竞合适用关系，当事人可以选择适用特殊管辖或一般管辖的规定。相比其他大陆法系国家，我国一般管辖与特殊管辖的规定有两点特色，一是在一般管辖中引入"原告住所地"作为"例外"连接点，且"例外"排除一般原则的适用；二是特殊管辖中引入了"被告住所地"这一连接点。我国对于民事一般管辖与特殊管辖制度设计的弊端在于：破坏了二分制架构本身的意义，特殊管辖与一般管辖形成了排斥适用关系；造成了特殊管辖与一般管辖"例外"规定的冲突；无法厘清个别特殊管辖条款与专属管辖的界限③。我国下一步的立法修改应当将一般管辖与特殊管辖的关系还原为竞合适用或者选择适用的状态。一般管辖应以"被告住所地"作为唯一的确定因素。特殊管辖一般根据诉讼标的物或法律事实等作为确定因素，特殊情况下

---

① 肖建国：《民事诉讼级别管辖制度的重构》，载《法律适用》2007年第6期。

② 保护性管辖不是一种新的管辖形式，只是吸收了"原告住所地"这一连接点作为衡量管辖法院的因素，是对大陆法系原有一般管辖和特殊管辖的补充，可以定位为一种更为特殊的特殊管辖，因为一般的特殊管辖仅以诉讼标的物所在地或法律事实等因素作为确定因素。保护性管辖旨在"重新分配诉讼成本、诉讼风险在原、被告间的比例，进而对处于特殊情况下的原告以及特殊原告如弱势群体进行倾斜性保护。"参见廖永安：《我国民事诉讼地域管辖制度之反思》，载《法商研究》2006年第2期。

③ 王次宝：《民事一般管辖与特殊管辖的冲突及其消解》，载《当代法学》2011年第6期。

以原告住所地作为确定因素(比如保护性管辖的情形)。反映在立法中,即是将七类特殊管辖中所包含的"被告住所地"这一连接点删掉,避免一般管辖与特殊管辖竞合适用下的重复建设。公司诉讼、海难救助费用、共同海损诉讼三类特殊案件本来就无"被告住所地"这一连接点,条款表述不变,如果不考虑并入专属管辖,可竞合适用"被告住所地"这一连接点。

(三)积极处理特殊管辖规定的重复建设问题

特别管辖条款的"重复建设"问题集中表现在对于合同纠纷与侵权纠纷的规定上。《民事诉讼法》第24条规定了合同纠纷的特殊管辖,同时又分别在第26条和第28条规定了保险合同与运输合同的特殊管辖,基本属于"重复建设"。相比其他合同纠纷,比如加工承揽合同、财产租赁合同等,这两类合同没有明显的特殊性。立法者完全可以将"保险标的物所在地、运输始发地与目的地等"视为该类合同的履行地,直接适用第24条。《民事诉讼法》第29条关于侵权纠纷的特殊管辖规定与第30条关于交通事故纠纷、第31条关于海损事故纠纷的特殊管辖规定之间也存在类似的问题,只是相比之下,两类侵权纠纷具有较高的特殊性,分开规定的价值比几类合同纠纷要高一些。在我国目前的立法体制下,上述问题完全可以通过司法解释加以解决,单独规定的价值并不高。

(四)彻底调整专属管辖的定位与范围

大陆法系国家的民事专属管辖一般包括职能专属管辖、事物专属管辖与地域专属管辖三个方面。而我国的专属管辖则从属于地域管辖之下。依据大陆法系国家的理论解读我国的专属管辖制度,不难发现我国的专属管辖概念过于狭窄,一些重要事项被排除在专属管辖之外[①]。具体的修改建议包括:

一是建议引进广义的专属管辖概念。广义上的专属管辖是一种独立于地域管辖、级别管辖之外的、与任意管辖相对的管辖。我国现行立法将专属管辖限缩于地域管辖之下,实际上是混淆了根据不同分类标准确定的管辖种类。在此基础上,对其他管辖类型进行配套调整,包括:扩大协议管辖的适用范围,允许对于所有非专属管辖民事案件合意选择管辖法院;引入职能管辖的概念,并明确其专属管辖的地位等。

二是建议修改新《民事诉讼法》第33条的专属管辖规定。第1项修订为"因不动产物权纠纷提起的诉讼,由不动产所在地人民法院管辖"。第2项予以删除,建议在《海事诉讼特别程序法》中将港口作业纠纷规定为一类特殊地域管辖。第3项予以删除,建议在特殊地域管辖部分增加一条,表述为:"因继承遗产纠纷提起的诉讼,由被继承人死亡时住所地的人民法院管辖。"

三是建议根据最新的社会发展情况,增设环境污染诉讼、人事诉讼以及部分

---

① 王次宝:《我国民事专属管辖制度之反思与重构》,载《现代法学》2011年第5期。

公司诉讼的专属管辖规定。具体来讲,对于环境污染诉讼的专属管辖可以表述为:"因环境侵害提起的诉讼,由侵权行为地人民法院专属管辖。"人事诉讼的专属管辖可根据我国人事诉讼程序的具体设计加以规定,至少应包括婚姻案件、收养案件以及亲子关系案件的专属管辖。对于公司诉讼的专属管辖,可以暂增设"关于确认公司股东会或者股东大会、董事会决议无效的案件,请求撤销上述决议的案件,请求法院解散公司的案件由公司所在地的人民法院专属管辖"。

(五)妥善协调协议管辖与专属管辖的关系

协议管辖与专属管辖能否全面对接是学界比较关注的问题。学界对于扩大我国协议管辖的适用范围基本形成共识,主要有两种观点,一是适用于所有的财产权益纠纷案件,二是适用于专属管辖之外的所有民事案件。本次民事诉讼法修改实际上已经将协议管辖的适用范围扩大至财产权益纠纷。有学者提出"在目前阶段,完全适用专属管辖作为协议管辖的边界,是有困难的","原因在于目前的专属管辖案件范围不明确"①。言下之意,如果把专属管辖的案件范围梳理清楚,完全可以专属管辖作为协议管辖的边界。笔者赞同将协议管辖与专属管辖的范围进行衔接,建议引进大陆法系国家广义专属管辖的概念来界定我国专属管辖的种类与案件,并在此基础上规定协议管辖。由于大陆法系国家的人身关系纠纷基本划入专属管辖的范围,在此种情形下,将专属管辖作为协议管辖的边界是行得通的。

---

① 郭翔:《论我国民事地域管辖制度的完善》,载《清华法学》2011年第3期。

送达制度:实践逼出的改革

刘哲玮[*]

送达,是指在民事诉讼过程中,司法机关按照一定的方式,将法律文书、诉讼文书交付给应当收受文书的当事人和其他诉讼参与人的诉讼行为。在我国,送达是人民法院的职权行为,是法院组织诉讼、协调各方当事人和诉讼参与人诉讼活动的手段之一。

送达是民事诉讼中的一项技术手段,并不涉及太多的理论问题,因而在传统的民事诉讼法学研究中没有显赫的地位。在本次民事诉讼法修订之前,理论界关于送达的讨论寥寥无几。但是,在司法实务部门看来,送达却是人民法院在民事诉讼中最为头疼、亟待改革的事项之一。各地人民法院也围绕着送达的改革进行了各式各样的试验。在此基础上,2012年民事诉讼法修正案对送达制度作出了调整。在一共60项的修正案中,第18项、第19项、第59项三项均直接涉及送达制度的改革,第26项也与送达制度有密切联系。对于在民事诉讼中居于辅助地位的送达制度,却用如此多的篇幅进行改革,可见本次修订对该制度的重视。

一、修正案对送达制度的改革

1991年民事诉讼法典在第七章第二节中规定了国内民事诉讼的送达制度,主要内容包括直接送达、留置送达、委托送达、邮寄送达、转交送达、公告送达等送达方式,以及送达回证这一证明性文件。此外,在第二十五章中用一个条文规定了涉外民事诉讼中特殊的送达方式。

2012年民事诉讼法修正案的改革主要包括以下方面:

(一)留置送达程序的扩展

留置送达是指受送达人或者其同住的成年家属拒绝接受诉讼文书时,送达人按照法定的程序,将诉讼文书留在受送达人的住所,视为完成送达。由于留置送达具有很大的强制性,且受送达人存在明确拒绝的情形,因此在法定程序上有十分严格的要求。1991年民事诉讼法典规定的留置送达方式只有一种,即送达

---

[*] 作者系北京大学法学院讲师,法学博士。

人应当邀请有关基层组织或受送达人所在单位的代表到场见证,在向其说明情况后,送达人在送达回证上记明拒收事由和日期,由送达人、见证人签名或盖章后,把诉讼文书留在受送达人的住所。

本次修订保留了上述留置方式,同时新增了一项留置送达的程序,即在受送达人拒绝接受诉讼文书时,人民法院的送达人员可以直接将文书留在受送达人的住所,并采用拍照、录像等方式记录送达过程。与原有留置送达的方式相比,此种新增的方式不需要邀请其他人员的陪同、见证,而是由法院的送达人员独立完成。这可以有效地解决当相关单位拒绝见证时,人民法院无法留置送达的困境,有助于提高送达的效率。

(二)电子送达方式的增加

电子送达是指人民法院借助传真、电子邮件等信息技术和通信技术,向受送达人交付相关诉讼文书。

《民事诉讼法》制定于1991年,彼时信息技术、通信技术等科技手段尚不发达,因而并未将电子送达作为一种法定的送达手段。但20世纪90年代正是信息化技术掀起第三次科技革命的时期,而进入到21世纪后,人类社会更是迈进了互联网时代。文书传递的无纸化在各行各业中都已经开始普及,电子商务、电子政务等领域中利用信息技术和通信技术,都极大地提高了工作的效率,降低了沟通的成本,确保了信息的安全。在司法领域,不少国家和地区也开始增加电子送达的文书交付方式,以便提高司法的效率和质量。[1] 我国很多地方的人民法院,也开始了电子送达的试点。最高人民法院在总结各地经验的基础上,于2003年颁布的《关于适用简易程序审理民事案件若干问题的规定》(以下简称《简易程序规定》)中,确定了在简易程序中可以"采取捎口信、电话、传真、电子邮件等简便方式随时传唤双方当事人、证人。"经过近十年的运行,效果良好,有必要向各种民事诉讼程序和各级人民法院推广。

因此,本次民事诉讼法修订,明确增加了电子送达的条款:首先,在国内民事诉讼中,经过受送达人同意,人民法院可以采用传真、电子邮件等能够确认其收悉的方式送达除判决书、裁定书、调解书以外的各类诉讼文书;其次,在涉外民事诉讼中,人民法院可以采用传真、电子邮件等能够确认受送达人收悉的方式送达诉讼文书。

两相对比,不难看出,涉外民事诉讼中的电子送达在下列两方面更加宽松:第一,放宽了电子送达文书的类型,取消了国内民事诉讼中判决书、裁定书、调解书不能用电子方式送达的规定;第二,降低了电子送达的门槛,取消了"受送达人

---

[1] See Jeremy A. Colby, You've Got Mail: The Modern Trend towards Universal Electronic Service of Process, 51 *Buff. L. Rev.*, Vol. sl, 2003, p. 337.

同意"的前提条件。这样的宽松规定,为涉外送达中电子送达的广泛应用提供了机会。

(三)直接送达条件的保障

直接送达,是指人民法院指派送达人员将诉讼法律文书当面送交给受送达人本人的送达方式。在司法实践中,直接送达是最为普遍和常见的送达方式。然而,直接送达的前提条件是受送达人的送达地址明确。而在实践中,很多当事人并不向法院提供准确的送达地址,导致人民法院无法完成送达,给法院的工作带来了巨大的障碍,也大大延长了送达的时间。

本次民事诉讼法修订中,明确增加了当事人信息提供的义务:首先,原告在起诉状中,除了应当根据现行法律,提供原告的"姓名、性别、年龄、民族、职业、工作单位、住所,法人或者其他组织的名称、住所和法定代表人或者主要负责人的姓名、职务"外,还必须提供原告或原告法定代表人、主要负责人的"联系方式";其次,原告在起诉状中,还必须提供"被告的姓名、性别、工作单位、住所等信息,法人或者其他组织的名称、住所等信息";再次,被告在答辩状中,必须提供"被告的姓名、性别、年龄、民族、职业、工作单位、住所、联系方式;法人或者其他组织的名称、住所和法定代表人或者主要负责人的姓名、职务、联系方式"。

修正案对当事人联系方式、地址等信息提供义务的强化,正是着眼于方便法院获得准确的送达地址,为直接送达提供条件,免除法院送达难的困扰。

(四)转交送达单位的变更

转交送达,是指人民法院将诉讼文书交给受送达人所在机关、单位,让他们转交给受送达人的送达方式。1991年《民事诉讼法》规定的转交送达有三种情况,分别是:(1)受送达人是军人的,通过其所在部队团以上单位的政治机关转交;(2)受送达人被监禁的,通过其所在监所或者劳动改造单位转交;(3)受送达人被劳动教养的,通过其所在劳动教养单位转交。

随着社会的发展,我国的劳动教养和劳动改造制度正面临着改革的契机。通过行政强制法的规范,有望使这种限制公民人身自由的制度脱离行政治罪的非法形态,奠定其合法化、程序化的基础。为了与相关制度协调,2012年民事诉讼法修正案也对转交送达的机构作出了改变,除了保留对军人的转交送达制度外,对被监禁或采取强制措施的受送达人,变更了相关的转交机构:第一,受送达人被监禁的,通过其所在监所转交;第二,受送达人被采取强制性教育措施的,通过其所在强制性教育机构转交。

(五)涉外送达期间的缩短

在涉外送达中,1991年《民事诉讼法》以1965年《关于向国外送达民事或商事司法文书和司法外文书的公约》(以下简称《海牙送达公约》)为蓝本,将涉外邮寄送达中等待回证的期间和涉外公告送达中公告期都确定为六个月。在司法实践中,过长的期间将导致涉外民事诉讼效率低下,且由于此种情况下受送达人往往地址不明确,较长的期间并不能切实有效地保障受送达人的利益。因此,在后续的涉港澳台的区际司法协助中,我国司法部和最高人民法院都将送达中的邮寄等待期和公告期确定为三个月。

2012年民事诉讼法修正案在涉外送达中将送达的期间作出了变更,不再以国际司法协助中的《海牙送达公约》为基础,而是以具有中国特色的区际司法协助为依托,将涉外送达中邮寄送达的等待期和公告送达中的公告期缩短为三个月,从而促进涉外民事诉讼审理时间的压缩,提高涉外民事诉讼的审理效率。

二、送达制度面临的实践困境

从上述诸多的修改内容可以看出,2012年民事诉讼法修正案对送达制度的变革不可谓不大。然而,这些改革只反映了司法实践中送达制度面临的部分困境,从基层的经验看,现行民事诉讼法规定的各种送达方式都面临着严峻的挑战。

(一)"送达难"的现实状况

在直接送达方面,法院在送达时面临着诸多难题,有基层法官总结如下:"一是现场进入难,对公民住所和相关场所、单位难以进入送达。二是受送达人签名难。有的受送达人接受诉讼文书后,拒绝在送达回证上签收。三是身份查明难。直接送达的对象是案件当事人及其他诉讼参与人,查明受送达人的身份对直接送达的准确性与合法性影响很大,有的受送达人拒绝出示证件、亮明身份,给直接送达带来一定难度。"[①]从中可以看出,直接送达的核心问题是,无法准确地找到受送达人,并获得其送达回证。法院作为审判机关,与掌握着大量行政资源的公安机关不同,无论是在信息获取上,还是在强制手段上,人民法院都无力确保准确地找到受送达人,并迫使其在受领诉讼文书后签署送达回证。在司法实践中,直接送达往往演变为"电话受领",即人民法院电话通知受送达人到法院受领法律文书[②]。此种方式的好处在于,人民法院基于自身在民事诉讼中的优势地位将本应自己亲自履行的法定职责转嫁给了受送达人,节约了送达的成本。但不利之处也十分明显:由于电话受领完成了绝大多数案件的送达,导致法院疏于真正的直接送达方式,工作经验十分不足,一旦受送达人拒绝电话受领,法院就将陷入十分被动和慌乱的局面。

---

① 亭湖法院:《民事诉讼中送达难的原因及对策》,http://thqfy.chinacourt.org/public/detail.php?id=215,下载日期:2012年9月8日。

② 根据有关学者的调研,电话受领的文书在某法院的送达比例高达88.8%,参见廖永安:《在理想与现实之间:对我国民事送达制度改革的再思考》,载《中国法学》2010年第4期。

在留置送达方面,最直接的问题有两个:第一,有关基层组织拒绝到场见证。在熟人社会中,受送达人所在的基层组织或单位与其联系要远远大于和人民法院的联系,出于人情世故的考虑,相关机构往往不愿派代表到场见证,给法院的留置送达造成了障碍。第二,留置文书的地点限定过窄。留置送达要求把诉讼文书留在受送达人的住所或从业场所,这就要求留置送达必须先确定受送达人的住所或从业场所。而现实中,此类受送达人往往居无定所,在人民法院费尽心机终于找到受送达人时,却可能由于地点的限制,在其拒绝接受诉讼文书时,无法找到留置文书的处所,从而导致留置送达的失败。①

在邮寄送达方面,最高人民法院专门出台了《关于以法院专递方式邮寄送达民事诉讼文书的若干规定》,作为指导邮寄送达的规范,明确规定"人民法院直接送达诉讼文书有困难的,可以交由国家邮政机构以法院专递方式邮寄送达。"但邮寄送达的缺陷主要有二:首先,邮寄送达的成本较高。即便是普通的挂号信,每邮寄一份文书的成本都在数元人民币,对于某些案件而言,一个案件需要邮寄送达的文书一旦超过十份,该案件收取的诉讼费用就可能无力抵扣该案的送达费用,这对西部某些地区的法院而言就是一笔不小的开支。至于邮政机构推出的法院专递,动辄数十元的价格,更不是一般的法院能够负担的。其次,邮寄送达的质量不佳。邮寄送达本来就是在人民法院直接送达有困难时,选用的一种送达方式。人民法院之所以需要花费较高的邮资,就是希望通过邮政机构广泛的运输渠道实现人民法院无法实现的送达。但现实中,经常出现人民法院花费了高额邮资后,只换回一份"查无此人"或是"拒收退回"的通知②,无法实现邮寄送达的效果。

在公告送达方面,被广为诟病的是公告送达的随意性。一方面,什么案件适用公告送达,并无十分明确的规范,虽然民事诉讼法规定的公告送达只适用于受送达人下落不明或采用其他方式都无法实现送达的情形,但这一适用条件却并不需要专门的证明程序,因而实质上是由法院乃至具体的承办法官自由裁量。而法官的裁量依据,又往往是一方当事人的一面之词,极易偏听偏信,导致虚假诉讼,损害受送达人利益,有碍司法公正。曾经引起全社会关注的钢铁富豪杜双华离婚案,就是因为不当的公告送达,剥夺了杜双华妻子的辩论权利,引发了后续的一系列争议。③ 另一方面,公告送达的方式也不够明晰。公告送达既可在

---

① 刘美兰、陈素贞:《浅析民事送达难的原因及对策》,http://ydxfy.chinacourt.org/public/detail.php?id=1568,下载日期:2012年9月8日。
② 王建平:《邮寄送达制度研究》,载《政治与法律》2010年第1期。
③ 陆晴:《法制在何处:钢铁巨头杜双华之妻"被离婚"案》,载《三联生活周刊》2011年第22期。

法院的公告栏、受送达人原住所地张贴,又可在报纸上刊登公告。这种公告载体规定的可选择性使得部分法院为了省事一律选择报纸公告,在受送达人无义务看报的情况下,尤其是在专业性很强的报纸如人民法院报、地方法制报等报纸上公告,而这些报纸除公检法内部或政府机关订阅外,很少有人阅读,所以受送达人实际了解公告内容的概率极低,仅存在可能性和偶然性。①

至于委托送达和转交送达,在司法实践中的比例非常低,一般不会被采用。有学者经过实证研究发现,此两类送达方式被弃用的原因主要是"法律规定得过于原则,没有委托、转交的期限限制,更没有规定法律后果,担心受托法院或代为转交的机关怠于履行送达义务,致使诉讼期间延长。"②因此即使遇到了可以委托或转交送达的情形,送达人往往还是会想方设法进行直接送达。

从司法实践看,人民法院普遍反映的"送达难"的本质其实是:首先,在部分案件中,人民法院难以快速、准确地找到受送达人,并向其顺利地交付诉讼文书,收回送达回证;其次,在遇到上述问题后,人民法院难以找到规范合法、成本低廉的替代性方法,造成诉讼时间的虚度和审判资源的浪费。

(二)"送达难"的原因分析

而造成"送达难"现象的原因,则是多方面的:

首先,转型时期社会诚信度下降,是送达难发生的社会根源。我国目前正处于社会转型时期,原有的束缚人们迁徙自由的户籍制度和组织结构正在被打破,而以社会信用体系为代表的现代社会管理机制又尚未建立,导致社会治理能力的下降,人们的诚信度降低。具体反映到诉讼过程中,虚假陈述、拒绝文书等违背诚实信用原则的行为不仅很难遭到制裁,反而可能从中获利,成为某些当事人和诉讼参与人的诉讼策略。

其次,人民法院的司法能力不足,是送达难发生的组织因素。如前所述,法院作为审判机关,行使的是在国家权力谱系中最弱小的司法权。而送达本身却需要强有力的组织力量和社会信息作为支撑,与司法权本身就存在矛盾。从比较法的经验看,送达很少被作为一项专门职权由法院垄断,而是普遍强调社会人员如邮递员、专业送达员、律师、当事人在送达中的作用,送达事务从司法职权化向事务社会化方向转变。例如,法国民事诉讼法并不认为送达是法院依职权的行为,其规定的送达主体包括执达员、书记官、当事人和律师。其中,通过收费完成相关司法行为的执达员是最为重要的送达人。而美国民事诉讼法认为送达主

---

① 邓东平:《浅议我国民事送达制度的困惑》,http://xaltqfy.chinacourt.org/public/detail.php?id=612,下载日期:2012年9月8日。

② 廖永安:《在理想与现实之间:对我国民事送达制度改革的再思考》,载《中国法学》2010年第4期。

要是依当事人意思而为的行为,强调当事人在送达中的作用,限制法院和法警在送达中的作用。因此美国的送达主要是当事人。德国民事诉讼法虽然将送达作为法院的专门权力,但却规定了律师送达的例外,《德国民事诉讼法》第198条规定,双方当事人都由律师代理时,书状可以由一方律师送达给另一方律师。因此在德国,送达人既包括法院方面的书记员、执达官、法警,也包括邮递员、律师。[①]反观我国,人民法院高度垄断着送达的权力,加之邮寄送达、转交送达等替代性方式的不完善,导致人民法院最终作茧自缚,难以承受送达之累。

再次,民事诉讼法关于送达制度的规定不完善,是送达难发生的技术原因。由于送达制度在民事诉讼制度中居于辅助地位,因而长期以来被作为一项实践技术而非理论问题,得不到理论界的关注,也无法在司法改革的洪流中得到政策制定者的垂青。从1991年民事诉讼法典颁行以来,关于送达的理论研讨寥寥无几,而关于送达的司法解释也几乎付之阙如。1991年民事诉讼法典和1992年《民诉意见》中关于送达的数条规定,不仅无法对送达的各种问题作出统一、规范、准确的规定,更难以回应社会生活领域中各种变迁带来的新问题和新困境。

三、修法过程中的争论

借此次民事诉讼法修改的机会,人民法院系统急切地提出了修改完善送达方式的建议,前述修改内容基本反映了人民法院的主要诉求。除上述内容由于存在广泛共识,被转化为民事诉讼法修订的成果得到巩固以外,在修改过程中,围绕着下列问题也展开了较为激烈的争论:

(一)送达主体:专属抑或多元

送达权是继续由法院专属行使,还是允许其他社会主体行使,是本次民事诉讼法关于送达部分中的一个重要问题。有不少学者建议,可以借鉴比较法(尤其是英美法)经验,采取"法院职权送达为主,当事人自行送达为辅"的规则。例如,清华大学张卫平教授主持的意见稿中就提出:"法院制作或签发的法律文书,由法院依职权送达。当事人制作的诉讼文书,当事人可亲自向对方当事人送达,也可以申请法院代为送达。""当事人对自己制作的诉讼文书,希望由自己送达的,送达方法由其自行决定,但不得使用强制的方法。"中国政法大学杨荣新教授主持的意见稿中也建议规定:"送达由人民法院依职权进行,人民法院可以授权邮政机构实施具体送达行为,法律另有规定的除外。"除此之外,还有很多学者也专

[①] 谭秋桂:《德、日、法、美四国民事诉讼送达制度的比较分析》,载《比较法研究》2011年第4期。

门撰文,支持送达主体的多元化。①

然而,在最终的修改意见中,并未改变送达权专属于人民法院的规定。这主要是来自理论和实务两方面的考量:

第一,在理论层面,送达权如果由当事人或其他主体行使,则其难以成为一项职权,而只能是一项权利或义务。如果规定送达系当事人的权利,则面临权利可以放弃的选择,在面临困难的送达情景时,当事人如若主动放弃送达,则如何确保诉讼的正常运行?如果规定送达系当事人的义务,则可能在实质上增加诉讼要件,提高了起诉的门槛,这既有违大陆法系基本的诉讼原理,也不符合本次修法希望解决"起诉难"的立法宗旨。事实上,尽管人民法院在国家权力谱系中居于弱势地位,但与当事人相比,依然具有较强的权威和较多的资源。将法院都无法解决的送达难问题推给当事人,并不利于解决送达难问题。

第二,在实务层面,目前已有部分地区的法院进行了试点,将当事人作为送达的主体,但普遍效果不佳。这是因为:首先,当事人之间已经有较深的矛盾,在此基础上很难平稳地实现送达。当事人之间形成诉讼,大多矛盾尖锐,有的积怨甚深,难以化解,有的当事人得知自己被起诉,原本就愤愤不平,又见是对立方来送达诉讼文书,更是火上浇油,轻则言词相激、恶语伤人,重则拳脚相加,引起群体性事件,从而导致矛盾激化。其次,容易引发当事人和人民群众对法院的误解,加深社会对法院公信力的质疑。诉讼文书原本就是法院发出的相关文书,如果由一方当事人向对方送达,容易使受送达人怀疑对方当事人与人民法院之间已经形成了某种不正当的关系,甚至认为法官明显偏袒对方,从而为案件的审理徒增不利因素。在中国法学界有着标志意义的电影文本《秋菊打官司》中,秋菊就曾对自己收到的法律文书不是经由上级部门送达,而是由作为对方当事人的村长转交而耿耿于怀,认为自己受到了不公正待遇。

第三,从当事人送达的文书种类来看,如果仅仅是让当事人送达起诉状副本和答辩状的话,其现实操作的意义也不大。因为在送达起诉状时要送达法院的应诉通知书、举证通知书,同时还可能送达裁定书和传票等,若这些司法文书不由当事人送达,那么一次性可以完成的事情没有必要分两次来进行,徒增当事人的诉累。②

(二)电子送达:便捷抑或安全

21世纪是信息化社会,信息技术正在从本质上改变着我们的生活习惯。电

---

① 例如王福华:《民事送达制度正当化原理》,载《法商研究》2003年第4期;赵泽君:《试论民事诉讼当事人送达制度之建构》,载《昆明理工大学学报》2008年第3期;等等。

② 廖永安:《在理想与现实之间:对我国民事送达制度改革的再思考》,载《中国法学》2010年第4期。

子送达就是信息技术作用于司法领域的典型体现。通过运用传真、电子邮件等信息技术,既可以降低送达的成本,又可以提高送达的效率,受到了世界各国的青睐。因此,在本次修订过程中,对于电子送达的写入,可谓众望所归,最终的成果也反映了此种共识。然而,电子送达又是一项新兴事物,即便是西方发达国家,在电子送达上也仅仅处于摸索阶段,并无十分成熟的经验。在英国,1999年制定的《民事诉讼规则》以立法明确规定了电子送达方式,该规则第 6 条第 2 款第 1 项第 5 目规定,送达文书可根据有关诉讼指引,通过传真或其他电子通讯方式进行。然而,对于电子送达的具体方式、效力,都有待判例的积累。在美国,尽管早在 1980 年的 *New England Merchant National Bank v. Iran Power Generation & Transmission Company* 案中,联邦法院就承认了电传等电子送达的合法性,到了 2000 年 *Broadfoot v. Diaz* 案中,联邦法院更是确认了电子邮件送达的合法性,并且专门解释电子送达符合正当程序(Due Process)的要求,因为其给予了被告提出异议的各种机会。但几乎每年一改的《联邦民事诉讼规则》至今依然未将电子送达写入法典。① 在欧陆,2000 年欧盟理事会《关于成员国间送达民商事司法或司法外文书的欧洲条例》也未具体规定任何特定的文书送达方式,只是规定所接收的文件内容真实,忠实于发送件,文件中所有信息清晰易辨,文件、请求书、确认书、收据、证书及任何其他书面材料均可在发送机构与接收机构之间以任何适当的方式进行传递,从而为电子送达预留了空间。在国际法领域中,2003 年,海牙国际司法会议常设事务局也专门就电子送达展开调研,观察各国不同的实践与未来的发展,期望协调缔约国在电子送达方面的信息,但迄今尚无规范性文件出台。②

因此,在电子送达的制度设计中,立法者也存在着较多的担忧,包括:第一,安全性问题。即电子送达如何确保受送达文书能够安全、及时、保密地到达送达人的电子终端,如何防止钓鱼网站、木马技术等手段对电子文书的截获、篡改、伪造。第二,真实性问题。即在缺乏签名和送达回证的情况下,法院如何证明自己完成了相关电子送达行为,如何证明受送达人确实已经收悉了相关文书。同理,当事人如何确保其收到的电子文件与法院的正本内容一致,未在收到文件后自行篡改。第三,稳定性问题。在以电子信息技术作为送达手段时,由于法院和当事人之间既没有类似直接送达、留置送达之类的面对面的直接交流,也没有邮政部门、快递公司或其他第三方机构作为中间媒介,而只有冰冷的电子送达系统。一旦电子送达系统出现问题,例如数据掉包、网络故障、密码遗失、系统中毒等,

---

① 与之形成对照的是,电子证据已经在 2004 年纳入《联邦民事诉讼规则》的体例之中,并且增加了电子开示等具体的程序规则。

② 何其生:《域外送达制度研究》,北京大学出版社 2006 年版,第 171 页。

电子送达将难以作出足够迅速的应急反应,确保送达的稳定性。

因此,本次修订虽然增加了电子送达制度,但对其适用范围却作出了较为苛刻的限定:首先,电子送达以确认受送达人收悉为前提条件。在实践中,往往有赖于受送达人主动提供电子送达的地址。因此,法院不能够根据名片、社交网站等信息,直接用电子方式向受送达人交付诉讼文书。其次,电子送达的文书有严格的限制,在国内民事诉讼中排除了判决、裁定、调解书,因而只有涉及诉讼程序事项的各类通知,以及部分诉讼文书的副本可以适用电子送达。最后,国内电子送达的前提是受送达人同意,也即要求受送达人签署电子送达同意书,一旦受送达人拒绝签署,则电子送达就被排除适用。

由于电子送达在适用条件上的严格限制,其很难作为一种普遍性的送达方式,替代既有的直接送达。这反映了立法的稳妥性,确保诉讼的安全、顺利,但在客观上也压缩了电子送达在未来的探索空间,不利于诉讼的便捷、经济。

(三)责任承担:不利后果抑或延长期限

尽管本次修订中增加了多种送达的具体方式和程序,但法院系统最希望的是将送达不到的责任后果明确化,即增加由当事人承担部分送达不到的后果。在《简易程序规定》中,最高人民法院就曾希望将送达不到的责任转移到原告头上,该司法解释第8条规定,原告必须提供被告准确的送达地址,否则法院可以被告不明确为由裁定驳回原告起诉。也有学者从提高诉讼效率的角度考虑,主张建立"视为送达"制度,例如中国人民大学江伟教授主持的意见稿中建议规定:"因受送达人的下列行为导致诉讼文书未能被受送达人实际接收的,文书退回之日视为送达之日:(一)受送达人自己提供的送达地址不准确;(二)根据受送达人选择的送达方式无法送达的;(三)送达地址变更未及时告知人民法院。受送达人拒不提供送达地址的,裁判作出之日视为送达之日。"张卫平教授主持的意见稿中,也有"人民法院在定期宣布判决书和裁定书时,当事人拒不签收判决书、裁定的,应视为送达,并在宣判笔录中记明"的条款。

根据现行民事诉讼法的规定,送达不到的后果应当由人民法院承担,如果用各种送达方式都不能实现送达目的,则只能采取公告送达。公告送达对于人民法院而言,一方面由于公告时间较长,对法院的结案率考核会构成不利影响;另一方面受送达人可能在公告期满后,以未收到公告为由,提起再审,对法院的错案率考核也会造成风险。此外,对于某些受送达人明显拒绝、逃避送达,以达到拖延诉讼等不正当目的案件,如果能规定"视为送达"制度,将有助于及时地确定权利义务关系,保护权利人的合法权利。

然而,上述意见最终未得到立法者的采纳,其主要原因是立法者担心"视为送达"可能对当事人的诉讼权利和实体权利产生不利影响。在这里,正当程序(Due Process)的理念战胜了司法成本和诉讼效率等价值取向。"视为送达"等制度虽然有助于缩短诉讼时间，避免部分案件中出现不必要的诉讼迟延，但它却牺牲了当事人的诉讼权利，提高了当事人起诉、胜诉等诉讼行为的门槛，客观上将法院送达不到的后果，转嫁到当事人头上。

考虑到我国的民事诉讼深受苏联的影响，人民法院在诉讼过程中对程序问题拥有极大的裁量权限，而对相关程序事项，当事人享有的救济机会和申诉程序极其有限，应当承认，立法者在此项制度上的平衡取舍有较为充分的正当性基础。在无法确保法院是否充分履行了送达职责的前提下，直接将送达不到的不利后果划归当事人承担，很可能会导致诉讼过程中，人民法院推诿逃避送达，增加当事人诉讼风险的结果。

对我国民事立案受理制度修改的思考与完善

黄新华*

随着社会形势发展的需要和诉讼理论的不断完备，我国现行民事诉讼法典在继2007年经历一次修改之后，新的一轮民事诉讼法修改案已于2012年8月31日在第十一届全国人民代表大会常务委员会第二十八次会议上审议通过。从新的修正案来看，如果说2007年修改的民事诉讼法是在1991年《民事诉讼法》基础上的一次"小改"，那么这次的修改可谓算得上是一次比较全面的"大改"了。① 纵使修正案修改的幅度大、范围广，但单就民事诉讼的立案受理制度来说，该部分的修改仍然显得相当有限，修正案在原《民事诉讼法》的基础上进行了一些调整和补充，意在进一步保护当事人的诉权行使和提高司法化解民事纠纷的能力，但因修法未触及问题核心，其修法效果也就可见一斑了。

关于民事诉讼立案受理制度的规定在我国一直备受争议，"起诉难"在中国的司法场域也似乎已经成为一种司空见惯的现象，在一番指责批判之后，学人们也开始了对这一司法困境的冷静思考。有学者指出在中国起诉难主要在于我国《民事诉讼法》规定的起诉条件与作为实体判决的诉讼要件混为一谈，无形中抬高了起诉的门槛。② 也有学者认为正是因为我国当前处于转型期，加之我国司法追求实质正义、治理传统等因素，一些超越法律规定的司法政策性调整普遍存

---

* 作者系昆明理工大学法学院讲师，清华大学法学院民事诉讼法专业博士研究生。

① 从内容上看，2007年的修正案主要是在再审程序和执行程序上进行了大的修改，以解决当时比较突出的申诉难和执行难问题；同时，因为《破产法》的颁布，将"企业法人破产还债程序"从原《民事诉讼法》中删除；另外，在妨害民事诉讼的强制措施上加大了惩罚的力度，但从量上修改的幅度很小。与此相比，正在讨论修改的《民事诉讼法修改案征求意见稿》却体现出修改面的宽广性。主要涉及：完善调解与诉讼相衔接的机制、进一步保障当事人的诉讼权利、完善当事人举证制度、完善简易程序、强化法律监督、完善审判监督程序、完善执行程序等七个主要方面。

② 关于起诉条件和诉讼要件的区别可参见王亚新：《对抗与判定——日本民事诉讼的基本结构》，清华大学出版社2002年版，第33页；张卫平：《起诉条件与实体判决要件》，载《法学研究》2004年第6期。

在于司法领域,这些共生的因素催生了当前中国"起诉难"的现象。① 以上学者的探讨分析及提出的治理之略无疑对完善我国的民事起诉制度,解决"起诉难"问题是裨益匪浅的。但通过笔者的调查发现,在我国司法实务中当事人和律师抱怨起诉难,除了有大家关注的起诉条件"高阶化"以及司法政策等因素限制外,其实还有相当的抱怨声是来自在当事人提交起诉材料后,法院经审查以口头形式作出不予受理的裁定,使得当事人对该裁定"心有不甘"而又"无处话凄凉",等等。这种"起诉难"的背后更多的涵摄了有关民事诉讼的起诉条件、受案范围、诉权保障、当事人的程序参与权,起诉权的救济以及多元纠纷解决途径问题。本文以现行《民事诉讼法》和修正案的规定为基础从以上几个方面来对我国民事立案受理制度进行探讨,以期引起立法部门在后续期间对该部分进行修改的关注。

一、现行法与修正案的比较

(一)起诉条件的对照

我国现行《民事诉讼法》第 108 条规定,起诉必须同时符合下列四个要件:①原告是与本案有直接利害关系的公民、法人和其他组织;②有明确的被告;③有具体的诉讼请求和事实、理由;④属于人民法院受理民事诉讼的范围和受诉人民法院管辖。此外,民事诉讼法还规定起诉不得违反"一事不再理"、没有仲裁协议排斥法院审判等消极要件,以上这些起诉要件被学者称为起诉的实质要件。我国《民事诉讼法》除了规定起诉的实质要件外,还规定了起诉的形式要件。具体体现在《民事诉讼法》第 109 条和第 110 条。即,起诉应向人民法院递交起诉状,并按照被告人数提出副本。书写起诉状确有困难的,可以口头起诉,由人民法院记入笔录,并告知对方当事人。起诉状应当记明下列事项:①当事人的姓名、性别、年龄、民族、职业、工作单位和住所,法人或者其他组织的名称、住所和法定代表人或者主要负责人的姓名、职务;②诉讼请求所根据的事实和理由;③证据和证据来源、证人姓名和住所。由此可见,现行法在起诉条件上采取的是实质要件与形式要件、积极条件与消极条件相结合的模式。此外,根据现行《民事诉讼法》第 111 条和第 112 条的规定,仅有起诉行为尚不能引起起诉的法律后果,还须经过法院审查起诉和立案(即受理)。只有在法院正式立案之后,当事人的起诉才真正系属于法院,诉讼程序才真正开始。

而纵观新的民事诉讼法修正案我们可以发现,在起诉条件方面没有作出大的实质性的修改,更多的是从整部法律的条理性和系统性角度在条文编排体例

---

① 关于司法政策对我国民事起诉的限制参见张卫平:《"起诉难"——一个中国司法问题的思索》,载《法学研究》2009 年第 6 期;叶明铭:《司法政策对起诉限制的思考》,载《法制与社会》2010 年第 13 期。

上作了一定调整。在起诉条件上,修正案仍然沿袭现行民事诉讼法的规定,采实质要件与形式要件、积极条件与消极条件相结合,但对形式要件的要求更加明细。要求在起诉状中明确原告的姓名、性别、年龄、民族、职业、工作单位、住所、联系方式,法人或者其他组织的名称、住所和法定代表人或者主要负责人的姓名、职务、联系方式;被告的姓名、性别、工作单位、住所等信息,法人或者其他组织的名称、住所等信息。

(二)受理上的革新

在受理方面,应该说修正案为保障当事人的诉权,为化解当前的"立案难"问题作出了积极努力。新修订的《民事诉讼法》第 123 条规定:"人民法院应当保障当事人依照法律规定享有的起诉权利。对符合本法第一百一十九条的起诉,必须受理。符合起诉条件的,应当在七日内立案,并通知当事人;不符合起诉条件的,应当在七日内作出裁定书,不予受理;原告对裁定不服的,可以提起上诉。"新规定一方面阻断了法院在审查当事人起诉时的主观性,严格依照起诉条件作出审查决定(受理或不予受理);另一方面,修正案规定对经审查决定不予受理的起诉必须作出裁定书,杜绝了法院口头裁定不予受理,有利于当事人据此裁定书提起上诉。不仅极大地限制了法院在不予受理上的随意性,而且使当事人真正明了为何自己的起诉法院不受理以及在不服法院不予受理裁定时能够做到上诉有据。

(三)确立立案调解制度

通过对照,我们还不难发现本次修法的另一亮点,即在修正案中明确规定了立案调解。① 修正案第 122 条规定:"当事人起诉到人民法院的民事纠纷,适宜调解的,先行调解,但当事人拒绝调解的除外。"第 133 条第(二)项规定,人民法院对受理的案件,开庭前可以调解的,采取调解方式及时解决纠纷。在我国当前,随着诉讼数量的不断上升,特别是为了构建社会主义和谐社会,多元化的纠纷解决机制受到政府和社会的广泛关注。在这样一种背景下,立案调解受到司法部门的青睐。发展至今,立案调解已经成为我国诉讼制度的重要组成部分,已经成为法院行使审判权的重要方式之一。立案调解根植于我国的历史文化传统

---

① 有人将"立案调解"又称之为"诉前调解",甚至现在有些实务部门将"诉前调解"发展为"诉前联调",但从本质上说仍是"诉前调解"。实际上两者在概念上还是有区别的,从时间上看,立案调解是法院在立案阶段主持双方当事人就本案所进行的调解活动。而"诉前调解"则更强调的是在法院受理原告的起诉前所进行的调解活动。从效果上看,立案调解强调的是法院在化解纠纷上的手段多元化,而"诉前调解"则更强调的是诉讼与非诉讼相结合的多元纠纷解决方式,实现"诉调对接"。从这种意义上说,修正案第 122 条规定的是"诉前调解",而第 133 条指的则是"立案调解"。随着"大立案"政策的确立,我们通常将在立案受理阶段实施的有法院参与的调解活动统称为"立案调解"。

并经过长期的司法实践证明其为有效的纠纷解决方式,不仅符合当前社会大众的价值观念和诉讼意识,也体现了中华民族追求自然秩序和社会秩序的和谐理想。

二、理想与现实:对我国民事立案受理制度的评析与思考

一直以来,关于我国民事立案受理制度探讨最多的就是起诉条件问题,批评最多的也是起诉条件"高阶化"问题。当前立法对提起民事诉讼设置了过高的门槛,导致了"起诉难"现象越来越严重,当事人的诉权难以行使,受侵害的权利难以得到救济。

(一)起诉条件

实际上我国《民事诉讼法》规定的起诉要件混淆了诉讼开始的起诉条件和诉讼要件或实体判决要件的概念。在民事诉讼理论中,大陆法系国家规定了诉讼要件或实体判决要件,它是指受诉法院对本案实体权利义务争议问题继续进行审理并作出实体判决的要件,是法院对当事人的实体请求或实体权利义务争议作出裁决的前提条件。① 诉讼要件或实体判决要件并不是本案民事诉讼开始的要件,诉讼要件只是为了作成本案判决所需的要件,即使欠缺诉讼要件,也不妨碍诉讼的成立和审理的开始。② 其法律效果在于,如果不具备对本案实体请求或实体权利义务争议判决的要件,也就不能对原告的实体请求或实体权利义务争议作出判决。大陆法系国家民事诉讼理论中的诉讼要件或实体判决要件通常包括:①受诉国法院对案件具有管辖权;②受诉法院对案件有管辖权;③存在双方当事人且具有当事人能力;④双方当事人具有诉讼能力,没有诉讼能力者,须有法定代理人代为诉讼;⑤具有诉的利益;⑥当事人系适格的当事人;⑦属于诉讼费用担保情形的,当事人已提供诉讼费用担保;⑧不属于重复诉讼的情形;⑨本案诉讼标的不属于生效判决、调解、和解协议约束的诉讼标的;⑩当事人之间没有仲裁协议排斥法院的审理;⑪当事人之间没有不起诉的协议。③

不论是现行的《民事诉讼法》还是新近的修正案都规定了比较高的起诉条件,对比大陆法系国家的诉讼要件或实体判决要件不难发现,我们规定的起诉条件中实际包含了部分实体判决要件,甚至有的认为大陆法系国家的实体判决要

---

① [日]新堂幸司:《民事诉讼法》,日本弘文堂1989年版,第203页,转引自张卫平著:《民事诉讼:关键词展开》,中国人民大学出版社2005年版,第69页。
② [日]高桥宏志:《重点讲义民事诉讼法》,张卫平、许可译,法律出版社2007年版,第2页。
③ 转引自张卫平:《民事诉讼:关键词展开》,中国人民大学出版社2005年版,第81页。

件中的主要部分与我国民事诉讼中的起诉条件基本等同。① 几次修法都保留了将实体判决要件作为我国民事诉讼的起诉条件,其根本考虑在于基于我国当前的诉讼实际情况,采取"高阶化"的起诉条件能够在诉讼开始阶段就阻止那些不属于法院主管、法院管辖、原告不适格、有仲裁协议排斥法院审判的案件以及存在既判力的案件进入诉讼程序,有利于防止原告滥用诉权给法院和对方当事人造成不必要的审判负担。毫无疑问,立法者的意旨是有其合理性和现实意义的。但从我国当前的诉讼制度安排来看,对原告的起诉进行审查(审查是否符合起诉条件)完全属于法院的职权探知事项,在一种完全隔离当事人的状态下进行审查并作出立案受理与否的裁决,排除了当事人的程序参与,不但被诉方当事人表达意见的机会和途径被阻断,就连起诉方当事人也被排斥在审查程序之外。由此而来产生的恶果便是法院在立案受理环节的自由裁量权遭到当事人的质疑,法院的司法权威在社会上大打折扣。同时,我们还应看到,在起诉条件中置入实体判决要件,抬高了当事人向法院寻求司法保护的门槛,必然进一步加剧"起诉难"这一怪象在我国司法领域的存在,这与本次修法的宗旨也是相背离的。

从我国当前规定的起诉条件来看,法院在审查当事人的资格上采取了不同的标准,对原告采"适格说",即要求原告必须与案件具有直接利害关系,对被告采"表示说",即只要求原告在诉状中明确被告即可。固然这样规定可以避免当事人恶意诉讼,也有利于原告提起诉讼。但原告适格与否只能待法院进行实体审理之后方可知晓,将这一实体判定事项置于起诉审查阶段是不合适的。因为根据现代诉讼法理论,对涉及实体判决的要件事实必须要经过双方当事人充分的陈述和辩论,满足辩论原则的要求,而我国的立案审查却定位于法院的单方职权调查事项,在没有当事人参与的情况下即对实体判决事项作出判定,有悖裁判的程序公正性。而且,如果要求原告必须与本案具有直接利害关系,那么,大量存在和可能产生的公益诉讼将被拒之于法院大门之外,与司法救济无缘。在现在的司法实践中,随着社会的不断发展变迁,一些新型纠纷作为社会发展的衍生品不断形成,对这些界限模糊但又符合起诉条件的纠纷,法院往往由于拿捏不准或迫于外界各方的压力便以原告不适格或其他理由裁定不予受理。这样就使得很多案件根本无法纳入法官的审判视野,审判权根本无法发挥人们所预期的作用。② 在被告资格上采"表示说"没有多大争议,而且修正案还进一步细化了被告的身份信息,希冀解决实务中的"送达难"问题。但我们应看到仅仅规定有明确的被告并不能顺利解决"送达难"问题。在我国法院是送达的唯一主体,这一

---

① 王亚新:《对抗与判定——日本民事诉讼的基本结构》,清华大学出版社2002年版,第33页。

② 肖建华:《民事证据法理念与实践》,法律出版社2005年版,第4页。

规定看上去似乎可以减少原告的诉讼投入，但司法实践中往往由于原告提供的地址和联络方式不够详细准确，法院很难将诉讼法律文书送达被告。而送达在诉讼中又发挥着桥梁作用，合法的送达是程序正当化的基本要求，不当的送达可能会影响到当事人合法诉讼权利的保障。在通常情况下，原告是最了解被告情况的，基于纠纷的解决，原告也是最具有掌握被告行踪的内在动力的。因此，立法规定由原告来协助送达相关法律文书可能对化解"送达难"更具有实际意义，其实在日本、德国和美国都有规定原告负责送达相关法律文书。① 但送达一般不作为起诉的条件加以规定，本文也不再赘述。

在起诉条件之主管和管辖问题上，我国当前的规定也有将实体审理和起诉审查相错位之虞。很多人认为法院主管和本院管辖是起诉条件的必备之项，只有这样法院才有权对本案进行审理裁判，也只有将法院主管和本院管辖置于起诉条件之下才可使案件系属于法院，法院才有权进行本案审理，否则容易造成法院越权审判。其实不然，法院主管和本院管辖实质也是法院对案件实体问题的裁决权，不属于法院主管，就意味着法院没有权力对该争议关系作出实体上的裁决；该法院对此案没有管辖权，也意味着该法院不能对此案的实体问题作出裁判；不属于法院主管和本法院管辖并不意味法院不能对该争议关系审理，也只有经过审理，法院才能知道该争议是否属于法院民事审判权行使的范围，是否属于本法院管辖。②

(二) 立案调解

根据法治需求和社会实践来不断充实和完善立法是任何一次修法的动力源泉和目标追求。本次修法在立案受理方面最大的进步当属确立了法院的立案调解制度，尤其是以独立条文规定了诉前调解程序。通过诉前调解不仅使得一些纠纷在诉讼之前得以解决，达到了分流诉讼案件，减轻了法官的负担，同时也降低诉讼成本的目的，而且采用诉前调解的方式化解当事人间的纠纷也符合现代司法的诉讼理念。满足了程序相称原理③，体现了对当事人程序选择权的尊重，而且有助于推进司法民主化进程。诉前调解程序作为替代性纠纷解决机制

---

① 《日本民事诉讼法》第138条规定原告要将诉状送达给被告；《德国民事诉讼法》规定依职权送达为主，当事人进行的送达在极少数的情况下继续保持；《美国民事诉讼规则》规定起诉时完全由当事人主导进行送达。见［日］中村英郎：《新民事诉讼法讲义》，陈刚、林剑锋、郭美松译，法律出版社2001年版，第153页；谢怀栻：《德意志联邦共和国民事诉讼法》，中国法制出版社2001年版，第43页。

② 张卫平：《起诉条件与实体判决要件》，载《法学研究》2004年第6期。

③ 所谓程序相称，就是指程序的设计应当与所处理的案件的性质、争议的金额、争议事项的重要性、复杂程度等因素相适应，由此使案件得到适当的处理。刘敏：《原理与制度：民事诉讼法修订研究》，法律出版社2009年版，第29页。

(ADR)符合国际诉讼发展的规律,顺应了当前纠纷类型多元化和当事人价值追求的多元化要求,也有利于当前有限司法资源的合理配置。当然,诉前调解作为一种新生规则仅以一个条文加以规定恐怕实施起来仍会显得无章可循,比如适用范围、具体的调解程序以及诉调对接等问题。虽然该种程序已经在实务部门得到了广泛实践,也取得了丰硕成果,但从有关的调研成果来看仍然显得五花八门,不一成章。因此,相关立法部门还需进一步细化规则,以便于诉前调解能够切实实现其功效。

(三)不予受理

获得理论界和实务界比较一致肯定的是法院决定不予受理起诉的,必须出具裁定书。"立案难"一直是老百姓时常反映的问题。现行民事诉讼法虽然规定了法院认为不符合法定起诉条件的起诉,有权裁定不予受理,原告不服裁定,可以依法提起上诉。但实务中有些法院针对一些疑难复杂和敏感案件在收到原告起诉状后,以审查起诉材料为由,迟迟不予答复,对于认为不符合起诉条件的,仅以口头形式作出不予受理裁定,造成原告上诉权利无法正常行使。新民事诉讼法明确规定符合起诉条件的,必须在七日内立案,不予受理的裁定必须以书面形式作出,从而有效保障了当事人的诉权。新规定不仅极大限制了法院在不予受理上的随意性,而且使当事人真正明了为何自己的起诉法院不受理以及在不服法院不予受理裁定时能够做到上诉有据,切实保障了当事人的诉权行使,避免了一些当事人不断的缠讼和闹访。但是,单凭一纸不予受理裁定书恐怕难以应对我国当前"起诉难"的困惑。

三、立案模式之争

自1986年全国法院信访工作座谈会确定在法院成立告诉申诉庭统一负责立案工作以来,我国民事诉讼一直采取的是立案审查制度。但随着市场经济的发展和公民法律意识的增强,提交到法院寻求司法救济的纠纷与日俱增,法院面临着前所未有的审判压力,囿于各种因素的制约,"立案难"现象越来越严重。为化解这一难题,有学者开始不断反思我国的立案制度,一场关于立案模式的争论由此产生。争论的焦点主要是围绕我国的立案模式是采立案登记制还是沿用立案审查制展开的。

(一)立案登记制

最先提出改革传统模式确立立案登记制的是江伟教授。从2003年开始,江伟教授就开始起草民事诉讼法修改稿。在其修改建议稿(第三稿)第268条规定了立案登记制度:"当事人向人民法院提起诉讼,人民法院应当立案登记。人民法院不得拒收当事人的起诉状。当事人将起诉状提交人民法院之时期间开始计算,并发生诉讼时效中断的效力。"并在立法说明中解析了修改原因:"由于我国现行民事诉讼法规定的起诉条件过于严格,使得本应通过实体审理才能作出裁判的案件有可能在对起诉进行程序性审查阶段便因认为不符合起诉条件而被排除在外,加之立法对审查起诉并未进行严格的程序规制,当事人亦无法参与其中表达自己的主张,从而一定程度上加剧了'起诉难'的状况。对此,本建议稿取消了现行民事诉讼法审查起诉,决定是否受理的立案审查规定,代之以立案登记,即只要当事人向法院提起诉讼,提交了符合要求的起诉状,法院无须进行审查,应当立案登记,而将是否符合起诉条件的审查置于立案登记之后,从起诉程序上解决'起诉难'的问题,以保障当事人的诉权。"①由此可见,江伟教授所说的立案登记制度是指当事人向法院提交符合要求的起诉状,法院对其登记立案,立案之后再审查是否符合起诉条件。② 持有类似观点的还有廖永安教授,他认为,现行民事诉讼立法将起诉条件与诉讼要件相混淆,导致了当事人诉权与法院审判权的错位以及在程序上的非对称性。起诉只要符合形式要件法院就应当受理,不受审判权的实质性干预。但同时他也指出立案登记要受到法院主管的制约,也就是说不得超出审判权的作用范围。③ 在改革理由上,大致如下:第一,立案登记制度旨在保护当事人的诉权免遭侵害,诉权是宪法赋予公民的权利,任何人都不能随意剥夺。第二,立案登记制度可以限制法官的自由裁量权,保障当事人的诉讼权利,如有些法院明确对立案范围进行限定,对于集资纠纷、土地纠纷、职工下岗等涉及面广、敏感性强、社会关注的热点不予受理。第三,依据权利的性质,"起诉属于当事人的权利事项,而非法院的裁量事项。按照权利与权力配置的原则,公共机构对于属于公民权利事项的正当行为不得随意干预。因而原告不仅有权要求法院经立案登记使之得以进入诉讼程序接受审判,而且自提交诉状开始,诉权即构成对审判权的制约关系"。④

(二)立案审查制

改革立案审查制为立案登记制的建议一抛出,立即引起了学者们的关注并积极作出了回应:徐昕教授认为起诉难的问题不是通过引入立案登记制度就可以解决的,因此他主张渐进式改革,即对我国现行的立案审查制度进行修改,例如把我国民事诉讼法108条第1款改为"原告是认为与本案有直接利害关系的

---

① 中国人民大学法学院《民事诉讼法典的修改与完善》课题组:《〈中华人民共和国民事诉讼法〉修改建议稿(第三稿)及立法理由》,人民法院出版社2005年版,第240页。

② 该修改稿中规定起诉的条件是:(一)原告有诉的利益;(二)有明确的被告;(三)有具体的诉讼请求和事实、理由;(四)属于人民法院受理民事诉讼的范围和受诉人民法院管辖。

③ 《立案登记制降低起诉门槛,旨在保护诉权:质疑与回应》,载《人民法院报》2007年6月5日法治纵横专版。

④ 傅郁林:《对"立审分离"管理模式之质疑》,载《人民法院报》,转引自 http://www.civillaw.com.cn/article/default.asp?id=9348,下载日期2012年9月16日。

公民、法人和其他组织",这样就避免了法官在立案受理阶段对原告是否与本案有直接利害关系等实体问题的调查判断。苗有水教授认为起诉难是个执法中的问题,通过修订民事诉讼法是没法解决的,并且立案登记制度实际上不能实现对诉权的有效保护。概括起来反对理由大致是:第一,立案登记制度会导致诉权的滥用,无法防止恶意诉讼,导致司法资源的浪费;第二,立案登记制度无法解决司法实践中存在的"起诉难"问题,目前存在的起诉难是由法院执法不严造成的,并不是修改立法所能解决的;第三,立案登记制度会加剧诉讼拖延,采取立案登记制度必然会造成法院案件激增,然而我国本身的司法资源有限,案件的增加会使大量诉讼拖延,反而无法保障当事人的诉权。①

作为司法实务界代表的人民法院则是极力支持立案审查制,他们认为立案审查制度是保障人权、科学运作审判权所必需的,理由有四:一是诉的利益具有公益性。法官必须在当事人利益与国家利益之间寻求平衡,诉的利益的公益性要求人民法院对当事人的起诉必须进行审查处理。二是诉权保护追求有效性。法官对无利益之诉或不当诉请,及时给予释明,指出错误,劝其停止无谓之诉,保持司法保护的有效性。三是司法保护注重对等性。这一点主要是从保护被告一方的利益来分析的,为了避免被告无辜被告上法庭而使经济、时间、心理、名誉受到损失。四是审判运作讲求科学性。我国法院由立案受理案件的法官接收诉状,进行形式审查与释明,其他实体问题的裁判处理,则分别由立案庭或者其他审判庭的法官以合议庭方式决定,这与国外无根本、实质的区别。而且,就我国目前司法环境来看,还不具备实行立案登记制的条件。实行立案登记须具备三个条件:一是公民良好的法律意识;二是社会完善的纠纷解决机制;三是司法的极大权威。②

(三)评析

从以上就立案模式的争论中我们可以看出,两派争论的焦点主要在以下几个方面:一是何种立案模式更能解决"起诉难"问题。二是法院立案前是否可以审查裁定实体问题。三是登记立案制度是否能解决中国司法实践中的现实问题,例如某些法院自行规定提高起诉门槛;某些法院追求结案率存在"抽屉案",法院收到诉状后不及时立案,而是将诉状搁置,等有空闲时才进入立案程序;某

---

① 以上观点及理由参见《立案登记制降低起诉门槛,旨在保护诉权:质疑与回应》,载《人民法院报》2007年6月5日法治纵横版。

② 姜启波:《人民法院立案审查制度的必要性与合理性》,载《民事诉讼论坛》第1期,知识产权出版社2006年版,第55~56页。

些法院利用立案审查权拒绝受理某些敏感案件。① 四是哪种立案受理制度能更好地保障当事人的诉权。总而言之即是当前我们是否应改立案审查制为立案登记制。

笔者认为,渐进式的改革立案受理制度更符合我国当前的实际情况,即仍然赋予法院立案审查权,但是在起诉条件以及审查程序上作进一步调整完善,既保障当事人的诉讼权利,同时也不影响法院审判权的行使。主要是因为我国当前不具备立案登记制所必需的条件,首先,我国公民的法律意识不高,如果不经审查直接立案,会造成大量不符合管辖权规定以及不在法院审判权作用范围之内的案件涌入法院,这就导致了立案之后大批的诉讼被驳回,这既浪费了国家的司法资源又给双方当事人带来一定的负担。其次,我国的社会诚信体系尚不成熟,恶意诉讼、滥诉在一定程度上仍然存在。如果当事人恶意利用诉讼会损害另一方当事人合法的实体利益。再次,我国的替代性纠纷解决机制还不成熟,在构建法治社会、强化法律意识的宣传下,公民越来越信奉司法救济这种权威性纠纷解决方式,起诉到法院的案件越来越多,如果此时实行立案登记制度,无疑是雪上加霜,以我国目前的司法资源来说是无法承受的。最后,我国还没有建立起完善的立案登记制度相关配套机制。其实国外的立案登记制度是与强大的律师队伍、完善的庭前准备程序、有力的当事人调查证据保障措施等一系列配套机制结合在一起的,这些配套机制的存在在一定程度上可以缓解立案登记带来的法院工作压力以及司法成本,而以我国目前的司法状况并不能适应立案登记制度带来的巨大冲击。因此,我国当前不宜采取激进的立案登记制度。

四、民事立案受理制度的再修改

通过以上就我国当前的民事立案受理制度的考察分析我们可以发现,虽然本次修改为保障当事人的诉权和化解"起诉难"问题作出了积极努力,但显然是不够的,仍然需要进一步对民事立案受理制度进行改造和完善。

(一)修改原则

1.诉权保障原则

诉权是当事人请求法院行使审判权以保护其合法权益的权利,是当事人的一项基本权利,是进行诉讼活动的前提和基础。诉权产生源自纠纷解决的需要,且从来都是与一国法治程度相关联,与权利之实现密切相关,诉权之保障又对整个社会的民主与文明的存亡具有决定性作用。诉权作为公民的一项宪法性权利,是公民保护其他权利的起点,任何不当限制公民起诉的行为,都会阻碍公民

---

① 王俊秀:《民事诉讼法修改专家建议稿提出废除立案审查制度》,http://news.xinhuanet.com/legal/2006-11/28/content_5399225.htm,下载日期:2012年9月16日。

司法救济之实现。因此,诉权从功能上来说,是一种救济性权利。① 所以基于切实保障公民获得救济和接近司法的权利这一理念,保护诉权成为我国立案制度改革最主要的方向,法院对公民起诉的审查要件和范围应当大大加以限制。

诉权现实地表现为提起诉讼,立案制度作为诉权实现的第一道关口,在制度框架整体设计时理应以保护诉权为最主要和核心的原则和理念,明确法院有义务接受当事人的起诉,确立最大限度保障诉权原则,并以方便当事人起诉使其较为容易地获得司法救济为基本思路,针对诉权行使之"副产品"滥诉现象,应当采取适当合理的措施加以规制。

2. 程序参与原则

程序参与原则,从权利的角度来说,是当事人及相关第三人所享有的"程序参与权";从职责的角度来说,则要求法院保障当事人及相关第三人的程序参与权,禁止"突袭裁判"。其主要内容是:必须给予诉讼当事人各方充分的机会来陈述本方的理由。这意味着必须将诉讼程序告知他们,并及时通知其任何可能受到的攻击,以使当事人能够准备答辩防御。此外,还应允许当事人以适当的方式将答辩提交给法官。

在民事诉讼中,保障当事人的程序参与权利是尊重当事人的主体性和人格尊严的体现。任何人民均应受人格的尊重,对于关涉其利益、地位、责任或权利义务的审判,均应有参与程序以影响裁判形成之权利、地位;而且,在判决作成以前,应适时被赋予陈述意见或辩论的机会;并不许其权利遭受法院之审判活动所侵害。② 同时,保障当事人在诉讼中的程序参与权是形成裁判正当化的基础,增强人民对司法裁判信赖的根基。"对行使权利而产生的结果,人民作为正当的东西加以接受时,这种权利的行使及其结果就可以称之为具有正当性或正统性。"③

3. 保障程序选择权原则

在司法程序上我们承认当事人享有主体地位,就应当赋予当事人通过参与程序来影响程序结局的权利,即享有处分权。在处分权范围内,应当赋予当事人平衡追求实体上利益及程序上利益的机会,应当承认当事人有合意选择程序的权利。在此意义上,当发生纠纷后,当事人可以选择以调解方式解决纷争,也可以要求法院通过诉讼化解矛盾,也有权在纠纷提交法院后诉讼程序开始前要求在法院主导之下,甚至联合相关部门以调解的方式解决纠纷。

---

① 周永坤:《诉权法理研究论纲》,载《中国法学》2004 年第 5 期。
② 邱联恭:《司法之现代化与程序法》,作者自版 1992 年,第 112 页。
③ [日]谷口安平:《程序的正义与诉讼》,王亚新、刘荣军译,中国政法大学出版社 1996 年版,第 10 页。

4. 权利救济原则

权利救济是指在权利人的权利遭受侵害的时候,由有关机关或个人在法律所允许的范围内采取一定的补救措施消除侵害,使得权利人获得一定的补偿或者赔偿,以保护权利人的合法权益。从现实意义看,对公民受侵害的权利救济是维护社会秩序的根本保证,也是公民幸福和社会和谐的保障。权利是人性尊重的表现,任何侵害不管是否存在损害后果都是对个人尊严和价值的贬损,都必须采取救济手段加以救济。权利救济是矫正正义的体现。正义的一条公理是:迟到的正义非正义。这就要求在权利救济上要及时,及时救济在司法救济上要求救济程序应提供及时的裁判。权利救济不及时还会带来不同权利主体间的权利间接受损害的连锁反应。所以及时救济无论对侵害者还是权利请求人都是有利的,都能使其早日重回正常的轨道,从争议双方的意愿看,都愿尽早"了结争端",谁都不愿意在纠纷的烦扰中饱受岁月的煎熬。新民事诉讼法在立案受理部分规定了当事人不服不予受理裁定的可以提起上诉,但救济方式显得单一。而且,现实的情况是很多不予受理的决定是下级法院在与上级法院交流后的结果,这样一种背景下的上诉救济结果可想而知。因此,有必要寻求更多的救济渠道来维护自己的合法权益。

5. 多元纠纷解决原则

在现代社会,纠纷的类型呈现多元化趋势。有些是纯粹的财产权益纠纷,有些是带有一定伦理性因素的纠纷,有些纠纷涉案金额大,有的争议金额非常小,有些纠纷事实清楚,而有些纠纷又非常复杂,难以查清全部事实。在纠纷解决的心理上不同的当事人有不同的诉求目的,有的纠纷当事人希望纠纷以缓和的方式解决,以期维持双方日后的和谐关系,而有些纠纷当事人就希望法院依法作出一个实体的明确判决。多元的纠纷形态和多元的价值追求要求现代司法必须建立多元化的纠纷解决机制。而且建立多元化的纠纷解决机制顺应了世界纠纷解决的趋势,也满足了法院在"案多人少"困境下的现实需求。修正案确立了诉前调解程序,但在具体操作上还有待进一步明确和完善。

(二)修改和完善的路径选择

确立了民事立案受理制度再修改和完善的原则和指导思想,下面需要以具体的修订举措来建构我国的民事立案受理制度。

1. 降低起诉条件

起诉条件"高阶化"一直为理论界和部分实务界所诟病,其根源在于我国民事诉讼法混淆了起诉条件和诉讼实体判决要件(诉讼要件),导致了"起诉难"。从法体系的协调性来说,我们可以吸收借鉴日本、德国民事诉讼法上的一些先进做法。在立法技巧上,将起诉条件从当前的实体判决要件中剥离,区分起诉条件和诉讼要件,从而降低起诉的门槛。具体来说,我们可以将原告提起诉讼的条件设计为:①向法院递交符合规定的起诉状,并根据被告的人数提交起诉状副本;②当事人应当具有诉讼权利能力,提起诉讼的人应当具有诉讼行为能力;③有明确的被告;④有具体的诉讼请求和所根据的事实理由;⑤交纳诉讼费用。当事人起诉时,法院只对起诉条件进行形式审查。而将适格当事人、法院主管和管辖、不违反"一事不再理"、没有仲裁协议排斥法院审理等作为诉讼要件待诉讼程序启动后查明。

2. 设置立案审查程序

设置立案审查程序的一个基本宗旨就是要弱化法院的审查权。具体内容上,应考虑到我国司法资源有限、当事人诉讼技能不足等国情,确定法院依职权对起诉条件进行形式审查。在当事人起诉时只对起诉要件进行形式审查,由立案庭完成,如果起诉状符合法定必要记载事项要求,法院依职权在一定期限内送达后予以受理,并交由审判庭在审判程序中继续审查当事人是否具备诉讼要件等程序性事项。由于起诉条件降低,立案审查工作可以不由专门的审判法官进行,而改由立案庭书记员进行。当事人符合起诉要件即已经启动诉讼程序,产生诉讼系属,法院不得在此阶段以不属其管辖之事项不予立案,并进入审理程序。不符合起诉条件的,法院以裁定书形式作出不予受理的裁定,当事人对不予受理的裁定可以提起上诉。

对诉讼要件审查的程序设计显得比较复杂,因为对诉讼要件的审查往往与实体审理并行,是一种复式结构。一般认为诉讼要件是实体判决的前提,应当对这些诉讼要件认定之后才能作出实体判决。① 据此,笔者认为在对实体争议进行审理之前先审理当事人是否适格等诉讼要件,即使在案件实体审理之前错误认定满足诉讼要件,也可以通过驳回诉的方式来解决。具体程序设计上,可以把对诉讼要件的审查设置在审前准备程序中。在审前准备程序中,为了缓解主审法官的压力,可以由法官助理依据起诉状和答辩状以及相关证据材料审查当事人适格等诉讼要件。如果法官助理经审查认为当事人起诉符合诉讼要件,则将案件交由主审法官,在双方当事人举证、辩论的基础上作出判断。如果经审查认为起诉不符合诉讼要件,则以判决的形式驳回诉,当事人如果不服可以按照法定程序提起上诉。这样既保证了当事人诉权的行使,也满足了当事人的程序参与。

3. 确定民事审判权的范围

民事审判权的范围在我国一般称之为法院主管,在英美法系和大陆法系并没有所谓的法院主管问题,而统一于"法院管辖",即所谓的"可司法性"和"可诉性"问题,内容是司法管辖权之范围划分,属于国家内部权力分配问题,显然已经

---

① 〔日〕高桥宏志:《重点讲义民事诉讼法》,张卫平、许可译,法律出版社2007年版,第11页。

不是民事诉讼法能够规定的问题,而应当由具有最高效力的根本大法宪法来规定。① 所以关于法院主管最迫切的问题是在宪法上对司法管辖范围以"诉之利益"进行明确拓宽,并在民事诉讼法中予以确认。笔者以为法院民事审判权的范围,应当从现有的关于平等主体之间的财产与人身关系纠纷,向"各种合法权益"来转变,以是否具有"诉之利益"作为标准来判断衡量,并将法院审理民事案件之范围确立到宪法之中,以期尽可能扩大当事人诉权保障之范围。具体应包括以下几方面:(1)民事法律所调整的民事法律关系发生争议引发的纠纷。(2)因公共利益受到侵害,或者合法权益正在被侵害而由于客观原因无法提起诉讼之纠纷。(3)规定于宪法之中的合法权益受到侵犯的纠纷。我国现行法院受理民事案件的范围一般是根据宪法之下的普通法律规定的具体法律权利来进行救济的,但是宪法规定的基本权利并不能在普通法律中一一找到与其对应的具体民事权利,再加之在我国民事司法实务中,民事裁判权的范围并不是恒定的,会因为法律的制定和形势的变化有所扩展,比如立法的滞后以及司法政策的影响等,如果因受这些因素的影响而使权利不能获得救济,法治、公平正义的价值便不能体现。"民事诉讼必须保护公民在宪法上享有的一切民事权利,而不是仅仅保护现行民事法律规定的权利。"②(4)其他平等主体之间因合法权益被侵犯有必要诉之法院的纠纷。

4. 建立立案救济体系

在民事诉讼过程中,当事人的诉权尤其是原告的起诉权受到人民法院的不当限制或剥夺时,当事人往往难以找到有效的法律途径来维护自己的合法权益。虽然新修订的民事诉讼法规定了上诉制度和人民检察院的法律监督制度,但因上诉制度停留在人民法院的内部监督,难有所作为,而人民检察院的检察监督又规定得过于笼统,缺乏具体的操作性。为切实保障当事人之诉权,我们应该建立一套完备的立案救济体系。具体可作如下设计:

(1)保留现行对不予受理裁定不服的上诉制度。法院对当事人起诉作形式审查后,认为不符合起诉条件的,作出不予受理的裁定书,当事人对此裁定不服可以提起上诉获得救济。

(2)具体明确民事立案检察监督机制。为将最大限度保障当事人诉权落到实处,针对人民法院在立案程序中的违法行为进行外部监督。根据新民事诉讼法第14条"人民检察院有权对民事诉讼实行法律监督"和我国《宪法》第129条"中华人民共和国人民检察院是国家的法律监督机关"的规定,确立人民检察院

---

① 傅郁林:《民事诉讼要件与审查程序——以民事审判权的范围为核心》,http://www.civillaw.com.cn/Article/default.asp?id=22499,下载日期:2012年9月17日。

② 张驰、韩强:《民事权利类型及其保护》,载《法学》2001年第12期。

对人民法院的民事立案检察监督机制,并作详细规制。首先,民事立案监督应当主要界定为法院违反立案程序之救济,适用的情形主要包括:①人民法院对当事人提交的诉状或口头起诉不予登记、不予接收的;②人民法院在收到当事人起诉或口头起诉后,对符合起诉条件的,在法定审查期内不送达给被告或者不作出受理通知书的;对不符合起诉条件的,不作出驳回诉状的裁定的。其次,关于监督的方式和程序问题。我国现行的民事检察监督权只是一种建议权,其位阶低于审判权,并不能强制法院纠正其违法行为。一方面考虑到起诉权在诉权体系中的重要地位,立法应加大对它的保障力度;另一方面也是因为民事立案检察监督从本质上来讲是一种程序性监督,丝毫不涉及人民法院立案活动的实体合法与否。① 所以笔者认为民事立案检察监督宜采用纠正模式。

(3)诉诸国家赔偿。诉讼当事人在因为法官或者法院的失职行为而不能得到法定司法保护时,法官既然是以国家机关的名义作出判决,就应当援引国家机关对公务员行为负责的制度。

5.完善多元纠纷解决机制

在我国,诉讼解决纠纷的局限性已被认识,纠纷的解决不可能也不应该只限制在法院内部。"现代社会中的各种代替性纠纷解决方式的功能就是通过其自身的特点和优势,在解决纠纷方面起到对诉讼审判制度补偏救弊、分担压力和补充代替作用,从而减少社会在纠纷解决方面的成本和代价,更及时有效地节约司法资源。"②新世纪以来,随着我国对多元化调解机制的强调,"大调解"、"诉调对接"等新兴的调解机制纷纷出现。在司法实践中"诉前调解"成为"诉调对接"的成功典范,各地基层人民法院在进行诉调对接的过程中,纷纷利用调解资源开展"诉前调解"工作。但从司法实践效果来看并不十分理想,因为立法在程序上没有作具体统一的规定,各地法院各自为阵、五花八门。虽然"诉前调解"在我国新民事诉讼法中已经登堂入室,为更好地发挥其在化解民事纠纷中的作用,我们还是有必要对该制度进行具体完善。

首先应明确其适用范围。诉前调解虽然具有灵活和简易等优点,但却没有法律规定且在程序上也呈现出非法律性、非正式性,所以为了当事人的利益应该严格控制其适用范围。根据司法实践,参考各地法院的做法,笔者认为诉前调解只适用于以下案件:(1)家庭纠纷类,如:婚姻、抚养、赡养、收养、监护、继承等。(2)相邻关系类,如:宅基地和不动产纠纷等。(3)小标的额案件,如:小额的债务纠纷、小额的合同纠纷等。(4)人身损害赔偿类,如交通事故和工伤事故引起的

---

① 伍贤华、肖国耀:《民事立案检察监督初探》,载《行政与法》2001年第3期。
② 罗秋月、刘艳:《代替性纠纷解决方式的立法构思》,载《河南省政法管理干部学院学报》2001年第4期。

权利义务关系较为明确的损害赔偿纠纷。（5）民间借贷纠纷类，如诉讼标的额较小，当事人之间权利义务关系较为明确的民间借贷案件。（6）其他事实清楚、法律关系简单、权利义务明确、争议不大的纠纷。

其次是在程序启动上。在启动诉前调解程序时，要尊重当事人的程序选择权，对那些当事人自愿要求通过诉前调解解决纠纷的案件，法院应充分予以尊重，因为它不仅节约了有限的司法资源和当事人的时间和费用，而且符合当事人的合意。因此，诉前调解的程序只能由当事人启动，且是双方同意。但这并不是说要双方当事人主动申请调解，这种几率在实践中很小，更为合理的做法是立案法官在接受当事人提交的诉状材料时，告知当事人两种结案方式的法律后果和优劣，鼓励当事人调解，在征得当事人同意后，启动诉前调解程序。

最后是要处理好诉前调解与诉讼的关系，即"诉调对接"问题，主要是解决好在诉前调解不成功的情况下如何与诉讼相衔接的问题。对于已经法院主持诉前调解，但双方当事人达不成调解协议的案件，法院应当向当事人送达调解不成功的证明书，调解申请人可以据此向法院提起诉讼；如果当事人双方在调解期日达不成调解协议，但都要求法院及时审理的，法院应当及时进行审理。如果原来以起诉视为调解申请的，在调解不成功时，原来的起诉随即产生诉讼系属的效果，法院应当按照案件所应适用的诉讼程序进行诉讼活动。当事人在调解程序中所作的陈述包括让步或承认，在调解不成功进入诉讼后不能作为本案裁判的基础。

结　语

新民事诉讼法的修改已经尘埃落定，值得肯定的是新法相对于旧法来说迈出了关键性的步伐，一些新的诉讼理念和长期实践的司法成果也都反映其中。美中不足，民事立案受理制度作为民事诉讼程序开启的一扇大门并未作出实质性的修缮，关于民事立案制度的改革也只能在漫漫长路中摸索前进了。

关于推进我国民事立案制度的改革已经成为司法理论界和实务界的一项重要课题，但由于传统司法理念的障碍以及受到当前司法环境的束缚，一直无法深入和落实。欲将司法改革进行到底，必须先解放思想、更新观念，完成从传统司法理念向现代司法理念的转变。在新的理念和指导思想下，通过理论界不断的理论创新和司法实务部门的努力实践，以降低起诉条件为起点，通过设置立案审查程序、确立民事裁判权的行使范围、建立立案救济体系、完善多元纠纷解决机制等一系列举措，在扩大诉权保障的这条主线上，配以当事人的合理行使诉权，"起诉难"问题也许就不再成为我国的一个司法难题了。

裁判文书公开

冯 珂[*]

公正或正义是人类社会一直追求的美德和理想,也是各项法律的基本价值目标,而且在法律的诸种价值追求中,它与法律的关系最为密切。就司法活动而言,公正作为人们对司法应有伦理品质的最主要界定,是人类对司法应有功能的最基本预期。[①] 但如西方法言,"正义不仅应得到实现,而且要以人们看得见的方式加以实现"(Justice must not only be done, but must be seen to be done),因此将司法活动置于公众视野的监督之下,不仅体现了人们对司法公正的高度关注,也是保障司法公正得以实现的重要方式。

应当说,司法公开是现代司法的一个重要内容,审判公开又是司法公开的一个重要组成部分,裁判文书的公开则是审判公开、阳光审判的直接体现。本次《民事诉讼法》修正案在裁判文书公开方面作出了制度改进,这对促进审判公开、保障司法公正都具有积极意义。本文将从审判公开与裁判公开的关系角度入手,探讨本次修法对裁判文书公开制度进行修正的立法背景,进而对裁判公开、裁判文书公开的制度内涵予以诠释和解读,并以此解答裁判文书公开制度在司法实践中可能遇到的问题。

一、审判公开与裁判公开

(一)审判公开的历史源流

谈到司法公开,人们首先想到的就是审判公开。然而,在对审判公开制度的内容进一步展开讨论之前,有必要首先回顾一下司法活动中审判公开观念的发展历程。

一般认为,审判公开是与中世纪封建社会的司法专断、秘密审判的司法制度相对而言的,是社会文明、法治进步的要求。中世纪无论教会审判还是世俗审判,都主要采用秘密方式进行,诉讼整个过程基本是封闭的,不仅对社会而且对当事人也保持一种隔绝状态。而且法庭不采用集中开庭形式,当事人之间无法

---

[*] 作者系清华大学法学院博士研究生。
[①] 郑成良:《法律之内的正义》,法律出版社 2002 年版,第 3~4 页。

辩论和交锋。这种封闭式的诉讼方式,其目的不在于排除社会势力对诉讼的干扰,而在于使司法专横和擅断在这种封闭状态下能得以恣意实施,同时也借助这种封闭强化审判的恐怖和威胁。①

15世纪后,在西欧启蒙运动的洗礼下,在启蒙思想家"天赋人权"、"法律面前人民平等"、"人民主权"等口号的激励下,进步知识分子对封建式的酷刑拷问和秘密审判等司法制度进行了猛烈抨击,提出对司法制度进行理性主义和人道主义改革的主张。根据学者的考证,最早提出实行公开审判制度的是意大利刑法学家贝卡利亚,他在其《论犯罪与刑罚》一书中旗帜鲜明地提出:"审判应当公开,犯罪的证据应当公开,以便使或许是社会唯一制约手段的舆论能够制止暴力和私欲。"其后,审判公开原则作为体现资产阶级政治诉求的一项诉讼原则和司法制度,在西方国家逐渐确立下来。第一次以立法形式明确这一理念的,是美国国会于1791年批准的《美利坚合众国宪法》前10条修正案("权利法案")中的第6条修正案,该条规定:"在一切刑事诉讼中,被告有权享有由犯罪发生地的州和地区的公正陪审团予以迅速和公开的审理。"到19世纪,法国(1808年)、德国(1877年)、日本(1808年)等国都相继在其司法制度中确认了这一原则。

在两次世界大战期间,随着法西斯主义横行,公开审判等各项诉讼民主原则遭到破坏,任意逮捕、专横起诉、秘密审判和滥施刑罚给西欧社会带来灾难性后果。二战后,各国对这种践踏权利的行为都给予了深刻反思,再次认识到包括审判公开在内的各项现代司法制度对人权保障的重要性。1948年12月,联合国大会郑重地通过了第一个系统提出和保护基本人权的国际文件——《世界人权宣言》(Universal Declaration of Human Rights),该宣言第10条明确指出,"人人完全平等地有权由一个独立而无偏倚的法庭进行公开的审讯,以确定他的权利和义务并判定对他的任何刑事指控"。1966年12月联合国大会又通过了《公民权利和政治权利国际公约》(International Covenant on Civil and Political Rights),该公约第14条第1款再次确认了审判公开这一诉讼原则,即"所有的人在法庭上和在裁判面前一律平等,在判定对他提出的任何刑事指控或他在任何一件诉讼案件中的权利义务时,人人有资格由一个依法设立的合格的、独立的和无偏倚的法庭进行公正和公开的审讯"。②

从前述审判公开观念的发展历程可以看出,审判公开最初是从作为近代市民革命的一项政治要求而提起,到现代司法中已发展成为人权保护的必要方式,

---

① 王福华:《民事审判公开制度的双重含义》,载《当代法学》1999年第2期。
② 以上关于审判公开观念历史沿革的部分,参见程味秋、周士敏:《论审判公开》,载《中国法学》1998年第3期。转引自胡夏冰、冯仁强编著:《司法公正与司法改革》,清华大学出版社2001年版,第71~73页。

而其最主要的作用领域体现在刑事司法活动中。但从目前各国法律确立审判公开原则的具体方式看,审判公开也同样适用于民事、行政及其他司法活动中。例如,日本宪法第82条规定,"裁判的对审及判决,应在法庭公开地进行",因此不论民事、刑事诉讼,都应适用这一宪法规定。① 与此类似,德国《法院组织法》第169条也规定,"在法庭上进行的程序,包括宣布判决和判令,都是公开的"。② 由此,在德国民事司法领域适用审判公开原则也就有了法律依据。此外,法国《民事诉讼法》第22条规定了"法庭辩论应当公开进行",在民事诉讼法典中直接规定了审判公开的一般原则。③

我国的审判公开原则在1954年制定的第一部宪法中就有规定,1982年的现行《宪法》第125条又再次重申了这一原则,即"人民法院审理案件,除法律规定的特别情形外,一律公开进行"。审判公开不仅是我国宪法规定的一项司法活动基本原则,而且《人民法院组织法》第7条也作了规定,即"人民法院审理案件,除涉及国家机密、个人隐私和未成年人犯罪案件外,一律公开进行"。此外,我国刑事诉讼、民事诉讼以及行政诉讼三大诉讼法中也都进一步明确规定了审判公开作为一项重要的诉讼原则及其具体制度。

(二)审判公开的主要内容及其与裁判公开的关系

所谓审判公开,是指人民法院在审理民事案件中,应当将其审判活动向当事人和社会公开的审判制度。在我国民事诉讼中,审判公开原则不仅体现在总则第10条的规定④,即"人民法院审理民事案件,依照法律规定实行公开审判制度",而且还进一步体现在修正后的《民事诉讼法》第68条、第134条、第136条、第148条关于证据公开质证、案件公开审理和公开宣判等具体制度方面。此外,本次《民事诉讼法》还新增加了第156条关于公众查阅生效裁判文书的规定,并且修订了第152条、154条关于判决书、裁定书应记载的事项的规定。

根据法律及相关司法解释的规定,我国民事诉讼中的审判公开可以从多个角度来认识:从诉讼程序的过程来看,应包括审理活动的公开和裁判活动的公开。前者又包括公开开庭、公开举证质证、公开辩论等方面;⑤ 后者则应包括公

---

① [日]新堂幸司:《新民事诉讼法》,林剑锋译,法律出版社2008年版,第334页。
② Gerichtsverfassungsgesetz(GVG), *Zivilprozessordnung*, 45. Aufl. Beck-Texte, 2009, p. 384.
③ 《法国新民事诉讼法典(上册)》,罗结珍译,法律出版社2008年版,第63页。
④ 如无特殊说明,本文对于我国《民事诉讼法》条文的引用,采修正后《民事诉讼法》的条文序号。
⑤ 需要注意的是,并不是所有的审判都能公开。在各国民事诉讼中,对于审判公开或者审理公开也有其限制,一般主要是对于涉及国家秘密和当事人保密利益的案件,可以不予公开。我国新《民事诉讼法》第134条也有这样的规定。

开宣判、公开裁判文书等方面。从公开的对象来看,既包括对当事人及其诉讼代理人的公开,也包括向社会公众(含新闻媒体)的公开。从公开的内容看,既包括审判主体的公开,证据资料的公开,裁判结论的公开,也包括法官对事实认定和适用法律的心证公开。

基于前述关于审判公开源流和基本内容的分析,虽然"审判公开"作为一项现代诉讼制度已得到普遍认同和执行,但人们在认识"审判公开"的内涵时,却往往将其简单化理解为"审理的公开"和"宣判的公开"。基于这种观念,我国立法者和司法者在规制"审判公开"时,其关注点也被置于"审理公开"与"宣判公开"之上,并为此设置了若干几乎无隙的法律规范。① 例如,最高人民法院发布的《关于严格执行公开审判制度的若干规定》(法发[1999]3 号,以下简称《公开审判若干规定》)第 1 条规定:"人民法院进行审判活动,必须坚持依法公开审判制度,做到公开开庭,公开举证、质证,公开宣判。"

实际上,审判公开的意义并不止于审理或宣判公开。法院在诉讼活动中的职权主要包括审理权和裁判权,因此审判公开也包括审理公开和裁判公开两部分。就审理公开而言,由于诉讼活动的参与主体有限,即便允许公众旁听,但受限于法庭的实际条件,也很难做到一种广泛公开,因此这种公开作为司法权的社会监督方式的实际效果就打了折扣。而"从某方面言之,判决书之公开实比审理公开更为重要。……于现代人口众多之工商社会,大众虽可依赖大众传播机关获悉审判之情形,但大众传媒之报导,必不能对案件之审判作详尽、传真之报导,故民众欲了解审判是否公平、公正,则以事后阅读、检讨判决书为最确实且方便之方法"。② 因此,裁判公开或者更严格讲,裁判文书的公开才是真正具有实质意义的审判公开。

另外,仅仅将民事审判公开的理解局限于这种形式意义的审理公开或宣判公开,还不能解释民事诉讼的具体程序与此原则之间的联系,没有使当事人的参与结果形成对法院的裁判的约束,审判公开所要求的相对义务只停留在被虚无化的保障行为这一层面,也使它容易被异化为背离民事诉讼基本规律的、空洞的、毫无约束力的制度。因此应当进一步认识到,民事审判公开更为深层次的内涵,在于当事人运用诉权来保障程序的公正和杜绝法官的恣意裁决,即在于其实质上的程序功能。③ 正是从这个意义上讲,裁判文书公开是审判公开原则的内在要求和重要的内容,是实质意义上的审判公开。只有通过裁判文书的公开,才

---

① 尹西明:《裁判公开制度研究》,载《河北法学》2003 年第 5 期。
② 黄东熊:《刑事诉讼法论》,台湾书局 1991 年版,第 38 页。转引自王新奎、巫志刚:《判决书公开的理性思考》,载《前沿》2004 年第 11 期。
③ 王福华:《民事审判公开制度的双重含义》,载《当代法学》1999 年第 2 期。

能对法官具有真正的约束力,即一方面使当事人程序参与的结果能够对法官的裁判内容产生约束,另一方面也借助社会的监督力量对法官的裁判行为形成制约。

(三)关于裁判公开的修法背景

裁判公开之于审判公开的重要性,在近些年逐渐人们所认识到。一方面,理论界、实务界不断有学者撰文,提出判决理由公开、判决书制作规范、公开裁判文书等主张,另一方面,司法机关也开始对理论和实务中的这种动态予以回应。2007年,最高人民法院发布了《关于加强人民法院审判公开工作的若干意见》(法发[2007]20号,以下简称《审判公开若干意见》),其中对判决书的规范制作提出了明确要求。2009年,最高人民法院又发布了《关于司法公开的六项规定》(法发[2009]58号),其中明确规定了人民法院对裁判文书的公开义务以及公开裁判文书的具体方式。这一规定出台后,各地人民法院开始陆续建立相关的裁判文书公开和查阅平台。此后,最高人民法院于2011年又发布了《关于人民法院在互联网公布裁判文书的规定》(以下简称《互联网公布裁判文书规定》),为进一步规范人民法院通过互联网公开裁判文书提供了指导。

由此可见,前述这些方面从理论认识、司法规范性文件以及具体技术层面,都为本次民事诉讼法修订增加关于裁判文书公开的规定提供了准备。但我们对裁判文书公开制度的出台背景,还应从司法政策的层面作更深入的认识。

依法治国是我国的一项基本国策,党的十七大报告也再一次重申"全面落实依法治国基本方略,加快建设社会主义法治国家"是发展社会主义民主政治的要求。我们认为,法治是一种社会秩序状态,是完备的法律制度被良好实施后的社会实在,是社会法治化的结果。法治的实现,一方面需要完备的法律制度体系,另一方面需要公正、权威、有效的司法运作程序。随着法制体系的完善,当今的中国司法,一方面不断赢得社会更高期待,但另一方面却因为不断遭受诟病的司法不公问题而成为社会矛盾的焦点以及舆论关注的热点。

可以说,在与我国司法现状相关的诸多争议中,司法不公已成为人们非常关注的问题。由于公正司法是法治建设的核心,是社会公正的基石,而不公正的司法不仅降低了司法的社会公信力,更是对司法权威性的损害,是对社会公正和正义的极大伤害。因此,实现司法的公正运行就成为我国司法改革和社会主义法治的基本要求。2006年,中共中央发布了《关于构建社会主义和谐社会若干重大问题的决定》,其中对"完善司法体制机制,加强社会和谐的司法保障"提出了具体要求,即"坚持司法为民、公正司法,推进司法体制和工作机制改革,建设公正、高效、权威的社会主义司法制度,发挥司法维护公平正义的职能作用。……加强司法民主建设,健全公开审判、人民陪审员、人民监督员等制度……"。2007年,党的十七大报告中进一步指出,"全面落实依法治国基本方略,加快建设社会主义法治国家",就需要"深化司法体制改革,优化司法职权配置,规范司法行为,建设公正、高效、权威的社会主义司法制度"。

为贯彻中央关于建设公正、高效、权威的社会主义司法制度的指导意见,最高人民法院相继采取了一系列具体措施,而加强审判公开制度就是其中的一项重要举措。根据最高人民法院 2007 年发布的《审判公开若干意见》,"建设公正、高效、权威的社会主义司法制度,是当前和今后一个时期人民法院工作的重要目标。实现这一目标,必须加强审判公开。司法公正应当是'看得见的公正',司法高效应当是'能感受的高效',司法权威应当是'被认同的权威'"。2009 年,在最高人民法院发布的《人民法院第三个五年改革纲要(2009—2013)》中,进一步将加强和完善审判公开制度作为人民法院司法改革的主要任务之一,即"要继续推进审判公开制度改革,增强裁判文书的说理性,提高司法的透明度"。在这一背景下,最高人民法院其后又相继出台了《关于司法公开的六项规定》、《互联网公布裁判文书规定》,通过规范裁判文书的公开,进一步落实加强审判公开的司法改革任务。

总之,本次《民事诉讼法》修正案中增加关于裁判文书公开的规定,与加强审判公开、推进司法改革,建设公正、高效、权威的司法政策有关。正如最高人民法院副院长景汉朝指出的,最高人民法院针对司法公开工作连续发布规范性文件,充分体现推进公开透明、阳光司法的信心和决心。司法公开制度改革是中央司法改革项目中的重要内容之一,也是人民法院三个五年改革纲要确定的改革任务。司法公开是实现公正廉洁的需要,是提高司法公信力、满足人民群众司法需求、确保司法公正的重要途径,务必从此高度认识司法公开的重要意义。①

二、裁判文书公开制度的解读

本次《民事诉讼法》修正案,在裁判公开制度方面作出了修正,对于推进审判公开化具有积极意义。修改后的裁判公开制度主要涉及新《民事诉讼法》第 148 条、第 152 条、第 154 条、第 156 条的相关规定。结合这些法律条文以及相关司法解释的规定,对裁判公开制度的基本内容,可以从以下几方面认识:

(一)裁判公开的含义

如前文所述,人们在讨论审判公开时,常常将视角局限在审理公开,而忽视了裁判公开的重要作用。在立法上,现行《民事诉讼法》对审判公开制度的规范重点也在于审理公开,并分别规定了公开开庭审理(第 134 条、第 136 条)、公开

---

① 最高人民法院:《景汉朝副院长为广东省的"司法公开示范法院"授匾并讲话》,http://www.court.gov.cn/xwzx/rdzt/sfgkxcyhdzt/zxhd/201104/t20110426_19888.html,下载日期:2012 年 9 月 12 日。

举证质证(第 68 条)。而对于裁判公开,仅以一个条文规定了公开宣判的制度(第 148 条)。然而从某种意义上讲,裁判公开或者更严格地讲,裁判文书的公开才是真正具有实质意义的审判公开。我们认为,所谓裁判公开是指法院的裁判行为应当公开。对于裁判公开,也可以从两个方面进行理解,即裁判公开宣告以及裁判文书的公开。

裁判公开宣告是与封建时代的秘密裁判制度相斗争的产物,体现了司法的民主和进步。所谓裁判宣告,是指宣告裁判内容之行为。在现代司法制度中,裁判的宣告具有其独立的法律效力。例如,日本新民事诉讼法第 250 条规定,判决一经宣布即产生其效力;在德国,随着判决的宣告或者代宣告的送达,法院的裁判也就存在了,因而从诉讼外部看是被裁判法院(全部或者部分)结束。① 此外,在德日民事诉讼上,对于宣告判决的程序也有一定要求。一般而言,判决宣告要求由"出席了作为判决基础的辩论"的法官作出,并且应在言词辩论期日或另行指定的宣告期日进行。在未向当事人适法告知的期日中宣告判决的,构成判决成立程序的违法事由。

应当说,虽然裁判宣告是向当事人开示裁判文书的内容,但其更主要的意义在于其程序上的效力,即裁判一经宣告就产生形式上确定力,即便是作出该生效裁判文书的法院也不能随意变更判决书的内容。因此,裁判公开宣告只是狭义上的裁判公开或者说是程序内的裁判公开,而更为广义的裁判公开则是将裁判文书向社会公众公开,即裁判文书公开。本次《民事诉讼法》修正案关于审判公开制度的修改,主要就在于裁判文书的公开制度。因此下文将从公开的对象、范围、事项、方式等方面,进一步对裁判文书公开制度展开分析。

(二)裁判文书公开的对象

如前所述,本文在此所讨论的裁判文书公开,是裁判文书向社会公众的公开。

在本次修法之前,根据《民事诉讼法》第 61 条以及《最高人民法院关于诉讼代理人查阅民事案件材料的规定》(法释[2002]39 号,以下简称《代理人查阅规定》)的规定,代理民事诉讼案件的律师和其他诉讼代理人有权查阅所代理案件的有关材料。诉讼代理人为了申请再审的需要,可以查阅已经审理终结的所代理案件有关材料。虽然前述规定允许查询已审理终结案件的裁判文书,但这一条文在《民事诉讼法》中规定在"诉讼代理人"一节,是作为代理人调查收集证据的一种方式而规定的,而且其适用主体也仅限于"诉讼代理人对其所代理案件"的情况,因此仅仅还是一种有限度的公开。

---

① [德]汉斯—约阿希姆·穆泽拉克:《德国民事诉讼法基础教程》,周翠译,中国政法大学出版社 2005 年版,第 291 页。

修正后的《民事诉讼法》第156条所规定的"公众可以查阅发生法律效力的判决书、裁定书"则是面向不特定的社会公众而言的,因此无论是否为案件的参加人、与案件是否有利害关系,无论是普通社会公众,还是新闻媒体、科研单位、法律从业人士,都可以查阅公开的裁判文书。

(三)裁判文书公开的范围

1. 文书种类

裁判文书的公开范围,是指法院作出的哪些裁判文书应向社会公众公开。根据新《民事诉讼法》第156条的规定,公众可以查询的裁判文书限于判决书、裁定书。但在此需要讨论的一个问题是,可供公众查阅的诉讼文书是否仅限于生效判决书、裁定书?判决书、裁定以外的其他诉讼文件是否应向公众开放呢?

从比较的角度看,根据日本新民事诉讼法第91条第1款规定,原则上任何人都可以向法院书记官请求阅览诉讼记录。所谓诉讼记录,是指诉状、答辩状、准备书面及口头辩论笔录、判决书原本等,必须由法院保存的所有有关该诉讼的书面(文件)。[①] 换言之,日本民事诉讼中的裁判公开,不仅限于裁判文书的公开,也包括其他由当事人提交或者法院制作的记载诉讼审理情况的书面文件。在德国民事诉讼法中(第160条至第165条),诉讼记录仅是由书记官制作的对言词辩论和证据调查情况的记录,并且法律对诉讼记录中应载明的事项、制作方式和程序都有明确规定,但其主要效力仅是作为对诉讼程序是否遵守言词辩论规则的证明方式。

各国基于不同的司法政策,因而在立法上设定的裁判公开范围也有差异。我们认为,虽然判决书、裁定书是记载诉讼结果的终局性法律文件,但诉讼是一个程序过程,记载和反映诉讼程序进行情况的各项诉讼文件,不仅是了解当事人在诉讼中的各种实体主张和请求的渠道,也是了解诉讼程序运行过程的载体。因此,从更深入落实审判公开原则以及更大程度满足公众接近司法的目的,应当将裁判文书的公开扩展到诉讼记录的公开,对于起诉书、答辩书、当事人提交的主要证据材料、庭审笔录等诉讼文件,也应纳入到裁判公开的范围内。

2. 不予公开的限制

虽然裁判文书公开是裁判公开、审判公开的内在要求,但从当事人隐私权保护或者社会公共利益角度考虑,各国在裁判文书公开的范围上也是给予了一定限制的。例如,日本新民事诉讼法第92条就规定了,当事人为保护个人私密和商业秘密,可以向法院申请不公开诉讼记录中有关秘密的部分。我国新《民事诉讼法》第156条的后半段,也规定了公众可以查阅判决书、裁定书的例外情形,即"涉及国家秘密、商业秘密和个人隐私的内容除外"。但与日本民事诉讼法第92

[①] [日]新堂幸司:《新民事诉讼法》,林剑锋译,法律出版社2008年版,第335页。

条规定的裁判文书公开制度相比,其差别主要在于:

(1)不公开的方式不同。在日本民事诉讼法上,对于涉及私人隐私、商业秘密的案件,不是一概不公开,而是需由申请才行,即诉讼当事人以隐私或商业秘密为由向法院提出限制他人查阅诉讼记录要求,并且法院认为当事人的申请是合理的情况下,法院才会同意限制公开查阅该部分内容。而我国民事诉讼上对于涉及国家秘密、商业秘密和个人隐私的裁判文书不公开,并未采取由当事人申请才不公开的方式,而是由法院依职权来决定是否公开这些裁判文书。① 从此差异来看,日本采取的依当事人申请才不公开裁判文书的方式更为彻底的贯彻了民事诉讼的当事人主义,而且一般情况下公开裁判文书也有利于裁判文书公开制度的落实。

(2)对于不公开事由的是否予以界定不同。对于何种情况下才构成不公开裁判文书的事由,即国家秘密、商业秘密和个人隐私的涵义,我国民事诉讼法上没有明确规定。日本新民事诉讼法第92条第1款还对个人隐私和商业秘密的含义作了界定。所谓个人隐私,是涉及当事人私生活相关的重大秘密,并且由于第三人的查阅可能对该当事人的社会生活产生显著影响;所谓商业秘密,是指《反不正当竞争法》第2条所规定的,即作为企业所管理的生产方法、销售方法以及其他对企业经济上有益的秘密,而且需这些秘密确实不为公众所知。

日本学者在谈到日本民事诉讼中限制裁判文书公开的"个人隐私事由"时指出,由于任何诉讼都可能会涉及当事人的隐私,因此如果不给予限制,当事人很容易就以隐私为由申请不予公开,这就会使排除的范围过于宽泛。从这个意义讲,只有对"隐私"的范围予以限制,仅在涉及当事人私生活的重大秘密或对其社会生活产生显著影响时才能不公开,这样才真正能使裁判文书的公开具有可操

---

① 需要注意的是,根据我国新《民事诉讼法》第134条的规定,对于涉及国家秘密、个人隐私的案件采取的是由法院依职权决定是否公开审理,而对离婚案件、涉及商业秘密的案件,采取的是依当事人申请不公开审理的方式。由此可看出,是否公开审理的案件范围与是否公开裁判文书的范围和方式是不完全一致的。

此外还需注意,根据《互联网公布裁判文书规定》第2条、第4条的规定,当事人明确请求不在互联网公布并有正当理由,且不涉及公共利益的裁判文书,可以不在互联网公布裁判文书。人民法院应当在诉讼须知中写明关于在互联网公布裁判文书的相关内容,并在送达裁判文书时告知当事人在互联网公布裁判文书的事宜。当事人明确请求不在互联网公布的,应当书面提出意见。人民法院经审核认为理由正当的,不应在互联网公布。由此可知,在司法实务中也采取了当事人申请不公开时例外不公开的操作方式,但与日本的规定不同,在《互联网公布裁判文书规定》并未明确可以不公开的具体事由,法院对当事人申请不公开是否具有"正当理由",仍然具有审查权。

作性。①

在我国的民事诉讼中,虽然对于商业秘密的界定可以参考适用《反不正当竞争法》第 10 条的规定来适用,但对如何理解个人隐私却并不明确。虽然按新《民事诉讼法》第 156 条,是否因为个人隐私而不公开裁判文书不是基于当事人申请而判断的,因此不会发生日本民事诉讼上的当事人滥用此种隐私排除的问题。但也要注意的是,如果将此事项的判断权交由法官自由裁量,又会发生需要限制裁量空间和范围的问题。因此从防止法官滥用裁量权、保障裁判文书公开制度的切实施行的角度,立法机关或司法机关也有必要对 156 条涉及的"个人隐私"的涵义和范围给予明确界定。

(四)裁判文书公开的内容

新《民事诉讼法》第 152 条、第 154 条对判决书、裁定书应当记载的内容作出了规定,主要包括:"(一)案由、诉讼请求、争议的事实和理由;(二)判决认定的事实和理由、适用的法律和理由;(三)判决结果和诉讼费用的负担;(四)上诉期间和上诉的法院。判决书由审判人员、书记员署名,加盖人民法院印章。"

由于民事诉讼法将判决书、裁定书作为应予公开的对象,因此上述裁判文书的记载事项都应当是裁判文书公开的内容。不过,民事诉讼的实质问题是对当事人之间的实体权利义务争议作出裁判,而对实体纠纷进行裁判的实质又在于法院如何适用实体法,因而从三段论的角度看,法官的事实认定、适用法律和作出裁判结论,就是裁判活动中最重要的内容。由于法院对争议进行裁判的最终结果通过其裁判文书记载,因此相应在裁判文书的记载事项中,最为重要的几项内容就是:一是判决和裁定的主体,即由谁作出判决裁定,二是判决和裁定根据的事实,三是判决或裁定的理由,四是判决或裁定的结论。② 在裁判文书的公开中,裁判主体和裁判结论的公开并无太大异议,在此主要对判决书中记载的事实认定公开和适用法律公开的理论基础进行分析。

1. 裁判文书中事实认定的公开

民事诉讼运行的基本特征是,一方当事人提出诉讼请求并对该请求依据的事实加以证明,另一方当事人就对方的请求进行反驳并提出事实加以证明,法院在此基础上认定事实,并根据事实认定而适用法律并作出裁判。

法院对当事人的事实认定是其能够对纠纷作出裁判的基础,也是法院最基本的职权。由于诉讼中双方当事人利益的对立,因此当事人提出的事实主张必然也会有矛盾和对立,而法院也必须通过审查认定其认为真实的事实。进一步

---

① 日本庆应大学法学院三木浩一教授,在 2012 年 9 月 7 日于清华大学法学院召开的《中日民事诉讼法修改的比较研究》国际研讨会上,谈到了上述看法。

② 尹西明:《裁判公开制度研究》,载《河北法学》2003 年第 5 期。

讲,当事人在诉讼中是通过提出证据对自己主张的事实加以证明,因此法院对案件事实的认定,实际上是对当事人证明活动的判定,对当事人证明的判定又首先是对当事人提出证据的认定。

在现代民事司法制度下,法官对当事人证明活动和证据的认定,其主要方式是自由心证。所谓自由心证,是法官对自己未经历的过去的事实存在与否的判断过程,实际上是对各项证据资料的证据价值进行斟酌、选择、取舍,进而基于各种证据价值较高的证据资料来推定过去事实关系的过程。从法官的心理看,随着收集、整理资料活动进行,法官对该事实存在与否的内心判断经历一个波动变化的过程,最终达到对该事实存在(不存在)的判断抱以确信的心理状态。这种从动态视角把握的法官对事实判断的状态,即为心证,而达到最终确信其内心判断的状态,就是形成心证。①

由此可知,法官在民事诉讼中进行事实认定的过程,实际上就是法官运用自由心证对当事人的证明活动予以判定的过程。因此,判决书中事实认定部分的阐述,实际上就是在揭示法官心证的过程。而从这个意义上讲,公开判决书中的事实认定就是法官心证的公开,而通过心证的公开,也就能使公众了解到法官认定事实的过程和根据。

2. 裁判文书中适用法律的公开

在判决书中应记载的适用法律的理由,就是法官对裁判结论或裁判主文的论证,即对为何作出某项裁判结论的阐述。

法官在对案件事实作出认定的基础上,应进一步适用实体法规范对当事人争议的纠纷作出裁判。从案件事实到形成裁判结论之间的过程,就是法官对案件事实适用法律的过程。从三段论的角度来考察,如德国法学家拉伦茨所指出的,虽然法律适用是将案件事实(小前提)涵摄于法律规范的构成要件(大前提)的过程……作为涵摄推论的小前提乃是如下陈述:法条构成要件所指陈的要素,其于陈述所指涉的生活事件中完全重现。……但应当说,在这个针对案件事实而适用法律的涵摄推论过程中,一个案件事实是否具备各项法律规范要件的各项要素,这并不是一个纯粹逻辑学上的"涵摄"概念,而是仍然需要对案件事实中是否蕴含法律规范构成要件要素进行"判断",因而这种过程称为将案件事实"归属"于法规构成要件的说法可能更为恰当。另一方面,作为三段论大前提的法律规范本身也并不是完全客观的,每个法律都需要解释,而且也不是所有的法条都规定在法律中。②

---

① [日]新堂幸司:《新民事诉讼法》,林剑锋译,法律出版社2008年版,第385页。

② [德]卡尔·拉伦茨:《法学方法论》,陈爱娥译,商务印书馆2005年版,第152~154页。

从这个意义上讲,法律适用是一个需要法官发挥主观判断作用的过程,是对案件事实与法律规范之间能否建立联系予以判断确定、对某项应适用的法律规范具有哪些构成要件进行解释的过程。因此,法官在判决书中公开其对适用法律的理由的陈述,是向当事人和社会公众阐述法律适用原因的过程,也是判决书最为核心的"说理"部分。

在此还需进行说明的是,裁判文书中记载的事实认定的理由和适用法律的理由,在理论上也被称为判决理由。① 一方面,在裁判文书中对判决理由进行说明,其首要作用在于向参加诉讼的当事人公开裁判的事实依据和法律依据所在。从这个意义上说,裁判文书中公开的判决理由,首先是一种面向当事人的狭义公开;只有当裁判文书基于各国司法政策可以向公众公开时,这些关于判决理由的记载才具有更为广泛的公开意义和效果。

另一方面,仅就第一层面向当事人公开的判决理由来说,在裁判文书中要对当事人公开判决理由,不仅是相较秘密审判、司法专断具有显著的进步意义,而且也是民事诉讼中贯彻辩论主义和处分主义的要求。只有通过判决理由,当事人才能知晓法官是否在辩论主义、处分主义的约束之下进行裁判,因而也是观察民事诉讼是否体现当事人主义的一个视窗。

但就此方面需注意的是,裁判理由公开的程度因各国的立法要求不同而有所区别,这种区别主要表现在是详尽地公开裁判理由还是简略地公开裁判理由。英美法系国家基于其判例法传统,对裁判文书中裁判理由的要求是详尽的,它不仅要求对案件事实进行详尽的法律评断,而且还要求对法律适用作详尽解释,甚至还赋予法官拥有特殊情形下(法律漏洞及无先例的案件)的司法造法权。而在大陆法系国家,则只要求判决书中附上简略的理由,而且也允许某些情况下不公开判决理由。②

(五)裁判文书公开的方式

裁判文书向社会公众公开,需要为公众提供便捷的查询和使用途径,并且也应考虑不同主体的利用需求,提供多种公开渠道,否则裁判文书公开的目的也就难于落实。

就裁判文书公开方式,新《民事诉讼法》第156条的规定为:"公众可以查阅发生法律效力的判决书、裁定书。"但何为查阅,公众又有哪些渠道进行查阅,立

---

① [日]兼子一、竹下守夫:《民事诉讼法》,白绿铉译,法律出版社1995年版,第150~151页。

② 尹西明:《裁判公开制度研究》,载《河北法学》2003年第5期。关于大陆法国家民事诉讼中,可以不在判决书中公开判决理由的立法例,如德国《法院组织法》第173条第2款规定,满足该法第171b条、第172条的情况下,对判决理由可以全部或部分的不予公开。

法上并没有给予明确回答。根据《关于司法公开的六项规定》第 5 条,人民法院可以根据法制宣传、法学研究、案例指导、统一裁判标准的需要,集中编印、刊登各类裁判文书。除涉及国家秘密、未成年人犯罪、个人隐私以及其他不适宜公开的案件和调解结案的案件外,人民法院的裁判文书可以在互联网上公开发布。结合前述内容,裁判文书的公开方式应主要包括以下几个方面①:

(1)通过文书查阅室公开。在各级法院设立专门的文书查阅室,是实现裁判文书公开最基础的方式。法院应将裁判文书分类装订后,放置于文书查阅室供公民查阅,并应保证每周有足够的开放时间。虽然修改后的《民事诉讼法》第 156 条仅规定了公众可以查阅生效裁判文书,但对于可供查阅的裁判文书,法院也应允许复制,并且复制的收费也应合理,不能变相成为阻碍公众查询利用公开裁判文书的障碍。

(2)通过出版物、报刊和媒体公开。各级法院可按年度和行政、刑事、民事的分类出版裁判文书,实现判决书的定期汇编出版。由于人民法院每年受理案件数量较多,在目前条件下,可以选择有代表性的裁判文书出版。对于具有重大影响的案件和社会公众普遍关注的案件的裁判文书,也可通过在一定地域范围内有较大影响的报刊、广播和电视等媒体公布。

(3)通过互联网公开。在信息化时代背景下,法院借助互联网将裁判文书公开有利于扩大公开的覆盖面。在互联网公开的裁判文书应当分门别类,并设计方便实用的检索功能。不具备条件的法院可以将裁判文书报送上级法院上网公开。为突出时效性,裁判文书应当在判决生效后及时上网公布。根据最高人民法院发布的《互联网公布裁判文书规定》,人民法院应当对在互联网公布的裁判文书适当分类;人民法院在互联网公布裁判文书,应当自裁判文书生效之日起三十日内完成。

三、裁判文书公开的功能和意义

本次修改《民事诉讼法》将裁判文书公开纳入法律层面予以规范,是促进审判公开和司法公开的重要举措。具体而言,在民事司法活动中公开裁判文书的功能和意义,主要体现在以下几个方面:

(一)司法公正的社会监督机制

从我国现实情况看,目前社会对司法公正的强烈企求充分表明我国的司法运作还远未达到人们所期望的公正度。也由于司法的非公正性,导致社会民众对现存司法体系存在普遍的信任危机,甚至也成为可能导致社会不和谐的因素

---

① 下述关于裁判文书公开方式的内容,参见谭炜杰:《裁判文书的公开》,http://www.court.gov.cn,下载日期:2012 年 9 月 12 日。

之一。

虽然司法不公的问题与我国转型时期的社会大环境、与司法的行政化体制都有关联。但司法是社会正义的最后一道防线,而司法的非公正性恰恰从根本上破坏与动摇了社会公正与正义的基础,以致使人们对社会正义失去信任感,因而与社会其他领域的非公正现象相比较,司法的非正义以及由此带来的对社会正义体系的侵害,其影响力和破坏性无疑更大。应当说,任何权力的运行都需要给予制约,没有制约的权力终将走向膨胀和腐败的对岸,司法权也不例外。因此要想遏制司法腐败,实现司法公正的目标,也就需要加强对司法权的制约和监督。我国目前的司法监督体系包括多项内容,既有审判组织自身监督、审级监督这种内部性的监督,也有外部性的人民代表大会的权力机关监督、检察机关的法律监督、人民群众与新闻媒体的社会监督,而司法公开就是司法权接受监督的一种方式。

审判公开是司法公开的主要组成部分,裁判文书公开则是审判公开的内在要求,是实质意义上的审判公开。裁判文书公开制度的确立,在很大程度上解决了"暗箱操作"的制度性缺陷。由于裁判的过程是一个法官内心运作和主观判断的过程,往往很难为外界所察知。而实务中,在裁判文书制作过程中也存在某些所谓的"隐性程序",主要是法院内部的请示、批示、经验总结以及审判惯例等,这些"隐性程序"当事人无法查阅、无从知晓,但却起着很重要的作用,有时甚至成为法官审理案件的首选规则,客观表现就是司法裁判的"暗箱操作",容易成为司法不公和滋生司法腐败的温床。通过裁判文书的公开,法官的裁判行为和内心认识就被置于公众视野之下,这就对任何企图徇私枉法的行为人形成极大震慑,使裁判者不得不考虑铤而走险的法律风险和不利后果。因此,就整个裁判者群体而言,基于正义而公正地裁判案件是一种信念和立场,而这种信念和立场的确定,在很大程度上是由裁判公开制度所诱发的,同时也是为裁判公开制度所保障的。① 司法实践也证明,只有让审理活动和裁判过程都处于社会公众的广泛监督之下,才能够最大限度地防止司法腐败和司法不公,因为"阳光"是最好的防腐剂。在阳光下,腐败难以生存,只有通过审判公开才能实现对审判权力的制约,防止司法暗箱操作,减少司法中的"灰色区域"。

(二)树立司法权威性、彰显司法民主性

德国法学家拉德布鲁赫指出:"司法的公开性不应当仅为了监督。民众对法律生活的积极参与会产生对法律的信任,同时又是他们主动参与司法活动的前

---

① 尹西明:《裁判公开制度研究》,载《河北法学》2003年第5期。

提。"①可见,对于裁判文书公开的意义,也不能仅从司法监督的层面来理解,还应看到其更为深层次的功能。

1. 通过裁判文书的公开,使公众对法院的司法权威产生信服

裁判文书中法官判决理由的公开,从当事人及社会公众的角度看,是其获悉法官心证的内容,了解到法律适用根据的方式,并由此才能使诉讼参加人和公众信服法院所作出的判决确实表达了法律的精神和意志,相信权利主张者的诉求得到了法律的正确评价。而从司法主体的角度看,公开判决理由的过程,也是裁判者向当事人及公众解释法律的精神及其内涵,阐释法律规范的适用方式,展现司法程序运作形态的过程。

因此从这个意义上讲,前述裁判公开所具有的保障正义的功能,与其说是体现在对个案当事人个体正义的实现和保护方面,不如说更主要地体现在它向社会所展示出的一种维护正义的精神内涵。一份维持正义的裁决公开,将会给社会一种正义实现的信息。这种信息会使人们相信司法裁判,更使人们相信正义能够通过司法的裁判而实现。而更为重要的是,作为司法主体的裁判机关,能通过这种裁判公开的方式赢得公众的信任和尊重,进而收获司法的权威性和被认同地位。②

2. 通过裁判文书的公开,增进司法的民主性

当事人及社会公众通过裁判文书公开对司法权威的认识过程,也是一个对司法活动民主参与的过程。现代社会民主政治的本质属性,是立法者应最大限度地保障公民民主政治权利的实现。在司法领域,现代司法制度的民主化趋势也在加强,立法上也强调程序的民主性。实现公民的民主权,主要在于对公民参与权和知情权的保障。而在程序内和程序外保障民众的参与权及知情权,不仅是程序民主化的体现,也是自然正义和正当程序理念的必然要求。

由于参与和知情的前提在于程序必须是公开的,因此程序的公开性就对司法民主的实现具有重要意义。在司法公开中,裁判文书公开更能显示司法民主的功能。"一种公平的程序必须是一种开放的程序,在其中运用的规则和标准对它们所运用的人们而言是透明的。"③由于裁判文书公开不仅意味着裁判结论的公开,而且更重要的是其内含着裁判者的主观判断过程也要公开的意义。因而在裁判文书公开的过程中,当事人和民众可以最大化地了解到裁判者是如何对纠纷进行裁判的,了解裁判者是根据何种规则和理由对证据和事实进行认定、对

---

① [德]拉德布鲁赫:《法学导论》,米健、朱林译,中国大百科全书出版社1997年版,第125页。
② 尹西明:《裁判公开制度研究》,载《河北法学》2003年第5期。
③ 戴维·米勒:《社会正义原则》,应奇译,江苏人民出版社2001年版,第110页。

法律是如何进行解释和适用的。诚如有的学者所言,公开性是民主的主要内容。只有当裁判活动是公开的,民众才能对司法活动有所了解和理解。通过裁判公开,使公民的司法知情权得到了极大的内涵充实,使司法裁判的透明度得到显著的增强。因此可以说,裁判公开的程度越高,其所显示的司法民主性就越强。①

总之,修改后的《民事诉讼法》规定,判决书和裁定书都应当写明裁判的结果和理由,而且还明确规定,公众可以查阅发生法律效力的判决书、裁定书。裁判文书理由的公开有助于加强司法的社会监督,提升审判公正度,树立司法权威,提升程序的民主性。同时,增强裁判的解释功能,也能引导人们正确理解法律的具体适用,进而也起到规范和指引民事行为的作用。

(三)促进法官业务素质提升

司法公正的实现,一方面需要裁判者提高自身的业务素质,另一方面需要加强外部监督。但这两种渠道之间也是有互动关系的。通过裁判文书中判决理由的公开,法官需将自己心证的过程和适用法律的依据向当事人及社会公众开示。一方面,这种开示裁判者主观判断和认识的方式,对防止裁判者司法擅断、滥用裁判权力形成了很好的制约和监督作用;另一方面,这种制约和监督又反过来对裁判者形成压力,对于促使裁判者不断提高自身业务素质、道德素养,形成了很好的激励作用。

在德日民事诉讼上,对法官的从业资格都有严格的要求。但司法实践是不断发展和进步的,法官职业素养的提高也是一个持续的过程。如果仅仅依赖法官自身的主观认识,而没有一种激励或压力机制驱动法官不断提高业务素养,那么这样的设置也是不周全的。因而在此方面,设置裁判文书公开制度就具有积极的促进意义。具体来看,公开裁判文书对裁判者带来的激励作用又产生于两个方面:

首先,在裁判文书公开制度下,法官通过判决理由的陈述,不仅向当事人及社会公众宣示了事实认定的过程和法律适用的机理,而且也展示了自身的业务能力。由此以来,公众甚至于法院系统内部的同事之间,都可以对公开的裁判文书进行评判和议论。出于这种社会舆论的压力,裁判者往往会害怕"丢人",而不得不努力提高自身的业务能力。

其次,另一个层面上,现代社会是一个竞争激烈的社会,即便在司法工作中也应如此。裁判文书的公开也需要法官具有相应的业务水平,如果裁判者总是作出错误百出的裁判文书,不仅是对司法权威性的伤害,而且裁判者自身也将面临内部的监督和处罚,甚至也可能面临岗位淘汰的危险。因此,这种由竞争机制

---

① 王利明:《司法改革研究》(修订本),法律出版社2001年版,第156页。

引起的惩罚性后果,也对法官不断提高业务素养起到了促进作用。①

(四)促进法学学理研究和法学教育的意义

裁判文书的公开,是司法活动社会监督的一种方式。社会监督的核心和基本表现形式是舆论监督。舆论监督主要体现为新闻监督和法学学理监督。新闻监督是通过新闻媒体向全社会报道案件的审理和裁判,从而实现对审判活动的制约。

应当说,在司法活动的社会监督中,最有效、影响最大的监督方式就是新闻监督,而法学学理监督虽然在过去较少提到,但仍然是一种有效的社会监督方式。所谓法学学理监督,主要是通过从事法学研究或从事法律实务的人,借助对法院判例的学理评析来制约将来的审判。因此,法学学理监督与新闻监督相比具有事后性。但由于判例的学理分析是以寻求法律适用的科学性为目的,因此这种学理评析无疑会促进审判质量的提高。

本次《民事诉讼法》修正案规定的裁判文书公开,为判例公开提供了直接依据。所谓判例公开,是指各级法院将裁判案件的经过和结果通过某种方式向社会公开。判例公开实现了法学研究、法学教育与法律实务的结合,不仅有利于提高审判水平,也推动了法学研究和教育的发展。在本次修法之前,我国司法实务中的判例公开尚未真正形成规范化、制度化,这也是导致审判不透明、法学研究空洞化、虚无化和法学教育书本化、教条化的原因之一。

四、裁判文书公开的司法实践

(一)裁判文书公开的实践状况

为贯彻中央关于建设公正、高效、权威的社会主义司法制度的指导意见,落实加强审判公开的司法改革任务,最高人民法院自2007年起陆续发布了一系列关于加强审判公开和裁判文书公开的司法解释文件。例如2007年发布的《审判公开若干意见》,对各级法院规范裁判文书写作提出了要求,2009年发布的《关于司法公开的六项规定》,首次明确提出了法院对裁判文书的公开义务以及进行公开的具体方式;其后,最高人民法院又于2011年发布了《互联网公布裁判文书规定》,又根据各地裁判文书上网的实践情况,对裁判文书上网工作作了规范性的指导。

在最高人民法院的指导下,各级法院还根据实际情况,制定了落实司法公开的相关实施意见,不断完善司法公开工作机制。地方法院积极展开裁判文书公开的相关工作,在裁判文书规范制作方面,近年来各级法院普遍要求在裁判文书中公开诉讼过程和程序,充分表述当事人各方的诉辩意见,加强裁判说理,在裁

---

① 尹西明:《裁判公开制度研究》,载《河北法学》2003年第5期。

判文书中全面公开证据采信情况及理由,对当事人的请求和主张详细论证支持与否的理由,做到说理公开。在裁判文书上网方面,各级法院根据最高人民法院规定的裁判文书上网公开的规定,实行生效裁判文书上网制度。① 根据笔者的检索和查询,目前全国多数省、自治区、直辖市高级法院的网站主页上都设有专门的裁判文书频道或者专门的公开裁判文书网站,以供公众查阅法院制作的裁判文书。而且北京、海南、河南、福建、湖南、重庆、成都、广州等省市法院的裁判文书上网,其网页内容较为翔实充分,查询较为便利,而且裁判文书更新的也较为及时。

(二)各地实践中存在的问题及建议

从各地实施裁判文书公开制度的司法实践情况来看,主要存在的问题有:

1. 公开的方式单一

大多数法院采用将裁判文书上传互联网的方式公开,而对公民到法院进行查阅,对裁判文书的公开出版,对重大、典型案件判决书在主流媒体上公布这些公开裁判文书的方式采用的较少。我们认为,不同的公众群体对裁判文书公开的需求不同,例如从事法学科研的学者,希望能查阅到公开出版的典型案件出版物,以便从事法学研究、教学活动;普通群众对于有较大社会影响的案件,就希望能从媒体上读到与案件有关的更深入的采访报道。因此,裁判文书的公开应把这几种公开方式结合起来同时运用。

此外,虽然修改后的《民事诉讼法》第156条规定公众可以查阅生效裁判文书,但对于如何查阅裁判文书,还需在程序上作细化规定。在此尤其需注意的是,公众对裁判文书的利用也不应仅局限于对裁判文书的查阅,法院也应允许公众复制使用裁判文书。此外,公众可查阅复制的对象也不应仅限于裁判文书,与案件有关的主要诉讼文件也应在允许的范围内;不过在此事项上允许根据保护当事人隐私和社会公共利益给予必要的限制。

2. 就裁判文书上网公开方式而言,也还存在某些问题

(1)案件公开的程度不够。虽然全国多数高级人民法院和中级人民法院,都已在其网站上开辟了公布裁判文书的专栏。但不少地方法院公开的裁判文书仅是某一个类别案件的裁判文书,或者是经过筛选的裁判文书,并非全部的裁判文书,而且相当多的基层法院还没有开通网站,更不用提上网公开裁判文书的工作。由此以来,全国法院每年实际公开的裁判文书仍然是十分有限的。应当说,法院公开的裁判文书应当具有完整性,即应当全部、全文公开,不能因案件类型、影响大小和文书质量高低而进行取舍,这是实现裁判文书公开的基本要求。具

---

① 最高人民法院:《人民法院司法公开工作综述》,http://www.court.gov.cn,下载日期:2012年9月12日。

体来讲,裁判文书公开的范围应包括各级人民法院制作的已经生效的判决书。

(2)公开的时效性较差。根据对各地法院网站公布裁判文书的检索情况看,较多法院在其网站上所公布的裁判文书仍为几年前的生效裁判文书。根据《互联网公布裁判文书规定》第 5 条,人民法院在互联网公布裁判文书,应当自裁判文书生效之日起 30 日内完成。由此可见,实践中各地法院在公布裁判文书的及时性上还有很大的滞后。

造成这种现象的原因,一方面可能与各地法院推进裁判文书上网工作的积极性与主动性有关,另一方面也可能与各地法院在裁判文书上网审批方面的制度建设尚不完备有关。根据《互联网公布裁判文书规定》第 9 条,各级人民法院应当指定专门机构负责在互联网公布裁判文书的管理工作,由该机构负责审核发布生效裁判文书。因此,各地法院应尽快完善负责裁判文书公开的审核机构,案件承办人在制作完毕裁判文书后报送给审核机构,只有审核通过的裁判文书才能送达给当事人并进行上网公布。这样做既保证了裁判文书上网的质量,也促使法官进一步提高业务水平,增强责任意识。①

(3)公众知情权与个人隐私的保护。在裁判文书上网公开的过程中,要兼顾到实现公众知情权与当事人个人隐私保护之间的关系。笔者注意到,有的法院在将裁判文书上网时,仅是将裁判文书直接公布,并未对裁判文书中涉及当事人的个人信息进行技术处理,这样对保护当事人的个人信息安全殊为不利。

根据《互联网公布裁判文书规定》第 3 条、第 4 条的规定,人民法院在互联网公布裁判文书,对涉及当事人的家庭住址、通讯方式、身份证号码、银行账号等个人信息,以及证人等诉讼参与人或者当事人近亲属的个人信息的,应当进行相应的技术处理。对涉及商业秘密及其他不宜在互联网公开的内容,应当进行相应的技术处理。此外,人民法院应当在诉讼须知中写明关于在互联网公布裁判文书的相关内容,并在送达裁判文书时告知当事人在互联网公布裁判文书的事宜。当事人明确请求不在互联网公布的,应当书面提出意见。人民法院经审核认为理由正当的,不应在互联网公布。

---

① 姚弟文:《裁判文书上网的几个问题》,http://www.court.gov.cn,下载日期:2012 年 9 月 12 日。

司法确认与实现担保物权程序

袁中华[*]

本次《民事诉讼法》的修订,在原第十五章特别程序中增加了第六节"确认调解协议案件"(第 194 条至第 195 条)与第七节"实现担保物权案件"(第 196 条至第 197 条),民事诉讼法上的特别程序由五种变为七种。就新增的"司法确认"与"实现担保物权"程序,对比以前的法律与司法解释到底有何区别,以及如何具体地理解与适用,无论是实务界还是理论界都应当给予充分的重视。

一、司法确认程序

新民事诉讼法第 194 条规定:"申请司法确认调解协议,由双方当事人依照人民调解法等法律,自调解协议生效之日起三十日内,共同向调解组织所在地基层人民法院提出。"第 195 条规定:"人民法院受理申请后,经审查,符合法律规定的,裁定调解协议有效,一方当事人拒绝履行或者未全部履行的,对方当事人可以向人民法院申请执行;不符合法律规定的,裁定驳回申请,当事人可以通过调解方式变更原调解协议或者达成新的调解协议,也可以向人民法院提起诉讼。"

(一)立法背景

调解在我国是一种具有悠久历史传统的纠纷解决制度。一般而言,根据调解主体的不同,可以分法院调解(司法调解)与其他类型的调解。后者具体包括:行政机关主持的行政调解、人民调解委员会主持的人民调解、仲裁委员会主持的仲裁调解、行业协会主持的行会调解(主要是商会调解)以及其他社会组织、企事业单位主持的调解等等。此外,近年还出现了一些新型的调解形式,比如各电视台举办的电视调解[①],和人民法院在立案前和立案后委托行政机关或者其他组

---

[*] 作者系清华大学法学院诉讼法专业博士研究生。
[①] 比如江西卫视的《金牌调解》、山东卫视的《和为贵》、湖北综合频道《调解现场》、北京科教频道《第三调解室》等等。

织进行的调解,即所谓诉前调解和委托调解等等①。

上述的各种调解形式,其法律效力并不相同。在法院调解中,当事人在达成调解协议后法院都会制作调解书,该调解书在双方当事人签收后发生类似于判决的法律效力。法院根据调解书可以结案,当事人也不得对调解书再行争议,而且当事人还可以对调解书申请强制执行。因此法院调解历来被认为是调解最重要的形式,在我国的纠纷处理体系中也一直占据非常重要的地位。而在法院调解之外的其他调解程序,由于缺乏司法机关对其效力的确认,双方达成的调解协议只具有私法契约的性质。双方当事人依然可以对调解协议进行争议,双方的法律关系无法被终局性地确定下来,而且该协议也无法成为执行的根据。司法实践中,就法院之外其他类型的调解,当事人在调解成功后又不遵守协议,对方当事人因此不得不起诉到法院以至于"调了也白调"的情形屡见不鲜。

对此,为发挥人民法院在建立健全诉讼与非诉讼相衔接的矛盾纠纷解决机制方面的积极作用,促进各种纠纷解决机制的发展,最高人民法院于2009年7月24日下发了《关于建立健全诉讼与非诉讼相衔接的矛盾纠纷解决机制的若干意见》(以下简称《若干意见》)。该意见第20条为:"经行政机关、人民调解组织、商事调解组织、行业调解组织或者其他具有调解职能的组织调解达成的具有民事合同性质的协议,经调解组织和调解员签字盖章后,当事人可以申请有管辖权的人民法院确认其效力。当事人请求履行调解协议、请求变更、撤销调解协议或者请求确认调解协议无效的,可以向人民法院提起诉讼。"该条所确立的制度,一般被称为司法确认程序。2010年8月28日,第十一届全国人大常委会第十六次会议审议通过了《人民调解法》,将调解协议的司法确认制度正式写入法律。该法第33条规定:"经人民调解委员会调解达成调解协议后,双方当事人认为有必要的,可以自调解协议生效之日起三十日内共同向人民法院申请司法确认,人民法院应当及时对调解协议进行审查,依法确认调解协议的效力。"但该条过于简略,其后最高人民法院于2011年3月出台了《关于人民调解协议司法确认程序的若干规定》(以下简称《若干规定》),就司法确认的案件管辖、申请、受理条件、审理、案外人的救济等程序作出了较为具体的规定。2011年12日,最高人民法院发布了《司法确认相关法律文书格式》,对该程序常用的四种文书格式作

---

① 2009年7月24日,最高人民法院下发《关于建立健全诉讼与非诉讼相衔接的矛盾纠纷解决机制的若干意见》,其中第14条:"属于人民法院受理民事诉讼的范围和受诉人民法院管辖的案件,人民法院在收到起诉状或者口头起诉之后、正式立案之前,可以依职权或者经当事人申请后,委派行政机关、人民调解组织、商事调解组织、行业调解组织或者其他具有调解职能的组织进行调解。"第15条:"经双方当事人同意,或者人民法院认为确有必要的,人民法院可以在立案后将民事案件委托行政机关、人民调解组织、商事调解组织、行业调解组织或者其他具有调解职能的组织协助进行调解。"

出了规范。而最近的民事诉讼法修改,在很大程度上是就《若干规定》的核心内容以法律的方式进行了确定,同时在某些细节性的地方也有所改动。新民事诉讼法中涉及司法确认的法条仅有两条,《若干规定》中大量内容与这两个法条并不冲突,在某种意义上可以视为最高法作出的关于民事诉讼法中司法确认条款的细则。当事人与法官也需要借助于《若干规定》的规定以补充完善法条未涉及的内容。

(二)调解协议的范围

新民事诉讼法第 194 条规定,"申请司法确认调解协议,由双方当事人依照人民调解法等法律……共同……向法院提出"。就该条所涉及的"调解协议"到底指哪些调解协议?是否所有的调解协议都可以申请司法确认?

由于法条规定的是"依照人民调解法等法律",而根据《人民调解法》第 7 条,人民调解委员会是依法设立的调解民间纠纷的群众性组织;根据第 8 条及第 34 条,村民委员会、居民委员会设立人民调解委员会。企事业单位根据需要设立人民调解委员会;乡镇、街道以及社会团体或者其他组织根据需要可以参照本法有关规定设立人民调解委员会。因此,村委会、居委会、企事业单位及乡镇、街道以及社会团体或者其他组织凡依法设立的人民调解委员会,经其调解达成的调解协议都可以申请司法确认。但需要注意的是,根据该法的规定,人民调解委员会应当"依法设立"。这里的"依法设立"主要指人民调解委员会设立后需要报相应的司法行政部门登记备案。而如果缺乏这种手续,那人民调解委员会的主体资格就无法得到确认,经其调解达成的调解协议就无法申请司法确认。因此,就司法实践中产生的电视调解等新型调解形式,需要考察其是否履行了登记备案手续而确定其是不是依法设立的调解组织,从而确定经其调解达成的调解协议能否申请司法确认。此外,就行政调解,比如公安机关、工商机关等行政机关进行的调解,一般都有法律上的依据。比如公安机关的调解,其法律依据就有《治安管理处罚法》以及《道路交通安全法》等等。① 因此行政调解基本上都可以申请司法确认。

司法调解所达成的调解协议是否可以申请司法确认?狭义的司法调解仅仅指法院作为调解者进行的调解,在调解协议达成后一般会由法院直接出具调解书并在双方当事人签收后发生法律效力。调解书本身就是执行根据,因此无须进行司法确认。但法院在立案前和立案后所委派或委托其他行政机关、人民调解委员会或者其他组织进行的调解所达成的调解协议,这两种调解是否属于司

---

① 《治安管理处罚法》第 9 条规定:对于因民间纠纷引起的打架斗殴或者损毁他人财物等违反治安管理的行为,情节轻微的,公安机关可以调解处理。《道路交通安全法》第 74 条规定:对交通事故损害赔偿的争议,当事人可以请求公安机关交通管理部门调解。

法调解及是否应当申请司法确认尚有争论。司法实践中的常见做法是，如果是立案前的调解（诉前调解），当事人达成调解协议后，法院会马上先立案然后办理调解书。如果是立案后的调解（委托调解），达成调解协议后法院会直接办理调解书。因此这两种调解方式似乎也没有必要用到司法确认。但问题在于，我国法律上并未规定其他机关或组织可以代为行使司法机关的职能，因此这种委托或者委派本身并不具有民法上的委托的性质，或者说它并非真正法律意义上的委托。被委托或委派的机关并非得到了法院的授权而代为行使法院的调解职能，所谓的委托调解实际上就其本质来说，还是行政调解或者人民调解而非司法调解。因此就诉前调解和委托调解，笔者认为更合适也更符合法律规定的做法是使用司法确认程序，以司法确认裁定的方式结案而非以调解书结案。

（三）申请与受理

根据第194条的规定，申请对调解协议的确认，需要双方当事人共同提出申请，亦即不能由单方提出申请。但根据《若干意见》第22条，如果是一方当事人提出申请，另一方表示同意，应当视为共同提出申请。笔者认为这种情形应当也符合第194条的"共同提出申请"。

当事人提出申请，根据第194条，是向调解组织所在地基层人民法院提出。但就诉前调解，《若干规定》第2条规定："人民法院在立案前委派人民调解委员会调解并达成调解协议，当事人申请司法确认的，由委派的人民法院管辖。"一般来说，委派法院就是调解组织所在地基层人民法院，但如果两者不一致，由委派的人民法院管辖更为合适。因此《若干规定》第2条的规定应当视为第194条的一种例外情形。

当事人如何提出申请和法院如何受理，第194条并未涉及，对此可以借《若干规定》第3条和第4条来进行补充。因此，当事人申请确认调解协议，应当向人民法院提交司法确认申请书、调解协议和身份证明、资格证明，以及与调解协议相关的财产权利证明等证明材料，并提供双方当事人的送达地址、电话号码等联系方式。委托他人代为申请的，必须向人民法院提交由委托人签名或者盖章的授权委托书。人民法院收到当事人司法确认申请，应当在3日内决定是否受理。人民法院决定受理的，应当编立"调确字"案号，并及时向当事人送达受理通知书。双方当事人同时到法院申请司法确认的，人民法院可以当即受理并作出是否确认的裁定。此外，《若干规定》第4条规定了法院不予受理的几种情形，具体包括超出法院主管和管辖权限的，以及确认身份关系、收养关系或婚姻关系的申请。

（四）审查和裁定

就人民法院审理司法确认申请所使用的程序，《若干意见》规定"参照适用《中华人民共和国民事诉讼法》有关简易程序的规定。案件由审判员一人独任审理,双方当事人应当同时到庭"。该规定受到了学者不少批评,因为司法确认原则上是一种非讼程序,而参照适用诉讼程序的做法明显违反了非讼程序的法理。① 对此,其后的《若干规定》进行了调整,所规定的确认的审理程序明显与简易程序有所区别,应当说较为充分地体现了非讼程序的特点。鉴于民事诉讼法未就司法确认的审查程序作出规定,因此法官可以直接适用《若干规定》中的相关条文。具体而言,根据《若干规定》第 6 条,人民法院受理司法确认申请后,应当指定一名审判人员对调解协议进行审查。人民法院在必要时可以通知双方当事人同时到场,当面询问当事人。当事人应当向人民法院如实陈述申请确认的调解协议的有关情况,保证提交的证明材料真实、合法。人民法院在审查中,认为当事人的陈述或者提供的证明材料不充分、不完备或者有疑义的,可以要求当事人补充陈述或者补充证明材料。当事人无正当理由未按时补充或者拒不接受询问的,可以按撤回司法确认申请处理。

　　法院需要对当事人提交的材料进行审查以决定是否进行确认,但问题在于,这种审查究竟是实质审查还是形式审查? 以非讼程序的法理,在非讼程序中,法院仅能作形式审查,而不能依职权审查实质事项,即使在程序进行中,当事人就实质性问题有所争执而提出主张、抗辩,法院亦不得审查。② 所以在学理上,第 195 条中的"审查"理解为形式审查更为合适,因此法官就无须对调解协议的合法性、自愿性等问题进行审查,而只需要审查材料是否齐备,是否符合法律上的形式要件。但《若干规定》第 7 条规定:"具有下列情形之一的,人民法院不予确认调解协议效力:(一)违反法律、行政法规强制性规定的;(二)侵害国家利益、社会公共利益的;(三)侵害案外人合法权益的;(四)损害社会公序良俗的;(五)内容不明确,无法确认的;(六)其他不能进行司法确认的情形。"也即,若调解协议不属于上述情形,则法院应当确认其效力。而审视上述前五种情形,除了第五种是属于形式要件问题,其他几乎都是实质性问题,而且主要是关于调解协议的合法性问题。由此也可以看出,《若干规定》采取的是一种实质审查的立场。鉴于司法解释已经就该问题作出了明确规定,而且考虑到中国司法环境的特殊性③,只有暂时将第 195 条中的"审查"理解为《若干规定》所确立的实质审查。除此之外,有学者提出,调解的原则是自愿和合法,因此对于通过欺诈、胁迫等方式违反

---

① 潘剑锋:《论司法确认》,载《中国法学》2011 年第 3 期。
② 许士宦:《非讼事件法修正后程序保障之新课题》,载《月旦法学杂志》2005 年第 125 期。
③ 仅作形式审查而不作实质审查,其最大的问题可能在于如果因此发生错案,例如调解协议其后被撤销,或者其他所谓案结事不了等情形,可能会给负责该案的法官在考核、评优、升迁等方面带来不利的影响。

自愿性原则达成的调解协议,也应该否认其效力。如果我们采取实质审查的立场,那么这种见解也值得采纳。而且,实际上欺诈、胁迫等情形不仅仅是对自愿性的违法,也是对于法律的违反,因此也可以理解为第195条中的"不符合法律规定的"的情形。

人民法院对调解协议在审查之后如果最终决定确认该协议的效力,根据第195条的规定,应当采用裁定的文书形式。而此前的《若干规定》就司法确认书采用决定的形式,就受到了不少质疑。因为决定主要适用于诉讼过程中的程序事项,这些事项一般具有临时或非通常的特征,比如对回避申请的回复,对诉讼费用的减免,强制措施的采取等等,因此决定不适宜作为司法确认的文书方式。① 本次修法采纳了这种意见,用裁定替代了决定,应当说值得肯定。而就该裁定,因不属于民事诉讼法第154条中可以上诉的情形,不得上诉。

(五)救济程序

1. 驳回申请的救济

根据新民事诉讼法第195条,法院对调解协议经审查,不符合法律规定的,裁定驳回申请,当事人可以通过调解方式变更原调解协议或者达成新的调解协议,也可以向人民法院提起诉讼。确认调解协议的申请被驳回,如果双方变更原调解协议或者达成新的调解协议,自然可以重新申请确认。但如果一方当事人选择"提起诉讼",那么他的起诉到底针对的是原来的法律关系还是针对调解协议?对此法条并未明言,但该问题又是司法实务中几乎必然出现而无法回避的问题。

我们先分析一下当事人就调解协议起诉的情形。由于调解协议具有私法契约的性质,就其效力问题理应适用《合同法》,因此也就存在有效、无效和可撤销这三种情形。当事人就调解协议提起诉讼,其诉讼请求就有要求履行调解协议,或者确认调解协议有效或者无效(比如主张调解协议违反法律强制性规定),或者撤销原有调解协议(比如主张调解协议是因为欺诈胁迫而达成)这三种②。这三者分别构成民事诉讼法学上的给付之诉、确认之诉和形成之诉。就给付之诉的情形被告完全可能提出确认调解协议无效或者撤销调解协议的反诉③,而法院对此进行审理后也可能宣告调解协议无效或者撤销调解协议。而就消极确认

---

① 潘剑锋:《论司法确认》,载《中国法学》2011年第3期。
② 王亚新:《诉调对接和对调解协议的司法审查》,载《法学论坛》2010年第6期。
③ 可能会发生疑问的是,当事人在此提出的主张究竟是反诉还是抗辩?对此如果当事人仅仅提出调解协议无效或者可撤销的法定事由(纯粹的事实主张),从而否定对方的给付请求,可以认为是一种抗辩。而如果当事人明确提出要求确认调解协议无效或者撤销调解协议,这实际上是针对本诉提出的意图抵消本诉的诉讼请求,应当认定为构成反诉。

之诉和形成之诉的情形,如果原告胜诉则调解协议也将不发生法律效力。① 因此针对原调解协议的无论哪种诉讼,都可能出现调解协议失去法律效力的后果。对此原法律关系的权利人还需要再重新就原来的诉讼标的起诉要求对方进行给付。这在程序设计上似乎有叠床架屋之嫌,而且对法院而言意味着司法资源的浪费,对当事人而言也是讼累。笔者认为,在原告或者被告提出对调解协议提出消极确认之诉或者撤销之诉时,法院应当就当事人是否就原来的法律关系提起诉讼进行释明,以此敦促当事人尽量在一个诉讼程序中一并解决调解协议的效力与原有法律关系的问题。如果当事人接受这种释明,就原法律关系提起诉讼,则法院应当将其与前一个关于调解协议的案件合并审理。

上述分析其实故意遗漏了积极确认之诉的情形,也即如果原告起诉要求确认调解协议的效力或者被告在反诉中要求确认调解协议的效力,这种情形是否允许?以及如果胜诉,该判决是否可以作为执行根据?笔者认为这两种情形尽管与司法确认有所区别,但并未被法律所禁止。对此法院只需要考察提出该请求的当事人是否有确认利益而决定是否受理。② 但如果法院作出受理决定并作出调解协议有效的判决,该判决生效后只具有既判力而不具有执行力。对此法院应当行使释明职责,尽量敦促原调解协议的权利人在该确认之诉中一并提起给付请求,从而尽量一次性解决纠纷。

与上述情形相区别,当事人也可能直接就原法律关系提起诉讼(而不理会调解协议的存在),但对此对方当事人则很有可能会提起"存在调解协议"的抗辩。由于调解协议是对双方原来的法律关系进行一种处理,具有私法契约的性质。因此在调解协议有效的情况下,原有法律关系处于一种暂时"冻结"的境地,对此无法以诉讼的方式进行解决。对此,法院在知晓存在调解协议的情形下,应当向当事人释明:双方需要就调解协议的效力先行争议,只有否定了调解协议的效力才能对原来的法律关系进行处理。如果当事人拒绝就调解协议的效力提起诉讼,则法院可以裁定驳回起诉或者不予受理。如果当事人提起针对调解协议的

---

① 如果是原告败诉的情形,有学者认为,这就意味着法院的判决是对调解协议的诉讼确认,对方当事人可以根据该判决申请强制执行。参见王亚新:《诉调对接和对调解协议的司法审查》,载《法学论坛》2010年第6期。但对此笔者很难赞同,因为法院即使驳回原告主张的确认无效或者撤销的请求,但该判决的效力也只及于该请求本身,而并非等同于法院认可调解协议的有效。而且确认之诉本身是不具有任何执行力,因此这种判决无论如何都不应当称为执行根据。

② 例如,甲与乙签订货物买卖合同,根据合同约定甲需要向乙给付100万元货款。其后双方就合同发生争议,经人民调解达成协议,甲仅需向乙给付80万元。此后乙反悔,甲向法院起诉要求确认调解协议有效。此时,由于根据调解协议确定的义务,甲可以少支付20万元,因此可以认为他的起诉具有确认利益。

诉讼,则法院可以将这一案件与之前提起的关于原法律关系的案件合并审理。

2. 对不履行义务的救济

如果法院裁定确认调解协议有效,根据第195条的规定,则一方当事人拒绝履行或者未全部履行的,对方当事人可以向人民法院申请执行。而此处的执行根据到底是裁定书还是原来的调解协议?民事诉讼法上通说认为,执行根据只能是公文书而非私文书。而调解协议本身只具有私法契约的性质,因此能成为执行根据的只能是裁定书。其法律上的依据,可援用《民事诉讼法》第212条:"发生法律效力的民事判决、裁定,当事人必须履行。一方拒绝履行的,对方当事人可以向人民法院申请执行,也可以由审判员移送执行员执行。"

3. 对案外人的救济

案外人也有可能被法院确认的调解协议侵害合法权益。对此《若干规定》第10条规定:"案外人认为经人民法院确认的调解协议侵害其合法权益的,可以自知道或者应当知道权益被侵害之日起一年内,向作出确认决定的人民法院申请撤销确认决定。"笔者认为仅需要将该条中的"决定"改为"裁定",即可以继续适用该规定。

二、实现担保物权程序

担保物权的顺利实现,对于担保物权人至关重要,是其债权能否得到满足的关键所在。在主债务履行期届满而债务人未进行清偿或者出现当事人约定的实现担保物权的情形时,担保物权人到底通过何种途径来实现担保物权,是司法实践中的重要问题。《物权法》等法律对该问题尽管有所考虑,但在民事诉讼法上却一直缺乏相应的配套程序。而本次修法,在特别程序中单列"实现担保物权案件",增加了两个条文,分别是第196条"申请实现担保物权,由担保物权人以及其他有权请求实现担保物权的人依照物权法等法律,向担保财产所在地或者担保物权登记地基层人民法院提出",以及第197条"人民法院受理申请后,经审查,符合法律规定的,裁定拍卖、变卖担保财产,当事人依据该裁定可以向人民法院申请执行;不符合法律规定的,裁定驳回申请,当事人可以向人民法院提起诉讼"。

(一)立法背景

在比较法上,担保物权有两种立法例,一种为公力救济,即采用法院签发判决、决定等方式进行救济,如德国、日本、瑞士等国家。二是私力救济,即担保权人可径依担保物权而自行决定担保物权的处分方式,如法国、英国、美国等国家。①

我国 1995 年生效的《担保法》第 53 条第 1 款规定:"债务履行期届满抵押权人未受清偿的,可以与抵押人协议以抵押物折价或者以拍卖、变卖该抵押物所得的价款受偿;协议不成的,抵押权人可以向人民法院提起诉讼。"其后最高人民法院于 2000 年出台的《担保法解释》第 130 条规定:"在主合同纠纷案件中,对担保合同未经审判,人民法院不应当依据对主合同当事人所作出的判决或者裁定,直接执行担保人的财产。"依照上述规则,则担保物权的实现必须采取诉讼的方式,不够快捷与经济,因此也饱受批评。②

2007 年生效的《物权法》第 195 条规定:"债务人不履行到期债务或者发生当事人约定的实现抵押权的情形,抵押权人可以与抵押人协议以抵押财产折价或者以拍卖、变卖该抵押财产所得的价款优先受偿……抵押权人与抵押人未就抵押权实现方式达成协议的,抵押权人可以请求人民法院拍卖、变卖抵押财产。"该条明确规定抵押权人可以"请求人民法院拍卖、变卖抵押财产"这样的更为直接的方式去实现抵押权,而非《担保法》中的"向人民法院提起诉讼"形式。该条出台后有学者认为其相比《担保法》的规定,降低了担保物权的实现成本,因此值得肯定。③ 但就质权和留置权这两种担保物权的实现,《物权法》的规定与抵押权并不相同。《物权法》第 219 条规定:"债务人履行债务或者出质人提前清偿所担保的债权的,质权人应当返还质押财产。债务人不履行到期债务或者发生当事人约定的实现质权的情形,质权人可以与出质人协议以质押财产折价,也可以就拍卖、变卖质押财产所得的价款优先受偿。"第 236 条规定:"留置权人与债务人应当约定留置财产后的债务履行期间;没有约定或者约定不明确的,留置权人应当给债务人两个月以上履行债务的期间,但鲜活易腐等不易保管的动产除外。债务人逾期未履行的,留置权人可以与债务人协议以留置财产折价,也可以就拍卖、变卖留置财产所得的价款优先受偿。"上述法条并未明确。当事人是否可以

---

① 高圣平:《抵押权实现途径之研究——兼评〈中华人民共和国物权法〉草案第 220 条》,载《浙江社会科学》2005 年第 3 期;肖建国、陈文涛:《论抵押权实现的非讼程序构建》,载《北京科技大学学报》(社会科学版)2011 年第 3 期。

② 方流芳:《民事诉讼收费考》,载《人大法律评论》2000 年第 1 期;高圣平:《物权法》,清华大学出版社 2007 年版,第 238 页。

③ 梅夏英、高圣平:《物权法教程》,中国人民大学出版社 2007 年版,第 405 页。但也有学者认为,该条所谓"请求人民法院拍卖、变卖抵押财产"实际上依然还是采用诉讼形式实现抵押权。参见江平主编:《物权法教程》,中国政法大学出版社 2007 年版,第 238 页。

对质权与留置权也采用"请求人民法院拍卖、变卖抵押财产"的方式来实现。①

尽管《物权法》规定,抵押权可以通过"请求人民法院拍卖、变卖抵押财产"这样较为简便快捷的方式去实现。但抵押权人可否持担保合同直接申请请求法院拍卖、变卖抵押财产?答案显然为否,因为民事诉讼法上的通说认为,仅公文书才可以成为执行根据,而担保合同为典型的私文书,无法成为执行根据。那么,抵押权人以何种方式来"请求人民法院拍卖、变卖抵押财产"呢?对此,有法官认为,抵押权人应当向法院提出实现抵押权的申请,"法院执行部门对申请所附主债权与抵押权证明材料等进行形式审查后,即可裁定对抵押财产进行拍卖或者变卖,法院的裁定是据以强制执行抵押财产的根据。抵押人如果提出主债权或者抵押权真实性、合法性等实体抗辩的,由法院书面通知抵押人于限定时日内向有管辖权的法院提起诉讼解决。抵押人于限定时日内不提起诉讼的,法院执行部门仍得继续对抵押物进行拍卖、变卖,以实现抵押权;抵押人如果提起诉讼的,法院应裁定中止非诉讼执行程序,以待抵押权诉讼裁判结束后,依裁判结果分别处理"。② 上述方案以"抵押权人申请—法院裁定—强制执行"这样方式解决了抵押权实现的难题。对此种方案的合理性,笔者也深表赞同。但问题在于,我国民事诉讼法上并没有法院可以对担保物权实现的申请进行裁定的规定,也就不可能产生这样一种可作为执行根据的裁定,因此上述方案也无法在司法实务中得以实现。③ 而本次民事诉讼法的修订新增实现担保物权程序,目的正在于从根本上弥补这一制度短板,达到担保物权实现的快捷和经济。

(二)申请的前提条件

根据《物权法》第 170 条,担保物权的实现必须具备两个条件:担保物权有效存在,以及发生债务人不履行到期债务或者发生当事人约定的实现担保物权的情形。此外,当事人如果协商一致对担保物权进行了实现也无须向法院要求实现。因此申请人向人民法院提出实现担保物权的申请,应当具备以下条件:

1. 担保物权有效存在

如担保物权的设定行为(担保合同)为无效或者已被撤销,或者担保物灭失且无代位物,则不得认为担保物权有效存在。此外,《物权法》第 177 条还规定了担保物权灭失的特别事由,包括主债权消灭;担保物权已实现、债权人放弃担保物权、法律规定担保物权消灭的其他情形。上述情形,则不得认为担保物权有效存在。

---

① 对此有学者主张,应当类推适用抵押权的规定,参见高圣平:《物权法与担保法:对比分析与适用》,人民法院出版社 2010 年版,第 101 页。

② 曹士兵:《我国〈物权法〉关于抵押权实现的规定》,载《法律适用》2008 年第 1、2 期。

③ 笔者就此问题向数位在执行局工作的法官咨询,得到的回答是,目前尚没有一起持实现担保物权的裁定向法院申请执行的案件。

2. 债务人不履行到期债务或者发生约定的实现担保物权的情形

债务到期,既包括合同约定的债务履行期届至,也包括债务的提前到期。债务提前到期的条件一般取决于当事人的约定,比如约定债务人不按期支付利息时债务提前到期。此外,某些特殊情况下根据法律规定也可以发生债务到期,如《合同法》第 203 条规定:"借款人未按照约定的借款用途使用借款的,贷款人可以停止发放借款、提前收回借款或者解除合同。"该条的"提前收回借款"也就意味着债务到期。

"发生当事人约定的实现担保物权的情形"一般指当事人约定的具体的违约(也包括预期违约)情形。实践中,"当事人可以约定,债务人破产或资产状况严重恶化、债务人恶意逃避债务、债务人的行为造成担保物减少或转让担保物、债务人改变借款用途或者连续若干期未偿付贷款本息等作为实现担保物权的条件"。[①]

3. 未达成担保物权实现的协议

如果担保物权人与债务人就担保物权的实现协商一致后,可以直接根据协议对担保物进行折价,或拍卖、变卖,无须通过法院实现担保物权。但如果双方没有达成一致,在抵押权中的实现中,根据《物权法》195 条第 2 款"抵押权人与抵押人未就抵押权实现方式达成协议的,抵押权人可以请求人民法院拍卖、变卖抵押财产",可以向法院提出申请。其他种类的担保物权,本着同一事件同一处理的原则,可以类推适用该条文。但如果双方根本不进行任何协商,能否直接提出申请?笔者认为,不进行任何协商,本身就是"未达成协议"的一种情形,自然也可以提出申请。

(三)申请程序

1. 申请人

据新民事诉讼法第 196 条,申请人包括担保物权人以及其他有权请求实现担保物权的人。担保物权人一般指主债权的债权人。而"其他有权请求实现担保物权的人",根据《合同法》和《物权法》的规定,大致有以下几种:(1)代位权人。我国《合同法》第 73 条规定:"因债务人怠于行使其到期债权,对债权人造成损害的,债权人可以向人民法院请求以自己的名义代位行使债务人的债权,但该债权专属于债务人自身的除外。"如果代位权人因合同等原因而成为主债权人的债权人,且因主债权人怠于行使其到期债权,也可以向法院申请实现主债权人的担保物权。(2)建筑工程合同的承包人。《合同法》第 286 条规定:"发包人未按照约定支付价款的,承包人可以催告发包人在合理期限内支付价款。发包人逾期不支付的,除按照建设工程的性质不宜折价、拍卖的以外,承包人可以与发包人协议将该工程折价,也可以申请人民法院将该工程依法拍卖。建设工程的价款就该工程折价或者拍

[①] 高圣平:《物权法与担保法:对比分析与适用》,人民法院出版社 2010 年版,第 99 页。

卖的价款优先受偿。"根据该条,承包人建设工程价款优先受偿权是无须公示的法定担保物权,因此可以请求法院实现担保物权。(3)出质人。根据《物权法》第220条,"出质人可以请求质权人在债务履行期届满后及时行使质权;质权人不行使的,出质人可以请求人民法院拍卖、变卖质押财产"。(4)债务人。根据《物权法》第237条,"债务人可以请求留置权人在债务履行期届满后行使留置权;留置权人不行使的,债务人可以请求人民法院拍卖、变卖留置财产"。

2. 申请

根据新民事诉讼法第196条,申请人应当向担保财产所在地或者担保物权登记地基层人民法院提出申请。尽管法律并未明言,一般这种申请应当采用书面形式。被申请人应当为担保财产的所有人或者实际占有人。此外,未经抵押权人同意转让抵押物的受让人,也可以成为被申请人。担保权人提交申请时,应当提交材料证明《物权法》第170条所规定的实现担保物权的前提条件。一般而言,担保权人应当提交主债权合同、担保合同,发生当事人约定的提前实现担保物权的证明及其他相关资料。如果是抵押的情形,还应当提供抵押财产的产权证明文件、抵押登记文件等材料。

3. 立案

该申请应当由立案庭审查决定是否受理。依照民事诉讼法的法理,在起诉时的立案审查时应当仅仅审查纯粹的程序性要件,否则就立审不分,使起诉条件不当的被高阶化。① 尽管上述论断是针对普通诉讼的起诉条件,但这种程序原理也可以适用于实现担保物权程序的立案审查。因此,笔者认为,实现担保物权程序中的立案审查应当仅仅针对申请的程序性问题,具体而言,应当包括受申请法院对本案有无管辖权,申请人、被申请人的主体是否适格,当事人是否就该担保物权在法院另有诉讼(涉及一事不再理)等问题。而实现抵押权的前提条件是否发生等问题,则属于实质性问题,不应在审查之列。

(四)审查程序

1. 审查者

人民法院决定受理后,应当就当事人的申请进行审查,但究竟应当交由哪个部门审查,新民事诉讼法第196条并未作规定。而对此学界与实务界分歧也较大,有观点主张,法院立案部门在决定是否立案时候就已经进行了审查,因此无须再由业务庭进行审查就可以将案件直接移转给执行部门。② 但也有观点支持由法院的业务庭或者执行局进行审查。但根据审执分立的原则,由执行部门来审查显然不合适。立案庭由于本身仅仅承担审查是否立案的职能,由其对申请

---

① 张卫平:《关键词展开》,人民大学出版社2005年版,第65~86页。
② 曹士兵:《我国〈物权法〉关于抵押权实现的规定》,载《法律适用》2008年第1、2期。

进行审查决定是否作出裁定有超越职权之嫌。更为合适的选择还是应当由业务庭来承担审查职能。

2. 如何审查

依非讼程序的法理,在非讼程序中,法院仅能作形式审查,而不能依职权审查实质事项,即使在程序进行中,当事人就实质性问题有所争执而提出主张、抗辩,法院亦不得审查。① 因此,在实现担保物权的程序中,法院应当只作形式审查而不作实质审查。一般而言,形式审查仅仅针对材料的齐全性和形式的合法性。而实质审查则还包括材料的真实性和合法性。如果法院就申请材料的真实性与合法性进行审查,则程序的进行就可能与诉讼程序没有本质区别,最终是耗时耗力,与快捷简便地实现担保物权的立法目的背道而驰。具体而言,法院审查的内容应该在于担保物权有无依法公示及是否达到担保物权的实现条件。② 这种审查的期限,暂无法律规定。笔者以为,鉴于实现担保物权程序的快捷性要求,以 15~20 天为宜。

3. 异议的处理

在法院就实现担保物权的申请进行审查期间,被申请人或者关系人(例如对标的物主张所有权的案外人)可能对担保物权的存在与否及担保债权的范围和数额提出异议,应当如何处理?对此存在两种不同的主张。一种主张认为,担保物权的存在与否及担保债权的范围和数额属于实质性问题,应当由当事人在非讼程序之外提起民事诉讼予以解决;另一种主张认为,启动诉讼程序耗时耗力,有违程序经济原则和程序利益保护原则,因此应当直接在非讼裁定中就实质事项的判断部分给予充分的程序保障,从而一并解决实质性的争议,以达到纠纷的迅速、经济的解决。③ 笔者无法赞同第二种观点。原因在于非讼程序本身就不应当就实质性问题进行争议,否则其与诉讼程序就无法严格区分开来。而且,无论非讼程序如何完善程序保障,鉴于其不可上诉的特点,其程序保障的程度也无法与诉讼程序相比。所以,尽管一次性解决纠纷的目标"看起来很美",但指望以非讼程序去实现这种目标却是该程序"不能承受之重"。

而第一种主张,笔者大部分赞同。但如果要求当事人重新起诉,则之前当事人与法官所有的努力将付诸东流,从而也影响到实现担保物权这种特别程序自身的正当性。此处可以借鉴的是新民事诉讼法修改支付令条款的思路。老民事

---

① 许士宦:《非讼事件法修正后程序保障之新课题》,载《月旦法学杂志》2005 年第 125 期。

② 当然,这可能只是一种良好的愿望。鉴于目前的司法环境和法官普遍的怕犯错的心理,无论新民事诉讼法颁布之后对此出台细则或者其他专门性司法解释是否规定这种审查仅为形式审查,实际的情况恐怕是法官普遍进行实质审查。

③ 高圣平:《物权法与担保法:对比分析与适用》,人民法院出版社 2010 年版,第 105~106 页。

诉讼法规定支付令失效的,"当事人可以起诉"。而新民事诉讼法第217条规定:"支付令失效的,转入诉讼程序,但申请支付令的一方当事人不同意提起诉讼的除外。"这种改变减少了当事人的讼累,同时也使支付令程序更具有实践意义而不至沦为纯粹纸面上的法律。因此,笔者认为,更为合理的选择是关系人提出实质性的异议之后直接将案件转入诉讼程序而非要求当事人另行起诉,但申请人不同意提起诉讼的除外。

(五)裁定与执行救济

根据新民事诉讼法第197条,人民法院受理申请后,经审查,符合法律规定的,裁定拍卖、变卖担保财产,当事人依据该裁定可以向人民法院申请执行;不符合法律规定的,裁定驳回申请,当事人可以向人民法院提起诉讼。就这两种裁定,因不属于民事诉讼法第154条中可以上诉的情形,均不得上诉。

案件在裁定后常常会进入执行阶段。而在执行阶段,被执行人(原审查阶段的被申请人)和案外人都可能提出异议。案外人如果对执行标的提出异议(比如主张所有权),则法院应当适用新民事诉讼法第227条,对此进行审查,如果理由成立则裁定中止执行,理由不成立则裁定驳回。如果案外人不服驳回裁定,认为作为执行根据的裁定错误,对此如何救济?根据新民事诉讼法第227条"案外人、当事人对裁定不服,认为原判决、裁定错误的,依照审判监督程序办理;与原判决、裁定无关的,可以自裁定送达之日起十五日内向人民法院提起诉讼",似乎案外人只有申请启动再审程序才能进行救济。但实际上,第227条中的"原判决、裁定"应当限缩解释为具有既判力的判决、裁定,因为只有针对发生既判力的判决、裁定才需要"依照审判监督程序办理"。而实现担保物权的裁定(拍卖变卖裁定)本身未对实体性问题作出审理和判断,仅具执行力而无既判力,不应属于第227条中的"原判决、裁定",因此根本无须要求当事人运用审判监督程序进行救济。对此更合适的解决途径是,对于案外人不服驳回裁定的情形,不适用第227条,而允许其单独以申请执行人和被执行人为被告,另行提起民事诉讼。

被申请(执行)人如果在实现担保物权的审查程序中未就担保物权相关的实体问题提出异议,他在执行阶段是否还可以提出这种异议?例如当事人主张抵押合同无效、抵押实现条件未成就或者对抵押债权数额有异议等。笔者认为答案应该为肯定。因为实现担保物权的裁定仅仅具有执行力,这种裁定因就与担保物权相关的实体性问题未作出实质性的审理与裁判所以不具有既判力,自然应当允许当事人再行争议。① 当事人提出异议后,执行机关可以组织双方当事

---

① 这种异议的性质是对担保物权相关的实体问题的争议,既不属于新民事诉讼法第224条(原第202条)的执行异议,也不属于新民事诉讼法第227条(原第204条)的第三人异议,对此不能借助于这两个法条去解决。

人进行调解，当事人如果不接受调解则可以直接向人民法院起诉。如果被执行人提起诉讼，法院是否应当裁定中止执行？与此相关的是《最高人民法院关于人民法院执行工作若干问题的规定（试行）》第102条："执行的标的物是其他法院或仲裁机构正在审理的案件争议标的物，需要等待该案件审理完毕确定权属的，应当裁定中止执行。"但笔者认为，如果适用该条，则被申请人很容易通过滥用诉权使实现担保物权的程序被架空。对此更为恰当的做法是，最高法院在就实现担保物权程序制定细则时，规定这种情形之下不中止执行程序，即作为《执行规定》的例外情形来对待。① 如果其后被执行人在民事诉讼中胜诉，可以凭判决书要求执行法院停止执行或申请执行回转。

当然，上述方案仅仅是建立在目前的法律制度和司法解释之上的学理分析。允许被申请人在审查阶段和执行阶段都可以提异议，实际上是一种制度上的重复建设，对被申请人也似乎有过于放纵之嫌。笔者认为，更好的解决方案应当是：仅仅允许被申请人在审查阶段提出异议，如果不提则发生失权效果（其后不允许再提）。如此才能更好地保障担保物权人的合法权益和避免程序的拖沓累赘。但这种对当事人诉权的限制应当至少由最高人民法院的司法解释进行规定，更合适的选择是在未来对民事诉讼法进行修订时予以考虑。

小　结

上文以《民事诉讼法》、《物权法》等法律及相关司法解释为基础，并结合民事诉讼法学上的相关理论，就本次民事诉讼法修改所新增的两种特别程序如何理解和适用进行了学理上的探讨。从上述分析可以看出，两种程序都采用了"申请—审查—裁定—执行"这样的流程，相对诉讼程序而言更为简单和快捷。相信这两种程序不仅能有利于当事人的"接近司法"（access to justice），而且也可以缓解目前法院案多人少的办案压力，在诉讼效率方面相较于老民事诉讼法有明显进步。而就非讼程序在正当性方面的天然缺陷，司法确认程序引入了当事人合意要素（双方共同申请），实现担保物权程序则引入了当事人的选择权（在审查阶段可以就实质性问题提起诉讼），对此进行了弥补。应当说，这种立法上的进步，值得我们充分肯定，相信也会给司法实践带来积极的影响。

---

① 对此有学者在对抵押权的实现问题进行探讨时，也提出了与本文相似的建议，参见肖建国、陈文涛：《论抵押权实现的非讼程序构建》，载《北京科技大学学报》（社会科学版）2011年第3期。

转型中的再审程序

刘君博[*]

我国现行《民事诉讼法》中再审程序的修改与完善近年来一直是理论界与实务界关注的热点问题。继2007年《民事诉讼法》修改对再审程序进行了较大幅度的修订后,全国人大在本次修法中再次对当事人申请再审的管辖法院(第199条)、再审事由(第200条)、审理法院(第204条)、当事人申请再审的期限(第205条)等内容进行修订,并新增加了第209条,规定了当事人申请再审与向检察机关申请检察建议或抗诉的关系。

一、立法沿革与本次修法背景

1982年《民事诉讼法(试行)》第十四章"审判监督程序"并未出现"再审"的表述,第158条仅仅规定"当事人、法定代理人对已经发生法律效力的判决、裁定,认为确有错误的,可以向原审人民法院或者上级人民法院申诉",人民法院对"申诉"进行的是"复查",认为申诉无理的,以通知方式驳回;认为原判决、裁定确有错误的,再由院长提交审判委员会讨论决定。1982年《民事诉讼法(试行)》第158条的规定既不是审判程序,更非学理意义上的"再审之诉"。1991年《民事诉讼法》中开始使用当事人"申请再审"的表述方式,并规定申请再审的五项法定理由(第179条)、期限(第182条)和例外(第181条)。但是由于缺少相应的程序设计,在司法实践中学界呼吁的"再审之诉"依然没有得到确立。

为了打破司法实践中所面临的"申诉难"与"申诉滥"的双重困局,对"审判监督程序"的修改成为2007年《民事诉讼法》修法的重点内容。尽管由于立法程序不公开、缺少广泛地征求各界意见等原因,全国人大法工委主导的2007年《民事诉讼法》修法一直备受学界和社会舆论的批评,但是2007年修法将"审判监督程序"进一步改造为"再审程序"是有贡献和积极意义的。具体而言,第一,2007年修法将再审事由原来的5项细化为13项加一个补充条款,初步确立了再审作为特别程序的法律地位。第二,明确规定当事人启动再审统一向上一级人民法院申请。第三,增加了关于当事人提交申请材料,法院受理、审查程序的规定,实现

---

[*] 作者系清华大学法学院诉讼法专业2011级博士研究生。

了由"复查"向诉讼程序的转变。第四,规定了法院对于再审申请的审查期限,并以"裁定"作为裁判作出方式。第五,进一步具体规定了申请再审的期限。

2007年正式确立的再审程序经过了四年多的司法实践,凸显出一些问题,成为本次修法亟待回应的主要内容。第一,2007年修法规定当事人申请再审统一向上一级人民法院提出,造成了中级以上人民法院工作压力剧增。第二,将"管辖错误"规定为再审事由,过分强调对于管辖错误的救济,与设立管辖制度和再审程序的宗旨相悖。尽管随后最高院出台的司法解释对于"管辖错误"作了限缩解释,但从立法层面予以修改仍是最佳的解决路径。第三,再审作为特别救济程序对于生效裁判所形成的法律关系会产生影响,因此,当事人申请再审的期限不宜过长。2007年修订《民事诉讼法》时考虑到司法实务中存在的积案问题,将当事人申请再审的期限规定为2年,但随着大量积累的民事再审案件的处理,过分宽松的申请再审期限会影响生效裁判和社会关系的稳定。第四,2007年修改《民事诉讼法》将当事人申请再审的事由与人民检察院提起抗诉的事由进行统一规定,但修改却没有明确当事人申请再审与人民检察官提起抗诉之间的关系,司法实践中经常出现当事人既向法院申请再审,又同时向检察机关申请要求抗诉的问题。

虽然最高人民法院于2008年出台了《关于适用〈中华人民共和国民事诉讼法〉审判监督程序若干问题的解释》(以下简称《关于审判监督程序的解释》),对于2007年修法时不成熟的一些条文作了一定的限制性解释用以帮助实施,但司法解释所起到的补充作用仍然十分有限。此外,在整个民事诉讼体制向当事人主义转型的意义上,我国的再审程序仍然需要通过修改来实现制度功能的完善。因此,在本次修法中再审程序再次成为修订的重点之一。

二、再审事由的再完善

再审事由是整个民事诉讼再审程序的核心与基石,也是新《民事诉讼法》修订的重要内容之一。再审事由的设计一方面决定了整个再审制度自身的"制度性容量",另一方面也决定了再审在一个国家民事诉讼程序体系中的定位和作用。正如张卫平教授所言,作为启动本案再审程序根据的再审事由,"是决定再审之门开启大小的'阀门'"。① 新《民事诉讼法》将第179条改为第200条,其中,第1款第5项修改为"(五)对审理案件需要的主要证据,当事人因客观原因不能自行收集,书面申请人民法院调查收集,人民法院未调查收集的",并删去第1款第7项;同时,将第2款作为第13项,修改为"(十三)审判人员审理该案件时有贪污受贿,徇私舞弊,枉法裁判行为的",这样就把原来的"13项加一款"的

---

① 张卫平:《再审事由规范的再调整》,载《中国法学》2011年第3期。

再审事由修改为统一的 13 项法定再审事由。

(一)删除管辖错误作为再审事由

2007 年《民事诉讼法》第 179 条用两款确定了 15 项再审事由。本次修法的指导思想一方面试图通过增加再审事由从而缓解"申诉难",另一方面还力图通过细化、准确地表达再审事由防止"申诉滥"。但是原《民事诉讼法》第 179 条第 1 款第 7 项将"违反法律规定,管辖错误"规定为再审事由却在学界和司法实务界均引起了较大的争议。

张卫平教授就曾指出,我国《民事诉讼法》已经确立对于"管辖权异议"的两审终审制度,那么以"违反法律规定,管辖错误"为由是应该针对"管辖权异议"的裁定提起再审,还是应该对本案判决提起,法律并没有明确规定。① 此外,确定法院管辖本属于法院内部管理的问题,在法理上并不直接影响当事人的实体和程序性权利的保障,对此赋予当事人以再审为救济途径也不符合民事诉讼中管辖制度和再审程序设置的宗旨。

最高人民法院《关于审判监督程序的解释》将"管辖错误"限缩解释为"违反专属管辖、专门管辖规定以及其他严重违法行使管辖权"的情形。本次新修订后的《民事诉讼法》直接删除了"违反法律规定,管辖错误的"应该说是对民事诉讼基本制度法理和程序理念的归回,修正了 2007 年修法的不足。

(二)删除兜底条文作为再审事由

新修订后的《民事诉讼法》第 200 条第 1 款第 13 项,将原条文中的再审事由兜底条款"对违反法定程序可能影响案件正确判决、裁定的情形……人民法院应当再审"予以删除也是本次《民事诉讼法》修改的一个重要进步。因为"违反法定程序可能影响案件正确判决、裁定的情形"的规定实在是过于随意,在司法实务中几乎没有办法认定。

在德、日大陆法系的民事诉讼法理论体系和制度框架中,再审程序被认为是消灭"形式既判力的手段",属于"特别上诉手段"。② 再审是"当事人以诉讼程序存在重大瑕疵、或作为判决基础之资料存在异常缺陷为由,针对确定的终局判决提起的、要求撤销该判决并重新审判案件的非常不服申请方法"。③ 鉴于对生效裁判所确立的法律关系的保护,在各个国家的立法例中再审事由都是法定的,而不会以"兜底条款"的形式表述再审事由。德国的民事诉讼法典将再审区分为"取消之诉"(也有译作"判决无效之诉"或"撤销之诉")和"回复原状之诉",其中

---

① 张卫平:《再审修正解读》,载《中国司法》2008 年第 1 期。
② [德]奥特马·尧厄尼希:《民事诉讼法(第 27 版)》,周翠译,法律出版社 2003 年版,第 399 页。
③ [日]新堂幸司:《新民事诉讼法》,林剑锋译,法律出版社 2008 年版,第 665 页。

"取消之诉"的再审事由主要是违背程序上的规定,包括作出判决的法院不是依法律组成、当事人一方未经合法代理等四项内容;"回复原状之诉"的再审事由主要涉及损害当事人实体上的权利①,包括当事人故意或者过失犯有违反作证宣誓义务的罪行等七项内容。② 而在日本,1926 年修改前的民事诉讼法典对于再审事由的规定采取的是与德国相同的模式;现行民事诉讼法典的再审程序虽然未再采取德国的立法例作取消之诉与回复原状之诉的区分,但第 338 条第 1 款也是明确所列举规定了 10 项再审事由。③

再审事由法定化是民事诉讼再审程序的一项基本法理和原则,新修订的《民事诉讼法》在实现再审事由的统一和法定化方面的贡献是值得肯定的。修订后的第 13 项再审事由仍然需要遵循《关于审判监督程序的解释》第 18 条的解释,以"相关刑事法律文书或者纪律处分决定确认"为前提。

(三)仅限未收集"主要证据"为再审事由

除了上述两处修订之外,新《民事诉讼法》还将第 5 项再审事由修改为"对审理案件需要的主要证据,当事人因客观原因不能自行收集,书面申请人民法院调查收集,人民法院未调查收集的"。本次修法将"证据"改为"主要证据"主要是吸收了《关于审判监督程序的解释》第 12 条"人民法院认定案件基本事实所必须的证据"的成果。

出于再审程序的功能定位和节约司法资源等多重因素考虑,如果允许一方当事人以与认定案件基本事实关系不大、对改变裁判结果没有直接影响的证据未经法院依法收集为由申请再审,会严重损害对方当事人的利益,造成司法资源的浪费。

综上所述,新《民事诉讼法》第 200 条对于再审事由的修订主要是以回应 2007 年修法在司法实践遇到的现实问题为出发点,取得的进步和成绩是值得肯定的。但不可否认的是现有的 13 项再审事由距离构建一个较为完备的再审程序体系仍然有较大的差距。

(四)反思与展望

应该说,对于如何建构一个较为"理想"的再审程序,民事诉讼法学界是存在着高度共识的:建构"理想"的再审程序的一个重要前提即是将再审的功能定位为一项"非常规的"、"特殊的"救济程序,即再审程序不是为了普遍地纠正判决错

---

① 需要特别说明的是,这里的"损害当事人实体上的权利"并非是指判决本身存在实质错误。
② 《德意志联邦共和国民事诉讼法》,谢怀栻译,中国法制出版社 2001 年版,第 137~138 页。
③ 《日本新民事诉讼法》,白绿铉编译,中国法制出版社 2000 年版,第 114 页。

误而设计,而仅仅是在维护判决既判力和终局性的基础上寻求一种平衡的制度安排。在认可上述前提的基础上,张卫平教授提出确定再审事由应当遵循三个基本点,即"裁判主体的不合法"、"裁判根据的不合法"和"法院严重违反法定程序"。① 李浩教授提出了确定再审事由的三项基本原则,即再审事由重大性原则、确定性原则和补充性原则。② 陈桂明教授更明确指出,"由于再审的功能并非纠错,因此不应当将实质性的裁判'错误'作为再审的事由,因为实质性的事项是无法在再审前做先入为主式的认定的"。③ 通过认真比较和分析上述观点,我们不难描绘出一个较为完善的再审事由体系所应具备的"性格特征":首先,再审事由应当明确而具体,不存在模糊性表述和兜底条款;其次,再审事由应当以严重违反程序、缺少合法裁判依据和侵犯当事人实体权利为主要内容;最后,再审事由不应涉及案件实体性判断,即再审不应承担普遍纠错功能。

然而在全面考虑到我国存在的制度性缺失,比如缺少作为法律审的第三审以及职权主义诉讼模式仍然没有得到根本改变,检察权对民事诉讼基本结构的干预等多方面因素,我们所能设计的再审事由必然是理想与现实充分妥协的产物。在坚持有限"纠错"功能的前提下,实现再审与涉诉信访一定程度上的分离,进一步达到当事人申请再审、检察院抗诉、法院依职权提起再审在程序和功能上的分化是解决包括再审事由在内的"审判监督程序"相关问题的一种较为现实的进路。

本次修法在完善再审事由方面所作出的努力和贡献是值得肯定的。直接删除了学界反对声音最为强烈的两项事由在立法上是一种进步,但立法者并不想迅速地否定之前所做的工作,进而对其他再审事由作本质性的调整和修改。基于上述现实,新《民事诉讼法》在完善再审事由部分所作的贡献必然是"有限的"。事实上,新法所保留的 13 项事由中还存在一些值得商榷的地方,特别是有些法律条文表述未予以修改直接反映出我国立法工作理念等方面还存在着一些亟待解决的重要问题。比如张卫平教授对于第 11 项再审事由"原判决、裁定遗漏或者超出诉讼请求"的存废理由的分析和论证④就表明我们的立法机关工作者还缺乏对既判力、判决终局性等民事诉讼法基本理论命题的透彻理解,法律条文表述的严谨程度也有待于提高。

---

① 张卫平:《再审事由构成的再探讨》,载《法学家》2007 年第 6 期。
② 李浩:《事实认定再审事由的比较与分析——兼析〈民事诉讼法修正案(草案)〉的相关规定》,载《江海学刊》2007 年第 6 期。
③ 陈桂明:《再审事由应当如何确定——兼评 2007 年民事诉讼法修改之得失》,载《法学家》2007 年第 6 期。
④ 张卫平:《再审事由规范的再调整》,载《中国法学》2011 年第 3 期。

三、再审的管辖、审查和审理程序

再审的级别管辖问题既关系到上下级法院之间的案件分配,也关系到是否方便当事人"接近司法"。新《民事诉讼法》将原第178条改为第199条,修改为:"当事人对已经发生法律效力的判决、裁定,认为有错误的,可以向上一级人民法院申请再审;当事人一方人数众多或者当事人双方为公民的案件,也可以向原审人民法院申请再审。当事人申请再审的,不停止判决、裁定的执行。"

同时,新《民事诉讼法》第204条规定:"人民法院应当自收到再审申请书之日起三个月内审查,符合本法规定的,裁定再审;不符合本法规定的,裁定驳回申请。有特殊情况需要延长的,由本院院长批准。因当事人申请裁定再审的案件由中级人民法院以上的人民法院审理,但当事人依照本法第一百九十九条的规定选择向基层人民法院申请再审的除外。最高人民法院、高级人民法院裁定再审的案件,由本院再审或者交其他人民法院再审,也可以交原审人民法院再审。"

(一)新增当事人再审管辖选择权

新《民事诉讼法》第199条规定,当事人对已经发生法律效力的判决、裁定,认为有错误的,可以向上一级人民法院申请再审;当事人一方人数众多或者当事人双方为公民的案件,也可以向原审人民法院申请再审。当事人申请再审的,不停止判决、裁定的执行。

我国立法机关对于再审案件管辖问题的认识和立场经历过一个较为明显的变化过程。1987年《民事诉讼法(试行)》和1991年的《民事诉讼法》都规定,当事人、法定代理人对已经发生法律效力的判决、裁定,认为确有错误的,可以向原审人民法院或者上级人民法院申诉或申请再审。但在司法实践中,经常发生当事人同时向原审法院和上一级人民法院申请再审的情况,致使同一生效裁判被多级人民法院重复审查甚至再审的现象时有发生;此外,在我国当前的司法环境下,原审法院受理再审、并进行再审审查的司法公信力也经常受到当事人的质疑。考虑到司法实务的现实情况和需求,2007年修法时将第178条修改为"可以向上一级人民法院申请再审",即将再审案件的管辖统一划归原审法院的上一级人民法院。然而,再审管辖权上移给高级人民法院和最高人民法院带来了巨大的民事再审案件审查压力。在司法实践中,2007年修订的《民事诉讼法》第178条对再审管辖的规定直接导致高级人民法院和最高人民法院再审收案量激增;而高级人民法院和最高人民法院往往距离当事人住所地路途遥远,也造成了当事人申请再审的不便。为了解决"申诉难、申诉乱"的问题,2007年修法对于再审管辖的制度设计是典型的"头痛医头,脚痛医脚",缺少对再审程序乃至整个民事诉讼制度体系的整体考虑,由上级法院专属管辖再审申请实际上也违背确定管辖的基本原则。因此,本次修改民事诉讼的再审管辖制度需要面对的是当事人对于原审法院的质疑、当事人申请再审的便利性、不同层级法院再审案件的分配等多项因素的平衡。

从比较法的角度考察,再审管辖并不是一个复杂的问题。在德国,"其判决被声明不服的法院对再审行使专属管辖权(第584条)",德国的再审程序可以针对具有既判力的终局判决、诉讼判决、执行决定以及不可声明不服的裁定提起,但不论是何种形式的裁判,再审由作出裁判的法院专属管辖是一项原则性规定,只有存在当事人对一审、二审裁判都不服的情况,才会由控诉法院统一管辖。① 日本《民事诉讼法》第340条和我国台湾地区"民事诉讼法"第499条也有类似的规定②。从法律移植的角度来分析,德国、日本和我国台湾地区的民事诉讼制度一脉相承,在再审程序的设计上更是具有很大的延续性。

新《民事诉讼法》最终规定"当事人一方人数众多或者当事人双方为公民的案件,也可以向原审人民法院申请再审",将再审案件的管辖选择权赋予当事人。应该说,我国的司法改革和民事诉讼模式转型都尚且处于进行之中,这从我国《民事诉讼法》规定的再审事由的具体内容以及再审制度所承担的多重功能都能得出这样的判断。本次修法对再审管辖相关条文的修改在制度上的贡献正是在于对再审程序的整体性与司法实践的现实需求之间进行了较为全面的平衡。

新《民事诉讼法》改变了原来当事人申请再审的案件由中级以上人民法院审理的规定,允许依照第199条选择向基层人民法院申请再审的案件由基层法院审理。按照本次修法之前最高人民法院《关于受理审查民事申请再审案件的若干意见》(以下简称《若干意见》)第27条的规定,在再审事由成立的情况下,本院提审是第一选择。而出于"便于当事人进行诉讼和便于案件审理和执行"的"两便原则"的考虑,《若干意见》第28条规定,当事人以民事诉讼法第179条第1款第8项至第13项事由提起再审的,因违反法定程序可能影响案件正确判决、裁定提起再审的以及上一级法院认为其他应当指令原审法院再审的,上级法院可以指令原审法院再审。③ 新的《民事诉讼法》也是吸取了司法实践和司法解释部分成果,努力实现再审程序的分化。

---

① [德]罗森贝克、施瓦布、哥特瓦尔德:《德国民事诉讼法(下)》,李大雪译,中国法制出版社2007年版,第1218页。

② [日]新堂幸司:《新民事诉讼法》,林剑锋译,法律出版社2008年版,第670页;参见我国台湾地区"民事诉讼法"第499条:"再审之诉,专属为判决之原法院管辖。对于审级不同之法院就同一事件所为之判决,提起再审之诉者,专属上级法院合并管辖。但对于第三审法院之判决,系本于第四百九十六条第一项第九款至第十三款事由,声明不服者,专属原第二审法院管辖。"

③ 刘学文、姜启波、刘小飞:《〈关于受理审查民事申请再审案件的若干意见〉的理解与适用》,载《人民司法》2009年第11期。

(二)重新规定再审审查和审理程序

在2007年修订《民事诉讼法》以前,关于再审程序的立法几乎是一片空白,从受理再审申请到作出裁定再审或驳回再审申请,因为缺少当事人的参与和诉讼权利的制衡,整个再审的审查过程只是一种人民法院的"内部操作流程",而非诉讼程序。2007年修订《民事诉讼法》时对"审判监督程序"一章进行了较大幅度的修改,随后最高人民法院又先后出台了《关于民事申请再审案件受理审查工作细则(试行)》、《若干意见》以及《关于适用〈中华人民共和国民事诉讼法〉审判监督程序若干问题的解释》等规范性法律文件,基本上建构起我国再审之诉的审查和审理程序。

按照新的《民事诉讼法》的规定,我国现行的再审程序可以分为受理、审查和再审三个阶段。[①]

首先,在再审案件受理环节,人民法院主要是对再审申请书和其他诉讼材料进行审查,一般原则上以当事人提交完备再审材料之日作为申请再审的时间;如果申请再审的材料不齐备,应当退回并告知补正要求;如果当事人确有理由无法在法定期间内补正材料,可以登记其第一申请再审的时间为立案时间。法院应当自收到符合条件的再审申请书等材料后五日内完成向申请再审人发送受理通知书等受理登记手续,并向对方当事人发送受理通知书及再审申请书副本。

其次,在再审案件阶段,从尊重当事人处分权的角度出发,法院一般只在当事人主张的再审事由范围内进行审查,审查方式包括审查书面材料、审阅原审卷宗、询问当事人、组织听证等四种方式。法院认为再审事由成立的,应当裁定再审。

最后,在再审案件的重新审理阶段,新的《民事诉讼法》规定了中级以上人民法院和被选择申请再审的基层人民法院均可以作为再审审理法院。最高人民法院和高级人民法院裁定再审的案件,可以由本院提审或者交给其他人民法院再审,也可以交原审人民法院再审。从立法意图和再审程序的制度设计分析,当事人向上级法院申请再审的,应该以"本院提审"为原则,仅在特定再审事由的情况下可以交给原审法院审理;当事人向原审法院申请再审的,则应该由原审法院受理、审查并审理。根据作出裁判文书的原审程序,法院可以按照第一审程序或第二审程序审理再审案件。

(三)未来立法展望

新《民事诉讼法》对于再审案件的管辖制度、再审的审查和审理程序的完善方面作了一定的修正,取得了较大的进步。但就再审程序的整体制度设计而言,

---

[①] 以下内容参见上注及《关于适用〈中华人民共和国民事诉讼法〉审判监督程序若干问题的解释》。

还有很多亟待改进的地方。

对于再审管辖的修改和完善可以采取"分步骤"的立法模式来完成。在今后一个时期,可以探索针对不同的再审事由设计不同的管辖规定:针对某些违反法定程序的事由,以及"据以作出原判决、裁定的法律文书被撤销或者变更"、有新的证据等判决基础动摇的实体性事由都可以交由原审法院审查;而像"原判决、裁定适用法律确有错误"之类需要原审法院"自我纠错"容易引起当事人质疑的事由则交由上级法院审查较为合理。① 而从《民事诉讼法》和再审程序自身的长远发展的角度出发,在对再审程序的性质和功能重新定位、进一步修改再审事由后,我国的民事诉讼法典完全可以按照学者的建议,将"再审之诉"规定为"由作出原审裁判的法院专属管辖"②,并将再审之诉的管辖法院、审查和审理法院统一起来。

而在再审的审查和审理程序中,今后立法所需要完成的工作可能更多。

首先,将再审受理的行政审查程序改造为诉讼程序是再审审查程序的最重要作业。按照我国《关于审判监督程序的解释》第7条规定,人民法院应当自收到符合条件的再审申请书等材料后五日内完成向申请再审人发送受理通知书等受理登记手续,并向对方当事人发送受理通知书及再审申请书副本。司法解释在这里使用的是"发送"而不是"送达",因此,人民法院对于再审申请的材料和合法性要件进行审查并不是审判程序,而是行政审查程序,当事人对审查的过程没有办法通过诉权进行制约。而在德国、日本等大陆法系国家,如果再审之诉缺乏合法性,其法院是以中间判决或者终局判决的形式作出驳回判决。当然,对再审受理程序的改造还必须要考虑与民事诉讼制度体系中的起诉和受理程序协调一致,所以再审受理程序的进一步完善同样需要考虑民事诉讼制度根本性改革的步伐。

其次,再审程序的管辖法院与审理法院分离实际上就是再审的合法性、再审事由审查程序与重新审判程序相分离。从比较法的角度分析,国外的再审程序三个阶段往往都是在同一管辖法院完成的,不存在审查合法性、再审事由的法院与重新审理的法院相分离的情况。再审管辖法院与重新审理法院相分离既不方便当事人诉讼,提高了当事人的诉讼成本,也对人民法院的审判管理造成一定的不便。而新《民事诉讼法》虽然在实现统一再审管辖法院与再审审理法院方面作出了一定的改变,但仍然需要进一步的完善。

再次,再审审理程序需要进一步修改。新《民事诉讼法》规定的再审审理程

---

① 王亚新:《民事审判监督制度整体的程序设计——以〈民事诉讼法修正案〉为出发点》,载《中国法学》2007年第5期。

② 参见张卫平教授主持的《中华人民共和国民事诉讼法(修改草案)》,第435条。

序与德、日两国没有太大的区别。即"人民法院按照审判监督程序再审的案件,发生法律效力的判决、裁定是由第一审法院作出的,按照第一审程序审理,所作的判决、裁定,当事人可以上诉;发生法律效力的判决、裁定是由第二审法院作出的,按照第二审程序审理,所作的判决、裁定,是发生法律效力的判决、裁定;上级人民法院按照审判监督程序提审的,按照第二审程序审理,所作的判决、裁定是发生法律效力的判决、裁定"。但是在司法实践中,考虑我国每年申请再审以及申诉的案件数量①,以德、日"精密司法"理念下的再审审理程序来处理相对数量庞大的再审案件既造成了各级法院繁重的工作压力,也严重影响了再审程序的效率。因此,有学者提出,设置专门的本案再审程序,并且不论原审裁判是按照第一审程序还是按照第二审程序作出,再审程序都一审终审。②

四、再审对象

新《民事诉讼法》分别在第198条和第202条增加了关于"调解书"作为人民法院依职权启动再审和当事人申请再审的对象。在修法之后,关于再审对象的确定问题主要是在司法实务操作层面上如何细化和完善。

(一)界定再审对象的标准

我国1982年《民事诉讼法(试行)》"审判监督程序"一章规定的再审对象只有"判决"和"裁定"两种。1991年《民事诉讼法》第180条将"调解书"也列为当事人申请再审的对象,但依据1991年《民事诉讼法》第181条和《最高人民法院关于适用〈中华人民共和国民事诉讼法〉若干问题的意见》第207条,再审对象将判决解除婚姻关系的案件,按照特别程序、督促程序、公示催告程序、企业法人破产还债程序审理的案件以及依照审判监督程序审理后维持原判的案件排除在外。新《民事诉讼法》对于当事人申请再审的对象问题都没有再进行大的修改,只是在第202条新规定对已经发生法律效力的解除婚姻关系的调解书,当事人也不得申请再审。但不论从民事诉讼的基本理论自洽性出发,还是基于我国司法实践的现实情况考虑,笔者认为有必要对再审对象确定的标准问题作进一步的阐释。

在大陆法系的民事诉讼理论体系中,再审制度与既判力理论是密切相关的。大陆法系的既判力的根本作用在于通过确定判决的形式彻底终结当事人之间的

---

① 2010年全国法院系统申诉申请再审的数量是121643件;进入再审审理程序的案件数量是45710件(包括刑事、民事和行政案件,其中民事案件数量为40906件)。此外,全国法院每年受理的信访案件人次都在百万左右。

② 张卫平:《诉讼公正与效率的双重替身,泛论〈民事诉讼法〉的修改》,载《国家检察官学院学报》2011年第5期。

纠纷,从而使民事法律关系重新获得稳定性。而再审则是"从相反的方向划定了既判力作用的边界"。① 因此,当事人申请再审的对象必须是法院所作的具有既判力效果的裁判。如果法院作出的生效裁判本身就不具有既判力,那么当事人也就没有针对其提起再审之诉的必要。在德国,当事人针对具有既判力的终局判决(包括诉讼判决、缺席判决、同等的执行决定等)、"不可声明不服或者不能再声明不服的裁定"均可以提起再审之诉;而对中间判决和保留判决则不能提起再审。② 日本和台湾地区的民事诉讼法典上也有类似的规定。值得注意的是,日本《民事诉讼法》第 267 条、《民事调停法》第 16 条以及《家事审判法》第 21 条都有关于和解笔录等相当于确定判决效力的规定。关于"和解笔录是否具有既判力"是日本民事诉讼法学界争议比较大的一个问题,相应地有和解笔录既判力肯定说、限制既判力说与既判力否定说三种观点,其中既判力否定说是目前日本学界的多数说。按照既判力否定说的观点,当事人是可以直接就和解中"实体法上无效及撤销原因"提出主张,而无须提起再审之诉。③

张卫平教授曾经就我国再审对象如何确定的问题专门作出过论述。判决书作为再审对象在我国并无太大争议。但裁定书在我国适用范围较广,按照"裁定在实体上发生实质上确定力,就给予再审救济的途径"的标准,并结合再审程序的效率和成本因素考量,给予不予受理和驳回起诉的裁定以再审之诉救济是妥当的。④ 除了少数学者认为再审对象可以涉及所有确有错误的生效裁判以外⑤,学界主流观点仍然坚持再审作为一项补充性救济制度,适用于再审的裁判对象不宜过宽。

(二)调解协议能否作为再审对象

新《民事诉讼法》不仅延续了将调解书作为再审对象的规定,而且在法院依职权启动审判监督程序(第 198 条)和检察机关抗诉(第 212 条)中均规定了调解书可以成为其适用对象。而对于"调解协议"作为再审对象的问题理论和实务上虽然争议较大,但新《民事诉讼法》并没有对此作出规定。

在我国,虽然作为调解书基础的调解协议是在当事人合意的基础上达成的,但调解书在我国民事诉讼程序中是作为一种裁判方式存在的。调解书是否具有"既判力",进而是否需要用"再审之诉"予以救济在理论上仍然是可以争论的一

---

① 王亚新:《对抗与判定》,清华大学出版社 2010 年第 2 版,第 267 页。
② [德]罗森贝克、施瓦布、哥特瓦尔德:《德国民事诉讼法(下)》,李大雪译,中国法制出版社 2007 年版,第 1208 页。
③ 以上内容参见高桥宏志:《民事诉讼法——制度与理论的深层分析》,林剑锋译,法律出版社 2003 年版,第 638~640 页。
④ 张卫平:《民事再审:基础置换与制度重建》,载《中国法学》2003 年第 1 期。
⑤ 廖永安、何文燕:《民事抗诉程序若干问题研究》,载《法学评论》2000 年第 2 期。

个问题,但当事人对已经发生法律效力的调解书提出证据证明调解违反自愿原则或者调解协议的内容违反法律的可以向法院申请再审是我国《民事诉讼法》第201条明文规定的。因此,从法律解释论的角度出发,我们可以进一步把问题聚焦于调解协议是否能够作为再审之诉的审理对象。

江伟教授主编的民事诉讼法教科书中将调解协议与判决、裁定并列作为再审的审理对象[①];而且"调解协议的内容违反法律"是《民事诉讼法》第201条规定的针对调解书提起再审的事由之一。2002年《最高人民法院关于审理涉及人民调解协议的民事案件的若干规定》赋予经人民调解委员会调解达成的、有民事权利义务内容,并由双方当事人签字或者盖章的调解协议"民事合同性质"。而2004年《最高人民法院关于人民法院民事调解工作若干问题的规定》第13条规定,调解协议由当事人、审判人员、书记员签名或者盖章后即具有"法律效力"。在人民调解委员会、仲裁机构等纠纷解决机构主持下当事人达成的调解协议与基于人民法院的司法调解当事人之间达成调解协议的"法律效力"不同,又进一步加剧了调解协议能否作为再审对象问题的复杂性。

笔者认为,在人民调解委员会或仲裁机构主持的调解程序中因为缺少作为审判权专属主体的人民法院的参与,由人民调解委员会及仲裁机构主持当事人所达成的调解协议是不能够成为再审对象的。人民法院在当事人达成调解协议的过程中从未行使过审判权,又何来"再审"之说?但由人民法院在审理民事案件过程中主动调解,或者委托、邀请其他人员主持所达成的调解协议与调解书之间的区别基本上是形式上的,当事人完全可以向法院申请制作调解书后再申请再审。因此,这一类调解协议作为再审对象在学理上并不存在障碍,但从审判管理的角度,调解协议并没有统一的法院案号,可能会给人民法院再审程序的审判管理造成一定的不便。

最高人民法院通过印发《关于建立健全诉讼与非诉讼相衔接的矛盾纠纷解决机制的若干意见》建立起了针对调解协议适用的司法确认程序。新的《民事诉讼法》在第十五章"特别程序"中新增司法确认程序,其意义在于通过确认决定书的形式赋予调解协议以强制执行力。本次修法把人民法院作出司法确认书的裁判方式由"决定"改为"裁定",更符合各种裁判类型的功能划分。此项立法例一方面吸取了司法实务部门通过实证研究所提出的立法建议[②],另一方面人民法院以裁定方式作出确认书也为适用再审程序解决特殊调解协议救济问题保留了制度空间。按照上述分析,调解书和司法确认裁定书是赋予调解协议司法效力

---

① 江伟:《民事诉讼法》,高等教育出版社2007年第3版,第371页。
② 浙江省高级人民法院联合课题组:《关于人民调解协议司法确认的调研》,载《人民司法》2010年第23期。

的依据。如果调解协议不符合法律规定,法院可以裁定驳回申请,当事人可以通过调解方式变更原调解协议或者达成新的调解协议,也可以向人民法院提起诉讼。在对调解协议提供的司法确认程序以及救济途径如此充分的前提下,再将调解协议直接作为再审对象也是不合适的。

五、审判监督程序启动方式的再协调

新《民事诉讼法》增加第 209 条规定,人民法院驳回再审申请的,逾期未对再审申请作出裁定的,以及再审判决、裁定有明显错误的,当事人可以向人民检察院申请检察建议或者抗诉。人民检察院对当事人的申请应当在三个月内进行审查,作出提出或者不予提出检察建议或者抗诉的决定。当事人不得再次向人民检察院申请检察建议或者抗诉。

当事人申请再审、人民检察院提起抗诉和人民法院职权启动再审是我国《民事诉讼法》规定的"审判监督程序"启动的三种方式。1991 年《民事诉讼法》第 179 条和第 185 条分别规定了当事人申请再审和检察院抗诉的事由;2007 年修订《民事诉讼法》时将再审事由统一规定为 13 项外加一款。本次修改《民事诉讼法》延续了 2007 年修法的思路,并未按照审判监督程序启动方式不同规定不同的事由①,但却通过增加第 209 条,试图引导和规范当事人申请再审与人民检察院提起抗诉之间的关系,尝试构建起三种审判监督启动方式梯度式展开的模式。

在民事诉讼理论研究中,李浩教授提出我国审判监督程序的多元化启动方式应当遵循"法院优先原则",即将当事人向法院申请再审作为当事人向检察机关申请抗诉的前置程序。② 王亚新教授也认为,在抗诉事由与当事人申请再审事由区分的前提下,对"根据实体性事由而提起的抗诉,考虑到尽可能不要使当事人双方之间的对等关系失衡和减轻对裁判终局性的冲击,在程序的构成上应适当抑制检察监督权的行使",即"依据'程序穷尽'的原则,主张存在这类事由的当事人都应该向法院提出过再审申请并已经被驳回,检察院不宜就当事人未经

---

① 关于"再审事由统一"问题的讨论参见李浩:《民事再审程序的修订:问题与探索——兼评〈修正案(草案)〉对再审程序的修订》,载《法律科学(西北政法学院学报)》2007 年第 6 期;蔡虹:《民事抗诉制度的立法完善》,载《人民检察》2011 年第 11 期;王亚新:《民事审判监督制度整体的程序设计——以〈民事诉讼法修正案〉为出发点》,载《中国法学》2007 年第 5 期。学界主流观点均认为当事人申请再审的事由与检察机关抗诉的事由不宜完全统一,应当根据不同功能作适当区分。

② 关于"法院优先原则"的论述详见李浩:《民事再审程序的修订:问题与探索——兼评〈修正案(草案)〉对再审程序的修订》,载《法律科学(西北政法学院学报)》2007 年第 6 期。江伟教授主持起草的《中华人民共和国民事诉讼法修改建议稿(第三稿)》中也有将当事人向法院申请再审作为检察机关提起抗诉前提条件的规定。

这个阶段的案件根据实体性事由提起抗诉"。① 在中国法学会审判理论研究会审判监督理论专业委员会成立大会暨第一次学术年会上，很多从事审判监督工作的法官均表达了检察监督应当"有退有进"的观点，"退"是指民事抗诉权应当尊重当事人的处分权，恪守司法谦抑性，在当事人有其他救济途径时，检察机关不应该主动提起抗诉；"进"是指赋予检察机关针对公益案件的起诉权和抗诉权，更好地实现检察机关维护社会公益、保障法律统一适用的责任。② 最高人民法院于 2012 年 4 月 13 日发布的第二批指导性案例中的 7 号指导案例裁判要点明确规定："人民法院接到民事抗诉书后，经审查发现案件纠纷已经解决，当事人申请撤诉，且不损害国家利益、社会公共利益或第三人利益的，应当依法作出对抗诉案终结审查的裁定；如果已裁定再审，应当依法作出终结再审诉讼的裁定"。最高人民法院通过单方面发布指导性案例的方式来解决审判监督程序中当事人处分权与检察机关抗诉权冲突的问题在程序正当性上是值得讨论的，但这也鲜明地反映出了法院系统和部分学者对于解决当事人申请再审与检察院抗诉冲突问题的一贯立场。

但是，作为法律监督权的检察监督权的行使具有主动性和积极性，并不受到处分原则的约束。正如张卫平教授所指出的，将当事人申请再审作为检察机关抗诉的前置程序可能会影响到检察监督权的主动性。③ 同时，支持民事抗诉不受当事人申请再审制约甚至优于当事人处分权的观点则表示，从维护国家、社会和集体利益的角度出发，民事检察抗诉权对当事人处分权的干预具有正当性，"错误的判决不仅损害了当事人的利益，同时也损害了国家法律的统一正确实施，损害了司法公正"。④ 部分检察机关的工作人员还提出，应当将检察机关主动提起民事抗诉的范围限定在"检察机关支持起诉的案件和涉及国家利益、公共利益的民事案件"，其余案件应依当事人申请提出抗诉。而对于"当事人在上诉期间已知再审事由存在，但没有上诉而直接申请抗诉的案件"，检察机关不予受理。⑤ 这种观点实际上是在检察机关受理当事人抗诉申请的问题上作出层次化

---

① 王亚新：《民事审判监督制度整体的程序设计——以〈民事诉讼法修正案〉为出发点》，载《中国法学》2007 年第 5 期。

② 上述观点参见王朝辉：《民事抗诉制度的程序冲突与改造》，李振峰：《民事抗诉权运行限度的实证分析与思考》，邓自力：《论再审功能偏失下的爱毛反裘——对 2007 年〈民事诉讼法〉修改实施后审判监督司法现状透视》，陈昌等：《论民事再审启动主体及程序性制度建构》，均载许前飞：《审判监督程序的改革与完善》，人民法院出版社 2011 年版。

③ 张卫平：《诉讼公正与效率的双重替身，泛论〈民事诉讼法〉的修改》，载《国家检察官学院学报》2011 年第 5 期。

④ 王德玲：《民事检察监督研究》，中国法制出版社 2006 年版，第 106～108 页。

⑤ 夏黎阳：《检察实务与理论问题研究》，法律出版社 2010 年版，第 296～297 页。

的安排,回避了检察机关提起抗诉与当事人直接向人民法院申请再审关系的问题。此外,汤维建教授提出的把检察院抗诉作为再审程序启动的唯一机制,取消法院职权启动再审和当事人向法院申请再审是一种颇为新颖的观点。但这种观点实际上把检察院的民事检察监督权异化为一种"审判权",当事人要想启动再审程序,必须先经过人民检察院的"审判"才能再接受人民法院的审判。

从民事诉讼基本理论和司法实践的经验出发,笔者认同将"审判监督程序"的三种启动方式进行梯度式排列,尊重当事人处分权,坚持法院优先原则的观点。这样既能有效解决司法实践中当事人多头申请再审、造成司法资源浪费的问题;也能缓解检察监督权与审判权之间的紧张和冲突。但是严格按照文义解释来理解新《民事诉讼法》第209条规定,人民法院驳回再审申请,逾期未对再审申请作出裁定的以及再审判决、裁定有明显错误并非是当事人向检察机关申请抗诉的必备前置条件,当事人也可以不向法院申请再审,而直接向检察机关提起抗诉。因此,新《民事诉讼法》下审判监督程序的三种启动方式如何进行协调可能还要有赖于最高人民法院和最高人民检察院共同发布司法解释予以澄清和确认。

解决三种审判监督程序启动方式关系问题的根本出发点在于"程序分化",我国的现行"审判监督程序"承担着事实纠错、程序纠错、保障法律统一适用等多项功能,根据不同的功能设计不同的启动事由,并规定不同的审判监督程序启动次序是解决司法实践中现实问题、保障民事诉讼基本程序有效运行的必然选择。

小　结

任何具体的民事诉讼程序设计都必须考虑到其背后整体的制度体系和司法理念。我国的民事诉讼制度体系仍然处于从"职权主义"向"当事人主义"转型的过程中,再审程序的设计一方面应当引领民事诉讼转型和变革的趋势,另一方面则应回应我国司法实践的现实需求。近年来,我国的民事诉讼法典已经经历了两次局部修改,再审程序的改造与进步是十分明显的。但随着我国民事司法改革的深入,再审程序必然还要进行重新建构和根本性的修改,这也是所有民事诉讼法学者的责任和使命。

民事诉讼法修改与民事执行立法

李文革* 罗 林**

当事人选择民事诉讼作为保护自己合法权益的方式,不仅仅是为了向法院讨个"说法"(获取法院的裁判),更重要的是要能通过法院的裁判让自己的权利得以实现。因此,如果义务人不履行生效法律文书确定的义务,权利人就可以申请人民法院强制执行。民事执行,是人民法院在义务人不履行生效法律文书确定义务的情况之下,强制义务人履行义务,使权利人的权利从一种期待变为现实的活动,是民事诉讼活动的延伸,是保护当事人合法权益的重要法律制度。但是,从我国民事执行的实际运作来看,在我国的民事司法实践中,民事执行制度发挥的作用和实际效果都是令人不满意的,所谓"空判白调"、"法律白条"问题备受质疑。民事执行难的问题,自《民事诉讼法》颁布实施以来便与之相伴而生,如同民事司法实践挥之不去的"魔咒",如影随形,成为法律界乃至整个社会的热点、难点问题,而且事关法院的形象和公信力,直接影响着法律的尊严、司法的权威。

在中国社会诚信缺乏、司法权威不够、地方保护主义盛行等特定的环境下,我国的民事执行面临被执行人难找、被执行财产难查、执行标的物难动等诸多难题。为什么在我国民事执行就这么难?原因是多方面的,但执行立法滞后不能不说是其中重要的原因。目前,我国没有专门的民事强制执行法,现有的执行制度,主要是以《民事诉讼法》"执行程序"编为基础框架,加上最高人民法院的一系列司法解释为主要内容形成的,同时,随着民事诉讼法的修改完善,执行制度也渐趋完备,每一次的民事诉讼法立法活动,都会涉及执行程序的修改和完善,2007年《民事诉讼法》修改,"执行难"成为此次修改明确提出的"重点解决的问题",执行程序修改便是其中的"重头戏"。本次《民事诉讼法》修改,对民事执行程序进行了局部完善而非全面修改。本文拟从历史的视角,从纵轴上对我国民

---

* 李文革:湖北民族学院讲师,清华大学法学院博士研究生。
** 罗林:湖北省恩施州人民检察院副检察长。本文是湖北省恩施州人民检察院检察理论与应用研究重点课题"《民事诉讼法》修改与民事检察监督"(立项号:ESZJ2012A01)研究成果之一。

事执行立法的完善和强制执行法的制定作一梳理。

一、民事强制执行制度概述

（一）民事执行的概念

民事执行，又称为民事强制执行，是指人民法院的执行组织依照法律规定的程序和方式，运用国家的强制力量，在负有义务的一方当事人拒不履行义务时，强制其履行义务，从而实现生效法律文书内容的一种诉讼活动。[①] 执行是和履行相对而言的，负有义务的当事人不依法履行义务，就会由人民法院以国家强制力为保障强制执行。通常来说，民事执行兼有执行实施主体特定性、执行根据有效性、执行行为强制性和执行程序法定性四个基本特征。

（二）民事执行权的性质

民事执行权，是国家机关强制义务人履行民事义务从而实现权利人民事权利的权力。对于民事执行权的性质，在理论上主要有以下三种观点：

（1）"司法权说"。该种观点认为，执行权是由法院行使的，法院是审判机关，而执行权是法院审判权的组成部分，因此从性质上讲，执行权是司法权。

（2）"行政权说"。此种观点认为，执行和审判是两种不同性质的工作，执行工作具有确定性、主动性、命令性、强制性的特点，从性质上讲是一种行政活动。因此，执行权从性质上是种行政权。

（3）"双重性质说"。此种观点认为，民事执行权既有行政权的性质，也有司法权的性质。司法权和行政权的有机结合构成了完整意义上的执行权。

（三）民事执行法的立法体例

从世界各国和地区的情况来看，民事执行法的立法体例主要有以下四种：

（1）并入民事诉讼法。采用这一体例的国家有德国等国家，我国现行法也是采用这种立法体例。

（2）在破产法中加以规定，例如瑞士。

（3）将民事执行规范分别在实体法和程序法中加以规定，相互补充，例如意大利。

（4）制定单行法典。例如，日本、法国、奥地利和我国台湾地区。目前采此种立法例的国家和地区有逐渐增多的趋势。

在我国，立法层面完善民事执行法律制度的主要路径有二：一是在现有制度框架内，通过修订增补民事诉讼法的方式，这是我们过去和现在采取的方式；二是突破现行立法体例，单独制定一部专门的、系统的、统一的、操作性强的民事执行法。要彻底解决"执行难"，这是我们应当选择的路径。

[①] 张卫平：《民事诉讼法》，法律出版社 2009 年第 2 版，第 421 页。

二、我国关于民事执行制度立法的历史回顾

新中国成立之初,还没有制定民事诉讼法,也就谈不上统一规定民事执行制度,相关执行的规定,只是散见于一些司法解释或立法草案中。1950年12月,中央人民政府法制委员会制定了《诉讼程序试行通则》,该通则中有少量的执行规范,简单规定了相关执行制度的内容,包括执行主体、执行的启动、执行可采取的措施以及人民调解协议可作为执行的依据等内容。1956年最高人民法院《关于各级法院民事案件审判程序总结》中对强制执行有了较多、较细致的规定,出现了委托执行、中止执行以及对于具体的强制执行措施作出较为详细的操作规定。但进入50年代后期,由于受法律虚无主义的影响,民事案件逐渐减少,而且多数是调解结案,因此各地法院逐步建立起审执合一的体制,谁审判案件,谁负责执行。①

首次以立法形式对强制执行制度作出较为系统的规定,当属1982年颁行的《中华人民共和国民事诉讼法(试行)》,其中就将强制执行作为一项重要内容加以规定,全文205个条文,执行程序有24个条文,包括执行的一般规定、执行的移送和申请、执行措施、执行中止和终结等内容。在这之后,1991年《民事诉讼法》公布,1982年民事诉讼法同时废止。1991年民事诉讼法全文270条,总结了1982年民事诉讼法试行9年来的经验和不足,作出了必要的修改和补充。其中关于民事执行问题规定在第三编,共4章30条。1992年,最高人民法院颁布了《关于适用〈中华人民共和国民事诉讼法〉若干问题的意见》,该意见中对有关执行问题在具体操作上作了进一步细化的规定。1998年最高人民法院颁布《关于人民法院执行工作若干问题的规定(试行)》,共137条,全面、详尽地对执行制度作出规定,以往规定与此相抵触的作废。2004年最高人民法院又颁布了《关于人民法院民事执行中查封、扣押、冻结财产的规定》和《关于执行中拍卖、变卖财产的规定》,本着充分尊重人权和保护债务人的基本生存权的法制思想,对强制执行制度中所采取的具体强制措施等内容进一步予以规范。2007年10月28日全国人大常委会通过了《关于修改〈中华人民共和国民事诉讼法〉的决定》,为解决"申诉难"和"执行难",再次对民事诉讼法进行修改,对第三编"执行程序"作了较大的修改,成为此次修改的重点,也因规定了一些新的强制执行制度而成为亮点。为确保修改后的民事诉讼法能够正确适用,2008年9月8日最高人民法院审判委员会通过的《关于适用〈民事诉讼法〉执行程序若干问题的解释》对有关

---

① 何兰阶、鲁明健:《当代中国的审判工作(下)》,当代中国出版社1993年版,第297页。转引自:严军兴、管晓峰:《中外民事强制执行制度比较研究》,人民出版社2006年版,第39页。

规定予以细化,进一步补充了若干程序和制度,增强可操作性,减少法律适用中的争议和分歧,是执行程序的重要规范。

三、2007年《民事诉讼法》修改执行部分的解读

2007年10月28日,第十届全国人大常委会第三十次会议表决通过了《关于修改〈中华人民共和国民事诉讼法〉的决定》,决定自2008年4月1日起施行。按照修改决定,一系列重大修改直击"申诉难"、"执行难"两大司法顽疾。修正案一共19条,其中有11条涉及执行,主要是针对执行中的突出问题进行的修改,具体涉及执行根据和执行管辖、执行异议、变更执行法院、执行机构、申请执行期间、执行通知、被执行人财产报告、对被执行人的限制措施等内容。全国人大常委会法制工作委员会民法室主任姚红、副主任扈纪华在回答记者有关民事诉讼法修改的提问和相关会议的发言,均将此次修改的重点总结为四个方面:

(一)强化执行措施,促使被执行人依法履行义务

解决执行难,首先就需要加大执行力度,强化执行措施,促使被执行人依法履行义务。此次修改主要从五个方面作了规定:

1. 增加规定"立即执行"的制度

修改后的《民事诉讼法》216条在原220条的基础上,增加一款,作为第2款:"被执行人不履行法律文书确定的义务,并可能隐匿、转移财产的,执行员可以立即采取执行措施。"增加这一款,主要是为了解决由于制发执行通知书而产生的问题。根据修改前的民事诉讼法第220条规定:"执行员接到申请执行书或者移交执行书,应当向被执行人发出执行通知,责令其在指定的期间履行,逾期不履行的,强制执行。"由于执行通知书另行指定履行义务的期间,在此期间内人民法院不能采取执行措施,只有被执行人逾期不履行的情况下,才采取强制执行措施。这样一来,实践中很多被执行人接到执行通知以后,就转移、隐匿财产,逃避执行,执行通知书被称为"逃债通知书"。因此,增加该款规定的内容是必要的,不一定非要先通知然后才能执行。

2. 增加规定被执行人财产报告制度

执行能否取得好的实际效果,能否找到被执行人的财产是关键,执行财产难找在司法实践中是一个较为突出的问题,为了解决这个问题,这次修改决定第17条新增一条,作为《民事诉讼法》第217条:"被执行人未按执行通知履行法律文书确定的义务,应当报告当前以及收到执行通知之日前一年的财产情况。被执行人拒绝报告或者虚假报告的,人民法院可以根据情节轻重对被执行人或者其法定代理人、有关单位主要负责人或者直接责任人员予以罚款和拘留。"第一次建立了我国的被执行人财产报告制度,其基本内容包括:(1)财产报告的法定条件是被执行人未按执行通知履行法律文书确定的义务;(2)财产报告的期间是

当前以及收到执行通知之日前一年的财产状况;(3)拒绝报告或虚假报告要承担相应的法律责任。

3. 加大了执行威慑机制。

执行威慑机制是指国家立法和司法机关通过加大执行力度、增加被执行人责任、提高被执行人强制执行成本等途径,增强强制执行对尚未进入执行程序和已经进入执行程序的债务人的压迫力、约束力和追及力,促使其自动履行债务,从而从源头上解决执行难的法律机制。① 1991 年民事诉讼法中,尽管规定了一定的处罚措施,但是由于可操作性差,处罚措施又少,发挥不了很大的震慑作用。有些被执行人善于钻法律的漏洞,在债务不履行的情况下,照旧进行高消费、投资、贷款而没受到多大的惩罚,给执行工作带相当大的负面影响。2007 年《民事诉讼法修改决定》第 18 条即是对执行威慑机制的规定,通过增加规定对被执行人的限制措施,促使其自动履行法律文书确定的义务。修改后增加的民事诉讼法第 231 条增加了以下对被执行人的限制性措施:(1)限制出境;(2)在征信系统记录;(3)通过媒体公布不履行义务信息;(4)法律规定的其他措施。最高人民法院 2008 年《关于适用〈中华人民共和国民事诉讼法〉执行程序若干问题的解释》和 2010 年《关于限制被执行人高消费的若干规定》又作了进一步细化的规定。当事人如果不履行生效法律文书确定的义务,不能够信贷、不能够置产、不能够出境等等,甚至直接影响其市场经营活动和日常的生活消费,从而促使其自动履行法律义务。

4. 提高了对不履行判决、裁定的罚款额度

1991 年民事诉讼法规定如果不履行法院判决、裁定的,对个人的罚款为 1000 元以下,对单位是 3 万元以下。2007 年修改后的规定对个人的罚款提高到 1 万元以下,对单位的罚款金额为人民币 1 万元以上 30 万元以下。

5. 加大了对不履行协助义务单位的处罚力度

对原民事诉讼法 103 条第 2 款进行了修改,对有义务协助调查、执行的单位拒绝协助调查、执行的强制措施,在原来规定罚款的基础上增加"对仍不履行协助义务的,可以拘留"的规定。

(二)规范执行行为,切实保护当事人的合法权益

为了规范执行行为,促进司法公正,切实保护当事人的合法权益,2007 年修正案从三个方面作了规定:

1. 增加对违法执行行为提出异议的规定

执行难的现状,有一部分是因为法院执行人员违法行为造成的,有的法院或者执行人员执法不严格、行为不规范,为了防止这种行为发生,此次修改决定第

---

① 胡志超:《执行威慑机制研究》,人民法院出版社 2008 年版,第 11 页。

11条规定,增加一条,作为民事诉讼法第202条:"当事人、利害关系人如果认为执行行为违反法律规定的,可以向负责执行的人民法院提出书面异议。当事人、利害关系人提出书面异议的,人民法院应当自收到书面异议之日起十五日内审查,理由成立的,裁定撤销或者改正;理由不成立的,裁定驳回。当事人、利害关系人对裁定不服的,可以自裁定送达之日起十日内向上一级人民法院申请复议。"作出此规定的主要目的,是在执行行为违反法律规定的情形下,为当事人、利害关系人提供法定的救济途径,体现了最大限度保护当事人、利害关系人合法权益的理念。

2. 增加变更执行法院的规定

有些案件,被执行人有可供执行的财产,但有可能受到地方保护主义等因素的影响,而长期得不到执行,为防止和减少消极执行,修正案第12条规定,增加一条,作为民事诉讼法第203条:"人民法院自收到申请执行书之日起超过六个月未执行的,申请执行人可以向上一级人民法院申请执行。上一级人民法院经审查,可以责令原人民法院在一定期限内执行,也可以决定由本院执行或指令其他法院执行。"这样,在案件存在消极执行的情况下,申请人既可以依202条的规定提出异议,也可依本条规定申请更换执行法院,两条救济途径并行不悖。

3. 在执行过程中,赋予案外人对执行标的提出异议的权利

执行过程中,难免会出现将案外人财产作为被执行人财产查封、扣押、冻结以及其他侵害案外人实体权益的情况。在这些情况下,案外人对执行标的提出异议,都会涉及实体权利义务争议。实践中,主要有三种情形:一是对生效判决、裁定指向的标的的权属有异议;二是对判决、裁定并未涉及但执行过程中被作为执行标的予以执行有异议;三是认为执行行为影响了自己对执行标的的物的使用权而提出异议。[①] 此次修改决定对原民事诉讼法第208条规定的案外人异议制度进行了完善:(1)明确异议应采书面形式;(2)明确规定了人民法院对异议的审查期限,即应当自收到书面异议之日起十五日内审查;(3)对人民法院的裁定不服的,分别赋予案外人、当事人两种不同的救济途径。即修正案第13条规定:"案外人、当事人对裁定不服,认为原判决、裁定错误的,依照审判监督程序办理;与原判决、裁定无关的,可以自裁定送达之日起十五日内向人民法院提起诉讼。"根据该条规定,如果案外人主张其对执行标的物有所有权或者其他足以阻止执行标的的转让、交付的实体权利,向法院提出异议被驳回后,应区分该标的物是否为生效法律文书指定交付的特定物,分别采取不同的救济方法:如果是针对法律文书指定交付的特定物提出的异议,那么实际上涉及执行依据本身是否存在错误的问题,应当按照审判监督程序,以最终确定对该标的物能否执行;相反,如果

---

① 齐奇主编:《执行体制和机制的创新和完善》,人民法院出版社2008年版,第77页。

执行标的物不是生效法律文书指定交付的财产,而是法院在执行过程中查明的其他财产,案外人的异议不涉及执行依据的对错问题,而是涉及对执行标的物本身的实体权利争议,案外人可以提起执行异议之诉。案外人提出异议后,执行法院经审查认为案外人异议理由成立的,应裁定中止执行,对该裁定,当事人不服的,也有相应的两种救济途径。那就是,认为原判决、裁定错误的,依照审判监督程序办理;与原判决、裁定无关的,可以自裁定送达之日起十五日内向人民法院提起诉讼(许可执行之诉)。

(三)适当延长了申请执行的期间,以利于当事人更好地行使权利、履行债务

1991年《民事诉讼法》第219条第1款规定:"申请执行的期限,双方或者一方当事人是公民的为一年,双方是法人或者其他组织的为六个月。"这一规定在司法实践中产生的主要问题是:(1)由于申请执行的期限过短,助长了一些债务人利用时效逃债的侥幸心理。(2)债权人担心超过申请执行期间法院不予保护,明知债务人无财产可供执行或者法律文书生效后双方已达成分期履行的协议,也不得不申请执行,加剧了债权债务人之间的紧张关系。使一些案件过早进入执行程序,形成执行"死案",浪费了宝贵的司法资源,增加了当事人的成本。(3)对公民、法人和其他组织适用不同的申请执行期限,不符合民事主体平等的原则。① 因此,此次《民事诉讼法修改决定》第15条对此作了重要修改:一是不再区分不同的当事人,统一适用两年期间;二是将申请执行期限由不变期间修改为适用民法关于诉讼时效期间的规定,可以中止、中断。

(四)完善执行机构,加强执行工作

1.关于执行机构的设立

执行机构是完成执行工作的重要组织保障。1991年民事诉讼法第209条第3款规定:"基层人民法院、中级人民法院根据需要,可以设立执行机构。执行机构的职责由最高人民法院规定。"此次《民事诉讼法修改决定》主要对两个问题进行了修改:一是将基层人民法院、中级人民法院可以设立执行机构改为各级人民法院都可以根据需要设立执行机构。之所以如此修改,是出于执行实践的需要,也是对目前法院执行机构设置现状的确认。二是删除了"执行机构的职责由最高人民法院规定"的内容。

2.关于执行的管辖法院

1991年《民事诉讼法》第207条关于执行管辖的规定是:"发生法律效力的民事判决、裁定,以及刑事判决、裁定中的财产部分,由第一审人民法院执行。(第一款)法律规定由人民法院执行的其他法律文书,由被执行人住所地或者被

---

① 全国人大常委会法制工作委员会民法室:《中华人民共和国民事诉讼法:条文说明、立法理由及相关规定》,北京大学出版社2007年版,第425页。

执行的财产所在地人民法院执行。(第二款)"现实中,被执行人的财产所在地不在执行管辖法院辖区内的情况时有发生,继而产生大量的异地执行案件和委托执行案件,加重了法院执行工作的负担,成为执行工作顺利开展的主要障碍。为解决实践中异地执行较为困难和委托执行效果不佳等问题,此次《民事诉讼法修改决定》第10条规定:"发生法律效力的民事判决、裁定,以及刑事判决、裁定中的财产部分,由第一审人民法院或者与第一审人民法院同级的被执行的财产所在地人民法院执行。"在原来的基础上,增加与第一审人民法院同级的被执行财产所在地人民法院作为执行管辖法院。

四、新民事诉讼法关于执行程序的修改

根据2012年8月31日第十一届全国人民代表大会常务委员会第二十八次会议通过的《关于修改〈中华人民共和国民事诉讼法〉的决定》修正的新民事诉讼法中,与执行相关联的条文共有12条。分别是:第113条、第114条、第115条、第195条、第197条、第206条、第230条、第235条、第237条、第240条、第242条、第247条。主要涉及妨害执行的强制措施、执行根据、协助执行、执行中止、执行和解、执行检察监督、执行通知、执行标的、执行措施、仲裁执行等内容。立法机关的本次修法,执行程序不再是其中的重点和亮点,因为执行程序从民事诉讼法中分离已成定论,经多方呼吁,立法机关同意强制执行单独立法,鉴于强制执行立法程序还未启动,必然需要一个过渡期,强制执行法的出台还有一个过程,但对于执行程序中的一些重要性问题仍然需要完善。因此,在本次修改中对执行程序进行了一些"修补",这种修补既是着眼于解决执行实践中的问题,也是为了在其后的强制执行立法中能够借鉴和移植。

(一)关于对妨害、逃避执行行为的规制

执行难,难就难在被执行人基于种种原因而不自动履行生效法律文书确定的义务,相反却是想方设法规避、逃避人民法院的执行。针对被执行人隐匿、转移财产的情况,本次修法在2007年修改的基础上,进一步规定在向被执行人发出执行通知的同时,可以立即采取强制执行措施(第240条)。立即执行制度是在2007年修改时确立的,但根据原第216条的规定,执行员在接到申请执行书或者移交执行书后,应当向被执行人发出执行通知书,并确定履行义务期间,如果被执行人不履行法律文书确定的义务,并有可能隐匿、转移财产的,执行员可以立即采取强制执行措施。相比原来的规定,本次修订取消了履行期间和被执行人可能隐匿、转移财产的条件限制。针对被执行人与他人恶意串通,通过虚假诉讼方式逃避执行的情况,本次修法新增规定:"被执行人与他恶意串通,通过诉讼、仲裁、调解等方式逃避履行法律文书确定的义务的,人民法院应当根据情节轻重予以罚款、拘留;构成犯罪的,依法追究刑事责任。"(第113条)将其作为妨

害民事诉讼的行为加以制裁,情节严重构成犯罪的,明确其应承担刑事责任。针对被执行人妨害执行、拒不执行等行为,本次修法进一步加大了惩处力度,在2007年修改的基础上,再次将对个人的罚款金额从1万元以下提高到10万元以下;对单位的罚款金额从1万元以上30万元以下提高到5万元以上100万元以下(第115条)。

(二)关于确认调解协议案件、实现担保物权案件的执行

为了配合《人民调解法》和《物权法》的相关条文实施,新民事诉讼法在第十五章特别程序中新增两节:"确认调解协议案件"和"实现担保物权案件"。两种新程序的规定,增加了可以申请人民法院执行的新的执行根据:许可执行调解协议、担保财产的裁定。根据新民事诉讼法第195条的规定,人民调解协议经人民法院依法确认裁定其有效后,一方当事人拒绝履行或者未全部履行的,对方当事人可以向人民法院申请强制执行。经法院依法确认的人民调解协议具有强制执行力。当事人对人民法院的确认行为或对人民调解协议有异议,不得再向人民法院提起诉讼,只能依法提出申诉。《物权法》为了降低担保物权的实现成本,对担保物权的实现进行了简化,根据《物权法》第195条规定,债务人不履行到期债务或者发生当事人约定的实现抵押权的情形的,首先由抵押权人与抵押人协商实现担保物权;协商不成的,抵押权人可以不经诉讼,直接请求人民法院拍卖、变卖抵押财产。但对请求法院拍卖、变卖抵押财产的具体程序并没有规定。本次修法对实现担保物权的申请主体、管辖法院、申请程序等作出了具体的规定,根据新民事诉讼法第197条规定,人民法院受理担保物权人或者其他有权请求实现担保物权的人申请后,经审查,符合法律规定的,裁定拍卖、变卖担保财产,该裁定可以作为向人民法院申请执行的依据。

(三)关于执行和解

原民事诉讼法第207条第2款规定:"一方当事人不履行和解协议的,人民法院可以根据对方当事人的申请,恢复对原生效法律文书的执行。"实践中,执行和解协议的达成,往往是通过执行人员的"工作"促成的,是以债权人放弃部分权利、作出妥协或让步为基础的,经常出现的问题是,债权人在签订执行和解协议之后"醒悟"了,不再同意按和解协议履行,按照"一方当事人不履行和解协议的,人民法院可以根据对方当事人的申请,恢复对原生效法律文书的执行"的规定,就得由债务人申请恢复原生效法律文书的执行。但债务人在执行和解中是获利方,恢复原生效法律文书的执行显然是对其不利的,作为一个"理性人"是不会作出对自己不利的选择的。于是就有了达成执行和解协议后,申请执行人是否有权反悔的争议,执行和解制度运行面临困境。

本次修法,为了更有利于债权人实现其权利,对原民事诉讼法第207条第2款作出了修改。新民事诉讼法第230条第2款规定:"申请执行人因受欺诈、胁

迫与被执行人达成和解协议,或者当事人不履行和解协议的,人民法院可以根据当事人的申请,恢复对原生效法律文书的执行。"与之前的规定相比,一是将申请恢复执行的主体由"对方当事人"变成了"当事人",旨在把申请执行人涵括在内,避免申请执行人不履行和解协议但又无法期待被执行人申请执行的局面发生;二是扩大了执行和解中予以恢复执行的情形,规定"申请执行人因受欺诈、胁迫与被执行人达成协议"的,也可以恢复原生效法律文书的执行。[①]

(四)关于民事执行检察监督

检察机关对于民事执行该不该监督、要不要监督、民事执行检察监督的正当性、必要性和可行性问题、民事执行监督的现实依据等问题,成为检察机关和法院长期存在不同认识和在司法实务中不断引起矛盾和冲突的问题,也是民事诉讼理论研究中众说纷纭的话题。本次修法对此作出了明确的回应,第235条规定:"人民检察院有权对民事执行活动实行法律监督。"但这是条较为原则的规定,如何构建民事执行检察监督制度还缺乏具体的程序规定,最终的理想方案是在强制执行立法中设专章规定检察监督程序。

(五)关于债券、股票、基金份额的执行

新民事诉讼法第242条在原民事诉讼法第218条关于查询、冻结、划拨存款规定的基础上,增加"债券、股票、基金份额"等财产为可供执行的执行标的;将协助义务单位由"银行、信用合作社和其他有储蓄义务的单位"变为"有关单位";执行措施在"查询、冻结、划拨"的基础上增加"扣押、变价"。将债券、股票、基金份额纳入执行财产范围,是社会经济发展,财产形态多样化和资产的证券化的必然选择。由于执行标的由单一的金钱变成了多元的金钱和有价证券,就需要根据不同情形采取不同的执行措施。但对新增的债券、股票和基金份额究竟如何执行,民事诉讼法并无具体的程序规定,还有待相关司法解释进行完善。

(六)关于查封、扣押财产的拍卖

关于查封、扣押财产的拍卖,新民事诉讼法第247条规定:"财产被查封、扣押后,执行员应当责令被执行人在指定期间履行法律文书确定的义务。被执行人逾期不履行的,人民法院应当拍卖被查封、扣押的财产;不适于拍卖或者当事人双方同意不进行拍卖的,人民法院可以委托有关单位变卖或者自行变卖。国家禁止自由买卖的物品,交有关单位按照国家规定的价格收购。"该规定吸收了《最高人民法院关于人民法院民事执行中拍卖、变卖财产的规定》第2条的规定,确立了拍卖优先的原则,并将变卖的适用限于"不适于拍卖"和"当事人双方同意不进行拍卖"两种法定情形。"这一规定理顺了强制拍卖与变卖的关系,回应了

---

① 肖建国:《民事诉讼法再修改的问题与展望》,载《月旦民商法杂志》2012年第3期。

司法实践,意义重大。"①

总的来说,虽然强制执行单独立法已然决定,但若要与本次民事诉讼法修改同步进行存在困难,最终采取的方案便是同步研究,分别通过。因此,在本次民事诉讼法修改中,仍然对执行程序作了一些修订,为将来单独制定《强制执行法》做好准备,打下基础,但只能是局部完善而非全面修改,还存在些事关执行难解决的关键性的、全局性的问题需要进一步讨论和完善。

五、民事执行立法未来的展望

在人们看来,执行为什么难,其中最重要的原因是执行立法的滞后,现行法律无法适应执行工作的需要,执行中的许多问题需要专门立法来解决,因此,必须尽快出台强制执行法。不管有了专门的强制执行法是不是真的能够解决"执行难"问题,但可以肯定的是,如果没有较完善的、可操作性强的立法,"执行难"问题肯定是无法得到解决。从目前的情况来看,独立制定强制执行法已成为各方共识,普遍认为制定强制执行法的时机业已成熟,应该说,在合理期限内出台一部体系完整、内容全面、操作性强的《强制执行法》指日可待。②

首先,世界各国和地区(尤其是大陆法系国家)的立法模式可资借鉴。奥地利、比利时等国一开始就采取制定单行的强制执行法的立法模式。日本于1979年将民事诉讼法中强制执行编删除,另行制定了民事执行法。法国于1991年也制定了单行的强制执行程序法。2002年,韩国也将执行法律制度从民事诉讼法中分离出来,制定了独立的强制执行法。瑞士、瑞典、我国台湾地区都有独立的强制执行法。从法律传统上,我国与上述国家和地区同属大陆法系,从法律体系的整体性和各法律间的协调性考虑,其立法模式和法律制度对我们具有很强的借鉴意义。

其次,理论界和实务界关于执行问题的研究为强制执行法的出台提供了充足的理论准备。理论界和实务界的很多学者长期关注执行问题,著书立说,试图为解决执行难问题提供理论支撑。长期从事民事执行研究的杨荣馨教授认为,为了彻底解决"执行难"问题,必须从源头抓起,首先解决强制执行的立法问题。认为我国应单独制定强制执行法,理由主要有以下几个:(1)强制执行法与民事诉讼法根本不同,不能规定于一部法律中;(2)将民事诉讼与强制执行规定在一部法律中弊端丛生;(3)民事诉讼法中执行程序的条文极少,根本不敷实际工作

---

① 肖建国:《民事诉讼法再修改的问题与展望》,载《月旦民商法杂志》2012年第3期。
② 关于法律名称,有"民事执行法"、"民事强制执行法"、"强制执行法"等好几个名称。应该还是叫"强制执行法"为宜,一来执行的范围和领域除了诉讼执行外还包括非讼执行;二来虽然执行本来就有"强制"之意,但加上"强制"以示强调,效果更好。

需要;(4)为克服"执行难",亟须制定独立的强制执行法;(5)为防止"执行乱",亟须制定独立的强制执行法;(6)为贯彻执行党中央决定,必须尽快制定独立的强制执行法;(7)参考借鉴国际上强制执行立法模式的发展趋势,也应制定独立的强制执行法。[①] 他一直呼吁在我国单独制定强制执行法,组织相关课题组进行专题研究,拟定了强制执行法专家建议稿,共八编三十章368条,供立法参考借鉴,以期推动强制执行立法。

再次,最高人民法院制定的一系列司法解释与规范性文件为立法奠定了坚实的司法经验基础。为了指导全国法院的执行实践,最高人民法院注重对执行实践经验的研究和总结,先后制定了《关于执行工作若干问题的规定(试行)》、《关于加强对执行工作统一管理的规定》、《关于搞好委托执行工作的决定》、《最高人民法院关于适用〈中华人民共和国民事诉讼法〉执行程序若干问题的解释》、《关于人民法院民事执行中查封、扣押、冻结财产的规定》、《关于人民法院民事执行中拍卖、变卖财产的规定》等司法解释性文件。从2000年开始,最高人民法院受全国人大常委会委托,专门成立了强制执行法草案起草小组。目前已经完成了强制执行法草案(第六稿),共四编十八章201条,其中对强制执行的基本原则、基本制度、具体程序和措施等内容等内容都作出了系统的规定。这些都为民事强制执行法的制定奠定了较好的基础。而且各地法院在执行工作中不断探索,特别是通过对执行工作管理体制、执行权运行机制、执行机构和执行方式方法的改革探索,已经积累了许多宝贵经验,为制定强制执行法提供了司法实践条件。

综合考量以上几个方面,应该说,完善执行立法即制定独立的强制执行法既有实践必要性,也有现实可行性。建议立法机关尽快启动强制执行法的立法程序,使这部法律尽早审议出台。

[①] 杨荣馨:《〈中华人民共和国强制执行法(专家建议稿)〉立法理由、立法例参考与立法意义》,厦门大学出版社2011年版,第2~3页。

诉讼法理

论民事抗辩和抗辩权的概念

刘金瑞[*]

抗辩和抗辩权是民法和民事诉讼法中两个常用概念,抗辩权也被民法学界通说认为是民事权利依其作用和功能不同而划分出来的一种基本权利形态[①]。但这两个基本概念在大量研究文献中并没有区分,很多时候被用来指称同一法律现象,甚至有些学者将只要含有对抗、免责等含义的概念都纳入抗辩权的范围[②],再加上继受国外理论时翻译和理解的不同,让我们对两个基本概念更加困惑。这种混淆忽视了学说史上对二者的区分及其此种区分背后的理论深意,也给学术交流和研究造成了极大不便。本文首先对德国法上的抗辩和抗辩权作一溯源性考察,然后在此基础上对我国学界的相关认识进行评析,以澄清抗辩和抗辩权的基本内涵,最后提出可供我国借鉴的观点。

一、抗辩和抗辩权的历史考察

(一)抗辩和抗辩权的学说史略

通说认为,抗辩制度起源于罗马法。所谓罗马法中的抗辩(exceptio),作为被告的辩护手段,是法律尤其是裁判官法赋予被告的、据以对抗原告诉权的权

---

[*] 作者系清华大学法学院博士研究生,美国印第安纳大学布卢明顿分校访问学者。

[①] 江平:《民法学》,中国政法大学出版社 2000 年版,第 84 页;崔建远等:《民法总论》,清华大学 2010 年版,第 241 页;王利明:《民法总则研究》,中国人民大学出版社 2003 年版,第 210 页。

[②] 韩志明:《抗辩权利论》,载《河北法学》2004 年第 1 期。

利；其最初是介于原告请求和判决程式之间的一项诉讼程式①，使被告有可能证明存在某种情形，足以让原告的请求丧失其合法性或有效性，包括诈欺抗辩、胁迫抗辩、同时履行抗辩、未准确履行约抗辩、特定事务抗辩、既定简约抗辩、钱款抵消抗辩和保证人先诉抗辩等。②

中世纪罗马注释法学家们从法律汇编中的实体法抗辩概念出发，借用罗马法上 exceptio 概念来统称除了诉的否认（Klageleognen）之外的所有被告的答辩。同时把 exceptio 分为永久的 exceptio 和迟延的 exceptio，其中永久的 exceptio 又依效力不同分为 facti（事实）抗辩和 iures（法律）抗辩两种：如果原告的实体权利存在 facti（事实）抗辩，则原告既无实体权利也无诉权；如果原告的实体权利仅存在 iures（法律）抗辩，则原告享有实体权利和诉权，但是诉讼本身会被驳回。二者的一个重要区别在于，facti（事实）抗辩可由法官依职权（von Armts）考虑，而 iures（法律）抗辩则须由被告在程序开始时提出。③ 这一划分可以说是后来事实抗辩和抗辩权区分的源头。

19 世纪中叶，历史法学派创始人萨维尼（Savigny）通过对罗马法和中世纪法的深入研究，在 1841 年的《当代罗马法体系》中认为罗马法程式诉讼中的抗辩（exceptio）具有自然法上的意义，应理解为实体法的一部分，作为被告的权利救济之一；在诉讼中行使该权利救济所产生的作用主要是在保留原告请求权作用的情况下阻碍原告权利的法律保护，这使得其从理论上就与其他导致原告请求权完全灭失的防御方法区别开来；将抗辩（exceptio）认为是诉讼程序中一种具有实体法性质的混合体，使其从形式躯壳中解放出来，为实体法上抗辩权的确立奠定了基础。④

之后温德沙伊德（Windscheid）系统论述了请求权和抗辩权的概念及二者区分。他先在 1856 年的《从现代法的视角看罗马市民法上的诉权》断言古罗马人是用诉权替代权利，而现代法中"某人享有一项诉权"应当认为是"某人享有一项

---

① 根据罗马法，裁判官（大法官）必须首先给原告授予诉权（actio），不过在诉讼的第一个阶段（法律审理，in iure），也要听取被告的陈述；如果被告主张抗辩，则应把这些主张作为诉状中审判条件的例外（exceptiones）附加在起诉程式中，比如，被起诉的物件占有人，对物件所有人要求返还物件的诉讼，可以主张道：原告自己以买卖的方式将该物件交付给了他，被告的这种主张即是抗辩。见[德]迪特尔·梅迪库斯：《德国民法总论》，邵建东译，法律出版社 2001 年版，第 82 页。

② 黄风：《罗马法词典》，法律出版社 2002 年版，第 106～108 页。

③ 尹腊梅：《民事抗辩权研究》，知识产权出版社 2008 年版，第 28 页。

④ Roth, Herbert. *Die Einrede des Bürgerlichen Rechts*. München: Beck, 1988, pp. 18～35.（罗特：《民法中的抗辩权》，第 18～35 页）转引自钟淑健：《民事抗辩权及其规则研究》，山东大学 2011 年博士论文，第 18 页。

受法律认可的请求权",把诉权转变为请求权(Anspruch);之后在1862年出版的《潘德克顿法教科书》中系统了论述了请求权以及与之相对的抗辩权,认为任何权利都包含征服(Unterwerfung)他人意志的倾向(Richtung),此种倾向就是请求权,亦即向他人要求某种东西的权利;与诉权转变为请求权相对应的是古罗马法中的抗辩(exceptio)被转变为抗辩权(Einrede),抗辩权与请求权相对立,义务人可以其对抗权利人的请求权,尽管该请求权本身是有效成立的。①

尽管抗辩权是否应该作为一个独立的私法概念被规定进民法典存有争议②,但是凭借萨维尼在法学界的威望以及温德沙伊德作为民法典主要制定者的便利,抗辩权理论最终被《德国民法典》所接受③,"一个独立的私法权利逐渐成形,形成了抗辩与抗辩权二元分立的局面"④。

(二)德国法上的抗辩和抗辩权

《德国民法典》上的抗辩根据"自动产生效力还是仅仅依据被告的相关愿望才产生效力"可以分为"无须主张的抗辩"(Einwendung)(又称为事实抗辩、抗辩事由⑤)和"需要主张的抗辩"(Einrede)(又称为权利抗辩、抗辩权)两类⑥,二者都是对阻碍请求权前提条件的描述,但有两点不同:一是无须主张的抗辩针对请求权成立的构成要件,作用在于消除请求权,而需要主张的抗辩并不在于消除请

---

① 杨代雄:《古典私权一般理论及其对民法体系构造的影响》,北京大学出版社2009年版,第98~99页。

② 1887年完成的《德国民法典第一草案》已经明确使用了请求权和抗辩权的概念,分别参见该草案的第154条和第162条,Entwurf eines Bürgerliecher Gesetzbuches für das Deutsche Reich, Erste Lesung, Berlin und Leipzig 1888, S. 35, 38. 转引自金可可:《论支配权的概念——以德国民法学为背景》,载《中国法学》2006年第6期;该草案第193条曾规定:"如果谁提出请求权,应当证明其依据必要的事实;如果谁提出请求权的消除或者请求权的阻碍,就应当证明消除或者阻碍请求权的必要的事实依据。"在最后立法中因争议被删去,见[德]汉斯·普维庭《现代证明责任问题》,吴越译,法律出版社2000年版,第387页。

③ 《德国民法典》中的请求权和抗辩权的概念来自温德沙伊德,关于这一点可以参见霍斯特·考夫曼(Horst Kaufmann)《诉讼法思想史》(Zur Geschichter des Aktionenrechtlichen Denkens),《法学家报》第64期;阿波斯托洛·格奥尔贾德斯(Apostolos Georgiades)1967年的《民法和民事诉讼法中的请求权竞合》(Die Anspruchskonkurrenz zun Zivilrecht und Zivilprozeßrecht)。转引自[德]卡尔·拉伦茨:《德国民法通论(上册)》,王晓晔、邵建东等译,法律出版社2003年版,第323页,注4。

④ 尹腊梅:《民事抗辩权研究》,知识产权出版社2008年版,第75页。

⑤ 称"抗辩事由"是因为陈述阻碍请求权成立相关事实是被诉求之人的事,见[德]迪特尔·施瓦布:《民法导论》,郑冲译,法律出版社2006年版,第163页。

⑥ [德]迪特尔·梅迪库斯:《德国民法总论》,邵建东译,法律出版社2001年版,第82页。

求权,作用在于给予请求权相对人以拒绝给付的权利①;二是无须主张的抗辩只要有相关的"事实陈述"就应为法院所考虑,而需要主张的抗辩只有当被诉求之人提出来作为理由时方为法院所考虑,这种提出可以是其向法院表示他拒绝给付或他在之前已相对于债权人拒绝给付②。

笔者认为对此可作如下理解:无须主张的抗辩、事实抗辩针对请求权的产生和存续,一旦请求权的形成和存续被否认,该请求权的效力也被根本否认,正因为此种抗辩涉及请求权是否存在的根本性问题,于是德国法认为即使当事人不主张,法院也可以主动审查;需要主张的抗辩、权利抗辩针对请求权的行使和效力,一般不否认请求权存在本身,只是阻碍请求权行使效力的发生,是否"阻碍"请求权效力当属当事人的自由,于是德国法认为是否主张完全取决于当事人的意愿,属于当事人的权利即称之为抗辩权,如果当事人不主张,法院便不得主动援用。

无须主张的抗辩根据是自始阻却请求权的产生还是消灭已产生的请求权,又可分为权利阻却抗辩(rechtshindernde Einwendung)和权利消灭抗辩(rechtsvernichtende Einwendung)。在《德国民法典》中,权利阻却抗辩包括:法律行为无效的抗辩(第134条、第138条)、限制行为能力人未经法定代理人同意签订合同的抗辩(第108条)、无权代理人未经本人追认的抗辩(第177条)等,还包括嗣后生效或者不生效的抗辩,例如合同要约的撤回(第145条第1款)或者在必要的批准之前撤回意思表示(第109条、第178条);权利消灭抗辩包括:如已履行(第362条)或受领替代履行(第264条)的抗辩、排除提存物取回权的提存(第378条)的抗辩、抵消的抗辩(第387条)③、免除(第397条)的抗辩等。④

需要主张的抗辩根据是暂时性阻碍还是永久性阻碍请求权的行使效力,一般又可分为延期性抗辩权(也称为延期抗辩,dilatorisch Einrede)和永久性抗辩权(也称为永久抗辩,peremptorisch Einrede)。在《德国民法典》中,延期性抗辩权包括:拒绝给付的抗辩权(第273条,有人译为留置权)、双务合同不履行的抗辩权(第320条)、不安抗辩权(第321条)、赠与人紧急需要权(519条)、保证人先诉抗辩权(第771条)等;永久性抗辩权(peremptorisch Einrede)包括:时效消灭抗辩权(第214条)、瑕疵请求权的时效消灭抗辩权(第438条)、对不当得利返

---

① [德]迪特尔·施瓦布:《民法导论》,郑冲译,法律出版社2006年版,第163页。
② [德]迪特尔·施瓦布:《民法导论》,郑冲译,法律出版社2006年版,第164页。
③ 梅迪库斯明确将"抵消"列入权利消灭抗辩,[德]迪特尔·梅迪库斯:《德国民法总论》,邵建东译,法律出版社2001年版,第84页。
④ [德]罗森贝克、施瓦布、哥特瓦尔德:《德国民事诉讼法》,李大雪译,中国法制出版社2007年版,第746页;[德]奥特马·尧厄尼西:《民事诉讼法》,周翠译,法律出版社2003年版,第232~233页。

还请求权的抗辩权(第 821 条)、对侵权行为取得债权的拒绝履行权(第 853 条,也称恶意抗辩权)等。① 区分两者的意义主要表现在《德国民法典》第 214 条第 2 款和第 813 条中,根据这两条规定,仅在不知道自己享有一项永久的抗辩权因而履行了给付的情况下,才能要求对方返还;但如果履行了一项消灭时效已经届满的债务,则不得请求对方返还。②

此外,拉伦茨教授从延期性抗辩权中又分出一类抗辩权谓之"限制请求权的抗辩权"(Anspruchsbeschränkende Einrede),该种抗辩权"不能阻止法院执行请求权",只能导致"一个逐步接受抗辩权人应为的给付的给付判决",如拒绝给付的抗辩权(第 273 条)、双务合同不履行的抗辩权(第 320 条);或导致"一个保留有限责任的判决",如继承人根据第 2014 条和第 2015 条所享有的抗辩权。③ 有学者理解拉伦茨教授此种分类写道:"限制请求权的抗辩权在效力上既不持续地也不暂时地阻碍请求权同法院实现,仅使抗辩权人有权获得同时给付的判决"。④

由以上分析可知,无论权利阻却抗辩、权利消灭抗辩,还是抗辩权(有时也译为权利受制/延缓/阻碍抗辩),其实都是来自实体法上的抗辩,其分类依据在于对请求权的作用不同;根据是否根据当事人的意愿来主张又可以分为无须主张的抗辩和需要主张的抗辩两类。《德国民法典》中的抗辩和抗辩权如图 1 所示:

德国民法上的抗辩 { 无须主张的抗辩(Einwendung)(事实抗辩) { 权利阻却抗辩 / 权利消灭抗辩
需要主张的抗辩(Einrede)(权利抗辩,即抗辩权) { 永久性抗辩权 / 延期性抗辩权 }

图 1

《德国民事诉讼法》上使用的 Einwendung 和 Einrede 与《民法典》不同,在民事诉讼法上 Einrede 有两种用法:一是总称民事诉讼法上的"抗辩",民事诉讼法将被告的辩护分为两类,一类是被告否认原告的事实陈述,另一类是被告另外对

---

① [德]迪特尔·梅迪库斯:《德国民法总论》,邵建东译,法律出版社 2001 年版,第 83 页;[德]卡尔·拉伦茨:《德国民法通论(上册)》,王晓晔、邵建东等译,法律出版社 2003 年版,第 229~330 页;[德]迪特尔·施瓦布:《民法导论》,郑冲译,法律出版社 2006 年版,第 164 页。所引书中的法条已经根据最新《德国民法典》修正。

② [德]迪特尔·梅迪库斯:《德国民法总论》,邵建东译,法律出版社 2001 年版,第 83 页。

③ [德]卡尔·拉伦茨:《德国民法通论(上册)》,王晓晔、邵建东等译,法律出版社 2003 年版,第 330 页。

④ 尹腊梅:《民事抗辩权研究》,知识产权出版社 2008 年版,第 96 页。

原告的诉讼请求提出反驳,这第二类事实就叫抗辩(Einrede);二是相当于抗辩权(有时也译为权利受制/延缓/阻碍抗辩)(rechtshemmende Einwendung),这时 Einwendung 不再是 Einrede 的对立概念,而是成了一个包含 Einrede 的上位概念了。① 此外,《德国民事诉讼法》在使用这两个概念时也不统一:例如,在第597条第2款、第598条、第767条、第797条第4款中,使用 Einwendung,指的是一方当事人提出的防御(侧重程序上的反驳);在第146条、第282条、第597条第1款中,使用 Einrede,相当于上述 Einrede 的第一种用法,侧重总称来自实体法上的反驳;此外,Einrede 也用于"证据抗辩(Beweiseinreden)"之中,参见第282条第1款;由此,将 Einwendung 作为被告针对诉的正当性(即诉在实体上是否有理由)提出防御的总概念显得更加合理一些。② 综上,《德国民事诉讼法》中的抗辩和抗辩权参见图2所示:

二、我国抗辩和抗辩权的观点

(一)我国的三种代表性观点

第一种观点:抗辩是指在民事诉讼中,被告用来防御和对抗原告主张的一切主张和行为。其认为抗辩可分为实体上的抗辩与诉讼上的抗辩两类:1.实体上的抗辩。着眼于实体法上的法律效果,又有障碍抗辩、消灭抗辩、阻止抗辩等种种情形。(1)障碍抗辩,又称权利不发生的抗辩,系针对他方所主张的权利的发生,举出有障碍的事实进行抗辩,如主张该权利系基于恶意串通而发生等;(2)消灭抗辩,系对于他方所主张的已存在的权利,举出有使之消灭的原因事实进行抗辩,如主张已经清偿或免除,以及已逾时效等;(3)阻止抗辩,系指对于他方权利的行使,举出具有阻止效力的法律要件事实进行抗辩,如主张同时履行及提出催告、检索抗辩等。2.诉讼上的抗辩。着眼于诉讼程序,可分为妨诉抗辩与证据抗辩。(1)妨诉抗辩,系主张原告之诉讼要件欠缺、不能合法成立,如指出无管辖权、系重复起诉,以及存在仲裁协议等;(2)证据抗辩,系主张原告举出之证据不

---

① [德]迪特尔·梅迪库斯:《德国民法总论》,邵建东译,法律出版社2001年版,第84页。区分"否认"和"抗辩"的意义体现在举证责任承担方面:原告对为被告所否认的陈述负举证责任,而被告则对抗辩(Einrede)负举证责任。

② [德]罗森贝克、施瓦布、科特瓦尔德:《德国民事诉讼法》,李大雪译,中国法制出版社2007年版,第744页;《德国民事诉讼法》德文版,http://www.gesetze-im-internet.de/,下载日期:2012年6月11日;谢怀栻译:《德意志联邦共和国民事诉讼法》,中国法制出版社2001年版。谢教授将第597条第2款、第598条、第767条、第797条第4款中的"Einwendung"翻译成了"异议"。

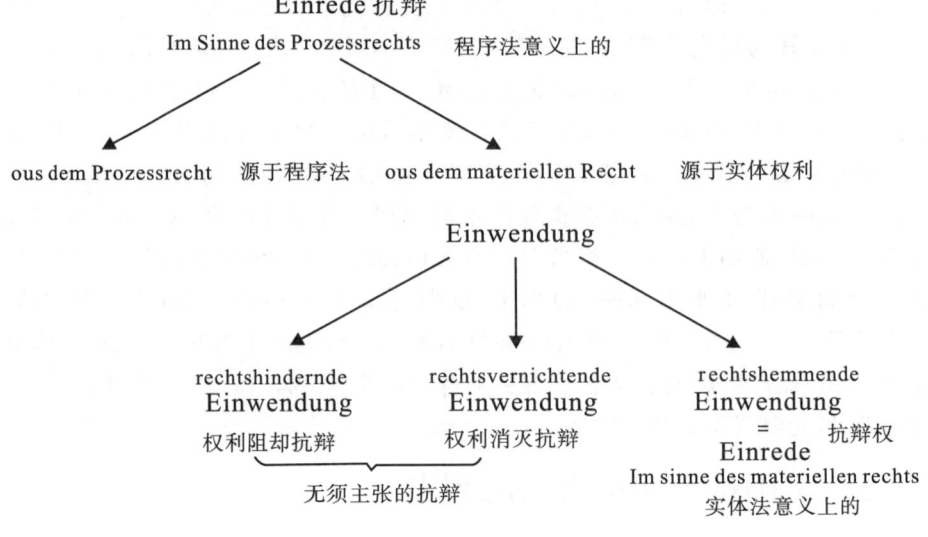

图 2

资料来源：http://de.wikipedia.org/，下载日期：2012 年 6 月 11 日，笔者增加了中文翻译。

合法，无证据力，不足凭信等。① 具体可用图 3 表示：

```
        ┌─ 实体法上的抗辩 ┬─ 障碍抗辩
抗辩 ─┤                  └─ 消灭抗辩
        └─ 诉讼法上的抗辩 ┬─ 妨诉抗辩
                          └─ 证据抗辩
```

图 3

第二种观点：抗辩是指诉讼过程中发生的、依据实体法所享有的防御方法，包括诉讼上抗辩和抗辩权两大类。1. 诉讼上抗辩。又分为：(1) 权利障碍的抗辩，即主张对方的请求权，因一定的事由自始不发生。比如，被告在订约时无行为能力，且被告之法定代理人拒绝追认该合同的效力，那么当原告主张合同债权时，被告可以该合同不生效为由，主张权利自始不发生的抗辩；(2) 权利消灭的抗辩，又称权利毁灭的抗辩，即主张对方的请求权虽然曾经发生，但其后因一定的事由已归于消灭。如被告对某个有争议的债务业已清偿。2. 抗辩权。抗辩权是实体法上的权利形态之一，指义务人就相对人行使的请求权，可以拒绝给付的权

---

① 佟柔主编：《中华法学大辞典·民法学卷》，中国检察出版社 1995 年版，第 39 页；尹腊梅：《民法抗辩权论》，厦门大学 2007 年博士学位论文，第 38 页。

利。如消灭时效抗辩权、同时履行抗辩权、不安抗辩权、先诉抗辩权等。① 具体可用图 4 表示：

抗辩 {
　诉讼上的抗辩 { 权利障碍的抗辩（rechtshindernde Einwendung）
　　　　　　　　 权利消灭的抗辩（rechtsvernichernde Einwendung）
　实体法上的抗辩（即抗辩权，Einrede）{ 永久的抗辩权
　　　　　　　　　　　　　　　　　　　 延期的抗辩权
}

图 4

第三种观点：抗辩是指在诉讼中或者诉讼外，一方当事人依据实体法和程序法对另一方当事人提出的防御性主张或者行为。抗辩有实体上的抗辩和程序上的抗辩之分。实体上的抗辩又分为事实抗辩和权利抗辩（或曰阻止抗辩）。其中事实抗辩的作用在于阻却违法，抗辩事由的存在导致债不发生或者消灭，因此事实抗辩要么是权利障碍抗辩，要么是权利消灭抗辩。而权利抗辩则与抗辩权互为表里。② 具体可用图 5 所示：

抗辩 {
　实体上的抗辩 { 事实抗辩 { 权利障碍抗辩
　　　　　　　　　　　　　　权利消灭抗辩
　　　　　　　　权利抗辩（阻止抗辩）——抗辩权
　程序上的抗辩 { 妨诉抗辩
　　　　　　　　 证据抗辩
}

图 5

（二）对我国不同观点的评析

虽然德国法上对抗辩和抗辩权没有明确的界定，德国学者一般将抗辩权理解为"一个与请求权相对立的反对权"③，但通过第一部分的溯源性考察，可以得知抗辩和抗辩权在德国民法和诉讼法上的大致含义和分类。通过图示将我国的三种观点和德国法本意相比，可以发现：三种观点有些表述虽然因翻译不同而略有不同，但都是继受自德国法的观点；三种观点对德国法的本意理解都不够全面和准确，究其原因笔者认为一是可能因为德国法本身对抗辩和抗辩权就没有明确界定，二是可能因为翻译和理解的不当，没有分清抗辩和抗辩权在德国民法和

---

① 梁慧星：《民法总论》，法律出版社 2007 年第 3 版，第 75 页；王泽鉴：《法律思维与民法实例》，中国政法大学出版社 2002 年版，第 172～173 页。
② 柳经纬、尹腊梅：《民法上的抗辩与抗辩权》，载《厦门大学学报》（哲学社会科学版）2007 年第 2 期。
③ ［德］卡尔·拉伦茨：《德国民法通论（上册）》，王晓晔、邵建东等译，法律出版社 2003 年版，第 289～299 页。

德国诉讼法中的不同含义。下面结合抗辩和抗辩权在德国法中的本意分别予以评析：

对比图 3 和图 2 可以发现，第一种观点对抗辩的理解接近德国民事诉讼法上的表意。其将障碍抗辩、消灭抗辩、阻止抗辩理解为实体法上的抗辩，是符合德国民法和诉讼法本意的，但有疑问的是其"诉讼法上的抗辩"的划分。首先，以"诉讼法上的抗辩"含指"妨诉抗辩与证据抗辩"的表述不够科学，在逻辑上不够清晰。因为作为实体法上的抗辩权（此观点所谓的阻止抗辩）的行使必须在诉讼中主张或是以各种方式将抗辩权导入到诉讼程序中①，而障碍抗辩和消灭抗辩也是在诉讼中必然涉及的，这三种实体法上的抗辩为什么就不能称为诉讼法上的抗辩呢？比照图 2，德国也将此种抗辩认为是"程序法意义上的抗辩"。其次，将"妨诉抗辩与证据抗辩"纳入程序法意义上的抗辩也有不妥。对于"证据抗辩"，在德国民事诉讼法上有表述（第 282 条第 1 款），可见其可以纳入德国民事诉讼法上的"程序上的抗辩"，当然对此笔者有不同观点，参见下文所述；对于"妨诉抗辩"，此观点认为是指原告之诉讼要件欠缺、不能合法成立，如指出无管辖权、系重复起诉，以及存在仲裁协议等，也即指对诉讼合法性的反驳。笔者认为如此表述不妥，原因在于：(1)对诉讼合法性的反驳在德国民事诉讼法表述为"对诉讼合法性的责问"（第 282 条第 3 款），其是和"实体防御"——主要指实体法上的抗辩（针对诉是否正当）相并列的概念②，其本身并未使用"抗辩"之表述。(2)从法理上讲，对诉讼合法性的反驳是指被告举证证明起诉要件或诉讼要件欠缺，拒绝对原告的请求进行辩论，请求法院以裁定驳回原告之诉。而起诉要件和诉讼要件的存否，原则上属于法院的职权调查事项，不以被告的主张为必要。因此，此时被告的主张，不过具有促使法院发动职权的意义，将其表述为"抗辩"并不妥当，对此德国民事诉讼法采用了"对诉讼合法性的责问"的表述。

对比图 4 和图 1 可以发现，第二种观点对抗辩的理解接近德国民法上的表意。其坚持抗辩的基础在于实体法，但其将权利障碍之抗辩和权利消灭之抗辩认为是诉讼上的抗辩、将实体法上的抗辩仅理解为抗辩权的划分并不正确。权利障碍之抗辩和权利消灭之抗辩本身都来自实体法的规定，为什么不能称其为实体法上的抗辩？另如上分析，抗辩权必须在诉讼程序中主张和导入，为什么不能称其为诉讼上的抗辩？结合图 1、图 2 德国法的本意可以看出，该种观点并没

---

① ［德］迪特尔·梅迪库斯：《德国民法总论》，邵建东译，法律出版社 2001 年版，第 87 页。

② ［德］罗森贝克、施瓦布、科特瓦尔德：《德国民事诉讼法》，李大雪译，中国法制出版社 2007 年版，第 675～683、741～742 页。需要注意的是该书在 679 页将"诉讼障碍"下的几种形式翻译成"抗辩"的做法不妥。

有分清抗辩和抗辩权在德国民法和诉讼法上不同的含义,而且没有理解德国民法上"无须主张的抗辩"和"需要主张的抗辩"的区分和含义,而将前者等同于"诉讼上的抗辩",将后者等同于"实体法上的抗辩",人为地制造了逻辑上的障碍。这种观点在国内影响较大,造成了许多人在抗辩和抗辩权概念理解上的困惑,应予抛弃。

对比图5和图3、图4可以发现,第三种观点是对第一种观点和第二种观点的扬弃,其将障碍抗辩、消灭抗辩和阻止抗辩认为是"实体上的抗辩",并以事实抗辩和权利抗辩取代不易为人理解的"无须主张的抗辩"和"需要主张的抗辩",在这一点上的划分和理解符合德国法的本意;但其"程序上的抗辩"中包含妨诉抗辩,仍存在上文分析的不妥之处;对于"证据抗辩"的表述,虽然德国法上有此表述,笔者仍认为不妥。原因在于:证据抗辩是指当事人举证证明相对方提供的证据不合法、不真实或缺乏证明力,要求法院不予采纳。但证据的调查或不调查属于法院的职权,同时证据力的有无亦属于法官的自由心证,证据抗辩仅为当事人陈述证据上的意见的一种法律上的陈述而已,并非真正的抗辩,考虑到概念的准确性,不应将"对证据的反驳主张"表述为"抗辩"。而且,采诉讼法上过于广泛的"抗辩"概念,无法准确界定抗辩和抗辩权的含义,实体法和程序法上对抗辩和抗辩权理解的差异仍会存在,第三种观点并非最好的解决方案。

三、对抗辩和抗辩权概念的界分

(一)对德国观点的总结

通过第一、二部分的分析可知,德国法对抗辩和抗辩权并没有准确界定,但总体上德国民事诉讼法上的"抗辩"的含义要比德国民法上"抗辩"的含义广,其不仅包括实体法上的抗辩(包括"抗辩权"在内),还包括程序法上的抗辩;从国内学者的观点来看,有的还没对德国法的本意理解清楚;有的赞同德国的做法,却忽视了德国法本身存在的问题:德国民法上有明确含义的 Einwendung(抗辩)和 Einrede(抗辩权),在德国民事诉讼法上的使用却是有些随意,德国民事诉讼法将对抗性的程序反驳、证据反驳都用 Einwendung 和 Einrede 来表述,且何时用 Einwendung、何时使用 Einrede 并不确定。这是将"抗辩"概念的使用泛化,好似可以用于当事人的一切防御和反驳。这种泛化的"抗辩"概念对于民事诉讼法来讲似乎具有便利,但不顾民法上抗辩含义的做法无异于在民法和民事诉讼法之间人为地制造了分歧,造成了人们理解上的困惑,不利于民法和民事诉讼法的互相沟通和紧密联系。

此外,需要说明的是,德国法理论上"无须主张的抗辩权"与"形成权"在理解上存在一定的矛盾。德国有许多学者将《德国民法典》中的撤销的抗辩(第119条及以下几条)、抵消的抗辩(第387条)、解除的抗辩(第346条)归入权利消灭抗辩,梅迪库斯教授甚至指出:"在有些情况下,法律赋予形成权的关系人以行使自己的形成权来作出回答的可能性。这种权利相当于针对请求权提出的抗辩权,因此被称为形成抗辩权(Gestaltungsgegenrecht)。与简单形成权一样,形成抗辩权既可以通过一般的意思表示,也可以通过诉讼方式行使之。在第二种情形,这种权利可以称之为形成抗辩诉权(Gestaltungsgegenklagerecht)。"[1]权利消灭抗辩属于无须主张的抗辩,但撤销、抵消以及解除作为形成权只有当事人主张才能发生效力,应如何理解这一矛盾呢?

罗森贝克是这样予以解释的,"根据这类规范,形成权的行使将消除曾经产生的法律后果","所以人们将这些规范的一部分直接算入权利消灭规范"。[2] 也就是说上述问题涉及形成权和事实抗辩的关系,罗森贝克的观点就是指撤销权、抵消权等形成权实施的法律效果如同事实抗辩(权利消灭抗辩)一样可以使已经存在的请求权消灭,从而发生否认请求权的作用,准确地说是此类形成权的实施效果可以归入事实抗辩。

笔者认为,罗森贝克的这一解释虽非圆满,但也只能如此,原因在于:德国学者对民事权利体系的认识是一个逐步深化的过程,《德国民法典》的起草过程中,对权利的分类比较一致的观点是分为"请求权"、"抗辩权"、"支配权"等,这些观点最终体现在法典的具体条文之中,[3]而"形成权"的学说是1903年,也就是《德国民法典》生效三年之后,由德国学者泽克尔(Seckel)提出,这一学说被认为是"扩张了权利的范畴",是一项"法学上的发现"[4],迅速被德国学界接受。于是,以立法中并未考虑到的"形成权"的观点来检视《德国民法典》的具体条文时,就必然产生上述问题和矛盾。

(二)本文所主张的观点

抗辩和抗辩权在民法和民事诉讼法上地位重要,对于我国如何规定抗辩和抗辩权,笔者认为应该回归抗辩和抗辩权实体法上的本质,将民事诉讼法上的抗辩和抗辩权限定在民法上的抗辩和抗辩权,统一民法和民事诉讼法对抗辩和抗辩权的认识,见图6所示。

---

[1] [德]迪特尔·梅迪库斯:《德国民法总论》,邵建东译,法律出版社2001年版,第77页。

[2] [德]莱奥·罗森贝克:《证明责任论——以德国民法典和民事诉讼法典为基础撰写》,庄敬华译,中国法制出版社2002年版,第106~107页;[德]罗森贝克、施瓦布、科特瓦尔德:《德国民事诉讼法》,李大雪译,中国法制出版社2007年版,第746页。

[3] 金可可:《论支配权的概念——以德国民法学为背景》,载《中国法学》2006年第6期。

[4] 王泽鉴:《民法学说与判例研究》第四册,中国政法大学出版社2005年修订版,第10页。

```
                                        ┌ 事实抗辩           ┌ 权利阻却之抗辩
民事诉讼法上的抗辩   │ (无须主张的抗辩 Einwendung) └ 权利消灭之抗辩
＝民法(实体法)上的抗辩 ┤
                    │ 权利抗辩(抗辩权)    ┌ 永久性抗辩权
                    └ (需要主张的抗辩 Einrede) └ 延期性抗辩权
```

图 6

具体主张和理由如下：

1. 将民事诉讼法上的抗辩限定在民法(实体法)上的抗辩

(1)"抗辩"最初来自罗马法的程式诉讼，"抗辩权"和从诉的概念发展出来的请求权相对，虽然现今对抗辩权的理解有广义和狭义之分，但从抗辩权的产生来看，无请求即无抗辩，无请求权即无抗辩权存在的必要，所以实体法上"抗辩"和"抗辩权"的本质就是对于请求权的反驳和阻碍，实体法上的抗辩权仅应指狭义的抗辩权，即对抗他人请求权行使的权利，也就是拒绝相对人请求给付的拒绝给付权。民事诉讼法上的"抗辩"的含义应该和实体法上抗辩的含义保持一致，这是遵从了抗辩概念产生的本意，也保证了抗辩概念内涵在实体法和程序法上具有同样的准确性。笔者不认为德国法上的"证据抗辩"和我国学者主张的"妨诉抗辩"是所谓的程序法上特有的抗辩，法理上的理由见上文相关论述，此处不再展开；非要将程序上的异议和反驳、证据上的异议和反驳表述为"抗辩"这一在实体法上有特定含义的概念，会人为地造成理解的困惑和不便。

(2)我国当前作为法律继受型国家，法制处在不断完善和成熟阶段，许多法律概念的表述和用法还未明确，这使得我们有机会对法律概念的使用和体系作出设计和安排，避免上述德国民事诉讼法上对 Einwendung 和 Einrede 混用导致理解困难的情况。对于上文所谓的"妨诉抗辩"和"证据抗辩"所指的对诉讼合法性的反驳和对证据"三性"的反驳，不再使用"抗辩"来表述，可以考虑使用反驳或异议之类的概念来表达，当然在设计和安排概念使用时要注意我国现有的成文法和司法实践，并注重法律概念本身的体系性。

(3)将民事诉讼法上的抗辩限定在实体法上的抗辩，保证了理论和立法的合理性和体系性。所谓程序中特有的抗辩——"妨诉抗辩"和"证据抗辩"，其本身并不直接针对当事人的请求权，其原则上属于法院的职权调查事项，此种主张是否采纳完全依赖于法官的自由心证，将这两个词语所指表述为与请求和请求权相对的抗辩和抗辩权当然不妥，而采用另外的概念表述便可以保证理论的合理性。此外，将民事诉讼法上的抗辩和实体法上的抗辩统一起来，避免了在立法中人为制造理解障碍，有利于维护立法的体系性。

2. 区分实体法上的抗辩(事实抗辩)和抗辩权(权利抗辩)

(1)笔者认为可以借鉴德国法的做法，对实体法上的抗辩根据对于请求权的作用不同而进行分类：①否认请求权形成或存续合理性的抗辩，此类抗辩可称为事实抗辩,也即德国法上无须主张的抗辩,具体又可以分为权利阻却抗辩和权利消灭抗辩;②暂时或永久性阻碍请求权效力发生的抗辩,此类抗辩又称为权利抗辩,也即德国法上的需要主张的抗辩,是否主张完全取决于当事人的意愿,因而属于当事人的权利,被称之为抗辩权。具体又可以分为延期性抗辩权(延期抗辩)和永久性抗辩权(永久抗辩)。考虑到上述因撤销权、抵消权和解除权等形成权的行使而发生抗辩的情形下,德国理论上"无须主张的抗辩权"与"形成权"在概念理解上存在困难,而且"无须主张的抗辩"与"需要主张的抗辩"的表述也不够简洁,我国可以只表述为事实抗辩和权利抗辩(抗辩权)。

(2)事实抗辩和权利抗辩(抗辩权)的区别,从其分类就可以得出,在此再予以明确。①对抗的内容不同。抗辩所对抗的是对方的权利未发生或者不再存续(曾经存在但因某种事由而消灭)。而抗辩权所针对的是请求权,虽然承认对方请求权的存在,但是自己依据抗辩权主张拒绝给付。②在是否需要当事人自行主张方面不同。诉讼中,事实抗辩无须当事人主张,法官可以主动援引,法院原则上不受双方当事人行为的拘束,特别是不受自认的拘束。而抗辩权需要当事人自行主张,法官不可主动援引,法院要受当事人行为特别是自认的拘束。也就是德国民法上使用"Einrede(需要主张的抗辩)"和"Einwendung(无须主张的抗辩)"来区分事实抗辩和抗辩权的意义所在。

(3)区分事实抗辩和权利抗辩(抗辩权)对理论和实践有重要的意义,以下简述为三个方面①:①此种划分可以决定某一事由在诉讼过程中法官能否主动援引。以诉讼时效为例,如果将原告债权已逾诉讼时效这一事实作为被告的权利抗辩,在法庭审理过程中,如果被告自己并未主张该事实,那么法官就不能主动援引;反之,如果将这一事实看作事实抗辩,那么法官便可以主动援引,将该事实作为判决的事实依据之一。② ②此种划分可以决定债务人在业已履行之后是否可以请求返还。这直接体现在《德国民法典》第214条第2款和第813条中,根据该条规定,仅在不知道自己享有一项永久的抗辩权因而履行了给付的情况下,才能要求对方返还,但如果履行了一项消灭时效已经届满的债务,则不得请求对

---

① 柳经纬、尹腊梅:《民法上的抗辩与抗辩权》,载《厦门大学学报》(哲学社会科学版)2007年第2期。

② 我国对诉讼时效的认识经历了从属于"事实抗辩"到属于"权利抗辩"的过程。最初根据最高人民法院《关于适用〈中华人民共和国民事诉讼法〉若干问题的意见》第153条的规定,可以得出诉讼时效属于"事实抗辩":"当事人超过诉讼时效起诉的,人民法院应予受理。受理后查明无中止、中断、延长事由的,判决驳回其诉讼请求。"2008年8月最高人民法院《关于审理民事案件适用诉讼时效制度若干问题的规定》第3条改变了之前的认识,认为诉讼时效属于"权利抗辩":"当事人未提出诉讼时效抗辩,法院不应对诉讼时效问题进行释明及主动适用诉讼时效的规定进行裁判。"

方返还。此点虽在我国现行法中尚未明确规定,但将来在我国体系化、法典化的立法中可以借鉴。③此种划分可以体现立法者的价值判断。将某一事由规定为事实抗辩还是权利抗辩,不仅决定了法官是否能够主动援引,也决定了当事人的权利行使和证明责任的负担,而这背后恰恰体现了立法者的价值判断。

国际衍生品场外交易中专属管辖权条款的阐释与适用
——以海升与大摩的衍生品交易诉讼中管辖权纠纷为例

刘 卉[*]

一、问题的提出

2009年4月,中国海升果汁控股有限公司(以下简称"海升")在陕西省西安市中级人民法院(以下简称"西安中院")起诉摩根士丹利国际投资公司(以下简称"大摩国际")的外汇掉期合约侵犯了自身合法权益。这是2008年下半年以来曝出的中国企业衍生交易重大损失事件中,第1例由中国企业主动诉诸法院的案件。然而,由于双方的衍生品合约中约定了英格兰法院的专属管辖权以及英国法作为准据法,大摩国际随后在英格兰高等法院提起诉讼,要求海升承担外汇衍生合约下的违约责任,同时诉请法院颁布禁诉令,责令海升终止在中国境内法院的相关诉讼,由此引发出一场跨国诉讼对峙。① 2009年10月5日,英格兰高等法院针对海升与大摩国际之间的管辖权纠纷作出裁决,裁定:(i)主协议(the Master Agreement)②中的专属管辖权条款仅适用于协议当事人——即海升与大摩国际之间的纠纷;(ii)基于双方之间的专属管辖权条款约定,针对海升在西安中院对大摩国际提起的诉讼,法院发布禁诉令;(iii)法院正式记录海升的律师于2009年7月28日提交法庭的信件中声称"如果法院仅针对海升对大摩国际的请求发布禁诉令而没有针对海升对大摩亚洲的请求发布禁诉令,则海升承诺不会在中国法院对大摩亚洲的诉讼中提出撤销外汇掉期主协议"。前述裁决一经作出,促使海升与大摩国际之间迅速达成和解协议,海升支付大摩国际700万美元,同时双方各自撤销对对方的诉讼。2010年1月12日,海升在西安中院撤

---

* 作者系清华大学2009级民法学博士研究生。
① 楼建波:《海升—大摩衍生交易诉讼管辖权之争的法律分析》,载《法律适用》2011年第3期。
② 即海升与大摩国际于2008年7月2日签署的国际互换及衍生交易协会(ISDA)主协议(2002版)及相应的《信用支持附件》。

诉;2月3日,英格兰高等法院裁决许可大摩国际撤诉。一场跨国诉讼大战戛然而止。①

本文的目的,是以海升与大摩国际之间关于金融衍生品交易纠纷中的管辖权之争为例,通过对英格兰法院裁决书的解读和分析,探讨国际衍生品交易关于管辖权的规定、专属管辖权条款的含义和适用范围,力图为我国在国际衍生品交易涉及管辖权争议时可以提供一些理论和实务的参考。

二、海升与大摩国际之间外汇掉期合约的专属管辖权条款

(一)国际衍生品交易合约中关于管辖权的规定

国际互换与衍生工具协会,即 ISDA 组织,是国际衍生品交易界最具权威性和代表性的国际组织,其所制定并颁布的衍生品交易主协议得到业界的普遍使用,从一定意义上讲,它甚至成为国际衍生品场外交易的通用协议。

ISDA 于 1992 年推出了 1992 年版的 ISDA 主协议(Master Agreement),其适用范围囊括了几乎大部分的衍生品交易,包括利率、货币、外汇、商品等的远期、互换及期权交易。1992 年 ISDA 主协议包括两个主协议,分别是《ISDA 多货币跨境主协议》和《ISDA 当地货币单一管辖地主协议》。由于《ISDA 多货币跨境主协议》在国际衍生品交易中的广泛应用,现在提及 1992 年 ISDA 主协议基本上特指该协议。随着 20 世纪 90 年代末国际金融市场发生的一系列市场失序事件,包括亚洲金融危机、俄罗斯债务违约及"长期资本管理公司"违约引发的各种问题,市场参与者普遍认为应当对 1992 年 ISDA 主协议的一些关键条款进行调整,以反映市场参与者在上述事件中的经验与教训及 1992 年以来国际金融市场衍生品交易的最新发展。在此背景下,ISDA 于 1999 年启动了对 1992 年 ISDA 主协议的战略性文件审阅项目,并由此成立了三个工作组,对 1992 年主协议的特定内容进行审阅,并最终导致 2003 年 1 月 ISDA 推出 2002 年版的 ISDA 主协议。② 海升与大摩国际之间的外汇掉期交易属于典型的国际金融衍生品场外交易,双方签署的合约正采用了 2002 年版的 ISDA 主协议。③

ISDA 主协议关于准据法与管辖权的规定体现在第 13 条中。该条(a)款规定:"本协议受附件规定的法律管辖并按该等法律解释",寥寥数语即指明协议所

---

① [英]罗伯特·库克森:《摩根士丹利与海升果汁庭外和解》,载英国《金融时报》2010 年 1 月 7 日,转引自楼建波:《海升—大摩衍生交易诉讼管辖权之争的法律分析》,载《法律适用》2011 年第 3 期。

② 赵英敏:《2002 年 ISDA 主协议与 1992 年 ISDA 主协议的比较研究》,http://www.yadian.cc/blog/24835/,下载日期:2011 年 5 月 17 日。

③ 下文所提及的"ISDA 主协议"均指 2002 年版的 ISDA 主协议。

适用准据法的确定以及当事人协商选择准据法的原则。第13条(b)款(i)规定："(1)如本协议明确规定由英格兰法律管辖,则(A)如果诉讼不涉及公约①法院,则接受英格兰法院的非排他性管辖;(B)如果诉讼涉及公约法院,则接受英格兰法院的排他性管辖。(2)如本协议明确规定由纽约州法律管辖,则接受纽约州法院及位于曼哈顿区的美国联邦法院的非排他性管辖。"第13条(b)款(iii)紧接着规定:"(当事人)同意,只要协议准据法允许,在任何一个或多个司法管辖区起诉并不排除在任何其他司法管辖区起诉。"②

上述有关准据法与管辖权的规定体现出两个鲜明的特点:第一,它明确提供英格兰法与美国纽约州法两个准据法给当事人选择适用,暴露出 ISDA 主协议对英国法院、纽约州法院及位于曼哈顿区的美国联邦法院管辖的倾向性。在实际情形中,签署主协议的当事人也基本上在这两个准据法中进行选择,很少选择这两个准据法以外的其他法律作为准据法。③ 第二,ISDA 主协议中的管辖权条款实质是一种多重管辖条款,或曰非排他性管辖条款,即可在协议中规定两个或两个以上的国家的法院享有管辖权。④ 这客观上给国际衍生品交易中的当事人,特别是发展中国家的当事人选择和利用不同国家法院,尤其是内国法院,在国际衍生品交易中最大化地保护自身权益提供了可行性。

(二)海升和大摩国际之间的专属管辖权条款

海升和大摩国际在2008年7月2日签署外汇掉期合约时,在附件中对ISDA 主协议第13条进行了修改,明确约定以英格兰法作为准据法以及英格兰法院的专属管辖权。现将双方之间经附件修改的主协议第13条(a)(b)款照录如下:⑤

---

① 这里的"公约"是指欧盟成员国签署的关于民商事管辖权和判决执行的两个公约,即1968年《布鲁塞尔公约》和1988年《卢加诺公约》。两个公约的第17条均规定,如果当事人一方或双方为缔约国居民,且双方约定双方之间的争议由缔约国的法院管辖,则该缔约国法院对该争议具有专属管辖权。

② 译文转引自楼建波:《海升—大摩衍生交易诉讼管辖权之争的法律分析》,载《法律适用》2011年第3期。

③ 这主要是因为主协议的规定及制度安排在这两个准据法下都能得到支持,而选择别的法律,存在主协议内容(如净额计算、信用支持安排)不能够得到法律支持的风险,需要当事人进行额外法律评估。参见赵英敏:《2002年 ISDA 主协议与1992年 ISDA 主协议的比较研究》,http://www.yadian.cc/blog/24835/,下载日期:2011年5月17日。

④ 宁敏:《国际金融衍生交易法律问题研究》,中国政法大学出版社2002年版,第106页。

⑤ MOGAN STANLEY &CO INTERNATIONAL PLC v. CHINA HAISHENG HOLDING CO. LTD.,[2009]*EWHC* 2409(*Comm*),at para. 13. 以下简称 MOGAN STANLEY v. HAISHENG。

13(a)准据法：本协议受英格兰及威尔士地区的法律的管辖并按该等法律解释。

(b)管辖及第三方的权利

(i)管辖

就本协议下产生的或与本协议相关的任何纠纷引发的诉讼、控告或其他程序(统称"诉讼")，当事人：(1)不可撤销地接受英格兰法院的专属管辖权；(2)放弃任何对该等法院选择的诉讼地点提出异议的权利，放弃任何有关该等诉讼在不方便的法院进行的主张，并放弃基于该等法院就有关诉讼对该方没有管辖权而提出反对的权利。

(ii)第三方的权利

(1)除本款另有规定外，本协议的当事人以外的任何人均无权依据1999年《合同(第三方权利)法案》要求强制履行本协议任何条款。

(2)尽管如此，当事人的关联企业(an Affiliate)①可以要求强制履行本协议明确授予该关联企业的权利(如果有的话)，但应遵守本款、第13条(a)款、(b)款以及1999年《合同(第三方权利)法案》的规定。关联企业在提起相关程序以强制实施本协议条款之前，须先向本协议双方当事人发出本协议第12条规定的书面通知，并同意接受本协议第13条的约束。本协议当事人撤销或变更本协议，勿须得到任何关联企业或第三人的同意。……②

(三)有关海升与大摩国际之间的专属管辖权条款的争讼要点

根据上述规定，海升与大摩国际对双方之间涉及外汇掉期合约的争议应由英格兰法院管辖并无争议，但对于海升针对大摩亚洲的诉讼是否应受该专属管辖权条款约束继而是否应对海升在中国提起的诉讼颁发禁诉令，双方当事人持截然相反的观点和主张。大摩国际主张：根据专属管辖权条款，海升同意只在英格兰法院对大摩国际和大摩亚洲提起诉讼，据此(英格兰)法院不应拒绝对海升在中国法院的全部诉讼颁发禁诉令。禁诉令的颁发可以保证外汇掉期合约相关的诉与反诉都在同一个法院即英格兰法院审理。即使专属管辖权条款被解释为海升仅同意在英格兰法院起诉大摩国际，则大摩国际要求就海升在中国法院针对大摩国际的诉讼颁发禁诉令。海升可以在中国法院对大摩亚洲起诉，但前提

---

① 根据ISDA主协议第14条(定义条款)的规定："'关联企业'指受附件所限制，就某一实体或人而言，直接或间接对其进行控制、直接或间接受其控制、或直接或间接与其共处同一控制之下的任何实体或人。本定义中'控制'任何实体或人指拥有该实体或人的大部分投票权。"本案中大摩国际与大摩亚洲同属大摩集团，是典型的关联企业。

② 译文转引自楼建波：《海升—大摩衍生交易诉讼管辖权之争的法律分析》，载《法律适用》2011年第3期。

是海升不能在对大摩亚洲的诉讼中主张主协议的撤销。① 海升则主张:合约中的专属管辖权条款仅适用于其与大摩国际之间的纠纷,不应适用于其与大摩亚洲之间的纠纷。而且对于海升在中国法院对大摩国际提起的诉讼也不应颁发禁诉令,因为大摩国际的加入可以使得在中国法院的所有纠纷审理得更清楚。这是基于考虑到英格兰法院根据管辖权条款,在不久的将来可以对海升与大摩国际之间的纠纷进行审理,现在仅仅是中止审理直到海升在中国法院的诉讼审理完毕而已。②

海升与大摩国际之间的管辖权纠纷,直接暴露出对专属管辖权条款作出合理解释和正确适用的重要性。

(四)英格兰法院对专属管辖权条款的解释

针对外汇掉期合约中专属管辖权条款的合理解释,主审法庭认为:专属管辖权条款仅适用于主协议当事人之间与主协议有关的诉讼。③ 对该结论,主审法官 Teare 阐释了如下几个理由:

1. 主协议中专属管辖权条款的合理解释,必须依赖于条款本身的文字。第13条(b)款(i)应被理解为当事人同意将在条款范围内的争议提交英格兰法院审理。"就本协议下产生的或与本协议相关的任何纠纷引发的诉讼、控告或其他程序"的措词,不能孤立地理解,必须联系整个主协议特别是第13条的全部条文内容来解释。第13条的其他部分明确下列内容:

(1)第13条(b)款(ii)明确规定的是"第三方权利",它明示了关联企业在书面通知同意接受第13条规定的前提下,该关联企业可以按照第13条(a)款和(b)款来实施主协议明确赋予关联企业的权利。第13条(b)款(ii)并不适用于针对大摩国际的关联企业例如大摩亚洲的诉讼。对于关联企业,施加了"限于实现主协议明确赋予其的权利"的限制。针对关联企业提起的与主协议相关的诉讼,其范围要比"主协议明确赋予关联企业的权利"更宽泛。而且,当事人明示第三方权利而没有明示针对第三方的诉讼的事实,表明当事人并未将针对第三方的诉讼适用于第13条。

(2)第13条(c)款规定对当事人提起诉讼时须向各自指定的代理人送达传票,这个条款规定并不适用于针对非当事人提起的诉讼,这也表明当事人并未将针对第三方的诉讼适用于第13条。

(3)第13条(d)款规定当事人之间"放弃豁免权"的约定,非当事人诉讼时则

---

① MOGAN STANLEY v. HAISHENG, at para. 2.
② MOGAN STANLEY v. HAISHENG, at para. 3.
③ MOGAN STANLEY v. HAISHENG, at para. 29.

没有作出这样的规定,进一步表明当事人并未将针对第三方的诉讼适用于第13条。①

2. 基于如下因素的考虑,对于作为理性人的当事人愿意将与第三人发生的纠纷提交当事人双方发生纠纷时同意提交的同一法院来受理的结论,是存在疑问的:

(1)根据大摩国际对专属管辖权条款的解释,海升只能在英格兰法院起诉大摩亚洲,但大摩亚洲则不受必须在英格兰法院起诉海升的限制(除非大摩亚洲愿意行使外汇掉期合约赋予的权利);

(2)即使海升在英格兰法院起诉并非合同当事人的第三人例如大摩亚洲,这些第三人并不一定接受英格兰法院的管辖,因为大摩亚洲等第三人并没有承诺接受英格兰法院的管辖,也没有放弃对此管辖权提出异议的权利(除非该第三人为实现合同明确授予其的权利而书面承诺遵守第13条的规定)。现实中大摩亚洲可能愿意接受英格兰法院对特定案件的管辖的事实并不会影响上述观点的有效性。

(3)因此在当事人与非当事人之间的权利义务配置上有相当大的不平等。②

3. 附件中规定"双方当事人及其附属企业同意所有的交易和所有的其他义务(不论是否出自该协议……)都应被视为相互间发生的、单一和不可分的合同及商业关系的一部分"的条款,不是专属管辖权条款的组成部分。它的目的是为了帮助处理净额结算的纠纷。③

考虑到第13条的全部规定和当事人相互之间以及当事人与非当事人之间的地位的不同和不对等,第13条不能理解为大摩国际与海升彼此同意将出自主协议或与主协议有关的诉讼均提交英格兰法院审理,而不论该诉讼是针对当事人相对方或者非主协议的当事人。④

三、对英格兰法院有关专属管辖权条款解释的剖析

前述英格兰法院对有关专属管辖权条款的解释,有如下几个方面的特点尤其值得关注:

(一)坚持对协议条款的客观解释和保障平等公平的实现

普通法历来坚持"契约必须严守"的优秀传统,强调分析当事人各自在一个合约中向对方作出的承诺与合约责任的绝对与严格。在英国法下,订约自由

---

① MOGAN STANLEY v. HAISHENG,at para. 23.
② MOGAN STANLEY v. HAISHENG,at para. 24.
③ MOGAN STANLEY v. HAISHENG,at para. 26.
④ MOGAN STANLEY v. HAISHENG,at para. 27.

(freedom of contract)是一项重大原则,当事人基本上可以完全按自己的意愿去拟定合约条文,包括改变法律已有的规定(极少的强制性的立法规定除外)以及习惯通行的合理的做法,只要这些条文写得足够清楚。订约自由作为合约法的一项基本精神,在解释合约时同样必须得到遵循。[①] 一直以来,英国法律找出订约意图是指双方所选择用的条文与文字所表达出来的意图(intention as expressed),而不是其他单方面在谈判过程中与订约后显示的主观意图。因此,英国法在对协议及其条款的解释上始终存在客观解释的传统。解释合约就是客观找出双方以文字所表达的订约意图、所能享有的权利、作出过的承诺与所接受要承担的责任。解释的第一步也是最重要的工作,就是客观解释双方在合约中所使用的文字,因为从中才可以看出订约双方的订约意图。正如 George Jessel Mr 大法官在 Smith v. Lucas (1881) 18 Ch. D. 531 所说:"只能考虑所用文字的意思,而不是猜测订约方的意图。"[②]对此,British Movietonews Ltd. v. London and District Cinemas Ltd. (1952) A. C. 166. 的判例有很好的体现。其次,强调坚持整体解释的原则,参考条款本身及其前后文去确定具体条文、语句的意思。整体解释的原则差不多每一位英国著名的大法官一直以来都有提及。[③]

在对协议条款进行客观、合理解释的同时,英格兰法院坚决保障平等和公平的实现,鲜明地凸显出公平正义的保障才是法律追求的目的。协议管辖权的理论基础是当事人的"意思自治原则",公平正义作为法律所追求的价值目标和基本原则,依然有效地拘束当事人的意思自治。就协议管辖权而言,虽然法院审理的是原告的诉求,但是也是双方当事人的争议;如果仅由原告(或被告)一方选择法院,这对被告(或原告)不公平,也有违英国《民事诉讼规则》首要目标的一个重要方面——保障当事人平等。[④]

(二)专属管辖权协议所适用的主体范围

1. 专属管辖权协议须坚守合同相对性原则

专属管辖权协议条款的法律效力,其一是必须明确适用该条款的适格主体,即该专属管辖权条款所拘束的人的范围。

根据普通法原理,合同当事人之间的相互关系,是合同义务对双方当事人产生约束力的前提。合同对于非合同当事人不具有强制力,即一份合同不能将合同义务强加给第三人,也不能将合同利益授予第三人。这一原则意味着,除非是

[①] 杨良宜:《国际商务游戏规则——英国合约法》,中国政法大学出版社 2000 年版,第 302~303 页。

[②] 杨良宜:《合约的解释》,法律出版社 2007 年版,第 9~10 页。

[③] 杨良宜:《合约的解释》,法律出版社 2007 年版,第 97 页。

[④] 欧福永:《英国民商事管辖权制度研究》,法律出版社 2005 年版,第 143 页。

符合法律规定的例外情形,否则,合同不能向非合同当事人赋予合同权利,即原则上不允许有利害关系的第三人请求合同当事人履行合同,也不允许他们请求法院强制实施合同。① 一般认为这个原则的主要起源来自 Tweddle v. Atkinson(1861)1B&S 393,再在贵族院的 Dunlop Pneumatic Type Co. Ltd. v. Selfridge & Co. Ltd. (1915) A. C. 847 被确认。Haldane 勋爵在该案例中的名言是:"在英格兰法律中有些原则是基础性的。其中之一就是只有合同的当事人能够依据合同提起诉讼,我们的法律并不承认通过合同产生的第三人要求索偿。"②

在涉外民商事诉讼中,协议管辖权的行使是解决协议选定的法院与其他法院之间的管辖问题。它是通过订立管辖协议的方式实现的,实质是协议当事人对法律赋予的民商事诉讼管辖选择权的合法处分,因此必须以当事人的自愿和意思表示自由为前提。在有效的协议管辖中,赋予协议选定的法院最强管辖权的是专属管辖。专属管辖权协议,就是当事人之间自愿达成的将特定诉讼纠纷专门交付某国法院审理的协议,它排除了除协议选定法院之外的其他任何法院对于特定诉讼纠纷的管辖,具有很强的排他性。从当事人的层面而言,有效的专属管辖权协议必然使得当事人对于特定的诉讼纠纷,有义务在指定的法院起诉和服从在该法院所提起的诉讼。

既然专属管辖权协议的实质是对法律赋予的民商事诉讼管辖选择权的合法处分,并且产生接受被协议选定法院对特定诉讼纠纷的排他性管辖的强制性义务,则没有对所选定法院的专属管辖作出选择的其他第三人,当然不应受到专属管辖权协议的拘束,否则就有违合同自由和处分自由的法律基本原则,从而造成严重的不公平。因此,专属管辖权协议必须遵循"合同的相对性"原则。正如 Lord Hoffman 在 Fiona Trust & Holding Corp v. Privalov [2007]第 13 段中所说的"仲裁条款的解释应该基于这样一个假设即当事人——作为理性人,愿意将基于他们已经形成或者意欲形成的相互关系所产生的任何纠纷提交相同的仲裁机构裁决,仲裁条款应该基于前述的假设解释,除非有明确的表述表明有些问题被排除于仲裁员的裁决权力之外"。③ Rix 法官在 Credit Suisse First Boston (Europe) Ltd. v. MLC (Bermuda)Ltd. [1999]一案中也明确阐述:"一份合同既不能使非当事人受益也不能使非当事人受到损害。即使合同中明文写明要使非当事人受益或者不利于非当事人,法律也已经规定非合同当事人不能享有合

---

① 何宝玉:《英国合同法》,中国政法大学出版社 1999 年版,第 199 页。
② 杨良宜:《国际商务游戏规则——英国合约法》,中国政法大学出版社 2000 年版,第 52 页。
③ 此规则被解释为也适用于对管辖权条款的解释。

同的利益或者承担合同的义务。"①海升与大摩国际的主审法官也明确同意 Lord Hoffman 在 Fiona Trust & Holding Corp v. Privalov [2007]中关于仲裁条款解释的观点。

2. 专属管辖权协议涉及第三人时的理解与适用

海升与大摩国际诉讼纠纷中关于管辖权争议问题的特殊之处,在于主协议中的专属管辖权条款能否约束当事人针对当事人的关联企业所提起的"就主协议下产生的或与主协议相关的任何纠纷"。这个问题的实质就是由英格兰法支配的专属管辖权协议对非当事人的第三人的利益所产生的影响和法律效力。

当由英格兰法支配的管辖条款被认为影响到第三人时,会产生不同的问题,这时需要区分两种情况。第三人可能被认为受某合同中的管辖条款的约束,尽管他不是该合同的当事人。在 The Pioneer Container 案②中,产生了货物的受托人(bailee)和分受托人(sub-bailee)之间订立的管辖条款是否能约束起诉分受托人的货物所有人这一问题。法院认为上述管辖条款可以并且确实构成了货物所有人和分受托人之间的协议并约束货物所有人,因为货物所有人已对分受托人承诺了合同的所有条款。但是,在 The Mahkutai 中,第三人试图利用合同(他不是该合同的当事人)中的管辖条款的努力失败了。

对于在 2000 年 5 月 11 日后订立并由英格兰法支配的合同,1999 年《合同(第三人权利)法》也明确允许管辖条款影响第三人,尽管他不是包含该管辖条款的合同的当事人。根据该法的规定,如果合同明确规定第三人可以利用管辖条款或者合同声称授予第三人此种权利,则第三人可以利用该管辖条款。如果第三人主张其他当事人间订立的合同中的利益,并且合同规定由非当事人提出的实施合同的诉讼也必须在指定法院进行,则根据英格兰法管辖条款也将约束第三人,即使管辖条款对当事人来说更是一种负担,而非利益。③

因此,专属管辖权协议涉及第三人时仍然遵循涉他合同的规则:

第一,当事人在合同中明确赋予第三人某些合同权利,且明确规定实施该合同项下的任何权利或者由第三人享有的合同权利应受制于当事人双方事先规定的将争议提交指定法院的专属管辖,则当第三人强制实施合同所赋予的权利时,必须遵守当事人双方订立的专属管辖权条款。大摩国际的关联企业在遵守海升和大摩国际主协议中的专属管辖权条款的前提下可以实现主协议赋予其的权利,就正好符合该种情形。

---

① Credit Suisse First Boston (Europe) Ltd. v. MLC (Bermuda) Ltd. [1999] 1 *All ER (Comm)* 237 at p.252.

② [1996]AC 650.

③ 欧福永:《英国民商事管辖权制度研究》,法律出版社 2005 年版,第 177 页。

第二,当事人在协议条款中规定可将第三人与缔约当事人之间由合同产生或与合同条款相关的事项、所产生的一种或更多种类的争议提交指定法院专属管辖时,第三人拥有实施该合同条款的权利。

第三,当事人在协议中为第三人设定了合同义务,规定第三人向合同债权人履行该义务,并且就该合同义务的强制履行同时设置了专属管辖权的限制,则此时不仅须第三人明确对所设定的合同义务表示同意才受到该合同义务的约束;而且同时还须第三人明确接受专属管辖权的限制,该专属管辖权条款才能适用于第三人。这是符合所谓"附加于权利的负担随权利的接受而当然适用,但附加于义务的负担并不能随义务的接受而当然适用"的法理。

第四,当事人与第三人之间的与当事人的协议没有直接关联或者与专属管辖权条款的适用事项无关的纠纷,不能适用专属管辖权条款,此时纠纷当事人应按照法律有关管辖的相关规定确定管辖法院。

(三)专属管辖权所适用的事项范围

专属管辖权协议条款的法律效力,其二是必须明确适用该条款的纠纷种类和事项,即该专属管辖权条款所拘束的诉求。诉求是否属于专属管辖权条款的适用范围这一问题也涉及对该条款的解释,并且这种解释与该条款的准据法有关。

当管辖条款由英格兰法调整或根据英格兰内国法解释时,法院存在强烈的对之作广泛解释的倾向。① 在管辖权条款问题上,英格兰法院奉行的基本立场是:"对合同有关管辖权条款的合理解释应尽可能宽泛",②"通常情况下'源自于'或'与……相关'之类的用语应适用于缔约前义务,例如缔约过程中的不实陈述"③。管辖权条款所涉及的事宜,包括范围十分广泛。稍与当事人之间的合约沾得上边,英格兰法院就有管辖权。这种情况也体现在英国高院程序规则(Rules of Supreme Court) Order 11, r. 1(1)(d)的规定中,其措词是包括"强制履行合约"(enforce)、"中止"(rescind)、"解除"(dissolve)、"判决无效"(annul)或者"对合约的其他影响"(otherwise affect a contract),另或是"损害赔偿"(recover damages)或"对违约的其他救济"(other relief in respect of the breach of a con-

---

① 欧福永:《英国民商事管辖权制度研究》,法律出版社2005年版,第176页。
② Donohue v. Armco Inc [2001] UKHL 64, [2002] 1 *Lloyd's Rep* 425 at [14].
③ UBS AG v. HSH Nordbank AG [2009] *EWCA Civ* 585 at paragraphs 82-83. 类似的先例还有:Fiona Trust & Holding Corp v. Privalov [2007] *EWCA Civ* 20, [2007] 2 *Lloyd's Rep* 267 (affd sub nom Premium Nafta Products Ltd v. Fili Shipping Co Ltd [2007] UKHL 40, [2007] 4 *All ER* 951); Deutsche Bank AG v. Asia Pacific Broadband Wireless Communications Inc. [2008] *EWCA Civ* 1091, [2008] 2 *Lloyd's Rep* 619; Ashville Investments Ltd. v. Elmer Contractors Ltd. [1989] *QB* 488.

tract)。因此,英格兰法院有权审理如合约受阻、违约、条款是否继续有效等等的争议。而"对合约的其他影响"所包括的情形就更加广泛,正如 Kerr 大法官在 BP Exploration Co (Libya) Ltd. v. Hunt(1976)1 WLR 788 的第 795 页所说,"(它们)是非常广泛的;事实上,几乎所有可能的情形都包括在内"①,唯一的限制就是这种影响的情形必须与合约有直接的关联。②

因此,当管辖条款由英格兰法调整或根据英格兰法解释时,英格兰法院一方面尽量尊重双方当事人的订约意愿,对条款进行客观解释;同时英格兰法院非常不赞成对规定管辖条款适用范围的措辞作限制性的理解,这无疑反映了下述观点:不辞辛劳订立管辖条款的理性当事人,不会试图仅仅使管辖条款涵盖将来的部分争议,而是偏爱于使所有的争议通过一次审理得到解决。③

(四)专属管辖权条款必须是在适格主体之间是有效和可执行的

专属管辖权条款要使原告和被告均有义务在选定的法院起诉和应诉,则该条款必须是生效和可执行的。对专属管辖权条款法律效力的确定,应由支配管辖条款的法律来评价。

与专属管辖权条款的有效性问题紧密关联的,是区分整个合同的有效性和管辖条款的有效性问题。如果对它们不加区分,则必然的逻辑是:如果合同无效,则其中的所有条款无效。但是,如果当事人已经同意把所有因合同引起的或者与合同有关的争议提交某一法院解决,则意味着当事人也意图由该有管辖权的法院处理双方根据错误或误述等提出合同无效的诉求。因此,如果管辖条款的效力取决于合同的效力,将会产生令人困惑的矛盾场面。解决的方法是:把管辖条款视为独立于包含管辖条款的合同,管辖条款不受该合同无效的影响。可分开性原则在仲裁的场合和《布鲁塞尔公约》第 17 条中得到了确立。但必须明确的是,不能认为分开性原则将自动使仲裁条款或管辖条款有效,仍然允许提出支配独立的仲裁条款或管辖条款的法律致使管辖条款无效的抗辩。④

(五)"单一协议"的含义

在海升与大摩国际的专属管辖权纠纷诉讼中,大摩国际主张专属管辖权条款应拘束海升对大摩国际和大摩亚洲的诉讼只能向英格兰法院进行的理由中,明确提到了双方在附件中规定"双方当事人及其附属企业同意所有的交易和所

---

① 原文是"are very wide; indeed, almost as wide as they can be."
② EF Hutton & Co (London) Ltd. v. Monfarrij (1989) 1 *WLR* 488. p.498.
③ 欧福永:《英国民商事管辖权制度研究》,法律出版社 2005 年版,第 176 页。也许最有力支持对管辖条款作广泛解释的裁决是 Pacific Resource Corp v. Credit Lyonnais Rouse (7 October 1994: CA)。
④ 欧福永:《英国民商事管辖权制度研究》,法律出版社 2005 年版,第 178 页。

有的其他义务（不论是否出自该协议……）都应被视为相互间发生的、单一和不可分的合同及商业关系的一部分"的条款。① 该条款反映出 ISDA 主协议所具有的"单一协议"或曰"唯一协议"（Single Agreement）特点，即主协议（Master Agreement）是具有框架性质的基础性文件，对今后在当事人之间达成的一系列具体交易都具有约束力；当事人将他们之间的多个符合条件的衍生交易纳入一个主协议，从而试图将原本通过多个合同来完成的若干交易用一个具有法律约束力的合同来进行规范，将原本多个的法律关系转变为一个法律关系，而多个不同的具体交易只不过成为整体交易中不可分割的一部分。② 这种设计，其最大的目的，就是保证各个单一的不同的金融衍生交易能够构成同一个商业交易关系下的部分，从而能够不违反有关管辖地法律并且方便地进行终止净额结算和抵消。当事人双方之间签订的多个交易所带给自己的损益是不一样的，如果这些交易是独立的没有任何关联的合同，那么在对方当事人破产或丧失清偿能力而被破产清算人取代的情况下，破产清算人有可能对这些交易进行挑拣，继续履行对其有利的合同，而拒绝履行对其不利的合同，因为这无非是增加了一项破产债权而已。但是按照主协议设计者的思路，尽管破产清算人可能进行挑拣行为，选择性地履行有利交易，不履行不利交易，但它无法对"一个"交易进行这样的挑拣，即他无法请求享有同一个交易合同项下的利益而不承担同一交易项下的义务。这便是在 ISDA 主协议中订立"唯一协议条款"的主要缘由。③ ISDA 主协议中的"单一协议"条款在海升与大摩国际的专属管辖权纠纷诉讼中，被法院认定为并非专属管辖权条款的组成部分。它的目的就是为了帮助处理净额结算的纠纷。④ 该判决实际是确认"单一协议"条款是为方便日后当事人之间最大限度地实现净额结算，减少衍生交易的风险敞口，它与管辖权问题无关。海升与大摩国际的专属管辖权纠纷诉讼对于 ISDA 主协议中的"单一协议"条款与管辖权条款之间关系的澄清，可以为日后的国际金融衍生交易市场实践提供明确的判例指南。

四、对我国的启示

英格兰法院对海升与大摩国际之间的管辖权纠纷的裁决，为我们提供了一

---

① MOGAN STANLEY v. HAISHENG, at para. 14.
② 宁敏：《国际金融衍生交易法律问题研究》，中国政法大学出版社 2002 年版，第 79～80 页。
③ 宁敏：《国际金融衍生交易法律问题研究》，中国政法大学出版社 2002 年版，第 157 页。
④ MOGAN STANLEY v. HAISHENG, at para. 26.

个在 ISDA 主协议基础上进行的国际金融衍生品场外交易纠纷解决的一种范式,我国的实务界和理论界均应该从该案例的分析和裁决中获取有益的启示。

(一)国际衍生品交易中管辖权问题的重要性

海升案例最让人印象深刻的第一点是:管辖权的行使能够显著改变国际衍生交易当事人在发生诉讼纠纷后,双方之间的力量对比。海升与大摩国际争议初起时,几乎无人看好海升的诉讼前景。但是,英国法院作出管辖权条款的裁定后,海升在中国法院针对大摩亚洲的诉讼得以维持,这极大地增强了海升与大摩国际进行博弈的实力。虽然海升承诺不在中国法院的诉讼中挑战外汇掉期合约的效力,但其可以将自己在英国的诉讼中所承担的违约责任作为大摩亚洲的缔约过失给自己造成的损失而要求补偿,从而事实上摆脱对大摩方面的赔偿责任。虽然海升的这一诉讼策略能否成功不乏疑问,但这种可能性的存在以及潜在的诉讼成本无疑打消了大摩国际一方继续推进诉讼大战的决心。双方迅速达成和解,极大地减少了海升最终实际承担的违约责任。① 因此,海升案例鲜明地凸显和生动地提示了在国际衍生品交易中管辖权问题的重要性。

在国际衍生品交易中使用的均是国际性商业合约,履行起来关系到多国的管辖权。一旦出了事,在哪一国的法院受理,适用该国法律会有重大甚至生死的分别。这是因为国与国之间的法律常会有颇大的差异,如在时效方面,或在责任限制方面,或在损失计算方法等等。甚至,同一事件,会在一国的法律构成违约但另一国完全合法。② 所以,在缔结国际衍生交易合约时,必须谨慎处理管辖权条款,善加利用 ISDA 主协议范本下所提供的多重管辖权便利。ISDA 主协议在协议文本中对于管辖法院直接做了规定——如适用法律是英格兰法,则双方应接受英国法院管辖;如适用纽约州法律,则接受纽约州法院及位于纽约市曼哈顿区的美国地方法院管辖;同时规定"本协议并无规定阻止任何一方向任何其他管辖区起诉,或因在任何一个或多个司法管辖区起诉而排除在任何其他司法管辖区起诉"。依此,双方当事人可在附件中选择英格兰法及纽约州法以外的第三国法律及其相应的管辖法院。

(二)管辖权选择时的意思自治和意思明确

当事人对管辖权的选择与行使,实质是在法律允许的范围内将双方所发生的特定争议提交选定法院予以裁决的处分权。既是对法定权益的处分,则体现该项处分的意思应清晰和准确,必须注意:

第一,管辖权的选择须与准据法相配套,以确保管辖权选择的法律效力的发

---

① 楼建波:《海升—大摩衍生交易诉讼管辖权之争的法律分析》,载《法律适用》2011 年第 3 期。

② 杨良宜:《国际商务仲裁》,中国政法大学出版社 1997 年版,第 26~27 页。

挥。因为解决实体争议的准据法对确定适当法院的影响是较复杂的一个问题。它的前提是假定法律所属国的法院比外国法院能更好地适用该法律。①

第二,管辖权条款的表述应清晰准确:首先,管辖权条款的性质要明确,究竟是排他性管辖条款还是非排他性管辖条款必须一目了然,没有歧义;其次,条款所适用的主体和事项应明晰,尤其是在涉及除合同当事人之外的第三人利益时更该如此;再次,要注意管辖权条款与协议中其他条款的关系,避免因其他条款对管辖权条款的解释造成歧义和混乱;最后,要注意所适用的准据法及管辖权条款与一国所缔结的有关管辖问题的国际公约的衔接和配合。

第三,应注意诉讼文件的送达是一个很重要而又易被忽视的问题。这个技术上的细节在某些司法管辖地往往是与实体法选择紧密地结合在一起的。比如,按照英国的法律,即使当事人以协议约定接受英国法院的管辖,除非双方当事人在英国境内指定了诉讼文件送达代理人(Process Agent),否则该协议并不能自动地授予英国法院以管辖权。可见一个完整的、适用广泛的选择法院条款至少应当包括以下两项主要内容:其一是明示选定有管辖权的法院,其二便是指定送达诉讼文件的代理人。②

(三)管辖权条款与"非方便法院"原则的适用

非方便法院原则(forum non-convenience doctrine)是英美法上特有的原则,它是指一国法院根据其内法或有关国际条约的规定对国际民事案件有管辖权,但从当事人与诉因的关系以及当事人、证人、法院的方便或费用方面来看,审理案件是极不方便的,而由同样具有管辖权的外国法院审理更为合适时,放弃管辖权的一种制度。不方便法院原则最早发源于苏格兰法院,之后在美国法院得到了更广泛的适用。不方便法院原则有利于缓和各国管辖权之间的冲突。不过,同时由于该原则的适用标准不明确,是否采用该原则在很大程度上依赖于法院的裁量。③"非方便法院"原则与"方便法院"原则(forum convenience doctrine)二者的区别在于:非方便法院原则中所抗辩的法院通常为合适的法院而在特定情况下却为不适当的法院;方便法院则是指通常不可获得而在特定情况下显示其为合适的法院。这两种原则虽然出发点不同,但最终会产生相似的结果。④

---

① 欧福永:《英国民商事管辖权制度研究》,法律出版社 2005 年版,第 152～153 页。

② 宁敏:《国际金融衍生交易法律问题研究》,中国政法大学出版社 2002 年版,第 107 页。

③ 李旺:《美国联邦法院关于国际诉讼竞合的法律规制》,载《清华大学学报》(哲学社会科学版)2001 年第 6 期。

④ 肖永平、王承志:《英国国际民事诉讼法三题——以〈布鲁塞尔公约〉为主线》,载《法律科学(西北政法学院学报)》2003 年第 1 期。

管辖权条款的存在与"非方便法院"原则的适用并不矛盾,无论是专属管辖条款或者非专属管辖条款,被选择的法院一般被认为是适当的法院,除非一方当事人提出十分令人信服的理由允许他违反管辖权条款。由于在国际衍生品交易中,以英美法作为准据法以及接受英美法院管辖非常普遍,因此知悉管辖权条款与"不方便法院"原则之间的适用,对于我国企业参加国际衍生品交易十分重要。在具体的交易情形中,很有可能存在管辖权条款选择的法院是非方便法院,从而对双方之间的诉讼管辖产生实质性影响。因此,应该学会处理好管辖权条款与"非方便法院"原则之间的适用。

　　总的来说,海升与大摩国际之间的金融衍生品交易诉讼管辖权纠纷,必定是中国企业与国际投行衍生交易诉讼中的一个标志性事件,值得我国理论界和实务界认真地思考和总结。

民事诉讼案外人权利救济的路径分析

黄 成[*]

一、典型案例及问题的提出

甲与乙合伙经营煤矿,其中乙系隐名合伙人。某天,甲突然意外身亡,甲的继承人因继承甲的财产发生争议,诉至人民法院。人民法院就甲的遗产分割作出判决。乙事后发现,因甲突然意外身亡,自己尚不知情,无法就甲乙共同经营煤矿期间所取得的收益进行清算,现甲的继承人继承的财产中有本属于自己的财产,甲的继承人侵害了自己的合法权利。此时,乙的权利应当如何救济?

随着我国经济社会的快速发展和改革的不断深入,利益诉求也越来越多元化,这不可避免地引发冲突和矛盾,某些利益主体的某些权利也将不可避免地受到某种程度的侵害。"没有救济就没有权利。"当权利受到侵害的时候,我们能为之提供何种方式的救济,是值得认真对待的问题。通常情况下,在文明时代的现代社会,权利的救济,或者纠纷解决方式可以大致分为三种类型:公力救济、私力救济和社会型救济。公力救济,指国家机关依权利人请求运用公权力对被侵害权利实施救济,包括司法救济和行政救济。私力救济,指当事人认定权利遭受侵害,在没有第三者以中立名义介入纠纷解决的情形下,不通过国家机关和法定程序,而依靠自身或私人力量,实现权利,解决纠纷,包括强制和交涉。社会型救济包括调解、仲裁和部分 ADR。[①] 毫无疑问,在本案中,乙可以选择上述三种纠纷解决方式来救济自己的权益。比如,他可以采用合法的私力救济方式,直接和甲的继承人谈判、协商,在双方都可以接受的条件下,就财产的处置达成一致。如果此路不通,也可能采用不合法的私力救济方式,比如采用暴力、胁迫等方式,强制甲的继承人交出自己的合法财产。甲也可能采用社会型的救济途径,比如,邀请他自己和甲的继承人都熟悉的朋友作为中间人,从中协调,缓和双方的矛盾,找到双方都能接受的方案。甲也可能在上述两种方式都不奏效的情况下,提起民事诉讼,利用公力救济的途径来维护自己的合法权利。甲最终是采用公力救

---

[*] 作者系重庆市高级人民法院法官。
[①] 徐昕:《论私力救济》,中国政法大学出版社 2005 年版,第 102 页。

济、私力救济还是社会型救济的方式,选择何种途径来救济自己的权利,需要他在综合衡量各种有利因素和不利因素之后来作出决定。在强调建设法治国家的现代化进程中,人们通常主张的是通过司法途径来维护自己的合法权利,甚至于司法途径似乎已成为接近正义、实现正义的唯一正统的途径。如此一来,摆在我们面前的问题是,假如一个案外人的合法权益,因人民法院的生效裁判受到了实质性的不利影响,他要求通过司法途径救济自己的权利,我们能为他提供怎样的制度安排?每一个人能否较为容易地进入法院并获得公正的司法救济,是衡量一个国家司法水准高低和法治实现程度的重要指标。①

二、现有路径

(一)申诉

百姓有了冤情委屈,拦轿申冤,是我国历来的传统。新中国成立后,基于其强大的生命力和历史惯性,申诉、控告的传统就延续了下来。在制定宪法时,我国将控告和申诉规定为公民的一项重要基本权利。1982年《宪法》第41条规定了公民有向有关国家机关提出申诉、控告或者检举的权利。同时还规定,对于公民的申诉、控告或者检举,有关国家机关必须查清事实,负责处理。1982年在制定《民事诉讼法(试行)》时,宪法上的申诉权进一步落实到了民事诉讼之中。该法第157条规定:"各级人民法院院长对本院已经发生法律效力的判决、裁定,发现确有错误,需要再审的,提交审判委员会讨论决定。最高人民法院对地方各级人民法院已经发生法律效力的判决、裁定,上级人民法院对下级人民法院已经发生法律效力的判决、裁定,发现确有错误的,有权提审或者指令下级人民法院再审。"第158条规定:"当事人、法定代理人对已经发生法律效力的判决、裁定,认为确有错误的,可以向原审人民法院或者上级人民法院申诉,但是不停止判决、裁定的执行。人民法院对已经发生法律效力的判决、裁定的申诉,经过复查,认为原判决、裁定正确,申诉无理的,通知驳回;原判决、裁定确有错误的,由院长提交审判委员会讨论决定。"此后民事诉讼法虽然历经多次修改,但是对此未作实质性的改动。司法实践中,申诉人通常都是通过向法院反复申诉,或者向党委政府、人大政协等申诉,或通过有关领导及各种关系"打招呼"等方式"曲线救国",要求法院通过"院长发现"依职权启动再审。由于案外人无法通过自行行使诉权来实现对其受到生效裁判损害的权利进行有效救济,不得不采取法定程序外的申诉途径,一方面妨害了民事主体权利的及时有效救济,另一方面也严重损害了人民法院的形象。

---

① 刘敏:《裁判请求权研究——民事诉讼的宪法理念》,中国人民大学出版社2003年版,第10页。

而对于调解案件来说,案外人试图通过申诉的方式来达到再审的目的更为困难,因为目前法院依职权对民事调解书进行再审本身缺乏充分的法律依据。首先,根据民事诉讼法的规定,法院可以依职权启动再审的对象仅限于判决和裁定,并不包括调解书。其次,民事诉讼法第182条规定:"当事人对已经发生法律效力的调解书,提出证据证明调解违反自愿原则或者调解协议的内容违反法律的,可以申请再审。经人民法院审查属实的,应当再审。"据此,只有"当事人"才能对已经发生法律效力的调解书在具备法定事由的情况下申请再审。本条并未规定,案外人可以对调解书申请再审,也没有规定人民法院发现已经发生法律效力的调解书在调解违反自愿原则或者调解协议的内容违反法律规定的情况下可以依职权启动再审。尽管最高人民法院在[1993]民他字第1号批复中认为,"对已经发生法律效力的调解书,人民法院如果发现确有错误,而又必须再审的,当事人没有申请再审,人民法院根据民事诉讼法的有关规定精神,可以按照审判监督程序再审",但是,这一批复明显超越了作为上位法的民事诉讼法的规定。

从根本上讲,对法院依职权启动再审应当慎之又慎。学界对法院依职权启动再审一直持比较强烈的反对意见,认为这种启动方式违背"诉审分离"原则,法院既是裁判员又是运动员,违反"不告不理"原则①。法院如果以职权主动启动再审程序,势必将自己推到再审结果有利的一方,而无法保持与双方当事人之间的等距,也难以吸收不利一方当事人的不满,有损法院的中立形象。② 即使在实务界,法院系统虽然主张保留法院依职权启动再审权,也认为应在保留依职权再审渠道的同时,限制依职权启动再审的适用范围。③

即使人民法院迫于各种压力启动了再审程序,由于案外人在再审程序中并不是当事人,其合法权利的有效维护没有任何程序保障。因此,通过申诉的方式启动再审应当受到严格的限制,不能作为民事诉讼案外人权利救济的首选。

(二)申请检察院抗诉

宪法上明确规定人民检察院是国家的法律监督机关。民事诉讼法进一步明确人民检察院有权对民事审判活动实行法律监督。检察院代表国家行使监督权,与当事人申请再审相比,其抗诉监督居于一种强势地位。对于检察院抗诉的案件,人民法院必须启动再审,所以当事人更愿意通过检察院抗诉达到法院启动再审的目的。

对于判决而言,毫无疑问,根据法律的规定,检察院可以提起抗诉。但是,检察院无法对生效的民事调解书提起抗诉。1999年《最高人民法院关于人民检察

---

① 李浩:《再审程序改造论》,载《法学研究》2000年第5期。
② 张卫平:《民事再审事由研究》,载《法学研究》2000年第5期。
③ 江必新:《论民事审判监督制度之完善》,载《中国法学》2011年第5期。

院对民事调解书提出抗诉人民法院应否受理问题的批复》明确指出:"《中华人民共和国民事诉讼法》第185条只规定人民检察院可以对人民法院已经发生法律效力的判决、裁定提出抗诉,没有规定人民检察院可以对调解书提出抗诉。人民检察院对调解书提出抗诉的,人民法院不予受理。"因此,由于最高人民法院的司法解释的进一步明确,案外人通过申请检察院抗诉来救济自己合法权益的渠道并不畅通。经过多年学者的呼吁,以及各地的有益探索,2011年3月最高人民法院和最高人民检察院对此作出了回应,共同发布了《关于对民事审判活动与行政诉讼实行法律监督的若干意见》。根据该意见,人民检察院发现人民法院已经发生法律效力的民事调解、行政赔偿调解损害国家利益、社会公共利益的,可以提出抗诉,也可以对同级人民法院提出再审检察建议。这无疑是一个应对民事诉讼新情况的正确选择,顺应了民事诉讼发展的需要。但是,其实质性意义不应当过分夸大,因为该意见将提起抗诉或检察建议的范围限定在"损害国家利益、社会公共利益",而绝大多数的恶意调解并不损害国家利益、社会公共利益,更多的是损害案外第三人的利益。如果检察院提起抗诉或者检察建议的范围扩大到损害第三人合法权益的程度,毫无疑问将使检察院法律监督的公权力将更深层次地介入到私人之间的纷争之中。我们必须考虑的是,检察院深度介入私人之间的纷争之中,是否符合民事诉讼基本法理?笔者以为,在民事诉讼检察监督范围上,检察院行使权力时应当保持谦抑。即是说,原则就表现为凡是依靠当事人行使诉权就能达到监督制衡审判权行使的领域,检察监督就应当谨慎介入。在衡量某种情形应否纳入到民事检察监督的范围时,当事人的选择权、审判的权威性、法的安定性应成为首要的考虑因素。除非该诉讼关乎国家利益、社会公共利益,或审判人员在审理案件时有贪污受贿、徇私舞弊、枉法裁判的行为,否则检察院就不应贸然介入。有学者通过比较别国检察机关在民事诉讼中的地位和作用后发现除前苏联和俄罗斯仲裁法院组织法外,均未规定检察机关对生效判决的抗诉权、监督权。① 从理论基础上看,前苏联和俄罗斯的法律监督权实际上来源于前苏联的"干预学说"。十月革命后,前苏联建立起了政治经济体制完全不同于西方资本主义国家的新型制度,即公有制下的计划经济。列宁曾说:"我们不承认任何'私法',在我们看来,经济领域中的一切都属于公法的范围,而不属于私法范围……"②与此相适应,前苏联从法律上确立了检察机关的法律监督权,使得法律监督权从一般国家权力中分离出来,成为继立法权、行政权和司法权之

---

① 常怡:《比较民事诉讼法》,中国政法大学出版社2002年版,第661页。
② 《列宁全集》第36卷,人民出版社1972年版,第587页。

外的第四种相对独立的国家权力。① 新中国成立之初,我们从苏联那里广泛吸收、全面移植其法律制度,因此,民事诉讼中的法律监督也带有浓厚的国家干预气息。时至今日,这样的法学理论还在一定程度上影响我们的立法和司法。但是,实践已经证明,这样的理论与现代民事诉讼制度是不相容的。即使考虑到我国特殊的权力架构、特定的法理基础、民事审判的现状,现阶段还不能取消检察院对生效裁判的监督,但是应当将监督的范围进行必要的限制,尽量避免与其他国家机关的冲突及对公民生活的过度干预。因此,通过检察机关提起抗诉或者检察建议的方式来给予案外人救济也不能作为我们优先考虑的方案。

(三)另行起诉

从民事诉讼法理上讲,法院的生效裁判作出之后,当事人不得在以后的诉讼中主张与该裁判相反的内容,法院也不得在以后的诉讼中作出与该判决冲突的裁判。主观方面,判决的既判力只对提出请求及相对的当事人有拘束力,即所谓判决效力相对性原则。正是按照这一原则,诉讼外的第三人一般不会受到他人之间判决的直接影响。因此,从理论上看,只要坚持判决既判力的相对性原则,案外第三人另行起诉并不存在法理上的障碍。对于调解来说,是否具有既判力,各国法律规定不尽一致。我国对调解既判力没有明确规定。如果认为调解没有既判力,案外第三人另行提起诉讼没有任何法理上的障碍。如果认为调解具有既判力,如果坚持既判力的相对性,案外第三人另行起诉也是完全可行的。

但是,我们不得不正视的问题是,虽然近些年来的民事诉讼法学理论都承认判决的既判力相对性,但由于现行民事诉讼法并未对既判力相对性的原则予以明确规定,对于实务部门而言,既判力相对性原则的认知度、认可度并不高,更不消说一般的民众甚至不知既判力为何物。在当前的司法环境下,允许案外人另行起诉,将必然导致出现两个互相矛盾的判决,至少在形式上互相矛盾的判决,这在社会公众看来,是难以接受的。而法官作出判决之前必然考虑其判决的社会认可度。更何况即使坚持了既判力的相对性原则,在某些特殊情况下,基于一次性解决纠纷、维护实体法律秩序的统一或者确保判决的时效性等因素,案外人仍然可能因为既判力的扩张等原因受到判决的拘束。因此,另行起诉并不能完全解决案外人的权利救济问题。

(四)案外人申请再审

民事诉讼法第 204 条规定:"执行过程中,案外人对执行标的提出书面异议的,人民法院应当自收到书面异议之日起十五日内审查,理由成立的,裁定中止对该标的的执行;理由不成立的,裁定驳回。案外人、当事人对裁定不服,认为原

---

① 王桂五:《列宁法律监督理论研究》,载《检察理论研究》1993 年第 4 期。转引自蔡彦敏:《从规范到运作——论民事诉讼中的检察监督》,载《法学评论》2000 年第 3 期。

判决、裁定错误的,依照审判监督程序办理。与原判决、裁定无关的,可以自裁定送达之日起十五日内向人民法院提起诉讼。"第204条本身涵盖了三种救济渠道,第一种是异议声明,即第204条前段,第二种是案外人申请再审,即204条中段,第三种是案外人异议之诉,即第204条后段。特别值得注意的是,第204条中段和后段的区别在于案外人对执行标的的异议是否与原判决、裁定有关,如果有关,则是案外人申请再审,如果无关,则是案外人异议之诉。何谓"有关",何谓"无关"? 如果案外人提出异议所针对的标的物不是判决、裁定指定的执行标的物,而是法院在执行中自行采取执行措施所针对的标的物,案外人异议不涉及判决、裁定本身的对错问题,仅涉及对执行标的物本身的实体权利争议,这就是与"原判决、裁定无关"。由于在案外人异议之诉中,案外人主张权利的对象并不是原生效裁判所指定的执行标的物,因此,案外人异议之诉涵盖范围实际上是非常狭窄的。

学界和实务界很多人士都将救济案外人的希望寄予在案外人申请再审制度上。民事诉讼法第204条中段关于案外人申请再审的规定,总体来看比较笼统,案外人提起的诉讼究竟属于一个通常情况下的确认之诉、给付之诉、形成之诉还是一种新类型的诉讼,诉讼的目的为何,当事人如何确定,等等,都不够明确,这就导致对该规定的理解难免会存在分歧。① 因此,为对上述问题进一步明确,最高人民法院不得不另行出台司法解释。司法解释第5条明确两种案外人申请再审的方式。一种方式是,案外人对原判决、裁定、调解书所确定的执行标的物主张权利,且无法提起新的诉讼解决争议的,可以向作出原判决、裁定、调解书的人民法院的上一级人民法院申请再审。这种方式并没有强调案件已经进入强制执行程序,但是案外人仅能对原判决、裁定、调解书所确定的执行标的物主张权利,且无法通过另行起诉解决的,才能申请再审。另一种方式是,在执行过程中,案外人对执行标的提出书面异议的,被裁定驳回后,认为原生效裁判错误的,可以向作出原判决、裁定、调解书的人民法院的上一级人民法院申请再审。

有学者曾一针见血地指出,设立法律程序,首先应当为该程序进行功能定位,即明确该程序的功能是什么,准备回答诸如该程序到底是用来干什么,它在社会生活中将要发挥什么作用等问题,不解决功能定位问题,设立的程序必然会因为没有方向而混乱不堪。② 虽然案外人申请再审制度在形式上已基本确立,但是非常令人遗憾的是,正是由于立法者未能对案外人申请这一程序进行清晰

---

① 最高人民法院民事诉讼法修改研究小组:《〈中华人民共和国民事诉讼法〉修改的理解与适用》,人民法院出版社2008年版,第148页。
② 谭秋桂:《我国民事再审程序的功能定位与制度重构》,载《民事诉讼法之变革》,清华大学出版社2005年版,第83页。

的功能定位,案外人申请再审制度仍然存在较多的问题。

首先,民事诉讼法第204条本身逻辑混乱。对于合法权益受到生效裁判、调解书不利影响的案外人,毫无疑问,应当提供有效的救济途径。但是,由于全国人大常委会对案外人申请再审的法律渊源是执行程序中的案外人异议还是民事诉讼法第178条中的"当事人"包括权利受到影响的案外人这一立法理念的核心问题上摇摆不定,导致本来应当将涉及生效裁判和调解书的审查、撤销以及变更纳入再审程序范畴的内容放到了执行程序之中。①

其次,司法解释和民事诉讼法存在冲突。由于民事诉讼法第204条的规定含混不清,民事诉讼法没有对案外人的主体资格、提出再审申请的事由、处理程序作出必要的规范,一些确实需要救济的案外人得不到有效的救济,最高法院的司法解释不得已突破了现行民事诉讼法的规定。而据相关法官介绍,全国人大常委会法工委在审议草案时,已经意识到第204条的修改没有解决案外人申请再审的一系列问题,由于时间又过于仓促,已经无法在修正案中调整,遂建议最高人民法院在做配套司法解释时加以解决。② 这就导致司法解释和民事诉讼法的冲突,或者说司法解释对民事诉讼法的修改、补充。按照民事诉讼法规定,案外人可以申请再审的对象只能是判决、裁定,但是司法解释增加规定了调解书。另外,民事诉讼法第204条仅规定在执行程序中案外人经过执行异议之后,对法院的裁定不服的,才可以申请再审。但是在司法解释中,除了规定了执行程序中的案外人申请再审,还规定了执行程序外的案外人申请再审。

再次,司法解释本身存在矛盾。司法解释规定案外人对原判决、裁定、调解书确定的执行标的物主张权利,且无法提起新的诉讼解决争议的,可以申请再审。理论上看,执行标的是民事强制执行机关的执行行为指向的、能够用于满足债权人实体权利请求的对象,它包括财产和行为两个方面。③ 执行标的物是人民法院在执行中依照生效法律文书和法律规定所采取执行措施指向的物。值得注意的是,并不是每个判决、裁定或者调解书都具有执行内容。一般认为,给付之诉具有执行性,而确认之诉并不具有执行性。因此,对于确认之诉,根本就无执行标的物可言,但是,确认之诉案件的裁判、调解书对案外人的合法权益产生实质性的不利影响却很可能存在的。另外,具有给付内容的调解的案件也可能因为当事人的自动履行而根本就不会进入执行程序,也就不存在"执行标的物"。

---

① 江必新:《最高人民法院关于适用民事诉讼法审判监督程序司法解释理解与适用》,人民法院出版社2008年版,第58~59页。
② 江必新:《最高人民法院关于适用民事诉讼法审判监督程序司法解释理解与适用》,人民法院出版社2008年版,第62页。
③ 谭秋桂:《民事执行法学》,北京大学出版社2005年版,第149页。

因此,司法解释将案外人对"执行标的物"主张权利作为其申请再审的前提,明显有失妥当。

最后,从根本上讲,设置案外人权利救济渠道时应在案外人的合法权利的保护与维护生效裁判的既判力、尊重法的安定性之间寻找到最佳平衡点。而再审程序作为特殊救济程序,一旦启动,是对原生效裁判既判力的全面推翻,将不可避免地对法的秩序带来负面影响。但是,案外人申请再审的目的不在于完全改变原生效裁判的内容,仅要求撤销对其产生不利影响的裁判内容,对于其利益无关的内容不会也不能提出权利主张,除非案外人的合法权益和生效裁判的全部内容密不可分。而当事人申请再审的目的在于根本上改变原来的判决,其对原生效判决的既判力的冲击要大得多。因此,设置案外人申请再审本身的固有缺陷是我们不得不考量的因素。

三、理想路径

如果建立一项制度,既能有效维护案外人的合法权益,又能尽量减小对生效裁判的既判力造成冲击,能在诉讼公正与诉讼效率之间找到最佳的平衡点这无疑是我们应当优先考虑的。

事实上,起源于法国的第三人撤销之诉(tièrce opposition)值得我们借鉴。《法国新民事诉讼法典》第582条规定:"第三人异议目的请求为攻击判决的第三人本人的利益取消或变更该判决。第三人异议是指使受到攻击的已判决争点相对于提出异议的第三人来说重新受到争议,使之在法律上与事实上重新得到审理裁判。"[①]继法国规定第三人撤销之诉之后,在2003年我国台湾地区也建立了第三人撤销之诉制度。台湾地区"民事诉讼法"第507条规定:"有法律上利害关系之第三人,非因可归责于己之事由而未参加诉讼,致不能提出足以影响判决结果之攻击或防御方法者,得以两造为共同被告对于确定终局判决提起撤销之诉,请求撤销对其不利部分之判决。但应循其它法定程序请求救济者,不在此限。"

(一)建立第三人撤销之诉的理论基础

案外第三人在没有受到事前程序保障却又受不利裁判的影响,给予第三人事后权利救济时必须尽可能充分考量程序正当与程序经济价值,实现二者平衡。在诉讼中一方面要保证纠纷一次性解决,让司法机关与当事人达到降低诉讼成本实现多赢,同时又要给予案外第三人充分的程序保障,维护案外第三人的合法权益,这就需要构建一个高效的第三人权利保障救济机制。

---

① 罗结珍:《法国新民事诉讼法典(上册)》,法律出版社2008年版,第633页。

(二)建立第三人撤销之诉的具体设想

1. 主体

通过考察法国和我国台湾地区第三人撤销之诉,我们可以发现法国和我国台湾地区对提起第三人撤销之诉主体所规定的共同性要件有两个:一是必须是当事人以外的第三人;二是必须具备诉的利益。我们在构建第三人撤销之诉时,也应当确立这两个要件。

对于第一个要件,第三人撤销之诉提起的主体必须是当事人以外的第三人。如果提起的主体本身就是当事人,若符合相应的条件,启动的应当是当事人申请再审,而非第三人撤销之诉。另外,需要说明的是,在发生民事主体人格消灭的场合,例如自然人的死亡,法人的终止等,概括承受原诉讼当事人一切权利义务的主体(即所谓一般继受人)事实上承继了原当事人的地位,虽然他们系形式上第三人,但是他们并非第三人撤销之诉的"第三人",不能启动第三人撤销之诉。

第二个要件,必须具备诉的利益。"无利益即无诉权"。"并非所有的争议都能够凭借主体的起诉行为而当然地进入到国家司法评价的领域,而是在制度上预先设置一道关口,使得那些符合某种要求的诉请才能够得到法院的确定判决。而这一'关口'就是诉的利益。"[1]启动第三人撤销之诉的第三人必须具备相应的诉的利益。这种诉的利益具体包括判决既判力扩张、形成判决的对世性形成效力以及判决的反射效力等所带来的不利影响[2]。不过这里的不利影响必须是物质的,不能是精神的;必须是现实的,不能是潜在的。[3]

对于具有上述三种诉的利益的第三人,学界一般均支持其提起第三人撤销之诉。值得研究的是,若当事人间仅属一般债权债务关系,双方合谋导致作为当事人一方的债务人的责任财产不当减少,特别是在该债务人无其他责任财产时,将直接影响案外人债权的实现。这也是司法实践中非常普遍的现象。该案外人因仅为一般债权人,能否提起第三人撤销之诉?台湾学者吕太郎教授认为,一般债权人仅具有经济上的利害关系,非法律上的利害关系,债务人败诉的结果仅使其经济利益受到损害,而非债权受到侵害,因而无提起第三人撤销之诉的余地。并且,债务人所受判决的既判力不及于一般债权人,债权人可以债务人及对方当事人为共同被告,提起请求确认判决所认定债权不存在的诉讼,以排除原判决对债权人的效力。[4] 笔者以为,若当事人双方存在真实的债权债务,一般债权人不

---

[1] 邱星美、唐玉富:《民事上诉审程序中的利益变动》,载《法学研究》2006年第6期。
[2] 肖建华、杨兵:《论第三人撤销之诉》,载《云南大学学报》(法学版)2006年第4期。
[3] 胡军辉:《案外第三人撤销之诉的程序建构》,载《政治与法律》2009年第1期。
[4] 吕太郎:《第三人撤销之诉——所谓有法律上利害关系之第三人》,载《月旦法学杂志》2003年第8期。

得提起第三人撤销之诉,其可以通过破产程序或参与分配程序获得救济。在双方当事人不存在真实的债权债务的情形下,作为一般债权人的第三人可以提起第三人撤销之诉。首先,正是由于当事人之间的恶意通谋,致使法院的判决导致作为一般债权人的案外人的债权无法实现,该判决对案外第三人的合法权益产生了实体上的不利影响,这属于典型的诈害诉讼。其次,从实体法上看,合同法规定因债务人无偿转让财产,对债权人造成损害的,债权人可以请求人民法院撤销债务人的行为。双方当事人恶意串通虚构不存在的实体纠纷,通过诉讼的方式让一方当事人获得债务人的财产,与合同法上规定的债务人无偿转让财产并无本质上的区别。既然实体法上允许债权人行使撤销权撤销债务人无偿转让,程序法上禁止作为一般债权人的第三人提起第三人撤销之诉显然难以令人接受。

2. 事由

曾有学者建议设定如下的事由:(1)作为裁判依据的主要证据系伪造、变造或虚假的;(2)由于某方当事人一些故意或消极的行为,使一些对裁判结果具有决定意义的书证未能提出;(3)作为裁判依据的另一裁判或行政机关的决定已经被撤销;(4)原诉确定判决与另一在其前生效的裁判书或调解书相抵触;(5)原诉讼确定判决适用法律显有错误;(6)审判人员在审理案件时有徇私舞弊、枉法裁判的行为。① 笔者以为,第三人撤销之诉与再审之诉本质上存在较大的区别,再审之诉旨在为当事人提供对诉讼过程中可能存在的程序瑕疵或者实体错误提供救济途径,而第三人撤销之诉则旨在为实体上受到法院生效裁判不利影响,但未获得相应程序保障的案外人提供救济途径。应当说,第三人对法院在解决当事人之间的纠纷时的程序是否存在瑕疵甚至错误是不关心的,他只在乎的是最后的生效裁判是否实体上影响到了他的合法权益。因此,即使存在上述事由,比如作为裁判依据的主要证据系伪造、变造或虚假的,或者适用法律错误,但只要实体上没有影响到案外人的合法权益,没有对其产生不利影响,案外人仍然不能启动第三人撤销之诉。我们在确立第三人撤销之诉的事由时应当着重从这一角度考虑。因此,笔者以为,可以将第三人撤销之诉的事由确定为:非因可归责于己的原因而未获适当的程序保障,但法院的生效裁判、调解书却在实体上产生的不利影响。

这一事由的确定,也符合正当程序原则(due process principle)。若人民法院在事先已经通知可能受到判决不利影响之案外人参加诉讼,因为第三人自身的原因没有参与诉讼程序或者主张权利,将不享有提起第三人撤销之诉的权利。非因可归责于己的原因,未能参加诉讼,但最后法院的生效裁判、调解却在实体

---

① 肖建华、杨兵:《论第三人撤销之诉》,载《云南大学学报》(法学版)2006年第4期。

上对自己产生了不利影响,这不符合程序保障的理念。

3. 限制

第三人撤销之诉制度就其本质而言,是对判决的既判力的突破,是立法者在追求司法的权威性以及法律秩序的稳定性和追求实质正义这两种冲突的价值理念下权衡抉择的产物,并试图在两者的冲突中寻找契合的平衡点。作为非常规的救济手段,它涉及判决的稳定性、法院的权威以及诉讼成本等诸多方面,因此,对第三人撤销之诉予以必要的限制是必需的。如果案外人可以通过提起新的诉讼来解决争议时,不得提起第三人撤销之诉。另外,可以对违反诚实信用原则,滥用诉权提起撤销之诉行为给予必要的制裁。

4. 管辖

法国和我国台湾地区的撤销之诉的管辖法院原则上是专属于作出原判决的法院,其理由是撤销诉讼与原诉讼有着密切的联系,原判决法院可以充分利用原诉讼中当事人提出的资料。由原判决法院审理再审案件,将有助于法院迅速、适当地作出再审裁判。撤销之诉的客体是原审裁判中对己不利的部分,在某些情况下可能包括一审法院和二审法院的裁判。因此,对于同一案件存在一审和二审两个确定判决时,应由原二审法院统一管辖,即由作出生效裁判的法院统一管辖。

5. 审理程序

对于第三人撤销之诉管辖法院的审级和适用程序,笔者认为,无论原确定判决法院级别为何,其在审理第三人撤销之诉时,都应适用第一审程序。对于第三人撤销之诉,应当适用普通程序,不得适用简易程序。

6. 原判决的效力

第三人撤销之诉乃赋予非因可归责于自己的原因而没有参加他人诉讼审理的利害关系人的一种非常救济措施,旨在除去原确定判决对该第三人不利部分之效力,而非全面否定原确定判决之效力。因此,为了维持原确定判决的安定性,原则上并不影响该判决在当事人之间的效力。法院认为有必要或第三人提供相应担保之后,可以裁定中止对第三人不利部分的原判决的执行。

7. 判决

为了纠纷的一次解决,节约诉讼成本,经审理,法院认为第三人撤销之诉事由成立的,应当撤销原判决中对该第三人不利的部分,并在第三人请求范围内作出新的判决。经审理,法院认为第三人撤销之诉事由不成立的,应当判决驳回。原判决效力得以产生或维持,第三人提起撤销之诉的行为可以认定为违反诚实信用原则滥用诉权的行为,同时可以对第三人的行为实施相应的制裁措施。

结　语

　　为需要救济的公民提供畅通的渠道，使其能较为容易地进入法院并获得公正的司法救济，是一个国家应尽的义务。在民事诉讼中，基于民事诉讼程序本身的相对性与实体法律关系主体的广泛性之间的固有矛盾，案外第三人在某些场合下不可避免地会受到法院生效裁判的不利影响，因此，对案外人的合法权益进行救济就显得必要。申诉无法给案外人提供任何程序保障，申请检察院提起抗诉或者检察建议的渠道也不畅通。在既判力的相对性原则未被大多数法官和社会公众所认知和认可的背景下，另行起诉将必然产生互相"矛盾"的判决，将进一步损害法院的形象。虽然《民事诉讼法》第 204 条规定针对执行程序中案外人异议的不同情形，分别设计了案外人申请再审和案外人异议之诉两种不同的制度，但是现行案外人申请再审制度弊病甚多；而案外人异议又只针对和原判决、裁定无关的事项，因此其能救济的广度又受到一定程度的局限。而发端于法国的第三人撤销之诉则能较好地在维护案外人合法权益和维护生效裁判的既判力上达成平衡，因此，对于需要救济的民事诉讼案外人来说，不失为一个更好的选择。

民事裁判理论的改进与要件事实论

小林正弘[*]

一、中国民事审判的问题与要件事实论

司法实践中有时会因法律适用不统一而出现同类案件不同判决的情况。这种情况有可能导致民众对司法的不信任,因此实务界需要对裁判理论的研究。[①]笔者认为同案不同判决的主要原因是:(1)中国法律体系的复杂性。[②] (2)各法官的案件分析、法律解释适用方法的不统一。(3)证明责任负担方面的强大的裁量权。[③]

最近中国已经开始研究审判方法论,这些方法论的研究对实务以及学界提

---

[*]　作者系清华大学法学院博士研究生。
[①]　《法制日报》2011年11月9日第9版。
[②]　如果对同一的问题有复数的法律规范而且法律效果不同,那么容易发生同案不同判决。参见杨立新《民事裁判方法》,法律出版社2008年版,第17~18页。因此,按照纠纷的性质需要加以法律适用的类型化。要件事实论有"类型化要件事实",此有助于法官法律适用的统一化。目前中国司法实践也有类型化的倾向,例如张伝臣编《常见民商事审判思路与尺度》(人民法院出版社2011年版)根据各合同类型梳理法律规范和抗辩等。
[③]　最高人民法院院长王胜俊曾多次作出重要批示,要求进行审判理论研究。2011年11月1日,中国审判理论研究会成立,最高人民法院理论研究工作小组工作室罗东川接受采访时指出"迫切需要加强法律适用研究和审判方式研究"。应勇院长(上海市高级人民法院院长)对其原因进行分析并指出如下四点因素:其原因在于既有规则不完善等立法因素,也有外部不当干预等法治环境和舆论环境的因素,更有法官能力不足、法院管理不善等司法自身的因素。这些问题包括:第一,法律规则不明晰导致法律适用不统一;第二,关联案件中法律适用不统一导致法律适用不统一;第三,自由裁量权行使不规范导致法律适用不统一;第四,裁判结果评判标准不同导致对法律适用是否统一认知差异。为了解决这些问题,应勇院长提出几点看法:第一,立足审判规律,正确把握推进法律适用统一的科学理念;第二,发挥合力优势,切实履行法律适用统一的主体职责;第三,强化规范制约,完善推进法律适用统一的常态运行制度等。这些观点都具有启发性,并且具有可实施性。载《法制日报》2011年11月2日第12版。

供新的观点。比如,许可副教授的代表性著作是《民事审判方法——要件事实引论》①,书中的很多内容对法官实际审判的操作很有启发性,尤其是攻击防御方法的体系部分,对法官建立审判方法论提供其理论基础。这方面最新的著作是邹碧华法官的《要件审判九步法》②。以权利请求基础规范和抗辩权基础规范为中心按照诉讼程序的展开建立了一套审判方法论,其理论是从审判实践中产生的,因此它不仅具有理论基础,而且具有实用性。③ 此外,杨立新教授的《请求权与民事裁判应用》可以为以上研究提供主要请求权概念方面的理论基础。④

　　以上研究对法官的法律适用能力的提高以及实际审判操作方法的改善等方面可以起到重要作用。但笔者认为,为了解决以上问题而取得民众对司法的信任,中国的裁判方法论在证明责任领域还有进一步改善的空间。笔者认为建立中国特色的裁判方法论时,根据现在的研究情况,日本的审判方法论《要件事实论》或许可以提供一些借鉴之处。简单地说,要件事实论是结合证明责任论和以诉讼标的为最终目的,对裁判中当事人展开的攻击防御方法(请求原因、抗辩、再抗辩等)进行研究的理论。这种理论采用修正法律要件分类说,以民法解释论为基础将平面的法律关系转换为立体的攻击防御方法的体系,即以诉讼标的为最终目标将构成要件转化为法律效果的发生、妨碍、消灭的要件事实,同时通过请求原因、抗辩、再抗辩的概念来使法官和当事人明确地认识每个要件事实的证明责任的所在以及如何展开攻击防御方法。

　　目前中国已经有证明责任的专门研究,但是,证明责任论与其他理论的关联性,尤其是与当事人的攻击防御方法的关系,尚缺乏深入研究。证明责任并非仅在审判的最后阶段才发挥作用。在诉讼最初阶段,如能够通过明确地把握成为证明责任的对象的事实(主要事实),法官就可以恰当地梳理当事人的主张,当事人也可以恰当地展开自己所需的攻击防御方法。也就是说,证明责任理论与当事人的攻击防御方法之间有密切的关系,成为证明责任对象的事实是一种当事人在审判中展开主张和证明的目标。明确地把握成为证明责任的对象的事实(主要事实)之后才能够认识当事人主张的各种事实是到底属于主要事实、间接事实还是其他事实。法官明确地分析其区别后,才能恰当的适用法律规范。这种成为证明责任对象的事实就是要件事实。在日本审判实践中要件事实非常重

---

① 许可:《民事审判方法——要件事实引论》,法律出版社2009年版。
② 邹碧华:《要件审判九步法》,法律出版社2010年版。
③ 2012年9月13—14日,笔者获得与上海市长宁区人民法院邹碧华院长及法官们交流访问的机会,了解到该理论在实践中不断改善的情况,笔者受到很多启发,在此表示衷心的感谢。
④ 杨立新:《请求权与民事裁判应用》,法律出版社2011年版。

要：审理和裁判的唯一途径，必须根据要件事实的综合判断来确定诉讼标的是否成立。

要件实事论的主要内容是如何恰当地确定要件事实，因为日本制定民法典未考虑证明问题，如果直接按照民法规定去分配证明责任的话会导致在证明上的不公平负担。其理论的主要目的在于根据民法规范目的客观地实现证明的公平以及提高法律适用的正确性和审判效率。笔者认为要件事实论是一种民法解释论。本文从要件事实论的视角来分析传统民法解析论的不足之处，同时通过提出"作为裁判规范之民法"理论来思考应有的审判方法论以及证明责任论的研究方向。

二、中国审判方法论中的证明责任

（一）在审判中的传统民法解释论的不足——未考虑证明问题

大多数的法官都受过大学本科的法学教育，适用的法律也同一，但传统民法教育本身存在着一个缺陷。传统民法学提供的教育具有一个前提，即要进行法律分析对象的事实是只有"有"或者"没有"这两种，即未考虑证明问题。而且，一般不考虑在审判中当事人的具体主张，即不考虑当事人在审判中展开的攻击防御方法。立法过程也在这种前提下，以传统民法理论为基础，进行法律草案的审查与和制定。

但是，在审判过程中，经常出现当事人主张的法律依据和主张的事实随着审判的进展而有所变化，并且，甚至在证据调查阶段陷入真伪不明的情况，即法官要面对整理当事人的攻击防御方法和分配证明责任这两个问题。对于如何整理当事人的攻击防御方法，按照以当事人之间的法律关系的分析为主的传统民法解释论，很难发挥指导作用。对于证明责任的分配由于法官要适用的法律本身是没有考虑证明问题而制定的，而且传统的民法学也没有深入研究这个问题，其结果导致法官不知如何解释、适用法律。

但是法官要整理在自己面前当事人展开的各种主张，要履行作出判决的义务，不能回避法律解释和适用，那么法官最后只能依靠自由裁量来解决这些问题，由此出现同案不同判决的问题，进而产生民众对法院的不信任。

民法的解释适用需要裁判者关注民法规范的构成要件和法律效果，民法学的研究同样也需要有意识地从请求权基础理论以及"请求—抗辩"的视角着手。而且证明责任的分配规则有从民法解释学的角度来进行深入研究的空间。传统的解释民法规范的方法，在现实中遇到了上述不足之处，有待改进。

在日本，当下无论是民事程序法学者还是实体法学者，都不约而同地将目光集中到了新近提出的"要件事实论"理论，并以此为基础，对民法的解释论进行改造。目前日本民法学界已经认识到要件事实论与民法学的密切关系，并开始了深入研究,其主要课题是民法规范结构与证明责任以及主张责任的关系、分析民法规范结构的方法等等。值得我们思考的问题包括:要件事实论的本质及其如何展开,要件事实论是民事实体法的问题抑或是民事程序法的问题,民法规范中构成要件的设定与证明责任如何衔接,构成要件的证明与诉讼程序的展开如何衔接,等等。

(二)证明责任研究的"诉讼法路径"与"民法路径"

对于笔者的如上认识,尤其是对证明问题,一些学者会认为以上情况的发生不是源于民法的问题,而是程序法的问题。对这种主张,笔者首先要从程序法的角度来分析其问题。

法谚有云:有权利必有救济。虽然民法规定了救济手段,但现实中常出现对方不履行义务的情况,所以主张权利的一方为获得真正救济需要法院的帮助。此时主张权利的一方必须克服证明问题。如果陷入真伪不明的情况,在现实中最后是否获得自己请求的救济取决于由谁来承担证明责任。一般来说,证明责任的分配问题属于程序法,对此问题不仅有很多程序法学者的研究及他们所主张的多种学说,还有民事诉讼法和司法解释的相关规定。但是,在现实中还是会出现由于证明责任的分配不规范,虽同案而结果不同的情况。因此,在法官面对真伪不明的情况下,研究这些已有的学说以及法律规范等是否真的发挥作用是具有现实价值的。

目前在中国这问题属于民事诉讼法证明责任分配的问题。所以为了解决其问题,首先要看已有的证明责任相关的法律、司法解释以及学说是否能够回答该问题。《民事诉讼法》第 64 条第 1 款以及 2003 年出台的《最高人民法院关于民事诉讼证据的若干规定》(以下简称《证据规定》)规定,当事人对自己提出的主张有责任提供证据。绝大多数教科书都认为,该规定既是中国民事诉讼法规定举证责任的一般原则,也是举证责任负担的一般原则。但该规范实际上有名无实,在其原则下,客观证明责任分配的标准没有任何意义。[①] 即,如果没有能够适当地决定主张的具体内容(其内容包括消极表述或积极表述,例如善意或恶意)的标准,那么围绕某个要件例如"善意"的要件,双方当事人的一方可以主张"我是善意"并且对其负证明责任,而另一方可以主张"你是恶意"并且对其负证明责任,最后"善意"的要件陷入真伪不明时,法官不能判断到底应该由哪一方当事人负担证明责任。我们可以通过考虑以下两种规范方式来把握民法条文的证明问题。第一种规范方式是"原则上关于该交易的第三人不受保护,但是第三人善意时作为例外可以受保护",第二种规范方式是"原则上关于该交易的第三人受保护,但是第三人恶意时作为例外不得受保护"。如按照第一种方式,善意没有达

[①] 张卫平:《民事诉讼:关键词展开》,中国人民大学出版社 2005 年版,第 246 页。

到证明时,就发生第三人不受保护的法律效果。如按照第二种方式,恶意没有达到证明时,就发生第三人受保护的法律效果。

目前的中国的民法条文是未考虑证明问题而制定的,因此虽然在实际规定也采用"本文和但书"的规范方式,但其表述并不意味着采取了上述思路。那么法官也无从得知,某个要件陷入真伪不明时如何适用法律规范,最后还是由自由裁量来分配证明责任。

此外证据规定根据不同的纠纷类型规定了更详细的规定,其规定方法采用了法律要件分类说。其规定内容对证明责任分配的规范化很有意义,但是规范内容比较简单且不够全面,而且一些规定可能存在问题。① 还有,既然证据规定第7条规定法官的裁量权,仍然存在法官滥用裁量权的可能性。

民事诉讼学领域对证明责任的研究而言,已经有各种学说,总体来看,法律要件分类说比较流行。法律要件分类说肯定根据民法规范来分配证明责任,这种方法论对法官的自由裁量的规范化有很大意义。但是,如何根据各个民法条文按照该学说去分配证明责任,这种具体的研究并不多。这种研究需要各个民法制度的全面理解和针对各个民法条文进行民法解释论的分析,因此诉讼法学者进行这种研究可能会有一定的障碍。民事诉讼法学者李浩教授就明确地指出,证明责任问题属于实体法领域。②

实务中,在如上所述对于某领域的证明责任分配没有规则或相关研究的情形下,法官往往根据自由裁量来决定责任的分配,裁量的因素可能是多种多样的。比如当事人的举证表现(哪一方当事人举证较为积极,就有可能得到法官心证的倾向)、证明的难易程度、当事人举证能力方面的差异等等。此时就会产生一个问题,即,同样的案件,由于法官的自由裁量,有可能出现不同的责任分配结论。即使是同一个法官,面对同一类型的案件,也有可能改变自己以往对证明责任的分配结论。这恰恰是程序法的有些学者倡导法律要件分类说的重要原因,但是由于该学说的具体研究不足,无法防止法官在证明责任分配方面的恣意。

笔者认为审判是民法规范目的由国家强制力发挥作用最关键的环节。那么其审判结果也应符合客观存在的民法制度的规范目的,而不应体现法官的恣意。证明责任研究应该从民法学的路径着手,展开全面研究。

---

① 比如《证据规定》第5条第1款规定"在合同纠纷案件中,主张合同关系成立并生效的一方当事人对合同订立和生效的事实承担举证责任"。债权人请求基于买卖合同请求支付代价时,如果按照其规定须负担所有合同的无效事由、撤销事由等不存在的话,这对债权人来说是非常沉重的负担。笔者认为在这里存在着进行学理解释的必要性。

② 江伟:《民事诉讼法》,高等教育出版社2007年第3版,第185页。

(三)作为裁判规范之民法的必要性

为了防止法官滥用自由裁量权,需要由民法规范目的①来规范法官在决定证明责任过程中的恣意。但是,目前中国的民法学者,将证明责任问题理解为一种"实体法解释"问题的还很少。笔者认为其原因在于民法学者还没有意识到这个问题属于民法学的研究范围,而且没有作为民法解释的证明责任研究方法论。虽然法律要件说以对民法规范的解释为决定证明责任分配的方式,但是该学说并没有提出如何考虑规范目的以及如何衡量规范目的和举证困难等其他因素。

根据以上情况,笔者认为之所以伊藤滋夫教授倡导的"作为裁判规范之民法"②的理论很有参考价值,是因为该说提出了一套作为民法解释的证明责任研究方法论,阐述了其实体法解释的性质、内容以及其解释和证明的公平、制度目的的关系。

三、要件事实论及"作为裁判规范之民法"的基本思路

(一)要件事实论的本质及其展开

所谓要件事实是在裁判过程中为了判断某一法律效果发生(例如,请求返还借款的权利的发生)或消灭(例如,上述返还请求权的消灭),直接且必需的符合构成要件的具体事实(例如,A向B交付金钱,并约定在一定期限内返还的事实,这是发生该法律效果所必要的事实;B向A还钱的事实,是消灭该法律效果所必要的事实)。相反,不直接产生某一法律效果的事实(例如,B当时缺钱的事实,这种属于间接事实)即使具有推定要件事实存在(借款的事实)价值,也不是要件事实本身(当然,这并不意味着这样的事实并不重要)。

所谓要件事实理论,就是通过解明要件事实具有的法律性质,并以此来思考民法内容与规范结构以及民事诉讼审理和判断结构的理论。其目的在于对民事纠纷作出恰当和迅速的判断。

民事判决是在对诉讼标的相关的各要件事实综合判断的基础上来进行裁判的(是否在返还金钱的约定下交付、然后是否清偿等),因此,对于作出迅速而恰当的审判而言,要件事实理论在本质上具有必要性。要件事实论为达成以上目的采取如下方法。(1)将作为诉讼标的的实体法权利的前提的各种构成要件分

---

① 这里所说的"规范目的"而言,它不是直接指历史上立法者的意思,而是一边根据其立法者的意思,一边正确地把握某个制度在民法的整个体系中所占的位置,并且正确地考察被想定的社会事态等后,为了试图恰当地协调被分析的多样利益状况,该制度预先设定的目的。伊藤滋夫:《要件事实講義》,商事法務2008年版,第224页注62。

② 更详细说明,参见伊藤滋夫:《裁判規範としての民法》,载伊藤滋夫:《要件事实小辞典》,青林书院2011年版,第67页。

解为发生要件、妨碍、消灭要件，以及该要件（妨碍消灭要件）的妨碍、消灭要件等；(2)对上述不同性质的要件，抽取能导致该要件法律效果发生必要且充分的事实（就该要件而言，这一事实属于原则性事实，其他则属于例外性事实）分别作为原则性要件和例外性要件；(3)通过对符合各要件的具体事实（主张证明责任对象事实，即要件事实）存在与否的判断进行排列组合，以此判断作为诉讼标的的实体法权利之有无。①

同时，要件事实论基于以上方法提供了请求原因②（例如，作为满足原告的返还借款请求权发生的必要且充分的根据事实，即金钱的交付、确定返还期限的约定、清偿期届至等事实）、抗辩③（例如，为消灭请求原因所产生的法律效果的必要且充分的事实，即清偿等事实）、再抗辩（例如，为妨碍抗辩所产生的法律效果的必要且充分的事实，即清偿无效的根据事实）等攻击防御方法的思考方式。这种模式可以体现审判中原告与被告之间的攻击和防御的关系。而且，还可以明确地分配④证明责任（例如，原告负请求原因的证明责任、被告负抗辩的证明责任等）。因为，各要件事实（例如，请求原因和抗辩、抗辩和再抗辩）是互不相同且互不矛盾的事实。

（二）"裁判规范之民法"说

1. "裁判规范之民法"说基于民法解释论

在符合要件的具体事实陷入真伪不明的情况下，法官也需要适用民法作出裁判。因此，有必要把民法改造成在真伪不明时也可以适用的民法，即需要分析作为裁判规范的民法结构。因为这种工作是从裁判规范之民法的角度出发将民法典的内涵予以明确，所以这种改造工作具有民法解释学的性质。

2. 裁判规范之民法的构成要件的确定方法

---

① 伊藤滋夫：《要件事実講義》，商事法务2008年版，第226~227页。

② 请求原因是指欲产生作为诉讼标的的实体法权利的法律效果所需的必要且充分的事实。

③ 抗辩是指排斥请求原因发生法律效果的必要且充分事实。

④ 伊藤滋夫教授不使用"证明责任的分配"这一术语，而使用"证明责任对象事实的决定"，理由如下：证明责任的分担并非与证明责任对象事实的形式无关。比如，不是先存在"有无清偿"这样表述模糊的事实，然后再考虑应当由哪一方当事人承担主张证明责任，而是要首先决定"已经清偿"还是"尚未清偿"属于证明责任的对象事实，一旦确定下来，就该事实承担证明责任的当事人也就获得了确定。即确定裁判规范之民法的要件的分析已经包含着证明责任负担的问题。所以，请求返还借款诉讼中，如果法院认为证明责任对象事实为"已清偿"的话，就不能考虑该事实的证明责任由原告来承担，而应当由被告来承担。相反，如果法院认为证明责任的对象事实为"未清偿"的话，就不能考虑由被告承担该事实的证明责任，而应由原告来承担。笔者赞同以上看法。伊藤滋夫：《要件事実小辞典》，青林书院2011年版，第272页。

(1) 裁判规范之民法的构成要件的基本框架。首先要确定作为证明责任对象的具体事实(以下称之为"证明责任对象事实")。而以其为内容的要件就是"作为裁判规范之民法"的构成要件。证明责任对象事实即是要件事实。由上可见,明确"裁判规范之民法"的构成要件,是以证明其内容事实后才适用的思考方式为前提的。例如,"不得对抗善意第三人"这一规定的预设前提是,只有在善意被证明的情况下方可适用。

"证明责任对象事实"的最终决定标准是证明责任负担的公平。当证明在诉讼中成为问题时候,则应适当实现民法各制度之目的,如此,才能保证证明之公平。① 证明责任对象事实是符合"裁判规范之民法"要件的具体事实(要件事实),而"裁判规范之民法"是实体法,所以其适用结果在实体法上也必须是妥当的。

(2) 确定裁判规范之民法构成要件的具体步骤。以民法制度目的为基础,思考民法的规范结构,用于考虑证明责任对象事实的确定。为达此目的,应采取如下具体步骤。

首先,只考虑具体的民法目的,而不考虑证明问题,对整个民法进行系统性分析,并以全部规范的相互关系为标准判断什么是正确的民法规范结构。其次,决定能够体现上述民法规范结构的具体形式(如上述第一种规范模式)。再次,加入举证困难性的分析之后是否能继续维持上述民法规范结构的具体形式。所谓"加入举证困难性的分析"是指,根据上述第一种规范模式来确定证明责任对象事实时,是否有利于实现该规范目的(不是把证明困难作为一种与制度目的毫无关系、独立的决定因素)。换言之,我们应当从能够适当地实现规范目的的角度出发,思考如何正确决定裁判规范之民法要件(该当要件的具体事实为要件事实),并以此为基础来考虑举证困难问题

3. 裁判规范之民法与行为规范之民法的关系

在诉讼中,该当某一要件的具体事实有时会陷入真伪不明,此时法院也不得不适用民法而不能拒绝裁判。所谓裁判规范之民法,就是针对这种情形重新构造的民法,以方便法院适用。除此之外不含有任何其他意义。裁判规范之民法,并不意味着比没有考虑到证明问题的民法(可以称其为"行为规范之民法")更为重要,也不意味着没有考虑到证明问题的民法没有任何价值。正因为有了行为规范之民法,才可以通过解释,构造裁判规范之民法。

(三) 裁判规范之民法说与规范说

规范说提出了民法条文可以识别为权利发生、妨碍、消灭要件,并且当事人对自己有利的要件负担证明责任。裁判规范之民法说也采用此思维。但是,两

---

① 伊藤滋夫:《要件事实小辞典》,青林書院 2011 年版,第 102 页。

种学说之间有绝对的不同之处,即规范说完全按照民法条文的规范方式来分配证明责任,与此相比,裁判规范之民法说,以民法条文为基础,最后由民法解释的结果来决定证明责任对象事实(要件事实)。

许可副教授的《民事审判方法——要件事实引论》①中详细地分析中日两国的证明责任学说,最终采用规范说。其主要根据为,按照条文的规范方式(本文,但是等)来分配证明责任的做法能够实现客观地证明责任的分配。有可能许可副教授担心如果采用修正法律要件分类说、裁判规范之民法说等学说的话,出现各种关于证明责任分配的具体见解,而且考虑到中国不是判例法国家,可能导致实践操作中的混乱。

但是,中国民法是未考虑证明问题而制定的,在这种情况下,如果完全按照民法条文的规范方式分配证明责任,其结果不一定符合民法的规范目的。考虑到证明责任的分配是直接影响到当事人诉讼胜败的重要问题,笔者认为还是应当为了确保证明的公平,由民法的规范目的来决定证明责任对象事实。由于在中国目前通过单行法来形成民法体系,有时对于同一民法制度存在不同的规定,而且有时这些规定和司法解释的内容也不一致。还有,民法中存在法律漏洞部分,常常由各种学说和司法解释来加以补充。根据这种情况,首先民法学者以及法官等需要根据已有的法律规范(包括司法解释)和研究成果来梳理复数的法律规范之间的适用关系并由学说进行补充,这样才可以在审判中真正的反映现在的民法理念和发展成果。② 如果按照规范说,就不能考虑以上内容,因此我不能认同其看法。当然,尽管我并不支持规范说,但我赞同许可副教授采用规范说的主要目的,即证明责任分配的客观化。

四、要件事实论与其他诉讼法理论的关系

当然要件事实论不是一种万能的理论,在其理论操作过程中需要与相关的民事诉讼法理论保持适当的协调。

(一)案件的解明义务

在日本讨论证明责任论时,不可忽略"案件的解明义务"的观点。③ 伊藤滋夫教授对两者之间的关系作了如下梳理,很有启发意义。为在诉讼中实现证明

---

① 许可副教授在该书中不仅全面介绍日本的要件事实的概念和要件事实论,而且它们与中国的审判情况结合起来,展开对中国的要件事实论的研究。

② 目前在中国审判实务中出现民事案件处理类型化的趋势。例如,张传臣主编:《常见民商事审判 思路与尺度》,人民法院出版社2011年,按照各合同类型,整理法律规范以及抗辩等。

③ 伊藤滋夫:《要件事実の機能と事案の解明》,日本評論社2012年版。

的公平,首先需要适当地确定证明责任对象事实(即要件事实,也是符合裁判规范之民法构成要件的具体事实)。然后,为了减轻举证困难,存在着证明责任的倒置理论(包括法律上的权利推定、法律上的事实推定、暂定真实、大致推定)。与此并立,存在着不发生证明责任倒置的减轻证明的理论(狭义的案件解明义务,《日本民事诉讼法》第248条的"相当的损害额的认定"、日本所得税法第156条的推计课税等)。①

(二)调解优先主义

目前中国推动调解优先主义。通过调解高效率地且灵活地处理案件。但是仅仅依靠调解,就对法官的法律解释能力、适用能力会造成负面影响,因为调解不需要严格按照法律规定且不需要作出判决书。

其实,法官引导当事人调解的时候,也同样存在着根据要件事实论进行分析的必要性,法官首先要按照法律规范分析案件,要整理当事人的主张,这样才能够提出公平的调解方案。而且,法官通过向当事人明确地指出要件事实的证明不足的情况,对取得当事人对调解方案的理解有所帮助。

(三)职权探知主义以及法官的任务

中国民事审判处于从职权探知主义到当事人主义的过渡期②,法官拥有比较广泛的裁量权,同时担任着实际案件中实现公平和正义的重大任务。

适当地行使裁量权的必要是当然的。③ 为法官行使裁量权以及释明权,要件事实论会成为一定的在思路上的框架或者路标。关于"公平与正义",将这种因素如何在实体法的制度目的以及举证困难等问题中定位,今后需要进一步探讨。

五、结语

要件实事论以及裁判规范之民法的看法有助于民法解释论的深化和实用化,审判效率和法律适用正确性的提高以及法律思维能力的提高。因此对与目前中国审判实践所面临的同案不同判决问题的解决很有参考价值。同时,为实现法官对证明责任负担方面适当的裁量权的行使,也有待于民法学者对证明责任深入的研究。希望要件实事论以及裁判规范之民法的思维方式有助于在中国建立中国特色的审判方法论,实现具有正确性和有效率的民事审判,从而提高民众对司法的信任。

---

① 伊藤滋夫:《要件事実の機能と事案の解明》,日本評論社2012年版,第93页。
② 王亚新:《中国民事訴訟法についての一考察》,载德田和幸ほか编:《現代民事訴訟の諸相―谷口安平先生古希祝賀》,成文堂2005年版,第272~276页。
③ 对于裁量权的滥用,法官也主张规范行使裁量的必要性。参照常淑静、韩玲:《举证责任分配自由裁量规则在民事诉讼中的适用》,载《山东审判》2009年第1期。

纠纷解决

《人民调解法》的不足与统一"调解法"的必要*

吴 俊**

对调解的研究，著述颇多。就中国大陆而言，《中华人民共和国人民调解法》（以下简称《人民调解法》）的颁行，似乎意味着人民调解制度研究的阶段性终结，舆论压倒性地歌颂人民调解立法这一事件，并就《人民调解法》的条文进行具有正面历史意义的解读，甚至部分学者也加入了"颂诗班"。就学术界对人民调解立法的整体反映而言，立法前体现为批判性、建设性立场，而立法后整体的反思能力似乎极度衰竭。当然，也有学人对《人民调解法》本身提出商榷，对其进一步发展提出建议，如有人认为《人民调解法》在人民调解的国家化与非国家化、制度化与非制度化、专业化与非专业化在这几个方面有得有失；[①]有人认为人民调解组织的工作范围过于狭窄，人民调解员的年龄、文化程度、选聘制度表述不清，人民调解工作的资金保障不健全，"人民法院的业务指导"过于原则、操作性不强，诉调对接机制尚不完善；[②]又如基于我国城乡二分的现实，有人认为人民调解不可能有统一的模式，继而提出人民调解的城乡二分走势；[③]还有观点重述人民调解应当前置，[④]以及废

---

* 国家社科基金重点项目"中国特色的人民调解制度研究"（10AFX010），以及北京市支持中央在京高校共建研究项目"民事诉讼法修改与多元化争议解决机制的完善"阶段性成果。本成果的早期简本，曾以"人民调解制度的再完善"为题发表于《学习与探索》2012年第1期。

** 作者系清华大学法学院博士研究生。

① 周望：《转型中的人民调解：三个悖论——兼评〈人民调解法〉》，载《社会科学》2011年第10期。

② 于语和、宋甜甜：《新颁〈人民调解法〉简论》，载《法治研究》2011年第9期。

③ 齐蕴博、尹巧蕊：《人民调解走向研究》，载《前沿》2011年第16期。

④ 韦志兆、尹少成：《完善我国人民调解制度的若干思考——兼评〈人民调解法〉》，载《社会科学家》2010年第9期。

除司法确认程序。①

需要重点提及的是,范愉教授对《人民调解法》颁行之后人民调解的发展作了系统性的研究,她认为《人民调解法》整体上存在着模糊和不确定因素,对很多问题并没有给出具体答案,如人民调解的行政化问题如何解决？其他形式的人民调解,包括乡镇一级和专业化的调解组织如何成立和运作？非公益性民间调解组织的法律地位如何？等等,在此基础上,她提出了人民调解制度的下一步发展。② 徐昕教授系统表达了关于人民调解以及调解发展的观点,认为现有的人民调解是一种外生型和政府控制型调解,缺乏民间调解制度本应具有的内在活力。人民调解制度的发展方向是社会自治型的人民调解,实现从外生型调解向内生型调解的转变,积极发展多种形式的民间调解机构。③ 此外,笔者对《人民调解法》进行了批判性地分析,认为带有法律编纂性质的《人民调解法》难以消解人民调解的体制性障碍,进而提出了统一"调解法"的建议。④

上个世纪 80 年代以来,由于我国人民调解的规则体系以国务院、司法部、最高人民法院等机构的意志体现出来,体系庞杂,缺乏系统性,相互之间在一致性和协调性方面也欠佳,加之省、市、县、乡镇四级地方政府的创造性实践,地方性规范层出不穷,人民调解的规则可谓繁盛而凌乱。在这样的背景下,加之调解的程序规则的研究在国内几乎是空白,《人民调解法》颁行之后学界和业界对人民调解的学术关注,抛开合理与否这一评价标准,研究力度薄弱,深度不够,大多缺乏纠纷解决这一整体的视野,有的甚至在技术与规范方面出现讹误,如认为是《人民调解法》确立了调解协议的司法确认程序,这实为"法盲"的表现,有的则在宏观叙事、原则描述中游走而失于人民调解的技术与规范,提出诸多正确但不可操作的"文件体"命题。

本文是笔者前述研究的全面展开和后续发展,定位为一项关于我国调解发展走向的系统性研究。本文十分赞同范愉教授对《人民调解法》的评析和徐昕教授关于人民调解应该社会化发展的观点,但明显区别于范愉教授和徐昕教授的研究。本文将全面梳理人民调解在国家层面的制度流变,分析其运作不良的状况和制度缺陷的根源,在此基础上分析《人民调解法》是否有效回应了人民调解制度的缺陷,以及有效回应了社会的调解需要,最后提出统一"调解法"这一设想,并在整合我国既有调解资源的基础上,基于调解程序的基本原理,提出统一"调解法"的立法框架。

---

① 张帆:《人民调解法的特点和修改建议》,载《求是》2010 年第 S2 期。
② 范愉:《〈中华人民共和国人民调解法〉评析》,载《法学家》2011 年第 2 期。
③ 徐昕:《迈向社会自治的人民调解》,载《学习与探索》2012 年第 1 期。
④ 吴俊:《人民调解制度的再完善》,载《学习与探索》2012 年第 1 期。

一、人民调解的制度沿革与制度缺陷

人民调解诞生于民主革命时期。1954年3月22日,中央人民政府政务院颁布《人民调解委员会暂行组织通则》,将人民调解的性质、任务、组织形式、工作原则和方法等加以规范化、制度化,第一次在全国范围统一了人民调解制度,确立了人民调解的法律地位,人民调解正式制度化。也由此,确立了概念化的"人民调解"。之后,1982年12月4日通过的《中华人民共和国宪法》第一次在国家根本大法中对人民调解进行了规定,为村、居一级的人民调解委员会的设立提供了最高法律依据。1989年6月17日国务院发布实施了《人民调解委员会组织条例》(以下简称《组织条例》),1990年4月19日,司法部根据《组织条例》第9条第2款、第2条第2款和第10条制定了《民间纠纷处理办法》。1994年5月9日司法部根据《组织条例》第7条制定了《跨地区跨单位民间纠纷调解办法》。

新世纪以来,伴随着社会和谐和纠纷化解的要求,人民调解被推到了新的历史舞台,进一步制度化。2002年9月5日最高人民法院审判委员会第1240次会议通过了《最高人民法院关于审理涉及人民调解协议的民事案件的若干规定》(法释[2002]29号),规定从2002年11月1日开始,经人民调解委员会调解达成的、有民事权利义务内容,并由双方当事人签字或者盖章的调解协议具有民事合同性质,由此明确了人民调解协议的法律效力。2002年9月11日,司法部出台了《人民调解工作若干规定》(以下简称《若干规定》),扩充了人民调解的组织形式,规定乡镇、街道、企业事业单位可以设立人民调解委员会,同时可以设立区域性、行业性的人民调解委员会,并对民间纠纷的受理和调解,以及对人民调解工作的指导进行了细致的规定,还统一了人民调解委员会工作所需的各种文书。《若干规定》与法释[2002]29号文件提升了人民调解的法律地位和社会威信,推动了人民调解的复兴。

另外,2002年《中共中央办公厅、国务院办公厅关于转发〈最高人民法院、司法部关于进一步加强新时期人民调解工作的意见〉的通知》(中办发[2002]23号)、《最高人民法院、司法部关于进一步加强人民调解工作 切实维护社会稳定的意见》(司发[2004]1号)以及2007年《最高人民法院、司法部关于进一步加强新形势下人民调解工作的意见》(司发[2007]10号),都旨在进一步强调人民调解的重要性。就法院调解的社会化或法院与诉讼外调解的衔接而言,1982年《民事诉讼法(试行)》第99条和1991年《民事诉讼法》第87条都规定了"邀请调解",即在诉讼中邀请有关单位和个人协助调解;2004年《最高人民法院关于人民法院民事调解工作若干问题的规定》(法释[2004]12号)则规定了"(诉讼中)委托调解",并细化了"邀请调解";上述2007年司发[2007]10号文件重申了"(诉讼中)委托调解",并规定人民法院对刑事自诉案件和其他轻微刑事案件,可以根据案件实际情况,参照民事调解的原则和程序,尝试推动当事人和解,尝试委托人民调解组织调解;2009年《最高人民法院关于建立健全诉讼与非诉讼相衔接的矛盾纠纷解决机制的若干意见》(法发[2009]45号)进一步明确了"(诉讼中)委托调解"和"邀请调解",规定了"诉前(委托)调解",并确立了司法确认程序,即对行政机关、人民调解组织、商事调解组织、行业调解组织或者其他具有调解职能的组织调解达成的具有民事合同性质的协议,人民法院对其依法审查后,以"决定"的形式确认其效力。同时,地方省市以地方性法规的形式制定了大量的人民调解相关规范的实施细则。2010年8月28日通过,自2011年1月1日起施行的《人民调解法》则将人民调解制度上升到国家基本法律的高度,对人民调解委员会、人民调解员、调解程序、人民调解协议等进行了规定。2011年3月21日最高人民法院审判委员会会议通过了《最高人民法院关于人民调解协议司法确认程序的若干规定》(法释[2011]5号),就经人民调解委员会调解达成的民事调解协议的司法确认程序的管辖、要件、范围、审理、效力等进行了进一步的规范,由此正式确立了人民调解与司法的衔接机制。而2011年修改后的《民事案件案由规定》则规定了"请求确认人民调解协议效力"这一案由。

2011年4月22日,中央社会治安综合治理委员会、最高人民法院、最高人民检察院、国务院法制办等16部门联合印发《关于深入推进矛盾纠纷大调解工作的指导意见》,第一次公开从全国层面提出了"大调解"。[①] 该意见是对中共中央办公厅国务院办公厅转发的《中央政法委员会、中央维护稳定工作领导小组关于深入推进社会矛盾化解、社会管理创新、公正廉洁执法的意见》和《人民调解法》的落实,第1项指出:"坚持调解优先,依法调解,充分发挥人民调解、行政调解、司法调解的作用。把人民调解工作做在行政调解、司法调解、仲裁、诉讼等方法前,立足预警、疏导,对矛盾纠纷做到早发现、早调解。"之后,根据《人民调解法》第34条的规定:"乡镇、街道以及社会团体或者其他组织根据需要可以参照本法有关规定设立人民调解委员会,调解民间纠纷",司法部于2011年5月12日发布了《关于加强行业性专业性人民调解委员会建设的意见》(司发通[2011]93号),提出了建设行业性、专业性人民调解委员会的指导意见。2012年民事诉讼法修正案则引入了调解协议司法程序,将依法设立的调解组织调解达成的民

---

① 事实上,早在2009年12月31日,《中共中央办公厅国务院办公厅转发〈中央政法委员会、中央维护稳定工作领导小组关于深入推进社会矛盾化解、社会管理创新、公正廉洁执法的意见〉的通知》(中办发[2009]46号)就提出了大调解的思路,但该文件一直没有全面公开。2009年12月19日周永康在全国政法工作电视电话会议上的讲话,反映了该文件的内容,参见周永康:《深入推进社会矛盾化解、社会管理创新、公正廉洁执法,为经济社会又好又快发展提供更加有力的法治保障》,载《求是》2010年第4期。

事调解协议作为确认的对象,而突破了《人民调解法》的限制。

人民调解已经实现了制度上的繁荣和正规,但是,人民调解面临的深层次矛盾并没有化解。人民调解曾长期地根植于革命斗争、计划经济体制以及熟人社会。而伴随着国家政权的确立,社会主义市场经济的发展与繁荣,以及社会人际关系的陌生人化和人际关系的民事法律关系化,人民调解制度出现了不适应社会发展的症状,其纠纷解决能力遭遇到了前所未有的挑战。

据《2009年中国人权事业的进展》白皮书披露:到2009年底,全国共建立人民调解委员会82.3万多个,共有人民调解员493.8万多人。全年共调解各类纠纷767.6万余件,防止民间纠纷转化为刑事案件4.8万多件,防止民间纠纷引起自杀1.8万多人。① 可见,2009年人民调解员人均调解的纠纷约1.5件,而实践中涌现的调解能手调解了大量的纠纷,因此可以断言,有大量的人民调解员是闲置的。同时,朱景文教授通过对1981—2006年不同阶段民事纠纷的人民调解与民事一审的年均增长率、相关系数和比重的分析,指出,改革开放以来人民调解的作用在弱化,无论调解的绝对数量还是相对于法院一审民事案件的比重都下降了。人民调解对诉讼没有起到分流的作用。② 也即,人民调解之于社会纠纷的整体态势呈示弱状,人民调解的纠纷解决能力和纠纷解决数量没有随着社会的发展、纠纷的激增而实现相应的提高和增长,人民调解事实上处于退化的状态。

人民调解不能适应社会纠纷的状况,直接原因在于人民调解制度本身的落后,体现为调解组织体系的僵化、调解员素质的参差不齐、调解工作保障的落后、调解员工作积极性的严重不足、调解程序的随意性和不规范性等,③这种人民调解落后于社会纠纷解决需要的状况,并没有随着《人民调解法》的制定而缓解,而人民调解出现社会不适应症的深层次原因,则是人民调解面临的体制障碍及其与社会发展的脱节。

二、人民调解制度疲软的根源

人民调解是植根于现代化前夕的制度。人民调解制度赖以存在的社会基础已经被经济的发展、城市化的进程、社会的陌生人化、纠纷性质的大部法律化所

---

① 而据国务院新闻办公室发布的《中国特色社会主义法律体系》白皮书(2011年10月)载,2009年,人民调解组织调解民间纠纷767万多件,调解成功率在96%以上。目前,中国共有人民调解组织82万多个,人民调解员467万多人。"目前"是指何时,不得而知。

② 朱景文:《中国诉讼分流的数据分析》,载《中国社会科学》2008年第3期。

③ 关于人民调解制度的问题,详见徐昕:《迈向社会和谐的纠纷解决》,中国检察出版社2008年版,第106页。

置换。格式化的、标签化的人民调解,其政治意义大大超越实践意义。完善人民调解的呼声,在一定意义上是一种相对的完善,同时也是没有认识到人民调解制度的根本缺陷的思维的反应。

其一,政府控制与调解自治之间的矛盾与紧张,是人民调解制度运作不良、绩效不高的根源。调解需要调解员具有解决纠纷的积极性、主动性、有效性,依赖的是高素质的调解员个人,及其极大的耐心和热心,调解活动本身绝对带有助人为乐、做好事的成分。因此,人民调解不能往行政化的方向发展。但是,人民调解行业只能涌现个别典型,而不能使行业自身成为典型,原因在于,人民调解事实上是一种"政府控制的民间调解",也就是我们常说的人民调解的"半官方"性质。组织的性质决定了组织的命运。体制内的人民调解要具有体制外调解的品质,是相当困难的。政府控制下的人民调解,缺乏活力和动力,自然运作不良,绩效低下。①

其二,矛盾纠纷的法律性与人民调解员法律素养的不足之间的矛盾,是人民调解纠纷解决能力低下的根源。上文已经提到,根据官方的统计数据,2009年人民调解员人均调解的纠纷约1.5件。人均1.5件以及大量的人民调解员闲置的事实,说明人民调解的纠纷解决能力整体上十分低下。能力不足的原因在于,主要立足于常识常理常情的传统人民调解思维和实践模式,已经难以适应中国社会法律化进程。虽然人民调解员有来自官方的培训,但人民调解员的法律素养和对纠纷的法律分析,有时难以达到"不违法"的标准(如通过人民调解离婚),而大多数情况下人民调解员难以按照法定的权利义务分配方式,提示公允的调解方案(如关于8级工伤事故、8级侵权责任的赔偿金额的计算),而只能大而化之的"调",导致的结果是人民调解与法律渐行渐远,而人民调解的公正性和权威性也就因此受损。② 伴随中国法律体系的完善,民事、劳动法律制度已经相当完善,"依法维权"以及"依法调解"在社会上已经渐成风气,法律介入矛盾纠纷的协商和调解成为自然而然的事情;同时,在很多情况下,对纠纷的认识和处理本身,就是法律作用的结果,即纠纷(及其处理)已经与法律局部融合,已经难以单纯地剥离出无涉法律的纠纷(及其处理),如纠纷的当事人(如妻子不能代丈夫成为人

---

① 根据笔者2012年7月在长三角地区某市的调研,由于该市经济发达,政府财政充裕,该市政府破解人民调解疲软状况的核心举措是,通过进一步的政府控制,建立专职人民调解员队伍(截至2012年5月,共370人),让人民调解成为一部分人的工作(年薪约4万元),政府通过调解的案件数来考核调解员的工作。网络媒体上已经有诸多介绍上海、南京、成都等地区人民调解员职业化发展的报道,但是各地对专职化的理解以及人民调解员专职化的程度是不同的。

② 事实上,笔者曾在不同的场合,从法院、司法局、法律援助中心等机构的工作人员那里听到过关于人民调解牺牲一方当事人利益的事例。

民调解协议的当事人)、纠纷的性质(如工伤与侵权的区别)、调解协议条款的表达(如履行期限的约定、纠纷的一次性终结)等等。人民调解员法律素养的不足,已经与社会的法制进步脱节,而这严重影响了人民调解的纠纷解决能力。

人民调解的体制障碍及其与社会法制发展的脱节,导致了人民调解的组织虚化、人员溃散、激励与保障不足、动力不够、纠纷解决能力欠缺、运作不良等问题。现行人民调解制度最大的"优点"就是党委政府能够及时地予以控制。虽然人民调解制度被宣扬为具有"群众性、民间性、自治性的性质和特征",[①]但实际上这些性质和特征是不稳定和缺乏硬性保障的,甚至是不真实的,因为人民调解的运作严重依赖党委政府的直接扶持和管理。由此,人民调解很难有独立性,更难以有自主性,而调解所必需的调解员的热心、自愿也就难以有长效的保障,对调解员的激励和保障也将始终缺乏长效性。总之,只要人民调解生存和运作的体制不变革,现有制度和资源对人民调解的激励和保障就始终是低效的,是"临时"的。

三、《人民调解法》评析

《人民调解法》的制定与颁行,是我国对完善人民调解制度的最新的一次尝试。那么,作为国家基本法律的《人民调解法》是否能够力克人民调解制度的缺陷呢?

(一)对《人民调解法》内容的评析

翻开《人民调解法》的文本,我们对其大部分法律条文并不陌生,这些熟悉的条文见于上述国务院《组织条例》(1989)、《最高人民法院关于审理涉及人民调解协议的民事案件的若干规定》(2002)、司法部《若干规定》(2002)、《中共中央办公厅、国务院办公厅关于转发〈最高人民法院、司法部关于进一步加强新时期人民调解工作的意见〉的通知》(2002)、《最高人民法院、司法部关于进一步加强人民调解工作 切实维护社会稳定的意见》(2004)、《最高人民法院关于人民法院民事调解工作若干问题的规定》(2004)、《最高人民法院、司法部关于进一步加强新形势下人民调解工作的意见》(2007)、《最高人民法院关于建立健全诉讼与非诉讼相衔接的矛盾纠纷解决机制的若干意见》(2009)。同时,官方媒体报道《人民调解法》有"七大亮点":一是坚持和巩固了人民调解的群众性、民间性、自治性的性质和特征;二是进一步完善了人民调解的组织形式;三是进一步明确了人民调解员的任职条件、选任方式、行为规范和保障措施;四是进一步体现了人民调解的灵活性和便利性;五是法律确认了人民调解与其他纠纷解决方式之间的衔接

---

① 崔清新、周英峰:《盘点人民调解法七大亮点》,http://news.xinhuanet.com/2010-08/28/c_12494162.htm,下载日期:2011年12月6日。

机制;六是进一步明确了人民调解协议的效力和司法确认制度;七是加强了对人民调解工作的指导和保障。① 这四个"进一步",一个"坚持和巩固",一个"加强"说明《人民调解法》是在继承和延续旧有制度,而"五是法律确认了人民调解与其他纠纷解决方式之间的衔接机制"也是实践中已然普遍实行的,并有上述法释[2002]29号、法发[2009]45号文件为据。

从条文性质上看,《人民调解法》纵然规定了调解的程序,但是,其规定主要是调解的"流程",还不是严格意义上的程序规则,对人民调解可能涉及的程序规则问题,如诉讼时效、调解员的回避、调解员的保密义务、调解程序中信息的披露、调解中的证据在其他程序尤其是诉讼程序中的可采性等现代调解制度的基本程序规则问题,没有任何规定。同时对于人民调解协议纠纷与原纠纷的关系问题没有规定,而这一问题直接涉及对人民调解协议效力的解释问题。可以说,我国的人民调解制度仍旧停留在"临时性调解"("ad hoc" conciliations)的阶段,离"规范化调解"("institutional" conciliations)还有相当的距离。这种技术操作性上的不足是《人民调解法》延续旧思维、保守立法的结果,是《人民调解法》继承我国调解制度缺陷的结果。总之,《人民调解法》具有浓厚的法律编纂②性质,保守有余,创新不足。传统的人民调解不会因为《人民调解法》的制定而实现根本性的变革,其专业性的不足、组织网络的僵化、激励机制和保障机制长效性的欠缺等问题不会得到根本性解决。

《人民调解法》虽然创新不足,但仍有创新。其一,条文表述上有所创新,其二,有两大制度创新。下面细述这两大制度创新。

一是对人民调解组织的规定。如果只看《人民调解法》第8条,我们会以为是《人民调解法》在倒退,其只规定了村民委员会、居民委员会、企事业单位可以设立人民调解委员会。而《若干规定》已经将人民调解组织发展到了街道、乡镇一级,同时允许设立区域性、行业性的人民调解组织,有的地方在实践中还基于调解重大矛盾纠纷的需要设立了县级、地市级的人民调解委员会。事实上,在人民调解组织设置上,《人民调解法》虽定位于或者强调基层,但仍力求突破,该法第34条规定:"乡镇、街道以及社会团体或者其他组织根据需要可以参照本法有关规定设立人民调解委员会。""其他组织"一语道破天机。按照媒体的报道,此规定"为乡镇、街道人民调解委员会及一些特定区域,如依托集贸市场、旅游区、

---

① 崔清新、周英峰:《盘点人民调解法七大亮点》,http://news.xinhuanet.com/2010-08/28/c_12494162.htm,下载日期:2011年12月6日。

② 法律编纂是指对某一部门法或某类法律的全部规范性法律文件加以整理、修改、补充,删除其矛盾、冲突、重叠的部分,增加适宜的内容,从而产生出一部新的、完备的法律。法律编纂是立法活动。参见舒国滢主编:《法理学导论》,北京大学出版社2006年版。

开发区设立的人民调解组织和基层工会、妇联、残联、消协等群众团体、行业组织设立的新型人民调解组织保留了制度空间。"①"组织"并不是一个严格的法律概念,而是企业管理中的一个概念,由此,可以得出任何组织都可以设立人民调解委员会的结论。但是,笔者所要追问的是,这样立法的意义何在?目的恐怕在于尽可能广泛的发展人民调解组织。但是,在《人民调解法》的"附则"中做这样的规定,一种例外性的、补充性的规定,必然削弱立法目的。同时,也难以预期人民调解实务界会"例外地"努力发展人民调解组织。《人民调解法》没有力图将所有的民间调解、社会调解纳入人民调解的范畴,在事实上使用"人民调解",反而力图将所有的民间调解、社会调解改造成为固化的、格式化的人民调解,绝对是徒劳的。

二是关于人民调解协议的效力。《最高人民法院关于审理涉及人民调解协议的民事案件的若干规定》第1条将经人民调解委员会调解达成的、有民事权利义务内容,并由双方当事人签字或者盖章的调解协议,定性为民事合同性质。《若干规定》复述了上述司法解释,并在第36条中规定,"当事人应当自觉履行调解协议"。而《人民调解法》第31条则规定:"经人民调解委员会调解达成的调解协议,具有法律约束力,当事人应当按照约定履行。"赵钢教授认为,应该从实体和程序两方面理解"具有法律约束力",实体层面与《合同法》第8条的表达相同,程序法上即附条件的强制执行力。②《合同法》第8条规定:"依法成立的合同,对当事人具有法律约束力。当事人应当按照约定履行自己的义务,不得擅自变更或者解除合同。"事实上,在民法理论以及《合同法》的法解释学著作中,合同的效力与合同的法律约束力(拘束力)是两个不同的概念。合同的效力,是指合同经过法律评价所反映出的效果,在我国法中反映为合同有效、无效、可撤销以及效力未定诸种情况。合同的拘束力(受合同的约束),是指除当事人同意或者有解除原因外,不容一方任意反悔请求解除,无故撤销。③ 具有法律约束力并不是合同的法律效力。由此,如果立足《合同法》第8条来理解《人民调解法》第31条可知,其一,《人民调解法》第31条仅仅是规定了调解协议的法律拘束力,而并没有规定调解协议的法律效力,其二,"当事人应当按照约定履行"仅仅是"具有法律约束力"的同义反复。

但是,需要注意的是,在诉讼法学界关于人民调解协议的效力的议论中,所谓的"效力",比较的对象是判决、裁定的效力,"人民调解协议的效力"中的"效

---

① 崔清新、周英峰:《盘点人民调解法七大亮点》,http://news.xinhuanet.com/2010-08/28/c_12494162.htm,下载日期:2011年12月6日。
② 赵钢:《人民调解协议的效力辨析及其程序保障》,载《法学》2011年第12期。
③ 韩世远:《合同法总论》,法律出版社2011年第3版,第152、154页。

力",在语义上显然不同于"合同的效力"中的"效力"。由此可知,《人民调解法》并没有区分调解协议的拘束力和调解协议的法律效力,第31条是关于人民调解协议效力的规定,"具有法律约束力"即指调解协议的法律效力。《人民调解法》是用调解协议的拘束力填充调解协议的效力。但调解协议"具有法律约束力",民事合同也"具有法律约束力",并不能当然推导出调解协议具有民事合同的性质。结合上述《最高人民法院关于审理涉及人民调解协议的民事案件的若干规定》以及《若干规定》可见,《人民调解法》对于最高人民法院关于调解协议具有民事合同性质的规定并不满足,而通过"具有法律约束力"这一表达,意在赋予人民调解协议高于合同或者区别于合同的效力。但问题在于,"具有法律约束力"之效力究竟为何?违背调解协议的后果何在?人民调解协议纠纷与原纠纷的关系为何?这些问题都不得而知。

事实上,调解协议是当事人各方意思表示一致的结果,"协议"大致上也是"合同"的同义语,调解协议在性质上就是合同。人民调解协议的合同性质,意味着人民调解协议的效力可以按照《合同法》关于合同效力的规定予以处理。《民事案件案由规定》(法发[2008]11号)也是将"人民调解协议纠纷"[包括(1)请求履行人民调解协议纠纷、(2)请求变更人民调解协议纠纷、(3)请求撤销人民调解协议纠纷、(4)请求确认人民调解协议无效纠纷]纳入"合同纠纷"项下,足见从合同角度处理人民调解协议纠纷是可行的。①《人民调解法》中"具有法律约束力"之规定,不如"民事合同性质"之规定明确,混淆了人民调解协议的约束力与法律效力,其本身缺乏可操作性,也与人民调解的民间性质背离,即难以解释人民调解委员会主持调解达成的调解协议为何具有高于或者区别于其他诉讼外调解协

---

① 《最高人民法院、司法部关于进一步加强人民调解工作 切实维护社会稳定的意见》(司发[2004]1号)规定:人民法院受理的涉及人民调解协议的民事案件,案由仍按纠纷性质确定。但在司法统计时,应当将每类案件中包含的涉及人民调解协议的案件数量单独立项进行统计,以便有针对性地加强指导。这样规定的原因在于2000年的《民事案件案由规定(试行)》没有将人民调解协议纠纷归入案由,而2008年的《民事案件案由规定》已经将人民调解协议纠纷作为独立的纠纷类型。但是,2011年《最高人民法院关于修改〈民事案件案由规定〉的决定》删除了"人民调解协议纠纷"案由及其下级案由"请求履行人民调解协议纠纷"、"请求变更人民调解协议纠纷"、"请求撤销人民调解协议纠纷"、"请求确认人民调解协议无效纠纷",增加了"请求确认人民调解协议效力"案由,可能的解释有两种,一是涉及人民调解协议的纠纷仍然按原纠纷性质确定,二是按照合同纠纷确定案由。案由其实就是诉讼标的。此番对涉及人民调解协议的案由的调整,对司法实务和调解理论都将产生影响,有待进一步的观察。

议的效力。①

可以说,《人民调解法》的创新基本难以实现立法预期。

(二)对单独制定《人民调解法》的评价

多元化纠纷解决是一个体系化的工程。法院主导的多元化纠纷解决机制,是从诉讼外调解这一范畴来整体把握法院诉讼调解之外的调解机制的。最高人民法院在对待诉讼外调解的态度是一样的,没有高低偏颇。最高人民法院在文件中提及的调解组织有人民调解委员会、仲裁委员会专门设立的调解组织、商事调解组织、行业调解组织、其他具有调解职能的组织(《最高人民法院关于建立健全诉讼与非诉讼相衔接的矛盾纠纷解决机制的若干意见》第 12 项)。同时,最高人民法院提出,"要充分利用自身的资源来支持其他调解组织开展工作,有条件的地方可以在基层法院和人民法庭设立人民调解工作室等必要的办公场所,为其他组织调处纠纷提供支持,同时也要注意利用其他社会组织和有关部门的调解资源"。(《最高人民法院关于进一步贯彻"调解优先、调判结合"工作原则的若干意见》第 26 项)足见最高人民法院主导的多元化纠纷解决机制,是将所有诉讼外调解并列,无孰轻孰重之分。笔者认为,最高人民法院的这一做法是合理的,在实践中是可行的,在法(规范)的政策激励上是平等的。实践也表明,最高人民法院主导的多元化纠纷解决机制成效是显著的。

人民调解是我国多元化纠纷解决机制中的一种机制,同时是众多诉讼外调解中的一种。如此格式化的、固化的人民调解仅仅是我国众多调解形式中的一系。既然《人民调解法》已经制定,那么逻辑顺延是,待行政机关调解、工会调解、律师调解、行业组织的调解、商业性的调解组织的调解、仲裁委员会下设的调解组织的调解等等众多的调解形式发展一些时日,也成为所谓的"中国特色"、"东

---

① 王亚新教授认为,《人民调解法》关于人民调解协议"具有法律约束力"这一效力规定,体现在人民调解协议得以经由司法确认程序获得效力提升的资格,因此,其效力有别于并高于民事合同。笔者认为,这一"资格"与其说是人民调解协议的法律效力,毋宁说是其法律性质,理由在于,人民调解协议的效力显然是指未经司法确认的人民调解协议的效力。参见王亚新:《〈民事诉讼法〉修改与调解协议的司法审查》,载《清华法学》2011 年第 3 期。

方经验",①那么都应该制定相应的"调解法"。其实,合并这些调解形式的同类项后我们会发现,所剩无余。

姑且不论我国立法和政策制定中的部门利益争夺问题,由于《人民调解法》具有浓烈的法律编纂性质,这表明《人民调解法》本身并不在发展和创新人民调解,而仅仅是固化或者说在法律地位上提高人民调解。同时,由于在国家层面或者说在立法层面并没有诉讼外纠纷解决制度的系统性规划,因此,《人民调解法》很难被视为我国诉讼外纠纷解决制度系统化发展的阶段性产物。立法者"厚此薄彼",不顾非诉讼纠纷解决机制全局而在人民调解领域单一突破,让人民调解率先打破平等,在法律地位上与其他诉讼外调解区别开来,征兆着政策与权力的倾斜配置,对实践中摸索出的由法院主导的多元化纠纷解决机制是不利的。加之中国社会自治性本身就发育不良,因此,社会真正通过调解消解自我纠纷的能力将继续长期地处于"孕育"阶段,中国调解制度的发展甚至会陷入一定的瓶颈。总之,不应该对人民调解单独立法。而既然已经制定了《人民调解法》,理性的处理是将其视为制定统一"调解法"之前的过渡产品,而立法机关则应该进一步谋划我国的诉讼外纠纷解决体系。

综上,《人民调解法》是立法者或者立法建议者延续旧思维的产物,该法没有对人民调解制度进行根本性改造,带有强烈的法律编纂的性质;《人民调解法》虽然没有将人民调解改造为行政调解,但固化了人民调解的政府背景,如该法第 6 条、第 16 条;并且,随着《人民调解法》的颁行,政府会更加"重视"人民调解,人民调解"半官方"的性质会更加明显。因此,《人民调解法》颁行后的人民调解制度仍旧是运作不良、绩效不高的制度。

四、统一"调解法"的必要性

人民调解运作不良,行政调解缺乏规范,民间、社会调解得不到法律保障等问题,导致民众日益增长的诉讼外纠纷解决需要得不到满足,并形成了巨大的调

---

① 据於兴中教授(美国康奈尔大学法学院 Anthony W. and Lulu C. Wang 讲席终身教授)的考证,人民调解在国际上并不享有"东方经验"、"东方一枝花"的美誉。西方的调解有其自身的语义和语境,西方学者也并不认同西方 ADR 制度借鉴自中国调解传统。参见"新时期调解创新与理论"学术研讨会纪要》,载徐昕主编:《司法》(第 5 辑),厦门大学出版社 2010 年版,第 8 页。如公元 922 年阿迈德·伊本·法德兰(Ahmad Ibn Fadlan)的日记就有对维京人(Vikings)惯于使用调解化解纠纷的记载。同时,韩国、马来西亚、波兰、阿塞拜疆、以色列、挪威和日本,都有历史文献记载调解的案例。参见[美]James A. Wall, John B. Stark, Rhetta L. Standife:《调解的现状回顾与理论发展》,颜杰雄译,载《北京仲裁》2010 年第 2 期。关于印度的调解传统,参见 Anil Xavier, Mediation: Its Origin and Growth in India, in *Hamline Journal of Public Law and Policy*, Vol. 27, Spring 2006, pp. 275~282.

解供给缺口,因此,坊间一直有以统一的"调解法"取代"人民调解法",并进而在制度上推动调解制度全面发展的呼声。① 回答统一"调解法"的必要性这一追问,可以通过考察调解的性质、人民调解的效用以及新民事诉讼法的相关规定。

首先,调解概念的核心是当事人的"自愿"与"自治"。"自愿"从程序上赋予了调解合理性,"自治"从实体上赋予了调解合理性。可以说,只要是调解,其性质就应该是一样的。但是,由于调解主持者本身的权威性的差异,我国的法院调解成为法院行使审判权的方式之一,由此在我国形成"诉讼调解"与"诉讼外调解"两大类别。而我们要建构的多元化纠纷解决机制,主要是要建立多元化的诉讼外纠纷调解机制。

各种形式的诉讼外调解并没有本质的区别,而人民调解委员会的调解与其他组织的调解,区别仅仅在于历史意义和政治意义。人民调解之"人民",之于我国法律政治话语体系中其他"人民",如"人民代表大会"、"人民法院"、"人民政府"等等中的"人民",其政治味道最淡,其最真实的指涉是"民众"、"民间"。由此,《人民调解法》的必要性仅仅在于固定"人民调解委员会"这一创设,将所谓"东方经验"法律化。但是,社会管理和纠纷处理层面的"东方经验"那么多,难道都要法律化吗?同时,《人民调解法》没有赋予人民调解协议直接的强制执行力,而是赋予所谓的"法律约束力",并辅以司法确认程序。人民调解协议始终没有强制执行力,具有强制执行力的是法院的"决定"。② 可见,立法者也深知人民调解本身问题之所在,即人民调解并不能保障纠纷在当事人之间适当地解决,否则,完全可以赋予人民调解协议直接的强制执行力。就这一点而言,人民调解与其他调解,乃至当事人之间的和解,在性质上是一样的。

其次,前文已经指出,人民调解没有对诉讼形成有效的分流,对法院案件负担的分压是有限的,人民调解制度无论如何完善也不能满足社会所有的纠纷调解需要,社会亟须人民调解以外的其他民间、社会调解。一味地强调人民调解而忽视其他民间、社会调解的结果是社会自我化解纠纷能力的弱化,不利社会和谐。

最后,新民事诉讼法面向所有的诉讼外调解确立了调解协议司法确认程序,从而亟须统一"调解法"对所有的调解组织的设立条件和调解员的资质作出规定,否则,新民事诉讼法中关于"依法设立的调解组织"的规定,就成了无根之木。

总之,如果没有统一"调解法"对诉讼外调解的一并规定,以及对诉讼外调解与司法关系的规范,即使有了《人民调解法》,社会的纠纷调解需要仍然得不到满

---

① 唐俊:《调解法已列入立法计划:"分进"还是"合击"》,载《法制日报》2007年11月23日。
② 王亚新:《诉调对接和对调解协议的司法审查》,载《法律适用》2010年第6期。

足,人民调解之外的大量其他形式的诉讼外调解不仅缺乏规范可循,而且缺乏发展的基本制度保障,这对我国初现端倪的多元化纠纷解决机制的进一步发展和完善是极其不利的。

五、统一"调解法"的法律框架

人民调解制度事实上被标签化了,其承载了太多纠纷解决之外的东西。一直以来,我们所强调的人民调解的重要性,实际上是一种误会。我们实际指涉的是民间调解的重要性,即民众自我通过调解,在国家不在场的情况下,实现纠纷化解。但鉴于"人民调解"已经标签化,同时人民调解委员会由司法行政机关管理的局面已经形成,因此,本文认为,统一"调解法"可以在承认并改进既有人民调解体系的前提下,并行规定"社会调解",将"人民调解委员会"之外的其他所有诉讼外调解组织一并纳入"社会调解"范畴。"社会调解"包括仲裁委员会专门设立的调解组织、商事调解组织、行业调解组织、其他具有调解职能或开展调解业务的组织,由此,开放纠纷调解市场,允许民间力量进驻纠纷解决的调解服务市场,成立从公益性到盈利性不等的各种调解组织,最大程度促进社会的自治和调解的多元化发展,并让人民调解制度在竞争中生存和发展。"社会调解"基于性质的不同,各调解组织可以自行决定是否收费及收费标准,因此,"社会调解"组织宜由工商行政管理机关和司法行政机关并行管理,行业进入上实现"准则制",并辅以"社会调解"行业协会的自律管理。

行政调解具有多重含义,① 立足于民事纠纷的调解,本文所谓的行政调解仅指行政机关基于自身社会管理需要,对其职权涉及的民事纠纷进行的调解。行政机关主持调解不是行政权行使的结果,是行政机关在行使社会管理职能时对民事纠纷的附带性调解,体现的是行政权的公益性和服务性。因此,行政调解应

---

① 范愉、李浩:《纠纷解决——理论、调解与技能》,清华大学出版社2010年版,第196~197页。一般认为,行政调解的范围包括行政争议和相关民事争议。关于行政调解一种官方定义:"行政调解是由行政机关主持或主导的,以法律、法规和政策规定为依据,主要以民事纠纷和行政争议为对象,通过说服劝导等方法,促使各方当事人平等协商、互谅互让、达成协议,消除矛盾的一种纠纷解决机制。"《北京市人民政府办公厅关于进一步加强本市行政调解工作的意见》(京政办发[2011]27号)。关于行政调解范围的一种官方表达:"一是行政机关、法律法规授权的具有管理公共事务职能的组织,与公民、法人或者其他组织之间产生的依法可以调解的行政争议,重点是土地房屋、环境保护、食品安全、公安管理、卫生管理、司法行政、建设工程、工商行政管理、人力资源和社会保障等领域的行政争议;二是公民、法人或者其他组织之间产生的依法可以由行政机关调解的民事争议,重点是消费者权益保护、物业管理、人身损害赔偿等领域的民事争议。"厦门市法制局《关于加强行政调解工作的实施意见》(厦府办[2011]262号)。

该纳入统一"调解法"。诉讼调解是法院行使审判权的方式,诉讼与调解相结合的程序所导致的非议已经逐步消解,调审分离的制度障碍已经逐步打破,法官调解已成为一种趋势。① 同时,诉讼调解的发展方向之一是司法 ADR 性质的法院附设调解,而实践中已经有不少成功的经验。由于诉讼调解涉及司法权的行使问题,因此统一"调解法"不宜规定。

基于以上论述,统一"调解法"应包括"人民调解"、"社会调解"、"行政调解"三种形式。同时,统一"调解法"的制定还宜借鉴《联合国国际贸易法委员会调解规则》、《联合国国际贸易法委员会国际商事调解示范法》、《中国国际经济贸易仲裁委员会华南分会调解中心调解规则》、《中国国际贸易促进委员会/中国国际商会调解中心调解规则》、《北京仲裁委员会调解中心调解规则》等成熟的调解规则,以及日本《民事调停法》、韩国《民事调解法》、美国《统一调解法》、我国台湾地区"乡镇市调解条例"等"规范化调解"("institutional" conciliations)的立法例,结合最高人民法院主导的多元化纠纷解决机制的成熟经验以及四川、江苏等地的"大调解"实践。在此基础上,本文认为,统一"调解法"在内容上至少应该包括如下事项:调解原则、调解案件范围、调解组织(设立程序)、调解人员(调解员资格及行为准则)、调解程序及诉调对接程序(调解的启动、推进、结束、诉前调解、委托调解、邀请调解)、调解规则(案件管辖、调解员确定与选定、调解员回避、诉讼时效、保密条款、信息披露条款、调解中的证据在其他程序尤其是诉讼程序中的可采性)、调解协议、司法确认程序、救济程序(调解协议无效、可撤销等效力问题的争执,协议解除后的争执)。在立法体例上可以采用总则加分则的模式,将上述三大调解的同类事项并入总则,特列事项归入分则。同时,可以考虑将刑事和解案件纳入调解案件范围。就调解协议的效力,宜规定经由"人民调解"、"社会调解"、"行政调解"三种调解达成的调解协议具有相同的法律效力,即合同效力,当事人应该自觉遵守和履行,并辅以司法确认程序予以保障。

结　语

法律朝令夕改不利于法律权威的树立,因此,《人民调解法》的修改也需时日。《人民调解法》的颁行无疑会影响、拖延统一"调解法"制定,甚至有从根本上否决统一"调解法"的可能,对此,笔者表示深切的担忧。但是我们必须认识到,调解在社会中的多元化发展,依据的是社会对纠纷调解的多元化需要。"为了更好地促进社会和谐,应当充分发挥民间调解对于纠纷解决的作用,完善各种民间

---

① 范愉、史长青、邱星美:《调解制度与调解人行为规范——比较与借鉴》,清华大学出版社 2010 年版,第 46 页。

调解机制。"①相较于体现依法审判原则的民事诉讼,民间的、社会的调解事实上是纠纷当事人之间关于纠纷解决的非正式合作,也是纠纷当事人与民间调解组织间的非正式合作。"法律制定者如果对那些促进非正式合作的社会条件缺乏眼力,他们就可能造就一个法律更多但秩序更少的世界。"②因此,作为正式机制的法律,应该尽可能促进调解的社会化、多元化发展,并对各种形式的诉讼外调解予以一定限度内的统一规范,不能坐观,也不能偏颇。

---

① 徐昕:《迈向社会和谐的纠纷解决》,中国检察出版社 2008 年版,第 103 页。
② [美]罗伯特·埃里克森:《无需法律的秩序:邻人如何解决纠纷》,苏力译,中国政法大学出版社 2005 年版,第 354 页。

医疗纠纷人民调解制度问题研究

徐喜荣[*]

近年来我国各地的医疗纠纷大幅度增长,[①]医患矛盾日益突出,时有恶性事件发生,医院被砸,医务人员被打,甚至双方发生武力对峙,医院的正常行医秩序被打破,医务人员的人格尊严、人身安全遭到严重损害。[②] 面对越来越高的医疗损害索赔频率和索赔金额,严峻的医患矛盾和医疗责任风险已经严重影响到正常的医疗秩序,威胁到医方的执业安全,严重困扰诊疗活动的所有参与者,甚至已经成为影响和制约我国医疗卫生事业发展的"瓶颈"。"在我国,医疗纠纷的普遍程度与医疗卫生服务的普及程度是一致的,哪里有医疗服务哪里就有医疗纠纷。"[③]卫生部统计数据显示,目前,全国每年发生的医疗纠纷逾百万起,平均每

---

[*] 作者系清华大学法学院博士生,广州医学院法学系讲师。

[①] 根据最高人民法院研究室的资料显示,2002年至2007年全国法院受理一审医疗事故损害赔偿案件分别达到10249件、9079件、8854件、9601件、10248件、11009件。而且这还不能看出法院受理的医疗纠纷案件的总量,因为数据是按照医疗事故损害赔偿纠纷这一案由进行统计的,实际上,有关医疗纠纷的案件,在法院立案时至少有四个案由,即医疗事故损害赔偿纠纷、医疗服务合同纠纷、一般人身损害赔偿纠纷和其他人身损害赔偿纠纷。在此,只统计了全国医疗事故损害赔偿纠纷一审案件的数量。林文学:《医疗纠纷解决机制研究》,法律出版社2008年版,第9页。另根据北京市海淀区人民法院承担的最高人民法院2007年重点调研课题"关于医疗纠纷法律适用情况的调研"相关成果,提供了该法院近年来的医疗纠纷诉讼数据:1999年,海淀法院审理的医疗纠纷案件仅9件,此后案件呈持续增长态势,2007年更是比2000年增长了16.8倍,达到了160件,年均增长率达到43%。北京市海淀区人民法院课题组:《关于医疗纠纷案件法律适用情况的调研报告》,载《法律适用》2008年第7期。

[②] 2005年6月—7月,中国医院协会对全国270家医疗机构进行调查,相关数据显示:73.33%的医疗机构出现过患者及其家属暴力殴打、威胁、辱骂医务人员的情况;59.63%的医院发生过患者对治疗结果不满意,纠集多人在医院内围攻、威胁院长的人身安全;76.6%的医疗机构发生过患者及家属在治疗结束后拒绝出院,且不交纳住院费用的情况;61.48%的医疗机构发生过患者去世后,其家属在医疗机构内摆设花圈、烧纸钱、设灵堂等情况。陈丽娜、邓世雄:《"医闹"事件的产生原因及解决对策》,载《法律与医学杂志》2007年第4期。

[③] 刘鑫、张宝珠、陈特:《侵权责任法"医疗损害责任"条文深度解读与案例分析》,人民军医出版社2010年版,第3页。

年每家医疗机构医疗纠纷的数量在40起左右。尤其近两年来,医疗纠纷发生率明显上升,增长幅度超过100%。中国医院管理协会的统计数据表明,在数量庞大的医疗纠纷中,有将近70%的医疗纠纷仍然滞留在医院。也就是说,只有三成的医疗纠纷得到了解决。[1] 这将对构建和谐医患关系留下重大隐患,医疗纠纷的解决机制亟待完善。

一、医疗纠纷传统解决机制的局限性

《医疗事故处理条例》第46条规定:"发生医疗事故的赔偿等民事责任争议,医患双方可以协商解决;不愿意协商或者协商不成的,当事人可以向卫生行政部门提出调解申请,也可以直接向人民法院提起民事诉讼。"但该条规定的"双方协商"、"行政调解"、"民事诉讼"等三种医疗纠纷解决方式,在实践中都存在很大的局限性。

(一)双方协商公平性不够

《医疗事故处理条例》所列的第一种解决方式,是医患协商解决,即所谓的"私了"。据中华医学会统计,近年来我国的医疗纠纷80%是通过和解方式解决的。但为什么医患关系并没有得到有效缓解?这与和解这种纠纷解决方式自身的局限性有着很大的关系。一是和解双方在协商过程中直接面对,医患之间缺乏隔离带,加之由于患方大多情绪不稳,医患双方对医疗纠纷认知的差异,直接沟通容易引发冲突;二是和解协议往往在事实不清、责任不明的情况下达成,无须也无法坚持法律规则,导致患方非理性维权的现象愈演愈烈。也就是说,虽然这种方式可以暂时平息旧的矛盾,但会成为引发更多更大矛盾的主要原因。[2] 很多医院为了息事宁人,往往"花钱买平安"。据统计,在医患双方协商解决的医疗纠纷赔偿案件中,无过失补偿或超高赔偿案件超过20%。[3] 对医疗纠纷,有些医院能躲就躲,躲不了就赔钱了事,结果形成"大闹大赔、小闹小赔、不闹不赔"的怪现象。于是"闹"成了一些患者的主要选择,有理闹,无理也闹,使得医疗纠纷居高不下。很多纠纷没有明确的医疗过错责任认定,但医院却要赔偿,这是"无奈的赔偿"。[4]

---

[1] 张有义:《卫生部拟重点推行人民调解制度》,载《法制日报》2008年11月2日第003版。

[2] 张有义:《卫生部拟重点推行人民调解制度》,载《法制日报》2008年11月2日第003版。

[3] 王君平:《告别"无奈的赔偿"——北京医疗纠纷调解模式调查》,载《人民日报》2012年3月22日第019版。

[4] 王君平:《告别"无奈的赔偿"——北京医疗纠纷调解模式调查》,载《人民日报》2012年3月22日第019版。

(二)行政调解公正性不足

《医疗事故处理条例》所列的第二个途径,是由卫生行政部门调解。但由于卫生行政部门与医院之间特殊的管理关系,使患者对这种调解产生"合理的怀疑"。另外,在这个环节中,医患双方协商解决需要进行医疗事故技术鉴定的,或协商不成患方认为需要进行医疗事故技术鉴定的,可以向卫生行政部门提出医疗事故争议处理或医疗事故技术鉴定申请。患者的"合理怀疑"又产生了:作出鉴定报告的单位,按规定是各级医学会,医学会的鉴定机构是由各医院医生组成,"兄弟给兄弟"鉴定或者"父亲给儿子"鉴定。所以,对于卫生行政部门调解,也就是"官了",患者必然怀疑卫生行政部门与医院存在亲缘关系,有"医医相护"之嫌,而往往不认同其公正性,导致卫生行政调解被边缘化。

(三)民事诉讼效率性不高

第三种解决途径则是提起民事诉讼,但是该途径效率性堪忧。按照《中华人民共和国民事诉讼法》第135条、第146条的规定,"一审民事案件采用简易程序时,审限是3个月,采用普通程序时,审限一般是6个月"。然而相关的调研报告显示,医疗纠纷诉讼案件的审理时间普遍较长,一般都在一年以上,而且鉴定时间较长,需要延长审理时间的比例也很大,其结果就是案件审理进展缓慢,医患矛盾不能及时化解。[1] "来自北京海淀法院的统计显示,医疗案件的平均审理时间是18个月。这还仅仅是一审的情况。"[2] 另一方面,由于存在多次鉴定的问题,也是导致诉讼时间加长的一个原因。在有些医疗纠纷案件中,患者对医学会的鉴定结论大多持有异议,而法院审理此类案件的一个重点是确认医院对医疗行为是否存在过错,因此往往又需要委托司法鉴定机构进行过错鉴定,从而导致案件审理周期长。而且,相对于其他纠纷解决方式而言,诉讼永远是一种成本最高的救济方式。

患者在医患矛盾中相对处于弱势,但传统解决机制的局限性,使医疗纠纷难以妥善解决,患者没有其他的办法来维护自己的利益,也没有其他更好的办法来为自己讨个说法。因此,采取过激行为、扩大社会影响、给医方施加压力,应该是患方最直接、最有效、最让患者解恨的"讨个说法"的方式。它既可以及时宣泄心中怨气,又能实现自己的目的。可以说,医患双方的救济权利得不到有效的保障,是导致当前医患之间冲突不断升级的直接原因。因此,鉴于上述三种医疗纠纷解决机制已经不能满足医患双方以及社会的价值追求,达不到其应该具有的社会功能。为了妥善解决医疗纠纷,化解医患矛盾,维护医患双方的权益,保障

---

[1] 林学文:《医疗纠纷解决机制研究》,法律出版社2008年版,第6页。

[2] 李远方:《为何不找法院 医生屡遭暴力侵害 医患纠纷升级》,载《中国商报》2012年4月24日第009版。

社会稳定以及医学事业的进一步发展,加强与创新社会管理,一个具有中立性质的第三方调解机构的建立在医疗纠纷传统解决机制都"堵塞"的情况下呼之欲出。

二、医疗纠纷人民调解制度的比较优势

2011年1月颁布施行的《中华人民共和国人民调解法》为人民调解在医疗行业的专业拓展提供了法律依据。因此引入中国特色的人民调解机制解决医疗纠纷,拓宽医疗纠纷化解渠道,既能使医疗纠纷得到高效、公正的解决,又能及时缓和医患矛盾、增加医患信任,从而实现医患和谐。《人民调解法》第2条规定:"本法所称人民调解,是指人民调解委员会通过说服、疏导等方法,促使当事人在平等协商基础上自愿达成调解协议,解决民间纠纷的活动。"而医疗纠纷人民调解制度是一项专门调解医疗纠纷的专业性人民调解制度。它是指在医学、法学等专家组成的医疗纠纷人民调解委员会的主持下,就医疗纠纷问题,对医患双方当事人进行说服教育、规劝疏导,促使双方当事人互谅互让、平等协商、自愿达成协议,消除医疗纠纷的一种民间性的纠纷解决机制。相比于传统的医疗纠纷解决机制而言,医疗纠纷人民调解制度具有以下优势。

(一)医疗纠纷人民调解制度具有非直接对抗性

与医疗纠纷双方协商相比,医疗纠纷人民调解制度具有非直接对抗性的优势。通过医疗纠纷人民调解委员会的及时介入,对医患双方进行斡旋调解,缓冲了医患之间的正面对抗,同时利用自身专业优势,对医疗纠纷争议焦点调查分析,为医患双方提供专业技术咨询服务,为医患双方提供良好的沟通平台。当事人对纠纷争议的焦点能够清醒、理性地认识,使得医患双方对话、和解能够有序进行,有利于缓冲当事人的对抗情绪,建立彼此的信任,弥补了双方协商机制中医患双方由于自身知识的欠缺,对争议焦点问题的认识很难达成共识而激化矛盾的缺陷,使得医疗纠纷在非对抗的情形下得以解决,尽量避免扰乱医疗秩序的情形出现,保证就医环境和社会秩序的稳定,使医患双方达到互利共赢,以非对抗的柔和方式客观、公平地解决医疗纠纷。

(二)医疗纠纷人民调解制度具有中立性与公正性

与医疗纠纷行政调解相比,医疗纠纷人民调解制度有着明显的中立性与民间性特色。其不隶属于卫生行政部门和医疗卫生单位,以独立的第三方角色参与医疗纠纷调解,在调解过程中也不受社会上任何企业、团体和个人的影响,可以有效地避免行政干预和"人情"等因素的干扰。为医院和患者搭建一个公正的协商沟通平台,中立、公正地解决医疗纠纷。

(三)医疗纠纷人民调解制度具有专业性与效率性

与医疗纠纷民事诉讼相比,医疗纠纷人民调解具有较高的专业性与效率性。

医疗纠纷人民调解并不单纯依据法律、法规,更多的是利用政策和社会道德,利用"调"的手段达到"和"的目的,只要双方能够接受,相互谅解,即可消除矛盾,因此,可以省去许多繁琐程序限制。而且医疗纠纷人民调解委员会均由医学专家和法律专家组成,对于医疗纠纷的专业性以及成因的复杂性等特点具有很强的针对性。通过医学专家和法律专家的及时介入调查、面对面分析,弥补了诉讼途径中法官过度依赖鉴定而增加医患双方的经济成本和诉讼成本的缺陷。医患双方各取所需,利用专家的分析意见,理性对待争议问题,而且,医疗纠纷人民调解具有公益性,对调解不收取调解费用,专业、高效、低成本地解决医疗纠纷。

三、医疗纠纷人民调解制度的实践模式

据不完全统计,截至 2011 年底,全国已成立医疗纠纷人民调解专门组织 1358 家。医疗纠纷人民调解网络地市级以上全覆盖,县级覆盖面达到 73.8％。[①] 各地的医疗纠纷人民调解委员会的组成基本上都是由医学专家、法学专家等联合组成,具有很强的专业性和针对性,取得了较好的效果,但是在经费来源上有较大的差别,按照各省市医疗纠纷人民调解组织实践模式之经费来源的标准,可以把医疗纠纷人民调解分为以下三种主要模式:

(一)由医疗责任保险费用中提取部分经费及财政投入部分经费的模式

此模式以海南医疗纠纷人民调解委员会为代表。海南医调委的办公场所租赁费、专家鉴定评估费由财政部门补贴,不需要患方支付任何费用。而凡是购买海南省医疗责任保险的医疗机构,均可到医调委进行调解。截至目前,全省共有 219 家医疗机构投保医疗责任险,缴纳保费 2037.38 万元。医调委从医疗责任险保费中抽取 10％,用于支付员工工资和日常办公支出等,2％用于防灾防损宣传。[②]

(二)由保险经纪公司提供经费的模式

这一模式以山西省医患纠纷人民调解委员会为代表。作为全国最早成立的医疗纠纷调解委员会之一,山西省医患纠纷调解委员会自 2006 年成立以来,共解决医患纠纷 2000 多件,使山西省的医患纠纷信访率下降了 90％。按照 2008 年 9 月 19 日,山西省出台的《山西省医疗责任保险工作方案》,保险公司、保险经纪公司、医调委达成合作协议:各医疗机构每年照常缴纳医疗责任保险,保险经纪公司根据规定公开招标,选择合适的保险公司,保险公司收取医疗责任保险费

[①] 吕诺、贾钊:《中国已成立医疗纠纷人民调解专门组织 1358 家》,http://news.xinhuanet.com,下载日期:2012 年 8 月 20 日。

[②] 黄晓慧:《海南医调委 解开医患矛盾死结》,载《人民日报》2011 年 12 月 14 日第 011 版。

用,为医院提供保险。医调委使用的每一笔支出都由作为第三方的保险经纪公司全额报销。① 广东省和谐医患纠纷人民调解委员会也属于这一模式。②

(三)由财政提供经费的模式

此模式以北京市医疗纠纷人民调解委员会为代表,北京市医疗纠纷人民调解委员会于 2011 年 5 月 30 日挂牌成立。医调委整合了北京卫生法学会医疗纠纷调解中心和北京医学教育协会医疗纠纷协调中心的资源,工作经费由市财政予以安排,同时可以接纳社会捐赠、公益赞助。截至 2011 年底,医调委共接到调解申请 1118 例,受理 994 例。其中,正在调解案件 423 例,已结案件 571 例,调解成功 513 例,调解成功率为 89.84%。③ 上海市、天津市医疗纠纷人民调解委员会也属于这一模式。

四、医疗纠纷人民调解制度存在的问题

实践中的医疗纠纷人民调解模式在制度设置上具有很强的针对性,弥补了和解、行政调解、诉讼三大模式的缺点,具有建立的必要性,2011 年 1 月到 10 月期间,全国医疗纠纷人民调解专门组织共调处医疗纠纷 14976 起,其中,调处成功 12218 起,调处成功率 81.6%,调解满意度在 95% 以上。④ 在实践上证明了医疗纠纷人民调解具有良好的社会效益。该机制提高了医疗纠纷处理形式和处理结果的可接受性,减少了起诉和上访等行为;医疗纠纷处理由医院内引向医院外,处理期限极大缩短,如广东省和谐医疗纠纷人民调解委员会正式挂牌整 1 年,结案 399 起,调处成功 367 起,调解成功率 92%,相当于 1 天谈妥一单医患纠纷;从立案到结案,平均天数(含节假日)34 天,结案速度是法律诉讼的 20 倍以上。⑤ 医疗秩序得到很好的维护。但是,仍然存在如下问题:

(一)组织模式不统一

作为医疗纠纷人民调解制度运行之前提的经费来源在各个省市可能都是不统一的,甚至同一个省市内的模式就五花八门,比如河南省医疗纠纷人民调解工

---

① 马岳君、王志堂:《山西医调委五年成功化解医患纠纷 2000 余件》,载《法制日报》2011 年 4 月 23 日 04 版。

② 蒋铮、陈健鹏、武丽魁:《日均调处一案行事有情有义 背靠保险公司能否无牵无挂》,载《羊城晚报》2012 年 6 月 4 日 A3 版。

③ 王君平:《告别"无奈的赔偿"——北京医疗纠纷调解模式调查》,载《人民日报》2012 年 3 月 22 日第 019 版。

④ 吕诺、贾钊:《中国已成立医疗纠纷人民调解专门组织 1358 家》,http://news.xin-huanet.com/politics,下载日期:2012 年 8 月 20 日。

⑤ 蒋铮、陈健鹏、武丽魁:《日均调处一案行事有情有义 背靠保险公司能否无牵无挂》,载《羊城晚报》2012 年 6 月 4 日 A3 版。

作就形成了五种模式：以郑州、开封、焦作为代表的模式，由当地司法局协调有关部门组成医疗纠纷人民调解委员会，工作经费由政府保障；洛阳模式，采取保险基金形式解决赔付金和调委会工作经费；濮阳模式，由市卫生局负责调委会的经费支出，市司法局负责指导业务工作开展；南阳模式，由调委会担任医院法律顾问，为医院化解医疗纠纷；此外，传统型的人民调解组织在化解矛盾纠纷过程中也介入了医疗纠纷调处工作。[1] 这在一定程度上影响了医疗纠纷人民调解委员会的权威性。

（二）中立性不足

除完全由财政提供经费的医疗纠纷人民调解委员会以外，其他模式的医疗纠纷人民调解委员会尽管名义上是独立组织，但是实际上可能存在利益倾向性，对医疗纠纷处理的公正性产生了隐性影响。比如部分地区由保险经纪人承担医疗纠纷调解机构主要经费甚至全部经费的做法并不可取，这严重影响了医疗纠纷调解的独立性。因为由保险经纪人来提供医疗纠纷人民调解委员会的经费，其作为投保人（即医疗机构或医务人员）的代理人，保险经纪公司属于商业公司，其提供的服务总是摆脱不了追求利益最大化，因而组织专家鉴定及调解过程中，可能存在一定的利益倾向，客观上不能以维护医患双方利益为出发点，一定程度上会让患者"合理怀疑"医疗纠纷人民调解委员会中立性，因此，该种模式能否持续发展有待考证。

（三）专业性亟待加强

首先，医疗纠纷人民调解政策性、专业性强，调解员的法律与政策把握、医学知识的能力水平直接关系到每一个案件的调解效率和双方当事人的切身利益。专职调解员必须具有坚实的医学、法律知识功底和丰富的社会工作经验，普通的调解员难以胜任。其次，由于医疗纠纷的复杂性和当事主体情绪的不稳定性，决定了医疗纠纷调解具有很大的风险性和挑战性，单纯依靠自愿参与调解的原则，很难组建一支专业的调解队伍。此外，对于许多经济落后、医疗专家资源贫乏的地区来说，建立一支高水平的专业队伍也是很困难的。最后，调解员工作比较繁重，据统计，杭州市医调会每位调解员平均每年要接待医患来访人员621人次、接听投诉或咨询电话389个、调解案件64起，平均每5~6天（包括非工作日）就要处理好一起纠纷。工作繁琐、经费有限、无编制保障，调解员岗位对年轻人特别是高素质的复合型人才吸引力不大。目前，医调会都是聘请已退休的医疗、法律专家为专职调解员，怎样确保队伍的活力和可持续性、稳定性成为摆在医调会

---

[1] 屈芳：《我省创新机制化解医患纠纷》，载《河南日报》2012年5月8日第02版。

面前的最大难题。[①]

五、医疗纠纷人民调解制度的完善

根据医疗纠纷人民调解的实践经验和目前各种模式存在的问题,本人认为,以下几个方面需要进一步完善。

(一)统一组织模式,建立监督激励与"人民陪调员"制度

医疗纠纷人民调解机构能否保持中立,是其存在和发展的基础。而保持独立性,是调解组织中立性的保证。我国卫生行政调解模式之所以逐渐被边缘化,甚至被医患双方弃之不用,就是因其自身中立性难以让人信服。因此,医疗纠纷调解机构必须独立于卫生行政部门,不受与医患双方有利益关系的机构或组织的约束,保证高度的自治性。

实践中的第一种模式大部分的运行经费来源于保险公司之医疗责任保险的保费,其中调解员的工资收入完全来源于此,虽然该模式独立于卫生行政部门、患方;但如果确定属于医疗损害责任,可能最终的赔偿就需要保险公司支付,医疗纠纷人民调解机构能否完全独立于保险公司,独立于保险公司之保费收入来源的医疗机构及其医务人员,这是值得怀疑的。而且,从医疗责任保险中提取运行经费,无疑会提高医疗责任保险的成本,而保险公司此时很可能会把其转嫁于医疗机构及医务人员,而医疗机构及医务人员也可能会把其转移给患者,这可能会在一定程度上导致"看病更贵"的问题。

第二种模式由保险经纪公司出资运作,其独立于卫生行政部门、患方应当没有问题,但是医疗纠纷人民调解机构能否完全独立于保险经纪公司、独立于保险经纪公司的被代理人之医疗机构和医务人员是值得怀疑的。同时,保险经纪公司所提供的运行经费也可能会转移到医疗机构及医务人员或者患者来承担,而且保险经纪公司向保险公司收取"统保项目"保费的佣金可能会进一步提高医疗责任保险的成本。经费无论是直接还是间接来源于任何一方,其中立性都会受到公众质疑。也许暂时不会出现问题,但时间一长,各种问题可能会显现出来。考虑到调解事务的中立性,医疗纠纷人民调解委员会不宜由保险经纪公司直接提供经费。

第三种模式由政府提供经费的模式,可以使医疗纠纷人民调解机构独立于医方、患方、保险公司、保险经纪公司四方,相对于前两种模式,应当更为可取。《人民调解法》第 6 条规定:"国家鼓励和支持人民调解工作。县级以上地方人民政府对人民调解工作所需经费应当给予必要的支持和保障,对有突出贡献的人

[①] 农工党杭州市委会:《关于进一步完善我市医疗纠纷人民调解机制的建议》,http://ngd.hz.gov.cn/zhengwen.aspx?tid=3&id=22&cid=841,下载日期:2012 年 8 月 22 日。

民调解委员会和人民调解员按照国家规定给予表彰奖励。"医疗纠纷人民调解机构的经费从理论上来说,应该来自于地方政府的财政,只有经费来自于财政,医疗纠纷人民调解机构才能真正保持其中立性,不偏袒于任何一方。但是,这种模式必须处理好医疗纠纷人民调解机构与政府部门的关系,避免变成另外一个"卫生行政调解";同时,必须建立调解机构与调解人员的监督激励机制,长期保证其中立性。

因此,本文认为,为保障医疗纠纷人民调解委员会的权威性、中立性和经费来源的稳定性,调解机构与调解员不应与当事人双方有直接的利益关系,避免医疗机构与保险公司的利益纠结,也要避免行政色彩,以防公众对我国行政调解的不信任,始终以第三人角色客观中立地参与纠纷调解。建议如下:第一,把医疗纠纷人民调解视为医疗卫生事业和司法行政事务的一部分,由司法行政部门设立该类组织,并使其具有事业单位法人性质,因其业务的准司法性质,应由司法行政部门主管,并面向全社会提供公益性服务,而非仅限于购买医疗责任保险的医疗机构所发生的医疗纠纷。当然,除了政府财政提供经费以保证调解机构的独立性以外,调解机构也可以接受社会捐赠,增加经费来源,但以不影响调解机构的独立性为前提。第二,建立医疗纠纷人民调解委员会的监督激励机制,以医疗纠纷人民调解委员会的调解总量,调解成功率,调解履行率,医方、患方、保险方对医疗纠纷人民调解委员会的满意度作为医疗纠纷人民调解委员会的重点考核内容。第三,创设医疗纠纷人民调解"人民陪调员"机制。即当调解机构积累了一定的调解案例时,建立接受调解的患方名录,在征得患方同意的基础上,吸收其作为同类医疗纠纷的"人民陪调员",作为同类医疗纠纷调解案件的社会监督者,强调以公益性为主,并给予一定的合理补助,确实保证医疗纠纷人民调解的客观公正以及医疗纠纷人民调解的顺利进行。

(二)加强专业性建设,确立医患双方的调解员选择制度

医疗纠纷调解机构能否具有专业性,是调解解决医疗纠纷的关键。调解机构、调解人员等在医疗纠纷调解中能否辨清事实,讲明道理,使调解更具有说服力和权威性,是其能否达到消除纠纷的重要基础。医疗纠纷人民调解委员会必须建立一支懂医、懂法、懂保险、社会经验丰富的复合型人才队伍,确保调解的公正性、科学性和权威性。因此,医疗纠纷人民调解工作必须职业化,给予调解员相应的待遇,吸收具有医学、法学等符复合型人才作为专职的调解员。同时将具有较高职业道德的医学专家和热心调解事业的法官、检察官、警官,以及律师、公证员、法律工作者、保险专家等聘请为兼职调解员,建立各类专家信息数据库,向医患双方公开专家库信息,允许当事人选择其信任的专家做调解员。其中,医方选择一名调解员,患方选择一名调解员,再共同选择一名调解员或者由调节机构主任指定一名调解员共同参与调解,以充分取得当事人的信任,保证调解结果的

公正性。

　　总之，医疗纠纷人民调解模式一定程度上克服了传统医疗纠纷解决机制之医患双方协商公平性不够、行政调解公正性不足、民事诉讼效率性不高的局限性。通过医学专家和法律专家的及时介入调查了解、面对面分析，弥补了医疗纠纷解决过度依赖鉴定而增加医患双方的经济成本和诉讼成本的问题。医疗纠纷人民调解制度之所以具有生命力，在很大程度上是由于这一机制主要是运用调解的手段，集中立性、专业性、灵活性、公益性于一体，形式和谐且更富效率，更符合解决医患矛盾的一般规律和内在要求。尽管作为加强和创新社会管理的新生机制还存在一定的问题，但是可以通过改革和完善体制加以解决。医疗纠纷处理实践经验表明，医疗纠纷更适合用调解的方式解决，有效的诉讼机制是最后的保障，其他的解决机制可以作为必要的补充，进而形成完善的医疗纠纷综合解决机制。

我国金融消费纠纷替代性解决机制建构初探

凤建军[*]

一、研究问题的提出

当今社会金融活动已成为一国经济的重要组成部分,并且和普通民众的社会生活结合的日益紧密,随着金融商品数量极大丰富的同时,商品本身的复杂程度也逐渐提高,金融消费者与金融商品提供者之间的不平等地位使得金融消费者的权益经常在"无形间"受到侵犯,因此有关金融消费者权益的保护问题已引起各国立法机关、金融监管机关以及相关社会团体的普遍重视,尤其是在金融危机背景下,其也已经成为各国新一轮金融改革中的一项重要内容。我国金融市场起步虽晚,但近几年取得了较快的发展速度,随之产生的金融消费者权益纠纷也层出不穷,根据最高人民法院院长王胜俊在第十一届全国人民代表大会第四次会议中所做的报告,2010年各级法院审结融资、证券、保险、票据、担保等金融纠纷案件578919件,同比上升11.63%。[①] 尴尬的是我国迄今为止既没有针对金融消费者保护的专门立法,也没有专门机构处理金融消费者的投诉与争议,我国金融消费者权益保护的相关综合解决机制更是无从谈起。但由于金融消费纠纷从属性上属于一种特殊的民事纠纷,其往往是由于金融机构和金融消费者之间的不平等地位而引起,并且有时专业性非常强,因此大多数金融活动比较发达的国家都建立了金融消费纠纷的非诉讼解决机制,也称之为金融消费纠纷替代性解决机制。而这一机制在我国目前尚处于空白,因此有必要通过比较分析、借鉴域外相关法制建构我国的金融消费纠纷替代性解决机制,这似乎也符合当下我国司法实务界的主流观点,即"健全诉讼与非诉讼相衔接的矛盾纠纷解决机制,推动完善人民调解、行政调解、司法调解相结合的大调解工作体系,加强人民调解协议司法确认工作,支持调解组织、仲裁机构、行业协会充分发挥作用,共同

---

[*] 作者系清华大学商法学博士生,西北政法大学经济法学院副教授。
[①] 王胜俊:《第十一届全国人民代表大会第四次会议最高人民法院工作报告》。

化解社会矛盾"。①

二、金融消费纠纷及其替代性解决机制的含义

(一)金融消费纠纷的含义及其产生原因

金融消费纠纷主要是指在金融消费者与金融机构之间所产生的民事纠纷。② 其主要是由金融消费者与金融机构之间不平等的地位所引起的,而这种不平等的地位又源于以下几方面的原因:第一,金融机构在有关信息披露上采取选择性或误导性手段。金融机构在提供产品或服务中,往往对风险或负面影响提示不够甚至避而不谈,通过概念转换或设计极其复杂冗长的协议而"误导"或"蒙蔽"消费者进行金融消费。第二,有时金融机构通过格式合同或格式条款免除自己的责任或给金融消费者附加较重的义务。第三,金融消费者自身就处于弱势地位。金融消费者与金融机构比较而言,金融知识掌握较少,相关信息获取不对称,金融风险防范意识淡薄,这些都使得金融消费者先天处于弱势地位。第四,缺乏金融消费纠纷解决的专业化渠道。以诉讼手段解决金融消费纠纷往往耗时耗力,作为弱势的金融消费者无论在专业上、财力上、时间上都无法与金融机构抗衡。因此相对于诉讼途径而言,专业化、高效率、低成本的非诉讼纠纷解决途径更符合金融消费纠纷的解决。

(二)金融消费纠纷替代性解决机制的含义及其特征

替代性或非诉讼纠纷解决机制又称 ADR 制度,英文全称为 Alternative Dispute Resolution,是民事诉讼以外的非诉讼纠纷解决方式或机制的总称,其主要是指以仲裁(arbitration)、和解(conciliation)、调解(mediation)、协商(negotiation)等当事人合意之方式并借助第三方介入的各种纠纷解决制度,取代诉讼程序(Litigation)成为解决纷争之方式。笔者以为所谓金融消费纠纷的 ADR 制度,是指解决金融服务机构向金融消费者提供金融商品或服务,或金融服务机构在营业活动中对金融消费者采取不当劝诱或其他行为而产生金融消费争议时,相关争议受理与解决机关基于中立性、公正性、时效性原则,提供金融服务机构与金融消费者诉讼以外的简易、高效、专业之纷争解决机制。这一机制的基本架构应当包括一套与诉讼解决纠纷具有类似效力的组织机构和争议解决程序,其机构设置应具有行业的专业性、权威性和统一性;其争议处理的程序也需要合法、缜密和高效。

作为一种非诉讼纠纷解决机制,其具有如下特征:第一,程序简易性。相对

---

① 王胜俊:《第十一届全国人民代表大会第五次会议最高人民法院工作报告》。
② 我国台湾地区"金融消费者保护法"第5条规定:本法所称金融消费争议,指金融消费者与金融服务业间因商品或服务所生之民事争议。

于一般诉讼程序之严格性,金融消费纠纷替代性解决机制提供给金融消费者以较为灵活的程序,无论是在时效上还是有关文书的形成上等不必像诉讼程序所要求的那么严格。第二,弱对抗性。金融消费纠纷替代性解决机制下的纠纷解决不以严格适用法律的解释为唯一要件,也并不像诉讼程序那样具有强烈的对抗性,双方完全可在第三方机构的主持下,温和、有妥协地解决争议。第三,高效性。金融消费纠纷替代性解决机制由具有专业性的纠纷解决机构主导纠纷解决程序,并因此而获得当事人的充分信赖,发挥迅速解决纷争的效果。第四,专业性。因金融商品或服务的复杂性、金融消费纠纷解决的高效性,决定了其必须依赖专门成立的专业性纠纷解决机构来解决纠纷。第五,非公开性。金融消费纠纷中往往涉及金融机构相关内部资料或信息,以及金融消费者的个人隐私,即所谓金融隐私权保护问题,[①]因此金融消费纠纷替代性解决机制原则上应以非公开审理为宜。

三、域外金融消费纠纷替代性解决机制简介

(一)机构设置

金融危机以后主要发达国家纷纷建立了非诉讼的专门机构解决金融消费纠纷,以充分保护金融消费者的权益。从目前金融消费者权益保护及金融消费纠纷专门解决机构的设置来看,主要有三种模式:即权力主导型、市场主导型和混合型。

1. 权力主导型

权力主导型的金融消费者纠纷解决机构是指由一个拥有政府背景或设置在政府权力部门之下,统一负责金融消费者保护和纠纷解决工作的机构,其拥有排他性的规章制定权、监管权和消费者保护义务,受理整个金融行业中的消费者投诉并作出相应的裁决以及开展金融消费者教育等活动的机构设置模式。在这种模式下,其他金融监管机构及社会组织通常不承担金融消费者保护和纠纷解决的相应职权。这一模式具有集中度高、权威性强、独立性突出的优点,统一的权力机构主管金融领域的消费者保护和纠纷解决工作,金融消费者权益受损时有明确的求助对象、清晰的投诉处理程序和纠纷解决机制,避免了多个机构主管金融消费者保护工作存在的权责不清晰和保护标准不统一的弊端。加拿大以及金融危机以后的美国、英国、澳大利亚等国均采取这一机构设置模式。以美国为例,2010 年美国通过《多德—弗兰克华尔街改革与消费者保护法案》,该法案结束了以前金融消费纠纷投诉与解决的多头机制,而设立统一的"消费者金融保

[①] 有关金融隐私权保护的研究,可参见谈李荣:《金融隐私权与信用开放的博弈》,法律出版社 2008 年版。

局",该局被授予了有关金融消费者权益保护的广泛的行政权力,在处理金融消费者投诉与纠纷上更具统一性和高效性。①

2. 市场主导型

市场主导型主要由金融行业协会或非政府性质的专业财团法人承担金融消费纠纷处理职能的机构设置模式。该模式具有效率高、成本低、专业性强、透明度较好的特点。日本和我国台湾地区即采用此模式。依据日本《金融商品交易法》、《诉讼外纠纷解决程序的利用与促进法》以及《关于金融商品交易法第五章中指定纠纷解决机关的内阁府条例》之规定,金融纠纷解决机构一般为金融各行业组织,依照金融行业组织的自愿申请,日本金融厅依据上述法律对其资格进行认证后设立行业内纠纷解决机构②,但各行业无必须设立指定纠纷解决机构的义务。③ 因此当某一行业内没有纠纷解决机构时,消费者可向其他消费者团体组织申请纠纷解决。2011年6月我国台湾地区通过了"金融消费者保护法",该法设置了财团法人性质的金融消费争端解决机构,构架了法制化的金融纠纷解决机制。④

3. 混合型

混合型即结合上述两种机构设置模型,在政府设置的具有行政色彩的金融消费纠纷处理和消费者权益保护机关之外还存在市场性的金融消费纠纷处理机构的设置模式。例如,新加坡即采取这一模式。新加坡金融消费者保护的职能基本上由新加坡金融管理局承担,它在性质和级别上是新加坡中央银行的组成部分,⑤其主要从宏观角度提供事前监督并附带性地处理消费者投诉。在金融管理局之外,新加坡还设有行业性的金融业纠纷调解中心,处理消费者与金融机构之间的纠纷,并且一般都是小额纠纷——只处理投保人与保险公司之间10万新币以下的纠纷以及消费者与其他金融机构之间5万新币以下的纠纷。⑥

(二)运行程序

运行良好、指引明确的纠纷解决运行程序可以为消费者提供更为便捷的投

---

① Title X—Bureau of Consumer Financial Protection, Dodd-Frank Wall Street Reform and Consumer Financial Protection Ac.

② 就目前来看,日本金融厅指定的纠纷解决机构有8家,见日本金融厅网站:http://www.fsa.go.jp/policy/adr/shiteifunson/index.html,下载日期:2012年5月11日。

③ 和田仁孝、和田直人:《ADR認証制度:ガイドラインの解説》,東京三協法规出版2008年版,第83~90页,转引自王莹丽:《日本金融ADR机制探析》,载《财贸研究》2011年第1期。

④ 我国台湾地区"金融消费者保护法"第三章"金融消费者争议处理"。

⑤ 张祖兴:《新加坡中央银行的结构与职能》,载《东南亚》2000年第1期。

⑥ 陈文君:《金融消费者非诉讼救济比较研究》,载《金融与经济》2010年第3期。

诉、申诉途径,并且通过该运行程序,消费者对结果具有一定的可预见性从而更加确立了其权威性。目前各国的金融纠纷非诉讼解决机制运行程序也各有特点。

英国的金融服务监管机构作为一个中立的金融纠纷解决机构,其一般以金融消费者和金融机构提供的书面材料为依据作出裁决,任何一方不满还可以申请复核,但最终的裁决结果对金融机构而言具有单方约束力,即如果金融消费者接受最终裁决则裁决生效;金融机构必须接受裁决结果;如果消费者不满意最终结果,则还可到法院起诉。[1]

日本的金融纠纷分为苦情(即投诉)和纠纷两类。[2] 对于苦情程序而言,当消费者向指定纠纷解决机关提出苦情解决申请并被受理后,纠纷解决机构将详细记录与纠纷相关的所有内容,并将该信息传达给金融服务机构。必要时纠纷解决机构将对纠纷进行调查,要求金融服务机构提供纠纷解决方案,而后将该方案通报给消费者一方,并表明自己关于方案的意见。若消费者同意该方案,则纠纷解决机构对该解决方案予以确认,纠纷解决程序即告结束。对于纠纷程序而言,在消费者的投诉不能得到解决,或者金融纠纷的任何一方向纠纷解决机构提出纠纷解决申请并被受理后,纠纷解决机关将依据相关法律关于纠纷解决委员资格的规定,选任纠纷解决委员,并宣布纠纷解决程序。在听取各方意见,审查相关证据资料,确认客观掌握案情的基础上,纠纷解决委员会将提出和解方案或者做成特别调停方案。如双方都不能接受方案,则可以选择诉讼或其他方式解决纠纷。

四、我国金融消费纠纷解决的现状及存在问题

在我国现有的相关金融法制框架下,金融消费纠纷解决主要有以下途径:(1)消费者维权部门。即通过拨打315消费者保护热线求助于消费者协会,但这个途径存在一定障碍,尽管越来越多的金融界人士呼吁应将金融消费类案件纳入消费者保护范畴,但关于金融投资行为是否认定为消费行为,各界还未能达成统一。(2)专业的金融监管机构。由于我国没有金融消费者权益保护的专门立法,加之"一行三会"(人民银行、银监会、证监会、保监会)分业监管,缺少涵盖银行业、证券业、保险业的金融消费者维权机构,导致金融消费者权益受到侵害时维权难度加大。(3)专业的调解机构或者特定的行业协会。如经贸商事调解中心,银行同业公会、证券同业公会、保险同业公会,还有一些专门的协会,如小额贷款协会等,它们有的设立了专门的投诉协调部门。存在的问题是金融消费纠

---

[1] 邢会强:《处理金融消费纠纷的新思路》,载《现代法学》2009年第9期。
[2] 王莹丽:《日本金融ADR机制探析》,载《财贸研究》2011年第1期。

纷多数标的小、数量大、人数众多,调节机构常常无力负荷且积极性不高。(4)专门仲裁机构。用仲裁的方式来裁处纠纷效率高,灵活方便,但现实问题是金融机构大多抵制仲裁,因为仲裁的一裁终局让金融机构望而却步。(5)诉讼。在我国无论普通百姓还是金融机构大多倾向于诉讼解决纠纷。这与我国其他途径缺乏权威性、专业性程度有待提高等现实问题密切相关,但是在法院案件大量积压的现状下,诉讼解决纠纷往往需要较长的时间。

以上金融消费纠纷解决现状及各自存在的表象问题,充分反映了我国金融消费纠纷解决机制尚有如下不足之处:

(一)缺乏设立统一、权责明确、执行有力的替代性纠纷解决机构

现有的消费者维权部门,如消费者协会在调查、调解普通纠纷的作用难以适用到金融消费者保护的实践中。虽然我国《消费者协会章程》规定协会可以根据工作需要成立若干专门委员会,促进金融消费者保护工作,但即使在消费者协会层面上成立了全国范围内的金融消费者保护机构,其性质上具有一定的半官方色彩,业务上和行政级别上与金融机构并无直接联系,要在实践中到某个金融机构调查、调解金融机构与消费者之间的纠纷,在我国目前社会生活行政色彩充斥的背景下,消协层面上的金融消费纠纷机构的身份是比较尴尬的,很可能金融机构根本不会"理会"消协。

目前监管机构承担了保护金融消费者及解决业内纠纷的主要工作,但保护措施局限于信访投诉。尽管信访制度作为我国解决社会矛盾的一种制度发挥了一定的积极功能,但是信访本身程序性不强,没有级别划分,纠纷的实际解决效果存在极大不确定性,监管机构也不公布对信访投诉的处理、分析情况,基本上是一套不透明的处理机制,无法从程序和结果上保障消费者权益,因此信访投诉的象征意义大于实际效果。

监管机构和行业协会关于金融消费纠纷的解决机制建构尚处于探索阶段。尤其是监管机构在处理金融消费纠纷时,金融消费者接受度不高,且分散于银监会、证监会、保监会等各领域,纠纷处理效果和群众接受度不及仲裁和诉讼,普通消费者通过这一途径解决与金融机构的争议的有效性和及时性并不显著。

(二)缺乏便捷、严谨、透明的纠纷解决程序

目前我国还没有统一的金融纠纷投诉处理程序,就连监管机构的信访程序也不是完全透明。除保监会有较详细的信访管理办法之外,银监会、证监会都没有公开的纠纷处理程序,即使有信访规定,信访接待的范围也很窄。以信访规定较详细的保监会为例,其信访受理范围大多有关行业发展建议、监管机构工作人员违法行为、金融机构高管违法行为等,这些内容与消费者权益保护及纠纷处理

相关性不大。[①] 此外，对于信访渠道和信访行为方式的限制也大大削弱了信访的实际效果。根据《保险监督委员会信访工作办法》第20条规定，信访人提出下列事项之一的，中国保监会及其派出机构不予受理，但应当转由保险公司、保险资产管理公司或者保险中介机构处理："……（二）反映保险合同纠纷、投保纠纷、营销和售后服务纠纷以及其他因保险经营行为引起的民事纠纷的……（四）对保险产品的解释事项以及对保险公司、保险资产管理公司、保险中介机构经营状况咨询的。"而这两项恰恰是目前消费者最关心也最容易受到侵害的领域，保监会信访办采取转交处理的方法，实际上是关掉了金融消费者就该领域与金融机构之间发生纠纷时由监管机构居中解决纠纷途径的大门，金融消费者在权益受到损害之后缺乏明确的救济指引，几乎是以个体力量在金融机构和监管机构之间徘徊，金融消费纠纷几乎无法得到高效、公正解决。

综上，我国目前金融消费者保护与金融纠纷解决机制无论在立法上、保护机构设置上以及相关程序上都体现了"分业监管"的特点，其不足之处十分明显，根本无法很好地保护金融消费者的权益以及公正、高效地处理金融消费纠纷。因此结合我国当前金融业发展的现状以及未来趋势，应借鉴国外在该领域的经验，设立统一的金融消费者保护和纠纷解决机构，使非诉讼性的金融消费纠纷解决更具权威性，更加专业化、统一化，加强程序性和实效性为我国相关领域改革之方向。

五、适合我国国情的金融消费纠纷替代性解决机制建构之设想

（一）机构设置

在我国目前的制度框架下，缺乏专门的金融消费者权益保护机构，各职权部门之间也缺乏有效的分工协作，难以起到维护金融消费者权益的作用，在此现状下，明确一个金融消费者权益保护及相关纠纷解决机构具有十分重要的意义。目前学界对于该机构如何设置有两种意见：一种是主张在国务院下设立一个金

[①] 《中国保险监督管理委员会信访工作办法》第18条规定，中国保监会依法受理下列信访事项：（一）对保险业发展改革和保险监管工作提出意见、建议的；（二）对中国保监会机关及其工作人员、派出机构及其负责人的职务行为提出异议的；（三）反映中国保监会机关工作人员以及派出机构副处级以上工作人员失职、渎职等违法、违纪行为的；（四）反映保险公司、保险资产管理公司法人机构及其高级管理人员的保险违法行为的；（五）对全国性保险社会团体及其工作人员的职务行为提出异议，或者反映其有关情况，提出意见、建议，依照有关规定应当由中国保监会处理的；（六）中国保监会依法处理的其他信访事项。

融监管协调机构,与"一行三会"并列形成"一行四会"的监管体系;①另一种主张是在人民银行内部设立金融消费者保护机构,统筹三会的投诉和纠纷处理工作。② 二者在着眼于金融消费者保护机构建立的切入点不同,前者更关注机构的行政级别,能够起到很好的协调和统筹效果;后者则多关注于金融消费机构建立的时效性。笔者认为"分两步走"的机构设置策略更能够针对我国的金融消费者保护现状,达到纠纷解决的时效性与权威性并重的目的。即第一步先由人民银行下设金融消费者保护委员会(以下简称金消会),依托人民银行在各个行政层级的现有机构构架开展工作,通过法律规章的制定和部门之间的合作,确立金消会的地位、职责和管辖范围;第二步根据金融市场发展的具体状况,逐步提高金消会的地位和权限,最终升格为直接隶属于国务院的金融消费者保护机构。如此设想的理由在于:

第一,直接在国务院下建立金融消费者保护机构的前提和必然结果是要改变目前的分业监管格局,这不仅需要漫长的政策决定和立法过程,还涉及一行三会的人事变动,恐需较长时间。相对于监管体制是分是合的抉择,金融消费者保护最紧迫的任务是要有一个机构来承担投诉受理与纠纷解决工作并作出反应、整理分析金融消费者投诉与纠纷的情况。有学者早就指出,当下的中国监管体制是分是合并不重要,重要的是加快对跨行业金融产品的监管。而在金融监管协调机制没有大的变动之前,在现有框架内完善监督协调的制度安排无论是对于现有问题的解决还是对今后监管协调机制安排的建立都更有意义。③

第二,有学者认为,在中国人民银行下设金融消费者保护机构,依然难以摆脱相关金融监管机构之间实际存在的争夺行政权力资源的困境;同时也将在中国人民银行履行制定和实施货币政策职能之外,添加更多的争议处理任务,不利于人民银行扮演好货币政策制定者的角色。④ 但是,我国目前关于金融消费者保护的经验几乎为零,即使国务院能顺利设立金融消费者保护机构,实际上其也难以立即执行具体的保护工作,仍旧要依靠原有监管机构。从以往的经验来看,

---

① 持此意见的有强力、杨为乔主编的《金融消费者保护法》建议稿第 3 条;邢会强:《金融消费纠纷多元化解决机制的构建与对北京的建议》,载《法学杂志》2011 年第 2 期。
② 持此意见的有刘一展:《构建我国金融消费者保护机制的若干思路——基于英国、澳大利亚、美国的经验》,载《消费经济》2011 年第 2 期;叶芳:《从监管角度看美国金融消费者保护制度改革》,载《上海金融》2010 年第 12 期。
③ 巴曙松:《金融监管机构是分还是合:这不是关键的问题》,载《从产业转型到金融转型》,北京大学出版社 2009 年版,第 131~140 页。
④ 强力:《我国金融消费者权益的立法现状、问题及完善》,载《西北政法大学两岸金融消费者保护法制研讨会论文集》2011 年 10 月。

这个"金融消费者保护机构"的行政级别很可能成为一种议事协调机构,①缺乏金融消费者保护与纠纷解决中最重要的行政执法权力,从而沦为一个"虚职"。

第三,如果在国务院下设立金融消费者保护委员会负责全国性的金融消费者保护事宜,那么在地方又由谁来统筹负责?考虑到人民银行在地方都设有支行,由人民银行统筹全国金融消费者保护工作也较为合理,可以实现垂直管理。加之人民银行设在部分地区的支行已经开始了金融消费者保护的试点工作,可以为人民银行开展全国性的金融消费者保护工作提供必要的经验。最后,借鉴其他国家金融消费者保护机构设置的经验,一个独立的金融消费者保护机构要有独立的财政权、人事权和一定的规章制定权。目前人民银行具备这几项条件,下设金消会具有更为现实的可操作性。

为了维持金消会的独立性与权威性,建议在建立金消会的同时,修改相关金融法律,制定《金融消费者保护法》并在其他行政法规、部门规章中赋予该机构较为独立的纠纷处理权力和专门针对消费者保护层面的监管权力;同时可协同"一行三会"共同签署类似于备忘录性质的文件,方便金消会及下设机构统一接受、处理和管理金融消费者纠纷投诉和消费者保护工作。

(二)基本职责

根据国外金融消费者保护机构的经验以及我国金融消费者保护工作的现实情况,笔者建议新成立的金融消费者保护委员会应具有以下职权:

1. 规章制定权

制定统一的《金融消费者投诉受理管理办法》:(1)明确人民银行金融消费者保护委员会统一管理全国的金融消费者保护工作,各地人民银行分支行负责辖区内金融消费者保护工作;(2)确定金融消费者保护的基本原则,这在我国制定专门的金融消费者保护法案或者其他立法活动之前是一个有益尝试;(3)划定金融消费者保护委员会投诉受理的范围,规定统一的纠纷处理标准和程序,将金融消费者与金融机构的协商处理作为前置程序,涉及跨行业、跨区域的投诉应由人民银行金融消费者保护委员会会同所涉及行业的监管部门一同处理;(4)制定与银监会、证监会、保监会开展协调工作的基本框架,如召开金融消费者保护专项联席会议、实现信息共享等基本问题。

---

① 在国务院层面设立金融消费者保护机构,最终可能产生一个类似于国务院反垄断委员会的机构,能否发挥实效难以确定。该机构负责竞争政策的研究、对市场竞争状况的调查评估、发布反垄断指南以及协调反垄断执法工作。从性质上,反垄断委员会是国务院议事协调机构;从职能上,反垄断委员会以研究、协调为主,没有具体的执法权,其他执法机构也无须对它负责。这又引起了学界对于反垄断委员会实际运行效果的质疑,甚至有学者认为必须从竞争政策与产业政策协调的角度增加反垄断委员会的实权。参见刘桂清:《反垄断执法机构新论——竞争政策与产业政策协调发展的角度》,载《天津法学》2010年第2期。

2. 投诉处理权

(1)开通统一的免费投诉热线,并在地方分支行开辟投诉接待专区,受理金融消费者投诉;(2)调查,金融消费者保护委员会在接到消费者投诉后通过电话、约谈、查阅交易记录等形式调查开展交易的过程,督促并引导金融机构与消费者协商解决问题;(3)调解,若消费者与金融机构无法和解,则组织双方进行调解并提出调解建议;在此可以借鉴英国金融巡视员机构的纠纷处理程序,设计出一套适合我国的金融消费者非诉保护程序;(4)处罚,若金融消费者保护委员会认定金融机构确实存在侵犯消费者权益的行为,可对金融机构采取一定的行政处罚。在此可借鉴美国金融消费者保护局的做法设立金融消费者保护基金,将对金融机构的罚款存入该基金,对受侵害的消费者进行适当补偿。

3. 研究

(1)人民银行金融消费者保护委员会建立金融消费者投诉数据库,收集并定期布全国金融消费者投诉处理情况,分析各地、各行业金融消费者投诉的热点和保护工作的侧重点,为将来制定专门的法律或其他政策提供决策支持;(2)监测跨行业金融产品的交易状况,银监会、保监会、证监会提供相应的数据及交易情况,金融消费者保护委员会分析潜在的风险状况。

4. 消费者教育

(1)综合金融市场发展近况,定期、及时在网站或其他媒介发布金融消费者风险提示;(2)开通咨询专线及咨询专区,免费为消费者提供关于金融产品及金融服务的咨询信息;(3)制定长期的消费者教育战略,指导、支持银监会、证监会、保监会以及行业协会在各自职权范围内开展全国性的消费者教育活动,着重宣传消费者的投诉途径和处理办法。

5. 诉讼支持

若消费者向法院提起诉讼,金融消费者保护委员会可以应金融消费者的申请在不侵犯金融机构商业秘密的前提下协助收集相关证据。

6. 国际合作

与其他国家的金融消费者保护机构交流经验;若出现金融产品的跨国纠纷,参与纠纷调处程序并及时公布处理情况。

(三)纠纷解决程序

在诉讼程序之外建立一套金融消费纠纷非诉讼解决程序,既可以为金融消费者提供更为多元的金融纠纷解决途径,更有利于保护金融消费者和金融机构的合法权益;又可减轻司法部门的诉讼压力的和因专业性的法庭建立所带来的司法资源的投入。

首先,应尽量力求由金融机构和消费者通过自行和解与内部调解等途径解决纠纷。当消费者与金融机构发生纠纷时,大部分国家的金融消费者保护法制中都规定了消费者具有选择权,其可以选择向纠纷解决机构申请解决纠纷,也可以自由决定利用其他纠纷解决机制解决,如诉讼以及通过金融机构内部的纠纷解决部门解决纠纷等。由消费者与金融机构自行和解或通过金融机构内部调解以解决纠纷,既保证了金消会的纠纷处理资源能够真正被利用到较为复杂的金融争议上,同时也促使金融机构真诚面对金融消费者。

其次,如果消费者与金融机构未达成合意,或者金融机构怠于处理金融消费争议,在一定期限后,通过消费者之请求,金消会有权介入该纠纷,以第三人的地位对该纠纷事件进行处理。在此过程中,金消会仍将秉持调解优先的原则,竭力促使交易双方化解矛盾。在具体的纠纷解决程序中,亦有以下问题需要特别探讨:

第一,金消会以何种形式介入。笔者认为我国台湾地区的"评议制度"对我国金融消费纠纷替代性解决程序的建构来说具有不错的借鉴意义。我国台湾地区"金融消费者保护法"第13条至第18条规定争议处理程序的人员构成和解决程序,一旦金融机构与金融消费者经由该机构的调处不成立,由评议委员会主任指定的评议委员三人以上进行评议,评议以书面审理为原则,双方均有陈述意见的机会;然后评议委员会根据评议内容裁定评议结果,申请人有权对该评议结果选择接受或者拒绝,一旦接受该评议结果则由申请人将该评议结果送交法院核准方可确认其判决力。评议委员会由9人至25人组成,必要时得予增加,其中一人为主任委员,均为董事会遴选具备相关专业学养或实务经验之学者、专家、公正人士,报请主管机关核定后聘任。[①] 而日本证券及金融商品斡旋咨询中心的人员配置也具有参考价值,该中心调解人员主要由精通金融法律的律师担任,以确保纠纷解决组织的中立性和公平性。[②] 我国金融消费者保护机关在构建金融纠纷解决机制时,有必要借鉴上述做法,由金融专家、法律专家和律师组成,以保障金融纠纷当事人对纠纷解决组织的信任度,这对保障当事人的程序利益和结果的公平性至关重要。在个案中选任具体的纠纷调解员时,既可由金消会选任,也可由当事人协商选择,但无论哪种方式均应建立有关回避制度。

第二,金消会裁定的效力。由法院确认金消会的处理决定对双方都具有法律上的强制力,这是民事和解协议和法院强制力相结合的重要体现。如果单纯的以金消会处理决定作为对双方都具有约束力的结果,且不论金融机构是否会主动接受,如赋予金消会强制金融机构履行有关补充或赔偿义务,无异于赋予金消会以类似法院的权力,这显然不符合我国现行的法制框架。因此赋予金消会

---

① 黄江东:《台湾"金融消费者保护法"的内容述评及启示》,载《港澳台金融》2011年第12期。

② 王莹丽:《日本金融 ADR 机制探析》,载《财贸研究》2011年第1期。

就专业领域内的纠纷处理权力，同时赋予法院确认和保障该纠纷处理结果的职责，既能保证金消会的纠纷处理决定具有法律的权威性，又可保证金融纠纷替代性解决机制的弱对抗性、专业性和高效性。当然为了保证法院不对金消会的纠纷处理结果变相干预，还需规定法院仅就特殊具体事项可对金消会的处理结果予以否认，即赋予法院最终之司法审查权。

（四）与其他纠纷处理机制的关系

当然除了替代性的非诉讼纠纷处理机制外，金融消费者也可以直接选择仲裁或诉讼处理金融消费纠纷，这与金消会的处理程序是平行的，但应当也是排他的。也只有这样才能确保纠纷解决资源的合理利用，以及不同路径下纠纷解决的权威性和实效性。

我国乡村社会结构变迁与民事纠纷解决路径选择

周洪江* 孟祥滨**

引 言

我国有着悠久的农业文明传统,是一个长期以农为本、以农立国的国家,乡村因此构成整个社会发展的基础。费孝通先生曾称之为"乡土中国"。改革开放以来,特别是建立社会主义市场经济体制以来,中国由农业社会逐步向工业社会过渡,各种现代化因素逐步渗透到社会的各个层面。受现代化、城市化、全球化浪潮的冲击、多元价值的影响,我国乡村社会发生了巨大变化,乡村社会结构开始从传统向现代转型。由于地域之间的巨大差异、地区发展的不平衡,乡村社会结构的变迁并非同步进行,出现了各种乡村社会结构的并存。正因为我国乡村社会这种复杂社会结构的存在,决定了各种乡村类型下纠纷类型的差异,影响着乡村人们对纠纷解决方式的心理态度及选择取向。然而,与先进的城市相比,由于传统的惯性、制度设计上的不足及操作上的失误等主客观因素的叠加,我国乡村民事纠纷解决路径无疑是落后的,大大滞后于中国法治现代化进程。

一、变迁与并存同在的乡村社会结构及其纠纷变化

"关于社会结构,一般有广义和狭义两种理解,广义的社会结构是指社会各基本活动领域之间相互联系的状态。整个社会结构是以社会经济结构为基础,包括社会的政治结构、日常生活结构及社会文化结构体系。狭义的社会结构是指各社会群体相互联系而形成的关系状态。根据某一社会标准划分而成的诸社会群体之间形成的相对稳定的关系格局及成为这种意义上的社会结构。"①如从财富占有角度分析一个社会有经济结构,从权利分配角度看有政治结构。本文

---

* 周洪江:清华大学法学院 2012 级民事诉讼法学专业博士研究生,鲁东大学法学院讲师。

** 孟祥滨:西南政法大学民商法学硕士研究生。

① 肖桂云、张蓉:《农村社会学》,北京大学出版社 2001 年版,第 34 页。

拟从广义角度对我国乡村社会结构进行剖析。

传统意义上的中国乡村社会即费孝通笔下的"乡土中国"。"从基层上看去，中国社会是乡土性的"①，这种乡土性的中国社会具有封闭性、低流动性②、地方性③的特点，"（乡土社会）这是一个'熟悉'的社会，没有陌生人的社会"④。有学者对费孝通先生"乡土中国"的概念作了相当全面准确的概括："（1）中国最大多数人是拖泥带水下田讨生活，我们民族确实和泥土分不开；（2）靠农业为生的人是'粘在土地上'世代定居在狭小空间；（3）平素接触的是与生俱来的熟人社会和熟悉的食物；（4）在亲人与熟人中形成乡土文化。"⑤

然而世界在变化，时代在转型，在经济大发展的驱动下，我国乡村社会已经发生了巨大的变化，已不完全是费孝通先生笔下"乡土中国"的形象。如许章润教授所言，"就中国而言，'前现代'、'现代'与'后现代'同时俱在，导致出现了一个'多重的中国'。这一意象不仅是指按照经济与社会的发展水准，中国不得不分为东部、中部和西部等等这样共处一国，却分属多层的'多重中国'的景象……"。⑥地大物博的中国是一个多元并存的中国，在这种时代的大背景下衍生的乡村社会也呈现出多元并存的结构。有学者根据经济状况及其现代文明的发展程度，将中国乡土社会分为三种类型⑦：

富裕型村庄指经济比较发达，现代文明因素的发育比较成熟，此类村庄已经具备城市的大部分功能，多位于沿海地区、毗邻城市的城郊及城镇土地。比如，河南濮阳西辛庄村宣布挂牌成立中国首个村级市引起热议。西辛庄村之所以有这样的底气，在于该村已不是传统意义上的农村，它已经实现了多数城市功能：去年，西辛庄20多家企业产值有十几亿元，村民人均收入2.6万元，全村有8000多名外来务工人员，解决周边村庄就业人口1万多人，并建设成了位列濮阳市八大村级工业园区之首的著名电光源产业工业园。村内建有办公楼、文化广场和别致的住宅楼；村里有自己的幼儿园和全市一流的标准化小学，全部免收学杂费；村里建有高规格敬老院，孤寡老人供养一律免费；全村统一供应燃气，统一垃圾处理，家家户户用上了洁净的自来水，通上了程控电话，看上了有线电视，

---

① 费孝通：《乡土中国 生育制度》，北京大学出版社1998年版，第6页。
② 低流动性是指在乡土社会中村与村之间的交往比较少，人员往来稀疏而不密集。
③ 地方性是指他们活动范围有地域上的限制，在区域间接触少，生活隔离，各自保持着孤立的社会圈子。费孝通：《乡土中国 生育制度》，北京大学出版社1998年版，第9页。
④ 费孝通：《乡土中国 生育制度》，北京大学出版社1998年版，第9页。
⑤ 钱灵犀：《一位中国智者的世纪思考——费孝通学术思想研究》，天津人民出版社1996年版，第52页。
⑥ 许章润：《中国的法治主义》（下），载《法学》2009年第5期。
⑦ 丁建军：《村庄内生与国家介入：农村纠纷的解决逻辑》，载《求实》2008年第10期。

安装了宽带网络……类似于西辛庄这样的富裕型农村,在法律地位上仍然是村庄,但此时城乡只是一个地域名称,已经失去了它在经济学、社会学、政治学上的意义。

转化型农村指经济文化发展水平还不是很高,但已经受到市场经济的冲击,看到了现代文明曙光,传统的因素受到某种程度的削弱,现代性因素正在生长的村庄。我国大部分村庄属于此种类型。转化型村庄已经突破了传统"乡土中国"的封闭性,对外联系加强。乡村居民已经不把土地作为收入的唯一来源,仅仅将其作为收入来源的一部分。在现代化、城市化对乡村社会生活的冲击下产生的增加收入、改善生活的期望和对城市生活的美好向往,越来越多的村民试图摆脱土地的束缚,频繁离开村庄到附近城镇和大城市谋求就业机会。流向城市的乡村居民在为城市的发展注入活力的同时,其本身也自然而然成为现代文明因素传播的载体,构成了乡村社会转型的动力之一。"沿袭几千年的以农为主的封闭式循环状态正在改变,乡土农村正从一个不流动的社会转化为一个日益流动的社会,以血缘为纽带形成的农村社会关系逐渐被以契约为依据的社会关系所取代,封闭性的地缘关系正随着农村人口的外流和流动杂居而改变。"①

封闭型村庄,即经济落后、信息闭塞,传统、保守,带有乡土社会大部分特征的村庄,这种村庄多集中于交通比较闭塞的贫困山区或人口较少、尚祖情结浓厚的少数民族聚居区。这个社会的一切都附着于土地之上,现代文明较难进入,这也就决定了乡民"聚村而居②、安土重迁、以种地为生"的心态。

经济发展水平的差异决定了农村组织模式、乡民心态的不同及纠纷类型的差别。富裕型村庄是完成转型之后的农村,在这里农村和城市的差别基本消失,"农村"仅仅成为地域上的概念,即村庄仅仅是一个居住空间,农村社会被城市社区化了,熟人社会变成了互不相干的人们住在一起的陌生人社会。"人们的心理认同感下降,村庄舆论消融,村庄记忆缺失,共同行为模式解体也就意味着村庄共同体的虚无化和逐步走向解体。"③富裕型村庄的民事纠纷大量增加,在纠纷类型上,传统的婚姻家庭纠纷、继承纠纷、物权纠纷、人身权纠纷等民事纠纷仍大量存在。由于人们之间经济联系的加强及人际关系的复杂化,合同纠纷及其他

---

① 田成有:《乡土社会中的国家法与民间法》,山东人民出版社2000年版,第4页。
② 费孝通先生认为中国农民聚村而居的原因大致说来有以下几点:一、每家所耕的面积小,所谓小农经营,所以聚在一起住,住宅和农场不会距得过分远。二、需要水利的地方,他们有合作的需要,在一起住,合作起来比较方便。三、为了安全,人多了容易保卫。四、土地平等继承的原则下,兄弟分别继承祖上的遗业,使人口一代一代地积起来,成为相当大的村落。费孝通:《乡土中国 生育制度》,北京大学出版社1998年版,第9页。
③ 梁开银:《现代乡村社会结构变迁与民事纠纷解决路径选择》,载《社会主义研究》2005年第6期。

经济类纠纷大量发生。此外,还出现了诸如环境侵权等一些新类型的案件,纠纷的发生已经扩展到了社会经济生活的各个领域。人际关系的理性化,加之人们维权意识及法治观念的增强,必然需要一种强有力的手段,以公正有效达到纠纷的解决这一目的。

转型化村庄相对于封闭性村庄表现出了较强的开放性及流动性,但是从本质上讲,转化型农村依然是一个熟人社会,只不过这种熟人社会在广度上已大大延伸。在转化型农村和封闭型村庄这样的熟人社会中,人与人之间的关系较少体现在经济层面上,相反,其人际关系多因"血缘"、"地缘"而联系在一起。在纠纷类型上,以合同纠纷为主的经济纠纷虽已逐渐增加,但在绝对数量上仍占较小比例。典型和非典型熟人社会的这种纠纷特点,决定了其应具有与富裕型农村不同的民事纠纷解决机制。

二、不同的民事纠纷解决机制及其与乡村社会结构的适应性

古往今来,为了达成民事纠纷的解决,形成了和解、调解、诉讼、仲裁等多种民事纠纷解决方式,各种纠纷解决方式各有其区别于其他纠纷解决方式的特征,并且在具体的适用过程中各有其优缺点。我国乡村社会民事纠纷解决方式主要有和解、调解、诉讼三种,结合各纠纷解决方式的特点,在不同的乡村社会结构中,其又有各自不同的适应性。

民事诉讼是指法院、当事人和其他诉讼参与人,在案件审理过程中所进行的各种诉讼活动,以及由这些活动所产生的各种诉讼关系的总和。现代社会中,诉讼是各纠纷解决机制中最权威、最正式的一种。与其他纠纷解决方式相比,诉讼具以下特点:(1)双方当事人在诉讼上的对抗具有特殊性。民事诉讼是依法协调民事诉讼权利义务关系为基础的,双方当事人在实体和程序上具有平等的地位,法院居中裁判,当事人在诉讼对抗上具有平等性;而和解和调解并不意味着双方之间的对抗,而以通过谅解与妥协,最终达成争议的解决为追求目标。(2)民事诉讼具有严格的程序性。《民事诉讼法》及其周边法律制度如《法院组织法》和《法官法》等为民事诉讼的顺利进行提供了严格的程序保障,同时这种严格的程序性要求又限制法官的恣意裁判,维护当事人的实体及程序利益不受公权力的侵犯;而和解和调解没有严格的程序性要求,而通过"情、理、礼"和灵活多变的说服教育手段解决纠纷。(3)纠纷解决的强制性、最终性与权威性。民事诉讼以国家公权力为保障解决纠纷,其解决纠纷的过程与结果具有强制性,其结果具有终局性地确定当事人之间权利义务的效力。基于国家的强制力及法院裁判的理性权威,无须考虑被告的意愿,其必须接受法院的裁判结果。

诉讼固然具有以上特点,但正因为诉讼的公正性、规范性及程序刚性,其在

实际适用过程中,表现出以下局限性:(1)诉讼迟延。受复杂的诉讼程序、运作的低效率等诸多因素的影响,相对于其他纠纷解决方式,诉讼程序的进行需要冗长的时间,短则数月,长则数年,这对于普通群众而言时间成本太高。(2)费用高昂。案件一旦进入到诉讼阶段,则会涉及各种各样的必要费用,如诉讼费、律师费、差旅费及其他费用等物质成本,而且往往还耗费一些隐性成本[①]。在我国大多数农村地区,当事人之间的纠纷标的额往往比较小,且家庭收入有限,高昂的诉讼费用是一个沉重的负担。(3)程序复杂。为了实现诉讼的权威性、公正性,必须以严格的诉讼程序作保障,唯有如此才能发挥诉讼作为社会公平正义最后一道防线的作用。但是,多数农村民事纠纷案情比较简单,面对复杂的诉讼程序,法律知识欠缺而经济上又捉襟见肘的农民只好另寻他路。

和解是一种相对比较理性的纠纷解决方式,表现为民事纠纷的双方当事人通过相互协商、退让妥协,最终自愿达成合意,以解决争议的纠纷解决机制。目前,在我国大多数农村地区,当双方之间发生争议时,比较倾向于将和解作为首选的方式来解决纠纷。和解具有以下优越性:(1)维系人际关系。我国大多数地区仍处于传统意义上的"熟人社会"、"没有陌生人的社会",纠纷双方生活在共同的地域空间及文化环境中,"抬头不见低头见"。选择和解这种只需双方参与的纠纷解决方式,在妥协、退让、寻求事实真相的同时,也能够维护纠纷双方的友好关系及长远利益。(2)节约成本。和解仅发生在双方当事人之间,不需第三人的参与,无须耗费律师费、诉讼费等,可节约经济成本;和解是双方当事人以相互协商、妥协退让的方式解决纠纷,更容易达成合意,可节约时间成本;和解对程序的要求比较低,随意性、任意性较强,可节约程序成本。

和解作为一种纠纷解决机制亦有其不足之处:(1)适用的局限性。和解机制的选择需要双方有足够的理性,愿意通过协商、妥协退让达到解决争议的目的。如果双方当事人存在根本的利益冲突,则会大大减少和解的机会。(2)在某种程度上,和解的效力受到限制。和解完全是双方当事人自愿达成,以双方的信用为基础,不存在一种外在的强制力作为履约保障,即便双方协商一致,也可随意反悔,最终使和解的努力功亏一篑。(3)和解容易损害一方的利益。虽然和解是双方当事人自愿解决纠纷的一种机制,但当双方当事人力量不对等时,处于弱势地位的一方,可能会慑于对方势力达成妥协,最终损害弱势一方的利益。

---

① 诉讼的隐性成本包括:1.诉讼因解决纠纷的不妥而给国家和社会带来的不安定、不稳定因素和人们对诉讼的恐惧感和不信任感等;2.情感损耗,即当事人之间人际关系的损害,如纠纷解决后当事人之间不能和睦相处等;3.当事人对法律的陌生感;4.当事人因为诉讼而引起的精神损耗。唐茂林:《我国农村纠纷解决方式的转型——以纠纷解决的成本为视角》,载《安徽农业科学》2008 年第 14 期。

调解主要是指建立在亲缘、地缘、血缘的基础上,由双方都信任的第三人依靠其权威,在争议的双方当事人之间沟通信息,摆事实、讲道理,促成其相互谅解、相互妥协的解决纠纷的活动。调解主要包括人民调解(居委会或村委会的调解)、行政调解(国家行政机关的调解)及其他调解(消费者协会的调解、劳动争议调解委员会的调解等)。调解除具有和解的特征外,它的另一个明显特性是调解人的居中性,即调解人应该公平对待双方当事人,做到一碗水端平。由于双方当事人信赖第三人的权威,所以纠纷基本能够快捷、满意地解决。但是,调解存在的问题也是非常明显的:(1)调解协议缺乏强制执行力,导致执行困难。调解协议的达成依靠的是居间第三人的权威以及双方当事人的妥协退让,而不是以国家强制力为后盾,当当事人反悔时,调解协议就成为一纸空文。(2)调解人员的法律素养普遍比较低。居中的调解人员往往是长者、朋友、社会组织等具有威信的人或组织。他们采用说服教育、规劝疏导的方式促使当事人互谅互让,解决纷争,并非是专业的裁判者,其法律素养不高是一个不争的事实。正是由于法律知识的欠缺,调解人员在调解纠纷过程中应用的多是风俗习惯、地方性知识等"民间法"而并非正式法,导致调解协议的权威性大打折扣。(3)调解功能弱化。随着农业文明向工业文明的逐渐过渡,"熟人社会"向"半熟人社会"的转型,"传统的村庄共同体解体了或者已经开始解体,原有的村庄秩序和民间权威被打破。族长、老人或长者,这些在昔日儒家学说所构筑的传统差序格局中享有至高无上地位的权威,因为不具备经济理性的知识,不能与时俱进,只能无情被罚'下岗';那些掌握或懂得经济理性的新生代们,由于赶上了市场经济的大潮,出过门,打过工,见过世面,早已不把村庄舆论当一回事;或者已经没有了'村庄面向',村组织的权威在其心中也大打折扣。原来这些权威都是乡村民事纠纷解决的'第三者权威',他们没了或者不那么权威了,民间调解方式缺少了信得过的'第三者权威'(中间人),其功能自然也就开始弱化或者根本无法进行了"。①

由此可见,各类民事纠纷的解决方式都有自己的特点,由于不同的纠纷类型、不同的社会结构所提供的纠纷解决方式生存的土壤有所差异,其对不同的纠纷类型、不同的社会结构具有不同的适应性。"民事纠纷的有效解决,在于民事纠纷解决方式的特点能与民事纠纷的特点相适应。"②诉讼适用于解决涉及经济纠纷、新类型的案件,并且也宜适用于那些当事人间存在根本利益冲突或通过其他手段难以化解的矛盾,不得不诉诸诉讼的案件。诉讼迟延、程序复杂、费用高昂等这些诉讼的局限性,决定了以诉讼为主导的纠纷解决机制的适用应具有较

---

① 梁开银:《现代乡村社会结构变迁与民事纠纷解决路径选择》,载《社会主义研究》2005年第6期。
② 潘剑锋:《论民事纠纷解决方式与民事纠纷的适应性》,载《现代法学》2007年第6期。

高的经济发展水平,人们具有较强的法治观念和维权意识,对诉讼作为一种主要的纠纷解决方法存在较强的信任和认同感;与之相对的是,和解和调解都不存在严格复杂的程序要求,无须较高的费用,对于解决一般婚姻家庭纠纷、人身权纠纷较为适宜,且在熟人社会中,人们受传统的"无讼"、"息讼"思想的影响,多秉承"和为贵"的处世理念,于纠纷发生时,往往将和解或调解作为主要的纠纷解决方式。

三、乡村社会民事纠纷解决路径的选择

我国乡村社会中,主要以和解、调解、诉讼等作为纠纷解决的方式,可以说是一种多元化的纠纷解决机制。但是在实际运作过程中,这种多元化的纠纷解决方式存在以下问题:(1)非诉讼纠纷解决方式的功能发挥不到位。非诉讼纠纷解决方式有自行和解村委会调解、乡镇司法所的调解及其他民间调解等多种形式,但是农村居民往往只利用和解及村委会、派出所的调解,对其他纠纷解决方式知之甚少;另外,调解组织硬件设施落后,调解人员法律知识欠缺,文化素质不高,"权威性"程度日渐降低。(2)各种纠纷解决机制之间关系疏离,缺乏有效衔接,难以通过沟通和联系形成一个协调运作的纠纷解决系统。比如生活在熟人社会中的人们,和解和调解是其解决纠纷的首要选择,但当双方之间的冲突无法通过和解和调解解决时,诉讼就成了无奈的理性选择,然而法院又进行完全同样的调解,形成两次调解的局面,造成社会资源和司法资源的极大浪费。(3)在诉讼中。对"马锡五审判方式"的过度依赖严重损害我国刚刚起步的法制建设。"马锡五审判方式"产生的时代背景与我们现在所处的时代有很大的差异。当时的陕甘宁边区经济结构以农业为主,属于典型的小农经济,生产工具落后、交通闭塞、供给困难、自然环境恶劣;而如今,经过了三十多年的改革开放,我国经济发展迅速,经济总量已跃居世界第二位,各地社会经济环境发生了巨大变化,绝大多数农村地区的经济状况也非昔日所能比拟。在马锡五时代,国民政府六法在边区未得到实施,缺乏大量实体法律规范,解决纠纷主要依靠原则性规定、政策和风俗,"实地调查,就地判案"成为一种必然的选择;并且当时案件数量较少,案情简单,所需法律知识极少;如今,我国已经初步形成了中国特色社会主义法律体系,依法治国基本方略已经进入了一个新的发展阶段。"从世界各国的发展规律看,人均GDP达到1000至3000美元这个阶段,既是经济发展的黄金期,又是社会矛盾的凸显期",[①]"诉讼爆炸"的态势将会出现,而早在2003年,我国的人均国内生产总值(GDP)就已经突破了1000美元;与此相对应的是,目前各地法院案

---

① 涂小雨:《正确处理人民内部矛盾和构建社会主义和谐社会的理论思考》,载《前沿》2007年第12期。

多人少已成常态。社会观念方面,当时淳朴的民风使人们"以和为贵"的观念比较浓厚,这种息事宁人的传统思想使得以调解为主的马锡五审判方式得以落地生根;改革开放以后,经过市场经济、自由主义、契约精神的洗礼,人们的法治观念、维权意识增强,一旦产生纠纷,往往倾向于查清权利义务关系,调解存在的观念基础正在被侵蚀。

"'马锡五审判方式'①的特点可以概括为:深入农村,调查研究;就地审判,不拘形式;注重调解,经过群众解决问题。"②这种审判方式,不但与当前世界各国主流的民事诉讼模式背道而驰,而且对中国刚刚起步的法制建设产生严重的负面影响。不管是大陆法系各国还是英美法系各国,都以"当事人主义"为主要诉讼模式,"当事人主义"呈两造对立,法院居中裁判的结构,强调诉讼地位完全平等的双方当事人积极主动的主导作用和法院的消极中立。马锡五审判方式积极、能动的理念与此形成巨大反差,它强调走向田间地头,主动调查收集证据,强化调解,通过说服教育,化解矛盾,解决纠纷。"'马锡五审判方式'从本质上是一种法院职权干预的模式,也是一种轻视程序正当性和轻视程序正义的审判方式。"③一味强调调解,迫使当事人妥协退让解决纠纷,势必会使权利人的权利"打折";于法官而言,只会调解,不会判案,法院作为司法机关的功能必然会逐渐变异,异化为非裁判机关,而且由于对诉讼调解的强化,对法律规定的漠视,也就必然导致法律虚无主义的蔓延,将人们心中对法的信任涤荡殆尽,这必然会对我国刚刚起步的法制建设产生严重的负面影响。

基于以上我国目前的纠纷解决机制存在的种种弊端,结合目前我国乡村社会结构多元并存的现实。笔者认为,应建立一种以法院为主导,非诉讼纠纷解决方式协调发展的多元纠纷解决机制,具体建构如下:

首先,在富裕型农村应建立一种以诉讼为主,非诉讼纠纷解决方式为辅的多元纠纷解决机制。富裕型农村已不再是以血缘关系、地缘关系和人缘关系为纽带的传统农村社会结构,而转变为以利益关系和契约关系为核心的新型农村社

---

① "马锡五审判方式"是抗日战争时期,时任陕甘宁边区高等法院陇东分庭庭长的马锡五运用群众路线,走向田间地头,通过实地调查研究为群众解决纠纷的一种审判方式。笔者认为,马锡五同志本人并没有经过系统的法律训练,不具备相关的法律知识,并且这种"审判方式"的一个重要特点就是非程序性,这与现代法治意义上的通过诉讼审判解决纠纷有天壤之别,所以说,这种工作方法并不能成为一种"审判方式",而是一种解决纠纷的方法,更接近于现代的非诉纠纷解决方式,只不过在结果上马锡五"断案"具有国家强制力。马锡五的工作方法是特殊时代的产物,我们所应继承的马锡五同志亲民爱民的精神,并且不能因为对马锡五个人品质的崇拜,而把他的工作方法拔高为一种审判方式,导致对现代法治的背离。

② 张卫平:《回归"马锡五"的思考》,载《现代法学》2009 年第 5 期。

③ 张卫平:《回归"马锡五"的思考》,载《现代法学》2009 年第 5 期。

会结构。现代化、市场化的冲击,契约精神的洗礼,逐渐改变着人们的价值观。人际关系理性化,村庄共同体虚无化,市场经济理念加强。同时,市场经济的发展,经济结构的改变,使得民事纠纷发生质和量的改变,表现为新类型纠纷的出现和以经济纠纷为主的根本利益纠纷的增多。这就决定了我们应建立一种以诉讼为主导的纠纷解决机制,通过争议双方在法院的平等对抗,明晰权利义务关系,解决纠纷。同时,法院面对"诉讼爆炸"的压力,为避免司法资源的浪费和社会资源的闲置,对于传统民事纠纷和不存在根本利益冲突的争议,应注重发挥和解、调解等非诉讼纠纷解决方式定纷止争的作用。

其次,在转化型农村和封闭型村庄等熟人社会中,应建立一种以和解、调解等非诉讼纠纷解决机制。在熟人社会中,村民之间是一个保持着亲密关系的群体,其社会交往讲究"情、理",所以在纠纷发生后,双方不想彻底决裂而选择一些比较温和的纠纷选择方式,因此对那些与人情相关,对自身利益损害较小的纠纷,当事人倾向于选择调解、和解等非诉讼纠纷解决方式。正如梁治平教授所言,正式法所代表的是一套农民所不熟知的知识和规则。在很多情况下,它们与乡土中国的生活逻辑并不一致,因此也难以满足当事人的要求,而和解、调解、行政处理等替代纠纷解决方式,恰恰具有对诉讼的替代性,在农村民事纠纷的解决中是不可或缺的。于是,非诉讼纠纷解决机制有了其继续生存的土壤。尽管诉讼作为一种纠纷解决方式存在诸多局限性以及制定法在传统农村适用的"失语"现象①,面对农村日益增多的根本利益的冲突,应将诉讼作为一种辅助的纠纷解决方式。

无论将非诉讼纠纷解决方式作为主要的还是辅助的纠纷解决机制,都存在一个现实问题,即和解及调解协议不具有强制执行力,达成协议后,纠纷一方可任意反悔,纠纷的解决又回到原点,人民调解制度功能萎缩。"任何脱离国家或淡化国家的影响,而单纯依靠传统来解决纠纷都是不切实际的"②,基于这样一种认识,应通过司法确认制度③,实现诉调对接。2011 年 1 月 1 日起施行的《人民调解法》首次以立法形式设置了人民调解协议的司法确认制度,在一定程度上

---

① 笔者认为,关于制定法在农村社会中的"失语",并非指农村居民对国家制定法的完全不适用和排斥,而是指村民有选择地使用法律,他们本身还并未形成法治信仰,当国家法律对其有利时,可能会选择使用,当国家法律的使用对其不利时,则坚决抛弃。他们仅希望国家公权力为自己"撑腰",不愿其凌驾于自己头上。

② 刘云:《农村纠纷解决机制建设探析——以 ADR 为视角》,载《探索与争鸣》2009 年第9期。

③ 司法确认制度发源于甘肃省定西市法院系统的实践。所谓司法确认一般是指通过司法手段确认人民调解协议的效力,赋予司法确认书以强制执行力,实现司法程序和非诉讼程序的无缝对接。潘剑锋:《论司法确认》,载《中国法学》2011 年第 3 期。

改善了人民调解协议不具有强制执行力的状况。为进一步明确人民调解协议司法确认的程序,最高人民法院于2011年3月颁布了《关于人民调解协议司法确认程序的若干规定》,该规定对管辖法院、申请应提交的材料、不予受理的法定情形、执行法院等问题作了较为详细的规定。但是,对于和解协议以及其他调解协议能否进行司法确认?如何进行司法确认?尚需探讨。"司法确认制度是诉调对接的关键环节,对于充分发挥各类纠纷解决机制的作用,为法院减负,为当事人分忧,最大限度地化解纠纷,促进和谐社会的建设具有重大现实意义。"①

结 语

法律是陌生人社会的产物,伴随着经济的现代化、"去农化",我国的农村地区正在部分由熟人社会在向陌生人社会转变。"随着社会的变革和时代的推移,传统也不断发生蜕变,但同时传统又不断影响着社会变革的方式和效果。"②我国正处于社会急剧转型时期,根据各种乡村社会结构变迁与并存同在的现实,结合各种纠纷解决方式的不同特点,建立以法院裁判为主导,各种纠纷解决方式协调发展的纠纷解决机制,对于社会主义新农村的建设、法治国家的稳步推进都具有十分重要的意义。

---

① 潘剑锋:《论司法确认》,载《中国法学》2011年第3期。
② 季卫东:《中国法文化的蜕变与内在矛盾》,载《比较法研究》1987年第4期。

厦门法院创建"无讼社区"活动综述

刘友国[*]

近年来频发的群体性事件,折射出转型期中国的社会管理之难。如何回应新的历史挑战,最大限度地增加和谐因素、减少不和谐因素,是当代中国的一道必答题。[①] 站在历史的潮头,发挥司法功能,参与社会管理创新,促进和谐社会建设,是时代赋予人民法院新的历史使命。"无讼社区"创建活动以现代社区为载体,融合传统"无讼"理念,引导社区主体在法律规则的框架下,正当地行使权利,和谐安宁地相处,逐步形成司法引导与社区自治相结合、司法职能与社会责任共承担的社会管理创新机制,促进基层从"化讼"到"少讼",再力争到"无讼"的转变,目前已经取得很大的成效。这是厦门两级法院自 2009 年 5 月以来参与社会管理创新,践行司法为民的一项创新性活动。

一、萌动:质朴民俗的启示

2005 年,福建省厦门市中级人民法院(以下简称厦门中院)在指导辖区人民法庭履行参与社会综合治理工作职责[②]中,创造性地提出在全市人民法庭开展"三进社区"活动,即"巡回法庭进社区、调解进社区、送法进社区"。翔安区人民法院大嶝法庭针对辖区小嶝岛的地缘、人缘特点[③],整合辖区的派出所、司法所、社会综合治理机构、城市管理主管部门、小嶝社区等多家单位,共商解决小岛居

---

[*] 作者系厦门市中级人民法院民事审判第一庭庭长,法律硕士,厦门大学法学院兼职副教授。本文系齐树洁教授主持的 2012 年度福建省社会科学规划项目"福建法院创建'无讼社区'活动的理论与实践"(项目编号:2012B013)的阶段性成果。

[①] 胡果等:《10 年间"和谐社会"成中央政治局集体学习高频词》,http://haiwai.people.com.cn,下载日期:2012 年 11 月 3 日。

[②] 2005 年 9 月 19 日《最高人民法院关于全面加强人民法庭工作的决定》指出:"人民法庭处在维护社会稳定的第一线,处于化解和调处矛盾纠纷的前沿,促进经济和社会发展、维护社会稳定的责任重大。"

[③] 小嶝岛是厦门市著名的"英雄三岛"之一,是祖国大陆距离台湾地区金门县最近的地方之一,海岛面积 0.8 平方公里,人口 2900 余人。小岛上的居民以捕鱼为生,进出岛的主要交通工具为渡轮,还要受到潮汐时间的限制。

民的矛盾纠纷处理,于 2007 年 10 月挂牌成立"小嶝社区好厝边会所",邀请 9 名在当地热心公益、威望较高的居民担任特邀调解员,负责调处岛上居民因房屋土地、婚姻家庭、海产养殖等产生的日常纠纷。调解员主动走访居民,及时调解处于萌芽状态的纠纷,不少居民也会在发生矛盾冲突时到会所寻求调解。"好厝边会所"成为调解员调处纠纷的常驻地。调解员对一些复杂疑难的矛盾纠纷,会向法庭、派出所、社区等部门寻求帮助,邀请相关部门共同调解。法庭的法官每月定期上岛办公,提供法律咨询,指导调解员工作,共同调解一些"难缠"的纠纷。小嶝岛"好厝边会所"纠纷调解机制的实践,引起了中院的关注。

二、思考:传统与现代的结合

进入 21 世纪后,中国社会发生了深刻变化,社会阶层分化日益凸显,利益格局变化日益繁复,社会主体诉求日益增加,矛盾冲突日益增多,纠纷急遽增加,尤其是人民法院主管的劳动争议、借贷纠纷、买卖合同纠纷、物业服务纠纷、知识产权纠纷、机动车交通事故损害赔偿纠纷等呈现"井喷"式增长。① 究其原因,一是社会主体的个体自主性严重缺乏,自我调节的能力低下;二是社会主体又过分地依赖诉讼,削减或弱化了制度设计上诸如仲裁、人民调解组织等社会矛盾纠纷化解机构的功能。人民法院如何履行宪法赋予的审判职责,呼应新的社会需求,以有限的司法资源应对"诉讼爆炸","好厝边会所"的成功经验为我们提供了新的思路。

社区通常指以一定地理区域为基础的社会群体,其特征是有一定的地理区域,有一定数量的人口,居民之间有共同的意识和利益,并有着较密切的社会交往。社会学家认为:人们在社会生活中,不仅结成一定的社会关系,而且总离不开一定的地域条件,聚集在一定区域范围内的人们所组成的社区生活团体就是

---

① 2009 年 3 月 10 日,王胜俊院长在十一届全国人大二次会议上所作《最高人民法院工作报告》指出,2008 年最高人民法院受理案件 10553 件,审结 7725 件,同比分别上升 29.53%和 24.20%;全国各级法院受理案件 10711275 件,审结、执结 9839358 件,同比分别上升 10.91%和 11.17%。这是最高人民法院受理案件首次突破万件的一年,也是全国法院受理案件首次突破千万件的一年。在厦门市,2006 年至 2009 年,厦门两级法院受理的各类案件从 36725 件增至 58777 件,增幅达 60.01%。

社区。① 社区是社会有机体最基本的内容,是宏观社会的缩影。经过30多年改革开放洗礼的厦门市,经济发展和城市建设已发展到相当成熟的阶段,社区建设和发展已达到相对稳定的状态。与其他现代城市一样,厦门的社区也已成为社会问题的聚合点,社会管理创新的前沿阵地。运用法治的理念来规范管理社区是现代社会发展的必然要求和发展方向,然而"中国正处在乡土社会蜕变的过程中,原有对诉讼的观念还是很坚固地存留在民间"②,这就是厌讼的观念,因此,在社会矛盾纠纷解决机制创新上,可以社区这个社会聚合点为载体,寻找既适应中国传统观念,又契合现代发展方向的纠纷解决模式。

子曰:"听讼,吾犹人也,必也使无讼乎。"孔子倡导的儒家"无讼"思想集中体现了中国法律文化"和"的思想,成为中国传统法律文化的基本价值取向,影响着中国几千年来的诉讼意识。"夫无讼,是民德之新,所以使民无讼,是己德之明,必己德明了,然后可使民无讼,则明德为本,而在所当先,新民为末,而在所当后矣。"③要实现没有诉讼的理想社会,关键的关键就在于将日益纷繁复杂的纠纷遏止在萌芽状态,消除在初始阶段,解决的出路就是放手发动群众,强化社会主体的自主意识和参与责任,将传统无讼法律文化的思维模式运用到社会综合治理纠纷解决机制的构建中。这无疑是一种有益的尝试。④

把传统"无讼"和现代"社区"这两个元素结合,成为厦门中院构建矛盾纠纷解决机制的灵感来源。我们深入社区实地考察,召开座谈交流会,查阅相关资料,向社区居民发出问卷,开展社区居民的纠纷解决心态调查,形成《厦门法院创建无讼社区的调研报告》⑤,取得了在社区整合利用民间和官方各种资源,及时

---

① "社区"一词德文为gemeinschaft,源于德国社会学家滕尼斯1887年出版的《社区和社会》一书。滕尼斯认为,社区是基于亲族血缘关系而结成的社会联合。在这种社会联合中,情感的、自然的意志占优势,个体的或个人的意志被感情的、共同的意志所抑制。与此相应,他将由人们的契约关系和由"理性的"意志所形成的联合称为"社会"。而英文community一词含有公社、团体、社会、公众以及共同体、共同性等多种含义。中文"社区"一词是中国社会学者在20世纪30年代自英文意译而来,意在强调社会群体的生活是建立在一定地理区域之内的。世界卫生组织于1974年界定适用于社区卫生作用的社区(community)定义:"社区是指一固定的地理区域范围内的社会团体,其成员有着共同的兴趣,彼此认识且互相来往,行使社会功能,创造社会规范,形成特有的价值体系和社会福利事业。每个成员均经由家庭、近邻、社区而融入更大的社区。"http://www.hudong.com,下载日期:2012年11月10日。

② 费孝通:《乡土中国·无讼》,上海世纪出版集团2007年版,第54页。

③ 张居正:《讲评〈大学·中庸〉》,陈生玺译解,上海辞书出版社2007年版,第17页。

④ 郑良、夏晓:《厦门两级法院打造"无讼社区"有效化解社会矛盾》,http://fj.sina.com.cn/xm/news,下载时间:2011年9月16日。

⑤ 刘友国、王欣欣:《厦门法院创建无讼社区的调研报告》,载张卫平、齐树洁主编:《司法改革论评》(第10辑),厦门大学出版社2010年版。

化解纠纷,从"少讼"、"化讼"、"息讼"向"无讼"迈进,最大限度地减少纠纷,促进社会和谐的共识,为活动的开展打下理论基础。

三、设计:创建活动的规划

2009年5月,厦门中院发布《关于开展"加强人民调解指导、促进无讼社区建设"活动的决定》,以"好厝边会所"为示范,在翔安区大嶝岛召开全市两级法院现场会,正式启动"无讼社区"创建活动。

1. 在顶层设计上,希望通过开展"加强人民调解指导、促进无讼社区建设"活动,逐步提高人民调解水平和社区居民的法律意识、法律素质、维护自身合法权益的能力;逐步引导社区主体以协商、和解、调解的方式化解矛盾纠纷;逐步整合社区内各种资源,建立健全人民调解长效工作机制,形成调解合力;逐步促进社区在法治框架下完善自治管理,建立和谐幸福的社区环境。

2. 在时间安排上,要求各区法院自2009年开始,以社区为单元有效地指导人民调解组织和人民调解员化解社区内的矛盾纠纷,实现案结事了;通过五年的努力,实现"小纠纷不出社区,大纠纷不出法庭"的"无讼"环境。

3. 在具体措施上,要求做到"五个结合":(1)扩大司法张力,与加强"平安厦门"建设结合起来。要求两级法院积极做好矛盾纠纷预防、排查和化解工作,努力从源头上预防和减少社会矛盾纠纷,着力化解各类矛盾纠纷;积极推动各级行政机关、社会团体、行业协会建立调解组织,健全调解工作机制,通过创建活动扩大司法张力,形成调解氛围,努力化解各类纠纷。(2)健全指导机制,与加强人民调解指导结合起来。要求两级法院坚持"不缺位、不越位、不错位"的原则,指导基层建立健全人民调解工作制度,推进社区人民调解组织规范化、常规化的运行,加强社区人民调解工作指导,健全指导工作机制;以制度化的形式对矛盾纠纷做到早发现、早调处、早解决,变被动调解为主动调解,及时化解在当地、解决在萌芽状态;大力推动企业、行业调解组织建设,扩大人民调解工作的覆盖面,拓展人民调解工作的领域,促进和谐社会的建设。(3)提升工作机能,与法律服务进社区结合起来。在社区设立"法官联系点",发放"法官名片",以社区为依托,推动社区法律服务站的建立;坚持为社区居民提供义务法律咨询和法律帮助,选择典型案件在联系点巡回开庭、以案释法;大力组织和发展社区有一定法律知识和热爱公益事业的人员参与法律服务志愿者活动。(4)加强媒体宣传,与发挥舆论的导向作用结合起来。大力开展宣传活动,充分利用报刊、广播、电视、网络等传媒,介绍仲裁、调解、协商等非诉解决方式的基本情况和经验做法,使公众了解非诉解决方式在化解矛盾纠纷中相对于诉讼程序所具有的迅速、经济、简便的优势,引导社区居民形成正确、理性的解决纠纷观念,权衡利弊,逐步认同,自觉选择非诉方式解决纠纷。(5)强化自治功能,与社区自身建设结合起来。要求各区法院以活动为平台,引导社区完善自治管理制度,依法管理社区事务,把社区建设和管理引入规范化、法制化轨道,实现依法管理和社区自治、自律相结合。①

四、实践:点面结合的探索

2009年6月,在厦门中院的推动下,各区法院先后制订工作方案,在辖区内选择一至两个社区进行试点工作。通过一年的实践,先后培育了湖里区金山社区、集美区杏北社区等典型示范社区,进而在2011年实现了全市37个街镇"一街镇一试点"的目标,形成以点带面的工作格局。在此期间,厦门中院阶段性地总结自己的试验田——金桥社区"法律诊所"工作经验,于同年8月建立"社区法官"机制②,向全市各区法院推行"社区法官"进驻创建点的工作模式和机制。至此,"无讼社区"创建活动以"明确一个主题、转变两个理念、落实三个下沉,健全四项措施"③的良好工作态势,呈现出局部健康发展、整体有序推进的局面。

各区法院、各法庭立足于"做好一点,带动一片"的渐进式无讼创建方式,与社区及相关部门一起,形成了"上下联动、内外结合、左右协调"的运行机制。在纠纷苗头出现后,社区调解组织及时引导当事人理性表达诉求、友好解决纠纷;对可能激化的矛盾,按纠纷性质,社区、综治办、维稳办、信访局、劳动局、建设局、公安局、司法局与法庭等部门主动介入,协作调解,促使纠纷在诉前得到有效稳妥的解决。注重发挥仲裁、妇联、行业协会、工会等社会团体的纠纷调处功能,发挥行业自律组织的纠纷解决功能作用,鼓励这些团体的成员积极参与社会纠纷调解。通过行业规则规范行业内部的竞争秩序,使得纠纷发生后,有相关的人员、机构予以关注、调处。

与此同时,我们充分运用诉讼与非诉讼衔接机制,有效地整合司法资源和各种社会资源、社会力量,综合运用诉前调解、指导调解、司法确认、委托调解、协助调解、诉讼调解与强制裁判手段,共同打造公正、高效、科学的纠纷矛盾调处工作

---

① 厦门市中级人民法院2009年5月《关于开展"加强人民调解指导、促进无讼社区建设"活动的决定》。

② 厦门市中级人民法院于2011年8月1日以厦中法发[2011]89号发出《关于建立社区法官工作机制的实施意见(试行)》。

③ 所谓的"明确一个主题、转变两个理念、落实三个下沉,健全四项措施"就是将加强和创新社会管理作为"无讼社区"创建活动的价值定位和机制设计;要求社区法官要转变被动受案为主动引导,转变就案办案为社情研判,借助"司法长臂"的方式,延伸司法功能;要求社区法官职能下沉到社区、互动下沉到社区、服务下沉到社区;健全组织配套、制度配套、指导配套和对接配套四项措施,全面统筹规划创建活动。见刘友国、王欣欣:《厦门法院创建"无讼社区"活动的探索与思考》,载齐树洁主编:《东南司法评论》2011年卷,厦门大学出版社2011年版。

新机制,有效地践行了中国式的替代性纠纷解决机制。截至 2012 年上半年,全市法院与相关的团体、单位建立诉讼与非诉讼相衔接协议 25 个。①

2012 年厦门市社会管理综合治理委员会以现场推进会的形式,号召全市各社区开展"无讼社区"活动,要求在本年度实现全市各社区创建活动的全覆盖。

五、模式:不拘一格的尝试

"无讼社区"创建活动的出发点是倡导社区主体在社区管理中充分发挥自治协商功能,以关系可修复的现代纠纷解决为主流理念,不拘一格、创造性地开展活动,形成全方位、立体式的创建网络。为此,厦门法院采取了如下方式:

1. 横向上以点带面推进。几年的实践涌现出以湖里区金山社区"1+N"为代表的社区法官模式、以翔安区小嶝社区"好厝边会所"为代表的社区会所模式、以海沧区寨后社区"寨后钢宇无讼村企"为代表的社企合一模式,各种模式不一而足、风格各异、各具特色。社区法官和调解员利用社区"人民调解工作室"、"社区法官工作(服务)站(点)"等深入社区、村居、小组、楼道,依靠本地乡土资源、根植群众、贴近基层,与社区工作者一道开展"和谐调解进社区、便民审判进社区、综合治理进社区、民意沟通进社区"活动,为社区群众提供方便快捷、节约成本的纠纷化解机制。海沧区人民法院东孚法庭的"人民调解工作室"自 2010 年 10 月设立至 2012 年 10 月间,调解员已经成功调处了 542 件纠纷,调解率达到 95% 以上。同安区人民法院大同法庭在五显镇设立的"农村家事纠纷援助中心",到 2012 年上半年成功调解婚姻家庭矛盾、财产纠纷和赡养纠纷等各类纠纷 375 起,大同法庭受理的此类案件因此下降了一半以上。

2. 纵向上扇形辐射铺开。我们不断拓展"社区"的内涵,提出"虚拟社区"的概念,把一定范围内互相联系,行使一定社会职能的社会团体吸纳到"无讼社区"创建活动中来。如针对交通事故频发、纠纷处理难的社会突出问题,我们整合包括交警、保险行业、人民调解、法律服务等社会资源,在各区设立交通法庭,建立"可现场立案、可预支保费、可申请司法确认、可督促执行"的交通事故纠纷一站

---

① 2009 年 7 月 25 日,最高人民法院发布《关于建立健全诉讼与非诉讼相衔接的矛盾纠纷解决机制的若干意见》。该意见指出:(1)建立健全诉讼与非诉讼相衔接的矛盾纠纷解决机制,充分发挥人民法院、行政机关、社会组织、企事业单位以及其他各方面的力量,促进各种纠纷解决方式相互配合、相互协调和全面发展,做好诉讼与非诉讼渠道的相互衔接,为人民群众提供更多可供选择的纠纷解决方式,维护社会和谐稳定,促进经济社会又好又快发展。(2)充分发挥审判权的规范、引导和监督作用,完善诉讼与仲裁、行政调处、人民调解、商事调解、行业调解以及其他非诉讼纠纷解决方式之间的衔接机制,推动各种纠纷解决机制的组织和程序制度建设,促使非诉讼纠纷解决方式更加便捷、灵活、高效,为矛盾纠纷解决机制的繁荣发展提供司法保障。2009 年 9 月,厦门中院即出台了贯彻意见。

式处理新模式,倡导"无讼交通"。率先设立的同安区人民法院大同交通法庭,自2009年9月成立至2012年6月,就受理案件2544件,审结2367件,调解撤诉案件2178件,调撤率达到92.03%。思明区人民法院与交警部门、司法行政部门、保监会等机构合作设立交通调处中心,建立集法律咨询、人民调解、巡回审判、保险理赔于一体的多功能、全方位纠纷解决平台,从2010年4月成立至2012年8月份,该中心共受理交通事故责任纠纷案件6352件,调解率达100%。2012年5月厦门市社会管理综合治理委员会召开了推动全市交通调处一体化的现场会,厦门中院与厦门市公安局、厦门市司法局、厦门保监局在会上联合发布《关于建设道路交通事故一体化调处中心的实施办法(试行)》,整合相关机构共同建立交通事故调处一体化工作机制。

3. 结合点上各方协同。我们派出的社区法官沉下身到一线社区,结合社区的特点,把"无讼社区"创建从社区延伸到商圈、校区等特定区域,进一步扩大"无讼社区"的辐射范围,创造性地开展"无讼"创建活动。如思明区人民法院莲前法庭在加州城市广场、瑞景商业广场、明发商业广场组建"商圈法律服务站",从近年审理的3000件涉商圈纠纷的案件入手,总结大型商圈在建设、招商、运营等发展阶段中的共同特点,分析法律纠纷背后的成因,通过向商圈的开发商、物业公司、业主、商家等不同主体进行风险提示,引导商家规范经营,减少法律纠纷,共同营造"无讼商圈";滨海法庭立足高校特殊的人文生态环境,挖掘校园主体对权利义务相互统一的认同感、对自身权益与社会责任的关注度,整合高校特殊资源,与厦门大学法律事务办公室、厦门大学法学院、演武社区居委会共同、白城社区居委会设立"阳光法律服务站",强化纠纷个案化解对校园管理的法治示范性,逐步培育充满文明、民主、自由、平等氛围的"无讼校区"。集美区人民法院杏林法庭与当地医疗机构共商建立的"无讼医疗区"、灌口法庭与辖区村居共建"无讼小城镇"的尝试,为"无讼社区"创建活动注入新的活力。

此外,"无讼景区"、"无讼港区"、"无讼空港"、"无讼工业园区"等特色社区的"无讼"创建活动也紧锣密鼓地在全市展开。

"无讼社区"创建活动的着力点是立足社区。通过信息共享、多方联动、诉调对接、巡回审判、送法上门等各项工作机制的建立和完善,加强源头治理,按照"人民法院为主推动、人民法庭具体实施、社区法官牵线搭桥、社区调解积极跟进"的创建模式,逐步构建出"法院、法庭、社区法官、社区调解"四位一体的社区纠纷化解平台,引导社区主体在法律规则的框架下,正当地行使权利,和谐安宁地相处,逐步实现"小纠纷不出社区,大纠纷不出法庭"的"无讼"环境。灌口法庭根据辖区"小城镇建设"中存在的征地补偿款分配纠纷的问题,派出社区法官深入到灌口镇的十八个社区,了解情况,梳理民意,分析征地补偿款分配中各社区存在的共性与个性问题,向灌口镇党委、政府发出司法建议。灌口镇党委、政府采纳了该意见,向全镇各村居发出指导意见,要求各村居参照相关的司法建议,规范征地补偿款分配工作。

"无讼社区"创建活动的落脚点是整合社会资源。"一个社会成员可以肩负多种社会角色,即角色的重叠性质,它决定了各角色之间互为权利义务主体。以各种角色为原点,以关系为经纬所形成的秩序谱系构成了稳定的社会网络。"① 不同的社会角色担当着不同的社会责任。马克思精辟地指出,人是社会关系的总和。在"无讼社区"创建活动中,我们认真思考社会(社区)主体和公权力机构社会责任分担问题,充分地运用社区自治制度,将社区的各种资源,包括社区居民、社区工作者、人民调解员、司法行政人员、机关单位、企业法人等力量整合起来。社区法官运用生动活泼的案例,以授人以渔的方法,激发社区主体参与社区管理的热情,共同承担起预防、排查和化解社会矛盾纠纷的责任。例如,金山社区的"1+N"模式的"N"包括社区的各种人员和单位。"村企模式"将农村社区与企业有机地结合互动起来,共同为辖区的安宁、和谐出一分力,营造幸福安宁的社区。

六、成效:可圈可点话"无讼"

自2009年"无讼社区"创建活动开展以来,试点社区已成功化解了杏北社区建昌商业广场相邻权纠纷案、小嶝社区水头移民分配盐区虾池租金系列案等突发性、群体性纠纷200余起,诉前化解征地拆迁、土地补偿等矛盾纠纷4200余件。两级法院参与指导非诉调解组织成功化解纠纷3750余件,委托或邀请非诉组织协助调解2345件,司法确认4256件,95%以上调解生效的协议得到及时履行。2012年1月至10月,全市474个社区实现了创建活动的全覆盖。其中翔安区有65个社区(占全区112个社区的58%)的矛盾纠纷都化解在社区内,2012年未发生一起诉讼案件。创建活动实现了初步成效,部分社区基本实现了"小纠纷不出社区,大纠纷不出法庭"的创建活动目标。

创建"无讼社区"活动的经验引起了媒体的关注。新华社、人民网、新华网、《法制日报》、《人民法院报》、《福建日报》、《厦门日报》等主流媒体对"无讼社区"创建活动连续进行报道,称之为社会管理创新的"厦门样本"。② 2012年9月4日至6日由人民网、新华网、央视网、光明网、中国网、中国经济网、中国警察网、民主与法制网、中国日报网、法制网、国际在线、正义网、中广网等十四家国家级

---

① 贺海仁:《无讼的世界》,北京大学出版社2009年版,第17页。
② 郑金雄、安海涛、张南日:《"无讼社区":社会管理创新的厦门样本》,载《人民法院报》2010年12月23日第5版;吴在平:《"无讼社区":邻里和谐的厦门样本》,载《福建日报》2011年6月1日第8版。

网络媒体组成的"聚焦执法公正"新闻采访团专程来厦采访。厦门法院"无讼社区"活动是此次采访报道的主要内容。采访过后,记者们在各自的媒体上全面介绍了我们活动的措施与成果。

在评价厦门法院创建"无讼社区"活动时,厦门大学法学院博士生导师刘连泰教授说:"无讼社区建设深度挖掘中国传统文化'礼之用,和为贵'的精神,力争'讼不可妄兴','讼不可长',主张以妥协和让步的姿态使秩序回归常态。无讼社区倡导的纠纷解决方式是:从孤立走向协调,从单向走向双向,从对抗走向合作,从强制走向互动,从而增强社会的稳定性和可持续发展能力。厦门中院发起的创建'无讼社区'活动,就是利用'无讼社区'这个平台,充分整合各种解决纠纷的资源,发挥社会自我修复功能,实现化解纠纷的目的。创建'无讼社区'活动是对现有社会管理机制的创新,具有很好的现实和理论意义。"[①]

厦门大学法学院博士生导师、司法改革研究中心主任齐树洁教授认为,厦门提出的创建"无讼社区"活动在全国引起很大反响。"无讼"对于维系乡村社会以及社区居民之间的和谐很有好处。在解决民事纠纷的过程中,厦门法院不仅依靠法律,而且重视运用民间善良淳朴的风俗习惯,取得了良好的效果,受到群众的欢迎。实践证明,"无讼社区"是今后解决民事纠纷的发展方向。[②]

2011年下半年,最高人民法院常务副院长沈德咏,中共中央纪委副书记李玉赋,中共福建省委孙春兰书记,陈文清副书记,福建省委政法委徐谦书记,中共厦门市委于伟国书记,厦门市纪委洪碧玲书记,厦门市委政法委詹沧洲书记等领导先后对"无讼社区"创建活动作出重要批示,充分肯定了该项活动,并要求厦门及时总结,在全市、全省大力推广。

2011年9月,中国人民对外友好协会主办,北京国际城市研究院承办的"国际城市论坛2011年年会"高度评价厦门法院为构建和谐社会创造了新鲜经验,授予厦门市中级人民法院"2011年中国城市管理进步奖"。年会在"无讼社区"创建活动项目创新性分析中指出,"无讼社区"创建活动是人民法院为构建和谐社会创造的新鲜经验。一是"好厝边会所"、"社区法官机制"、"法律诊所"等活动创建主体,对发生在试点社区内的突发性、群体性事件,在第一时间介入矛盾纠纷现场,主动正视矛盾,及时处置化解矛盾,遵循社会发展规律,最大限度地激发社会活力,最大限度地增加和谐因素、减少不和谐因素,有效维护了社会的安定稳定,为构建和谐社会提供新的经验;二是活动引导街道、社区完善管理制度,依

---

① 蓝碧霞、安海涛:《市两级法院推出构建"无讼社区"推进社会管理创新》,http://www.xmnn.cn,下载日期:2011年2月20日。
② 齐树洁:《"无讼社区"是今后发展方向》,http://fj.sina.com.cn/xm/news,下载日期:2011年11月9日。

法管理社区事务,把社区建设和管理引入规范化、法制化轨道,活动使法院与各级调解组织实现良性互动,充分拉近了法官与社区居民的距离,让社区居民感受到权益受到保障、心情更加舒畅,提升了幸福指数,为社会管理创新提供新的方式;三是活动主动服务大局,在重点项目建设、新增长区域发展、城市建设、小城镇改革发展、民生工程"五大战役"过程中,积极引导争议双方通过协商、沟通、交流的方式解决矛盾纠纷,帮助有关单位梳理法律问题 125 个,完善工作规程 72 项,提出意见建议 116 条,防止矛盾激化,使更多的纠纷以和谐方式化解,为服务海西建设大局提供新的平台;四是活动将传统的"无讼"理念与现代"社区"概念相结合,倡导社区主体不采用诉讼中紧张激烈的对抗模式,而是面对面、在和谐的场景下经过互相妥协和让步,达成纠纷解决的协议,修复和维系相互关系,实现双方权益的双赢,促进人们的社会价值观的变化,让传统文化和现代司法理念的结合深入社区、深入民心,为弘扬传统文化提供新的载体。厦门法院的"无讼社区"创建经验,对基层构建和谐的社会管理创新机制具有标杆意义。[①]

福建省高级人民法院于 2012 年 4 月 18 日召开新闻发布会,发布《关于深入开展"无讼"建设的若干意见》,决定在全省法院开展"无讼"建设。要求全省法院以依法协调社会关系、规范社会行为、化解社会矛盾、促进社会公正、调适社会心态等为内容,多元解决社会矛盾纠纷,化讼、止讼、息讼、少讼,力争在局部单元实现"无讼"目标,促进社会自我修复、愈合矛盾裂痕。希望通过深化"无讼"建设,开展司法服务、诉调对接、巡回审判等,逐步形成止讼、化讼、少讼乃至局部区域实现"无讼"的社会环境,促进社会管理创新、维护社会和谐稳定。[②]

结 语

诉讼作为社会争议的延续,是解决社会矛盾的终局手段,是法律发展、社会进步的前奏,但如果一味地宣传"有纠纷找法院"、"为权利而斗争",只能说明这个社会缺乏基础的免疫和纠错机制,是非常危险的。"听讼者,治其末,塞其流也;正其本,清其源,则无讼矣。"[③]我们的先哲以"无讼"为后人设想了一种理想境界。厦门法院通过创建"无讼社区"活动,一方面培育社区主体按规则行事的内心确信,创设多种法治角色转换的机会,防止过度专业化导致司法与群众的疏离,为群众提供便捷获取法治经验的途径;另一方面根据社区主体的需求,指导

[①] 北京国际城市研究院:《厦门:以"无讼"理念钝化社会矛盾》,载《领导决策信息》2011 年第 34 期。

[②] 孙贤迅:《福建推进"无讼"建设 促社会和谐发展》,http://www.chinanews.com,下载日期:2012 年 4 月 18 日。

[③] 《四书集注》,转引自贺海仁:《无讼的世界》,北京大学出版社 2009 年版,第 195 页。

社区主体建立共同认可的规则，进而实现社区的自我治理。社区主体"不仅需要解决当前的争执，医治好病态的社会关系，也需要恢复人与人之间原本的社会关系，它不因人与人曾经产生过争议而成为人们未来继续交往的障碍"。①

"法治秩序的建立不能单靠制定若干法律条文和设立若干法庭，重要的还得看人们怎样去应用这些设备。"②创建"无讼社区"活动就是倡导社区主体自主理性地处理纠纷，把家庭的矛盾、社会的矛盾、人们的戾气化解于日常生活中。当社会主体能自觉运用自治规则、法治规则消弭生活中的磕磕碰碰、自我消化矛盾冲突后，通往和谐社会的大门便将开启。厦门法院倡导的创建"无讼社区"活动，就是朝着这个法治社会化目标前进的努力和尝试。

构建和谐社会需要具备多种条件和多方力量的参与。"当法律溶入社区、家庭和邻里生活的时候，它就不再是佩里·梅森所说的法律神话，不再是公民课上或最高法院大法官讲的法律，不再充满着繁复的程序和仪式，不再是深奥的语言、复杂的规则、正式的服装和装饰华丽令人生畏的房间。"③将创建"无讼社区"活动植入和谐社会建设的进程，需要建立创建活动的长效机制，从法律角度来看，就是要实现法治的社会化。

由于没有现成的经验可供借鉴，创建"无讼社区"活动需要我们边实践边思考，边思考边实践。理论思考和实践提升注定是一项艰苦和长期的工作。

---

① 贺海仁：《无讼的世界》，北京大学出版社2009年版，第195页。
② 费孝通：《乡土中国·无讼》，上海世纪出版集团2007年版，第55页。
③ ［美］萨利·安格尔·梅丽：《诉讼的话语——生活在美国社会底层人的法律意识》，郭星华等译，北京大学出版社2007年版，第18页。

司法制度

基层法院审判委员会专职委员工作现状描述和机制完善构想

郭 瑞[*] 薛海明[**]

作为人民法院内部对审判工作实行集体领导的最高审判组织,审判委员会制度当属中国之独创,因为"无论是大陆法系还是英美法系,其审判组织内部均未设置审判委员会"。[①] 对重大、复杂、疑难案件讨论并作出决定,对审判工作中遇到的共性问题进行宏观指导,是各级法院审判委员会的重要职能。审判委员会行使的是"审判业务方面的权力,而非行政领导权力",然而实践中,"审判委员会的组成往往不是作为审判组织来组织的,而是作为人民法院的最高行政领导机构来组织的"[②],"如何进一步促使审判委员会成为一个专业委员会,是一个值得思考的问题"[③]。2006 年 5 月,中共中央在《关于进一步加强人民法院、人民检察院工作的决定》(中发[2006]11 号)中提出,"加强人民法院审判委员会和人民检察院检察委员会建设,根据工作需要,可以设置专职委员两名左右,按照同级党政部门副职规格和条件,从具备良好政治业务素质、符合任职条件的法官、检察官中产生"。人民法院"三五改革纲要"进一步提出"完善审判委员会讨论案件的范围和程序,规范审判委员会的职责和管理工作"。司法实践中,四级法院审判委员会职能定位差异较大,但以上文件并未对各级法院在专职委员的设置与制度运行进行细化,相关规定的缺乏导致各地法院做法参差不齐,本文通过对重庆市 20 家基层法院审判委员会专职委员制度运行情况的分析,试图对基层法院如何合理建构审判委员会专职委员工作机制,如何科学合理地界定专职委员的

---

[*] 郭瑞:重庆市沙坪坝区人民法院院长。
[**] 薛海明:重庆市高级人民法院法官。
[①] 尹忠显主编:《法院工作规律研究》,人民法院出版社 2003 年版,第 406~411 页。
[②] 程新生:《审判委员会制度研究》,载《政治与法律》2000 年第 1 期。
[③] 苏力:《基层法院审判委员会制度的考察与思考》,载《北大法律评论》1998 年第 1 卷第 2 辑,法律出版社 1999 年版,第 338 页。

职责提出一些初步的想法。

一、基层法院审判委员会专职委员制度现状分析

通过实地考察、座谈访问等方式,我们获得重庆市两个中级法院辖区内的20家基层法院专职委员设立、运作的基本情况,20家法院既包括主城区法院又包括偏远库区法院,所在区域经济条件、收结案数量、法官整体素质各异,样本选取代表性较强。除4家法院未设、1家法院正在选任之中外,其余法院均已设置专职委员一职,根据各法院专职委员设立情形与制度运作情况,可以发现如下几个特点:

(一)从整体上看,专职委员人数与法院工作需求未呈现出正相关关系

法院工作需求具体体现在法院受案数量、人均结案量等多个方面,一般而言,基层法院审判委员会主要职责在于讨论、决定重大、复杂、疑难案件,而复杂疑难案件多发于经济快速发展的区域,该类区域审判委员会工作相对繁重。但从调查的法院来看,设置两名专职委员的有10家,占大多数。设置一名专职委员的有4家,其中B法院位于主城区,当地经济较为发达,年结案数量近万件,复杂疑难案件频发,该院设置一名专职委员且在任命后继续从事其刑庭庭长工作,其他一些法院专职委员所具有的总结审判经验、指导、规范案件处理的功能在该院未得到充分发挥,与该院的工作需求不相匹配。而设置三名专职委员的P法院地处库区偏远地带,2007年结案量不足三千件,且多为法律关系较为简单的多发案,与B法院相比,专职委员人数明显偏多。各法院在决定专职委员数量时未充分考虑实际工作需要。

(二)从来源上看,专职委员来源多样化导致"专职不专"现象严重

审判委员会专职委员制度出现的时间较短,《人民法院组织法》仅规定审判委员会委员由院长提名,同级人大常委会批准,对于专职委员产生程序并未涉及。能够成为专职委员,必须"具备良好政治业务素质、符合任职条件",[①]但中发[2006]11号文件对其具体任职条件并没有明确的规定。在所调查的法院中,专职委员主要来源于中层干部,具体情况如下表所示:

法院	专职委员来源	法院	专职委员来源
A	审监庭庭长、刑庭庭长	L	刑庭庭长、派出法庭庭长
B	刑庭庭长	M	刑庭庭长、审判委员会委员
C	执行局局长、研究室主任	N	办公室主任、民一庭庭长

---

① 《关于进一步加强人民法院、人民检察院工作的决定》(中发[2006]11号)。

续表

法院	专职委员来源	法院	专职委员来源
D	民一庭庭长、民二庭庭长	O	办公室主任
E	刑庭庭长	P	审监庭庭长、民二庭庭长、办公室主任
F	两名退居二线副院长	Q	研究室主任、政治处副主任
G	办公室主任、刑庭庭长	R	审监庭庭长、民一庭庭长
H	民二庭庭长		

15家法院的专职委员产生方法与普通委员类似，绝大部分从中层干部中产生，而这些中层干部并非均来自业务部门，个别专职委员产生于办公室主任、政治处副主任这种非业务部门领导，一些中层干部本未进入审判委员会，在任命前匆匆任命为审判委员会委员。另外值得一提的是，F法院两名专职委员均由退居二线的副院长担任，虽免去了解决职级问题的麻烦，但其能够在多大程度上履行职责，是否有利于审判资源的优化配置，不无疑问。M法院其中一名专职委员由未担任行政职务的审委会委员产生。

27名专职委员来源构成比例如下图所示：

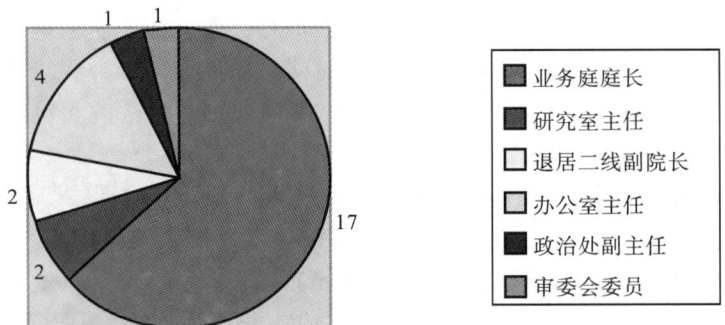

专职委员来源多样化，一些长期脱离审判工作的中层干部、濒临退休的副院长被任命为专职委员，在实践中履职能力和动力缺乏，导致"专职不专"现象严重。

（三）从职能定位上看，专职委员在法院定位存在差异导致其地位尴尬

按照副院级配备的专职委员，如何对其在全院准确定位是一个较为复杂和敏感但又无法回避的事情。专职委员地位取决于其职权的来源，从调查的法院来看，大致存在两种做法：一是由法院党组决定。一般而言，法院党组由该院正、副院长、纪检组长、政治处主任组成，法院的非审判业务方面的重大事项均由党组讨论决定。专职委员与党组中除院长之外的其他成员级别相同，部分法院专职委员已成为院领导班子成员，由党组成员讨论决定专职委员工作职责，实践中

往往带来一些尴尬,甚至可能影响专职委员工作积极性。二是来源于院长委托。鉴于由院党组决定专职委员职责可能产生的弊端,A 法院专职委员工作职责由院长决定,该院两名专职委员在院长的委托下,分别负责两个业务庭的审判指导和审判管理工作,直接向院长负责。此外,仍有部分法院专职委员行政级别未得到解决,一些专职委员在任命后仍然作为中层干部履行其之前的职责,与其"同级党政部门副职"级别严重不符,专职委员地位尴尬。

(四)从设置目的上看,专职委员设置目的不明确导致其职能变异

四级法院的审判委员会职能定位各不相同,专职委员设置目的也应相应体现出差异。中发[2006]11 号文件对审判委员会专职委员的设置目的笼统表述为"加强人民法院审判委员会建设",对于审判委员会建设,二五改革纲要明确"最高人民法院审判委员会设刑事专业委员会和民事行政专业委员会;高级人民法院、中级人民法院可以根据需要在审判委员会中设刑事专业委员会和民事行政专业委员会"。根据以上表述,在最高法院、高级法院和中级法院,专职委员可对应专业委员会发挥作用,而基层法院专职委员与以上各级法院如何体现出差异并不明确,从 15 家法院的设置情况来看也不甚清晰。

然而,作为审判委员会改革的其中一项措施,专职委员设置整体而言进展顺利,大多数法院专职委员已配备完毕,I 等 4 家法院未配置专职委员,据了解,可能仅是利益关系未完全理顺和与当地党委沟通不力的原因。仅从笔者所在法院来看,与法官助理制度试点改革相比,专职委员的设置工作要成功得多,究其原因,此项改革对法院来说是一个有显见益处的措施,可以以此为依据解决两名左右人员的"同级党政部门副职"的待遇。在解决职级问题上困难重重的基层法院,设置专职委员的意愿甚为迫切,其中较为典型的是 P 法院办公室主任,宁可退出主任职位协助新任办公室主任工作,仅仅因为专职委员能够解决职级问题,职级问题在专职委员设置中的重要作用可窥一斑,导致该制度所具有的功能和专职委员职能出现严重变异。

设置随意、专职不专、地位尴尬、职能变异四个特点,直接导致专职委员工作职责不尽统一,各法院专职委员职责由该院党组或院长根据多种因素决定的做法,更加不利于专职委员职责制度化、规范化。15 家法院中,专职委员职责各不相同,但归纳起来以下几项较有代表性:一是参与审判委员会讨论,总结审判工作经验;二是负责部分业务庭审判指导和审判管理工作,作为领导班子成员与副院长职责基本相同;三是协助副院长负责部分业务庭审判指导和审判管理工作,类似于副院长助理类职务;四是办理部分重大、疑难、代表性强的案件;五是进行个案指导,为部分业务庭案件处理把关;六是从事调研工作,收集和发现审判实践中的困难和问题,对全院的审判工作进行规范、指导。部分法院专职委员还履行了其他一些职责,如 B 法院刑庭庭长任专职委员后仍继续其刑庭庭长工作,M

法院刑庭庭长在被任命为专职委员后不再担任庭长职务,只作为普通审判员在刑庭从事审判工作,协助分管院长联系刑庭工作,Q法院专职委员只能在审监庭从事再审案件的审理和案件评查工作。这些做法不具代表性,也欠缺科学性和合理性,反映出专职委员的职责有待明确、规范。

二、基层法院专职委员职能的确定

审判委员会运作模式具有自身显著特点,在国外也未见此项制度设置,专职委员应如何准确定位,如何开展工作没有先例可循。但是,"如果根本不知道道路会导向何方,我们就不可能智慧地选择路径"。① 因此,合理确定专职委员的工作机制,必须要有正确的方向,坚持正确的原则,选择正确的路径。

(一)讨论前提——各级法院审判委员会职能多元化

各级法院审判委员会功能定位存有差异。在最高人民法院,审判委员会除总结审判经验、讨论重大复杂疑难案件之外,其更重要的功能在于"讨论、通过院长或副院长提请审议的司法解释草案,讨论、决定《最高人民法院公报》刊登的司法解释和案例"。② 在出台司法解释指导司法、统一法律适用标准等方面,最高法院审判委员会发挥了巨大的作用,高级法院审判委员会功能与最高法院较为相似,因受理案件数量相对较少,审判委员会主要精力可放在统一法律适用标准等方面。与最高法院和高级法院相比,基层法院与中级法院受案数量巨大,尤其是基层法院,受案数量不断增长,人案矛盾凸显,审判委员会主要功能体现在讨论重大复杂疑难案件,统一法律适用标准的功能因基层法院所辖区域有限,各级法院缺乏规范、有效的沟通渠道等原因,法院单独一家总结审判经验较难操作。合理定位基层法院审判委员会专职委员职能,应充分考虑这些因素。

(二)专职委员与兼职委员区别

专职委员不同于兼职委员,他不再担任其他部门的行政职务,所有工作均应围绕审判委员会展开,以体现其"专职"之义。但"专职"并不意味着专职委员仅能参与审判委员会讨论,在基层法院人案矛盾凸显的背景下,专职委员仅仅参加审判委员会不符合审判资源优化配置原则。只要是与审判委员会工作相关、有助于"加强人民法院审判委员会建设"、行政职务之外的其他工作,都可以作为专职委员的职责。

审判委员会委员所具有的职责均应为专职委员的职责不言自明,"专职"又意指其与其他委员存有区别,主要应体现在:

1. 法律地位的特殊性

---

① 卡多佐:《司法过程的性质》,苏力译,商务印书馆1998年版,第63页。
② 《最高人民法院审判委员会工作规则》第2条。

专职委员专门从事审判委员会的工作,不担任其他部门的职务,对于各职能没有领导权,真正发挥其在审判委员会的"专职"作用。

2. 职权来源的依附性

专职委员职权主要依赖于法院党组或院长的授予,按照授予范围履行职责。

3. 选任标准的专业性

审判委员会委员的基本职责有三项,一是讨论决定重大疑难案件,二是总结审判工作经验,三是讨论与审判工作相关的其他事项。每项职责都要求委员具备深厚的法学理论功底和丰富的审判实践经验,作为专职委员,在选任上更应注重业务标准,选择精通审判与理论的法官担任。

(三)专职委员特殊职能

1. 院长参谋职能

专职委员作为院长的参谋和助手,应在院长的领导下总结审判工作经验,对其负责或擅长的审判业务工作,在提交审判委员会讨论时先行审查把关,以便于院长与其他审判委员会委员集中精力把握案件的核心,提高审判委员会工作效率。

2. 业务指导职能

专职委员一般是专家型、经验型的资深法官,对法律法规、司法解释有较深的理解。可以接受业务部门的法律咨询,提出权威的法律应用意见供参考。

3. 沟通协调职能

审判委员会是一个闭门会议,在讨论案件、总结审判经验时,一般审判委员会之外的人很难参与,这种封闭性导致审判委员会与法院各部门、各法院审判委员会之间缺少常规的、正式的沟通渠道,而专职委员地位特殊,在工作上能够发挥上传下达的桥梁作用:首先,通过指导案件的审理,专职委员可以将合议庭、业务庭的意见上报院长或审判委员会;其次,可以审判委员会的有关决议、决定及时传达到各部门,并及时反馈决议、决定在实施中产生的问题;再次,作为审判委员会委员的代表,各法院专职委员之间可以相互沟通协调,为一定区域内法院统一法律适用标准提供畅通的沟通渠道。

三、基层法院审判委员会专职委员工作机制的构架

合理的审判委员会专职委员工作机制,应体现在专职委员的选任及职责上。

(一)专职委员的选任机制

如上分析,各法院在决定专职委员数量时未充分考虑自身实际工作需要,专职委员来源多样化导致"专职不专"现象严重。专职委员选任应根据法院实际,以全面提高审判委员会的工作质量和工作效率为目的,择优选任。

作为法官精英中的精英,专职委员选拔应当首先以业务水平的高低为标准,

"从具备良好政治业务素质、符合任职条件的法官中产生"。专职委员设置数量应结合法院受案数量、经济发展程度等因素综合考虑,合理确定。专职委员注重专业水准和实务能力,不宜由长期脱离审判业务部门的人员如办公室主任、政治处主任等担任。

为确保专职委员具有良好的履职能力,一般来说,专职委员应当从审判委员会委员中产生,不宜直接任命非审判委员会委员担任专职委员职务,确保其具备作为一名专职委员需要的审判委员会工作经验和水平。应通过循序渐进的方式,逐步改变审判委员会成员由行政领导担任的做法,将确实具备深厚的法学理论功底和丰富的审判实践经验的法官吸收进来,担任审判委员会委员一定年限后可以胜任专职委员的再行考虑提拔,从而起到优化审判委员会人才资源配置,发挥精英人才的旗帜作用。

(二)专职委员的职能定位

专职委员一切职责均围绕审判委员会展开。对应审判委员会工作规则,专职委员的职责可大致分为审判委员会会议召开前、召开中和召开后三个方面:

1. 会议召开前

基层法院审判委员会任务繁重,大量的案件需要审判委员会讨论决定,以A法院为例,近五年来审判委员会共讨论各类案件近1400件,其中一些并不属于重大、复杂、疑难案件,却由于种种原因进入审判委员会讨论,致使审判委员会任务繁重,疲于应付。作为专职委员,在审判委员会召开前可以发挥如下几个作用:

(1) 负责或协助副院长负责部分业务庭审判指导和审判管理工作

作为法院副院级干部,专职委员应享有与其职级相对应的权力,承担与其职级相对应的义务。当前基层法院受案数量不断增长,人案矛盾不断凸显,专职委员业务精通、经验丰富,仅仅从事审判委员会工作,易使专职委员成为一个"闲职",不利于调动专职委员的工作积极性,也不利于审判资源的优化配置,最终可能导致这一职位的虚设,演化为实践当中如F法院将专职委员一职当成副院长退居二线的一种平稳过渡,致使专职委员作用得不到充分发挥。

为充分发挥专职委员一职作用:15家法院中有8家明确专职委员应协助副院长指导业务庭具体案件的办理,为案件把关。有两家法院院长直接授予专职委员负责部分业务庭的审判指导和审判管理工作的权力。以A法院为例,两名专职委员在院长的委托下分别负责两个业务庭的审判管理工作,在专职委员的指导和管理下,可以化解掉部分复杂、疑难案件,减少进入审判委员会的案件数量,减轻审判委员会工作压力。因此,负责或协助副院长负责部分业务庭审判指导和审判事务管理工作,是专职委员审判委员会工作职责的必然延伸。基层法院的实践也证明了这一点。

(2) 办理部分重大、疑难、代表性强的案件

基层法院主要任务在于解决纠纷，专职委员均为资深法官，在履行裁判职能方面可以发挥作用。如 A 法院对院长、副院长、专职委员的办案任务均进行了明确，其中专职委员的办案任务要高于副院长，实践中，该院专职委员办理的均为存在较大争议、具有指导意义或社会影响较大的案件，起到了很好的示范作用。笔者认为，在基层法院，可以考虑将再审案件与发回重审的案件交由专职委员办理，随着新《民事诉讼法》的实施，基层法院再审案件数量必将逐步减少，审监庭的主要功能应过渡到评查案件与法律文书上来，再审案件可交由专职委员担任审判长审理。同时，因发回重审案件一般较为复杂，且不能由原合议庭审理，交由专职委员审理，可以保证案件质量。仍以 A 法院为例，2008 年，该院共被上级法院发回重审 4 件，审结再审案件 7 件，11 件案件由两名专职委员审理，时间充足，完全可以保证办案质量。

以上两项工作作为审判委员会工作的延伸，不违反专职委员"专职"之义。

(3) 先行审查拟提交审判委员会讨论的案件

审判委员会召开过程中，审判委员会委员一般仅依靠阅读审理报告与听取案件承办法官的口头汇报作出案件处理决定，而承办法官的水平各异，对案件的争议焦点、处理意见有时不能准确把握。为解决这一问题，可由专职委员在审判委员会召开之前，对拟提交审判委员会讨论的案件统一审查把关，归纳整理案件的疑难、争议之处并提交审判委员会，以便各审判委员会委员集中精力把握案件的核心，提高审判委员会工作质量和效率。在此可借鉴广东省高院规定：审判委员会专职委员受院长或审判委员会的委托，审查拟提交审判委员会讨论的案件或负责其他有关审判工作的事项。通过审查案件和参加审判委员会讨论，监督、指导审判工作。审查案件后，根据案件具体情况分别作出如下处理：(1)提出审查意见，并决定是否报请审判委员会讨论；(2)报请院长或主管副院长审批；(3)要求合议庭进行复议或补充案件材料。同时，审判委员会专职委员在审查案件过程中发现问题的，应向承办人提出，承办人须认真研究并予以回应。专职委员认为案件需要复议的，合议庭应当进行复议，并书面报告有关复议情况。①

通过以上三种职责的履行，审判委员会讨论案件的任务量将大为减轻，审判委员会委员可以更有时间和精力总结审判经验，处理确属重大、复杂和疑难的案件。

2. 审判委员会召开中

"审判委员会实行民主集中制。对议题应当展开充分讨论。审判委员会的决定，必须获得半数以上的委员同意方能通过。少数人的意见可以保留并记录

---

① 《广东省高级人民法院审判委员会工作规则(试行)》第 20 条、第 21 条、第 22 条。

在卷。"①审判委员会讨论案件时实行一人一票制,专职委员在案件讨论时特殊作用的发挥受到限制,"专职"作用主要体现在程序设置上。

由于案件前期已由专职委员归纳整理,因此在讨论时一般可按照下列顺序进行:首先由案件承办人汇报案情、处理意见及理由,所在部门负责人可以作补充发言,其次由负责审查案件的审判委员会专职委员发表意见,专职委员发表意见后,审判委员会其他委员发表处理意见和理由,最后由会议主持人发表个人意见并对各委员意见进行总结归纳,按照少数服从多数的原则形成决定。在讨论与审判工作相关的其他事项时,专职委员与其他委员不应存有任何区别。

3. 审判委员会召开后

设置专职委员的目的,一定程度上就是为了克服兼职委员行政职务缠身,在案件讨论后无暇继续投入精力的弊端,改变审判委员会工作缺乏连续性,日常工作不规范的现象。在基层法院虽然一般有研究室负责审判委员会日常工作,但大多仅仅做一些审理报告的收发,审判委员会记录工作,难以胜任总结审判经验、研究疑难案件等重任。专职委员的职能,较为集中地体现在审判委员会召开之后。

(1) 对审判委员会争议较大的案件再分析、再研究,总结审判经验

"总结审判经验是法律赋予审判委员会的一项重要任务和常规工作。从审判实践中总结经验然后指导审判实践,对于提高工作水平具有重要的现实意义。"②但"多年来的实践证明,各地方法院审判委员会并未将总结审判经验作为主要任务,而仍然把主要时间、主要精力和主要人员用于讨论决定案件"。③ 基层法院审判委员会"总结审判经验"的职能形同虚设。

设置专职委员一职后,专职委员可通过占有大量的典型案件实例,对重大、疑难、复杂的案件中有共同特点的地方进行总结、归纳。对审判工作中重点、疑难的案件组成调研小组,组织专门力量搞调研,发现普遍存在的问题,深究问题产生的原因,探求解决问题的办法,总结经验教训,为指导业务庭办案、为领导正确决策提供可靠依据和可行性参考。"总结审判经验可以从以下几个方面着手:一是从法律条文的执行情况着手总结准确适用该条文的经验;二是从新型、典型案件着手总结审理同类案件具有指导意义的经验;三是从上级法院经二审程序发回重审、改判和本院提起审判监督的案件中吸取教训,总结两方面的经验,防

---

① 《最高人民法院审判委员会工作规则》第9条。
② 张文亮、毛国强:《当前审判委员会工作中存在的问题及对策》,载《山东法学》1998年第6期。
③ 高洪宾:《中国审判委员会制度改向何处——以本土化为视角的思考》,载《法律适用》2006年第3期。

止同类问题的再次发生。"① 案件经审判委员会讨论后,由专职委员归纳对争议点的不同意见,定期整理编发。

(2)加强与其他各级法院专职委员沟通,统一法律适用标准

最高法院出台司法解释、高级法院出台审判指导意见时,需要广泛征求各地法院的意见,而各法院之间的案件信息、审判信息,尤其是各审判委员会之间的沟通渠道极其缺乏,客观上导致了各地法律适用标准不统一,司法解释、审判指导意见不一定符合各法院审判实际,这一问题相当严重。

为更好地统一法律适用标准,将各个法院的审判经验交流推广,可以在省一级建立审判委员会专职委员联席会议制度,高级法院可定期组织辖区内各级法院审判委员会专职委员就某一问题召开会议,专职委员作为审判委员会的代表,可以将各自法院在处理某类案件有益做法和好的经验推广,将本地区发生的较为集中的问题进行交流,彼此弥补工作不足,同时便于高院掌握整个辖区内的情况,统一法律适用标准。

审判委员会专职委员联席会议制度还具有另外一个功能——规范上下级法院之间的请示汇报制度。《人民法院组织法》规定:下级人民法院的审判工作受上级人民法院监督,监督关系主要体现在审理对下级法院不服的上诉和抗诉案件等方面。随着市场经济的不断发展,诉至法院的各种新类型案件日益增多。有的法律关系复杂,有的适用法律困难,法院和审判人员采取口头、书面、电话等方式向上一级法院进行请示汇报,并把上级法院的答复作为裁判依据的做法广泛存在,受到了法学界的严厉批评。而实践证明,这种请示汇报制度存在着种种弊端,如不利于提高法院的业务水平和审判人员的业务素质、使两审终审制度流于一种形式,变相剥夺了上诉人的上诉权等。导致这一做法的出现的原因除法院内部考核压力外,还包括上下级法院就法律适用等方面沟通欠缺等原因。

三五纲要中提出规范下级人民法院向上级人民法院请示报告制度,笔者认为,审判委员会专职委员联席会议制度可以为上下级法院在法律适用标准方面提供一条合理的渠道,可以部分化解上下级法院之间的请示汇报,一定程度上实现三五纲要规范请示汇报制度的要求。

(3)代表法院制作司法建议

司法建议制度既是司法裁判制度的重要形式之一,也是执行裁判的辅助措施之一,"它是人民法院审判职能的合理延伸"。② 实践中,对司法建议的发送没有形成全院统一的审核、签发和备案程序规定,大多数司法建议是由各个审判庭

---

① 丁卫强:《对改进审判委员会工作的几点思考》,载《浙江省政法干部管理学院学报》1993年第3期。

② 张平:《司法建议制度的现状评析与思考》,载《湖南审判研究》2007年第3期。

自行编发,导致建议内容质量差、形式不规范。司法建议书多数内容简单、空泛,受建议单位操作性不强。

一般而言,提出司法建议需由审判委员会讨论并以法院名义作出,专职委员在制作司法建议书、加强与接收建议的机关联系等方面,可以发挥重要作用。

履行以上职责,专职委员工作任务极为繁重,应当设立专门的审判委员会办公室,辅助专职委员处理日常工作,如初步审查提交讨论的案件,办理讨论案件登记、排期,会议通知和记录,材料整理,发送文件,归档,进行调查总结,专题研究,为审判委员会宏观指导审判工作提供科学依据,督查审判委员会决议的落实,等等。

结　语

审判委员会代表着一个法院内审判业务的最高水平,在审判委员会增设专职委员,是近年来各级法院的新举措,是司法改革的一项重要内容。专职委员是法官职业资源中的精华,是法官职业资源配置中最为重要的部分,如果使用不当,必将造成审判资源的极大浪费。在可依据的规范性文件缺乏的情况下,合理界定专职委员的工作职责、明确其工作机制,需要准确理解和灵活运用相关法律、法规、文件的规定,密切联系审判工作实际,努力挖掘专职委员制度的内在潜力,使资源配置的效益达到最大化。本文的一些观点仅是作者个人的浅见,对审判委员会专职委员工作机制的完善仍有待深入探讨。

附:重庆市 20 家基层法院审判委员会专职委员设置情况

法院	设置数量	专职委员来源	工 作 职 责
A	2	审监庭、刑庭庭长	负责部分业务庭审判管理工作;办理重大、疑难、代表性强的案件;总结审判工作经验,对全院的审判工作进行规范、指导;钻研新型课题,探索在新形势下出现的新情况新问题。领导班子成员
B	1	刑庭庭长	任命后继续担任刑庭庭长
C	2	执行局局长 研究室主任	协助副院长负责部分业务庭审判管理工作。领导班子成员
D	2	民一、民二庭庭长	协助副院长负责部分业务庭审判管理工作;总结审判经验;承办部分重大、疑难案件。领导班子成员
E	1	刑庭庭长	协助分管刑事审判副院长管理刑事审判工作,分管立案工作。领导班子成员
F	2	前副院长	参加审判委员会案件讨论

续表

法院	设置数量	专职委员来源	工作职责
G	2	办公室主任 刑庭庭长	参加审判委员会和与审判业务相关的院务会
H	1	民二庭庭长	为三个派出法庭判决案件把关
I			未设
J			未设
K			未设
L	2	刑庭、法庭庭长	协助副院长负责部分业务庭审判管理工作
M	2	刑庭庭长 审判委员会委员	协助分管院长联系工作,刑庭庭长本不是审判委员会委员,任命为专职委员前匆匆任命,任专职委员后不再继续担任庭长,主要解决职级问题
N	2	办公室主任 民一庭庭长	办公室主任职位不变,主要解决待遇。民一庭庭长协助分管院长负责部分业务庭审判管理工作。副院级待遇均未解决
O	1	办公室主任	协助分管院长负责部分业务庭审判管理工作,参与案件讨论,为院刊编发审判信息,参与调研
P	3	审监、民二庭长、办公室主任	审监、民二协助副院长负责部分业务庭审判管理工作,办公室主任任专职委员后不再担任主任,主要协助现任办公室主任工作,在任命为专职委员的同时才任命审判委员会委员
Q	2	政治处副主任 研究室主任	因未得到县里批准,现在审监庭进行再审、案件评查工作
R	2	民一庭、审监庭庭长	协助副院长负责部分业务庭审判管理工作,办理重大疑难案件,参与课题调研,指导案件办理
S			未设
T			设立之中,拟选任1名

论司法公信力的价值、现状及提升

崔四星[*]

一个赢得社会公众普遍信任和信赖的司法权,总是有能力化解纠纷,使利益矛盾被控制在秩序允许的范围内。在我国,司法公信力偏低,民众对法院审判的公正性相当缺乏信心。其原因有:社会体制的原因,管理体制的原因等。提升司法公信力是一项长期的复杂的、系统工程,需要各方面配套制度的改革发展。

一、司法公信力的本质及价值

(一)司法公信力的本质

本文所称的司法公信力,是狭义上的司法公信力,针对法院的公信力而言。司法公信力,在英美法系被称为 public credibility of the judiciary,是指社会公众对司法制度以及司法裁判的信任程度。也就是民众对司法的内心认同程度、信服和信任程度,是司法作为一种国家公权力所具有的赢得社会公众信任和信赖的能力。司法公信力体现在两个方面:一是司法在人民心理中的地位,包括(1)对司法的需要,是否将争议交由司法机关评判的心理需要;(2)对司法的信赖,是否相信司法机关作出公正的裁判;(3)对裁判的服从,是否接受、执行裁判结果,有分歧是否亦依正当程序请求变更。二是司法的效力客观上所体现的力量,及一种法律的强制力在司法中的外化力量的展观。

(二)司法公信力的价值

1. 司法公信力关系到司法权威及司法作用的发挥

司法公信力在社会上的价值体现为,法官作出有权威的判断,获得普遍性的影响力。司法机关是否有公信力,是否为人民所信赖,关系到司法解决社会矛盾的效力和能力问题。司法公信力高,自然会让当事人心平气和地接受法院的裁判,让当事人抛弃怀疑和指责。另外,司法公信力可以提高诉讼效益,解决当事人缠诉、滥诉、涉诉上访等困扰法院工作的难题。在崇尚理性的法治社会中,通过可以信赖的正当程序,对法官执法过程的权威性产生普遍的信服和尊重。司法权不是以单纯的暴力强制表现出来并发挥作用的,相反,以司法公信力为根本

---

[*] 作者系湖北省恩施州中级人民法院法官。

依托,以司法强制力为辅助手段,这才是理性化的司法权的正常存在状态。

2. 司法公信力是构建法治社会的前提

通过有公信力的司法才能赋予法律以生命和公信力。司法在具体案件中兑现法律规则,法律的公信力的维系及其作用的发挥更多依赖于司法。法治的真正基础不在强制,而在于信仰,法治取决于司法公信力。司法公信力表征法治公信力,司法公信力是法治的力量源泉。司法虽然不能代替全部法治活动,所处理的纠纷数量在所有的法律活动中也只占很小比例,司法也不能成为全部法治活动的"龙头",但司法总是以个案的方式、被动的地位,校正、落实着法治的要求。

3. 司法公信力是维护稳定的需要,是构建和谐社会的平衡阀

司法没有公信力,就没有平稳、良好的社会秩序,社会矛盾就有可能永远处于冲突之中。如果公众遇到问题和纷争,不是通过法律渠道解决,而是通过私了、上访或其他过激行为,不仅行为本身与法制的要求相悖,而且还可能因此造成对法律秩序新的破坏①。司法所要解决的纠纷直接关系到法律的兑现和社会秩序的稳定与和谐。司法机构的目的,就是平息纷争,使得利益对立的人有可能走到法律的共同保护伞之下。2000年美国联邦最高法院宣判总统大选争议结果时,尽管戈尔本人不服法院的判决,但副总统戈尔宣布退出,并号召自己的选民转而支持即将继任总统的布什,一切又恢复了往常的秩序。

公民之所以相信法律,并因此自己也愿意遵守规则,很大程度上来源于他们能够信任的法院。苏格拉底面对不公正的判决,他本可以采用赎买或逃跑的方法免于一死,但他认为,试图逃避法律的判决,就是违反法律精神,作为公民,必须服从国家对他的约束,所以,他宁愿为服从法律而死,也不愿导致国家的混乱。当然,不可能指望和苛刻每个公民都达到这种境界,但法院对保证国家秩序非常重要。

4. 树立法院司法公信力是市场经济的诉求

整个社会发展过程中出现的矛盾冲突在不能自行解决时,最终都需要通过司法程序来处理。如果有超司法的因素在左右诉讼,那么,通过诉讼解决纷争将不是最好的选择。若司法公信力不强,不但会造成社会经济生活中积沉大量的矛盾纠纷,还可能导致这些矛盾纠纷激化,使经济社会秩序紊乱。社会因市场经济多元权力结构的兴起,人们期望市场经济的环境下能够有一个客观独立的裁决者,对法官的中间裁决权力寄予了很高的期待。因此,树立法院司法公信力是市场经济的诉求。

---

① 王潇:《走向司法公正的制度选择》,中国法制出版社2005年版,第235页。

二、司法公信力的现状及原因分析

(一)司法公信力现状

到底我国的民众相不相信司法?民众对于法院、司法相关人员,究竟观感如何?这始终是一个我们相当关注的课题。法院的内部评价和社会评价之间存在一定的差距,法院官方进行的司法满意度的调查有的高达90%以上,与民间的调查显然有相当大的程度的落差,究其原因,其细部的关键所在,有待分析探讨。这可能与选取的调查者、调查对象、调查对象的人数的不同有关。根据一些学者的调查,关于司法是否有能力或有权威处理行政诉讼,将近一半的人仍不相信司法具有足够的能力和权威处理行政诉讼案件[①]。2002年"两会"期间,一项针对504名网上人士的调查表明,法官是所有4个法律职业中最不受欢迎的。被调查者对4个法律职业及其欣赏率分别为:律师为59.7%,检察官为22.6%,警察为8.9%,法官为8.7%。北京零点调查公司的调查支持了这一结论[②]。过了十年,2012年3月6日全国政协常委、原司法部部长张福森在全国政协会议联组会讨论时指出,当前中国司法机关的权威和公信力现状不容乐观。他说,司法在化解社会矛盾、维护社会秩序、促进公平正义中的角色日益吃重。与此同时,司法机关的公信力现状却不容乐观,执行难、重复申诉、案结事不了等现象十分普遍,司法机关作为社会矛盾纠纷最终裁决者的地位和功能受到严峻挑战。[③] 近几年来法院在人大较低的得票率也真实地反映了这一点。当前运用私力解决问题有愈演愈烈之势,崇尚结果的有效性而忽视手段的合法性,这是司法公信力不高的一种体现。有关司法公信力不彰的问题,我们还可以从实际案例中,看出一些端倪来。如佘祥林"杀妻"案、聂树斌"强奸杀人"案、云南李昌奎案等。社会对司法腐败、司法无能、司法无效不断进行猛烈的批评,"错案、冤案时见报端,媒体的披露、上访的增加以及人民群众对司法系统的不满,都令司法的公信力到了危险的边缘"[④]。

到底民众愿不愿意到法院来诉讼,解决纠纷,充满了变量。以整个社会来说,虽然法院的诉讼量因社会发展而增加,但诉讼率却未见明显的提升,不轻易兴讼的传统法律文化仍然有相当的影响,人们仍然偏好以调解制度(包括乡镇调

[①] 马骏驹:《当前我国司法制度存在的问题与改进对策》,载《法学评论》1998年第6期。
[②] 章敬平:《中国法官遭遇"公众信任危机"》,载中国新闻社《中国新闻周刊》2002年第4期封面。
[③] 刘舒凌:《张福森:当前司法机关公信力现状不容乐观》,载中国新闻网,中新社北京3月6日电,http://www.chinanews.com/fz/2012/03-06/3723314.shtml,下载日期:2012年6月8日。
[④] 李成仁:《司法公信力为何不足》,载《中国青年报》2005年12月3日。

解与仲裁调解）来解决争端，而不是到法院去兴讼。有些当事人"惧讼"、"厌讼"，在出现纠纷后，不愿通过诉讼解决，而是寻求私力救济，甚至求助于非法组织，表现出对司法的极端不信任。另外，诉讼数量中也有水分，也有人为作案，特别是民事确认案件绝大部分是因上级法院的要求致下级法院不得不造假。换句话说：社会发展并没有增加民众使用法院的频率。

目前在社会上的确弥漫着一种对司法的不信任氛围。司法在民众心理中的神圣光环被磨灭，部分人漠视司法的存在，对司法怀有轻视，甚至是对抗情绪，而无信服之心。其突出表现是，"案结事不了"。部分诉讼当事人对裁判结果不认可。针对法官、法院的"暴力抗法"事件在一些地方呈上升势头。这些暴力抗法，侮辱、殴打、诬告等侵犯干警正当履行公务案件的发生，是司法公信力遭受严重破坏的外在表现。与此现象相关，近年来"涉法上访"案件的数量居高不下，"信访不信法"，"缠诉缠访"问题也已到了令不少法院一筹莫展的地步。北京市在一次政法工作会议上透露，上访人数增加了很多，其中相当一部分有正当理由。这就产生一个问题：为什么法院判了，老百姓不服，反而到北京上访，这就是因为老百姓对司法不信任[①]。老百姓多年找法院诉讼解决不了的问题，领导一句话，县委书记就会在第二天把钱送上门来。法院判了四五次已经定案的案件，一个领导的批示就能够翻过来。这些现象使老百姓有事去找权力（一级一级找）。老百姓相信权力、相信上访、相信哀求、相信清官。中国社会中权力实际上的无所不在，也在强化这种社会意识。

当司法公信力低落的时候，民众对于国家司法系统无法建立现代法治社会应有的系统信任（信任国家司法系统足以排难解纷与维护正义），民众只好转而诉诸中国传统社会的"包青天式的父母官"，期待透过"青天"个人的明察秋毫，能够一举洗刷冤屈，直到找到他们认为能够满足自己诉求的"清官"。这种法律意识是传统式的，诉诸"个人信任"与当代的法治社会诉求"系统信任"，两者正好是背道而驰。以致上访事件频频发生，民众不通过司法渠道去解决问题。久而久之，法院就成了缺乏公信力的机构。

透过研究，民众对国家司法权的信赖和认同以及服从的程度而言，其结论自然是司法公信力还远没有达到应有的高度。

（二）司法公信力偏低的现状原因透析

1. 司法地方化，阻碍了司法公信力的提升

由于法院的人权和财权受制于地方，不利于司法的统一。当地方利益与国家利益发生冲突时或不同地方利益发生冲突时，司法机关往往成为保护本地利

---

① 蒋惠岭：《研究改革措施和推进改革进程，完善社会主义司法制度》，载《人民司法》2004年第1期。

益的法律工具，相同或者相似的案件得出不同的裁判结果，从而加剧了社会公众对于司法机关的信任危机。目前强调能动司法，被要求或被迫更多"干政"，但如果过于能动司法，超越法律的边界，导致法院干了一些法院不该干、不能干或干不了的事，结果只会令司法公信力更低。法官应当是公正的，但要将应然转向实然，并不是仅有愿望和要求就能实现的。如此，自然无法唤起民众对司法应有的信仰之激情。

2. 不公平公正的用人，影响了人民对法官的信任

司法公信力作为司法权赢得公众信任和信赖的能力，首先意味着司法裁判者的判断力可以信任和信赖，几乎所有美国人都尊敬和敬仰法官，甚至在并不同意他们的判决时也是如此①，就是因为美国法官具有精通"法理"的司法职业智慧。把法官定位为法律职业共同体的最优秀的人，使法官凭借其公认的职业素质和经验获得认同和尊重，不仅确保其能够适用法律，依靠国家的公权力来获得认同和尊重，还能增强其在充满争议的案件中发表权威性意见的能力，提高公众对法院适用法律的信任度。如果司法权不能满足公众的理性期待，公众对它的信任和信赖也就失去了基础。

现实中，由于裁判判断结果的难以验证性为恣意留下了很大的空间，产生了内部的选拔制度可能推出一些庸才作权威。陈有西在《论法官》中写到：我们现在选择的标准是什么？是看他能不能效忠某一种权力。能不能不分是非都听我的，选择听话的庸才。这样，公平正义的法官能选出来吗？我们的选人标准早出了根本性的问题。选出来的，只能是庸才和奴才。庸才要当官，只有靠送，送钱没有，只有靠收。我们法官为什么那么多人出问题，跟我们选择标准直接有关。有的法官能够顶戴花翎，恰是因为按照意图才爬上去的。法院风气的败坏，也是同这种选官机制相符的。好的有骨气的法官无法产生，整个机构劣币驱逐良币，庸官、贪官才会不断占据高位，法院才会没有骨气，才会出现这么多的昏官和贪官。②

现在我们很可笑的一点，也是很可悲的一点，是法院人事选拔上的混乱。这些年来，根本不符合《法官法》任职资格的人可以避开司法考试，可以堂而皇之地进入法院当法官、当领导、当优秀法官。网上报道，怀化市中级人民法院采取将没有取得资格的司法人员到基层法院挂职担任基层法院的领导职务来取得法官资格。这种"成功"地规避做法对那些辛辛苦苦去参加司法考试的人是否就显得

---

① 李晓波：《美国法官制度》，中国法院网，下载日期：2012 年 6 月 8 日。
② 陈有西：《论法官》2012 年 1 月 17 日，http://wq.zfwlxt.com/newLawyerSite/BlogShow.aspx?itemTypeID=739714bb-4884-4940-8860-9ae80181c479&itemID=7c45ec7e-ea5b-48b4-ad76-9fdb01037d7f&user=10420，下载日期：2012 年 6 月 8 日。

格外的不公平呢?这种做法也势必会形成大量出现违法执法的现象。① 笔者所在的法院一前退休领导从内部考试至司法考试考了多次都未考取,都只有100分左右,但后却被任命为审判员,审委会委员。就现在而言,这样的情况并不少见。法院的人事提升,名义上一时以这为标准,一时以那为标准,前后矛盾,领导左右都是对的,实际背后情形说不清。关键是你得融入关键的圈子。该用的人不用,不该用的人却用,引致法院内部干警怨气不断,干警心中失衡。虽然每年法院都有绩效考核,干部考核设有法院干警投票打分环节,也有述职述廉报告等书面形式的考核,但流于形式,且内部干警投票打分并不公开,内部干警主要是人缘关系,善于交往的人、经常一起玩的人得票多。法院绩效考核制度规定里是说考核的绩效与晋升挂钩,但实际上是两张皮。实际情况是考核靠前得不到提升,功夫在诗外。领导说提拔他的原因是他不搞事,你只能无语。干部任免考核很不规范,选拔干部,"隐形"标准或"潜规则"不公开、不透明,不符合公众的需求,法院内部干警也十分不满意。对选票问题,即使过不了半,可以下派提官,条件是比着你的条件,且投票的人也不同,投票的动员讲话也有针对性,这样你的选票就多了。这些无疑十分不利于司法公信力的重建。

当一个国家连法院都不严格遵循关于他们自身的法律,那么凭什么要求人民去遵守他们作出的裁判?这样的双重标准将从根本上摧毁人民对法院的信任。这样形成的一个后果就是在法院里真正的高素质法官群体反而受到歧视。这样使得我们的人民越来越对我们法官的素质产生了一种质疑,这样的法官究竟是否能够公正地审理案件?人民是有所怀疑的。法院的公信力不高,公众对其作出的判决就始终有一种不信任感,致使申诉不断。

3. 行政化的人治管理模式,导致非程序化,影响了司法公信力

我国司法公正不是靠完善的程序机制来维护,而是靠"青天"式的人治在维持,暴露了司法的信任危机。包青天之所以被人津津乐道,甚至一再重演(正如我们各级官员碰到喊冤的百姓),其实正是"因为缺乏,所以强调"所致。

高度行政化了的法院,司法上的清官"人治"模式,产生了很多弊端,容易滥用权力、贪污舞弊、以言代法等,严重制约法官公正执法、独立审判的积极性,使审判功能难以充分发挥②,使司法的公信力受到质疑。现在法院是一个等级森严的行政管理体系,行政性的官位成为法官在法院中地位区分的一个重要标志。现在法官行政级别与其工资及其他待遇是联系在一起的,除了明的,还有暗的。明的如车子、房子、手机等待遇,暗的比如过节下级法院给上级法院送什么,送多

---

① 《怀化市中级人民法院违法,司法人员基层镀金后成为法官》,http://www.0745news.cn/2011/1115/135825.html,下载日期:2012年6月8日。

② 尹忠显:《法院工作规律研究》,人民法院出版社2003年版,第466页。

少,都是按级别,按权力划分。还有资源等。"成都官员"微博曝现代"官场现形记"说明了这点。时常法官为了待遇提升,执行上级官员意志,使得当事人原本想通过程序上的救济功能来实现救济的目标彻底落空,无形中破坏了司法公信力。

由于错案追究制、法院院长引咎辞职制,造成了非程序的内部请示、汇报和批复关系,下级"公关",上下级法院的"沟通",上级法院顾及"错案指标",导致了最终损害的是当事人的合法利益和法律的公平。一些地方法院在法律还没作修订,司法解释还没被修改或废止时,就将某领导的讲话、内部文件作为办案依据,将国家法律暂放一边。这样,我们执行的是国家法律还是个人意志?又如何能增强法院的公信力?难怪人们常在遭遇官司后,有诉求者不大相信司法,而是相信法外权力,去寻求法外的办法了!

4. 沟通不畅,各说各话,舆论误导导致了法院的公信力降低

不同的人群,都可以提出自己的观点,从自己的角度对法院的裁判进行评判。由于评判的事项并无明显的、立竿见影的正确与错误的评判效果,民众就会根据若干个司法裁判所得出的印象对司法的公正与否作出评价,虽然这些评价所依据的信息往往是不全面、不完整的,但评价总是不断地在进行。一般民众,总是用道德标准判断对错,按常理论是非,当道德标准与固有的法律标准不一致时,他们很自然地对裁判作出否定性评价[①],导致法院的公信力降低。提高民众的法律知识,必要的沟通变成迫切且重要的课题。

法院判案原告有可能胜诉、也可能败诉,执行的结果有可能执行到,也可能执行不到。一般情况下当事人胜诉后或权利得到实现后认为理所当然,不会力赞法院;而败诉者因败诉或被执行而产生怨恨,故意四处诋毁法院。败诉者说:我有理也被判输了。胜诉者言:赢了官司,输了钱(执行难)。因而,社会对法院公信力的评价有着很不利的一面。有的法官言:无论如何公正、公平、公开的审判,几乎所有的败诉方仍会指责、怀疑法官被胜诉方收买,违法裁判、司法不公。这样一来,一部分当事人对司法的不信任就可能泛化为普遍的社会心态,影响司法公信力的提升。

司法公信力主要通过社会舆论表现出来。舆论环境对司法公信力的作用不仅来自于民间议论,更受到新闻媒体报道和宣传的导向。有的新闻媒体在商业利益的刺激下,片面追求新闻效果,追求轰动效应,误导社会舆论和公众看法。有的在司法程序还未完结之前即进行媒体审判,误导公众,导致一些人不是通过正当的程序解决,而是所谓"找法官不如找记者",新闻媒体的不规范炒作,给司法造成了巨大的社会压力。新闻媒体一些诸如"荒唐判决"等不适当的措辞又极

---

① 张吉:《法官的职业风险》,载《人民法院报》2004年4月18日。

大地挫伤了民众本就脆弱的法治文化心理,这样不经意的宣传又使法院的司法公信力遭受重创。

5. 少数司法腐败现象,使得司法公信力下降

裁判不公,偏袒一方当事人,在判决时受利益驱动而有意作出违心判断,甚至制造假案,鸳鸯裁判,这些事件频见各类传媒,动摇了人们对法院的信任和尊重。如黄松有案。起初,民众把司法腐败归因为司法不独立,暗自隐藏了对司法权的同情。但随着司法腐败的一次次反复,最根本的一种制度信用濒临破产。司法公信力是一种条件反射。公众对于法律的感知,是通过发生在自己身上或者生活周围的一个个案例,如果司法行为是以功利化、腐败为形态的,它给公众带来的条件反射也必然是对司法不公和司法腐败的反应。人们因此对法官抱以希望和崇敬的心理产生怀疑,法院作出的裁判也就很难获得信任,越来越扩大司法与社会公众的内心分离和对立情绪,人们对司法权几乎丧失了信心,人们不再问"什么时候司法才能独立",而是问"这样的司法还敢独立、凭什么独立"?

三、提升司法公信力的策略与措施

(一)理念与原则

1. 首先要创新社会管理,主张和维护司法公信力

社会对司法的公信力不强,当事人完全有理由也能够找到理由对司法公正与公正司法表示怀疑,并将这种怀疑所带来的不满归结为司法腐败,从而迁怒于司法官员乃至整个司法制度,进而向法官和判决提出挑战,永无休止的申诉和投诉,导致反反复复的再审和改判,本应充满自信的法官变得缩手缩脚[①]。

因此,以至于讲司法公信力时,则常常心存疑虑,容易给人造成不正视问题、护短、遮丑,为自己主张利益或特权的印象。但法治时代不仅是突出司法公正的时代,也是突出司法公信力的时代。摧毁公众对法院的信任,也就摧毁了法治的基础。没有法治我们将遭受专制和压迫。当然,法院的行为并不是无可挑剔的。案件总是具有相对性,永远无法达到绝对公正,司法公正具有相对性和局限性。而从司法稳定社会秩序的终极目的来看,让人感受不可抗拒、不可侵犯的司法尊严和神圣,因而引发促使其内心服从的力量,正是司法所必需的。

在具体个案中,面对各种"暴力抗法"我们需要有一种明确的否定立场,以维护司法公信力。发生"暴力抗法"的原因是相当复杂的,其中不乏各种虽不合法却有正当理由的情况,但正如一个人不能因救急闯红灯而免于交通处罚一样,我们也不能因为对抗司法的理由正当而不加惩罚。在目前存在司法不信任的氛围下,面对各种暴力抗法现象,人们很容易先入为主地认为必然存在司法不公,进

---

① 董醇:《司法功能与司法公正、司法权威》,载《中国政法大学学报》2002年第2期。

而得出抗法有理的结论。对此,需要消除顾虑,理直气壮地主张和捍卫司法公信力。现代司法的核心就是营造司法权威,取得公众对司法的公信。

2. 以司法的公正提升司法公信力

司法公正是司法公信力的基础和前提。如果民众获得的感受是司法公正的反应,这种反应激发起民众对法官司法行为的认同。久而久之,司法公信力也会随着这种条件反射而增强。随着司法公信力这种条件反射的与日俱增,民众对司法公正的理性认识也会与日俱增。司法公信力的核心在于司法的公正,只有公正的裁判才可能被社会公众所信赖和认可。单纯依靠强力而获得服从的公信力,是威权,甚至是赤裸裸的强权,必然难以持久,并将动摇整个社会制度的根基。司法公信力要避免蜕变为司法威权,甚至是司法强权,就必须以追求司法公正为依归。从根本上说,司法因公正而具有公信力。

实现司法的公正,提升司法公信力,应确保法律的适用是平等的。只有保障公平的机制、公平的规则、公平的环境、公平的条件和公平的机会,才能提高司法公信力。法律乃天下之公器,如果不是一把尺子量到底,而是橡皮筋可以随意伸缩,法律就会被"权力之锤"敲打修理,调整得面目全非,调整得能够为权力者旗下的行动和目标服务为止,结果就只有人治没有法治,不能让社会信赖、人民诚服。

(二)具体对策与改革

1. 改革法院体制和法官制度,确保公正审判

(1)改变目前司法权的信任危机和受制于地方的困境

建立能够得到社会公众信任的司法制度是提升司法公信力的关键所在。要唤起民众对司法信仰之激情,那就要从制度上矫正司法的运作。在司法公信力的构建过程中,各种力量都可能对司法运作构成实质影响。在这种情况下,要树立司法公信力,有待于法律公信力,使法律公信力成为处理社会各种权威力量之间关系的"基本公约数"。改变社会交涉中"力"的比拼为"法"的较量。司法的职能在于依法裁判,有必要在自己的职能上、在依法裁判的维度上进一步纯化,这就要根治地方司法割据,形成一个司法统一、公正权威的司法格局。能动司法应注意平衡,如果分寸不当,善良的追求也完全可能引发一些问题,未必能取得显著效果、充分满足社会的期待。要把好事做好,不仅需要注意方向,更要从整体上注意把握分寸,努力于依法中达到办事和治国的目标。国家应该在法院的编制、法院经费的预算和拨付方式等方面提供充分的保障,使地方保护主义者失去利用财权等干扰法院外部独立的条件,保障国家法制的统一和权威。

(2)建立有公信力的法官晋升、选拔制度

按照《法官法》所规定的标准选任法官,建立公正的法官遴选程序与任免制度,所有的法官均应由权力机关组成的专门机构从通过司法资格考试的优秀法

律人才中选拔。

建立公正的法官晋升制度。法院自己不决定法官的任免。如果法官任免和晋升依然掌握在法院手中,法官独立审理案件的地位得不到保障,随时面临去职的危险,那么,出于普通人趋利避害的心理,他当然要选择对自己最有利的裁判方式,其结果只能是背离司法的基本准则。这就要改造现行的法官晋升制度,建立科学公正的法官晋升制度,使所有法官的升迁由权力机关组成的专门机构在广泛征求社会各界意见的基础上公正决定,而不是由法院领导提名或者法院组成的考评委员会决定①。要去掉选人中的潜规则,不唯年龄、不论资排辈,选出真正有公信力的人,法院的司法才会有公信力。法官要有丰富的生活阅历,对社会有着深刻的体验和理解。从这个意义上我们才能理解为什么在我国早已办理退休手续的王铁崖、赵理海教授却被任命为国际法院和国际海洋法院的大法官。

2012年2月28日两会期间,陈有西说:应该如何看待一些法官火箭式升迁,是必有猫腻还是干部年轻化的正常表现?如何才能让百姓觉得这样的升迁是阳光、公平的?不患年轻,只患不公。为什么一些年轻人上去就引起轩然大波呢?真实的情况,是质疑他们是因为什么原因上去的。表面上台阶论,实际上换岗频繁,三四年岗位就摆好了。这个机会是不平等的。上去的并不是大家公认的青年才俊,如考不取司法考试的人一升再升,这才是问题的关键。英俊沉下僚,地势使之然,由来非一朝。只有唯才是举,这种批评就自然会消失,更多的优秀的人物才能不断冒出来,不用论资排辈来选人,并可消除反对的力量。②

(3)弱化法官等级及等级待遇,建立保障制度

法官要从附属人格转为独立人格③。从长远看,不应当按行政级别人为地将法官分为三六九等,否则法官的独立地位就得不到保证。法官无等级,面对一个"均质"且无为、不争的法官群体,当事人必将重新认识法官的角色与地位,从而重新考虑自己的一举一动,重新权衡守法违法之利弊。法官无等级,法律适用必将一致,无法内滥情、法外留情之可能,息诉服判、循法而终必将成为绝大多数人的自愿选择;法官无为、不争,当事人与权势集团、利益集团必得面对或预知拉拢、腐蚀法官之失败与不可能,绝大多数人将依法而动,信法崇法。法治信念必将逐渐成为国家、社会之普遍信仰,法治国家、法治社会由是生焉。

就目前而言,建立保障制度,是法院防止和抵制各种行政干预、实现公正司法最有效的手段。除非按照法定程序罢免,法官不得被法院免职或者辞退,也不

---

① 马怀德:《司法改革与行政诉讼制度的完善》,载《法律适用》2005年第8期。
② 陈有西:《两会问道之陈有西论年轻干部》,http://blog.caijing.com.cn/expert_article-151578-33735.shtml,下载日期:2012年6月12日。
③ 蒋惠岭:《论法官角色的转变》,载《人民司法》1992年第2期。

得给予任何可能影响其职务公正的处分和其他不利决定。

2. 从程序公正上构建司法公信力

如果法院在制度的正当程序方面得到了公众的信赖,自己的决定也就得到极大的权威。① 程序公正在于树立司法公信力。科学的审判程序规则是防止法官在判案时恣意妄为。程序不公正会使当事人和社会公众对实体处理是否正确产生怀疑。程序公正,就是要平等对待双方当事人。如有的判决书,为求前后统一,把话说圆,只对一方当事人的证据间的冲突进行驳斥,对另一方的证据间的矛盾只字不提,更不讲出另一方的证据间相互矛盾,却为何要采信的理由,明显地使一方当事人感到法院采用两个标准,从而影响司法公信力。在受害人家属没有得到赔偿的情况下,河南陕县法院以"被告人积极赔偿受害人家属部分经济损失90余万元"为由,对肇事司机从轻判处。负责本案的审判长称,自己当时"眼睛花",才将案件"判错了"。② 单从程序上讲就没有公正对待被害人,对证据中的矛盾在判决书中技术处理掉了,以至与事实不符。

程序公正是看得见的公正,实体公正具有相对性。法院查明的事实都是证据堆砌起来的事实,在案件事实真伪不明的时候,实体意义上的败诉责任早已分配给了负有举证责任的一方,这时,法官只要依法在当事人之间分配了举证责任,保证程序公正,他就做到了依法公正裁判,尽管他还无法查清客观真实,但谁又能说法官裁判不公呢?当然法官也要尽最大努力保证结果公正,做到实体公正与程序公正,客观公正地适用法律。裁判者具有依循法定的程序才能向公众昭示其行为不是恣意的产物,其裁判活动具有合法性和权威性。而诉讼参与者只有看到裁判者依循严格的程序才能使其对结果的公正充满信心。③

但我国现行的程序立法仍然是以实体是否公正为主要标准,现行《民事诉讼法》和《行政诉讼法》都有把"原审法院违反法定程序可能影响案件正确判决"作为二审发回重审和再审立案的条件。如果违反程序还没有达到"可能"影响实体公正的程度,现行法律承认它是公正的,也就是说,人人可见的程序不公,法律却是认可的。因而,现行程序法修改的当务之急是要正视程序公正的价值并突出程序公正的地位,明确程序不公就是错。

3. 完善"人民陪审员"制度,向公众传导和扩散司法的公信力

司法公信力具有传染性。"人民陪审员"制度通过陪审员对司法公正的体验而传导给全体公众,向社会公众传导公正的司法。公正的司法一旦确立,它会以

---

① [日]谷口安平:《程序正义与诉讼》,王亚新、刘荣军译,中国政法大学出版社1996年版,第12页。
② 《河南一法官"眼花"判错案》,详见2012年4月18日《新京报》。
③ 王利明:《司法改革研究》,法律出版社2001年版,第56页。

极快的速度向四周蔓延。"人民陪审员"制度将司法过程进一步向民众开放,是司法与民众沟通与相互理解的桥梁,是培植公众对法院的认同与信任感的一个重要措施。陪审员的主要价值在于使得人民能够参与司法,亲身体验法官的角色,参与那些让人们失去信任的庭审场面背后的审理过程,使司法的清白得到一个澄清、监督、现场直播以及事后传播的机会。陪审是一所常设的免费法律学校,有利于树立司法公信力。人人都可能涉讼,每个人在陪审别人的时候,总会想到也会轮到别人陪审他。陪审制对法官有利,是用以教育人民最有效的手段之一。① 在普通民众参与和监督下形成的判决,无疑会得到更多的信任,缓解法院所承受的压力。人民正是在自己坐堂问案的过程中主动体验到了法学精神,当这种精神成为基本的民情之后,人民就会把自己绑在司法的桅杆上。目前,陪审制局面混乱,如笔者所在的法院的人民陪审员都是本院司机,理由是改善司机待遇,因陪审一个可得50元,但这样如何向社会传导和扩散司法的公信力?还不如不要人民陪审员。我国应从强调陪审员的广泛性、明确陪审员的产生方式、当事人享有陪审员的选择权、陪审员的职权、规定陪审员的保障制度上进一步完善。特别是陪审员不应固定,形成事实上的法官,而应随机抽取,扩大陪审员范围。对社会关注度高的案件建立随机抽取普通群众参与审判的大陪审制度,可以组成7人、9人合议庭来进行审理。通过陪审员的体验,向公众传导和扩散司法的公信力。

4. 积极应对社会舆论,完善司法公开制度

加强与大众传媒的沟通互动,正确指引社会舆论导向,提升司法公信力。以开放的姿态处理与媒体的关系,避免将媒体置于法院工作的对立面,建立与媒体的沟通机制。建立媒体报道案件通报制度,对媒体反映的问题及时回馈通报,畅通媒体采访渠道。另外,新闻媒体的言论自由应在法律允许的范围之内,禁止滥用媒体为实现一己私利进行不正当报道的行为。

完善网络舆情应对机制。畅通网上民意表达渠道,对网络舆论进行合理疏导,避免或减弱网络舆情对司法工作造成的负面影响。充分利用现代信息技术,通过网站主页、在线访谈、论坛、博客、微博、QQ空间、手机短信、语音查询等形式,不断创新舆论导向的方式方法。定期和网民进行网络沟通。

摒弃神秘司法的理念。由于公开,真相大白于社会。司法公开对司法公信力的提升,大有裨益。当权威信息缺失时,就给小道消息提供了机会,因此应建立重要信息主动发布制度。定期举行法院工作新闻发布会,不定期举行重大问题和民众关注案件的新闻发布会。推行裁判文书上网,注意收集社会各界对裁判文书的意见和建议,并及时加以改进。

---

① 托克维尔:《美国的民主》(上卷),黄果良译,商务印书馆1991年版,第316页。

5. 落实法官的惩戒制度

痛下决心挖肉疗疮,铲除司法腐败,一旦发现有法官腐败,就立即处罚并公布。完善和构建监督的惩处机制、落实机制,持之以恒、常抓不懈、多管齐下,使公众从身边的一点一滴中体会和感受到司法公信的力量。我国现行惩戒体制行政化,惩戒工作的实体性规定较为健全,但政出多门,且不完善,程序性规范较为薄弱。应适度引进法官自治的理念,尝试、借鉴法官惩戒委员会的机构模式,实现准司法化的惩戒方式。① 建立法官惩戒工作的审判程序、证据责任、证明标准等一系列程序规定。

---

① 毕东升:《惩戒制度改革之我见》,载《法官职业化建设指导与研究》2004 年第 1 期。

法官个体化差异与裁判统一的冲突与协调
——影响司法公信力原因的内发探寻

施 忆[*]

近年来,由于"同案不同判"所引发的社会舆论汹涌澎湃,致使社会公众对于人民法院司法审判的公正性产生了质疑,影响了司法的权威。统一司法裁判尺度成为各级人民法院亟待解决的迫切问题。"同案不同判"仅仅是法院裁判不统一的一种典型表现形式,其背后既有法官主观因素,也有法律规定不完善、司法环境不理想以及法官职业共同体尚未形成等客观方面的原因。

本文从"同案不同判"所引发的质疑入手,分析了裁判不统一的诸多表现形式,从司法活动的本质特征和要求深入分析法官个体差异对裁判统一的影响,从司法统一目标考量的视角着重阐述了司法经验传承、法官职业共同体的建构及人民法院判例指导对统一司法的重要作用。

一、"同案不同判"——无法回避的法律尴尬

(一)非专业视角下的"同案不同判"及其表现样态

"同案不同判"也可称为"同案异判",是指人民法院在处理事实相近或相类似的案件时,作出相异的裁判。此处的"同案"主要是指案件的基本事实相近或相类似。实践中是否存在完全相同的案件呢?理论上讲,任何两个案件在事实上总会存在细微的差别,此种差别或许只有司法专业人士能感知,普通民众对此兴许无法准确把握,因此所谓"同案"也只能是以非专业视角看数个案件时对事实粗浅比较得出"案情相同"结论的案件。所谓"不同判",既包括实体处理上的差异,也包括程序安排上的不一致。

从目前情况来看,"同案不同判"集中表现在以下几个方面:

(1)案情相类似案件的不同裁判。不同法院(甚至同一法院)对相同或相类似案件作出截然不同的处理结果,这也是实践中最常见的情形,也是公众对于司法裁判不统一最为敏感和最为不满的问题。

---

[*] 作者系北京市第二中级人民法院法官,法学硕士。

(2)相同或相类似情形的不同程序处置。我国诉讼法规定了诉讼费用缓减免、申请法院调查取证等诉讼运行程序,然而在具体案件处理中,不同法院、不同法官在面对大体相似的情形时,往往作出不同的判断和程序处理决定。例如,在人身损害案件中,常有当事人向法院申请调取他人纳税记录、工资发放记录等以证明损失数额,但不同法官在接到类似申请时,常常作出主动调取和拒绝调取两种截然不同的处理决定。又如,在部分刑事案件中,被告人申请进行精神病鉴定,有的法院予以准许,而有的不法院则不予准许,最终导致判决结果大不相同。

(3)不同类型案件在处理上的总体失衡。① 部分类型案件量刑总体偏重,而部分类型案件量刑则相对较轻,从而导致社会公众不良司法体验,对法院裁判公正、公平性产生怀疑。

(4)司法统一的标准未能适应社会形势的发展要求,与民众司法需求产生差距。部分案件表面上看延续了一贯处理原则和方法,但是随着社会形势的发展,传统处理原则已不能满足公众司法期待。例如,随着现代科技的发展,电信诈骗、网络诈骗等各种新手段犯罪不断涌现,非法集资等群体性案件亦层出不穷,社会大众对于此类案件的审判提出了新的要求和期待。又如,在当前食品安全形势十分严峻的情况下,人民群众普遍存在要求审判机关重判重罚相关责任人的心理预期,但刑法对此类犯罪所规定的财产刑相对较轻,经济处罚给人感觉无法达到使违法犯罪者"伤筋动骨"的效果。

(5)为了避免因上下级法院认识性差异造成改判发回,某些法院在处理一些疑难复杂案件时举棋不定、难以下判。即便合议庭形成一致意见,但是常因顾忌案件被发回或改判影响整体考核,不敢果断判决,而进行不必要的请示汇报,由上级法院直接提出处理意见,理论界对此也多有诟病。

(二)"同案不同判"对司法公信力的冲击

司法权是由专门机关统一行使的国家权力,作为一种以国家强制力作为支撑的权力体系,其在行使主体、具体适用等方面均严格要求规范和统一,这也就是我们通常所说的"司法统一"。"如果有一组案件所涉及的要点相同,那么各方当事人就会期望有同样的决定。如果依据相互对立的原则交替决定这些案件,那么,这就是一种很大的不公。如果在昨天的一个案件中,判决不利于作为被告的我,那么如果今天我是原告,我就会期待对此案的判决相同。如果不同,我胸中就会升起一种愤怒和不公的感觉;那将是对我的实质权利和道德权利的侵犯。如果两个案件都一样,每个人就都会感受到这种感情的力量。"② 当前司法实践中,司法不统一的现象时有发生,尽管最高法院和地方各级法院在统一裁判尺

---

① 姜小川:《司法统一问题研究》,载《时代法学》2010 年第 5 期。
② [美]卡多佐:《司法过程的性质》,苏力译,商务印书馆 1998 年版,第 18 页。

度、规范司法等方面作了大量努力,但是,"同案不同判"、"类案不同判"等现象仍然不时见诸报端,这种现象的发生和蔓延,不但使涉案当事人对裁判公正性产生怀疑,也使得社会公众对于自己行为的法律适当性进行预判时无所适从。极端个案的发生,甚至引发社会对于国家司法制度公正性的质疑。

二、法官个体化差异——"同案不同判"现象产生的内发原因

(一)传统条文主义裁判思维为"同案不同判"埋下伏笔

从法官裁判思维角度看,造成"同案不同判"的一个重要原因还在于法官严守法律条文主义,在裁判过程中严守法条字面意义,拒绝对字面意义作出具体认识性解释。然而现实案件千变万化,一旦法官不结合案件实际情况决定法律适用,极可能造成裁判逻辑严密,但解决方案完全脱离实际。此外,法官在审理和查明事实时,过分倚赖公权力机关认定结论,对于其他公权力机关作出认定的事实,不敢大胆行使司法最终审查的权力,而是简单据此断案。

从现实情况来看,每年大量大学毕业生充实到法院审判队伍中,然而我国法制教育中,更多关注对法学理论问题的探究,而对于法律知识和法律精神在实务工作中的具体应用较少涉及,学校接受的法律知识大多是严格条文主义下的应然状态判断。但现实案件却五花八门,在校期间的学习缺乏如何将法律规定灵活恰当地运用到解决实际案件中解决现实问题的技能性训练,导致部分年轻法官在提出案件解决思路严重脱离现实生活,缺乏"贴地气"的法律思维方法。"审判依据的多元性和不确定性以及法官自由裁量权的存在,允许法官在法律明文规定的范围内或在法无明文规定的情况下必须进行裁判时所作的不同选择,也会造成'同案不同判'的结果。"[1]

在严守条文主义裁判思维的前提下,当出现法律规定相对模糊或者事实难以完全还原的情况,法官个体化差异就会显现出来,不同法官在相同规则下对于法律条文的理解和对案件事实的把握会产生差异,并体现在裁判过程中。

(二)法官个性化差异介入司法裁判过程的典型表现样态

(1)思维方法的差异导致审理案件切入点和关注点不同。对同一类型案件,不同法官根据自己的思维习惯和方法,会选取案件的不同事实或者法律关系作

---

[1] 金石、王春慧:《"同案不同判"民事案件的检察监督》,载《人民检察》2011年第3期。

为审理切入点,从而导致最终的认识或者结论存在差异。①

(2)法官生活经历也会在潜意识里影响其对案件的定性和定量分析,从而影响裁判的尺度及效果。比如,一个曾经有过农村生活经历的法官在处理村民邻里矛盾时,其以往生活经历会在一定程度上影响其对纠纷的判断、处理的方法,甚至会影响当事人对法官的亲近信赖程度,从而影响裁判的效果。

(3)法官的学习经历、知识储备在一定程度上会影响其对法律条文的理解和运用。这在证据的审查判断和案件事实的认定上表现尤为突出,裁判的依据是法律事实,作为一种事后的还原状态,其不可能完全"回复"到事发当时的原貌,这就要求法官要运用自己的知识、经验和良知,通过证据审查在内心形成确信,因此也就可能出现"仁者见仁、智者见智"的情况。

(4)法官语言习惯一定程度上会影响裁判文书的风格和水平。规范、明晰是裁判文书的基本要求,除此之外,作为一份向社会公众释法析理、定情度势的法律文件,还应当做到语言优美,这就要求法官除了有察言观色的高超技艺外,还应当有遣词造句的精湛本领。不同的法官基于其语言基础和风格,会自然地流露在法言法语的表述上,不同的表达方式自然也会造成文书语言上的差异。

三、成文法固有缺陷和司法过程的本质——导致法官个体化差异介入司法过程难以避免又不容轻视

(一)成文法国家法律一体化适用的困境使司法过程难以避免地掺杂法官个体化色彩

法治的一个重要原则就是法律的一体化适用,即除特定人群②外,法律对人们行为的基本要求相同、据此建立的基本行为规则相同、在法律面前人人平等而不应差别对待。

但社会生活又是不断变化、错综复杂的,因此在成文法国家,立法者不能也无法订立包罗万象的法律规范,且随着社会不断发展变化,原先规则可能落后于现实情况,甚至与之发生冲突。因此在法律之间必然存在规则未能覆盖的"灰色地带","天下之情无穷,而刑之所及有极,使天下之吏操有限之法,以治无穷之情,而不得少议其中,而惟法之知,则天下之情无乃一柱于法而失其实欤。是以

---

① 例如,根据司法解释的规定,确定未成年人抚养费数额须考虑子女实际需要、父母负担能力和当地生活水平,甲法官在审理时可能侧重于审查和考虑子女的实际需要,而乙法官则可能主要考虑父母负担能力,不同的审理方向必然对当事人证明的对象和侧重点产生影响,也导致确定的数额会产生差异。

② 此处的特定人群是指根据法律规定应当予以特殊保护的特定主体,而非"凌驾于法律之上的特权",例如法律规定对14周岁以下未成年人不追究刑事责任,而14周岁以上主体则需要对自己行为承担刑事责任。

先王之时,一权诸人,而不任法,是故使法出于人,而不使人出于法"。①

作为司法权的行使者,法官面对纷繁复杂的社会矛盾纠纷,不能拒绝裁判。而在处理这些"灰色地带"的问题时,就不可避免的需要他们发挥自由裁量的能动作用,本着公平、正义这一总的立法精神或法律原则为案件处理找到依据。"因为只有人才能做法律所不能做之事,能够度量事物之间各种细微精妙的差别并作出适当的裁断。"②

(二)司法活动和司法裁断过程的本质难以避免地打上法官个体化差异的烙印

法官的司法裁判过程实际上是"法官在履行司法审判职能过程中,正确理解和阐释法律的精神、立法宗旨及原则,按照美的规律和幸福的价值观,依据具体案件的不同情况,确立审理案件的方针、策略、重点等的技巧与方法,准确恰当地选择适用最佳法律规范,公正裁判案件的职业艺术和职业技能"。③

一般认为,法官个体化差异在判决中影响的因素包括社会歧视法则、法官的社会地位以及法官与原告、被告的关系距离等。④ 从比例关系看,法官个性化涉入判决呈以下状态:(1)法律规定越模糊,内部关系越不协调,法官个性化因素介入越强;(2)法律对社会行为调整的规定缺失越多,法官个性化因素介入越多;(3)程序性规则越不完备和精细,法官个性化因素介入的可能越大;(4)法官职业素养和职业道德水准越低,个性化因素介入越明显。

作为个体的法官本身即具有差异性,因此对同样一件事,不同的人由于其个人素质等差异,经常看法各异,即使是同一名法官对同一件事,在不同的时间、地点由于自己的情绪等因素的变化,前后的看法也很可能迥然有异。广西高院的一项统计数据⑤(见下图)也证明了法官个体化差异对裁判统一性的影响,在所有影响司法认识不统一的因素中,法官业务素质、政治素质、职业道德素质、法官来源均可归为法官个体化差异,四个方面占了很大权重,达到57%。

从以上论述我们可以看出:"法律的精神可能会取决于一个法官的逻辑是好还是坏;取决于他对法律的消化是贯通还是不良;取决于他感情的冲动;取决于

---

① 张耒语,参见徐国栋:《民法基本原则解释——成文法局限性之克服》,中国政法大学出版社1992年版,第146页。

② 钱明:《无奈之法律与法律之无奈——严格规则与自由裁量的法哲学思考》,载《社会科学》2000年第1期。

③ 杨凯:《司法能力:关于法官裁判艺术的法理思辨》,载《法律适用》2006年第2期。

④ 朱景文:《比较法社会学的框架和方法:法制化、本土化和全球化》,中国人民大学出版社2001年版,第398页。

⑤ 广西高院关于建立司法统一认识协调机制的调研报告:《协调司法认识 统一司法尺度》,载《人民法院报》2010年6月8日第8版。

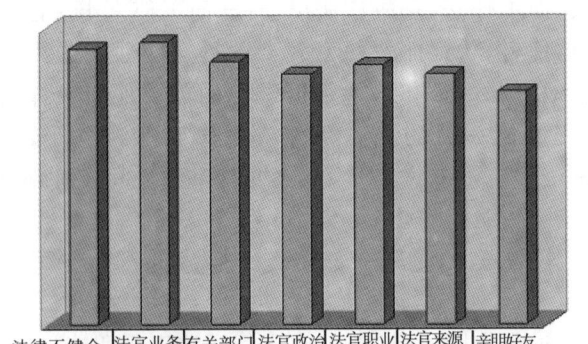

影响司法认识不统一的原因

受难者的软弱程度;取决于法官与被害者之间的关系;取决于在人们被动的心中改变着事物面目的一切细微的力量。"①

四、司法经验传承和案例指导——当前条件下协调法官个体化差异与裁判统一要求的路径选择

按照马克斯·韦伯的观点,现代的法官是自动售货机,投进去的是诉状和诉讼费,吐出来的是判决和从法典上抄下来的理由。② 基于对人性的怀疑,人们逐渐通过相对稳定的法律和规范限制法官的绝对自由裁量,用严密的法律构建防范人性之恶,最终形成19世纪严格的规则主义,试图以严密的法律规则排除法律适用中所有个性化因素。

"法律是一种过程,而不单是规则,它是一种将规则适用于不同情况的辩证的过程。"③"不管立法者的内心有着多么美好的理想与目标,要将它们圆满地、毫无遗漏地实现,实在是难以做到的事,因为人类的法律技术永远无法满足人类的要求。这是一种目的与手段的关系。作为法律载体的语言便是主要手段之一,而语言本身是灰色的、贫乏的,这也必然使法律无法完美地实现其目标。"④社会生活的复杂性和条文规范的有限性,以及制定法固有的不周延性、模糊性和滞后性,人们逐渐认识到单纯的规则控制并不能解决所有的问题,司法的本质决

---

① [意]贝卡利亚著:《论犯罪与刑罚》,中国大百科全书出版社1993年版,第18页。
② [德]马克斯·韦伯著:《论经济与社会中的法律》,张乃根译,中国大百科全书出版社1998年版,第62页。
③ Harold J. Berman, *Law and Revolution*, 1983, pp. 253~254。
④ 钱明:《无奈之法律与法律之无奈——严格规则与自由裁量的法哲学思考》,载《社会科学》2000年第1期。

定了其不可避免的人为因素参与。"社会主义法治理念下,司法不再是简单的审判活动,它是法律理论、法律条文和法律现实的交汇处,是沟通法律言词世界和现实世界的桥梁,是法律思想和价值走进社会生活的入口,是人们化解纠纷、论证问题、共享法治和谐的基础平台,所以,新时代法官不应是法条下的'自动售货机',而是巧妙游离于规则与事实之间的能工巧匠和思想家。"①

"司法的过程是一个理性思维的过程,这就要求法官具有能够适应裁判专业化需求的司法人格,既要法学基础理论扎实,深谙立法精神,又要具有丰富的司法实践经验,更为重要的是要具有科学的、规范的司法裁判方法。"②减少法官个体化差异对裁判统一的影响,关键还在于提高法官专业化程度,形成与国情相适应的法官群体裁判思维模式,通过理论和技能化的训练,形成一套适合审判要求的严谨、规范、统一的司法裁判方法,尽可能摒弃办案重知觉与经验、轻理性思考与判断的办案思维方法和模式,形成一套统一的、具有广泛认可性、为司法裁判者所共同遵循的裁判规则及方法话语体系。在这种情况下,问题的解决之道又回到了对法官个体的培养与完善上,因为再好的法律条文最终必须通过法官的司法活动加以落实和体现。

如上文所述,形成法官个性化特征的几个因素中,生活经历具有不可复制和不可逆转性,思维方法、语言习惯在短时间内也无法改变,因此,减小个体化差异对裁判统一影响最有效的途径还在于程序规则的完善和法官司法技能的提高。

(一)应重视法官司法能力的培养、司法经验的传承和法官职业共同体的建构

我国各级法院历来注重法官的培养,每年投入大量的财力、物力、人力开展法官的培养,开展大量政治和业务学习培训,这些都是必不可少的,而且效果也是显著的。尤其是国家统一司法考试实行以来,各法院招录提高了门槛,实现了法官从业群体整体理论和法律知识功底的提升,这些成绩都是有目共睹的。

随着越来越多的大学生进入法院工作,在人员整体学历结构、理论知识储备提升的同时,我们也看到这一群"从学校门到法院门"、理论知识丰富而实践经验相对匮乏的年轻法官们在面对纷繁复杂的矛盾纠纷时的力不从心。我国的法学教育更关注学生的研究能力,而相对轻视应用能力,然而司法审判恰恰是一门实践和经验的艺术,除了要求法官具有深厚的法学功底和理论知识之外,更多地需要法官将法律知识运用于实际纠纷的解决中。因此就有必要建立一种机制,使

---

① 王斌林:《法官不是法律条文下的"自动售货机"》,载《法制日报》2006年5月15日第8版。
② 吴兆祥:《提升司法水平的必由之路:确立统一的裁判思维模式》,载《人民司法》2011年第3期。

前人优良的司法经验得以完整传承。

"法律的生命不在于逻辑而在于经验。"①初任法官的带教制度,从一定程度上弥补了每一名年轻法官所必须经历的从理论研究型向实务应用型转变所必经的阶段。通过经验丰富的法官言传身教,促使年轻法官在司法实践过程中学习和掌握法律注释技术、法律渊源识别技术、法律解释技术、利益衡量技术、法律推理技术、法律漏洞补救技术、法律说理技术,提升法律概括能力、法律分析能力、语言文字表达能力。具备上述技能之后,通过带教法官的言传身教,从而逐步达到其对于法官职业共同体的情感认同、理论认同和行为认同,并逐步形成同质化的职业思维。通过带教,促使法官群体形成共同的知识、共同的价值取向和共同的伦理道德,"共同的知识有助于形成法官共同的职业技能;共同的价值取向指导着法官职业技能的行使;共同的伦理道德规范着法官职业技能的运行。"②从而为司法裁判的统一奠定思想、技能、方法和伦理基础。

"法官与行政官员、立法官员不一样,与社会中的其他行业不一样,甚至与检察官以及律师也不一样。这种差别不仅体现在所管辖或处理的事务方面,更体现在人们处理事务或行使权力所运用的方式、思考和分析问题的方式、语言的风格、外部行为的风格等诸多方面。"③笔者认为,法官作为一个特殊职业,他们通过司法审判活动将法律规范运用到丰富多彩的社会生活中,从而达到解决矛盾纠纷、回复受损社会关系。但从更深层次讲,法律适用在一定程度上还具有导引社会价值判断、形成法制观念和意识的作用。因此就需要法官具备大致相同的知识储备,具有娴熟的法律适用技巧。同时,法官群体还应当秉持共同的价值判断标准,通过司法裁判的指引作用明确社会生活中的是非观念,规范公众社会行为。此外,法官群体还应当遵从共同的职业伦理,在内心中确立起共同的公正、公平、公开理念以及节制、谨慎和坚韧的职业品质,从而确保法律的一体化适用。这些就要求法官形成职业共同体,通过统一的职业准入、职业意识、职业道德、职业技能、职业形象、职业保障和职业监督,培养法官职业共同体文化,从而达到职业技能和职业思维的同质化。

从实践来看,当前法院构建职业共同体的主要路径除了相同的职业纪律和职业保障外,更多地侧重于职业技能提升和裁判统一思维的形成,例如召开审判长联席会,共同研讨疑难案件中的法律适用;组织审判业务研讨座谈交流,针对

---

① Oliver Wendell Holmes, *The Common Law*, Bostomn1923, p.1, 转引自伯恩、魏德主编:《法理学》, 法律出版社 2003 年版。
② 李后龙、徐安欣、蒋飞:《形成法官职业共同体:法律适用统一的一种路径选择——关于法律适用沟通交流机制的实证研究》, 载《法律适用》2007 年第 3 期。
③ 贺卫方:《法官文化的意义与课题》, 载《江海学刊》2002 年第 3 期。

审判实践中出现的突出问题统一思路；上下级法院之间的互动交流，从案件审级管理的角度统一执法尺度；建立丰富的法律司法解释和案例参考数据支撑系统，方便法官在办案过程中及时查询、比照。这些措施对于形成法官群体的共同认识、统一司法审判技术手段具有非常积极的意义。

除了上述举措之外，笔者认为还应当注重法官职业共同体文化的构建。法官文化"是一种特殊文化形态，是对法官行使国家审判权的行为具有普遍制约作用的各种精神因素的总和，主要由法官心理、法官意识以及法官价值等要素构成"。[①] 法官文化的建构，应当侧重于更高层阶上的共同文化指引，例如由最高法院确定共同的文化口号及内涵；侧重于法官个体知识和文化的共享，例如组织法官沙龙，搭建起法官交流的平台；侧重于法官文化的训练，从法官言行举止等方面实现规范化、一体化；侧重于法院场所布置、机关色调的统一；还应侧重于通过奖励机制形成法官共同的价值追求。

（二）应重视案例指导的现实意义和作用

统一司法的另一有效手段就是通过案例指导为类型化案件在法律规定的基础上提供裁判参照指引。随着社会的发展，传统大陆法系国家逐步引进和借鉴判例指导制度，以弥补制定法所固有的弊端。在我国，"案例指导制度是指由最高人民法院、最高人民检察院确立、颁布对全国审判、检察工作具有指导作用的案例的制度。案例指导制度具有创制规则的功能。案例指导制度与司法解释制度是相互独立存在的司法制度，两者的功能都是为司法活动提供裁判规则。案例指导制度与我国古代法中的'例'在功能上存在较大的差别：前者是以案例的形式提供裁判规则，具有较强的行政性；而后者是以规则的形式提供裁判规则，具有较强的法律性。"[②]

《人民法院组织法》第 29 条规定："最高人民法院是国家最高审判机关。最高人民法院监督地方各级人民法院和专门人民法院的审判工作。"《人民法院第二个五年改革纲要（2004—2008）》第 13 条规定："建立和完善案例指导制度，重视指导性案例在统一法律适用标准、指导下级法院审判工作、丰富和发展法学理论等方面的作用。"2010 年 11 月，最高人民法院正式出台《关于案例指导工作的规定》，直面当下由于司法能力参差不齐等原因造成的"同案不同判"困局。"各级法院的法官在审理同类或者类似案件时，必须充分注意经最高人民法院审判委员会讨论通过的指导性案例，如果没有充分理由而背离指导规则，法官将有可能面对来自上级法院审判监督与本院审判管理的双重约束。因此，指导性案例

---

① 郎佩娟：《司法改革中的法官队伍与法官文化建设》，载《中国行政管理》2009 年第 6 期。

② 陈兴良：《我国案例指导制度功能之考察》，载《法商研究》2012 年第 2 期。

具有事实上的拘束力。"①

案例指导在统一裁判方面的作用表现在以下几个方面:(1)消解和减弱制定法稳定性与现实生活变动性之间的矛盾,有效回应社会现实;(2)同类或者类似案件的指导性原则帮助法官在处理具体个案时形成内心确信,保证法官的裁断与类似案件一致或者大体相当,从而起到参照、示范、引导、启发、规范和监督的作用;(3)公开发布的指导案例有利于指引社会公众参照案例涉及的案情对纠纷进行大致判断和解读,从而形成对类似案件的合理诉讼预期;(4)通过指导案例所展示的法官推理和思维过程,为其他法官提供裁判的思路,在一定程度上形成相对统一的认识;(5)基于类似案件相同处理的原则要求,限制法官自由裁量,统一审判的标准,避免因法官个体化差异影响裁判统一;(6)通过类型化案件的指导,为立法及研究部门提供素材和支持,从而实现"通过司法的统一促进立法的完善";(7)通过指导案例相对立体、感性的指引作用,为法官判案提供可遵照的先例原则,从而促进事实认定上的统一、法律适用上的统一、程序处理上的统一、司法认知规则上的统一。

---

① 胡云腾、罗东川、王艳彬、刘少阳:《统一裁判尺度 实现司法公正——〈关于案例指导工作的规定〉的解读》,载《中国审判》2011年第59期。

劳动教养制度的性质及其正当性反思

邓毅丞[*]

以剥夺人身自由为基本措施的劳动教养制度从20世纪90年代开始便引起了广泛的争议,有不少学者直言劳动教养制度应当废除,[①]然而,这么多年来,除了地方法规进一步肯定劳动教养的存在,劳动教养制度几乎一如既往。尤其最近"因打黑漫画而被劳教两年"等事件的出现,似乎越来越表明劳动教养只是政府管制的便宜工具。那么,劳动教养究竟是什么,劳动教养能否具有正当性,目前的劳动教养问题症结又是什么等问题就不得不被继续提出。

过去的研究大多从应然角度出发,以刑罚的标准衡量劳动教养的正当性。据此,劳动教养理所当然地要被废除。然而,从目前的法律规范和司法实践来看,劳动教育的定位不是也不应该是刑罚。因此,本文立足于我国法律制度的实然状态,以强制教育定性劳动教养,并以此为基础进一步反思劳动教养制度的正当性,以求为该制度的正当化提供有助益的参考。

一、劳动教养的性质分歧

(一)学者眼中的劳动教养

关于劳动教养的性质问题,学界一直争论不休,归纳起来大概有以下几种:(1)劳动教养是为维护社会治安,预防和减少犯罪,对轻微违法犯罪人员实行的一种强制性教育改造的行政措施。[②] (2)劳动教养是最为典型、最具有强制力的行政处罚。[③] (3)劳动教养作为一种限制人身自由的具体行政行为,按有关规定它是一种行政强制措施,但本质上又具有行政处罚的性质。[④] (4)劳动教养实际

---

[*] 作者系清华大学法学院博士研究生。

[①] 赵秉志等:《中国劳动教养制度的检讨与改革》,中国人民公安大学出版社2008年版,第85页以下。

[②] 郭日建:《劳动教养的性质辨析与定位》,载《中国人民公安大学学报》2003年第6期。

[③] 王利荣:《制度性教养的走向与立法选择:兼论以刑事法视角构架保安处分的可行性》,载《中外法学》2001年第6期。

[④] 姜金方:《劳动教养制度的法制历程及现实问题》,载《中外法学》2001年第6期。

上是刑事罚,甚至从某种程度上讲比刑事罚更重。① (5)从实然的层面分析,劳动教养是一种行政强制,且具有保安处分的功能,从应然的层面分析,劳动教养应当作为一种司法,②等等。从上述观点来看,我国主流学说认为,劳动教养本质是一种惩罚。

(二)官方文件中的劳动教养

根据《国务院关于劳动教养问题的决定》(以下简称"《决定》")第2条规定,劳动教养是"对被劳动教养人实行强制性教育改造的一种措施,也是对他们安置就业的一种办法"。据此规定,劳动教养并非一种惩罚,而只是一种强制性的帮扶措施而已。1982年,经公安部制定,由国务院同意颁布的《劳动教养试行办法》(以下简称《办法》)继承了《决定》关于劳动教养的定性,在第2条重申劳动教养是"对劳动教养的人实行强制性教育改造的行政措施,是处理人民内部矛盾的一种方法"。而且,《办法》赋予了劳教人员许多监狱中罪犯所不能享有的权利。《办法》第23条规定,劳动教养人员在节假日,原则上就地休息;劳动教养期执行半年以上,表现好的,或者有特殊情况的,经劳动教养管理所批准,可以准假或放假回家探望,路费自理;第32条规定,教育时间,在一般情况下,每天不少于三小时,劳动不超过六小时。而《中华人民共和国监狱法》(以下简称《监狱法》)第72条规定,监狱对罪犯的劳动时间,参照国家有关劳动工时的规定执行;在季节性生产等特殊情况下,可以调整劳动时间。罪犯有在法定节日和休息日休息的权利。另外,根据《司法部劳教局对〈关于对逃跑五年以上劳教人员销号的请示〉的批复》的规定,逃脱五年以上的劳教人员,"能够遵纪守法,确有悔改表现,经当地街道居民委员会或村民委员会,公安派出所和本人所在单位证明,可不追回"。这对于监狱中的犯人来说简直不可想象。可见,劳动教养人员某些待遇是监狱中的罪犯不能享受的。这也可以从侧面反映了两者在法律上的区别。

另外,《中华人民共和国治安管理处罚条例》(以下简称《治安条例》)第6条规定的治安处罚措施只有警告、罚款和拘留,而仍然没有将劳动教养作为治安处罚的一种。全国人大于1996年通过的《中华人民共和国行政处罚法》(以下简称《处罚法》)以及全国人大常委会于2005年通过的《中华人民共和国治安管理处罚法》(以下简称《治安法》)都没有将劳动教养作为行政处罚的措施。而且,《公安机关执行〈中华人民共和国治安管理处罚法〉有关问题的解释》(以下简称《治安法解释》)在对《治安法》第76条进行解释时,认为"'强制性教育措施'目前是

---

① 李晓明:《尴尬与困境中的抉择》,载《法商研究》2003年第6期。
② 卢宇蓉:《劳动教养制度性质之思考》,载《法学》2001年第5期。

指劳动教养"。① 从这些规范性文件来看,劳动教养被定性为一种"强制性的教育措施"或者"强制性的帮扶措施"。

然而,官方文件关于劳动教养性质的表达未能贯彻始终。1991年11月,国务院在《中国的人权状况》(以下简称《人权状况》)中宣称劳动教养是行政处罚。而且,1995年的《国务院关于进一步加强监狱管理和劳动教养工作的通知》(以下简称《劳教通知》)规定,劳动教养所是国家治安行政处罚的执行机关。可见,这两个官方文件都倾向于将劳动教养作为行政处罚来对待。

(三)司法实践中的劳动教养

在实践当中,劳动教养也有着不同的面相。公安机关、人民法院以及劳动教养委员会大概有以下几种做法:第一,不把劳动教养视为行政处罚,也因此,在违法行为人承受了行政处罚后,仍然有可能继续接受劳动教养。例如,《李超术诉被告信阳市人民政府劳动教养管理委员会劳动教养纠纷案》(以下简称《李超术案》)②中,河南省新县人民法院认为,劳动教养是一种强制性教育改造的行政措施,不属于行政处罚的范畴,被告市劳教委对原告实施劳动教养并不违反一事不再罚的原则。第二,对劳动教养的性质持有保留态度,尽量避免行政处罚和劳动教养同时执行。例如,在《张世杰诉许昌市劳动教养委员会治安行政处罚及行政赔偿纠纷案》(以下简称《张世杰案》)③中,许昌县人民法院认为,由于许昌县公安局于5月21日作出的对原告行政拘留十二日的行政处罚决定被撤销,被告作出对原告劳动教养决定,已将原告先前执行的拘留期折抵为劳教期限,故被告作出的劳动教养决定不违反"一事不再罚"的原则。第三,直接把劳动教养称之为"处罚"。例如,在《刘炳同与郑州市劳动教养委员会劳动教养处罚决定纠纷申请再审案(驳回再审申请通知书)》(以下简称《刘炳同案》)④案中,河南省高级人民法院称"郑州市劳动教养委员会具有决定劳动教养处罚的职权"。第四,不言明劳动教养是否属于行政处罚,但是,作为行政处罚的行政拘留期限可以折抵劳动教养的期限。例如,在《曾某不服被告信阳市人民政府劳动教养管理委员会劳动教养决定纠纷案》(以下简称《曾某案》)⑤中,河南省固始县人民法院认为,原告已执行的拘留期限,被告在劳教执行期限中已依照有关规定予以折抵,故原告认

---

① 根据《治安管理处罚法》第76条规定,对有"引诱、容留、介绍他人卖淫","制作、运输、复制、出售、出租淫秽的书刊、图片、影片、音像制品等淫秽物品或者利用计算机信息网络、电话以及其他通讯工具传播淫秽信息","以营利为目的,为赌博提供条件的,或者参与赌博赌资较大的"行为,"屡教不改的,可以按照国家规定采取强制性教育措施"。
② (2011)新行初字第06号。
③ [2010]许县法行初字第49号。
④ [2008]豫法行申字第28号。
⑤ [2010]固行初字第13号。

为被告的具体行政行为属重复处罚的理由不予支持。

二、性质之辨:惩罚? 教育?

(一)劳动教养是一种强制性的教育措施

通过上述介绍可知,劳动教养的性质是一个极具争议的问题。虽然部分官方文件和司法判决把劳动教养定性为一种"惩罚",但是,从根本上讲,劳动教养不是一种"惩罚",也不应该是一种"惩罚",而应该是一种"强制教育",理由是:

第一,教育说更符合我国法律规定。从现实的法律状况来看,将劳动教养解释为一种"惩罚"不仅不符合法治的目的,反而有可能破坏法律的统一性。如上所述,《处罚法》已经明文禁止法律以外的规范性文件设立限制人身自由的行政处罚。那么,劳动教养如果被定位为一种行政处罚措施,就会明显与《处罚法》相违背。另外,劳动教养的期限较行政拘留乃至某些刑罚(管制与拘役)期限还要长,剥夺自由的程度还要高(主要跟管制相比)。在惩罚说的前提下,这种期限上的差异只会把劳动教养逼入反法治的绝境。但是,这样解释有什么好处呢? 难道通过说明现在制度的非法治就能够激发日后制度的法治化吗? 如果在倡导依法治国的今天,法律仍然可以被政府和法院视若无睹,那么,凭什么要国家今后会走上法治的道路? 相反,立足于强制教育说,劳动教养的问题就集中于适用范围和适用对象的检讨,而不会停留在空洞的批判上。而且,如上所述,《处罚法》第76条明文规定了对部分治安违法行为人可以使用"强制性教育措施",而公安部也把这一措施解释为劳动教养。因此,站在"强制教育说"的立场,劳动教养已经不是完全没有法律根据,这更符合我国当前的法治现实。虽然"强制教育说"也不意味着劳动教养完全正当,但是,至少在此观念下,避免了法律形同废纸的局面。

第二,采纳强制教育说的规范性文件无论在数量上还是效力上,乃至实际影响上都占据压倒性优势。到目前为止,能够搜索到的偏向惩罚说的官方文件只有《人权状况》以及《劳教通知》,而且,《人权状况》虽然是官方文件,但不是规范性文件,不能够直接适用于法律(司法)实践当中。那么,实际上只有《劳教通知》是惩罚说的规范依据。然而,《劳教通知》也规定,"要贯彻'教育、感化、挽救'的方针。对劳动教养人员重在教育,立足挽救,把劳动教养所办成教育、挽救他们的特殊学校"。可见,从《劳教通知》的精神来看,教育才是劳动教养的最终目的。这与《决定》、《办法》等规范性文件所强调"挽救"、"感化"、"教育"的方针根本上保持了一致。就此意义而言,"劳动教养等非司法性拘禁是使那些沉迷于恶习而不能自拔的人从各种恶习、恶念、恶行中解放出来……从而获得真正的自由"。[①]

[①] 易延友:《中国刑诉与中国社会》,北京大学出版社2010年版,第38页。

惩罚说单凭劳动教养在限制自由和强制劳动两方面的表现，就把劳动教养视作国家惩罚和威慑的工具，①过于武断。

第三，在司法实践当中，笔者还未发现有法院直接援用《劳教通知》作为定案根据的事例。在司法判决（包括上述所提及的几个案例）中，都是以《决定》、《办法》、《规定》等行政法规和部门规章为判案的基准。虽然部分司法文书把劳动教养称之为"惩罚"，如《刘炳同案》中的驳回申请再审通知书。但是，该通知书的法律依据是《决定》。然而，根据《决定》，劳动教养应当属于强制性的教育措施。

综上所述，劳动教养的性质应当是强制教育措施，而非惩罚措施。据此，学者们认为劳动教养过于严厉，②不无疑问。严厉与否只是针对惩罚而言，而教育措施只能从适当与不适当的角度来进行分析。当然，由于劳动教养属于是一种强制教育措施，因而必然会与人身自由发生冲突，这也是劳动教养遭受批判的症结所在。那么，在检讨劳动教养的正当性之前，首先需要检讨其与人的自由的关系。

（二）强制教育与人的自由

强制和教育是劳动教养的两大特征。强制必然剥夺或者限制被劳教人员的人身自由，而教育则可以促进个体理性的形成，从而达到内在的自由。有学者指出，劳动教养等非司法性拘禁措施反映出政府为了迫使公民达到内在自由而剥夺人身自由，混淆了内在自由和外在自由的界限，从而衍生出诸多弊害。③ 但是，这一见解只看到两种自由的区别，而没有察觉两者间的价值冲突。

根据哈耶克的界定，内在自由和外在自由不是相对的概念，而是不同的概念。内在自由意味着一个人应该依自己的意志、信念、理智行事，而不受非理性的冲动、情感所左右。"当一个人在其深思熟虑后不能成功地去做他决定做的事情，当他在关键时刻缺乏决心和力量而不能去做他仍然想做之事，那么，我们就会称其为'不自由'或者'情绪的奴隶'"。同样，"当一个人因无知或者迷信而无法做他在有更好的资讯时所会做的事"，他也是"不自由"的。④ 然而，人身自由属于外在自由，即"不受外界强迫的自由"。无论一个人是否能够明智地作出选择或者坚持他所做的决定，都不能说明他是否被他人的意志所强加。

---

① Randall Peerenboom, Out if the Pan and into the Fire: Well-Intentioned but Misguided Recommendations to Eliminate all Forms of Administrative Detention in China, *Northwestern University Law Review*, Vol. 98, No. 3, Spring 2004, p. 1003.

② 宋雅芳：《劳动教养存在的问题及对策》，载《郑州大学学报》（哲学社会科学版）1998年第6期。

③ 易延友：《中国刑诉与中国社会》，北京大学出版社2010年版，第40页以下。

④ Friedrich August Von Hayek, *The Constitution of Liberty*, London : Routledge & Kegan Paul, 1960, p. 15.

由于劳动教养一种教育措施,因而具有改造功能,即通过劳动教养使得曾实施尚不构成犯罪的违法行为的中国大陆公民不再重蹈覆辙。① 可见,劳动教养有助于违法犯罪分子形成理性思维,并通过理性的选择达到内在自由。然而,政府的改造措施却附带着剥夺人身自由的效果,那么,内在自由和外在自由的冲突就会产生。两种自由冲突的结果可能是:(1)牺牲外在自由以求达到内在自由,即牺牲被劳教人员的人身自由以求促使其恢复或者形成理性思维;(2)牺牲内在自由以求达到外在自由,即放任被劳教人员的内在冲动而保障其人身自由。问题是:两者之间应当如何平衡?

内在自由显然不是权利,因为权利是指"在权利关系中,法律关系的一方对另一方所享有的可以要求他方一定的作为或不作为,并为法规范所认可的一种资格"。② 就此而言,内在自由与作为宪法基本权利的人身自由发生冲突时,一般只能退居次位。然而,内在自由不是权利,但是,不等于其不会对权利产生影响。当一个人丧失或部分丧失内在自由的时候,说明他选择、控制自身行为的理性、理智或能力存在缺陷,从而成为他人权利的一个重大威胁。例如,吸毒者为了满足吸毒的需要,就很可能实施盗窃、抢夺等犯罪行为。因此,虽然内在自由不能直接对抗人身自由等外在自由,但是,由于内在自由欠缺而可能威胁到的权利与被劳动教养人的人身自由却可以处于同一平台进行衡量。简言之,劳动教养的正当性根据在于预防违法犯罪的必要性和适当性,而不在于内在自由的重要性。就此而言,劳动教养制度在设计时必须衡量劳动教养所带来的预防犯罪的正面效果是否大于其剥夺人身自由所带来的负面效果。我国的劳动教养制度是否正当,也必须以此为衡量标准。

三、形式正当性的反思

(一)劳动教养法律根据的反思

1.是否有必要讨论劳动教养的法律根据

有学者认为,劳动教养等非司法性拘禁的最大问题不在于缺乏法律依据,因为"对于政府而言,为法规寻找法律依据并不困难。真正的困难在于如何阻止政府以解放公民的名义制定剥夺公民人身自由的法律"。③ 这一判断不无道理。如果国家权力已经在不恰当的范围行使,那么单纯赋予这种权力行使范围在形

---

① 根据《公安机关办理劳动教养案件规定》第12条规定,对在中华人民共和国领域内违法犯罪的外国人、无国籍人、华侨,在大陆违法犯罪的台湾居民和在内地违法犯罪的香港、澳门特别行政区居民,不得决定劳动教养。
② 韩大元等:《宪法学专题研究》,中国人民大学出版社2008年版,第286页。
③ 易延友:《中国刑诉与中国社会》,北京大学出版社2010年版,第49页。

式上的正当性不仅没有任何意义,而且还会增加国民改变现状的困难。然而,法律根据的随意性容易增加劳动教养内容的非理性。而且,从劳动教养的内容变化来看,在没有法律的严格控制下,尽管是合理的劳动教养内容,也很容易被不合理的法规所取缔。因此,尽管法律根据不是劳动教养正当化的充分条件,至少也是必要条件,有必要对其进行探讨。

2.劳动教养的法律根据都不合格吗

法律依据不足也是劳动教养制度饱受抨击的主要原因之一。依据《立法法》第8条的规定,"对公民政治权利的剥夺、限制人身自由的强制措施和处罚"的事项只能制定法律。而按照目前劳动教养的处理方式,无论从哪个角度理解,都属于剥夺、限制人身自由的强制措施。因此,学者们指出,关于劳动教养的规范性文件不是全国人大及其常委会制定的法律,因此劳动教养于法无据。[1] 但是,如上所述,《治安法》第76条规定的"强制性的教育措施"已经被公安部解释为劳动教养。《治安法》由全国人大常委会决定通过,属于法律,因而其中关于"强制性的教育措施"的规定亦可视作劳动教养的合法依据。据此,我国的劳动教养并非完全没有法律依据。

3.目前劳动教养的法律依据已经充分

根据《治安法》规定,劳动教养的对象仅包括有"引诱、容留、介绍他人卖淫","制作、运输、复制、出售、出租淫秽的书刊、图片、影片、音像制品等淫秽物品或者利用计算机信息网络、电话以及其他通讯工具传播淫秽信息","以营利为目的,为赌博提供条件的,或者参与赌博赌资较大的"行为的人。然而,现实中劳动教养的对象显然不限于上述人员。《办法》、《规定》等规范性文件一直都被采纳为定案依据,但它们所罗列的对象范围已远远超出了《治安法》的规定。也就是说,现实中大部分劳动教养的适用依据都不符合《立法法》的要求。这无疑是现行劳动教养制度的一大硬伤。

(二)劳动教养决定程序的反思

劳动教养制度的程序问题也是受批判的焦点。例如,有学者指出,劳动教养是由公安机关以劳动教养委员会的名义自行决定并直接执行的,既不进行必要的举证、听证,也不允许被教养人员提出抗辩,严重背离了国际通行的对强制措

---

[1] 胡卫列:《劳动教养制度应予废除》,载《行政法学研究》2002年第1期。

施应当实行司法审查的做法。① 还有学者指出,先行劳教在司法实践中大量存在。② 另有实务人员以重庆市的情况为例,说明由于对公安机关的权力缺乏必要的制约和监督,劳动教养执行过程中公民的合法权益被侵犯的现象大量存在。③

上述关于劳动教养决定程序的批判意见不无道理,且对劳动教养制度的完善具有相当重要的参考价值。但是,这些批判意见只是从应然的角度进行考察,而没有涉及实然的反思。尽管劳动教养背离国际法通行对强制措施的规定,也不意味着劳动教养就违背了我国的法律。而且,劳动教养被滥用而导致的侵犯人权的情况,也只是劳动教养制度设计得不合理,却不能说明目前的劳动教养决定程序不合法。再者,程序被滥用不仅是劳动教养制度的问题,即使是刑事诉讼程序,在我国现实中也不乏被滥用的事例。因此,有必要对劳动教养的程序正当性作进一步探讨。

强制教育说一般将劳动教养归类为行政强制措施的一种。然而,《行政强制法》没有关于劳动教养的特别规定,只规定了行政强制措施的基本程序(第18条、第19条、第20条)。而这些基本程序在劳动教养中都得以体现。因此,劳动教养的决定程序形式上似乎合法。

然而,《宪法》第37条规定,"中华人民共和国公民的人身自由不受侵犯。任何公民,非经人民检察院批准或者决定或者人民法院决定,并由公安机关执行,不受逮捕。禁止非法拘禁和以其他方法非法剥夺或者限制公民的人身自由,禁

---

① 姜祖桢:《劳动教养制度法治化建设之思考》,摘自司法部劳教局、中国劳动教养学会组编:《劳动教养立法研究》,法律出版社2004年版,第72页。

② 先行劳教是指公安机关将羁押到期而犯罪事实仍未查清或主要证据难以获取的犯罪嫌疑人先作劳动教养处理,并继续查证未查清的犯罪事实,查清后如认为需追究刑事责任的,依法追究刑事责任。参见陈兴良:《劳动教养:根据国际人权公约之分析》,载《法学》2001年第10期。

③ 该论者指出,劳动教养案件审批的具体过程如下:1.公安机关的办案部门,将符合劳教条件的人的材料报所属的公安局(分局)的法制科审查;2.法制科经专人审查后,如果同意报送劳教,经分管局长批准后,将案件材料报市公安局法制处审查;3.市公安局法制处专人审查后,向分管劳教的局长汇报(法制处处长在场)研究决定是否批准劳教及劳教的期限,并以市劳教委的名义作出决定。从以上过程看,劳教案件虽然经历了初审和复审两个阶段,但是,由于劳教决定权的行使采取不公开进行的行政化的处理方式,缺乏严格的程序保障和监督制约,因此在决定是否劳教及劳教期限的确定上带有较大的随意性,其权力行使正确与否基本上取决于局领导的个人素质,这种制度容易造成个人独断专行,为腐败行为的产生留下制度上的漏洞。与上述情况相对应,劳动教养案件在实践中出现了以下情况:1.一些本该判处刑罚的案件被决定劳动教养。2.对主犯处以短期刑罚,对从犯处以较长时期的劳教,在限制人身自由的期限上失衡。3.刑事疑案转为劳教。参见张庆国:《试论劳教制度的改革》,载《云南大学学报》(法学版)2001年第2期。

止非法搜查公民的身体"。从该宪法条款的逻辑来看,第一,我国公民的人身自由不受侵犯,但是,合法的拘禁和其他合法方法剥夺或者限制人身自由的措施是被允许的,如刑罚、行政拘留、司法拘留等,劳动教养也是其中之一。第二,在"人民检察院批准或者决定或者人民法院决定,并由公安机关执行"可以被逮捕,即只有经人民检察院或者人民法院决定,才能够侵犯公民的人身自由。因此,逮捕作为合法拘禁措施,必须具备"经人民检察院批准或者决定或者人民法院决定"的程序性条件,而其他合法剥夺或者限制公民人身自由的措施是否需要这一条件限制,或者是否具有更严格的条件要求,宪法并没有具体规定。但是,无论剥夺或者限制公民人身自由的措施的法律性质如何,它们在人身自由的侵犯上都是共通的。从宪法保护人身自由的立场来看,既然宪法已经规定逮捕必须经司法程序决定,那么,与逮捕相比之下,人身自由侵犯性更强的措施当然也需要司法机关的介入。根据刑事诉讼法的规定,逮捕后的羁押期限最长为 7 个月,①而劳动教养最长的期限却是 4 年。可见,在人身自由的侵犯程度上,后者较前者尤甚。但是,劳动教养的决定完全不需要司法程序的介入,与宪法保障人身自由的宗旨不无出入。而且,劳动教养委员会可以不聆讯违法行为人即可决定对其实施劳动教养,缺乏有效的人权保障机制。从这个意义上讲,现行的劳动教养制度在程序上并没有符合宪法的要求。

当然,如果说目前的劳动教养制度完全缺乏司法保障,也未必符合事实,因为劳动教养目前被定性为行政行为,因此,被决定劳动教养的人员可以通过行政复议以及通过行政诉讼来获得司法救济(《规定》第 72 条、73 条)。而且,在现实中的确有被劳动教养人员在行政诉讼中胜诉,从而免于劳动教养。例如,《李超术案》中,法院因认为"被告信阳市劳教委作出的[2007]信劳决字第 322 号劳动教养决定,主要证据不足,违反法定程序且适用法律错误"而撤销了劳动教养机

---

① 《刑事诉讼法》第 124 条规定:对犯罪嫌疑人逮捕后的侦查羁押期限不得超过二个月。案情复杂、期限届满不能终结的案件,可以经上一级人民检察院批准延长一个月。第 125 条规定:因为特殊原因,在较长时间内不宜交付审判的特别重大复杂的案件,由最高人民检察院报请全国人民代表大会常务委员会批准延期审理。第 126 条规定:下列案件在本法第一百二十四条规定的期限届满不能侦查终结的,经省、自治区、直辖市人民检察院批准或者决定,可以延长二个月:(一)交通十分不便的边远地区的重大复杂案件。(二)重大的犯罪集团案件;(三)流窜作案的重大复杂案件;(四)犯罪涉及面广,取证困难的重大复杂案件。第 127 条规定:对犯罪嫌疑人可能判处十年有期徒刑以上刑罚,依照本法第一百二十六条规定延长期限届满,仍不能侦查终结的,经省、自治区、直辖市人民检察院批准或者决定,可以再延长二个月。第 128 条规定:在侦查期间,发现犯罪嫌疑人另有重要罪行的,自发现之日起依照本法第一百二十四条的规定重新计算侦查羁押期限。

关关于李超术的劳动教养决定。① 然而,这种被劳动教养人在行政诉讼中成功胜诉的案件在现实中凤毛麟角,②而且,宪法强调的是对长时间剥夺和限制人身自由的措施进行事前把关,而行政诉讼只是事后救济,两者之间在本质上相去甚远。因此,我国劳动教养制度在决定程序方面与宪法的冲突仍未消除。

四、实质正当性的反思

劳动教养作为一项涉及公民基本权利的制度,除了符合形式正义的要求外,更重要的是具有合理的内容。如果劳动教养的对象仍然是不该受到强制教育的人,或者劳动教养的手段根本无力于违法行为人的改造,又或者劳动教养适用的代价远超于其获得的效果,劳动教养制度就难以正当化。下面通过两个方面来检讨劳动教养实质层面的正当性。

(一)劳动教养适用对象的反思

劳动教养的对象一直在扩张之中。根据《决定》的规定,劳动教养的对象有四类。③ 后来有关劳动教养的规范性文件将劳动教养的对象种类不断扩张。例如,1982年公安部的《劳动教养试行办法》(以下简称《办法》)将劳动教养的对象扩展为六

---

① [2011]新行初字第06号

② Haina Lu, Rethinking the 'Re-education through Labour' System in China: Does It Impose Prohibited or Permitted Forced Labour?, *Hong Kong Law Journal*, Vol. 38, 2008, p. 858.

③ 1.不务正业,有流氓行为或者有不追究刑事责任的盗窃、诈骗等行为,违反治安管理、屡教不改的;2.罪行轻微,不追究刑事责任的反革命分子、反社会主义的反动分子,受到机关、团体、企业、学校等单位的开除处分,无生活出路的;3.机关、团体、企业、学校等单位内,有劳动力,但长期拒绝劳动或者破坏纪律、妨害公共秩序,受到开除处分,无生活出路的;4.不服从工作分配和就业转业的安置,或者不接受从事劳动生产的劝导,不断地无理取闹、妨害公务、屡教不改的。

大类,①2002年的《规定》将劳动教养的对象扩展为十大类。② 有学者指出,"劳动教养适用范围的无限制扩大已经严重影响到公民的人身自由权"。③

然而,真正的问题不是劳动教养的对象范围不断扩张,而是其不合理的扩张。在《决定》中,所有的被劳动教养人员都必须是"屡教不改"或者"无生活出路"。这两项条件都体现了被劳教人员的人身危险性。"屡教不改"说明被劳教人员缺乏自我控制能力,很容易就会再次实施违法行为,而"无生活出路"在当时缺乏社会保障的情况下,很可能导致被劳教人员为了保证生活的需要而实施违法行为。因此,这两个限制条件均合理地限定了劳动教养对象的范围。但是,此后关于劳动教养的规范性文件将劳动教养的适用条件一再弱化。例如,《决定》和《办法》都规定了"罪行轻微,不追究刑事责任的反革命分子、反社会主义的反动分子"会受到劳动教养。《决定》对这些"反革命分子、反社会主义的反动分子"必须是"受到机关、团体、企业、学校等单位的开除处分,无生活出路"的情况下方能进行劳动教养,而《办法》却没有这一要求。而且,在《规定》中,绝大部分

---

① 《劳动教养试行办法》第10条规定,劳动教养的对象包括:1.罪行轻微、不够刑事处分的反革命分子、反党反社会主义分子;2.结伙杀人、抢劫、强奸、放火等犯罪团伙中,不够刑事处分的;3.有流氓、卖淫、盗窃、诈骗等违法犯罪行为,屡教不改,不够刑事处分的;4.聚众斗殴、寻衅滋事、煽动闹事等扰乱社会治安,不够刑事处分的;5.有工作岗位,长期拒绝劳动,破坏劳动纪律,而又不断无理取闹,扰乱生产秩序、工作秩序、教学科研秩序和生活秩序,妨碍公务,不听劝告和制止的;6.教唆他人违法犯罪,不够刑事处分的。

② 《公安机关办理劳动教养案件规定》第9条规定,劳动教养的对象包括:1.危害国家安全情节显著轻微,尚不够刑事处罚的;2.结伙杀人、抢劫、强奸、放火、绑架、爆炸或者拐卖妇女、儿童的犯罪团伙中,尚不够刑事处罚的;3.有强制猥亵、侮辱妇女,猥亵儿童,聚众淫乱,引诱未成年人聚众淫乱,非法拘禁,盗窃,诈骗,伪造、倒卖发票,倒卖车票、船票;伪造有价票证,倒卖伪造的有价票证,抢夺,聚众哄抢,敲诈勒索,招摇撞骗,伪造、变造、买卖国家机关公文、证件、印章,以及窝藏、转移、收购、销售赃物的违法犯罪行为,被依法判处刑罚执行期满后五年内又实施前述行为之一,或者被公安机关依法予以罚款、行政拘留、收容教养、劳动教养执行期满后三年内又实施前述行为之一,尚不够刑事处罚的;4.制造恐怖气氛、造成公众心理恐慌、危害公共安全,组织、利用会道门、邪教组织、利用迷信破坏国家法律实施,聚众斗殴、寻衅滋事,煽动闹事,强买强卖,欺行霸市,或者称霸一方、为非作恶、欺压群众、恶习较深、扰乱社会治安秩序,尚不够刑事处罚的;5.无理取闹,扰乱生产秩序、工作秩序、教学科研秩序或者生活秩序,且拒绝、阻碍国家机关工作人员依法执行职务,未使用暴力、威胁方法的;6.教唆他人违法犯罪,尚不够刑事处罚的;7.介绍、容留他人卖淫、嫖娼,引诱他人卖淫,赌博或者为赌博提供条件,制作、复制、出售、出租或者传播淫秽物品,情节较重,尚不够刑事处罚的;8.因卖淫、嫖娼被公安机关依法予以警告、罚款或者行政拘留后又卖淫、嫖娼的;9.吸食、注射毒品成瘾,经过强制戒除后又吸食、注射毒品的;10.有法律规定的其他应当劳动教养情形的。

③ 宋雅芳:《劳动教养存在的问题及对策》,载《郑州大学学报》(哲学社会科学版)1998年第6期。

的劳动教养对象都没有"再犯"的条件,甚至就连"教唆他人违法犯罪,尚不构成刑事处罚"这样的共犯行为,也没有任何的再犯要求。这与劳动教养的强制教育性质并不吻合。假如行为人只是初犯,而其实施的违法行为连犯罪都不构成,又如何能推定其可能再次危害社会呢?就此而言,目前的劳动教养的对象范围是不妥当的。

另外,由于劳动教养作为强制教育或者预防犯罪的措施,其目的在于阻却将来可能发生的法益破坏,因此,是将来的违法行为,而不是已经实施的违法行为的严重程度起决定性作用。① 然而,不可忽略的是,刑罚本身也是以预防犯罪为目的,在预防犯罪的层面上,劳动教养与刑罚具有一致的地方。而刑罚之所以在行为人实施的行为达到一定危害程度的前提下才能适用,正是出于避免国家权力过度侵害公民权利的目的。那么,既然劳动教养也会造成剥夺公民重要权利的结果,其在发动时就应当与刑罚一样具有适用上的限制。无论违法行为人再犯的可能性有多大,当其行为上不构成犯罪时,就不能以超出刑罚(所有种类)的强度来进行违法犯罪行为的预防。而现行的劳动教养却以不构成犯罪的违法行为人为对象,犹如"用大炮打麻雀",不无违反"实体正当程序"的嫌疑。②

从国外立法考察,类似于劳动教养的保安处分在适用条件上极为严格。例如,意大利关于送往农业劳动营和劳动所劳动的保安处分措施与我国的劳动教养相类似,均以限制在特定场所劳动为特征,但是,其对象只限于惯犯、职业犯、有犯罪倾向者以及具有其他特殊情况的人。③ 而无论是惯犯、职业犯还是有犯罪倾向者,都是以行为人实施了构成犯罪的行为为前提。④ 可见,我国的劳动教养对象在意大利,一般不会被处以监禁性的保安处分,甚至只会处以对财产的财

---

① [德]德汉斯·海因里希·耶赛克、托马斯·魏根特:《德国刑法教科书(总论)》,中国法制出版社2001年版,第968页。

② 正当程序被解释为以下几个层面:1.在法律上所规定的程序必须是正当的;2.实体内容必须以法律来规定(罪刑法定主义);3.在法律上所订立的实体规定也必须是正当的。最后一项一般被称为实体正当程序。参见[日]芦部信喜原著,高桥和之增订:《宪法》,林来梵等译,北京大学出版社2006年第3版,第211页。

③ "惯犯"是指,犯罪人犯罪已成习性,将来很可能再重复犯罪。"职业犯"是指,不仅符合惯犯条件,而且根据"犯罪的性质、犯罪人的行为和生活方式"以及法定情节,确实是"习惯地,并且部分纯粹地,依靠犯罪所得生活"的犯罪人。"有犯罪倾向者"是指,实施了"侵犯他人生命、健康的非过失性犯罪",且"(犯罪)本身或结合法定情节,表明犯罪人因性格特别恶劣而具有犯罪倾向"。其他特殊情况的人如满21岁后而仍在司法感化院的未成年人,严重违反保护管束规定的人。参见[意]杜里奥·帕多瓦尼:《意大利刑法学原理》(注评版),陈忠林译,中国人民大学出版社2004年版,第334~336页。

④ 《意大利刑法典》第103条、第105条、第108条。参见《最新意大利刑法典》,黄风译注,法律出版社2007年版,第40~41页。

产处分或者不予保安处分。因此,以目前劳动教养剥夺公民人身自由的强度来看,其适用对象应该是具有高度再犯危险性的罪犯,而非一般的违法行为人。目前我国劳动教养以一般的违法行为人为对象,实属欠妥。

(二)劳动教养与刑罚的关系的反思

1. 劳动教养与刑法预防的辅助措施不甚协调

根据《刑法》第 38 条①和第 72 条②的规定,被判处管制和缓刑的罪犯都需要接受社区矫正。社区矫正(Community Correction),亦称之为"社区矫治",是一种不使罪犯与社会隔离并利用社区资源改造罪犯的方法,是所有在社区环境中管理教育罪犯方式的总称。③ 而根据《最高人民法院等部门关于在全国试行社区矫正工作的意见》(以下简称《意见》),全面试行社区矫正工作主要任务包括进一步加强对社区服刑人员的教育矫正、进一步加强对社区服刑人员的监督管理、进一步加强对社区服刑人员的帮困扶助,等等。从上述社区矫正的界定来看,其功能与劳动教养没有实质的差别,但后者较前者更多的限制和剥夺公民的自由。既然犯罪行为人只需要接受社区矫正即可,为何违法行为人却要接受劳动教养,不免令人疑惑。因此,在刑罚及其辅助措施可以达到预防犯罪的目的时,劳动教养就不应当再施用于犯罪行为人;而违法行为人实施的行为还没有达到犯罪的程度,劳动教养也不应当发动。

2. 劳动教养与刑罚不合理的互斥

劳动教养与刑罚的性质不同,因此这两项强制措施不应该相互排斥。在国外,不同的保安处分类型具有不同的预防犯罪效果,而保安处分与刑罚的关系亦处于弹性之中。例如,根据《德国刑法典》第 67 条第 1 款的规定,作为保安处分的保安监督总是在自由刑的执行之后执行。④ 但是,安置于精神病院和戒除瘾癖的机构等保安措施,原则上应先于被同时科处的自由刑的执行而执行。而且,这些处分先于刑罚执行的,处分执行的期间算入刑罚期间。⑤ 然而,根据《规定》第 4 条规定,对构成犯罪,依法应当追究刑事责任的行为人,不得决定劳动教养;

---

① 根据《刑法修正案八》第 2 条的规定,刑法第 38 条原第 2 款作为第 3 款,修改为:"对判处管制的犯罪分子,依法实行社区矫正。"

② 根据《刑法修正案八》第 13 条规定,第 76 条修改为:"对宣告缓刑的犯罪分子,在缓刑考验期限内,依法实行社区矫正,如果没有本法第七十七条规定的情形,缓刑考验期满,原判的刑罚就不再执行,并公开予以宣告。"

③ 康树华:《社区矫正的历史、现状与重大理论价值》,载《法学杂志》2003 年第 5 期。

④ [德]德汉斯·海因里希·耶赛克、托马斯·魏根特:《德国刑法教科书(总论)》,徐久生译,中国法制出版社 2001 年版,第 984 页。

⑤ [德]德汉斯·海因里希·耶赛克、托马斯·魏根特:《德国刑法教科书(总论)》,徐久生译,中国法制出版社 2001 年版,第 985~986 页。

第9条第2款规定,对实施危害国家安全、危害公共安全、侵犯公民人身权利、侵犯财产、妨害社会管理秩序的犯罪行为的人,因犯罪情节轻微人民检察院不起诉、人民法院免予刑事处罚,符合劳动教养条件的,可以依法决定劳动教养。可见,目前劳动教养的对象和刑罚的对象正好有一条明确的界限,即前者是不构成刑事犯罪的违法行为人,而后者是犯罪分子。这样一来,劳动教养就很容易被认为刑罚的减轻形态,这与劳动教养的性质大相径庭。

结　语

劳动教养弥补了行政处罚和刑罚在预防犯罪问题的缺漏,是一项有价值的制度。只是由于目前制度设计的不合理而导致劳动教养的诸多弊端。因此,本文不赞同废除论,而主张通过以下路径进行改革:首先,劳动教养的对象和劳动教养的手段应当类型化和层级化。一般来说,目前的劳动教养手段(关押式的劳动教养)只适合针对具有较高人身危险性的罪犯,而对目前的劳动教养对象适用社区矫正即可。借鉴英美法系的社会服务令,可以考虑设立不限制自由的劳动教养措施。另外,关于吸毒人员和卖淫嫖娼人员除涉及重大犯罪外,他们的社会防卫措施一般来说不宜与其他违法犯罪分子同等对待,而应当处以较轻缓的矫正措施。其次,劳动教养的决定程序应当司法化或者准司法化。如上文所述,劳动教养的适用与否应该由司法机关决定。虽然我国的司法机关包括人民检察院和人民法院,但从司法的统一性来看,各种劳动教养措施由法院统一适用更为合理。同时,"从诉讼效益的角度考虑,在具体适用强制教养处分时,……可以按照简易程序由法官独任审理"。① 当然,完全的司法化作为理想方案,短期内似乎难以实现。笔者认为,无论法院是否正式介入劳动教养的事前审查,都不能够妨碍劳动教养决定程序本身的正当性构建。以劳动教养委员会的决定程序的规范化、审查人员的资格严格化、聆讯的强制化以及律师参与为特征的准司法方案未尝不是一个有效的过渡性替代。再次,劳动教养制度在内容合理化的基础上,应当通过全国人大或者全国人大常委制定法律的方式来确认,并禁止行政机关以任何形式进行更改。经过上述改革,劳动教养或许能够成为我国保安处分制度正式建立的先声。

---

① 梁根林:《保安处分制度的中国命运》,载《中外法学》2001年第6期。

论公诉权与法律监督之关系
——兼论检察权配置的核心区域

李 勇[*]

引 言

国内关于公诉权与法律监督关系的争论始于上个世纪90年代末,近年来愈演愈烈,争议的焦点在于公诉权的属性、公诉权与审判监督权及侦查权的关系等问题。所有的争论,"皆被推倒'行政官——(司)法官'的极端模式下兵戎相向,大有'此题不解,何以为家'的激情"。[①] 类似的争论或脱离实际,或带有偏见和利益集团立场,更有甚者得出要取消检察权的结论。学者陈颐曾言:"检察制度之与法治国家,关系莫大焉。然研治检察制度扎实深切之专书,自清末迄今已近百年间,尚且鲜见。至于空言废立者,诚可不问也。"[②] 至于这些争论对检察制度有无实益,解决问题的路径何在,则鲜见反思。本文对公诉权与法律监督的关系进行回归原点式的探究,在厘清理论误区的基础上,解决实际问题;在对公诉权的监督属性深入剖析的基础上,提出以公诉权为核心进行检察权配置的观点。

一、公诉权的监督本性之原点探究

公诉权的概念尽管在学理上仍然存在较多争议,但也存在一个最低限度的共识,即公诉权是国家对犯罪行为进行追诉的权能,在本质上是一种国家追诉权,是实现国家刑罚权的前提。在检察官制度形成的初期,检察权的内容基本上体现为公诉权,所以检察权与公诉权实质含义重合,也往往在同等意义上相互使用。随着社会发展和国家权力结构的变化,检察权的内涵和权能逐步扩大,由单纯的犯罪追诉发展到监督与制衡、代表公共利益等,但是公诉权仍然是其核心。尽管由于历史传统、法律文化、宪政结构、诉讼模式的差异,各国检察机关的具体

---

[*] 作者系南京市建邺区人民检察院公诉科科长、检察委员会委员,全国检察理论研究人才,法学硕士。
① 林钰雄:《检察官论》,法律出版社2008年版,第51页。
② [日]冈田朝太郎:《检察制度》,中国政法大学出版社2003年版,第10页。

职权并不完全相同。但是公诉权作为检察权基本的、核心的要素却是普遍性的。"在英美法系国家,检察权基本上属于公诉权,而且主要是刑事案件的公诉。在大陆法系的德国、法国等,检察权的基本内容也是公诉权。"①因此,解决了公诉权与法律监督的关系,也就在很大程度上解决了检察权与法律监督的关系。

(一)作为一种事实的历史性考察

公诉权与检察官制度是人类社会发展到一定历史阶段的产物。一般认为,现代意义上的公诉制度源于欧洲。② 在追诉犯罪方面,各国在历史上曾长期实行私人追诉主义,实行不告不理,国家不追究犯罪。随着人们对犯罪的认识逐步深化,国家主动参与刑事诉讼,产生了公共诉讼,逐步演变到纠问式诉讼。纠问式诉讼是中古时期盛行于欧陆的刑事诉讼程序,由法官一手包办刑事犯罪的侦查、起诉和审判。但是这种控审一体的体制,由于缺乏必要的监督和制衡不能满足人类司法文明发展的需要。13世纪,法国国王指派代理人为其处理皇家私人事务,其后,这种代理人逐渐发展为代表国王向审判机关提起民事诉讼的人,后又扩大到刑事案件,即犯罪案件不是由被害人起诉,而由代理人起诉,代理人也从此成为国家官吏,这就近似于现代检察官提起公诉。从14世纪初始,法国设立的代表国王对犯罪公诉的检察官,是当代检察公诉制度的雏形。法国1789年革命胜利后的初期,在激烈反对封建纠问式诉讼的声浪中,以拿破仑为代表的法国资产阶级进行司法体制改革,1808年的刑事诉讼法对公诉制度加以定型化,逐步形成刑事诉讼中预审、追诉、审判三大诉讼职能的构造。拿破仑在指挥军队东征西讨时,顺势传播新创建的检察官制,不但影响了整个大陆国家(德国尤甚),继而影响了世界许多国家,从而形成了以法国为代表的大陆法系检察制度。

从上述历史考察看,公诉制度产生的动因在于破除纠问式诉讼,确立诉讼上的权力分立原则,打破法官一手包办,实现权力制衡和监督。我国台湾学者林钰雄一针见血地指出:"欧陆史上直接肇因于政治革命及思想启蒙而'发明'的检察官制,创设目的一方面乃为废除由法官一手包办侦、审的纠问制度,制衡法官权力,二方面也为防范法治国沦为警察国,控制警察活动。换言之,检察官扮演国家权力之双重控制的角色。既要保护被告免于法官之擅断,亦要保护其免于警察之恣意,本来即暗寓其双重功能及居间位置。"③

(二)作为一种理论的知识性检讨

公诉权是否可以具有监督性,与法律监督之间是否水火不容?这不仅直接关涉公诉权本身的地位和价值,也成为中国检察权证成其法律监督权属性的关

---

① 龙宗智:《检察制度教程》,法律出版社2002年版,第83页。
② 姜伟、钱舫、徐鹤喃:《公诉制度教程》,法律出版社2002年版,第4页。
③ 林钰雄:《检察官论》,法律出版社2008年版,第9页。

键所在。那么,为什么在许多国家,人们既没有对检察权从监督属性的角度进行解读,也没有人否认公诉权、检察权具有监督和控制法官、警察的双重功能呢?这有必要进行理论上的知识性检讨。

西方国家权力结构的解读是遵照孟德斯鸠的三权分立的基本理论架构来进行的,按照这个理论架构,国家权力普遍按照立法、行政、司法的模式划分为三大类,没有将监督权单列。正如海德格尔所言,"任何一种理解总是在前理解的基础上进行的"。① 建立在"三权分立"这样一个前理解语境下,自然不会把检察权归结于监督权,而只能将其归结为司法权或行政权,也正因为如此,德国、法国等大陆法系国家也曾经对于检察权是司法权还是行政权形成长达百余年的争论。国内学界对检察机关法律监督性质的质疑、对公诉权与法律监督之间矛盾的虚构,根本原因都是因为陷于三权分立这一前理解语境中而不能自拔。"英国、美国、法国这三个伟大的民主国家其后的历史表明,对孟德斯鸠的理论在实践中的解释和适用可以有不同的方式。如果具有一定合理性的政治理论获得了普遍的承认,并用清晰的语言表达出来,那么它本身就变成了一种公理;人们也会忘记它成立的原始理由,并可能把它应用于并非原始的目的。"②事实上,公诉权的监督属性是客观存在的,不能因为"三权分立"的前理解而否认其存在。一旦跳出三权分立的理论窠臼,看到司法权、立法权、行政权之外还有监督权,那么公诉权的监督属性不仅在事实上得以呈现,在理论上也得以圆满。实际上,德国关于检察权是司法权还是行政权的争议,斯密特的司法官署说平息了争论,而成为迄今为止的通说,③实际上也正是因为其跳出了三权分立的理论前提,直接承认检察官的双重监督性质。上述情况,是国内学界所忽略的。对此,我国台湾学者林钰雄指出,司法官署说"与其说是理论上解决了争论百余年的行政官——(司)法官之争,毋宁说是跳出此一争论的思考窠臼,因为本说并未真正回答传统的提问方式,也不认为此种提问方式有何重大意义或可资解决何等问题。……以中介地位或双重性质为蓝本,以检察官具体的任务与义务出发,据此探究上命下从的界限及身份保障的必要,这是其提出后立刻跃居通说地位的原因"。④

二、公诉权对审判权的监督

近年来,关于公诉权的监督属性是否会打破控辩平衡、侵害审判权威、公诉人是否会成为"法官之上的法官"等问题引发学界广泛争议,有必要从理论上予

---

① 梁慧星:《民法解释学》,中国政法大学出版社2003年版,第124页。
② [英]詹宁斯:《法与宪法》,龚祥瑞译,三联书店1998年版,第19页。
③ 林钰雄:《检察官论》,法律出版社2008年版,第9页。
④ 林钰雄:《检察官论》,法律出版社2008年版,第84页。

以厘清。同样,公诉权对审判权的监督,也存在当庭监督还是事后监督、监督的效力弱化等实务问题需要检讨。

(一)公诉权与审判权关系之理论厘清

1.公诉权对审判权的监督不存在打破控辩平等的问题

时至今日,无论是在德国,还是在法国;无论是法律上,还是理论上,均没有否认公诉权对审判权的监督,也没有认为因此而导致控辩失衡。法国《刑事诉讼法典》第35条规定,(驻上诉法院)检察长负责监督在上诉法院管辖区内所有刑事法律的实施,检察官可以对预审法官的各项预审活动的进展是否符合规定以及预审的有效性进行监督,允许检察官要求负责预审的法官完成具体的预审行为,有权随时要求向其报送诉讼案卷。① 法国学者卡斯东·斯特法尼指出:"检察机关对其提起的刑事诉讼有指挥与监督的权力。"②德国的法律规定,在法庭审理阶段,检察官充当国家公诉人,同时监督审判程序是否合法。③ 日本《检察厅法》第4条规定,检察官在刑事方面进行公诉,请求法院正确适用法律,并监督审判执行;对属于法院权限内的其他事项,认为职务上有必要时,可请求法院予以通知、陈述意见。

我国学者提出"既是运动员又是裁判员"的诘难,实际上是受英美法系竞技主义诉讼模式传统观念的影响,因不了解检察官客观义务而产生的误解。即便是公诉人在庭审活动中发现法官违反程序造成对被告人不利而直接进行监督和纠正,也不存在"既是运动员又是裁判员"的问题,这恰恰正是大陆法系检察官客观义务的体现。检察官的客观义务,要求在刑事诉讼中,公诉人"并非一造当事人",而应站在客观的立场上力求真实与正义。值得注意的是,英美法系中的检察官的客观义务也正悄然向大陆法系靠拢,美国律师协会制定的《检控与辩护职能刑事司法准则》中规定,"检察官的职责是寻求正义,而不仅是定罪"。在1935年伯格诉合众国一案中,美国最高法院裁决指"美国检察官代表的不是普通的一方当事人,而是国家政权,他应当公平地行使自己的职责;因此检察官在刑事司法中的目的不是胜诉,而是实现公正"。④

2.公诉权对审判权的监督不会侵犯审判权的权威

公诉权对审判权的监督,既不是干预审判机关的司法权,更不会损害审判权

---

① [法]卡斯东·斯特法尼:《法国刑事诉讼法精义》,罗结珍译,中国政法大学出版社1998年版,第665页。

② [法]卡斯东·斯特法尼:《法国刑事诉讼法精义》,罗结珍译,中国政法大学出版社1998年版,第133页。

③ 王以真:《外国刑事诉讼法学》,北京大学出版社1994年版,第336页。

④ [美]爱伦·豪切斯泰勒·斯黛丽·南希·弗兰克:《美国刑事法院诉讼程序》,陈卫东等译,中国人民大学出版社2002年版,第230页。

威,反而有助于审判权威的生成与提升。实际上,公诉介于侦查和审判的中间环节,公诉权的监督起到对案件公正处理把关的效果,正如商品多一道严格的检验程序只会更有信誉。一个经过严格监督的判决必然更有公信力,更有权威。司法的权威不是来自高高在上的地位,司法权威只能来自公正的审判。因此,检察机关的法律监督,不仅不会损害、削弱审判的权威,反而从实质意义上提高了审判的权威,提高法院的公信力。正如我国台湾学者陈志龙所言:"为消除法官的恣意,而设立检察官作为制衡之机关,乃是将司法机关分为法官与检察官,使其互相制衡,因而在德国,法官这边称为'法院';而检察官这边则称为'法院检察署'。……简言之,司法天平系由法官、检察官各司其一端,由于检察官具有司法机关之性质,所以其监督法官,并不构成干预司法审判。这是将原本的司法权一分为二的思考。"[1]国内部分学者关于"既是运动员又是裁判员"、打破控辩平等的诘问,其实是对这种司法权制衡的误解,甚至是一厢情愿的虚构。

3. 公诉权对审判权的监督不存在"法官之上的法官"问题

有论者称,"法理上,法律监督权的内部构造和运作机制表现出两个最显著的特征,即上下性和单向性。在权力位阶中,监督者必定处于上位,被监督者必定处于下位,相互之间的法律地位是非平等的",[2]学界曾就检察官是"法官之上法官"进行了激烈的争论。[3] 如前所述,公诉权对审判权的监督,并非我国所独有,而是大陆法系国家的普遍存在,也未见国外学者将法官贬低为检察官之下。众所周知,监督包括横向监督和纵向监督,前者并无上下高低之分,后者存在上下级关系。侦查、公诉、审判三者之间属于横向监督,并无高下尊卑之分。不同向度的监督虽然具体目的并不相同,但根本目的却是一致的,就是防止国家权力的滥用。检察官在诉讼中监督法官,是一种平等主体之间的监督,目的在于防止法官枉法裁判。更何况,公诉权对审判权的监督,是依法律进行,客观公正地执行法律,更多的是一种程序请求权,既不操纵审判活动或对法官发布命令、指示,也不直接撤销法院的任何裁决,最终的决定权、裁判权仍属于法官。正如我国台湾学者林钰雄所言:"诉讼法一方面责负检察官控制入口的大任,另一方面则赋予法官最终裁决本案的权力,各有所司,也各有所长,乃诉讼上功能分配的另一范例,并无所谓谁大谁小的问题。"[4]

---

① 陈志龙:《跨世纪刑事司法改革的专业认知盲点》,载《法学丛刊》(我国台湾地区)2000 年第 1 期。

② 郝银钟:《评检察机关法律监督合理论》,载《环球法律评论》2004 年第 6 期。

③ 陈兴良:《从"法官之上的法官"到"法官之前的法官"——刑事法治视野中的检察权》,载《中外法学》2000 年第 6 期。

④ 林钰雄:《检察官论》,法律出版社 2008 年版,第 13 页。

(二)公诉权对审判权监督之实务检讨

1.法官能否改变起诉罪名或增加犯罪事实

具体而言,就是起诉权对审判的启动以及审判的范围具有监督和制约的问题。遵循"不告不理"的原则,未经起诉的刑事案件,法院不得审判,审判受起诉范围的限制。这里存在两个实务问题:一是法院有无权力增加起诉犯罪事实;二是法院有无权力改变起诉罪名。对于这两个问题,理论界一直存在争议,而司法实践中法院改变起诉罪名或增加犯罪事实的情况不仅屡见不鲜,也得到最高司法机关司法解释的确认。最高人民法院《关于执行〈中华人民共和国刑事诉讼法〉若干问题的解释》第176条"指控的罪名与人民法院审理认定的罪名不一致的,应当作出有罪判决";第178条"人民法院在审理中发现新的犯罪事实,可能影响定罪的,应当建议人民检察院补充或变更起诉,人民检察院不同意的,人民法院应当就起诉指控的犯罪事实,依照本解释第176条的有关规定依法作出裁判"。

我们认为,对于上述问题要区分情况区别对待。大陆法系的职权主义诉讼模式,强调实体真实,一般赋予法官调查证据的职权,在符合一定程序并且充分保障被告人辩护权的情况下,有权变更起诉罪名。如《德国刑事诉讼法》第264条规定,作判决的事项,是在公诉中写明的、根据审理结果所表明的行为。法院不受开始审判程序的裁定所依据的对行为的评断之约束。第265条就法律观点变更规定了严格的程序限制:(1)如果先前未曾特别对被告人告知法律观点已经变更,并且给予他辩护的机会的,对被告人不允许根据不同于法院准予的起诉所依据的刑法作判决。(2)前款规定,应当同样适用于在审理过程中才表明存在着刑法特别规定的可以提高可罚性或者科处矫正及保安处分的情节的情况。(3)新表明的情节准许对被告人适用比法院准许的公诉所依据的刑法更重的刑罚或者是属于第2款所称情节的时候,如果被告人声称未能足够地进行辩护准备而对这些情节提起争辩的,依他的申请应当延期审判。(4)此外,在因为案情变化,认为对于做好充分的公诉、辩护准备而延期审判是适当的时候,法院也应当依申请或者依职权延期审判。

我国刑事诉讼模式,整体上属于大陆法系国家的职权主义模式,关于判决改变起诉罪名或增加事实问题,我们认为应该坚持两个原则:一是在同一起诉事实范围内,就法律适用问题,法院有独立的权限,也即有权改变罪名,超出同一起诉事实的范围则违反"不告不理"的基本诉讼规则;二是保障被告人充分的辩护权,以有利于被告人为限。在上述原则之下,区分以下情况对待:(1)法院无权追加犯罪事实的认定,比如公诉指控两笔犯罪事实,法官无权增加为三笔或更多笔;(2)公诉指控犯一罪,法官无权改变为数罪并罚;(3)公诉指控甲罪名,在没有超出起诉书表述的犯罪事实范围,仅就刑法条款的适用,法官有权改为较轻的乙罪名;(4)公诉指控一较轻的甲罪名,法官无权改为较重的乙罪名。

对于上述改变,如果公诉机关认为,法院判决不当,有权进行抗诉,启动二审程序或再审程序;如果公诉机关认为,指控的事实和罪名确有错漏,公诉机关具有公诉变更权(包括追加起诉、撤回起诉、甚至是无罪请求权等)。我国一直以来公诉变更权在实践中运作不佳,其原因在于理论上的认识不足,导致检察机关的绩效考核严加控制,甚至是作为减分项,这在一定程度上制约了公诉权监督效力的发挥。

2. 庭审程序违法是当庭监督还是事后监督

1979年《刑事诉讼法》第112条第2款规定:"出庭的检察人员发现审判活动有违法情况,有权向法庭提出纠正意见。"即赋予出庭公诉检察官当庭对不适当的诉讼行为提出纠正意见,1996年修订后的《刑事诉讼法》第169条规定对此进行了修改:"人民检察院发现人民法院审理案件违反法律规定的诉讼程序,有权向人民法院提出纠正意见。"2012年修订将于2013年1月1日起施行的新刑事诉讼法(以下简称新刑事诉讼法)第203条保留了1996年《刑事诉讼法》的规定。① 由此引出公诉人是否还有当庭监督的权力之争论。

我们认为,在实体问题的监督和纠正,当然应该采取事后监督的方式;但是对于庭审过程中出现的程序违法情形,特别是不利于被告人的程序违法情形,可以而且有时是应当当庭由出庭公诉的检察官进行纠正。理由:(1)程序违法的情形,并不涉及实体问题,当庭纠正后有利于庭审的顺利进行,不会损害审判长权威。比如,法庭没有告知被告人诉讼权利或者没有告知被告人合议庭组成人员及申请回避的权利,如果公诉人不当庭指出并要求法官重新告知,则不利于诉讼顺利进行。(2)在庭审过程中,有些违反程序的诉讼行为如果没有严重到足以导致法庭审理无效的程度,事后提出纠正意见是于事无补的,因为法庭审理已经结束,法庭审理过程中的瑕疵也已成过去,不可能再予弥补。(3)大陆法系国家公诉检察官当庭监督纠正法官违反程序的情形并不罕见。在德国,"检察官亦需注意,诉讼过程是否合法举行,其对于有违反刑事诉讼法之情形时,异于辩护人,需立即对之加以更正"。② 在日本,公诉检察官的声明异议权,即认为裁判所、裁判官的诉讼行为违法或不当,有权对该裁判所提出适当的处理要求,裁判所必须即时对此作出裁定,不得延误。审判长的处分违反法令时,允许对审判长的处分提

---

① 由于2012年修订的新刑事诉讼法,到2013年1月1日才开始施行,因此,本文中涉及的刑事诉讼法条文原则上仍然依照1996年刑事诉讼法,同时在括号内注明对应的新刑事诉讼法条文。

② [德]克劳思·罗科信:《刑事诉讼法》,吴丽琪译,法律出版社2003年版,第363~364页。

出异议。①

3.公诉权对审判监督的效力如何强化

在理论上,我国检察机关的法律监督权似乎是个"巨无霸"。学术界比较一致的观点是认为我国检察机关的法律监督权限不仅"大"而且"强"。但是,学界往往囿于理论上的推演而忽略实践的现状。有人针对我国台湾地区检察官对审判监督的现状不无忧虑地指出,在整个制衡设计上,目前台湾法院判决之监督,几乎完全依赖审级制度,检察官制度对法官的监督功能几近于零,依实践结论,检察官对法官并无实质监督功能,这个发展趋势必然使台湾的"法官制度"成为无所节制的司法怪兽。② 其实,我国大陆地区的实践现状又何尝不是。当前我国大陆审判监督现状的典型表现是:抗诉疲软、纠正审判违法虚置。就抗诉来说,无论是数量还是质量都令人悲观。从数量上看,仅以南京全市检察机关为例,十年内抗诉案件为零的区县级检察院有四个,全国的状况可想而知;从质量上看,通常多系针对确定且明显违背法令之判决,特别是审判监督程序的抗诉,有些甚至如刑期计算错误、遗漏累犯条款适用、累犯判缓刑等"硬伤",真正针对判决不公、量刑不公的抗诉并不多,这也导致判决不公、量刑不公层出不穷和检察机关抗诉工作疲软的矛盾。这可能是学术界所一直忽略的。另外,根据法律规定,公诉人在发现法官审判过程中存在的违法行为,不足以抗诉的,可以发出纠正违法通知书。可是实践的现状是,这一张纠正违法通知书既不影响法官个人的利益,也不损害法院的整体利益,形同虚设。

形成上述局面的原因,当然是多方面的,抛开体制方面的原因不说,从实务检讨的角度看,以下原因不容忽视:法、检两家为了维护"和谐"的关系,不想为此撕破脸皮;法官的把关在后,检察官的审查在前,如果一味抗诉或纠正违法,会影响其他案件的顺利判决。这种种原因的根子在于考核,这可能也是学者意料之外的。一方面,检察机关的现行考核机制自缚手脚,以法院判决为考核的基本依据,一个案件只要判决认定与起诉书指控有出入,就作为考核扣分项;一个无罪案件可能既废掉一个检察官的公诉生涯,也会毁掉一个检察院三年内业绩。反过来,法院如果不把检察机关的纠正违法纳入到考核中,其结果只能是纠正违法成为一纸空文。因此,在现行体制下,完善考核制度,建立科学的、符合刑事诉讼规律的绩效考核机制,是务实的选择,也是最有效的选择。引人注目的是,在法国,检察官甚至有"有权对法官进行考核和监督,发现问题记入考勤簿,并向司法

---

① 求索:《日本国检察制度》,商务印书馆2003年版,第189~190页。
② 林则奘:《台湾地区检察官制度面临的几个问题》,载《国家检察官学院学报》2008年第1期。

部长报告"。① 这非常值得我们借鉴。

三、公诉权对侦查权的监督

公诉权对侦查权的监督本身在理论上并未受到质疑,公诉检察官引导、指挥侦查是世界各国的通例。但是,鉴于我国的诉讼结构,警、检关系在理论上存有争议。同时,也面临如何强化公诉权对警察监督的效力,以及如何实现公诉权对检察机关内部侦查权的监督等实务问题。

(一)公诉权与侦查权关系的理论问题之厘清

警、检一体可行吗?公诉权对侦查权的监督,是各国检察制度的通例。检、警关系的模式,世界上主要有四种:一是检察官是侦查的主体,对一切刑事犯罪都有侦查权,实际是指挥侦查,如德国和意大利等;二是检察官只侦查职务犯罪、复杂的经济犯罪等特定犯罪案件,如日本、挪威;三是检察官参与侦查,与司法警察、预审法官等共同调查案件,如法国;四是检察官监督侦查,不独立承担侦查任务,但监督警察的活动,如美国、英国。② 从上述几种模式可以看出一个共性问题,就是强调检察官对警察的制约和监督。

按照我国现行体制架构,公安局与检察院是并列的两个机关,公安机关与检察机关是一种互相配合、互相制约的关系。虽然检察机关对于公安机关的侦查具有监督权,但这种监督更多的是事后监督,缺乏刚性。目前有一种比较流行的观点是主张警、检一体化模式,③认为侦查权完全是一种依附于检察权的司法权力,废除公、检两机关之间所谓"分工负责"、"相互制约"的规定,警察机关在理论上只被看做是检察机关的辅助机关,无权对案件作出实体性处理。这是侦、检一体化模式的基本理念。④

应该说,主张警、检一体化的出发点是好的,理论上也主要是受国外警、检一体模式的影响,但是现实的情况是我们不能忽视的。事实上,即便是实行警、检一体的大陆法系国家,在法律规定和理论层面上是警、检一体,而实际的情况却并非如此,检察机关在刑事侦查程序中只是形式上、名义上担任刑事侦查的主导。在德国,依据刑事诉讼法及法院组织法规定,侦查程序由检察官负全责,司法警察是检察机关的辅助机关或者检察官的辅助官员。但是在侦查实务上,侦查程序的主宰者是司法警察而非检察官。依据实证研究得知,警察在侦查程序

---

① 何勤华:《检察制度史》,中国检察出版社2009年版,第183页。
② 姜伟、钱舫、徐鹤喃:《公诉制度教程》,法律出版社2002年版,第144页。
③ 宋英辉、张建港:《刑事程序中警、检关系模式之探讨》,载《政法论坛》1998年第2期。
④ 陈卫东、郝银钟:《侦、检一体化模式研究——兼论我国刑事司法体制改革的必要性》,载《法学研究》1999年第1期。

中可以自立而不受检察机关的影响,从事犯罪侦查,在所有犯罪案件中约有70%是由警察单独侦查的。在法国,侦查实务上,通常的刑事案件均由司法警察独自从事侦查,待侦查告一段落,犯罪事实已明,始移送检察机关。对于轻微案件司法警察甚至可以比照检察机关的便宜起诉原则,有权决定不将其移送检察机关,而在警察机关即可将其结案。① 有德国学者指出"检察机关几乎已经不再充当立法者赋予它的'侦查程序的主宰'这一角色。与立法者将检察机构设计为侦查主管机关的初衷相悖,检察机关已经演变为一个审级,其工作重点是在终止刑事诉讼程序和起诉两者之间作出决定"。②

上述现实状况足以令检、警一体的主张者失望,可是现实的背后有一种"存在合理"的因素。社会分工的专业化和犯罪手段的复杂性,决定了检察官侧重于事实证据审查和法律适用的把握,而警察侧重于侦查和破案。事实上作为"文人"的检察官难以"文武兼备",既善于研究法律,又善于侦查破案和收集证据的检察官或许只能是一种理想,而难以成为现实。因此,在实践中,检察官逐渐淡出侦查是必然趋势。在这种情势下,我们盲目主张检、警一体,是值得反思的,甚至是不合时宜的。

(二)公诉权对侦查权监督实务问题之检讨

1. 如何实现公诉权对警察监督的有效性

我国公安机关在刑事案件侦查中,享有广泛的权力:立案权、撤案权、搜查权、扣押权、刑事拘留权等。其中最缺乏监督而又最急需监督的莫过于刑事拘留权。根据我国《刑事诉讼法》第69条(新刑事诉讼法第89条)规定,公安机关对被拘留的人,认为需要逮捕的,应当在拘留后的3日以内提请人民检察院审查批准。在特殊情况下,提请审查批捕的时间可以延长1日至4日;对于流窜作案、多次作案、结伙作案的重大嫌疑分子,提请审查批捕的时间可以延长至30日,其对人身自由的限制之长久,令人瞠目。在日本,无证逮捕或收到被扭送的犯罪嫌疑人后至请求法官批准羁押的时限,总计不得超过72小时。在英国,警察进行无司法令状逮捕后应在24小时以内移送治安法院,对被怀疑从事恐怖活动者羁押期限可延长至48小时,在特殊情况下,内政大臣可以下令延长5日。③

在我国刑事诉讼结构中,对公安机关侦查活动实行监督的是检察机关,检察机关的侦查监督措施主要是立案监督、纠正违法。但是这些监督措施,一方面立足于事后监督,存在滞后性,因为"侦查中所犯的错误,往往具有不可弥补性,许多实证研究指出,错误裁判最大的肇因乃错误侦查,再好的法官,再完美的审判

---

① 林山田:《刑事诉讼法》,台湾三民书局1990年版,第81~85页。
② 姜伟、钱舫、徐鹤喃:《公诉制度教程》,法律出版社2002年版,第144~145页。
③ 陈瑞华:《刑事侦查构造之比较研究》,载《政法论坛》1999年第5期。

制度,往往也抢救不了侦查方向的偏差所造成的恶果"。① 另一方面也缺乏惩戒性措施,难以奏效。我国检察机关的事前监督也是有限的,我国《刑事诉讼法》对此只有三条规定:一是第66条(新刑事诉讼法第85条)规定,对公安机关提请批准逮捕的案件,必要的时候,人民检察院可以派人参加公安机关对于重大案件的讨论;二是第107条(新刑事诉讼法第132条)规定,人民检察院审查案件的时候,可以要求公安机关重新勘验、检查,并派员参加;三是第140条(新刑事诉讼法第171条)规定,人民检察院审查案件,可以要求公安机关提供法庭审判所必需的证据材料,对于需要补充侦查的,可以退回公安机关补充侦查,也可以自行侦查。可见,我国检察机关对侦查的引导主要限于案件讨论和退回补充侦查,这与理论上所以要求的公诉指挥、引导侦查相去甚远。

我们虽不主张检、警一体化,但是强化公诉权对侦查权的监督和引导力度确是迫在眉睫的。无论是否实行检、警一体化,检察官介入引导侦查、监督侦查确是世界各国的通例。如何提高监督和引导的力度?一是要在立法上赋予检察机关引导侦查的更多权力;二是在完善绩效考核上下工夫。我国台湾地区法律规定检察官主导侦查,但实践中的情况是"检察机关体制上'有将无兵'、手无寸铁,既无足够侦查之人力,也无勘以侦查的设备;更为重要的是检察机关对其辅助机关人员(警察——笔者注)任用、升迁、考核、惩戒等事项并无置喙之余地,故实际上也难以调度刑事警察"。② 在日本,司法警察如果不听指挥,检察官有权建议有关部门给予惩戒或罢免。③ 诚然,上述主张在现行体制下,或许会遭遇重重困境,但是正如林钰雄所言:"'检警(调)关系',可以说是整个检察官改革中最难走、但最后却不得不走的一步。"④

2. 如何实现公诉权对内部侦查权监督的有效性

固然,公诉权对职务犯罪侦查权具有监督作用,问题是由于职务犯罪案件侦查权由检察机关自身行使,这种同属一个机关内部的不同部门之间如何实现监督的有效性,不得不令人质疑。所以检察机关的内部部门之间的监督问题,晚近也成为研究的热点。

德国和日本的检察权内部监督主要通过"上命下从"的一体化来实现。我国当前检察权内部监督主要有两种方案:第一种方案主张在一级检察机关内部建立一个专门的监督制约部门,如设立专门检务监督机构;第二种方案则认为不宜设立一个全新的专门监督机构,建议通过内设职能部门之间的监督。第一种方

---

① 林钰雄:《检察官论》,法律出版社2008年版,第12~13页。
② 林钰雄:《检察官论》,法律出版社2008年版,第11~12页。
③ 宋英辉、杨诚:《检察官作用与准则比较研究》,中国检察出版社2002年版,第61页。
④ 林钰雄:《检察官论》,法律出版社2008年版,第45页。

案的出发点是考虑到内部职能部门间因同属一个单位或一个分管领导而丧失监督的实效和刚性。但是建立一个独立的监督部门同样也存在同属一个单位或一个分管领导而无法实现预期效果的难题,更何况增加机构设置,不符合精简高效的原则。第二种方案遵循了权力相互制约的基本原理,但是一方面单靠同属一个单位内部的制约是无法奏效的,另一方面目前内设职能部门间的关系和流转程序并不清晰畅通。

防止权力滥用的不二法门便是以权力制约权力,纵向采用指令法定主义,横向实行程序主义。传统观点主张的上级对下级监督的机制,根本的缺陷在于没有解决上级本身的滥权问题。事实表明,权力越大,滥用的可能性越大,甚至以指令权之名,行徇私滥用之实。指令法定主义要求上级对下级的监督、指令实行法定主义和书面要式,并辅之以救济管道。传统的横向监督一直缺乏有效性和刚性,实际上,内设部门之间的监督要实现有效性和一定程度的刚性,只能依赖程序,设计完善的公诉、侦查、批捕等部门之间的案件流转和制约的流程,辅之以绩效考核和责任追究,才能实现公诉权对检察机关内部的逮捕权和职务犯罪侦查权的有效监督。理论界的研究大多热衷于理论上的演绎,而对绩效考核关注不多,事实上,绩效考核对于刑事诉讼制度甚至是司法制度具有重要意义。

四、检察权配置的核心区域——代结语

经过前述大量的理论梳理和实务考量,可以看出,公诉权自始具有控制法官裁判和控制警察侦查活动的监督属性。公诉权是检察权的核心和原点,而我国检察权本质上是一种法律监督权,因此,检察权的配置应该以公诉权为原点。当前我国检察权配置的主要问题在于:(1)检察权的辐射范围不是不够广,而是部分领域的检察权行使不到位;也不是检察权不够大,而是现有的权力没有行使到位。诚然,检察权的扩张是世界各国的普遍趋势,但是也必须以其核心权力为依托,否则便不能有效地发挥作用,因为"检察机关对社会生活的干预力度和检察机关在诉讼领域的职权是紧密相连的,一般来说,检察机关只有在诉讼领域充分发挥作用,才有可能将职权范围从社会领域扩展到社会生活的其他方面"。[①](2)内设机构有待围绕核心权能进一步优化。并非部门设置越多越有利于检察权的有效发挥,过于庞大分散的部门设置,特别是综合部门过于膨胀并不有利于检察权能的发挥。目前,检察机关内设机构越来越繁琐、臃肿,综合部门多于业务部门、综合事务人员多于办案人员的现象值得警惕。(3)存在部分权能人为割裂的现象。由于有独立的"侦查监督"部门,所以提前介入引导侦查的是侦查监督部门,但是其主要从逮捕的条件上进行把握,其引导收集的证据并不满足公

---

① 吴丹红:《欧盟检察制度发展趋势及其启示》,载《人民检察》2005年第2期(上)。

诉的要求,司法实践已经越来越暴露出其弊端,况且更多的立案监督和纠正违法的线索都是从公诉审查案件中才能发现。

出现上述问题的原因或许是多方面的,但是,没有充分而周全地考虑检察权的核心权能,不能不说是根本性的原因,毕竟"检察是一种以刑事公诉为主要职能的活动"。① 无论是内部机构的设置,还是检察权向社会生活领域的扩展,都必须以业务性的核心权能为依托。因此,检察权配置应该以公诉权为原点,以公诉权、职务犯罪侦查权和逮捕权为核心区域,以精简、集中和高效为原则,防止脱离核心权能进行职能配置导致机构臃肿。

---

① 朱孝清:《检察的内涵及其启示》,载《法学研究》2010 年第 2 期。

社会底层抗争政治与司法行政应对策略

朱玉清[*]

社会底层抗争政治,是底层社会民众基于利益诉求与社会管理阶层互动所形成的一种社会矛盾关系,是与主流政治价值判断相异或相悖而呈现的一种社会行为状态,是经济基础与上层建筑发展不协调作用于底层社会而产生的一种政治生态现象。其本质是执政领域存在的一种人民内部矛盾,处理得好会促进社会发展,助力执政党执政,反之会阻碍社会发展,危及执政党执政。司法行政作为国家政权的一种运行方式,担负着重要的社会管理职能。研究社会底层抗争政治对司法行政工作的影响,并积极探索应对策略,对于司法行政参与社会管理创新,履行好自己的职能使命,具有重要的理论意义和实践意义。

一、当今社会底层抗争政治的表现形式

我国当今社会底层抗争政治主体所实施的社会行为,通常是在国家政权主导范围内,利用社会民众力量来解决一些具体利益诉求,本身不具有推翻政府和颠覆政权的企图,是一种治安型的社会民主政治行为。按其行为方式划分,主要有以下几种表现形式:

一是以文抗争舆论型。所谓"以文抗争",是指社会底层维权主体为争取和维护自己的合法权益,反复向国家权力部门递送相关申诉材料,极力借助社会媒体大造舆论声势,达成自己的利益诉求。由于社会底层抗争性舆论往往与社会主流价值观念差别较大,不少是相左的,再经过国际网络传播扩音器的发酵,容易引起社会轰动效应,导致政府意想不到的后果。这里比较典型的案例就是"浙江吴英集资案"。浙江东阳本色集团董事长吴英因集资诈骗二审被判死刑后,引发海内外舆论广泛关注,有1.03亿中国网民,利用微博、轻博、博客和平面媒体等平台,对社会公平、死刑改革、金融垄断、民间资本出路、价值观标准等一系列问题展开大讨论,一个普通案件迅速演变为一起法治事件。据人民微博、新浪微博、网易微博等网络媒体的统计,我国近80%的网民认为吴英罪不至死,她所犯的罪属于"欠债还钱"型,而不属于"杀人偿命"型。案件处在司法与民心的激烈

---

[*] 作者系南宁市司法局副调研员。

较量之中。又如 2003 年发生在广州的孙志刚事件,经过社会民众在全国网媒和平面媒体上广泛辩论和强烈呼吁,直接推动国家废除了惩治性的"三无"人员收容遣送条例,出台了服务性的"三无"人员救济救助条例。发生在海南的"游客三亚被宰"事件,被网民通过新浪微博曝光后,短时间内引起社会民众极大关注。三亚市政府官方微博的"零投诉"、"不算宰客"回应和要依法追究"恶意攻击三亚"责任人的表态,不仅没有控制住舆论,反而将舆情引爆,一度让三亚市政府陷于被动状态。由此可见,社会底层舆论性抗争总体上处在抗争行为主体的话语层面上,主要表现为长期信访的"文战"和长久争辩的"口水仗",影响的主要是价值判断理念、社会管理理念和民生维权理念。而在舆论性抗争主体中,还在上访的人是相信政府的,还在上网的人是相信法律,准备"上吊"或已经"上吊"的人,则什么也不相信了。因此,对社会底层舆论性抗争主体,拉一拉会成为"朋友",推一推就会成为"敌人"。

二是以法抗争理智型。"以法抗争"是指民生权益受到侵害或保障不到位的社会民众,积极利用上位法对抗下位法,用中央政策对抗基层政策,把解决利益诉求的行为界限控制在法律规定的范围内,坚持走司法求解之路。2012 年 2 月 28 日,广西壮族自治区高级人民法院院长罗殿龙到北海市合浦县人民法院接访了一起因劳资关系引起的涉诉信访案件。信访人朱荣国因对合浦县永鑫糖业有限公司在转企改制期间,安排自己待岗以及发放少量待岗工资等做法不服,于 2007 年申请劳动仲裁。糖业公司对合浦仲裁委员会作出的仲裁不服向合浦法院提起诉讼,此案经合浦法院和北海中院分别作出一、二审判决,二审判决糖业公司不用补发朱荣国工资。朱荣国因诉讼请求得不到支持,于 2009 年 2 月 2 日再次申请劳动仲裁,被驳回。朱荣国不服,继续寻求司法解决,期间经过合浦法院和北海中院一、二审,自治区高院再审,时过 5 年仍未解决问题。罗殿龙院长在这次接访过程中,通过情理法方面的调解,最终糖业公司赔偿朱荣国损失 4.8 万元,并给他安排相应工作,至此朱荣国和糖业公司双方握手言和。号称"中国第一上访户"的昆明律师杨锡鸿,现年 72 岁,具有 40 年的"访龄",特别是 1998 年诉云南省司法厅行政处理驳回申诉案,因杨锡鸿认为云南省高院枉法裁判而走向漫漫上访路,案件在党中央的关注下,云南省高院于 2006 年年底从事实上进行了纠错,但该院早在 2004 年将这一错案当做当时的优秀成功判例申报载入《中国审判案例要览》(2003 年行政审判卷)中,存在程序上未纠错问题,虽然此案现在仍是案结事未了,但在这长达 14 年的上访中,杨锡鸿始终用《律师法》对抗《民事诉讼法》、《行政诉讼法》,依法理性维护自己的权益。这类抗争约占我国社会底层政治抗争的 60%。这种反抗采用的方式主要是公开依法上访,以祈求上级政府的权威来对抗基层管理阶层的"枉法"行为,是一种有关具体利益诉求的理智型抗争。随着我国依法治国基本方略的推进,社会民众的法律意识、法制观念、法治素质都在不断地提高,依法理性抗争必将成为我国社会底层抗争政治主体表达诉求、争取权益的主要表现形式。

三是以身抗争绝望型。这类抗争主体,为了达成自己的利益诉求,通常在公开场合不惜加害自己的身体、不顾自己的人格尊严甚至是以命相搏的形式来进行的极端抗争。这是我国当前社会底层抗争政治的一个显著特点。2002年2月8日,7名四川籍农民工爬上深圳市科技馆后面某在建工地高达40米的塔吊讨薪;2009年11月13日成都市民唐福珍以自焚来抗拒强拆;2010年9月10日江西宜黄发生了罗志凤、叶忠诚、钟如琴自焚来对抗强拆的事件;2011年5月25日2名巴中民工在贵州某工地爬上40米塔吊居住68天为130名工友讨薪;2011年11月3日,郑州市民王好荣的81岁母亲在自己房屋被强拆的现场自焚;2011年11月21日深圳大街上出现2名只穿内衣的女孩手举拍卖乳房的牌子为工友讨薪;2012年1月1日,1名陕西籍女子在西安某在建工地爬上塔吊被冻僵,等等。据统计,2002年1月至2012年1月的10年间,用以身抗争方式来维权的案例就达23620起,平均每年达2000起,每年涉案人数多达30万人。这类抗争群体由于文化低、见识少、不懂法、社会关系弱,诉苦找不到人,信访找不到门,诉讼找不到路,因此不再像以法抗争群体那样依据法律政策来抗争,他们只能展示自身的弱势,反衬对方的强势,引起社会民众的同情和支援,以此向社会管理层施压,进而期望政府部门出面干预和解决相应诉求问题。由此我们可以发现,当"讨薪"与"上吊"、"强拆"与"自焚"联系到一起的时候,这类抗争的当事人与以文抗争、以法抗争的主体相比,对社会保障体制的失望已到临界点,现场围观群体仇视强势者的愤怒情绪已到爆燃点,在这个过程中地方政府稍有应对不力就会引发强烈的民意抨击和社会负面反响。

四是以群抗争众怒型。所谓"以群抗争",就是社会底层利益共同体为达成自己的利益诉求和社会主张,在对政府相关部门出面解决问题失去耐心的情况下,以聚众方式采取强力手段向权力部门或利益相对方施压的一种社会行为,通常表现为群体性事件。2008年,贵州瓮安因一起刑事案件处理不当引起的"6·28"恶性群体性事件,云南孟连县胶农与橡胶企业因权益纠纷引发的"7·19"暴力冲突事件,甘肃陇南因强拆引发的"11·17"大规模群体性事件;2009年,湖北石首因一起非正常死亡案件演变成的"6·17"重大群体性事件;2010年7月11日,因环境污染问题,广西靖西县信发铝厂和新甲乡凌晚屯村民发生的大规模冲突事件;2011年9月广东陆丰市乌坎村因土地问题、财务问题、选举问题引发的延续3个月的群体性事件,给社会造成了不同程度的负面影响。此类抗争事件,自2000年以来我国每年都要发生上万起,涉案和围观人数达数百万人。分析群体性抗争事件发生的原因,总会从当地社会管理层和执法机关或疏于为民做主,或急于伸张正义,或忽视民生疾苦,或损害民众利益等方面找到线索。著名学者于建嵘曾说过:"一切利益冲突都与利益主体的分化和利益失衡有关。"尤其是权力结构失衡,直接诱发一些地方、一些部门和个人公权私用、特权腐败、权力不作为和乱作为,造成群众基本权利丧失、情绪对立,使政府的公信力不断下降,最终酿成由偶发个案蜕变为群体性事件,影响社会安全稳定。当前城市社区和乡镇农村出现的群体性抗争,不论是经济上的原因,还是政治上的原因,都反映了当今我国社会底层存在的群体利益冲突状况,对法治建设和社会管理提出了严峻挑战。

二、当今社会底层抗争政治对司法行政工作的影响

在社会矛盾凸显期,司法行政作为法制建设的主要推崇者,法治管理的重要实施者,社会稳定的前沿维护者,矛盾纠纷的一线化解者,无疑会直接受到社会底层抗争政治的影响。具体表现在以下几个方面:

(一)司法行政维护民众权益的要求明显提高

社会底层抗争政治是社会底层民众民主意识增强和维权意识觉醒的具体表现。他们在争取自己的合法权益中,已经理直气壮地将自己直接面临的生存困境和民生权益问题摆到了决策者面前,以集体行动来强化自己的权益主体地位,以自己的话语来为自己的利益呐喊。社会底层民众不仅要求司法行政部门要理性严格执法,而且还要求尊重人权、伸张正义、文明执法;不仅要求在获取"衣、食、住、行、乐"等正当权益时为人民群众提供有效的司法保障,而且还要求在解决民众的住房难、吃水难、上学难、看病难、就业难、讨薪难、交通难、司法判决执行难等民生难题上提供及时可靠的法律服务援助;不仅要求司法行政把社会底层群体由管控对象向依靠主体转变,而且要求司法行政职能由注重社会管理向崇尚民生服务转变,由注重维稳向忠实维权转变,由单纯提供安全感向复合提供幸福感转变。由此可见,社会底层抗争政治已对司法行政维护民众权益提出了更高的要求。

(二)司法行政化解矛盾纠纷的难度明显增大

社会底层抗争政治所表现出来的社会行为关系,实质上是弱势群体与强势群体、社会管理对象与社会管理阶层、民众私有权利与社会公共权力、民生微观利益与国家宏观利益的博弈。随着社会"贫富差距"持续拉大,社会不公正现象已经成为当今社会底层政治抗争的主要诱因;同时由于权力结构失衡现象加剧,"官本位"思潮的泛滥和人民群众的"选举权、参与权、知情权、表达权、监督权"等"五权"在实践中没有得到很好地落实,使人民群众的"政治参与"热情受到制约,致使公共政策质量不高,官民之间信任度下降,官民矛盾扩大,直接成为社会底层政治抗争的导火索,由此而衍生的官民矛盾、官商矛盾、民商矛盾、政经矛盾、民族宗教矛盾、区域利益矛盾等等,使社会矛盾变得形形色色、错综复杂。司法

行政部门要履行好化解矛盾纠纷、促进社会和谐的职能,无疑困难重重、任务艰巨。

(三)司法行政推进法治建设的任务明显增重

在"大闹大解决、小闹小解决、不闹不解决"的社会生态环境中,当社会底层抗争政治主体发现"以法抗争"所达成的利益诉求效率要远比"以文抗争、以身抗争、以群抗争"差的时候,司法行政所担负的法制宣传、普法教育、法律服务和法律援助等工作,在社会底层推进的阻力明显增大,实际效果明显缩小,大大降低了社会底层民众对司法公信力的认同感。社会底层民众不信"法",也就不愿学法,不学法也就不懂法,不懂法就很难做到守法和用法,进而形成对法治建设的厌烦心理、抵制情绪并导致恶性循环,与依法治国基本方略关于社会民众要"平时学法、遇事找法、办事依法、时时守法"的要求背道而驰。司法行政如何突破社会底层民众"不信法不学法"的壁垒,引导他们走出"不知法不用法不依法"的困境,达成建设法治国家对社会民众提出的法治要求,让社会民众能够理性有序依法维权,无疑还有大量的工作要做,还有很长的路要走。

(四)司法行政处置涉稳问题的频率明显增高

社会底层抗争政治,无论是表现为舆论型、理智型,还是表现为绝望型、众怒型,只要它们发生,总会从心理角度、认知角度、价值判断角度、行为导向角度等方面对社会行为走向产生影响,当与社会公众行为和新兴媒体一起发酵时,有的转化为社会规章制度变革动力,有的转化为社会不稳定因素,有的则转化为危及社会安宁的群体性事件。特别是随着我国利益格局的深入调整同刑事犯罪高发期、社会矛盾凸显期的叠加出现,涉稳事件逐年攀高。据 2008 年 9 月飞扬军事网《底层民怨不容忽视》一文载:"1993 年我国发生社会群体性事件 0.87 万起,2005 年上升为 8.7 万起,2006 年超过 9 万起,并一直保持上升势头。"到 2011 年已突破 10 万起。以广西为例,广西全区司法行政系统参与处置涉稳问题,由 2001 年的 320 件上升为 2011 年的 1056 件,参与处置频率增大了 3.3 倍,但现有处置力量与 2001 年基本持平。显然,司法行政部门参与社会维稳的任务更加繁重。

三、司法行政应对社会底层抗争政治的基本策略

社会底层抗争政治作为一种社会矛盾现象,必然长期存在于我国经济建设和社会发展过程中,不断影响国民的政治经济文化生活。司法行政部门要履行好自己的神圣使命,必须不断转变执政观念,积极创新履职方式,在科学应对社会底层抗争政治上有所作为。

(一)坚持以服务民生为中心,把司法行政的职能重心由维稳向维权转变

社会底层出现的政治抗争行为,说到底是执政的民生基础不稳定,是人民群

众的合法权益和社会主张没有得到有效保障或受到不法侵害而产生的后果。解铃还需系铃人。被大众称之为"第二国防"的民生保障,在社会矛盾凸显期的维稳作用显得更加重要,没有民生保障到位,就没有社会稳定发展,"不为人民维权,政权就难以维稳",维权是维稳的起点,维稳是维权的终点,只有把社会民众的合法权益切实维护好,社会和谐稳定才会有坚实的基础。贵州瓮安县之所以能从"瓮安之乱"到"瓮安之变",拿瓮安县委书记陈昌旭今年在《党建》第3期载文的话来说,就在于"瓮安事件"发生三年多来,瓮安县痛定思痛,坚定地站在全心全意为最广大人民群众谋利益的立场上,正确处理"发展、民生、稳定"的关系,始终把为民谋利作为重大政治责任和最高工作原则,始终注意解决人民群众的利益诉求问题,使全县走上了和谐稳定发展之路,并由此得出"与民争利民则怨,让利于民民乃安"的体会。这个用人民血泪和生命换来的经验教训,极为深刻和生动。它从正反两方面有力证明,保障和改善民生才是维稳的前提、执政的根据。温家宝总理曾经指出,"政府工作的中心是民生","我们所做的一切都是要让人民生活得更加幸福、更有尊严,让社会更加公正、更加和谐"。中纪委委员、广东省委副书记朱明国在处理广东陆丰"乌坎事件"时也指出:"要想维稳,先要维权;要想避免公共事件,先要维护公共利益。不维权就想维稳,那是无本之木;不维护公共利益就想避免公共事件,这是无源之水。"这些真知灼见,揭示了执政党执政的基本规律,这就要求司法行政工作必须把工作重心由维稳调整到维权上来,积极实现司法行政方式由管字当头向服务为先转变,由突击整治向综合治理转变,由事后打击向事前预防转变,建立健全司法行政"一站式"服务平台,不断畅通社会底层民众表达利益诉求的渠道,主动下移接访力量,变底层民众上访为司法行政下访,自觉深入草野,亲临宇下,倾听民声,细察民意,疏导民怨,加强民情社情调查研判和网络舆情监控应对措施,全面掌握社会底层民众的合理诉求和社会主张动向,及时化解涉及人民群众民生权益的矛盾纠纷,更加坚定和务实地为维护民生权益提供强有力的司法服务保障,用"真金白银"一样的服务成色,让社会底层民众真正感受到司法行政工作对他们的好处,让司法行政机关成为社会底层民众最值得信赖和最能够依靠的国家行政力量,从源头上预防社会底层抗争政治引发危及社会稳定的问题。

(二)坚持以公平正义为支撑,把司法行政的价值起点由社会管理向公正服务转变

在我国当今发生的许多社会底层政治抗争事件中,有的抗争当事人主张和诉求的仅是希望政府权威部门出来说句公道话,为普通百姓伸张一下正义,还有的仅是希望有人去关注一下,去过问一下,去重视一下,给他们一个明白和一个心理平衡。我们的老百姓绝大部分是善良的,特别是经过五个五年普法规划教育,他们的理性程度显著提高,虽然也对社会不公存有不满,对腐败现象深恶痛

绝,但同时仍然相信党和政府有能力解决这些问题,能为广大普通百姓主持公道。只要社会底层民众还能感受到公平正义的阳光,他们就会朴实而又安静地生活,不是万不得已,不会损于社会。温家宝总理在人大十一届五次会议结束后的记者招待会上指出,"公平正义是社会主义的本质特征",要"建立健全社会保障制度"、"关心弱势群体的生活"。这与我国所倡导的社会主义核心价值"社会公正"和"人民当家做主"是高度一致的。如果这些核心价值在现实中得不到真正落实,社会民众感受不到它的存在,就无法发挥我们社会主义制度"民心所向"的"政治优势",也就无法维护我们发展所需要的"社会稳定"的前提。公平正义比阳光更重要。司法机关是维护社会公平正义的最后一道防线,也是社会民众觉得最可靠的防线。司法行政部门作为司法系统的重要组成部分,担负着主持公道、伸张正义的重大责任,应当把维护社会公平正义作为社会管理的着眼点、支撑点和侧重点,把为民众伸张公平正义贯穿在社会管理的全过程,在公正服务中实施社会管理,在社会管理中体现公正服务,特别是在面对因分配不公、用人不公、执法不公、处事不公、竞争不公而侵犯社会民众权益、引发社会矛盾纠纷时,司法行政机关要坚定地站在人民群众的立场上,当好社会民众寻求法律支持的主心骨和引路人,将公平正义贯穿于解决社会问题、化解社会矛盾的始终,让社会民众真真切切地感受到司法正义的光芒,从心理根源上预防、控制、减少和消除社会底层政治抗争引起的社会冲突。

(三)坚持以法治建设为保证,把司法行政的法治推崇由单打独斗向社会互动转变

社会底层抗争政治的形成,用法眼来观察,是社会民众法律意识缺乏、法治素养缺失与社会控制阶层法制精神缺位、法治能力错位互动的结果。协调好社会底层抗争政治所派生的社会矛盾关系,最可行最有效的办法,还是要回归到民主法治的轨道上来。人类社会发展史已经证明,法治是表现公平正义的最好形式,也是协调和修复社会问题、化解社会矛盾纠纷的最好办法。组织普法开展、推进法治建设是司法行政工作的主业和"主打戏"。但主业并非主宰,也非主观,更不是"独角戏",只有与配角、观众互动,戏才好看。社会民众最不喜欢被教育,源于人民群众不仅是社会管理的承受者,更是社会管理的主体和参与者。这就要求司法行政部门在实施普法工作、推进法治建设中,必须创新工作方法,充分发挥人民群众的主体作用,通过建立健全社区(乡镇)法治协会和人民调解协会、街道(村屯)"一站式"法律服务中心、生活小区(村组)综治维稳联防队等工作体系,采取党政机关法治培训、校园法治讲座、乡村法治趣话和社会法治文艺汇演等形式,创办网上法制学校、媒体法治专栏、社区法治公园等平台,开展网络法律知识竞赛、广场法治文化展示、依法行政交叉考评和普法守法先进集体、先进个人评选等活动,为人民群众参与法治建设和社会管理提供有效载体和制度化保

证,实现普法依法治理工作的全面覆盖、全程衔接、全时关注、全民互动,把普法教育的启蒙灌输作用、法治文化的引领支撑作用、法治实践的示范感召作用体现在社会管理运行的方方面面、点点滴滴,形成法制宣传无处不在、法律援助无处不在、依法管理无处不在的法制建设大阵势、大格局,不断提高国家公务员特别是各级领导干部依法决策行政的法治能力,不断增强人民群众依法经世处事的法治素养,为社会各类行为主体有序、理性表达利益诉求提供法律支撑,为有效扬善惩恶、定纷止争提供正义的法治环境。

(四)坚持以捍卫政权为内核,把司法行政的使命归宿由维护秩序向巩固政权转变

维护和巩固好我党的执政地位,保障国家政权有效运行,既是国家机器的神圣使命,更是中国各族人民的共同利益。处理好社会底层抗争政治问题,既可修复和维护好社会秩序,又可保障社会民众的根本利益,从基础上巩固党的执政地位,有助于国家政权稳定运行。司法行政的过程,本质上是国家政权的运行过程,是按照执政党的执政意志统治国家、管理社会、服务人民的过程。因此,司法行政部门在依法应对社会底层抗争政治、忠实履行维护社会秩序的职能中,必须把"忠诚于党"与"执政为民"的要求高度统一起来,把巩固好党的执政地位作为衡量"执政为民"的根本标准,把用法律手段维护好、实现好、发展好最广大人民的根本利益作为衡量"忠诚于党"的首要条件,不断强化政党意识、政权意识和宗旨意识,始终从"巩固党的执政地位"和"利于处理社会底层抗争政治问题"需要出发,统一思想、谋划工作、规范行动、坚实力量,积极同影响党的执政地位、侵害社会民众合法权益的行为作斗争,采取强有力的法律手段预防、制止和消除危及党的领导和国家政权的不法行为,忠实捍卫党的执政地位和国家尊严,维护好广大人民群众的合法权益;积极创新司法行政运行方式,坚定贯彻以人为本的执政理念,在依法行政中自觉承载我党的执政意志,紧紧依托法制宣传教育、法律服务援助、人民调解公证、普法依法治理、社区矫正帮教等载体,将党的方针和政策、党的决策和意志、党的奋斗目标和党的创新理论及先进文化,转化为社会组织和社会民众的自觉行动,增强社会组织和社会民众对党的信赖、对社会主义的信仰、对全面建设小康社会的信心,把社会各方力量凝聚成拥护党、跟党走的强大爱国治国力量,推进社会和谐稳定健康发展。

刑事司法

刑事证明与"幽灵抗辩"

王一超[*]

一、问题的提出

在刑事庭审中,被告人针对控方的指控提出抗辩十分普遍。无论在何种法制环境之下,司法工作人员都会对此习以为常。然而,如果在抗辩之前冠以"幽灵"二字,恐怕就不再是一个寻常的概念了。前不久,我国大陆地区的学者和司法实务人员曾就这一话题进行讨论[①],处于实务一线的检察官,乃至一些学者都对这一概念较为陌生。

"幽灵抗辩"一词源于我国台湾地区的一则案例:在某一机动车盗窃案中,被告人辩称被窃的车子是一个名叫"阿炮"的人交给他的。但是,被告人对于"阿炮"不能提供进一步的说明,该人是否存在不得而知。此种持有赃物的被告人辩解赃物是从某姓名不详之人处获得的抗辩即为"幽灵抗辩"。[②]

类似抗辩在我国大陆地区同样存在。笔者在某基层检察院参加社会实践期间,曾与办案人员讨论过这样一个案件:某涉嫌盗窃罪的犯罪嫌疑人被抓获时,身上发现两部被盗手机,对于其中一部手机的盗窃事实,犯罪嫌疑人供认不讳,但是对于另一部手机(价值较高),他辩称是同伙得手后交给他保管的。办案人员认为,既然刑事诉讼的证明责任由控诉机关承担,该同伙存在与否应当由检察院证明。然而,嫌疑人并没有提供同伙的真实姓名、联系方式等信息,案发现场也无人能够提供线索,检察机关即使补充侦查也毫无头绪。现有证据不能排除合理怀疑,为避免起诉后法院判决无罪,承办人欲作出"存疑不诉"决定。但从常理判断,放弃追究又极有可能放纵犯罪。由于盗窃该部手机犯罪事实的认定结

---

[*] 作者系清华大学法学院诉讼法专业博士研究生。
[①] "幽灵辩护:被埋没的司法难题",载《公诉人》2012年3月下半月刊。
[②] 刑事诉讼法改革对案系列研讨会,陈瑞仁检察官发言纪录,载《月旦法学杂志》1999年第50期。

果直接影响到本案能否达到盗窃罪构罪的金额标准,办案人员感到颇为棘手。

可见,"幽灵抗辩"并不是我国台湾地区特有的问题,在大陆地区同样存在。然而,大陆地区刑事诉讼过程过于偏重侦查,大部分案件事实由侦查机关在侦查阶段查明,审查起诉和审判活动不过是对侦查终结的案件进行"质量检验"[①]。如果嫌疑人在侦查阶段提出类似抗辩,侦查机关可能对其进行侦查,若无法查证,便对此事实不予认定,而审查起诉时,侦查机关只移送已经认证的事实,故而检察机关在起诉时已将此类"幽灵抗辩"冷冻起来,并不会呈现到庭审法官面前。正是这种司法低水平徘徊的现实导致了"幽灵抗辩"尚没有引起实务和学术界的充分重视。

试想一下,如果被告人顶着"认罪态度不好"的风险,在庭审现场提出类似抗辩,庭审法官应如何应对?手足无措?听而不闻,继续形式上的庭审?还是呵斥被告人停止无谓的抗争?这恐怕都不是现代法治国家的应有之举。当务之急,是要正视"幽灵抗辩",对于实践中可能遇到的相关问题进行讨论。

我国台湾地区的陈瑞仁检察官在提出"幽灵抗辩"概念的同时提出疑问:应由被告律师来证明"阿炮"存在?还是检察官负举证责任?然对我国大陆地区的司法实践而言,所要解决的不止于此。首先,需要明确何为"幽灵抗辩";其次,要解答由谁来证明"阿炮"的存在;再次,需要澄清"幽灵抗辩"的证明标准。以上便是本文希望能够阐明的问题。

二、"幽灵抗辩"的概念界定

我国大陆曾有学者将"幽灵抗辩"界定为:刑事被告人在刑事诉讼中针对检察官的有罪指控,为减轻或者免除其刑事责任而提出的难以查证的辩解,[②]并进而认为其属于英美法系"积极抗辩"(affirmative defense)的范畴。[③] 由于积极抗辩所针对的阻却违法或阻却责任或减免责任的事由为被告人特别知晓,故可被要求承担提出证据的责任。[④]

然而,上述概念乃大陆学者对"幽灵抗辩"的误解,以此错误概念为前提所提出的被告人承担证明责任的理由亦有待商榷。在台湾地区,"幽灵抗辩"的定义已达成共识,并为司法判决所引用。例如,我国台湾地区"高等法院"台南分院

---

① 张建伟:《刑事诉讼法通义》,清华大学出版社2007年版,第494页。
② 万毅:《"幽灵抗辩"之对策研究》,载《法商研究》2008年第4期。
③ 万毅:《"幽灵抗辩"之对策研究》,载《法商研究》2008年第4期。又见吴丹红:《刑事举证责任与"海盗抗辩"》,载《人民检察》2008年第19期。
④ "An affirmative defense is one involving an excuse or justification peculiarly within the knowledge of the accused, on which he can fairly be required to adduce supporting evidence." See in *Martin v. Ohio*, 480 U.S. 228 (1987), p.230.

2004年上诉字第1057号判决认为："……'幽灵抗辩'者，意即被告于案发后或因不愿据实供述实际行为人，或有其他顾虑，遂将其犯行均推卸予已故之某人，甚或是不存在之人。"由于无从让被告人与死者对质，或者无法寻得被告人所声称的实际犯罪之人，被告人就像是将其犯行推卸给了一个"幽灵"一般。"幽灵抗辩"因此而得名。

无论是采大陆法系的三阶层犯罪构成理论，英美刑法的双层次理论，[1]抑或是我国刑法的四要件说，"幽灵抗辩"都是针对犯罪主体提出的抗辩。提出这一抗辩的被告人旨在将犯行推脱于他人，即辩称自己并非实施犯罪的行为人。此与英美法中的"不在场"（Alibi）抗辩十分类似。[2] 提出"不在场"抗辩的被告人辩称自己在特定时间处于犯罪现场以外的其他位置，因而不具备实施犯罪的可能性；[3]"幽灵抗辩"在于主张犯罪行为是另有人为之，不是被告人所做。二者都强调被告人本人不是犯罪行为的实施者，是对于犯罪主体的否定，亦是针对犯罪构成要件该当性，或犯罪本体要件的否定。通俗说来，提出"幽灵抗辩"的被告人即是在说：这不是我做的！

"积极抗辩"与上述抗辩并不处于同一层次。主张积极抗辩的被告人通常对构成要件该当性，或犯罪本体要件并不争执。[4] 就英美法系中"积极抗辩"包含的内容（未成年、错误、精神病、醉态、被迫行为、警察圈套、安乐死、紧急避险、合法防卫等）[5]而言，无论辩方就以上哪一点提出抗辩，都不否认自己实施了控方所指控的行为。被告人提出积极抗辩，相当于他在说：即使这是我做的，我也可以减轻或者免除刑事责任。

可见，积极抗辩的前提是具备犯罪本体要件，即构成要件该当性，是被告人

---

[1] 根据大陆法系的刑法理论，判断是否构成犯罪需要进行构成要件该当性、违法性和责任三个层次的评价。犯罪构成要件由犯罪主体、犯罪客体以及犯罪行为构成。英美刑法的犯罪构成采双层次理论，其证据法理论认为刑事诉讼证明的对象包括犯罪本体要件和责任充足要件。在法官操作层面，犯罪本体要件与构成要件该当性基本一致，违法性、有责性与责任充足条件基本相同，犯罪主体当然属于犯罪本体要件的构成内容之一。

[2] 吴巡龙：《刑事举证责任与幽灵抗辩》，载《月旦法学杂志》2006年第133期。

[3] "An alibi is a defense that places the defendant at the relevant time in a different place than the scene involved and so removed therefrom as to render it impossible for defendant to be the guilty party". See in Watson, Myron P., Necessity of Alibi Instructions: The Court's Unswaying Resolve to Protect a Defendant's Right to an Alibi Instruction, *How. L. J.*, Vol. 33, Issue 3, 1991.

[4] "An affirmative defense does not concern itself with the elements of the offense at all; it concedes them. In effect, an affirmative defense says, 'Yes, I did it, but I had a good reason.'" See in *State v. Cohen*, 568 So. 2d 49 (Fla. 1990), pp. 51~52.

[5] 储槐植：《美国刑法》，北京大学出版社2005年第3版，第64页。

在构成要件之外提出独立的、新的事实主张。然而,被告人提出"幽灵抗辩"的目的只是在于否认犯罪主体,属于针对构成要件该当性之抗辩。"幽灵抗辩"并非"积极抗辩",更不应仅凭此就认定被告人有提出证据的责任。明确这一点对于之后进行的讨论至关重要。

三、"幽灵抗辩"的证明责任分配

"幽灵抗辩"之所以成为一个难题,在于刑事诉讼法规定证明责任由检察机关承担,但实践中检察机关对于抗辩事实存在与否难于证明。从控辩双方与所涉证据的距离来看,由距离更近的辩方加以证明无疑更符合公正、便利和政策性的考虑。然而,这样的证明责任分配是否会违背"无罪推定"这一刑事诉讼的基本原则?是否是将本应由检察机关承担的证明责任不当地转移给被告人?欲回答上述问题,首先需要对证明责任的构造进行解析。

(一)证明责任的"双二元"构造

对于证明责任的构造,有不同的学术称谓。英美法系证据法将证明责任划分为提出证据的责任(Burden of production)和说服责任(Burden of persuasion)。大陆法系学者划分为主观证明责任和客观证明责任。然而,此类关于证明责任的二元构造只是从行为和结果两方面对证明责任进行一次划分,并无法有效解答"幽灵抗辩"的举证责任分配问题,无法解释证明责任在不同诉讼主体之间分离的现象。

我国台湾学者陈朴生关于证明责任划分的观点颇具启发性。他认为:"立证责任,本有举证责任与提出证据责任之分。前者,包括举证负担与说服责任,具有效果性;后者,仅系举证负担,具有必要性、利益性。"[①]很明显,尽管举证负担客观上均指提出证据的行为,但上述举证责任当中的"举证负担"与提出证据责任当中的"举证负担"并不等同。传统的行为和结果的二元划分只能够区分举证负担与说服责任,却无法解答上述两个"举证负担"的区别所在。因此,有必要引入新标准以实现对证明责任进行更加细致的划分。

由于在诉讼中,当事人所追求的效果是己方所援引的法规范被适用,而法规范适用的前提是该规范要求的全部要件均被证明[②],因此,具有效果性的举证负担所针对的应是要件事实。要件事实之外的其他待证事实并不会直接影响法规

---

① 陈朴生:《刑事证据法》,台湾三民书局1979年版,第315页。
② [德]莱奥·罗森贝克:《证明责任论——以德国民法典和民事诉讼法典为基础撰写》,庄敬华译,中国法制出版社2002年版,第159页。

范的适用效果,与之对应的举证负担具有利益性。由此可见,通过引入证明客体①这一新标准,可以将证明责任细化为针对要件事实的举证责任和针对其他待证事实的提出证据责任,前者可再被细化为举证负担和说服责任。在刑事诉讼中,基于无罪推定原则的要求,"举证责任,始终属于控方,不生转移问题;而提出证据责任,则按公平便利的原则做技术性之分配,且每因诉讼之进展而转移"。② 单纯的否定并不会影响证明责任的分配③,但是如果在否定要件事实之余,被告人又再提出新的肯定的事实,(如被告人辩称"这不是我干的,是XXX干的"),辩方就需要对上述要件事实之外的其他待证事实承担具有利益性的提出证据责任。

笔者所言之"双二元"证明责任构造即是在行为与结果的划分基础上,同时考虑证明客体标准,将证明客体分为要件事实和其他待证事实,对证明责任进行双二元划分。被告人被成功定罪的前提为满足犯罪构成,即符合犯罪构成要件,且不具有阻却违法或免责的事由,此即为刑事诉讼中的要件事实。除此之外当事人提出的其他事实主张即为其他待证事实。要件事实和其他待证事实均关联提出证据的责任,而真伪不明时的败诉风险④只与要件事实直接发生关联。从结果上看,对于被告人是否定罪,只需要考虑在证明完成之时,裁判者对于要件事实的存在是否形成了确信的心证。如果裁判者的心证无法达到定罪证明标准,必须由一方当事人为此承担不利的诉讼后果。在刑事诉讼中,这一败诉风险只能由检察机关承担,即被告人被判决无罪,这才是由检察机关承担刑事证明责任的核心所在。由于败诉风险的压迫,检察机关有义务对要件事实提出证据加以证明。基于无罪推定原则的要求,被告人不承担对要件事实的证明责任,即对其关联的提出证据的责任和真伪不明时败诉风险均无须承担。然而,对于要件事实之外的其他待证事实而言,由于这些事实存在与否并不直接涉及败诉风险的后果,而必须通过影响要件事实的证明情况与诉讼结果间接产生关系,因此对于此类待证事实并不存在结果意义上的证明责任,只有提出证据的责任,且该责任具有利益性的特征,随着诉讼的进行由控辩双方承担。

---

① 事实上,证明客体还应包括法则。然而,法则也可以被视为一种事实。如摩根即持此种观点,见爱德蒙·M. 摩根:《证据法之基本问题》,李学灯译,世界书局1982年版,第31页,转引自张建伟:《证据法要义》,北京大学出版社2009年版,第351页。

② 陈朴生:《刑事证据法》,台湾三民书局1979年版,第315页。

③ [德]莱奥·罗森贝克:《证明责任论——以德国民法典和民事诉讼法典为基础撰写》,庄敬华译,中国法制出版社2002年版,第160页。

④ 这种败诉风险承担也可以理解为"结果意义上的证明责任",但是为了区别于"行为意义上的证明责任"和"结果意义上的证明责任"这一诉讼证明构成的二元划分方式,笔者采用"真伪不明时的败诉风险"这一表达。

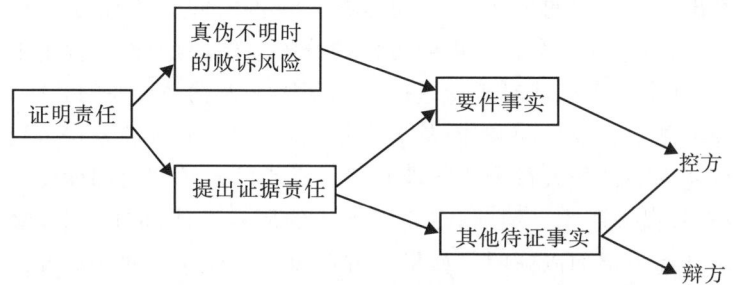

采用"双二元"的证明责任构造有助于解答以下问题：即使被告人在否定要件事实之外提出了其他的事实主张，法官也不能仅凭这些事实无法证明而径行判决被告人有罪。真伪不明时的败诉风险仅与要件事实相关联，而对于要件事实的证明责任全在于检察机关，上述风险不应由被告人承担。辩方尽管可以被要求就要件事实之外的其他待证事实提出证据，但并不具有义务性质。以不在场抗辩为例，证明被告人在现场是要件事实的重要一环，对其的证明责任始终在起诉方，不能因为被告人不能证明其不在现场而认定其犯罪时就一定在现场。①

由此推之，被告人提出"幽灵抗辩"，辩称赃车是"阿炮"交给他的，这属于要件事实之外的其他待证事实。基于"双二元"的证明责任构造，被告人承担提出证据的责任，可以通过证明"阿炮"的存在排除自己是犯罪主体的可能性，从而根本上推翻检察机关的有罪指控。但是，上述提出证据责任具有利益性的特征，并不具有义务的强制性，即使辩方没有提出证据，或者提出的证据不令人满意，他也不会因此必然被判决有罪。换句话说，纵然"阿炮"存在与否最终仍然未知，证明被告人是犯罪主体的责任仍在于检察机关，这是属于对要件事实当中构成要件该当性的证明，是检察机关的证明义务。如果控方对此证明不利，便要承担被告人被判决无罪的败诉风险。

（二）推定②对于证明责任分配的影响

依据"双二元"证明责任的划分，要件事实的证明责任由控方承担，但这并不代表控方实际上必须就其中的每一项事实均主动提出证据加以证明。事实上，有些规范的要件特征全部或部分是不能加以直接证明的，而必须从其他情况推断出来。③ 由于常识和经验表明已知的基础事实通常会与某未知事实并存，因此，即使不加以直接证明，根据经验法则和逻辑规则，根据已知的基础事实的证

---

① 卞建林：《刑事证明责任的分配与转移》，载《证据法论文选萃》，中国法制出版社2005年版。

② 本文中的推定特指事实推定。

③ ［德］莱奥·罗森贝克：《证明责任论——以德国民法典和民事诉讼法典为基础撰写》，庄敬华译，中国法制出版社2002年版，第163页。

明可能推断出一个未知的事实,①这便是推定。推定卸去了控方本应负担的提出证据的责任,但它并不会动摇证明责任的分配结果,因为这种肯定事实上推定效果的观点,其实等于承认对于这些事实的证明本来就是必要的。②

辩护理由是不胜枚举的,有时甚至出乎意料,如果要求控方在未受到质疑时即对所有可能影响被告人行为违法性及责任大小的辩护理由都设想到并加以证明,这未免有些强人所难。因此,在要件事实的所有组成部分当中,检察机关并不见得要对其逐个都加以证明。如果控方可以成功证明犯罪构成要件事实之存在,一般可推定阻却违法性事由及阻却责任性事由之不存在。③ 被告人如果要证明阻却违法性事由或阻却责任事由之存在,就必须提出反证,检控方没有义务证明尚未提出的辩护或解释不成立。④

即使对于犯罪构成要件该当性的证明,控方同样可以利用推定来减轻证明的难度。例如,如果一个人被指责为是小偷,而且从他的口袋里找出了他人的钱包,这时如果他什么都不说的话,一般可以推定认为该人就是小偷。⑤ 一旦控诉方提出的证据在一般理性人看来已足以对罪行作出肯定性的判定,那么,被告人就承担起"反证提起责任"⑥,如果他不能提出肯定性反证对罪行作出否定性证明,就会被认为不具有这种证据,可以认为控告人的指控是能够成立的。在上述例子当中,如果被告人不是小偷,他就应当说点什么才是。比如,他可以反驳说自己并没有从别人口袋里拿这钱包,这个钱包是刚才经过的一个人放到自己口袋里面的。此时,如果他可以指出那个人现在正往哪里逃跑,就能够使其反驳变得更加令人信服。法官可能产生另外的推测,即此人并不是小偷。

需要明确的是,被告人承担"反证提起责任"的前提是,控诉方提出的证据在一般理性人看来已足以对罪行作出肯定性的判定,即法官很有可能就控方提供的证据形成被告人有罪的确信。如果法官对被告人有罪未形成内心确信,检察

---

① [美]乔恩·R. 华尔兹:《刑事证据大全》,何家弘等译,中国人民公安大学出版社2004年版,第396页。

② [日]松尾浩也:《日本刑事诉讼法》(下),张凌译,金光旭校,中国人民大学出版社2005年版,第18页。

③ 陈朴生:《刑事证据法》,台湾三民书局1979年版,第311页。

④ Murtagh and Kennedy (1959) 39 Cr. App. R. 72, p. 83.

⑤ 当然,此类推定证据在刑事诉讼中的效果是有限的。即使控方将案件证明到了"表面充分"(prima facie case)的程度,被告人也完全有权不提出任何证据,控方仍然承担完全的证明责任,法官仍有义务按照法律规定的标准从总体上考虑整个案件。见卞建林:《刑事证明责任的分配与转移》,载《证据法论文选萃》,中国法制出版社2005年版,第209页。

⑥ [日]谷口安平:《程序的正义与诉讼》,王亚新、刘荣军译,中国政法大学出版社1996年版,第248~249页。

官提出证据的责任就没有成功卸下,当他无法进一步提出证据改变法官心证的时候,被告人无须提出证据,承担败诉风险的仍是控方。因此,在盗窃案中,检察机关可以通过证明被告人在案发后较短时间内出现于案发地附近,并持有赃物进而推定其有盗窃行为,但被告人可以对检察机关的事实推定不以为意。然而,被告人也可以出于"未雨绸缪"的考虑而提出"幽灵抗辩"、"海盗抗辩"①,以阻止检察机关成功卸下提出证据的责任,其目的在于提醒检察机关:"且慢,你的举证还不充分,请继续证明下去。"此时,检察官需要主动提出证据加以证明的事实范围不仅包括犯罪构成要件该当性的内容,还包括争论的事实。② 而检察机关是否需要进一步提出证据,并不在于被告人是否提出这样的抗辩,而在于法官的心证是否被动摇。如果法官说:"通过被告人的举证,我怀疑'阿炮'确实存在。所以,检察官,请你继续提出证据说服我,本案中的盗窃行为不是'阿炮'所为,而正是本案被告人所做。"这就说明被告人的反证成功地令检察机关再次负担起本已卸下的提出证据的责任,就该事实成功地形成了"争点",对这一争点应当继续证明。相反,如果被告人的反证尚不足以动摇法官的内心确信,该事实并未形成争点,检察机关无须就此继续举证。此时法官会说:"被告人,尽管你提出了自己的主张,但是我仍然认为所谓的'海盗'纯属子虚乌有,我确信检察机关证明的事实是确实存在的。走私行为正是被告人你所为。如果你没有其他证据进一步反驳,我将认为检察机关的举证说服了我。"

(三)法院、检察院的客观义务对于证明责任分配的影响

尽管依据"双二元"证明责任的划分和"反证提起责任"的承担,被告人应当对"幽灵抗辩"提供证据加以证明,但是刑事诉讼中法院、检察院的客观义务决定了他们不能在这一证明过程中"袖手旁观"。

刑事诉讼中检察院的角色与民事诉讼原告的角色不同,它不仅拥有控方的身份,同时还是"法律守护人"③。作为法律监督机关,检察机关在刑事诉讼中负有客观的义务,对有利于和不利于被告人的证据应当一并收集。如果检察机关

---

① "海盗抗辩"是与"幽灵抗辩"类似的一种抗辩,多发生于走私案件当中。陈瑞仁检察官指出,在士林发生的一起走私案中,检察官起诉后,被告人辩称:"我不是走私啦,是我在海上捕鱼的时候,有匪船靠过来,拿着枪强迫我们,他把我们的鱼货全部都抢走,但丢了一千盒的走私香烟给我们,强迫交换……我们也是被害者。"结果在此案中,法院判决被告人无罪,理由是无法证明被告所提出的抗辩不实在。自从该案判决之后,检察官发现很多私枭都会作同样的抗辩。见刑事诉讼法改革对案系列研讨会,陈瑞仁检察官发言纪录,载《月旦法学杂志》1999年第50期。

② [日]松尾浩也:《日本刑事诉讼法》(下),张凌译,金光旭校,中国人民大学出版社2005年版,第16页。

③ 林钰雄:《检察官论》,法律出版社2008年版,第21页。

认为现有证据达不到定罪的证明标准,除了可以在审查起诉阶段作出不起诉的决定之外,甚至在法庭审理当中,也可以变更诉讼请求,请求法院作出无罪判决。① 因此,如果在庭审过程中,被告人针对控诉提出抗辩,检察机关不应当一味否认抗辩事由的存在,而应当根据被告人提供的线索进行必要的调查,以期发现真相。除此之外,处于中立地位的法官同样负有客观义务。在英美法系,庭审法官有"看不见的责任",他有义务要求陪审团考虑任何可能合理地从证据中产生的辩护,即使诉辩双方对此都未明确提出。② 在大陆法系职权主义的诉讼模式之下,法官有职权调查的权力,为了实现对客观真实的追求,以及对被告人权利保障,法院甚至可以不依当事人申请而主动调查证据。

需要明确的是,负担客观义务与承担证明责任并不等同。检察机关客观义务的设置在于提醒它不得隐匿对被告有利之事实与证据,并非要检察机关承担本应由被告人承担的证明责任,以避免其陷于攻防角色混淆之矛盾。③ 如果被告人提出某一诉讼主张但不加以举证,其证明责任并不当然地转移给控方,而是由法官的职权调查义务加以填补。④ 但由于法院自身并无诉讼主张,也不会承担败诉的风险,因此其并非诉讼证明的主体,不承担证明责任。法院职权调查证据只是在客观上对当事人,特别是被告人的"举出证据的责任"加以淡化,⑤并非"代替被告人承担提出证据的责任"⑥。

法院的职权调查义务相对于当事人的证明责任来说只是补充性的,就其范

---

① 德国有一个案例被认为是检察机关客观义务的绝佳例证:1996年1月18日,德国吕贝克发生一起难民楼房纵火案,当场烧死10名外国难民,其中有6名儿童。本案起诉证据,乃被告在案发后向某消防队员之自白及消防鉴定报告。该报告指出,起火点乃被告住所之楼层,而案发时该楼层大门紧锁,因而并非外人所为。被告之辩护人除否认该自白外,另依一出名之资深消防员的鉴定结果,认定起火点乃一楼楼梯间,纵火物乃由外丢掷入内,此与案发后部分证人所述情节相符。本案审理时,检辩双方在审判长指挥下唇枪舌剑,被告之外,住户、警员、消防员、目击者及消防鉴定人等共一百多人在数十次的审判期日中一一出庭应讯。最后,该被告人审判外之自白及两份鉴定报告的确信力被次第动摇。结辩时检察官Michael Böckenhauere坦诚,依审理程序中论辩所得之心证,虽无法排除被告涉嫌,但亦无法确信被告纵火,因而与辩护人一致请求无罪判决。被告人果被判决无罪。至今,究竟何人纵火,仍是谜团。见上注,第26页。
② [英]理查德·梅:《刑事证据》,王丽、李贵方等译,法律出版社2007年版,第75页。
③ 见2004台上6902号判决。
④ 林丽莹:《刑事法上的举证责任》,载《月旦法学杂志》2006年第133期。
⑤ [日]松尾浩也:《日本刑事诉讼法》(下),张凌译,金光旭校,中国人民大学出版社2005年版,第21页。
⑥ 万毅:《"幽灵抗辩"之对策研究》,载《法商研究》2008年第4期。

围而言也并非"上穷碧落下黄泉"式的漫无边际①。林钰雄教授认为,法官职权调查义务的范围受关联性、必要性、可能性三基准的限制。② 其中可能性基准的判断包括根本无法调查和难以调查两种情形。在被告人提出"幽灵抗辩"的情况下,如果被告人将罪行推卸于已故之人,属于根本无法调查的情形。法官就不可能对这一证据直接加以调查,而只能通过对其他相关证据的调查,间接发现案件的真相。如果被告人将罪行推卸给"阿炮",由于此人存在与否不得而知,即使对其调查未必绝对不能,但若调查便可能使诉讼成本过高或导致诉讼长期迟延。是否对其加以调查,法官需要根据具体情况加以考虑。

我国台湾地区的这则判决对法官和检察官的客观义务应如何在"幽灵抗辩"证明过程中加以运用进行了极好的展示:

上诉人称郑某、宋某之健保卡等物是由一个绰号为"阿比"的人所交付。但是,上诉人并不能陈明该"阿比"的真实姓名、住址,以供传唤调查,检察官指挥台中市警察局第二分局带同上诉人前往其所指"阿比"之居住处所调查,亦查无此人,经再依上诉人所称"阿比"依语音应为"谢文比"云云,经由内政部提供之户役政资讯联结系统查询结果,亦无其户役资料,则上诉人所称之"阿比",是否确有其人,显有可疑,而属无从传唤调查之证据,自非应于审判期日调查之证据范围,超出了法院调查的范围。③

当被告人提出"幽灵抗辩"之时,检察机关应当履行其客观义务,根据被告人提出的姓名、住址、电话等线索进行必要的调查。法院也应当提醒被告人尽可能地提供线索和证据,使检察机关依据客观义务而进行调查,以及法院职权调查证据具有可能性,以避免被告人因为自己能力不足而无法履行提供证据的责任,进而间接导致不利后果④的承担。但如果穷尽上述手段之后,调查该证据的可能性仍然缺乏,则法院不必再依职权进行调查,可直接依据心证作出判决。

四、"幽灵抗辩"的证明标准

依据证明标准"双二元"的构造划分,检察机关和被告人都可能承担提出证据的责任。然而当事人所提出的证据需要达到怎样的一个程度才"令人满意"?这便涉及证明标准的确定。刑事诉讼对于检察机关和被告人有不同的证明标准要求,分别为有罪判决的证明标准和争点形成的证明标准。

---

① 见 2010 台上 2265 号判决。
② 林钰雄:《刑事诉讼法》(上),台湾元照出版社 2004 年版,第 62~66 页。
③ 见 2003 台上 6179 号判决。
④ 此处的不利后果是指被告人被判决有罪,与结果意义上的证明责任不同,后者只有在事实真伪不明的情况下才发挥作用。

(一)有罪判决的证明标准

刑事诉讼证明标准的相关术语已为法科学生耳熟能详:英美法系将此表述为"排除合理怀疑",大陆法系国家为"内心确信",《中华人民共和国刑事诉讼法》(以下简称《刑事诉讼法》)将其规定为"案件事实清楚,证据确实、充分"。① 然而,上述所言之证明标准均为"有罪判决的证明标准"。该标准与败诉风险的直接关系,只在证明完成之时才发挥作用。此时,法官需要综合全案证据,自由心证评价是否足以"确信"被告人有罪。至于法官所评价的证据由何方提供,在所不问。正如林钰雄教授所言,在职权主义下,裁判直接取决于客观上"什么是被澄清了",而非主观上"什么人澄清了这件事"。②

无罪推定原则对于检察机关有两方面的要求:一方面,其对于被告人有罪承担证明责任;另一方面,控方证明被告人有罪需达到"排除合理怀疑"的程度,③使法官形成被告人有罪的内心确信。然而,"排除合理怀疑"并非没有一丝怀疑,因为所有人类的事情,都有可能性或想象的怀疑,④所以,如果某一可能性只在理论上存在但在实际上绝不可能存在,那么就意味着已经达到了排除合理怀疑的程度。⑤ 实践中,只要不会使一般理性人在作出确信心证时犹豫,即为达到了"无合理怀疑"。⑥

在台湾地区士林发生的一起涉及"海盗抗辩"的走私案中,法院以不能证明被告的抗辩不实在为由,判决被告人无罪,正是将"排除合理怀疑"理解为"排除一切怀疑"。这一错误观点被之后的判决否定:我国台湾地区"高等法院"高雄分院2004年上诉字第110号判决⑦认为:如果被告提出诉讼上不能证明的积极抗辩,且不合社会生活上之常态经验时,对于既已存在的积极罪证来说,都是不足以用来形成合理怀疑的幽灵抗辩。不得以此抗辩而排除超越一切合理疑之积极证据,即不得仅因此"幽灵抗辩"而判决被告人无罪。

---

① 《刑事诉讼法》第195条。此次刑事诉讼法修改将"排除合理怀疑"纳入"案件事实清楚,证据确实、充分"的具体标准当中,见《刑事诉讼法》第53条。
② 林钰雄:《刑事诉讼法》(上),元照出版社2004年版,第434页。
③ In John Henry Wigmore, Evidence in Trials at Common Law, *Peter Tillers Rev.*, Little, Brown and Company, Boston, Toronto, Vol. IX, 1983, p. 530.
④ "What is reasonable doubt? ... It is not mere possible doubt; because everything relating to human affairs ... is open to some possible or imaginary doubt." See in *Commonwealth v. Webster*, 59 Mass. (5 Cush.), 295 (1850), p. 320.
⑤ *Miller v. Minister of Pensions* [1947] 2 All E. R. 372, as per Denning J., p. 373.
⑥ Jon O. Newman, Beyond "Reasonable Doubt", 68 *N. Y. U. L. Rev.* 979 (1993), p. 982.
⑦ 需要注意的是,这一判决错误地认为"幽灵抗辩"属于"积极抗辩"的范畴。

有罪判决证明标准只在证明完成之后才会发生作用。在整个证明过程当中,即使检察机关的证明在某一时间节点使法官形成了内心确信的心证,下一刻,法官的心证就有可能因为被告人的举证而动摇。一旦法官的心证发生动摇,进而偏离了作出有罪判决应当达到的证明标准,检察机关就需要进一步证明,使法官重新形成被告人有罪的心证。被告人提出证据使法官内心确信的心证发生偏移,所需要达到的程度便是"争点形成的证明标准"。

(二)争点形成的证明标准

前文提到,被告人对于检察机关的推定有"反证提起责任",而为了避免辩方用一概否定的方式迫使负有证明责任的控方将构成诉讼或构成抗辩的事实一一加以证明,上述反证需要达到一定的程度——提出充分证据使其成为争议。

被告人不异议犯罪构成要件该当性的符合,但就违法性或有责性提出积极抗辩,往往是为了推翻控方就其违法且有责的推定。被告人提出"幽灵抗辩"或"海盗抗辩"所针对的,也往往是控方就犯罪构成要件当中某要件事实存在的推定。为了推翻控方的推定,被告人应当提出足够证据或与对方主张相反事实,使其主张形成争点。未达到争点形成证明标准的唯一后果就是,检控方没有驳斥任何辩解的必要。①

既然被告人所主张的待证事实终会归结为对要件事实的证明,一旦明确了控方对于要件事实的证明标准要求,即"有罪判决的证明标准",用减法便可对被告人"争点形成的证明标准"进行量的确定。若以"排除合理怀疑"为有罪证明标准,被告人的证明必须达到"合理怀疑"的程度,才能够阻碍检察机关说服法官形成有罪的内心确信。仍以不在场抗辩为例,被告人提出证据只需要令陪审团产生"合理怀疑"即可。② 同理,被告人提出"幽灵抗辩"也需达到这一标准,如果并无依据、迹证支持被告,该抗辩仅属"想象上的可能",由于检控方没有义务证明一个理论上的可能性不成立③,其对此就没有进一步举证的必要。

五、结论

在刑事诉讼中,检察机关就要件事实负担提出证据的责任以及结果意义上的败诉风险。被告人如主张存在其他待证事实,就应当负担提出证据的责任。

---

① [英]理查德·梅:《刑事证据》,王丽、李贵方等译,法律出版社2007年版,第73页。

② "[I]t is sufficient if it raises a reasonable doubt in the minds of the jury from all the circumstances, whether he was present or not." See *Adams v. State*, 28 Fla. 511 (1891 Fla.), p.542. Also see "The proof of an alibi ... must be sufficient to raise in the minds of the jury a reasonable doubt of the guilt of the accused." in *Watson v. State*, 200 So. 2d 270 (1967 Fla. App.), p.273.

③ [英]理查德·梅:《刑事证据》,王丽、李贵方等译,法律出版社2007年版,第64页。

被告人所提出的证据需要达到争点形成的证明标准,即法官对其主张事实的存在形成有"合理怀疑"的心证。若被告人依据单纯理论上、想象上的可能或猜测,提出"幽灵抗辩",并不足以构成"合理"的怀疑,检察机关就被告人抗辩主张之不存在没有进一步证明的必要。至于是否对被告人作出有罪判决,法官应在证明完成时,综合全案证据进行判断,视其心证是否达到有罪证明标准,既不得径因被告人提出"幽灵抗辩"而作出无罪判决,也不得因被告提出的"幽灵抗辩"无法证明而径行判决其有罪。

六、联想——"幽灵抗辩"之于控方的运用

在刑事诉讼的一般情况下,检察机关总是处于控诉的地位,针对它的指控,只有被告一方才能提出抗辩。因此,抗辩一词似乎专为被告人量身定做,"幽灵抗辩"也仅可能被狡猾的被告一方利用,借以逃避法律的制裁。

然而,如果被告人在庭审中辩称存在刑讯逼供,法官对证据收集的合法性产生怀疑,就应当对其进行法庭调查。① 此时,对于证据收集合法性的调查是独立于本案刑事诉讼之外的一个新的诉,审理的内容不再是被告人是否实施了犯罪行为或者是否应当承当刑事责任,而是被告人是否遭受了刑讯。在对证据收集的合法性进行调查之后,法官决定是否排除相应的证据,然后才会回到本案刑事诉讼的审理,双方继续就被告人是否构成犯罪以及刑事责任的有无及大小进行证明。本案刑事诉讼与证据收集合法性的调查之诉是两个独立的诉讼。

对证据收集合法性的调查实质在于将检察机关置于被控告和受审判的诉讼境地,使侦查机关所实施的侵犯被告人诉讼权利的行为处于接受审查和裁判的位置。在这个诉讼当中,被告人成了原告,而检察机关沦为被告。被告人所提出的"刑求抗辩"实际上是一种控诉,而检察机关提出的不存在刑讯的主张就是对被告人这一"控诉"的抗辩。既然如此,检察机关针对被告人"刑求抗辩"的"抗辩",是否也有可能出现"幽灵抗辩"的情况?

笔者之所以提出这个问题,是因为听说了下面这则真实的事件:

某一刑事案件中,被告人在庭审过程中向法院声称自己遭受了变相刑讯。被告人称,自己所关押的地方十分阴冷,侦查机关却并不给他被子盖,致使自己在几日之后,不堪忍受而被迫作出供述。就此问题,检察机关出示了侦查机关制作的笔录,其中记录有两位与被告人关押于同一地点的证人的证言:

问:×××在侦查阶段是否有被子盖?

二人回答:有被子盖。

---

① 《刑事诉讼法》第56条:"法庭审理过程中,审判人员认为可能存在本法第五十四条规定的以非法方法收集证据情形的,应当对证据收集的合法性进行法庭调查。"

被告人要求法庭传唤上述两位证人进行对质。但检察机关称此二人已经被释放，无法寻得。最终法院并未认可存在变相刑讯。

依据常识，我们都会怀疑上述事件中的两位证人是否真的存在。控方之所以出示这样的笔录，无非是试图通过两个无法寻得的"幽灵"的证言，来逃避非法取证的责任。这样的考虑与被告人提出"幽灵抗辩"的动机又岂有两样？试想一下，在侦查讯问阶段给犯罪嫌疑人被子盖，本属常态，无须记载，但是侦查机关的笔录却对此特别强调，足以令人形成合理的怀疑。① 是否存在变相刑讯足以形成争点，检察官应当对其进一步举证。② 尽管检察机关称此二人已经被释放，无法寻得。但试想一下，如果二人确实存在，侦查机关对其曾经关押之人不可能完全没有登记，即使释放，也一定登记有其联系方式或者住所或居所。因此，法官应当利用职权要求控方提供上述证据。如果最终对刑讯存在与否有合理怀疑，③法官应当认定存在刑讯，对相关证据予以排除。

之所以讨论"幽灵抗辩"，目的不仅在于填补法律的缺漏，防止被告人借此逃避法律制裁，致使刑事诉讼法惩罚犯罪目的落空，同样也在于让检察机关一方的幽灵无所遁形，确保刑事诉讼法保障人权目标的实现。

---

① 在本案当中，被告人只是提出了主张，事实上是检察机关所提出的证据帮助其达到了"争点形成的证明标准"。

② 存在刑求这一事实并不属于要件事实的范畴。但是刑事诉讼法仍规定由检察机关对其加以证明。见《刑事诉讼法》第57条："在对证据收集的合法性进行法庭调查的过程中，人民检察院应当对证据收集的合法性加以证明。"

③ 在这一问题上，检察机关承担"排除合理怀疑"的说服义务。见《刑事诉讼法》第58条："对于经过法庭审理，确认或者不能排除存在本法第五十四条规定的以非法方法收集证据情形的，对有关证据应当予以排除。"

卷宗移送方式法律变革对公诉工作的主要挑战与应变对策

李雪山[*] 陈龙环[**]

卷宗移送方式法律变革是我国即将于 2013 年 1 月 1 日施行的刑事诉讼法在提起公诉环节的主要修改内容之一。1979 年迄今，我国刑事诉讼法在卷宗移送方式上的两次修正体现出法律文本层面的戏剧性逆转。为现行刑事诉讼法"主要证据复印件主义"卷宗移送方式（下文简称为"主要证据复印件主义"）所取代的 1979 年刑事诉讼法"全案卷宗移送主义"卷宗移送方式（下文简称为"全案卷宗移送主义"），行将在 2013 年 1 月 1 日施行的刑事诉讼法中得以"复辟"。从刑事诉讼程序的视角出发究竟该如何理性看待卷宗移送方式富有戏剧性的逆转，卷宗移送方式的法律逆转又将给公诉工作的开展带来怎样的挑战，公诉人员应当如何有效应对卷宗移送方式法律变革对公诉工作的系列挑战等问题，已然成为公诉机关必将面临的工作难题。

一、卷宗移送方式法律变革之简要评析

卷宗移送方式法律变革应当如何理性看待呢？乍看这一法律现象，人们不可避免会产生卷宗移送方式倒退式复辟的负面性评价。该否定性评价采用比较的分析方法，直观地表达出不同的卷宗移送方式在我国刑事诉讼程序中具有优劣之别的观点。上述否定性评价是可以理解的，毕竟"主要证据复印件主义"与"全案卷宗移送主义"从概念范畴层面比较，前者具有不言而喻的理念优势。即便如此，评析卷宗移送方式法律变革能否超越惯用的比较方法，构成了笔者研究我国卷宗移送方式法律变革系列问题的出发点和立足点。换言之，本文着重阐述的观点，是"全案卷宗移送主义"和"主要证据复印件主义"作为不同的卷宗移送方式在当前我国刑事诉讼模式的运作过程中不存在优劣之别，"全案卷宗移送主义"即将重新替代"主要证据复印件主义"的法律变革相应不宜以进步或是退步来进行简单地评价，立法者对我国卷宗移送方式的重新抉择已然综合考量了

---

[*] 李雪山：重庆市人民检察院第五分院公诉一处处长。
[**] 陈龙环：重庆市人民检察院第五分院助理检察员，法学博士。

刑事诉讼法修改的立法目的、刑事诉讼的当前模式及其运作现状、司法人员素能状况等种种因素,这一重新抉择可以说是符合我国当前刑事诉讼需求和巩固近年来的刑事司法改革成果的应然选择。

"主要证据复印件主义"在法律概念层面上的先进理念与我国的司法"国情"不相适应,在我国刑事司法实务中难以实现立法目的,这是现行卷宗移送方式运行十六年后法学界和实务界形成的共识。"主要证据复印件主义"的设立初衷在于防止法官形成对案件的庭前主观预断,从而避免先定后审的司法现象,其根本目的在于消除1979年刑事诉讼法施行情况下的庭审活动流于形式的刑事司法诟病,为我国刑事诉讼超职权主义模式向职权主义与当事人主义混合模式的转变提供了提起公诉环节的机制保障。与"全案卷宗移送主义"相比,"主要证据复印件主义"倡导的直接言词审理刑事司法理念符合刑事诉讼活动规律,其在法律概念层面上的优势显而易见。尽管如此,"主要证据复印件主义"在我国刑事司法活动中的运作实效却并非事前预设的景象。具体体现为:一是审判人员对全案卷宗材料庭前知悉的必要性客观存在。该必要性来源于我国刑事司法活动具有的多重因素,主要包括审判人员在庭审活动中同时肩负着履行庭审指挥权和必要法庭调查权的法定职责、审判人员对公诉人员能否全面履行客观义务存有疑虑、审判人员自身的素质以及控、辩双方在刑事诉讼结构中的不对等对抗格局依然延续等。上述主客观因素共同驱使着审判人员更依赖于庭前知悉全案卷宗材料。二是审判人员庭前知悉全案卷宗材料的可行性并没有因法律禁止而受挫。"主要证据复制件主义"旨在防止审判人员对案件产生庭前预断的立法意图,因检察机关、法院互相配合的关系定位而未能实现,审判人员完全有条件借助同公诉人员之间的身份认同感,通过双方私下的沟通协调在庭前得到全案案卷材料相关的证据信息。至此不难理解,"主要证据复印件主义"关于防止审判人员产生庭前预断的立法原意为何在当前我国刑事司法实务中难以实现。由此可见,与"全案卷宗移送主义"相比较,"主要证据复印件主义"固有的法律概念层面的理念优势并未在我国刑事司法实务中得以真正体现。不仅如此,"主要证据复印件主义"经过十六年的实践其弊端显而易见,主要表现为庭审周期延长、当庭采证率低、当庭宣判率低、庭上质证但庭后阅卷的现象突出、司法理念与司法现状和司法人员素质不相符合、非法证据未被排除而作为定案根据导致冤假错案的现象时有发生等。基于此,新刑事诉讼法将以"全案卷宗移送主义"重新替代"主要证据复印件主义"的做法不宜被简单评价为进步或是退步。

那么卷宗移送方式的选择与刑事诉讼活动自身之间究竟有怎样的关联性?更确切地说,卷宗移送方式与刑事审判活动两者存在何种关联?毕竟卷宗移送方式的确定直接影响的是刑事审判活动中的庭前准备程序和庭审程序的开展。对于卷宗移送方式与刑事审判活动的关系定位,笔者认为卷宗移送方式的选择应以刑事审判活动的内在需求作为权衡的首要考量因素。在这一关系定位下，新刑事诉讼法重新采用"全案卷宗移送主义"的主要原由，可以阐释为该卷宗移送方式契合了此次刑事诉讼法修改尤其是刑事审判活动改革的客观需求，更有利于通过程序公正来保障实体公正的实现。新刑事诉讼法的修改将尊重和保障人权作为一大亮点，对刑事证据的修改尤其是从基本法律层面纳入非法证据排除规则是此次修法的重要组成内容。在排除非法证据成为公安机关、检察机关、法院共同责任的前提下，如果还按照"主要证据复印件主义"进行卷宗移送的话，那么非法证据排除问题不易被及时发现，非法证据进入审判程序的几率加大，甚至成为定案根据，导致冤假错案仍然不可避免。"从微观层面上看，当刑事裁决排除了关键性证据时，证据排除裁量权的行使可能对终止刑事程序产生影响。从宏观层面看，证据排除裁量权的存在和行使将对刑事司法活动中的侦查、审判前程序和审判程序的发展产生影响。"[1]正是基于上述微观、宏观法律后果的综合考量，新刑事诉讼采用"全案卷宗移送主义"，要求全案卷宗于庭前移送，同时配套设置庭前会议和当庭非法证据排除程序的系列规定，体现出此次修法解决非法证据排除问题的立法意图。除了解决非法证据排除问题之外，"全案卷宗移送主义"还将有利于促进集中审理，有利于控辩的平等武装，有利于最终实现程序公正。可以说，案卷移送方式的法律变革是尊重和保障人权的需要，是防止冤假错案的需要，是与现行司法状况、司法人员素质相适应的现实需要。

二、卷宗移送方式法律变革对公诉工作之主要挑战

不同卷宗移送方式的选择直接影响的是后续刑事审判活动的开展。作为刑事审判活动的共同参与者，控、辩、审三方在刑事诉讼结构中的角色和作用不同，控辩对抗、法官居中裁判。与审判机关、辩方相比，负有证明责任的公诉机关在履行指控犯罪职责的过程中面临着证明不力将带来不利法律后果的职业风险，故将受到来自卷宗移送方式法律变革的更大冲击。结合新刑事诉讼法的修改内容分析，卷宗移送方式法律变革对公诉工作的挑战主要体现为对公诉案件质量和证据能力风险评估控制工作的挑战。

（一）卷宗移送方式法律变革对公诉案件质量的挑战

公诉案件质量是公诉工作永恒的挑战。随着新《刑事诉讼法》的施行，公诉案件质量将受到更加严峻的挑战。"全案卷宗移送主义"使得业已提起公诉刑事案件的单个证据的证据能力问题、不同证据间的证据矛盾问题、全案证据确实充分与否问题等庭审争议焦点在庭前愈加明晰化，造成公诉人员对抗被告人和辩

---

[1] David Ormerod and Diane Birch, The Evolution of the Discretionary Exclusion of Evidence, in Crim. L. R., Vol. 138, 2004.

护人以及说服审判人员的公诉难度加大,进而造成公诉案件质量在刑事审判活动中受到更为严峻的考验。作为刑事司法活动的基本要求,"证明是用证据来再现事实"。① 正因如此,公诉案件质量的生命线在于刑事证据,并且卷宗移送方式法律变革最直观的改革效果在于辩护人、审判人员对全案卷宗材料相关证据信息的充分知悉,刑事证据在收集过程中造成的合法性瑕疵、真实性疑点等问题充分暴露,容易成为辩护人质证的重点,加之新刑事诉讼法对刑事审判活动改革的主要举措,包括召集庭前会议、非法证据排除程序、关键证人和鉴定人出庭作证、提请通知专家证人出庭对鉴定意见的科学性提出质疑等,均与刑事证据紧密关联,故卷宗移送方式法律变革对公诉案件质量的诸多影响因素中冲击最大的是公诉机关的刑事证据审查运用工作。因卷宗移送方式具有承上启下的作用,前后衔接的是审查起诉活动与刑事审判活动,故卷宗移送方式法律变革对公诉机关刑事证据审查运用工作的冲击也是全面性的,既包括审查起诉活动中的刑事证据审查、补查、复核、排除、重新取证等工作,同时也指向了刑事审判活动中的参加庭前会议时针对非法证据排除、关键证人出庭作证等问题的有关工作,以及开庭审理过程中出庭支持公诉时举证、质证和对质证意见进行答辩的工作。

卷宗移送方式法律变革对公诉机关刑事证据审查运用工作的冲击覆盖了公诉机关完成刑事证据审查运用工作的全过程。即便如此,在审查起诉活动和刑事审判活动中,公诉机关刑事证据审查运用工作受到卷宗移送方式法律变革的冲击力度并不相同。公诉机关在审查起诉活动中对刑事证据的审查、补查、复核、排除、重新取证等工作体现为公诉机关内部的职权行为,具有主动性和自主性,在该阶段刑事证据审查运用工作可能给公诉案件质量带来的风险在事先评估的前提下具有可控性,而公诉机关在刑事审判活动中对刑事证据的庭前说明和发表意见工作以及当庭举证和对质证意见进行答辩的工作,则是在审判人员主导下的参与性行为,具有从属性和被动性,在该阶段刑事证据运用工作可能给公诉案件质量带来的风险在未能事先评估或者已评估但未能有效控制的情形下将可能直接导致不利的法律后果。立足于该分析,公诉机关刑事证据审查运用工作的效果在刑事审判活动受到的考验似乎更为严峻,毕竟该阶段刑事证据审查运用工作的效果可能带来的不利法律后果是直观的,但这一结论并不完全准确。因为公诉机关在刑事审判活动中的刑事证据运用工作实效是建立在审查起诉活动中的刑事证据审查、补查、复核、排除、重新取证等系列工作是否坚实的基础上,故实质上卷宗移送方式法律变革对公诉机关刑事证据审查运用工作更大的考验在于审查起诉活动中,尤其是对公诉人员审查甄别证据的能力、分析运用证据的能力、举证质证的能力等都提出更高更严的要求,否则"基础不牢、地

---

① [日]田口守一:《刑事诉讼法》,刘迪译,法律出版社1999年版,第222~223页。

动山摇"。

既然卷宗移送方式法律变革对公诉案件质量的冲击客观存在,那么需要阐释的是这一冲击程度及其法律后果到底如何。卷宗移送方式法律变革对公诉案件质量的冲击程度不能一概而论,因为不同刑事案件面临的刑事证据问题有时是轻微的,有时又是严重的。诚然,严重的刑事证据问题对公诉案件质量可能产生的影响才是关注的重点。从近几年刑事司法改革成果及新刑事诉讼法关于刑事证据的修改内容看,非法证据排除、关键证人和鉴定人出庭作证以及辩方提请通知专家证人对鉴定意见提出质疑等法律修改热点,所可能共同产生的"庭前获取的关键证据材料因庭审调查而失去证据能力"的问题——证据能力风险,将对公诉案件质量造成最大的冲击。这一结论建立在以下认知的基础上:被告人庭前供述、关键证人书面证词、鉴定意见等关键证据材料都是刑事证据最重要的组成内容,在部分刑事案件的指控证据体系内甚至是不可或缺的;倘若上述关键证据材料的证据能力问题在审查起诉活动中未被发现或者已发现但未审慎解决,并且上述关键证据材料在提起公诉后不具备重新取证的客观条件,加之上述关键证据材料的证据能力问题在提起公诉后成为庭审焦点,那么公诉机关业已提起公诉的刑事案件可能面临上述关键证据材料不为审判人员采信,无法成为指控犯罪的根据,进而造成部分刑事案件将难以达到刑事证明标准,最终导致公诉机关将要承担举证不力所造成的败诉后果。

(二)卷宗移送方式法律变革对证据能力风险评估控制工作的挑战

卷宗移送方式法律变革对已提起公诉的公诉案件质量可能带来的不利法律后果显而易见,即举证不力的败诉后果。尽管规避败诉风险是公诉机关和广大公诉人员的共同期许,但是当前刑事实务中存在多方面不利于有效进行证据能力风险评估控制工作的潜在因素。

首先,在当前刑事司法实践中,完备健全的证据能力风险评估控制机制处于缺失状态。拟提起公诉案件的证据能力风险评估控制工作,是以个案作为载体进行的,也是公诉人员自发进行的。证据能力风险评估控制工作的机制性缺失可能造成诸多不利后果,主要包括未能常规性地发挥公诉机关内部审核机制对关键证据材料的证据能力的有效把关作用;有的公诉人员未能及时评估证据能力风险,造成提起公诉的刑事案件存在质量隐患;证据能力风险评估未能设定为公诉工作的应有职责,弱化了公诉人员对证据能力风险评估控制工作必要性的充分认知,更不利于调动公诉人员对证据能力风险进行评估控制的主观能动性等。上述否定性后果表明,证据能力风险评估机制的缺失已然成为影响公诉案件质量的不利因素。

其次,以新刑事诉讼法关于公诉工作的新做法新要求作为参照标准,目前公诉人员尚未具备高质量履行证据能力风险评估控制职责的良好素质和能力。新刑事诉讼法关于非法证据排除、关键证人和鉴定人出庭作证、提请专家证人出庭对鉴定意见进行质疑等改革内容,对公诉人员的非法证据排除规则运用能力、关键证人书面证词和鉴定意见等证据审查判断能力、庭前会议的说明情况与发表意见能力、准备出庭预案的能力以及出庭支持公诉过程中对关键证人和专家证人的交叉询问能力、对庭审突发状况的灵活处置能力等系列职业素能提出了严峻的挑战。公诉人员在审查起诉活动中对证据合法性和真实性的审查、判断及运用素能的高低,决定了证据能力风险评估所依据的刑事证据基础是否牢靠,进而影响风险评估结论的准确与否。而公诉人员在刑事审判活动中展现出的出庭支持公诉能力大小,关系到已评估的证据能力风险的控制效果如何,最终影响到公诉案件质量的好坏。

最后,新刑事诉讼法刚施行的相当一段时间内,公安机关、检察机关、法院对新刑事诉讼法关于非法证据排除、关键证人出庭作证、提请专家证人出庭对鉴定意见进行质疑等有关规定如何适用容易产生认识分歧。公安机关和检察机关两者的上述认识分歧,将直接影响到公安机关移送审查起诉案件能否达到检察机关拟提起公诉刑事案件的证明标准,容易给公诉机关的证据能力评估控制工作带来客观决策困境,进而间接加大风险评估控制工作的实施难度。而检察机关和法院关于新刑事诉讼法施行的认识分歧,可能导致公诉机关对部分涉及被告人庭前供述、关键证人书面证词、鉴定意见等关键证据材料存在证据能力问题的公诉案件进行处理时面临两难抉择,要么积极公诉,将附带有关键证据证据能力问题的刑事案件提起公诉,并承担败诉风险,要么出于对现行质量考核标准的疑虑消极不起诉,从表面上看似乎规避了起诉风险,但实际上造成放纵犯罪的不良司法导向。

三、公诉机关应对卷宗移送方式法律变革有关挑战之主要对策

根据上文关于卷宗移送方式法律变革对公诉案件质量和证据能力风险评估控制工作有关挑战的阐述,笔者认为公诉机关应对卷宗移送方式法律变革挑战的关键在于,强化刑事证据审查运用工作与证据能力风险评估控制工作,确保公诉案件质量,实现司法公正。

(一)不断深化对新刑事诉讼法立法精神的准确认识,着力强化公诉机关的刑事证据审查运用工作

一是检察人员要充分认识"尊重和保障人权"写进新刑事诉讼法的历史意义,全面履行指控犯罪与法律监督双重职责,秉承打击犯罪和保障人权并重的刑事诉讼基本理念,在审查起诉活动中恪守检察人员的客观义务,认真审查评判能够证实犯罪嫌疑人有罪、罪重以及无罪、罪轻的全案证据,实现有效惩治犯罪与

保障无辜的人免受刑事追究双赢的局面,努力做到审查起诉工作不枉不纵。

二是检察人员要深刻领悟新刑事诉讼法在证据章节将物证作为单独的证据种类予以列明、新增电子数据丰富证据种类的重大意义,着力实现从"口供中心主义"的传统证据理念向"客观证据中心主义"证据理念的科学转变,在审查起诉活动中注重发挥物证等客观证据在案件认定和指控犯罪中的基础性和决定性作用。此外,在"思考证据法的未来,很大程度上就是要探讨正在演进的事实认定科学化问题"①的现行司法背景下,还要确实领会新刑事诉讼法关于鉴定结论修改为鉴定意见以及对物证、书证适用非法证据排除规则的做法,可能给公诉机关运用物证、书证等客观证据及鉴定意见指控犯罪带来的新要求,在审查起诉中对客观证据合法性进行审查判断时要缜密涵盖客观证据的发现、固定、提取、移送、保存、送检全过程,以便确保客观证据的合法性及有关鉴定意见的检材来源真实性,同时避免因客观证据的证据能力问题未能及时发现和评估控制,或者因客观证据的证据能力问题发现后未能妥善解决,给业已提起公诉的刑事案件埋下质量隐患。

三是检察人员要正确认知新刑事诉讼法修改刑事证明标准的深远意义,培养"定罪量刑的事实均有经法定程序查证属实的证据予以证明"与"对所认定的事实已排除合理怀疑"相结合的复合式刑事证据运用思维,逐一排查关键证人证言、鉴定意见等关键证据材料的证据疑点,引导侦查人员开展案件事实证据疑点的补查工作,必要时自行复核关键证人证言,确实防止案件"带着证据硬伤"起诉。

四是检察人员要切实理解新刑事诉讼法关于非法证据排除规则贯穿适用于刑事诉讼活动全过程、不能排除以非法方法收集证据情形的证应予排除的有关规定,坚决履行检察机关对非法证据排除的法定职责,确实杜绝使用不能排除合理疑问的非法证据作为指控犯罪的根据,重视从刑事证据方面确保公诉案件质量。

(二)建立落实证据能力风险评估控制机制,实现对证据能力风险的事先预见和有效控制

证据能力风险评估控制工作制度化的首要任务,在于风险评估控制工作的规范化。而规范证据能力风险评估控制工作的首要任务是,设定风险评估控制机制运行的基本目标,即及时发现并充分预见证据能力问题在提起公诉之后可能对公诉案件质量造成的隐患,在此基础上有针对性地制订工作方案,确保公诉案件质量隐患得以有效控制。在上述基本目标的指引下,证据能力风险评估控

---

① [美]达马斯卡:《漂移的证据法》,李学军等译,中国政法大学出版社2003年版,第200页。

制机制在具体构建中，除了对评估控制主体、案件范围、评估控制事项、评估控制内容、评估控制情况对案件处理结果可能产生的影响等组成要素作出规定以外，还要注意以下问题：一是明确证据能力风险评估控制工作对于公诉人员而言是应有职责这一基本认识，并从审查起诉工作流程上将风险评估控制工作转化为审查起诉工作的重要组成部分。二是专门围绕新刑事诉讼法的改革热点难点，尤其是非法证据排除、关键证人证言、鉴定意见等同证据能力风险评估工作密切相关的新问题，设定风险评估的具体内容及相关要求，以确保风险评估控制工作有针对性、有重点地进行。三是注重发挥内部逐级审核机制在证据能力风险评估控制机制中的把关作用。出于增强风险评估控制机制的可行性及节约运作成本的考虑，可以由审查起诉环节的承办人、审核人兼任风险评估控制的主体，并区分证据能力风险类型来确定不同案件的内部审核层级，同时将风险评估控制工作的开展情况作为公诉案件审查报告的汇报内容在案件处理时随同其他材料一并报送领导审签。四是以援引方式参照执行《检察人员执法过错责任追究条例》的有关规定，配套设置公诉人员在某些情形下不按照有关规定履行证据能力风险评估控制工作的责任追究做法，督促公诉人员切实履行风险评估控制职责，杜绝不履职的情形发生。同时设定公诉人员在依法、审慎履行法定职责后享有免责权。

除了规范立法以外，证据能力风险评估控制机制化在刑事司法实务中的成效还取决于下列因素：一是公诉人员对辩护意见的知悉程度。公诉人员要充分利用新刑事诉讼法关于法律援助时间前置于审查起诉阶段和法律援助对象范围扩大的有关规定，在审查起诉活动中充分听取辩护人对案件处理的有关意见，选择合理部分的意见作为证据能力风险评估控制的重要考量内容。二是公诉人员完成审查起诉工作和出庭支持公诉工作的执法素能状况。检察机关应当多渠道、多形式提升公诉人员的业务综合素能尤其是公诉专项素能，既要提高公诉人员对刑事证据进行审查、判断、补查、复核、排除及运用的系列能力，为证据能力风险评估工作做好素能方面的基础准备，又要重点训练公诉人员参加庭前会议、当庭交叉询问关键证人和专家证人、灵活应对庭审突发情况的方法与技巧，以有效完成证据能力风险的控制工作。

（三）充分利用庭前会议，解决、应对证据能力风险的控制问题

准确理解庭前会议的立法精神，是公诉人员充分利用庭前会议的基本前提。在新刑事诉讼法中，庭前会议设置在"移送全案卷宗"提起公诉和开庭审理之间，起到衔接作用，并且三者在刑事诉讼程序设计上紧密关联。庭前会议解决的事项为出庭证人名单、非法证据排除等与审判相关的问题，是审判人员对非法证据排除、关键证人和鉴定人出庭作证、专家证人出庭对鉴定意见进行质疑等问题作出决定所需的庭前准备性程序，加之庭审过程中非法证据排除程序启动与否、关

键证人和鉴定人等有关人员出庭与否均由法院决定，所以庭前会议成为公诉人员庭前解决非法证据排除、关键证人和鉴定人等有关人员出庭与否系列证据能力相关问题的有利时机。为此，公诉人员可以在参加庭前会议的过程中全面说明情况、充分发表意见直至说服审判人员认同刑事证据具有合法性和真实性这一公诉主张，进而避免庭审中因非法证据排除、关键证人等有关人员出庭作证等问题增加出庭支持公诉活动的难度，以期真正消除证据能力方面的有关风险。诚然，充分利用庭前会议是公诉人员化解证据能力风险的最佳途径。为确保在庭前会议中解决证据能力风险问题的实效，公诉人员应当在审查起诉活动中认真开展刑事证据的审查、判断、补查、复核、排除、重新取证与运用系列工作，做好针对非法证据排除、关键证人等有关人员是否出庭进行说明情况和发表意见的充分准备。

此外，公诉人员还可以充分利用庭前会议，针对庭审过程中可能出现的与非法证据排除、关键证人和鉴定人等有关人员出庭作证相关的庭审焦点，认真听取被告人及辩护人的辩护意见，了解审判人员对上述庭审焦点的关注问题及核查重点，在庭前会议结束后开庭审理前围绕庭审争议焦点做好非法证据排除、关键证人和鉴定人等有关人员出庭作证相关的补证工作。对于补证工作确有实质性进展的，公诉人员可以建议审判人员再次召集庭前会议，力争在庭审前解决与证据能力相关的庭审争议焦点。对于补证工作未能取得顺利进展的，公诉人员应当根据庭前会议的召集情况做好关键证人、鉴定人、专家证人、侦查人员及其他人员出庭作证的庭审预案，以期避免庭审过程中面临被动指控的不利局面。

(四)同步强化检察机关与公安机关、法院之间的互相配合与互相制约关系，促成三机关对新刑事诉讼法的施行达成共识

检察机关要立足宪法关于公安机关、检察机关、法院分工负责、互相配合、互相制约的根本法定位，同步强化同公安机关、法院之间的互相配合与互相制约关系，促成三机关对新刑事诉讼法的施行达成共识，以便有效应对公诉方式法律变革对公诉工作的挑战。一方面，检察机关要加强与公安机关、法院的沟通协调，借助联席会议、案件协调会议、案件质量通报例会、死刑刑事案件专题定期通报等多种形式，不断强化三机关的互相配合关系，着力促进公安机关、检察机关、法院对新刑事诉讼法热点难点问题的贯彻落实达成共识，从而为公诉人员在新形势、新要求下做好公诉工作提供刑事证据审查运用的标准。同时，因刑事证据收集工作主要由侦查机关完成，检察机关还要注重以个案为载体充分发挥公诉引导侦查的应有作用。公诉人员通过提前介入重大案件侦查和公诉人员在案件退回补充侦查过程中同侦查人员的沟通联系，引导侦查人员做好侦查取证工作，从而为公诉案件质量打下坚实的刑事证据基础。另一方面，检察机关在加强自身监督的前提下要更加注重发挥其在刑事诉讼活动中的法律监督作用，不断强化同

公安机关、法院之间的互相监督关系,反向促进公安机关、检察机关、法院对新刑事诉讼法热点难点问题的贯彻落实达成共识,确保新刑事诉讼法得以正确执行。为加强对侦查活动的法律监督工作,检察机关要建立非法证据线索调查核实等工作机制,对于经查实确有非法方法收集证据情形的应当以发出纠正违法通知书、发出检察建议等形式提出纠正意见,构成犯罪的依法追究刑事责任。为切实履行对刑事审判活动的法律监督职责,检察机关要将庭前会议及开庭审理过程中非法证据排除程序、关键证人和鉴定人等有关人员出庭作证等活动纳入法律监督的范围,防止新刑事诉讼法实施过程中出现新的法律监督死角。

论强制证人出庭制度的实施
——以新刑事诉讼法第187条、第188条为视点

唐开清* 李 婷**

证人出庭作证是法庭审判的重要环节,是现代庭审制度的基本要求,也是当今世界衡量一个国家的刑事诉讼制度是否科学和进步的标志之一。但是,在我国刑事审判中,证人不出庭却成为常态,就全国范围来看,证人出庭率普遍不足10%。[①] 无论在理论界还是实务界,证人出庭问题都被认为是我国刑事司法实践中一个严峻的问题。一位从事法律援助的公职律师在其十余年的律师职业生涯和近百起刑事案件代理经历中,从未在审判庭上见过控方证人。[②] 这样的情况确实不免让人担忧,证人不出庭作证导致证人庭前证据的有效性和证明力的目的无法实现,同时也使得法庭抗辩性、防范庭审流于形式的预期严重落空。

证人出庭率低,是证人作证行为失范的重要表现之一。2012年3月14日,全国人大会议审议通过了刑事诉讼法修正案草案,并将于2013年1月1日起正式实施。在该法律中人们欣喜地看到强制证人出庭制度终于得到确立。然而,法律能否有效实施及实施的力度如何,是法律能否产生积极作用的重要前提。故如何保证强制证人出庭制度的有效实施是接下来需要重点研究的问题。一般来说,法律得到有效实施的条件可分为:(1)法的内容的合理性。法的内容的合理性是指法的内容体现了一定的社会需求及社会价值观。(2)法律制度整体的有效性。法律实施效果一定程度上取决于与其配套的制度是否健全、合理、高效。(3)其他社会因素。法律的有效实施还依赖于其他社会因素,包括国家制度、国家管理体制、人的思想观念。[③] 本文将从这三个条件出发探寻保证强制证人出庭制度有效实施的路径。

---

* 唐开清:北京市门头沟区人民检察院检察官,法学硕士。
** 李婷:湖北省恩施市人民检察院检察官,法学硕士。
① 陈卫东:《让证人走向法庭——刑事案件证人出庭作证制度研究》,载《山东警察学院学报》2007年第2期。
② 易延友:《中国刑诉与中国社会》,北京大学出版社2010年版,第162页。
③ 张文显:《法理学》,高等教育出版社2003年第2版,第230~231页。

一、证人强制出庭制度的立法背景

(一)证人具有出庭作证的义务

证人是法庭查明案件事实的重要证据来源,任何人都不能以自己正在从事其他事情为借口而免于作证,也不能因为他曾经向别人许诺过保密而允许其不作证,更不能因为作证会令他陷于尴尬之境而拒绝作证。边沁曾经对于这种义务作过一番形象的描述:"无论是身为贵族还是位居高官,他们的时间对于公众而言和对于他们自己而言一样宝贵,难道他们也要被迫放下自己的事务、工作甚至余暇,听从不怀好意的对方当事人的召唤,就一些细枝末节的原因而出庭作证?是的,只要这是必要的,他们也必须经受同样的程序,在扫烟囱的工人和阉猪的农妇在为半便士的苹果纠缠不清的时候,被传唤到庭提供他们的证言,他们能拒绝作证吗?不,显然不能。"[1]美国有一句被广为引证的司法格言:"国家有权力得到任何人的证据。"强制证人出庭是法律实现其功能、价值的必然选择,也是国家维护其统治秩序的需要。

(二)我国证人出庭率普遍较低,影响案件的公正审判

据统计,自1997年刑事诉讼法实施以来,深圳中院证人出庭率一直在2%~5%之间徘徊;烟台中院审理的刑事案件中证人出庭率低于1%;长春市二道区检察院1997年共起诉刑事案件185件计258人,有证人出庭的仅8件,占起诉总数的4.3%;1999年该区共起诉刑事案件197件270人,有证人出庭作证的仅11件;上海黄浦区法院近年来审理的刑事案件中证人出庭率只有5%;江苏省某市法院为了使所审理的刑事案件中证人能尽量出庭,费了九牛二虎之力,但证人的出庭率却不足被通知人数的10%。[2] 另有数据表明,受贿罪、涉黑案件、有组织犯罪等几类案件的证人出庭率几乎为零。[3] 华南师范大学法学院何广才老师于2007年8月21日至8月23日在广东云浮市对市人民检察院检察官、市中级人民法院刑事庭法官共61人次进行了调研。其中座谈调研共有9名检察官和7名法官参与;问卷调查共发出问卷50份,回收有效问卷40份,有效回收率为80%。参加调查的司法人员普遍反映,在他们所接触的刑事案件中,证人答应作证的比例在20%以下;而实际出庭作证的证人大概也只占答应作证的20%以下。可见,在云浮大多数的刑事案件中,实际出庭作证的证人约占证人总数的4%,这个比例是非常低的,这也证实了以前的证人出庭的数据。

---

[1] Works of Jeremy Bentham, Bowing edn, Vol. 4, 1843, pp. 320~321.

[2] 张泽涛:《刑事审判与证明制度研究》,北京中国检察出版社2005年版,第269~271、280页。

[3] 马可:《空着的证人席——关于不愿作证的社会调查》,载《警方》2002年第4期。

(三)强制证人出庭是世界各国的基本通例

在美国,《联邦民事诉讼规则》第 53 条第 4 款规定:"当事人可以按照本规则第 45 条的规定发出并送达传唤令状,促使证人在主事官面前作证。如果没有充分的理由,证人不出庭或不提供证言,则将被处以藐视法庭罪,并且服从本规则第 37 条和第 45 条规定的诸种后果、制裁及救济方法。"根据《法国新民事诉讼法典》第 207 条规定,对不出庭作证的人,如有必要听其证言,得以传票传唤其到庭,费用由其自负;对不出庭作证的人以及无合法理由拒绝宣誓的人,得处以 100 法郎以上 1 万法郎以下的罚款;能证明自己在确定的期日不能出庭作证的人,得免受罚款与免付传唤费用。在德国,根据《德国民事诉讼法》第 380 条规定,经合法传唤而不到场的证人,可以不经申请而命其负担因不到场而生的费用,同时可以对处以违警裁,也可以命令拘传证人。在日本,证人义务是服从审判的一般义务,根据《日本新民事诉讼法》第 192 条、第 193 条规定,证人没有正当理由不出庭时,法院得以裁定令其负担因此而引起的诉讼费用并处以 10 万日元以下罚款,对不出庭的证人还可以处刑罚;此外,法院还可以拘传没有正当理由不出庭的证人。[1]

证人证言在一些案件中显得尤为重要,证人不出庭作证导致当事人无法质证。法官在庭上不能接触证人,最终影响司法公正。为改变证人不出庭作证的现状,此次刑事诉讼法修改立足于本国国情,在借鉴吸收其他国家和地区的立法经验基础上完善了我国的强制证人出庭作证制度。

二、第 187 条、第 188 条内容分析

依据新刑事诉讼法第 187 条、第 188 条的规定,证人强制出庭制度的内容包括:(1)出庭的主体是应当出庭的证人。(2)应当出庭的证人无正当理由拒不出庭或是出庭后拒绝作证。(3)强制措施是训诫,情形严重的,给予 10 日以下的拘留。对于应当出庭的证人,第 187 条作了明确规定,是指当公诉人、当事人或者辩护人、诉讼代理人对证人证言有异议,且该证人证言对案件定罪量刑有重大影响时,人民法院认为有必要而应当出庭作证的证人。

为保证该项制度有效实施,需要进一步明确以下几个问题。

第一,具体案件中,证人是否应当出庭的决定权在于法官。法官作出决定的标准是,该证人证言是否对案件的定罪量刑有重大影响,是否有必要出庭。异议一经出现就启动证人必须出庭程序,理论上讲更能够帮助查明案件事实,但是司法资源是有限的,这样的做法是不合实际的。况且理论上来讲,对案件的定罪量刑有重要影响的证据是客观的,范围是确定的,法官凭着办案的经验和法律专业

---

[1] 赵锡龙:《浅议强制证人出庭作证的必要性》,载《法制与经济》2011 年第 1 期。

知识,确实能作出比较准确的判断。法律把这一问题的自由裁量权交与法官并无不妥。但是要注意的是,此时案件还在办理过程中,还未开始审理,案件的全貌并未展现出,对于所有对定罪量刑的证据法官并不能准确无误的判断。当法官的判断有差错时,异议人的权利该如何救济?如何制约法官的自由裁量权呢?这里又包括三种情况。

(1)当异议提出,没有得到法官支持时,应当给予异议人一次复议权。这是对异议权保护的通行做法,法律中有许多这样的规定。比如:回避。《刑事诉讼法》第30条第3款规定,对驳回申请回避的决定,当事人及其法定代理人可以申请复议一次。

(2)如果一审程序中,法官最后所定罪量刑的证据中包含了已经提出异议的证人证言。这种情况下,即便已经过了上诉期,当事人及其法定代理人、近亲属仍然可以此为由提出申诉,人民法院应当支持。

(3)一审的判决中,该有异议的证人证言没有作为定罪量刑的重要证据,但是在二审程序中经过审查认为该证人证言对案件的定罪量刑可能有重大影响,第二审法院可根据《刑事诉讼法》第227条规定可以此发回重审。

第二,无正当理由的界定范围需要明确。每个人都有自己的立场和利益。出庭义务人有根据自己处境的作出不出庭正当理由。因为虽然客观上义务人的不出庭不利于案件的审理,但是如果我国现今的证人保护制度无法有效地保护证人,补偿制度无法有效贯彻实施给予证人合理的补偿,这个时候被强制出庭,证人是在为国家履行作证义务的同时担当着巨大的风险和成本,对他们来说是不公平的。难道此时仍然还要以法官根据案件审理需要来判断证人作出的理由正当与否?

第三,对于没有履行出庭义务的证人,有两个级别的强制措施予以惩罚。一般是惩戒,情形严重的处以10日以下的拘留。这里有两个疑问。一是惩戒对违反义务人的威慑力有多大?二是何谓情形严重?

惩戒是指人民法院对违反法庭规则的行为人,进行批评教育,并责令其改正,不得再犯。人们在为一定行为时,行为与不为成本比较是其通常必须考虑的。惩戒这种违反出庭作证义务所付出的成本相比较中国这个人情社会社会交往成本以及担心遭到报复的心理负担,在全盘考虑之后,有多少义务人愿意走进法庭或是在走进法庭后开口说话不具有可预测性。

对于什么是情形严重,历来是我国司法实务中有争议的问题。在这里是指被强制出庭的证人主观上态度恶劣,还是指义务人不出庭致使审理无法进行还是别的什么情形。法官虽具有判断情形严重的一定的自由裁量权,但是强制证人出庭制度毕竟才真正意义上开始实施,法官经验不足,全国各地实际处理肯定不一。加之,民众对该制度的认识还非常缺乏,对拘留这种措施的理解与接受程度有限。如此,如果不对情形严重加以具体化,该项制度的实行在实务上会困难重重。

第四,对于拒不履行出庭义务的证人的书面证言,效力如何?如果认定其与出庭的证言同样的效力,必会影响到强制证人出庭作证这个制度存在的意义。如果不认定其证据效力,但是其是对定罪量刑有重大影响的证据,案件审理如何能进行下去?

三、影响强制证人出庭制度有效实施的相关因素

一项法律制度如果没有其他相关法律制度作保障,是难以得到有效实施的。此次的强制证人出庭制度也不例外。

(一)配套制度

1. 证人保护制度与经济利益补偿制度

为什么证人出庭率如此之低?许多学者对于这个问题都有所研究,总结起来主要集中在以下几个方面:(1)司法机关对证人及其亲属的保护措施不足,导致证人害怕遭受报复;(2)传统的"息讼"观念和"和为贵"的社会风气;(3)法律没有惩罚性规定;(4)出庭作证损害证人经济利益。这其中的三个原因都事关出庭制度的保障制度。在此次刑事诉讼法的修改中,通过惩罚性规定完善了强制证人出庭制度。并在第 62 条、第 63 条规定了证人保护制度与经济利益补偿制度。

虽然已经建立了证人保护制度,但实践中,对证人的保护目前只停留在事后保护、人身保护、宣言式保护范围内,忽视了对证人事前预防性及财产方面的保护,一旦证人及其家属遭到打击报复,造成损害,无论是追究刑事责任还是给予治安管理处罚,这对于证人及其家属来说,已经于事无补。这样,怎能调动证人出庭作证的积极性、主动性呢?事实上发生残害证人及其家属的案件并不少见,但能及时对加害者进行惩治的事例却寥寥无几,负面影响很大,消息一经传开,其他案件的证人就会拒绝作证。所以证人保护制度必须得到有力执行才能有效保障证人出庭。

对于经济利益补偿制度。标准确定,给付机关明确但是特别注意的是,要简化证人得到这份补偿的程序,尽量缩短得到补偿的时间。如果证人要得到这份补偿需要耗费大量时间和精力,而且对何时能够得到这份补偿没有确定性,必会影响到证人出庭的积极性。

2. 拒证权制度

在新《刑事诉讼法》第 188 条第 1 款还确定了被告人的配偶、父母、子女的拒证权。我国古代自有"亲亲得相隐匿"的制度,这一规定符合人伦常理,从另一方面辅助证人出庭制度的实施。

(二)思想观念

1. "以和为贵"的传统文化影响着强制证人出庭作证制度的实施

受传统文化的深刻影响,"贱讼"、"鄙讼"、"耻讼"心理,使得人们不愿意参与到诉讼过程中。在绵延数千年的中国传统文化中,儒家思想一直占据正统的地位,儒家所倡导的核心内容即为"礼","礼"最突出的特点就是讲究和谐。"礼之用,和为贵"的观念必然会使人们贱讼、耻讼,认为涉诉是道德败坏的表现。"在诉讼活动中通知证人到案难,到案后说实话难,再通知证人到法庭上接受质证就更难"的"三难"问题,就是这种观念影响的结果。孔子以"仁"为核心,提倡"礼治",崇尚"无讼"的思想在我国源远流长,对社会言行的影响极其深远。证人也多受此思想的影响而缺乏作证的积极性。因此,实践中证人不出庭作证的现象也顺理成章地存在了。具体到刑事诉讼中来就是,知道案件情况的证人往往是明哲保身,不愿意出庭作证。

虽然强制证人出庭制度已经明确,通过国家强制力可以让证人履行出庭作证的义务。但是一项法律制度的有效实施离不开其所在的社会土壤,社会效果与法律效果的统一是法律实施的目标,如果背离了社会效果,该制度施行的价值就将大打折扣。

2. 刑事诉讼中公正与效率价值的关系错位

在最高人民法院提出"人民法院在二十一世纪的主题就是公正与效率"之后,效率,已成为当下各种论证具体司法改革以及在司法实践中的基本依据之一,仿佛只要拥有了效率,就拥有了不可争议的正当性和合法性。我们在过分强调效率的时候,往往会导致我们在程序上的诸多不足,损害当事人的权利,比如重庆的李庄案件是最好的明证。同时,我们也应该思考关于公正与效率的价值定位是否出现了错位。在今天只要随手翻翻法学文献,像"公正是司法的永恒价值目标"、"公正是司法的基本目的和出发点"、"公正是司法的永恒主题"、"公正是司法改革的基本目标"等类似标语型的断言就可垂手而得。[①] 人们对于公正的追求是迫切的,但是对于公正的价值尺度理解恰恰是错误的,公正不仅仅是司法的外在尺度,更应该是司法的内在本质,"司法"亦"公正"。我们看到,不论是公安机关还是检察机关在刑事诉讼中,忽视了"公正"作为司法的内在本质,仅仅当做一种外在价值尺度对待,所以就当然可以产生效率优于公正的现象,因为同作为外在价值是可以有位阶比较的。

众所周知,在人类社会,为了使得稀缺的资源得到最优的配置,对于效率的追求是理性的必然选择。效率同样是人类社会活动追寻的主要价值目标之一,司法同样是如此。特别是在我国社会的转型时期,经济飞速发展,效率的地位越

---

① 万毅:《底限正义论》,中国人民公安大学出版社2006年版,第61页。

发显得重要,我们的司法机关当然也不甘落后。检察机关面对日益增多的刑事案件,对于案件处理的效率更加重视,导致程序上的缺失是十分合理的逻辑结果。但是,却很少有人明白,效率并不是司法的本质或者司法的构成要素。司法的存在并不是为了追求效率,而是公正,检察机关并不是为了追求刑事案件的迅速解决,而是在保证当事人权利的前提下追求结果的公正,达到惩罚犯罪,安抚被害人,稳定社会秩序的目标。正如有的学者所说:"效率根本不是刑事诉讼程序的要求,它是外部强加的,最多只能说它是刑事诉讼活动的要求。"

(三)司法机关权力配置

我国的检警关系模式是建立在"分工负责、互相配合、互相制约"基础之上的具有鲜明特色的一种模式,[1]基本与检警分离模式一样,但在检警机关相互配合和制约方面,又规定了检察机关对于公安机关有监督制约作用,根据我国刑事诉讼法律的规定,其实检察机关对于公安机关的侦查活动的监督制约极其有限,基本没有可操作性。在整个刑事侦查的过程中,基本由公安机关一家操作。在现实生活中便产生各种问题,因为权力不受制约的时候非常容易被滥用,特别是刑讯逼供、非法搜查、诱证等违法现象十分普遍。检察机关主要的角色是根据公安机关的侦查结果提起公诉,这样便加大了检察机关让证人出庭作证的难度,因为检察机关并没有侦查的主导权。[2]

(四)案卷笔录中心主义的办案传统影响着强制证人出庭作证制度的实施

现代诉讼制度要求刑事案件的审理必须贯彻直接言词原则,以便于查明案件事实。直接言词原则是人类理性和正义观念在司法领域发展的产物,它不仅是一项调整诉讼程序的基本原则,也是一项调整诉讼证明活动的基本原则,该原则所体现的思想和精神在两大法系国家已被普遍接受和采用。[3] 交叉询问是直接言词原则的体现和实现形式,是现代刑事诉讼的重要内容。我国现行刑事诉讼法也相关的规定。但是在庭审中,检察机关及审判机关对于交叉询问规则及直接言词规则认识不足,过分倚重书面证言,证人出庭的问题没有引起足够的重视。认为经过庭审"质证"的证人提供的书面证言同证人当庭作证的证词相比,具有同样的证明效力。这样辩护方无法对证言进行交叉询问,证言的客观性受到巨大冲击。

---

[1] 徐从锋、孙洪坤、杨开江等:《检查规律与检察民主论》,中国检察出版社2009年版,第184页。

[2] 于绍元、马贵翔:《刑事诉讼程序公正的内涵及其限制》,载《法商研究》2000年第3期。

[3] 赵鬼:《直接言词原则与刑事证人出庭作证问题研究》,载《北京科技大学学报》(社会科学版)2008年第24卷第3期。

"案卷笔录中心主义"在刑事诉讼中是十分盛行的,是我国刑事诉讼证据中最重要的一类证据形式化,对于证人出庭作证并不青睐,这样的后果是导致庭审沦为形式。

四、检察机关保证强制证人出庭制度有效实施的几点建议

强制证人出庭制度的有效实施需要整个法律制度、国家制度、社会的共同努力,存在很大的难度,从不完善到完善,从不尽如人意到尽如人意需要一个过程,切不可按照某些学者的想法——全盘接受他国经验来改变我国现状。法律移植是历史的必然选择,但是我们在移植的过程中需要加入我们自己的经验,进行本土化的改造,以不至于发生台湾学者林毓生所言的"错置具体感的谬误"。[①] 检察机关作为刑事诉讼法重要的实施主体,作为强制证人出庭制度的关键主体。对此,笔者根据上文论文提出几点检察机关的努力方向,仅供研说。

(一)理清公正与效率价值的关系

公正与效率是司法两个十分重要的价值,如上文所谈到的公正作为司法的内在本质与作为外在价值尺度的效率是不能相提并论的,检察机关在刑事诉讼中必须理清两者之间的关系,不能盲目追求诉讼活动的效率而牺牲公正价值。在司法领域中公正和效率的关系是十分明确的,公正对于效率具有不言而喻的重要性、有限性,效率从来没有挑战公正的资格,只有在公正得到保障的前提下才有讨论效率的余地。特别是在刑事诉讼领域,维护最低限度的人权是它不可动摇的底线原则,公正从来都不会向效率退让半步。[②] 用经济效益来衡量证人出庭的重要性,"有时不仅是简单化,而且是荒唐的"[③]。

证人出庭作证,虽然在表面上牺牲了诉讼的效率,但是却为结果的公正带来了更大的可能性,这样的成本付出是值得的,并不存在司法资源的浪费,也是司法公正的题中之意。从另一个角度来说,证人出庭作证制度有利于避免纠错程序的启动,实际上也促进了效率的提高,公正与效率并不矛盾,同样可以实现效益的最大化,检察机关在工作中必须树立这样的理念。不论是最高法院还是最高人民检察院都可以在工作中进一步贯彻公正与效率关系的思想,发挥导向作

---

① 林毓生:《热烈与冷静》,上海文艺出版社1998年版,第315页。转引自徐从锋、孙洪坤、杨开江等:《检查规律与检察民主论》,中国检察出版社2009年版,第184页。"错置具体感的谬误"是指出现抽空某一概念的具体背景和历史条件,将舶来概念横向移植到完全不同或貌合神离的社会土壤上,或郢书燕说或拔苗助长,生活在既无现实感,亦无历史感的失重状态中的现象。

② 万毅:《底限正义论》,中国人民公安大学出版社2006年版,第71页。

③ 沈宗灵:《现代西方法理学》,北京大学出版社1992年版,第415页。

用,为强制证人出庭作证制度的落实准备思想基础。

(二)完善相关法律规定

1.摒除"案卷笔录中心主义",提高出庭证人证言的重要性

"案卷笔录中心主义"态度的形成有深刻的传统法律文化的原因,也有制度规制的缺陷。传统法律文化的改变,需要一个漫长的过程,我们很难一时完成,可以做的便是从制度上来规制,逐步改变办案机关工作人员的办案观念与模式。

诚然,作为书面证言的笔录有其优点,比如易于保存、固定等,在证人发生意外或者有其他正当理由无法到庭的时候,书面证言可以发挥证据材料的作用,另外书面证言之间的相互对照也可以在一定程度上判断证言的可信度,发挥其对于追究被告人责任的价值。但是,案件笔录只能作为一种例外规定,而不能作为一般规定,毕竟案卷笔录是可以操作控制的,同时,证人庭上的证言没有经过深思熟虑,更加接近事实真相,也给了辩护方质疑的机会,其优越性远远大于案卷笔录。

要改变这一现状,可以在证据法中或者在证据法的解释中,重新定义刑事证据的盖然性标准,如果刑事案件存在证人就必须在证据链中存在证人的庭上证言,否则不能轻易定罪。被告人在强大的国家公诉权面前已经软弱无力,我们更加要注意对其人权的保障,这样的规定与新修订的《刑事诉讼法》第2条关于"保障人权"的要求是内在一致的,而不能如同有的学者一样认为"司法资源有限,无法支持不切实际的人权保护"①。刑事诉讼作为最后的保障社会秩序的手段,强硬而且惩罚残酷,必须尽一切可能保护人权。

2.完善证人出庭作证原则及例外配置的法律规定

2012年刑事诉讼法的修改将强制证人出庭制度写入刑事诉讼法即第187条与第188条。同时第60条规定:凡是知道案件情况的人,都有作证的义务。两个部分相互配合,构成了强制证人出庭的法律依据。但是第187条中规定"有必要时可要求证人出庭作证",这样的规定存在一定的松动空间,"必要"是主观判断,没有一个严格的标准。因此希望最高人民法院与最高人民检察院能够在新刑事诉讼法实施之后能够出台相关的司法解释,来克服立法不严密的问题。同时,希望最高人民法院在之后的司法解释中,能够添加刑事诉讼中证人出庭作证的原则,并进一步明确规定证人不出庭作证的例外规定,不能含糊其词,导致可变通的空间太大。

为了提高刑事诉讼的效率,加大打击犯罪的力度,合理、充分利用司法资源,可以建立强制关键证人出庭制度。根据证人出庭作证成本效益曲线的分析,虽然证人出庭作证越多就越能查明案件事实,但是并非越多越好,因为司法资源是

---

① 赵昕、王苗:《浅析刑事证人出庭现状及对策》,载《法律适用》2008年第7期。

有限的。建立强制关键证人出庭制度或许可以解决公正与效率的矛盾。

另外一个方面,就是在关于通知证人出庭的程序设计上需进一步完善,明确法院、检察院、公安机关的责任,不能相互推诿。

(三)侦查活动中的"类检警一体模式"构建①

我国现行的刑事诉讼法表面上采取了对抗制诉讼模式,但是职权主义倾向依旧十分严重。特别是侦查活动中,"检警分离模式"造成的侦查机关在进行侦查、拘留和预审等诉讼活动时,侦查机关拥有绝对的决定权。如同上文所谈到的一般,检察机关的公诉可以提出何种证据都是由公安机关决定的,其主动性大大降低。关于证人出庭也是如此,最终的证人名单来自公安机关,为了更好地贯彻落实强制证人出庭制度,避免检察机关的"书面证言为中心"的无奈,应该在一定程度上改变侦查活动中的"检警分离模式",构建"类检警一体模式"。

所谓"类检警一体模式",是指并不是完全的检警一体模式,只是在侦查活动中确立检察机关的主导权,由公安机关担任辅助侦查的角色。不可否认,"检警一体化"侦查模式适应了世界刑事司法发展的历史,是世界刑事司法的潮流,但是由于我国长期的分离模式业已形成,并且具有自己的文化背景和制度考量,是不可能轻易改变的。同时,也涉及部门利益的划分和部门职能的重塑,困难程度可想而知。② 因此,笔者提出构建"类检警一体模式",这样可以平衡双方的利益,并且达到侦查活动相互制约,保障人权的目的。

在重构检警模式时主要坚持的原则是——"检察机关在侦查活动中对公安机关的相对领导权,而不是国外的那种绝对领导权,并且仅限于公安机关的刑事侦查领域而不涉及行政职能"③。具体的制度可以包含以下几方面的内容:(1)建立检察机关对立案、撤案、结案的同意审查制度;(2)加强侦查活动中证据收集的监督;(3)侦查活动的一般指导与具体指导相结合;(4)建立侦查信息输入制度等。④

(四)加强监督,强化对相关配套制度的执行力度

目前,我国司法公信力情况不容乐观,虽然有各项法律规定,但是证人对于司法机关能够保护自己的信任度并不高。所以司法机关要加强公信力建设,在证人保护方面做好事前预防、财产保护。对于因保护不力,而使证人及其近亲属

---

① 现在的学术理论中并没有"类检警一体"的说法,此处为笔者根据"检警一体"模式的制度内涵而自创的一个说法,在下文的论述中会作详细说明。

② 徐从锋、孙洪坤、杨开江等:《检查规律与检察民主论》,中国检察出版社2009年版,第184页。

③ 陈兴良:《内地刑事司法制度:理念、规范、体制之考察》,载陈兴良主编:《刑事法评论》(第5卷),中国政法大学出版社2000年版,第42页。

④ 种松志:《检警关系论》,中国人民公安大学出版社2007年版,第271页。

遭受损害的司法人员,应当给予处罚。对于证人的经济利益按照公平公正的原则,给予最适当的补偿,并且保证补偿金及时到位。

五、结语

正义的作用在于犯罪分子得到惩罚,而证人出庭作证是将罪犯绳之以法,保证当事人诉讼权利的重要一环。强制证人出庭制度,符合我国保障人权的要求,是刑事诉讼中的重要制度之一,但是保障这项制度有效实施,达到期望的效果,还面临很多挑战,需要我们不断努力。笔者坚信强制证人出庭制度会在司法实践中得到更好的贯彻落实。

诈骗罪中"非法占有目的"的推定规则

李 明[*]

基于现行刑法的规定,由于并不是所有的诈骗罪的法条中都明确规定了必须以"非法占有为目的"为其构成要件,加之非法占有的目的属于人的主观形态,采取何种方法予以认定,如何准确认定这一要件,才能达到既准确打击犯罪,又能促进人权保障,是司法实务中迫切需要解决的问题。

一、"非法占有目的"与"推定"

(一)非法占有目的

诈骗罪的基本模式是行为人以非法占有为目的,采取虚构事实或者隐瞒真相的方法实施欺诈行为,使对方产生认识错误,对方基于该认识错误交付财物,进而造成财产损失。非法占有目的是犯罪目的的一种,在占有型的犯罪中,必须在主观上具有"非法占有目的"才能构成犯罪,即判断某一行为是否构成诈骗罪,必须在主观上要看行为是否具有非法占有的目的。由于非法占有目的的客观外在行为并没有完全成为犯罪的构成要素,因此,非法占有目是占有型犯罪中的当然内容,还是故意之外独立的犯罪主观构成要件,即是"一元主观"论还"二元主观"论,学界尚存在着不同的看法。但无论是哪种观点,均承认非法占有目的是诈骗罪的必备要素。国外关于诈骗罪目的,有两种不同的立法例:一种立法例明文规定诈骗罪必须具有非法占有目的。如《德国刑法》第263条明文规定,诈骗罪必须"意图使自己或第三者获得不法财产利益";《瑞士刑法》第146条规定,诈骗罪必须"以为使自己或他人非法获利为目的";另一种立法例则没有明文规定诈骗罪必须出于某种特定目的,如日本《刑法》[①]。

目前,我国刑法学界对"非法占有目的"的理解包括有"非法占有说"、"不法所有说"、"意图改变所有权说"、"非法获利说"、"非法所有说"等不同学说。"非法占有说"认为,"刑法上的占有概念与民法的占有概念基本是一致的,即对物的

---

[*] 作者系中国人民公安大学法学博士后研究人员,最高人民法院中国应用法学研究所法学博士。

[①] 张明楷:《论财产罪的非法占有目的》,载《法商研究》2005年第5期。

控制和管领。刑法上犯罪的实质是行为对法益的侵害,而不在于行为人获得了什么"①。"不法所有说"认为,"以非法占有为目的"是指以将公私财物非法转为自己或者第三者不法所有为目的"②。"意图改变所有权说"认为,"对'非法占有'的理解不能仅限于将公私财产非法据为己有,也包括转归第三者非法占有。第三者不仅限于个人,也包括集体单位。行为人非法取得财物是据为己有还是转归他人则在所不问"③。"非法获利说"认为,"诈骗等非法取得他人财物的犯罪都属于图利性的犯罪,其主观要件不是以非法占有或不法所有为目的,而是以非法获利为目的"④。"非法所有说"认为,"非法占有"的真实含义是指民商法意义上的非法所有⑤。

刑法理论的通说认为,"以非法占有为目的"是取得型财产犯罪不成文的构成要件要素。所谓非法占有目的,就是指明知是公私财物,而意图把它非法转归自己或者第三者占有⑥。即行为人在未经权利人授权的情形下,意欲排除权利人而占有他人的财物,将其视为自己的所有物,并进行利用、处分的意思。"非法占有目的"也就是非法掌握和控制财物的目的。刑法意义上的"占有",并不能从字面意义上等同于民法意义上的"占有"。在刑法意义上的非法"占有",与非法"所有"的意义无异,有学者就认为,"只有将非法占有目的理解为非法所有目的,才能使这一主观要件具有区分罪与非罪,此罪与彼罪的机能"。⑦ 例如,在刘恺基合同诈骗案⑧中,刘恺基在签订(购林)合同时无履行能力,事发之后仍无此能力,却依然蒙骗受害人,占有对方的财物拒不归还;将获取的履约保证金用于购买车辆和归还个人债务,大部分款项用于直接支取现金,资金被转移后去向不明,导致无法追还,均反映出非法占有他人财物的目的,可以因此认定构成合同诈骗罪。而在郭建升贷款诈骗案中⑨,之所以判决被告人无罪,原因就在于:行为人使用欺骗手段取得贷款行为本身,并不直接意味着行为人具有非法占有贷款的目的;升宏公司贷款逾期未还,不是主观上拒不归还,而是客观上不能归还;造成升宏公司贷款无法归还的原因,不是因为郭建升将贷款用于个人经营和挥

---

① 储槐植:《再说刑事一体化》,载《法学》2004 年第 3 期。
② 高铭暄:《新编中国刑法学》,中国人民大学出版社 1998 年版,第 760 页。
③ 何秉松:《刑法学教科书》,中国法制出版社 1995 年版,第 710 页。
④ 张瑞幸:《经济犯罪新论》,陕西人民教育出版社 1991 年版,第 225~256 页。
⑤ 王晨:《诈骗犯罪研究》,人民法院出版社 2003 年版,第 20 页。
⑥ 高铭暄:《中国刑法学》,中国人民大学出版社 1989 年版,第 889~890 页。
⑦ 张明楷:《如何理解刑法中的非法占有目的》,载《人民法院报》2003 年 8 月 1 日。
⑧ 中华人民共和国最高人民法院刑事审判第一、二、三、四、五庭主办:《刑事审判参考》(总第 76 集),法律出版社 2011 年版。
⑨ 沈德咏:《经济犯罪审判指导与参考》,人民法院出版社 2003 年版,第 11~18 页。

霍,而是公司经营不善导致资金困难造成的。基于郭建升不具有非法占有的目的,而是出于解决资金急需和经营困难等动机,因此,不能以贷款诈骗罪定罪处罚。

如何认定诈骗罪中的行为人是否具有非法占有的目的,可以从几个方面进行分析:行为人是否具备合同主体资格、条件、身份;是否创造、虚构虚假条件;为达成目的是否采取了骗取方法和手段;本人是否从始至终均具备履行合同的能力和条件;在"得手"后是否有归还、履行、支付的实际行为;是否具备挥霍、挪用、携款逃跑等行为,这些"行为"无一不是从间接方面印证了行为人"非法占有"目的的存在。对于什么客观行为可以认定为主观上具备非法占有目的,相关的立法和司法解释对此已明确予以说明,如2001年1月21日,《全国法院审理金融犯罪案件工作座谈会纪要》(法[2001]8号):"……(三)关于金融诈骗罪,金融诈骗罪中非法占有目的的认定。金融诈骗犯罪都是以非法占有为目的的犯罪。在司法实践中,认定是否有非法占有为目的,应当坚持主客观相一致的原则,既要避免单纯根据损失结果客观归罪,也不能仅凭被告人自己的供述,而应当根据案件具体情况具体分析。根据司法实践,对行为人通过诈骗的方法非法获取资金,造成数额较大资金不能归还,并具有下列情形之一的,可以认定具有非法占有的目的:(1)明知没有归还能力而大量骗取资金的;(2)非法获取资金后逃跑的;(3)肆意挥霍骗取资金的;(4)使用骗取的资金进行违法犯罪活动的;(5)抽逃、转移资金、隐匿财产,以逃避返还资金的;(6)隐匿、销毁账目,或者搞假破产、假倒闭,以逃避返还资金的;(7)其他非法占有资金、拒不返还的行为。但是,在处理具体案件的时候,对于有证据证明行为人不具有非法目的的,不能单纯以财产不能归还就按金融诈骗罪处罚。"除上述情形外,比照《全国法院审理金融犯罪案件工作座谈会纪要》和有关司法解释的精神,下列特定情形也可以推定行为人具有非法占有为目的:(1)以支付帮助获取资金的中间人高额回扣、介绍费、利差、提成的方式获取资金,并由此造成大部分资金不能返还的;(2)将资金大部分用于弥补亏空、归还债务,导致资金事实上无法归还的;(3)没有实际经营可以预期的赢利业务而大量骗取资金的,导致资金无法归还的;(4)将资金大量用于挥霍、行贿、赠与的;(5)将资金用于高风险营利活动造成亏损致使资金无法归还的(除符合贷款合同约定的用途外);(6)获取资金明显超出自身经营所需,而随意处置所获取资金的;(7)为继续骗取资金,将资金用于亏损或不营利的生产经营项目的;(8)其他没有归还能力而大量骗取资金的。①

---

① 高憬宏:《审理金融犯罪案件的若干问题——全国法院审理金融犯罪案件工作座谈会综述》,载《法律适用》2000年第11期。

(二)推定

推定,是指根据两个事实之间的"常态联系",当某一事实存在时就可以认定另外一个事实的存在,即从已知的事实推导出未知事实的逻辑思维活动。即"某些法律规范中,立法者以一定的事实(推定基础)直接推导出另一个特定的法律要件(推定结果)"。① 推定是一种认定案件事实的方法,古代罗马时期就有"一切主张在未证明之前推定其不存在"的记载。1804年法国《民法典》第一次明确规定了推定概念:"推定为法律或审判员依已知的事实推论未知的事实所得的结果。"推定中涉及两个事实:基础事实与推定事实,关于两者的关系,英美法系证据法上称其为盖然率,而大陆法系证据法则称之为经验法则。正是因为基础事实与推定事实之间因果关系的确定性,才要求法官根据基础事实推导出推定事实,卸下主张事实存在一方某些证明对象的举证责任,转换于对方承担部分举证责任。当然,由于这种因果关系不具有完全的确定性,存在着被人类的相反经验所推翻的可能,其盖然率可能存在着例外的情况,因此,允许对方当事人提供反证予以推翻。推定事实推定适用的一般条件是:(1)基础事实已经得到证明,即基础事实必须有证据予以支持,并已得到了确认。(2)基础事实与推定事实之间存在着一定联系,而且这种关联性是客观的、常态的,不是偶发的、随机的或主观臆想。(3)没有反证或反证证明力不足。推定在效力上表现为证明对象的变更或置换和行为意义的证明责任发生转移,使得推定事实的认定正当化。

推定的哲学基础就在于事物之间的关联性,或者说是基于事物之间普遍的共生关系、常态的因果联系,因为任何事物相互之间都存在着这样或那样的联系,事物之间的逻辑关系是客观的、必然的。推定所依据的经验法则必须是社会大众普遍承认的盖然性程度很高的经验法则,由于事物之间的这种规范化或常态化的联系,即基础事实—经验法则(盖然性程度高)—推定事实。同时,推定是一种证明法则,属于一种程序性案件事实认定规则,即法律所允许的证明案件事实的一种特殊法则,也是一种证明责任转移机制和法官的事实认定规则。在司法过程中,推定由于揭示了从一项事实推出另一事实的过程,可以作为法官的采证规则而存在。在刑事司法中,推定主要被司法人员用来对犯罪嫌疑人、被告人的主观心态进行判断。适用推定,则主观方面事实的证明责任转移,是否具备"明知"、"故意"、"占有目的"等主观事实由被告人承担举证责任,如果被告人不能提供证据予以证明,则推定的事实——被告人主观上"非法占有目的"事实成立;当然,被告人提供证据所要达到的证明标准有所降低,不适用"排除合理怀疑"这种较高的证明标准。由于推定是建立在经验法则基础之上的,经验法则作为一种不完全的理性,存在着非必然性和可推翻性,因此,推定都是允许对方反

---

① [德]普维庭:《现代证明责任问题》,吴越译,法律出版社2006年版,第72页。

驳的。

推定可以从不同的角度进行分类。从是否有法律规定为前提可以区分为立法推定和司法推定；依发生的依据不同，可以分为法律推定和事实推定；根据其效力的效果程度不同，可以区分为可反驳的推定和不可反驳的推定。英美法系采"三分法"，即不可反驳的法律推定、可反驳的法律推定和可反驳的事实推定；大陆法系采"二分法"，一般指法律上的推定和事实上的推定；在我国学界一般将推定分为法律推定和事实推定。，事实推定是依照通常经验或自然理性而得来的，一般具有合理性、确实性，系法官运用经验法则，基于一定的证据基础采自由心证决定是否适用，并非法律明文规定。因此，一般意义上的推定系指法律推定。

推定为许多国际公约和各国刑事司法立法所明文规定，如《联合国打击跨国有组织犯罪公约》第5条第2款规定："本条第一款所指的明知、故意、目标、目的或约定可以从客观情况推定。"《联合国反腐败公约》第28条规定："根据本公约确立的犯罪所需具备的明知、故意或者目的等要素，可以根据客观实际情况予以推定。"美国《模范刑法典》第251.4(2)节的规定："凡在自己的营业过程销售或持有淫秽物品的，推定其为明知或轻率。"美国《加州证据法》第600条(a)规定："推定是一种事实的假定，即法律要求从另一事实或事实组中得出或在诉讼中加以确认。推定不是证据。"《加拿大刑法典》第82条规定："任何人，如不能证明有合法理由而占有、保管或控制爆炸物品，则构成可诉罪。"英美学者认为，推定在证据法中，指从其他已经确定的事实必然或可以推断出的事实推论或结论①。英国学者沃克认为："推定，在证据中，指从其他已经确定的事实必然或可以推断出的事实或结论。"②在大陆法系，法国民法典第1349条规定，推定系法律或法官从已知事实推论未知事实的存在，除非并且直至提出对该证据的不存在予以认定的证据③。中国香港《危险药物条例》第47条第2款规定："如果一个人被证明或推定持有毒品，除非能提出反证，否则将被推定为已经知道该毒品的性质。"我国的刑事法律中没有关于推定的相关内容，但是在民事法律的有关司法解释中明确了推定的内容，如2001年最高人民法院《民事证据规定》第9条规定，根据法律规定或者已知事实和日常生活经验法则，能推定出的另一事实。推定出的另一事实无须举证证明，即可依此作出判决。

在审判过程中，适用推定的主体一般是审判人员，是法律对某种事实或责任作出的是否允许当事人举证或无法举证时的一种认定。它实质上是通过证据对

---

① ［美］摩根：《证据法之基本问题》，李学灯译，台湾世界书局1982年版，第57页。
② ［英］戴维·M. 沃克：《牛津法律大辞典》，光明日报出版社1988年版，第714页。
③ 沈达明：《比较民事诉讼法初论》，中信出版社1991年版，第312页。

基础事实证明的方式来完成难以或无法证明的推定事实的证明。在诈骗罪中，无论是否在法条上明确规定了"非法占有目的"，实际上都是将非法占有目的主观内容纳入到了对该类犯罪客观行为的法律评价中，只要有证据证明行为人实施了法定的客观行为，或者说证明了基础事实存在是确实的，那么就可以推定行为具有非法占有的目的。通过适用推定，人们可以拓展认识方法，扩大认识的对象，加速认识的进程，促进证明活动的便捷性，有利于案件的及时处理。

二、诈骗犯罪中的"以非法占有为目的"为何需要推定

（一）"非法占有目的"的主观要件证明困难

目的犯以犯罪目的为内容，刑法理论认为，目的犯的目的既是主观的违法要素，也是主观的构成要素。《德国刑法》第263条明文规定诈骗罪必须"意图使自己或者第三者获得不法财产利益"。《瑞士刑法》第146条规定诈骗罪必须以使自己或者第三人非法获利为目的。我国《刑法》第14条规定："明知自己的行为会发生危害社会的结果，并且希望或者放任这种结果发生，因而构成犯罪的，是故意犯罪。"刑法的通说认为，犯罪故意具有认识因素和意志因素两个方面。在我国刑法的犯罪构成理论体系下，犯罪目的是犯罪构成要件因素之一。

犯罪目的属于人的主观方面的心理问题，犯罪的主观方面，是指犯罪主体对自己的危害行为及其危害结果所持的心理态度。在诈骗犯罪中，行为人的心理态度是通过其外向化、客观化的外在行为来体现和反映出来的。"主观"是反映支配行为人外在活动的主观意识，罪过属于心理态度的范畴，它由认识因素和意志因素构成。人的活动由其主观心理支配，活动的性质由主观心理决定；判断行为人的心理态度的根据则是行为人实施的诈骗行为在客观上的一系列活动表现。因此，只要存在证据证明这些客观化、外在化的行为表象和印迹的存在是确定的，属实的，那么就可以推断其心理态度的变化。马克思就认为："除了行为的内容和形式外，试问还有什么客观标准来衡量意图呢？"[①]"由于故意因素是一种行为内在主观的心素，其认识性及呈现状态欠缺客观的态样。因此，判断上异于客观构成要件要素的类型标志，而须采取'盖然证据（prima facie）'，按其类型意义或制度性的概念，从事'事实推定（presumption）来确定之'。"[②] 而如果不采用推定来进行认定，犯罪的主观方面较之客观方面而言，由于其抽象性和内隐性，缺乏客观性而难以认定。许多的诈骗罪中存在着行为人是否具备"占有"、"目的"、"动机"、"明知"等人们内部心理活动的事实难以用证据确定，"推定往往是能够证明被告人心理状态的唯一手段，因而在刑事司法中起着非常重要的作用。

---

① 《马克思恩格斯全集》第1卷，人民出版社1972年版，第138页。
② 苏俊雄：《刑法总论Ⅱ》，台湾大地印刷厂股份有限公司1998年版，第138页。

法官应该对陪审团作出这样的指示，即它有权从被告已经实施了违禁行为的事实中，推断出被告是自觉犯罪或具有犯罪意图，如果被告未作任何辩解，推断通常成立"。①

（二）刑事政策中打击某类犯罪类型的必要

运用刑法武器惩治和防范金融和财产领域中形形色色的以非法占有为目的的诈骗行为，是世界各国刑事立法的通例和趋势。由于诈骗罪所涉及的社会领域众多，危害面积大，必须采取法律上的手段积极扼制。控方如果不能证明被告人具有此目的的事实，法官也就不能认定被告人的犯罪事实。在刑事政策中，为了实现立法者严厉打击和防范某类特殊类型犯罪，存在着较大的社会需要和司法政策安排需要特别加以保护的公共利益时，其采取的司法技术之一就是减少控方的举证范围和证明要求，将部分证明责任分配给被告人承担，由被告人承担提供反证的证明责任。之所以采用推定来确定"非法占有目的"，是因为在社会上诈骗罪本身具有一定的社会危害性，行为人的非法占有行为对社会秩序构成严重的威胁，具有现实危险性的特征。通过证明与犯罪目的存在"必然"因果关系或"常态"关系的现象事实来确定"非法占有"目的的存在，就是一种可行的案件事实的认定方法。如陈兴良教授就认为，"所有金融诈骗罪都可通过客观行为推定行为人的主观目的，从而认定犯罪"。② 如果不适用推定来进行打击此类犯罪，就会造成放纵犯罪的恶性后果。准确适当地适用推定规则可以有效地打击犯罪突发态势，保障社会的安全、稳定与秩序。

（三）证明责任分配制度的必然选择

在刑事诉讼中，证明责任的分配遵循着这样的一条基本准则：即基于无罪推定原则，证明被告人有罪的责任始终由控诉方承担，被告人不承担证明自己无罪的义务。虽然"有原则，必有例外"，但这一原则下并不排斥例外情况的存在。"法律推定其实就是对证明责任的一种分配，亦即它属于证明责任规范"。③ 证据学家赛耶就认为，推定是在没有遭遇相反证据时的一种证明上的便利，其程序上的效果只是将举证的负担转移给对方当事人，一旦对方当事人提出了相反的证据，使人感到其反驳是合理可能的，推定的效果就归于消灭。实际上，推定的实质是证据裁判主义的例外，并不是用证据予以证明，在不存在直接证据或仅凭直接证据不足以证明待证事实时，基于刑事政策的需要，通过证明责任分配方式

---

① ［英］鲁珀特·克罗斯等：《英国刑法导论》，中国人民大学出版社1991年版，第56页。

② 陈兴良：《论金融诈骗罪主观目的的论定》，载《刑事司法指南》，法律出版社2000年版。

③ ［德］普维庭：《现代证明责任问题》，吴越译，法律出版社2006年版，第73页。

的调整,由间接事实与待定事实之间的常态联系进行推理,得出待定事实为真的结论。"与一般的法定的证明责任规则不同的是,法律规定则是对法官的直接命令,亦即指示法官从方法上如何解决问题。法律推定十分准确地命令法官,把某个既定的要件事实视为已经被证明,尽管实际上法官无法从生活事实中获得对该要件事实(不是生活事实)的心证。"①

对于刑事政策必须予以控制的犯罪类型,出现事实真伪不明、难以证明、证明起来成本过大时,司法技术上应当减轻主张推定事实存在一方当事人的举证责任,基于扎实的基础事实,适用推定规则的方法,转换证明对象,推导后推定事实,便于及时作出判决,减轻证明困难,避免证明僵局。"当某法律规定 A 的要件事实乙(推定事实)有待证明时,通常就在较该事实易于证明的另一事实甲(前提事实)获得证明时,如无相反的证明(乙事实仍为不存在的证明),则认为甲事实已经获证明之事,为其他法律规定 B(即推定规定)所规定者而言。"②再者,通过推定得出的事实,由于以查明的基础事实为前提,基础事实在无反证推翻下,推定另一事实的存在,符合证明标准的要求,基础事实与推定事实的常态性因果关系与现实生活中的事物间关联关系在原则上是一致的,作出推定事实的判定有利于提高诉讼效率与程序公正。

(四)便于法官及时依法裁判

罪行法定原则要求法律必须具有明确性和可预测性。在司法实践中,非法占有目的的认定往往由于缺乏明确具体的判定标准而难以裁判,因此为解决法官认定案件时的困境,有必要适用推定来及时解决案件。当然,适用推定须坚持主客观相一致的原则,既不仅凭口供定罪,也不能仅仅以损失结果客观归罪。有学者就指出,"在没有相反证据的情况下,凡是使用刑法所规定的欺诈手段的,原则上均应认定为具有非法占有目的"。③ 同时,根据人类一般的生活经验和统计结果,如果待证事实发生的盖然性较高,那么主张该事实发生的当事人不承担证明责任,而相对人应该就事实之不存在承担证明责任。因为在事实真伪不明时,法院认定盖然性较高的事实发生,远比认定盖然性较低的事实发生,更可能接近真实而避免误判④。如非法获取资金后逃逸、抽逃、隐匿他人财产、骗取资金用于个人挥霍等行为,从经验法则的角度看,行为人对非法占有他人财产这一事实具有较高的盖然性,是一种常态,并非偶然现象,不知道或意外是一种极其罕见的例外,在这种高盖然性基础上的推定,更能够符合客观真实,作出的判断更为

---

① [德]普维庭:《现代证明责任问题》,吴越译,法律出版社 2006 年版,第 75 页。
② 骆永家:《民事举证责任论》,台湾商务印书馆 1982 年版,第 76 页。
③ 张明楷:《刑法学》(下),法律出版社 1997 年版,第 686 页。
④ 魏晓娜、吴宏耀:《诉讼证明原理》,法律出版社 2002 年版,第 368 页。

准确。同时，由于推定的基础是社会公认的经验法则或常态性因果关系，客观上必须要求法官严格适用推定，不得滥用、恣意、任意裁量，具有强制法官适用的约束性，可以防止法官自由裁量权的触角过长，合理束缚法官的自由心证。

三、诈骗犯罪中如何适用"非法占有目的"推定

在司法实践中，目的犯中超出法条规定的客观行为部分的主观目的往往难以用证据证明，如果坚持纯粹的或者机械的证据裁判主义，往往容易放纵罪犯；而如果一味地适用完全归罪主义，就容易冤枉好人。因此在目的的证明方法上，应当引入司法推定的方法，并且应当通过制定司法解释的方式对刑事推定的方法、规则、程序以及效果等作出规定，更重要的是，应当采用立法的方式对某些犯罪的主观要素推定的基础事实作出规定。适用推定必须坚持综合考虑与全面分析，如需查明行为人实施非法占有行为的动机、背景、犯罪动机、犯罪目的、非法占有公私财产的具体情节与具体手段。使基础事实与推断结论之间具有高度盖然性的联系；适用推定必须允许和重视被告人的反证。同时，为克服推定的局限性，保障犯罪嫌疑人和被告人诉讼人权和落实无罪推定原则，准确适用推定认定非法占有目的，必须注意以下几个原则：

第一，适用推定必须确保基础事实的存在且真实

虽然推定的事实无须证明就可以被看做是已经得到证明的真实性事实，但这种真实性来源于基础事实的真实性，这种真实性是依赖于证据证明和司法认知来保障的，基础事实的真实性就包括众所周知的事实、自然规律、定理、司法文书、已经被证明的事实等。没有基础事实则无法进行推定，而且即使具备一定的根据也不得随意进行推定。虽然基础事实为真，但推定事实未必为真；如基础事实为假，推定事实必定为假；考察基础事实是否为真，具体到合同诈骗罪中包括：行为人并不具备相应的主体资格；行为人并不具备履行合同的能力；采取虚假担保方式；不按合同约定履行合同，而是用于违法犯罪活动或个人挥霍。隐瞒、转移财产或抽逃资金的；远超出自身还债能力的。基础事实的确立主要来源于以下几个方面：(1)司法审判上的认知；(2)诉辩；(3)当事人的约定；(4)可指示评决之证据；(5)审理者基于充分证据所为之认定[①]。同时，这种真实性是建立在无反证推翻的条件下，当然反证需要达到高度盖然性的程度。另外，为了保证基础事实的真实可靠性，防范推定可能导致的错误认定案件事实的风险，不得进行二次推定，并且没有明显的否定性解释。

第二，基础事实与推定事实之间须有逻辑的、必然的联系

基础事实与待证事实之间应存在常态的因果关系。这种联系是一般的、常

---

① [美]摩根：《证据法之基本问题》，李学灯译，台湾世界书局1982年版，第59～60页。

规的、逻辑的,是事实关系的规范化,即前一事实的存在,另一事实也会存在,表现为一定必然趋势下的伴生关系。"在通常情况下,这两种事实之间必须有合理的关联,或互为因果,或互为主从,或相互排斥。"① 如何看待与认定这种因果关系或伴生关系,针对于特定的诈骗犯罪,可以从基础事实的分析入手,如关于贷款诈骗罪的非法占有目的,有学者认为具有下列情形之一的,应认定为具有非法占有目的:(1)假冒他人名义贷款的;(2)贷款后携款潜逃的;(3)未将贷款按合同用途使用,而是用于挥霍致使贷款无法偿还的;(4)改变贷款用途,将贷款用于高风险的经济活动造成重大经济损失,致使贷款无法偿还的;(5)使用贷款进行违法犯罪活动的;(6)隐匿贷款去向,贷款到期后拒不偿还的;(7)提供虚假的担保申请贷款,造成重大损失,致使贷款无法偿还的等等。② 这些建立在经验法则基础上的因果关系,从这些"基础事实"反映出"非法占有"的常态关系。

第三,适用推定必须坚持主客观相统一的原则

除了基础事实与推定事实之间存在着一定的逻辑证明关系外,还要考虑其他的价值判断和利弊选择。既要注重对其主观心理和犯罪意图的分析与把握,也要考察其客观行为的具体表现,如行为人是否具有履约能力、有无履约行为、未履约的原因、合同标的物的去向以及事后的态度等方面情况结合起来。最高人民法院《全国法院审理金融犯罪案件工作座谈会纪要》强调:"在司法实践中,认定是否具有非法占有目的,应当坚持主客观相一致的原则,既要避免单纯根据损失结果客观归罪,也不能仅凭被告人自己的供述,而应当根据案件的具体情况具体分析。"不能仅凭较大数额的非法集资款不能返还的结果,推定行为人具有非法占有目的。但推定的事实仅仅是证明案件整体事实的一个环节或一个部分,如主观要件部分,并不能直接证明案件事实的全部。

第四,允许当事人采用反驳方式和反证

法律推定的效果不是绝对的,从行为到主观的推定是有风险的。"如果行为人能举证证实某种相反的例外情况存在,则该推定结论就当然不能成立。"③ 允许行为人进行反驳或提供反证,目的在于避免客观归罪,如美国《加州证据法》第607条规定,控方可以依赖推定来确定对被告人有罪至关重要的一个事实,除非被告人就推定事实的存在能提出相反的证据并足以使事实裁判者产生合理怀疑。但被告人并不被要求通过清楚和令人信服的证据,甚至通过优势证据来使推定无效。"推定作为一条证据规则,当一方当事人证实了某一事实,而另一事

---

① 连银山:《民事举证责任之研究》,载杨建华主编:《民事诉讼法论文选辑》(下),台湾五南图书出版公司1984年版。
② 鲜铁可:《金融犯罪的定罪与量刑》,人民法院出版社1999年版,第170页。
③ 肖中华:《论合同诈骗认定中的若干问题》,载《政法论丛》2002年第2期。

实则假定被证实,除非对方当事人提出反证来推翻这种推定,或者说,使推定事实出于前后矛盾状态。"[1]因此,推定的效力是盖然的,其达不到法律规定的证明标准的要求,因此应当允许提出反驳或反证,反驳推定的强度应当不低于推定本身,但基于双方对抗实力的不均衡,反驳推定的证明标准要低于控方的证明标准,但并不意味着控方可以降低证明标准,证明被告人有罪的责任由公诉方承担,控方的有罪证明必须达到超出合理怀疑的标准。

---

[1] 李学灯:《证据法比较研究》,台湾五南图书出版公司1992年版,第252页。

论刑事诉讼中未成年证人证言

杨金强[*]

一、提出问题

未成年阶段是一个人学习和成长的黄金岁月,未成年人应该在家庭与学校的呵护下健康成长,但未成年人也有可能进入刑事诉讼程序,笔者曾办理过两个刑事案件,未成年人分别是案件的目击证人和受害人[①]。下面简要介绍这两个案件:

案件一:C 市 B 区的 X 某涉嫌故意杀人案

2012 年 2 月 20 日,经民警治安调解,犯罪嫌疑人 X 某(男)与 Y 某(女)解除男女朋友关系,但 X 某仍心有不甘并欲伺机报复 Y 某。同年 2 月 22 日 7 时许,犯罪嫌疑人 X 某携带菜刀、匕首来到 Y 某位于 C 市 B 区的住宅附近,看到准备出门的被害人 W 某某(系 Y 某母亲),X 某认为只有将 W 某某砍倒才能找到 Y 某,便持菜刀上前朝 W 某某头面部、背部等处连砍数刀,致 W 某某当场死亡。经鉴定,被害人 W 某某系锐器砍切头面部致失血性休克死亡。

本案中,目击证人 L 某是一名未成年人,L 某是 Y 某的女儿、被害人 W 某某的外孙女,2004 年 7 月 13 日出生,案发及被取证时只有七岁。L 某证实"案发当天早上,被害人 W 某某准备送 L 某上学,刚打开房门,就看到 X 某拿着菜刀冲进客厅,即用刀持续朝 W 某某的面部、背部乱砍,并将 W 某某砍倒在地,后 L 某跑出房间"。

案件二:C 市 J 区的 L 某涉嫌强奸案

2008 年 4 月份起,犯罪嫌疑人 L 某(男)利用其与被害人 J 某某(女)之

---

[*] 作者系重庆市人民检察院第五分院助理检察员,法学硕士。
[①] 虽然我国《刑事诉讼法》将被害人陈述作为和证人证言并列的证据种类,但在司法实践中,对被害人陈述的审查判断与证人证言差别不大,笔者不否认两者的区别,但是认为这种区别在证据法上意义不大,故本文将未成年被害人的陈述纳入未成年证人证言一起讨论。

间的师生关系,多次以给自己的学生兼语文科代表J某某辅导功课为由,将J某某带至其位于C市J区的住宅内,采取暴力、语言胁迫的方式对J某某实施奸淫。2010年4月9日6时许,L某以开导J某某读书为由,将J某某骗到其家中谈话,后L某再次对J某某实施奸淫,J某某于当天13时许回到家中,其母W某某发觉女儿行为反常,后在W某某的追问下J某某才说出事情真相,W某某随即带着J某某到公安机关报案。

本案中,被害人J某某是一名未成年女性,1993年10月22日出生,案发时十四岁,最后一次被强奸及被取证时十六岁。J某某证实"2008年4月份以来,L某多次以辅导功课为由对J某某实施强奸,事后对其语言威胁,让其不要说出去,因此J某某一直没有报警;2010年4月初J某某不想再读书了,并将该想法在电话中告知L某,4月9日L某以开导为由让其到L某家中谈话,L某再次对其实施奸淫"。同时,J某某的日记记录了2008年4月至年底L某对其6次强奸的过程。

上述两名未成年人本应当无忧无虑地嬉戏玩耍,却需要作为证人接受种种调查询问,实质上有违人类个体的自然发展——未成年人承受了不属于该年龄阶段的高压事件。笔者不禁要问:作为证人中的弱势群体,未成年人是否应当在诉讼中受到格外的保护?他们是否像成年人那样具有当然的证人资格?他们作出的证词有多大的证明力?以下笔者从未成年人的身心特征出发,分析未成年人作证的特殊之处。

二、未成年人的观察、记忆、表达能力

证人证言的形成过程分为三个不同阶段,即观察、记忆和表达。因此,未成年人的观察、记忆、表达能力对其证言的形成具有决定作用。

(一)观察能力

观察是人类认识世界的基础,观察的效果则受个体认知能力、注意力等因素影响。

首先,未成年人的认知能力受其智力发育以及其对外界环境的了解所影响,根据儿童心理学家Piaget的认知发展理论,未成年人的认知能力发展主要分为四个时期:(1)感觉运动期,即从出生到两、三岁的阶段,这个时期未成年人不可能通过语言符号来作为刑事案件中的证人,故此处不作讨论;(2)前运思期,即两、三岁至六、七岁,这个时期未成年人思维之方式是跳跃式的,对他们而言眼睛所见(例如魔术)均是真实的,他们以自我为中心,很快会把表面上与自己无关的细节信息忘掉,此阶段未成年证人证言的可信性较低;(3)具体运思期,即六、七岁至十一、十二岁,这个时期未成年人已经具有了概念思维,开始以较为合乎逻辑的方式来感知周围事物,但由于没有足够的生活经验可供他们对所发生的事

件予以参考和比较,不能对事件有全面、清楚的了解,仅能要求未成年人陈述他们的所见所闻,并据此片段拼凑出事实的原貌;(4)形式运思期,即十一、十二岁以后至成人阶段,这一时期是未成年人的思维已经接近成人的思维水平,区别想象和现实的能力也有很大提高,此阶段的未成年人对于证明复杂、抽象的待证事实已经具备了相当的智力水平,询问时基本上可以用成人的标准进行衡量。①

其次,未成年人观察能力与其注意力也有关系,未成年人对于易于理解并且能够激发其兴趣的信息往往能够长久地仔细观察,反之则注意力分散。

(二)记忆能力

未成年人的记忆不及成年人全面,往往是一种片面的、零碎的记忆,他们的记忆也极其容易受到外界的影响。一般来说,参与者的记忆好于旁观者,对事件接触的时间越长,则记忆的强度越强,多次接触同一事件会导致较强的记忆,但多次经历相同性质的事件,也会导致记忆的信息是事件共性而非某一具体事件的细节;记忆会随时间而消退,且间隔越长,记忆也越来越趋向与大脑中原有的关于此类事件的一般属性,事后获得的知识或者因某事件而改变观念也会影响长时间后的回忆。当然,几乎每一个人都会被这些信息所影响,但未成年人明显比成人更易受影响。同时,记忆能否被成功提取在一定程度上取决于是否存在有效的提取线索,一个经验丰富的询问者可以通过恰当的提问为儿童提供有效的线索,在一定程度上弥补儿童身心不成熟所带来的局限性。Saywita的研究也发现向儿童提供相关的非暗示性线索后,可以引导出正确的信息。②

(三)表达能力

未成年人的语言发展水平影响其表达能力,他们面对提问时对问题理解不如成年人准确,回答也不能够贴切地反映本人的意思。四、五岁的儿童已经能和成人自由交谈,但对一些结构复杂的句子,如被动语态句和双重否定句则还不能很好理解。到六岁时才能较好理解被动语态句,双重否定的理解则要到七岁。但儿童可能并未意识到他们不理解复杂的问句,因此不会说出这种情况,并且经常试图回答所有的问题,甚至是那些他们并不理解的问题。③ 儿童大概在六到十二岁之间,因为到学校与更多人相处,学到更多的词汇及语法,并且逐渐发展出"非语言沟通"④能力后,他们才会知道听其说话的人是否真的明白自己所说。

---

① 方富熹、方格:《儿童发展心理学》,人民教育出版社2005年版,第314、315、410、542页。

② 陈晓云:《儿童证人问题的心理学分析》,载《四川警官高等专科学校学报》2003年第6期。

③ 李丹:《儿童发展心理学》,华东师范大学出版社1987年版,第134页。

④ "非语言沟通"主要是指人们用以传达其潜藏于语言文字等表面沟通之后的在人际的空间距离、身体的动作、音调因素等方面的配合做法。

尚未发展出后设沟通能力的儿童和成人对话时会出现点头,但事实上他们并不明白也无法遵循成人的指示。这点在询问儿童证人时特别有意义,儿童可能对询问者的问话点头,但儿童其实并不了解,这种现象如果重复出现,看起来就好像儿童并不诚实,其实他不知道你在说什么,而且他也不知道自己并不明白,只是习惯性的点头而已。同时,由于未成年证人生活经历不够丰富,头脑中记忆的东西往往是残缺不全的,很容易把现实与想象混同起来,用自己虚构的东西来补充残缺的部分,但这不同于谎言,因此,测谎对于未成年人没有太大实际意义。①

三、未成年人的证人资格

未成年人的证人资格是一名未成年人作为"证人"这种法律身份所应具备的起码要求,是未成年证人进入诉讼程序的准入条件。

(一)未成年证人资格的双向比较

比较分为横向比较和纵向比较,横向比较可以找到差距,纵向比较能够看到进步。

1. 横向比较

贝卡利亚在《论犯罪与刑罚》一书中指出:"一切有理智的人,也就是说,自己的思想具有一定的连贯性,其感觉同其他人相一致的人,都可以作为证人。"②普通法系国家早期均不承认未成年人具有作证资格,但现在却很少否定。英国《1999年青少年审判和刑事证据法》第53条规定,在刑事诉讼的任何阶段,所有的人(无论年龄大小),都有资格作证;对证人的基本审查是"(a)是否理解对其提出的问题以及(b)能否作出让人理解的回答"。③ 在美国,越来越多的州直接采用美国《联邦证据法》对于证人资格的规定,该法第601条规定,除本证据规则另有规定外,每个人都有资格作为证人。④ 与普通法系国家证据能力法定主义⑤不同,大陆法系国家通常是法官依据自由心证原则审查判断证据,法律对证据能

---

① 事实上,测谎的原理即根据于此,至于测谎的结果能否作为证据,则是另外一个法学议题。不过就讨论上,测谎对于儿童证言的可信性可能并无太大帮助,除非儿童是故意说谎,才会出现不寻常的情绪波动,但大部分的案件,儿童证言的可信性问题是因为受到暗示或诱导,以至于儿童本身均相信其陈述为真实,而不会出现情绪波动。

② [意]贝卡利亚:《论犯罪与刑罚》,黄风译,中国大百科全书出版社1993年版,第22页。

③ 何家弘:《外国证据法》,法律出版社2003年版,第120页。

④ 在阿肯色州和新罕布什尔州,无神论者不能作证,参见[美]诺曼·M.嘉兰、吉尔伯特·B.斯达克:《执法人员刑事证据教程》,但彦铮等译,中国检察出版社2007年第4版,第85～87页。

⑤ 郭志媛:《刑事证据可采性研究》,中国人民公安大学出版社2004年版,第90页。

力和证明力的限制非常少,未成年人基本上是有作证资格的。总起来说,普通法系明确规定审查未成年人证人资格的做法,更有利于实务操作中的统一。而证人资格的实质内容发展到今天,只剩下对证人两个最基本的要求,即了解案情以及拥有最基本的观察、记忆、表达的能力。

2. 纵向比较

我国古代对未成年证人资格存在诸多限制,《唐律疏议·断狱·老幼不拷讯》规定:"其于律得相容隐,即年八十以上、十岁以下及笃疾,皆不得令其为证。违者减罪人罪三等。"这种限制更多考虑的是社会政策问题,法律为避免他们不负责任的作证行为给司法秩序带来冲击,故免除其作证义务。[①] 我国近现代立法受西方法律文化的影响,在证人资格问题上则开始关注证人的可信性问题,如清末编纂的《刑事民事诉讼法》草案规定,不能辨别是非之未成年人、有心疾者和有疯疾者不得为证人。[②]《各级审判厅试办章程》第 77 条规定,证人有下列情况,应剥夺其作证资格:(1)与原告或被告为亲属者;(2)未成丁者;(3)有心疾或疯疾者;(4)曾受刑者。[③] 新中国成立后,1979 年制定的《刑事诉讼法》作为一部现代法典,对于证人适格性也作出了明确规定。与其相应的 1996 年修改的《刑事诉讼法》第 48 条以及 2012 年修改的《刑事诉讼法》第 60 条规定:"凡是知道案件情况的人,都有作证的义务。生理上、精神上有缺陷或者年幼,不能辨别是非,不能正确表达的人,不能作证人。"

(二)对我国现行未成年证人资格立法的思考

我国关于未成年人证人资格的规定与许多国家的做法是一致的,假定每个人都有作证资格,如果要排除某证人,必须提出证明其因生理上、精神上有缺陷或者年幼,不能辨别是非,不能正确表达的证据。因此,我国关于未成年证人作证资格方面的要求基本上是合理的,但上述规定并不十分完善,对条文的理解也存在一些问题:

1. 审查标准过高

"能够辨别是非"这一条件存在着对证据理论的曲解,因为从语义上理解,"辨别是非"显然包括证人对事件本身的评价,而现代证据理论要求"证人只能对自己亲身感知的案件情况进行陈述,而不能对这些情况进行分析评价,不能对案

[①] 陈光中教授认为"法律之所以规定老少笃疾不得为证,一方面是因为这些人缺乏作证的能力;另一方面更主要的是,由于对证人允许拷讯,伪证也要负刑事责任,而他们'以其不堪加刑故不许为证'。"参见陈光中:《中国古代的证据制度》,载《陈光中法学文集》,中国法制出版社 2000 年版。

[②] 陈光中:《中国古代的证据制度》,载《陈光中法学文集》,中国法制出版社 2000 年版。

[③] 谢振民:《中华民国立法史》(下册),张知本校订,中国政法大学出版社 2000 年版,第 997 页。

件事实发表看法和意见"。① 而"能够正确表达"则混淆了证人资格和证言可信性这两个基本的感念,"正确表达"显然跟证言的可信性有关,"能够表达"才是证人资格应有的含义,证人是否正确地表达了所发生的事件,需要结合案情和其他证据来综合判断,而并非在能否具有作证的资格时就加以考虑。

2000年4月1日起所施行的《最高人民法院关于民事诉讼证据的若干规定》第53条第2款规定:"待证事实与其年龄、智力状况或者精神健康状况相适应的无民事行为能力人和限制民事行为能力人,可以作为证人。"这个规定实际上已经在民事诉讼中赋予未成年人证人资格,从法制的统一性考虑,民事证据的立法势必会对刑事证据的立法有影响作用。另外,从刑事诉讼的诉讼规律来看,立法不应对证人设定过高的资格条件,应当创造条件让证人尽可能地参与诉讼。因此,证人作证不需要对作证事实进行评价,任何人的证人资格不得因为年龄而被剥夺,凡了解案情以及拥有最基本的观察、记忆、表达的能力的未成年人都应具有作证资格。

2. 审查程序缺失

我国法律中有关未成年人证人资格条件的明确规定(虽然规定的不甚合理),属于证据能力法定主义。但是,我国对于未成年人证人资格的审查判断却缺乏程序性规定。最高人民法院1998年6月《关于执行〈中华人民共和国刑事诉讼法〉若干问题的解释》第57条规定:"对于证人能否辨别是非,能否正确表达,必要时可以进行审查或者鉴定。"这条规定过于笼统,缺乏可操作性,实质上欠缺对未成年人证人资格进行审查判断的程序性规定,建议在立法中明确规定审查或者鉴定的程序。

四、未成年证人证言的可信性

未成年证人证言的核心问题就是其可信性②问题,在收集、审查未成年证人证言时,应充分考虑未成年人生理和心理上的弱势,为未成年证人提供足够的保护,尽量消除可能影响未成年证人证言可信性的不利因素。

(一)如何收集未成年证人证言

未成年人的观察、记忆及表达能力都不及成年人,要增强未成年证人证言的

---

① 卞建林译:《美国联邦刑事诉讼规则和证据规则》,中国政法大学出版社1996年版,第183页。

② 澳大利亚《1995年证据法》在术语(Dictionary)部分规定:"证人的可信性(credibility of a witness)是指证人证言(the evidence of the witness)任何一部分或全部的可信性,包括证人对其已经、正在或将要作证的事实或事项的观察或记忆能力。"参见何家弘、张卫平主编:《外国证据法选译(增补卷)》,人民法院出版社2002年版,第241页。

可信性,就要采取有别于成年证人证言的收集方式,应注意未成年人的心理特点、周边环境因素,也应提高取证人员自身的素质等。纵观我国刑事诉讼法及其相关司法解释,对收集未成年证人证言的特殊规定明显不足,①亟须完善:

1. 谁来问

取证人员本身也是决定取证成败的重要因素:

首先,取证人员应着便装询问。研究指出,如果取证人员比较权威,未成年人会容易顺从于暗示性问题。Tobey & Goodman(1992)曾经作过一个研究,他们把受试者(均约四岁)分成两组,让穿着警察制服的人对一半受试儿童说,影带中的保姆做了坏事(实验组),另一半则没有给予指示(控制组),而录影带的内容其实是一个中立的事件。然后,研究者如果问的是暗示性问题,则实验组儿童比起控制组儿童更容易受到误导。②

其次,取证人员应该受过未成年人心理学方面的培训,具备与未成年人交流沟通的技巧,采用与未成年人年龄相符的逻辑和言语进行提问。

再次,取证人员不应当对案件事实持有偏见,如果取证人员偏执地坚信某一看法,就很可能使未成年人因其顺从性而作出与询问人观念一致的内容。

2. 问什么

尽量采取直接的、友好的简单句方式提问,可以利用他们熟悉的事物唤醒记忆,例如询问一名未成年人事情发生的时间,较好的问法是"是在幼儿园吃点心的时间前(后)发生的吗?"如果问题过于复杂,可在问题中使用否定疑问(如"他难道没有打你吗?")或是复合疑问(如"他曾经打过你,有没有?")的形式,以及问题中包含选择性的答案(如"他是打了你还是小明?")。当然,一项研究针对四至五岁的儿童,询问他们刚刚在急诊室接受治疗的情况,如果问他们开放性的问题(如"发生了什么事?")和较为具体的问题(如"你是在哪里受伤的?"),前者回答

---

① 仅有刑事诉讼法第98条第2款和《人民检察院刑事诉讼规则》第161条对此作出了规定:"询问不满十八岁的证人,可以通知其法定代理人到场。"诚然,询问证人的一般性规定大多是适用于未成年证人的,但也有不适用之处,例如,刑事诉讼法第98条第1款规定:"询问证人,应当告知他应当如实地提供证据、证言和有意作伪证或者隐匿罪证要负的法律责任",十六岁以下的未成年人对伪证罪不负刑事责任,因此询问人员在对其询问之前便没有必要告知其伪证行为应当承担的刑事责任。

② Saywitz, K. , *Developmental Underpinnings of Children's Testimony*, In H. L. Westcott, G. M Davis, & R. H. C. Bull (Eds.), Children's Testimony, John Wiley & Sons, Ltd, U. K. ,2002, p. 10. 转引自许洁怡:《刑事诉讼中儿童证言之研究——以证言可信性为中心》,"国立"成功大学(我国台湾地区)法律学研究所2008年硕士学位论文,第81页。

错误的比例有 9%,后者回答错误的比例则高达 49%。① 因此,在询问较为具体的问题和开放性的问题之间一定要准确把握好"度"。

3. 如何问

对未成年证人取证场所和询问方式的规定,应尽量符合未成年人的身心特点:

首先,尽量选择未成年人熟悉的环境进行,如学校、幼儿园、家里等,接受询问时在场人员不宜过多,但应让未成年人的老师、父母、监护人等在场以便帮其克服恐惧、惊讶的心理,尽量快速办理涉及未成年人的案件,以免因长时间的间隔导致未成年人记忆信息的遗忘,从而产生错误记忆。

其次,传统的程式化的一问一答的取证方式也会打扰未成年人的回忆,不断的插话、打岔会让证人无法专心,难以保持其陈述内容的连贯性。为了避免未成年人在压力和暗示下作出妄纵性回答,尤其应当注意未成年人的记忆不如成人那般固定,比起成人更具顺从性,尽量不用诱导性的语言询问②,不宜对同一问题反复询问。

4. 回答后

问完问题后,如果取证人员对于符合期望的答案明示或暗示地予以赞赏,对于不合期望的答案明示或暗示地表示失望,未成年人也会倾向于同意询问人。对未成年证人证言所作的笔录,应如实体现未成年人的语言风格,并对其陈述时的手势、表情等身体语言作相应的记录,以便对其陈述作出准确的理解。

(二)如何审查未成年证人证言

由于未成年人生理上的不成熟和心理上的幼稚,他们普遍具有"记忆差、虚幻、自我中心、易受暗示、认识不到说实话的观念"③的特点,相对于成人证言而言,未成年人证人证言虚假可能性更大,实际办案过程中必须严格审查未成年证人证言的可信性。在我国长期的司法实践中,办案人员已经总结出了很多行之有效的方法,从证人的诚信状况、证人作证时的表现、证词的流利程度等多个角度来判断证言的真伪,对证言可信性的审查判断自然与一般证人证言有相通之

---

① Daniel L. Schacter:《记忆七罪》,李明译,大块文化出版公司 2002 年版,第 193 页。转引自许洁怡:《刑事诉讼中儿童证言之研究——以证言可信性为中心》,"国立"成功大学(我国台湾地区)法律学研究所 2008 年硕士学位论文,第 81 页。

② 当然,要将诱导性询问与一般帮助回忆的方法区分开来。最高人民检察院《人民检察院刑事诉讼规则》第 335 条规定:"讯问被告人、询问证人应当避免可能影响陈述或者证言客观真实的诱导性讯问、询问以及其他不当讯问、询问。"规定将诱导性询问区别为两类,即可能影响陈述或者证言客观真实的、不影响陈述或者证言客观真实的。在庭审中应当区别对待这两种诱导性询问,而不采取一概禁止的态度。

③ 王进喜:《刑事证人证言论》,中国人民公安大学出版社 2002 年版,第 265 页。

处,而未成年人自身的独特性决定了对其证言采取应当比成年人更高的标准。

由于未成年人身心发育的不成熟,他们所作的证言有时会超出其年龄、智力水平和理解范围,尤其是面对重大复杂的案情时,仅有一份未成年证人证言显然是无法评判其是否可信,例如学龄前儿童的证言中包含专业术语,而且逻辑性明显超出其智力状况,这时就应当有其他证据予以补强,证明他有能力说出这些话。英国《1933年儿童和青少年法》虽然允许不了解宣誓意义的未成年人作证,但其证言需要另有补强证据才值得考虑,因为儿童即使天真、聪明、记忆力好,但其观察事物难免会有误解,所以必须有补强证据。[①] 我国民事诉讼和行政诉讼中已经明确规定了特定情形下的未成年人证言应该适用补强证据规则,[②]而刑事诉讼的证明标准本来就高于民事、行政诉讼的证明标准,因此,我国的刑事诉讼法更应该规定特定情形下的未成年证人证言适用补强证据规则,当未成年证人证言是全案唯一的证据并且该证言与未成年人的年龄和智力状况不相符时,就需要适用补强证据规则,没有相应的证据进行补强,该未成年证人证言便不得作为定案根据。

五、解决问题

回到两个案件中来探讨两名未成年人的证人资格和证言可信性:

(一)证人资格

在第一个案件中,L某已经年满七周岁,在认知能力上进入"具体运思期",已经具有了概念思维,能够以较为合乎逻辑的方式来观察周围的事物;作为案件的亲身经历者,对事件的接触较为直观,能够较为完整、准确贮存记忆;在学校学到一些基本的词汇、语法,可以和成人自由交谈,能够理解一些结构复杂的句子(如被动语态句和双重否定句),知道听其说话的人是否真的明白自己所说。因此,未成年人L某满足"了解案情以及拥有最基本的观察、记忆、表达能力"两项要求,具备证人资格。

在第二个案件中,被害人J某某十六周岁,首次被强奸也已经年满十四周岁,在认知能力上进入"形式运思期",其思维已经接近成人的思维水平,足以准确观察一些复杂、抽象的事物,可以进行全面的、完整的记忆,在表达自己的观点时也能够区分想象和现实、想象与说谎。因此,在未成年人J某某的询问上,基

---

① 刁荣华主编:《比较刑事证据法各论》,台湾汉林出版社1984年版,第74~76页。
② 《最高人民法院关于民事诉讼证据的若干规定》第69条规定:"下列证据不能单独作为认定案件事实的依据:1.未成年人所作的与其年龄和智力状况不相当的证言……"《最高人民法院关于行政诉讼证据若干问题的规定》第71条规定:"下列证据不能单独作为定案依据:1.未成年人所作的与其年龄和智力状况不相适应的证言……"

本上可以用成人的标准进行衡量。

(二)证言可信性

第一个案件涉及的主要问题是对 L 某进行取证的内容和方式,第二个案件涉及的主要问题是对 J 某某的陈述进行补强。

1. 在第一个案件中如何取证

对 L 某进行取证的内容和方式应当有区别于成年人,具体如下:

(1)询问内容。侦查人员先问的是一个开放性的问题,"请你把当时的情况详细地说一遍",让 L 某充分作答,避免 L 某可能受到暗示而作出顺从的回答;然后根据 L 某的回答依次问一些较为具体的问题,"你是否受伤了"、"X 某当时带了什么东西"、"X 某当时是如何伤害你外婆的"、"当时你们有哪些人在场"等,保证能够获得有针对性的信息。但是,询问中出现一些诸如"法定代理人"、"回避"等专业术语,则会导致 L 某因难以理解而不知所措,从而影响证言的可信性。

(2)询问方式。询问地点是在当地派出所,由于询问 L 某时其母亲 Y 某在场,一定程度上可以避免 L 某在不熟悉的场合产生紧张感;侦查人员对 L 某有过两次询问,第一次是 2012 年 2 月 22 日 9 时 2 分至 10 时 19 分(案发后 1~2 个小时),由于间隔时间较短,L 某有着较为清晰的记忆,但在当天下午 15 时 11 分至 15 时 40 分又马上对 L 某进行第二次询问,L 某可能会觉得自己上午的回答不符合侦查人员的期望,在第二次回答时容易倾向同意询问人,从而影响证言的可信性;同时,侦查人员在询问 L 某时,也没有体现出未成年人的特殊性,仍然告知 L 某"应当如实地提供证言以及作伪证要承担的法律责任",而没有注意到十六岁以下的未成年人对伪证罪不负刑事责任。

综上,由于本案案发时除了犯罪嫌疑人 X 某和被害人 W 某某外,还有两名目击证人在场,即 L 某及其曾祖母 Q 某某,未成年证人 L 某证言并非是全案唯一的直接证据,本案原则上没有必要再进行证据补强。虽然侦查人员在取证上一些做法可能会影响到 L 某证言的可信性,但 L 某的证言与 X 某的供述、Q 某某的证言以及相关的书证、鉴定结论、勘验、检查笔录的印证,应当肯定其可信性。未成年人 L 某作为本案的目击证人之一,其证言有力地支持了的对 X 某的指控,从而对 X 某以构成故意杀人罪起诉。

2. 在第二个案件中证据补强

由于对 J 某某基本上可以用成人的标准进行取证,本案的关键问题是 J 某某陈述以及日记内容的有无谎言、想象成分,即 J 某某的陈述是否需要其他证据补强。经审查,现有其他证据不能对 J 某某关于其被 L 某强奸的陈述进行补强,原因如下:

(1)犯罪嫌疑人 L 某的供述和 J 某某的陈述在是否违背妇女意志上截然相

反,另一份重要书证J某某描述自己心理变化的日记中有一篇是虚构的,有两篇的时间是相反的,日记中的用语也有一些隐瞒或者夸大成分,在一定程度上影响了该书证的可信性。

(2)由于本案时间跨度较大,涉及次数较多,即便认定日记的内容都是真实的,也只能证实案发前期J某某不愿与L某发生关系,在2008年年底到2010年4月份期间日记没做记载。而J某某和L某均证实2010年4月9日最后一次强奸行为是J某某主动打电话联系L某后到L某家中,考虑到二人发生性关系的时间、地点相对固定,只要J某某来到L某家中,二人就很可能发生关系,那么J某某主动联系L某到其家中的行为反映出的主观心态与其自己的说法截然相反。

(3)后期补充侦查获取的J某某的同学及其他老师的证言均证实J某某与L某关系密切,平时没有表现出对L某的反感、逃避的态度。

因此,J某某的陈述与其他证据相互矛盾,其陈述缺乏可信性,导致认定L某犯强奸罪的证据不足,从而对L某作存疑不起诉处理。

论非法证据排除规则的制度成本

韩彦霞[*]

"证据是诉讼的基石,诉讼是证据的博弈。"证据规则是刑事诉讼制度的核心。刑事诉讼制度的完善是我国深化司法体制改革的一项重要内容,也是《人民法院第三个五年改革纲要(2009—2013)》确定的一项重要任务。非法证据排除规则,是刑事诉讼证据制度的重要内容,也是现代法治国家刑事司法的标志性制度。

一、非法证据排除规则的渊源

所谓非法证据排除规则,即政府违反宪法人权保障条款,以非法手段收集的证据不得在刑事指控中作为证明有罪的证据使用。

非法证据排除规则于 20 世纪初产生于美国。1914 年,美国联邦最高法院通过 Weeks v. United States 案,确立了非法证据排除规则。在该案中,申诉人威克斯(Weeks)是一个速递公司的雇员,被指控用邮寄的方式寄送彩票,违反了美国《刑法》第 217 条。警察在没有逮捕证和搜查证的情况下逮捕了威克斯并对其家里进行搜查,发现了一些信件和装有彩票的信封。在联邦法院对被告人的审判中,被告方以警察违反美国宪法第四和第五修正案为由提出了质疑,并请求法院发还被警察搜查扣押的物品,但审判法院没有同意。后来,威克思向美国最高法院上诉,美国最高法院受理了这个案件。

大法官戴伊(Mr. Justice Day)代表最高法院写出意见,认定:警察无证搜查和扣押被告人的信件和财产的行为违反了密苏里州的宪法和美国宪法第四和第五修正案。搜查到的物品应当退还给被告人。扣押和在审判中使用这些信件是错误的。因为搜查是在没有搜查证和其他合法的理由下进行的,所以该搜查是违反宪法的。最高法院裁定这些搜查到的证据不应当在审判中被采纳。最高法院的意见中还强调:国家执行刑事法律的人员通过非法搜查和强迫供述的手段以达到将被告人定罪的目的,通常将被告人置于不经搜查证和逮捕证的活动中,这是违反由联邦宪法所保证的个人权利的,这种倾向不应当在法院的判决中得

---

[*] 作者系江苏省金坛市人民检察院检察官,法学硕士。

到庇护。法院在任何时候都担负着维护宪法的职责。任何人在任何情况下都有权向法院要求维护其基本权利。这是对联邦政府及其机构的限制。如果法院肯定了执法人员对被告人的家的非法进入就意味着司法判决首肯了这种违法行为,这即使不是公开地违反宪法关于保护人民不受非法行为侵犯的权利,至少也是很明显的疏忽。①

根据最高法院的意见,这些非法搜查所得的证据在发回重审时应当被排除。通过这个案件,美国最高法院确立了一个原则,即从对被告人的审判中排除非法搜查所得到的证据是执行美国宪法第四修正案所规定的保护条款的适当的方式。在 Weeks v. United States 案之后直至 20 世纪 60 年代,非法证据排除规则在联邦执法人员执法的层面得到确认,即联邦执法人员非法收集的证据在联邦刑事诉讼中不能采纳,但是州执法人员收集的证据,只要其非法收集行为不是在联邦官员的默许或纵容下实施,仍然可以在联邦法院采纳。

1961 年,美国最高法院在 Mapp v. Ohio 案中作出历史性裁决,将非法证据排除规则扩大到各州法院系统。② 20 世纪 60 年代开始,美国最高法院通过一系列判例推行司法改革,加强排除规则的权威,排除的对象扩大到任何直接或间接产生于非法获取的其他证据(即所谓"毒树之果"fruits of the poisonous tree),警察的行为受到严格限制。

20 世纪 80 年代,由于犯罪浪潮的冲击,美国最高法院修正了排除规则的强硬立场,在原有规则基础上增加了若干例外,即"独立来源限制"(the "independent source" limitation)、"必然发现限制"(the "inevitable discovery" limitation),非法证据排除规则开始出现松动趋势。

2005 年保守派人士约翰·罗伯茨接任美国联邦最高法院第十七届首席大法官以来,联邦最高法院通过判例一再削减非法证据排除规则的适用。2009 年 1 月 14 日,最高法院对 Herring v. United States 一案作出判决,以首席大法官罗伯茨为代表的微弱多数(五比四)确立了适用证据排除规则的新规定,即"只有警方故意或重大过失违反第四修正案行为获得的证据才应排除"(善意例外),这个新的限制大大缩减了非法证据排除规则的适用。

从非法证据排除规则在美国近一百年来的时间可以看出,美国法院对于非

---

① Weeks v. *Error To The District Court of the United States For The Western District Of Missouri*,US Supreme Court Center,1914,232,383.

② 最高法院大法官克拉克(MR. JUSTICE CLARK)代表最高法院写出意见,他认为将正当程序保护扩大到各州和联邦的所有的违反宪法的搜查,是符合逻辑的,也符合宪法性的要求,即排除规则是保障个人权利的一个重要组成部分,也就是说要求各州法院在审判中也排除违反联邦宪法的规定所取得的证据。

法证据排除规则的司法实践经历了一个"逐步确立—强化权威—调整平衡"的过程,伴随着这个过程的是各个历史时期不同的犯罪形势和刑事政策。

二、我国刑事诉讼法对非法证据排除规则的引入

关于非法证据排除规则的相关内容,最早见于1996年3月17日修订的《中华人民共和国刑事诉讼法》(以下简称《刑事诉讼法》),该法第43条规定:"审判人员、检察人员、侦查人员必须依照法定程序,收集能够证实犯罪嫌疑人、被告人有罪或者无罪、犯罪情节轻重的各种证据。严禁刑讯逼供和以威胁、引诱、欺骗以及其他非法的方法收集证据。"该条款对于侦查机关取证的程序合法性第一次提出要求,但是该条款并未对非法证据的效力问题和证明问题作出明确、具体的表述,准确而言是一条"取证禁止法则",而不是严格意义上的"非法证据排除规则"。

1998年6月29日,最高人民法院颁布了《关于执行〈中华人民共和国刑事诉讼法〉若干问题的规定》(法释[1998]23号)。该司法解释第60条规定:"严禁以非法的方法收集证据。凡经查证属于采用刑讯逼供或者威胁、引诱、欺骗等非法的方法取得的证人证言、被害人陈述、被告人供述,不能作为定案的根据。"1998年12月18日颁布的《人民检察院刑事诉讼规则》第265条规定:"严禁以非法的方法收集证据。以刑讯逼供或者威胁、引诱、欺骗等非法的方法收集的犯罪嫌疑人供述、被害人陈述、证人证言,不能作为指控犯罪的根据。"这两个司法解释对1996年《刑事诉讼法》第43条进一步进行了补充,增加了排除条款,但从严格意义上说仍然停留在原则性的表述上。从法条表述来看,规定了非法证据"不能作为定案根据",但是实践中能否作为定案根据很大程度上取决于法官的心证。如果非法证据的证明力没有任何问题,实际上不可避免地会影响法官的心证。

2001年1月2日,最高人民检察院发布《关于严禁将刑讯逼供获取的犯罪嫌疑人供述作为定案依据的通知》,其中第3项规定,各级人民检察院必须严格贯彻执行这些规定,发现犯罪嫌疑人供述、被害人陈述、证人证言是侦查人员以非法方法收集的,应当坚决予以排除,不能给刑讯逼供等非法取证行为留下任何余地,同时,要依法提出纠正意见,要求侦查机关另行指派侦查人员重新调取证据,必要时也可以自行调查取证。该《通知》首次要求检察院对于非法言词证据"坚决予以排除"而不论其证明力如何。但是这个通知性的司法文件,由于缺乏一个强有力的规范位阶,落实起来难保长期性,各地的细化规则和实践效果也不尽一致,反而损害司法机关的权威性和公信力。

2010年6月13日,最高人民法院、最高人民检察院、公安部、国家安全部、司法部联合发布了《关于办理死刑案件审查判断证据若干问题的规定》和《关于

办理刑事案件排除非法证据若干问题的规定》(以下简称两个《规定》),两个《规定》对于经依法确认的非法言词证据均一律予以排除,不作为定案的根据。"两高三委"的《规定》进一步以司法解释的形式强调了非法言词证据的排除,在效力等级上有所加强,规则内容进一步充实。

从1996年至今,各地司法机关也曾经出台过若干刑事诉讼证据方面的文件,对非法证据排除规则作出了一些探索。①

2012年3月14日,十一届全国人大第五次会议通过刑事诉讼法修正案。刑事诉讼法第50条规定:"审判人员、检察人员、侦查人员必须依照法定程序,收集能够证实犯罪嫌疑人、被告人有罪或者无罪、犯罪情节轻重的各种证据。严禁刑讯逼供和以威胁、引诱、欺骗以及其他非法方法收集证据,不得强迫任何人证实自己有罪。"第54条规定:"采用刑讯逼供等非法方法收集的犯罪嫌疑人、被告人供述和采用暴力、威胁等非法方法收集的证人证言、被害人陈述,应当予以排除。收集物证、书证不符合法定程序,可能严重影响司法公正的,应当予以补正或者作出合理解释;不能补正或者作出合理解释的,对该证据应当予以排除。在侦查、审查起诉、审判时发现有应当排除的证据的,应当依法予以排除,不得作为起诉意见、起诉决定和判决的依据。"

上述刑事诉讼法的最新修正案首次以人大立法形式明确规定非法证据排除的证据类型、程序、证明责任和证明标准等,并明确了执法人员非法取证的法律责任。

回顾立法过程,我国刑事诉讼制度对于非法证据排除规则经历了不断吸收、不断强化的过程。但是从司法实践来看,从1996年至2010年,我国刑事司法实践中没有适用过非法证据排除规则的记录,然而刑讯逼供导致的冤案、错案却不时曝光(例如佘祥林冤案、赵作海冤案等等)。所谓的"非法证据排除第一案"是发生在2011年3月的浙江省宁波市鄞州区的章国锡涉嫌受贿一案,实际上自从"高三委"两个《规定》颁布实施以来,基层司法实务中已经出现法院判决排除控方非法证据的先例,只是因为缺乏媒体的报道、学界的关注而未能进入公众的视野。由此可见,在"两高三委"两个《规定》颁布之前十余年间,我国对于非法证据排除规则的实际适用是不尽如人意的,这与我国刑事司法的历史背景和现实环境有着莫大的关系。

---

① 其中比较有代表性的有2003年8月28日江苏省高级人民法院颁布的《关于刑事审判证据和定案的若干意见(试行)》、2006年7月31日上海市高级人民法院、上海市人民检察院、上海市公安局、上海市司法局联合颁布的《关于重大故意杀人、故意伤害、抢劫和毒品犯罪案件基本证据及其规格的意见》等文件。

三、非法证据排除规则的制度成本

(一)削弱检控方指控基础,放纵犯罪

美国的司法实践表明,警察通过非法搜查获得的证据,其关联性和真实性多数是可靠的,法官将这些证据排除之后,将不可避免地削弱检控方指控的基础,甚至直接导致起诉撤销或者无罪判决的结果。这必然使相当多的有罪被告人逃脱法网。曾有报道称,自1961年联邦最高法院作出排除非法证据的Mapp案判决,美国全国的严重暴力犯罪成倍增加。[①] 美国具有二百年的法治传统,非法证据排除规则的实施尚且产生如此大的影响,在引进现代刑事诉讼制度几十年的中国,就必须重视非法证据排除规则可能带来放纵犯罪的影响。

与国外相比,我国目前的刑事诉讼现状存在三方面问题。其一是思想惯性,我国在非法证据的证据能力问题上受"实体真实说"影响至深。最新修订的《刑事诉讼法》第48条依然规定:"可以用于证明案件事实的材料,都是证据。"长期以来,我国的刑事诉讼制度的目的是使罪犯得到应有的惩罚,在此目的下刑事诉讼证据追求案件客观真实为目的,把取得证据材料的手段非法与证据本身的客观真实性相对地区分开来,非法证据只要经过查证属实,就应具有法律能力,就可以作为定案的事实根据加以使用。受此影响,侦查人员重打击轻保护等传统执法观念仍然存在,受各种因素的影响与制约,有的侦查人员的侦查谋略、讯问技巧以及依法收集证据的能力尚不适应形势的需要。其二是硬件差距,我国刑事侦查物质投入和技术水平较低,硬件上警方在办案中的取证能力相对有限,经济落后地区侦查机关(部门)的侦查技术与手段尚不适应犯罪手段现代化特别是职务犯罪智能化的发展趋势,加之秘密侦查等技术性侦查措施以及公务员财产申报等制度机制尚不健全,有的侦查人员不得不把案件突破放在获取口供上,否则,案件就破不了、诉不出、判不了;其三是环境方面,我国刑侦警察的刑事侦查业务和素质参差不齐,社会公众和上级机关的要求迫使警方追求破案率。上述历史原因导致长期以来办案机关缺乏证据意识和权利保障意识,"重实体公正、轻程序公正"、"重口供、轻物证"的思想根深蒂固,令违法取证等现象在我国的刑事证据运作过程中较多出现。

在上述刑事诉讼现状之下,如果不折不扣地实施排除规则,将可能造成许多控方证据不能使用,这对检控方的指控能力不啻釜底抽薪,导致有罪的被告得不到应得的惩处。

---

① *Wall Street Journal*,May 7,1990,at A14,Col. 1,转引自陈瑞华:《程序性制裁理论》,中国法制出版社2010年版,第215页。

(二)诉讼资源的额外耗损和诉讼风险、诉讼成本的上升

非法证据排除规则的引入需要在诉讼过程中额外安排程序对证据是否应该排除进行甄别。在最早采用排除规则的美国,被告人及其律师可以在审判前、审判中提出反对出示非法证据的异议或者禁止非法证据的请求,法官对被告人或其律师的异议进行裁断,决定是否排除或者出示异议证据;如果法官不认可被告人或其律师的请求,被告人仍然可以在上诉时再次提出。

我国新修订的《刑事诉讼法》对非法证据的甄别没有作专门的程序安排,而是将非法证据的排除分散到从侦查、审查起诉到诉讼直至辩论终结前的各个阶段,非法证据的异议不单纯依辩方的请求或者公民的控告、举报而启动,同时也赋予侦查、起诉以及审判方主动发现,主动纠正的义务。这必然会加大整个刑事诉讼过程的工作量,使得有限的诉讼资源更加紧张。

尽管非法证据的排除最终会提高诉讼效率,使有限的诉讼资源得到有效配置,但是,在非法证据排除规则适用之初相当长一段时期,对证据合法性与否的审查以及非法证据被排除的结果都会造成诉讼资源的额外损耗,进一步降低审判效率。

另外,非法证据排除规则以及新国家赔偿法中关于审查逮捕国家赔偿从违法归责原则转化为结果归责原则,明确存疑不诉、证据不足撤案、证据不足判无罪三类案件都应当给予赔偿等规定,客观上大大提高了审查逮捕赔偿风险,增大诉讼成本。刑事诉讼中的证据,都有一个从无到有、从少到多、从量变到质变、从不完备到完备的发展过程。刑事诉讼后一阶段的证明标准同前一阶段相比,明显呈现不断递增的趋势。尽管办案人员在审查逮捕时应当具备证据审查的前瞻性,但一定比率之内的捕后撤案、捕后不诉以及捕后判无罪案件的存在是合理而不可避免的。因此,非法证据排除规则的适用使检察机关在侦查职务犯罪、审查逮捕和审查起诉过程中,在审前羁押的每个环节都承担着更高的诉讼风险,也由此带来被起诉者群体向起诉者群体角色转化的风险。

(三)司法信用的损失

证据是刑事诉讼的核心,证据是否充分对于罪行认定重要性无论怎样强调都不过分,在某种情况下,证据的排除对于罪行的认定无异于釜底抽薪。

在重大刑事案件中,因警员侦查行为的疏失,如果导致重要证据遭到排除,无法进入审判程序,犯罪嫌疑人将极有可能无法定罪,逍遥法外。这种情形如果发生,必然使犯罪的直接被害人及其家属无法谅解,同样该有罪被告逃脱法网将造成社会整体伤害,事实上造成一个警察的错误行为变相由全体民众来承担的结果。有人即以"哥哥生病,弟弟吃药"来描述这种不合理的现象,同时也对"犯罪者在警察的违法行动中获取巨大利益"的结果提出质疑。

实质上,刑事司法是一种社会治理机制,在司法社会学上,刑事司法社会治

理的效果主要体现在刑事司法获得社会公众认同的程度方面。非法证据排除规则作为刑事诉讼制度改革的内容，在个案中的实践对于法律职业共同体来说，基于法规范的评价是公正的；但是对于社会公众来说，基于道德规范的评价可能是不公正的，社会的不予认同和接受，最终影响刑事司法的社会治理效果。

台湾学者苏永钦先生在分析台湾地区的刑事司法问题时曾指出："朝野热衷于改革者，多忽略了今天司法的根本问题在于民众的不信赖，而确信只有法官律师感受到的问题，才是真正的病源，从这里下手解决，才能改善司法的品质；且只有司法品质能大幅提升，所有问题自然迎刃而解。""在整套法制从国外移植进来、而又高度的文化上的异质性的社会，这种专业的自我中心往往正是造成信赖低落的主要原因。就司法的社会控制而言，能不能充分发挥规范力，一如宗教或伦理，关键还是在于其决定的被信赖而被接受，不在于其正确性。故当信赖不足时，决定的质与量再改善，也是徒劳无功。""社会对司法的信赖，而不是法律专业的'自信'，才是支撑现代社会的基础。"①因而，身处程序意识在中国法律阶层仍处在徘徊状态的当下中国，非法证据排除的这种不信任风险不可避免，且有甚之于刑讯逼供程度的被误解，对此，我们要充分评估并做好应对准备。

另外，非法证据排除规则的实施，可能导致警察在证据合法性的甄别过程中不得不作虚假陈述以避免证据被排除的情形。据统计，在美国的司法实践中，76%的警察在作证时或多或少会改变证言以满足对证据的要求。例如警察到公寓门口敲门，怀疑屋内可能有毒品或枪支，有时候未经同意即入内搜查，但警察作证时会添加一些不存在的事实，如说经过主人的同意。注重程序正义的美国的情形应当引起我们的重视，警察违法取证和虚假陈述是对正义价值的双重践踏，这可能使社会公众评价本已经较低的警察进一步丧失公信。

四、降低制度成本，实现打击犯罪与保障人权的平衡

（一）推进刑事诉讼制度改革，构建法律职业共同体

首先，应当稳健推进刑事诉讼制度变革。

刑事诉讼制度的变革应当立足于我国刑事司法现状，关照社会与公众的认同，要维系实体真实与程序正义的均衡、要关照法律职业共同体与社会公众之间的沟通、要注意被害人利益与被告人人权的平衡。

引入非法证据排除规则，不仅需要改革刑事诉讼制度本身，同时也需要改善刑事诉讼制度的外部宏观环境。非法证据排除规则是一种针对侦查权滥用的程序性制裁。无论是英美法系还是大陆法系国家，对于侦查权的控制基本上都是通过司法权来实现的，即法院可以制约侦查权行使，这需要独立于检察权之外并

---

① 苏永钦：《司法改革的再改革》，台湾月旦出版公司1998年版，第14页。

能对检查权进行制约的审判权。而我国虽然确立了审判独立原则,但在实践中法院却完全没有制约侦查权的地位,法院的地位仅仅是继侦查、起诉之后的审判程序的接任者。另外,现行体制下侦查机关的负责人往往兼任该地区政法委书记,在行政位阶上高于司法机关的负责人,因此法院针对侦查机关的判断会有所顾忌,在一定程度上影响非法证据排除规则的适用。在程序设计中如果需要再设置法院对非法证据的排除制度,就需要改善上述宏观制度环境,加强法院的独立性。

关于非法证据排除规则的制度设计,笔者认为从我国现阶段基本国情出发,将刑讯逼供限定为使用肉刑或变相使用肉刑的范围;将暴力取证界定为使用殴打、捆绑、违法使用械具等恶劣手段获取证言;将变相刑讯逼供严格限定在与刑讯逼供具有同等性的其他严重侵犯犯罪嫌疑人人权的范围内。对于司法实践中存在的一些不规范审讯方式方法,如通过宣讲政策法律、进行政策攻心或者宣示不利后果施加一定的心理压力所取得的证据,以及通过承诺一定的事项获取犯罪嫌疑人、被告人供述等,不宜列入非法证据的范围;建议明确每次审讯时间的最大限度,以及限制两次审讯间隔时间,实现实体真实与程序正义的平衡。

其次,应当快速构建法律职业共同体。

季卫东先生对什么是法律职业共同体曾经有过这样的描述:"法律职业共同体,首先,要维护人权和公民的合法权益,奉行为人民服务的宗旨,职业活动有别于追逐私利的营业行为;其次,该阶层要有一整套涵盖某种资格认定、身份保障、惩戒措施等内容的规章制度,形成一种自治性团体,来区别于一般行业;再次,该阶层要有深厚学识,娴熟的技术功底,以区别于一般的工匠人才。"①

概言之,法律职业共同体=法律职业阶层+法律信仰。西方法治发达国家的治理经验告诉我们,就正义的实现而言,操作法律的人的质量比其操作的法律的内容更为重要。我们在努力实现刑事司法法治化的过程中,不但要追求非法证据规则技术层面的完善,同时更要继续做好法律从业人员的准入机制、考核机制、培训机制和奖惩机制等方面的工作,努力构建高素质的法律职业共同体。

从长远稳定的角度看,法律职业共同体的构建是要以"利益"为核心。利益问题在社会中,尤其是当前的市场经济社会中是一个不能回避也无法回避的问题。法律职业共同体从根本上讲也是以共同的利益为桥梁而结合在一起的。正如托克维尔在《论美国的民主》一书中所言:"支配法学家的东西,也和支配一般人的东西一样,是他们的个人利益,尤其是眼前的利益。"法律职业阶层也必然是一个'利益共同体',对于共同体利益的自觉和维护,不仅必然成为共同体成员心照不宣的共同追求,获得职业共同体成员资格的内在要求,同时,它还必然是此

---

① 季卫东:《法治秩序的建构》,中国政法大学出版社1999年版,第198~199页。

一职业共同体吸引、吸纳新鲜血液的最初原因之一。

(二)提高公民的法律素质和规则意识

与西方社会不同,中国的传统社会是一个人治社会,国家治理是一个与公民权利无涉的范畴,其目的不是为了实现和保障公民权利,而旨在追求社会秩序的稳定与和谐。传统的刑事司法体系完全由官员主导,谈不上任何个人权利。正是在这种语境中,在强大的国家权力面前,只能产生顺民,不能产生公民。公众崇尚的是权力,而不是法律,公众诉诸正义的途径无非是寄希望于"青天大老爷",或者干脆自己动手"该出手时就出手",对于公平正义的价值判断更多地出自于朴素的内心感受而非理性的思维。

改革开放30多年来,随着我国的经济发展和社会进步,我国的人权保障立法基本上实现了以宪法保障为核心、以基本法保障为主体、以其他保障形式为补充的体系化建构。但是,现代化毕竟是一个漫长的社会进化过程,时至今日,我国社会和公众依旧处于传统与现代之间的一种过渡状态。近年来的一些公共性的案件在社会和公众激起的强烈影响反映了社会以及公众法律意识的不健全。

长远来看,提高全民的规则意识和法律素质是实现刑事诉讼制度改革成功与否的关键,而这个任务法学界责无旁贷。自中国法制近代化伊始,法学与法制的产生与创建便有着知识分子承担重要角色的格局与传统。在中国,真理的阐释权似乎首先掌握在法学家、法学教授手中。根据左卫民教授的观点:"其一,法学家们几乎垄断了经典教材与学术著作的生产权;其二,法学家们几乎控制了对法律职业人的教育权;其三,在立法方面,法学家们充当了建言者和诠释者;其四,法学家们还越来越多地介入司法过程,成为法律的重要诠释者。并且,法学家们还频频对公共事件发表评论。"[①]如此种种说明,中国法学家甚至还获得了比其大陆法系国家同行更多的话语权。

但是,法学家在公共普法方面批判多于正面解说,法学理论界在批判和质疑刑事司法运行的同时,也应当秉持一定的公共责任,区分一些基础的理论范畴,以适度缓解社会公众的"前理解",防止对司法形象产生不必要的影响。近年来中国司法的信任指数已跌落到较低的水平,由此导致的公民暴力抗法或冲击司法的公共事件时有发生,部分群众对司法的不信任感正在逐渐泛化成普遍社会心理,这是一种极其可怕的现象。究其原因,除了社会公众仇视司法腐败这一深层根源之外,因冤错案件引发的司法不公也是极其重要的原因。然而,由于公民的现代程序法治理念尚不健全,对非法排除规则的原理与功能也体味不深,因此公众往往将证据适用产生的法律性司法错误等的数量或比率误读为"司法不

[①] 左卫民:《迈向实践:反思当代中国刑事诉讼知识体系》,载《中外法学》2011年第2期。

公"。面对此现状,过多苛责我国公民的法治意识显然是有局限的,毕竟,法学界才是司法改革的倡导者和引领者。为此,学界在质疑社会公众法治观念不彰的同时,也应当担负起细致解说、耐心普法的公共责任。否则,一味地批判司法错误,却并未严格区分诸如事实性司法错误和法律性司法错误等,不仅不利于公众清晰辨明"司法错误或司法不公"的宏观现状,而且也无益于司法形象的提升和司法权威的形成。

(三)加强社会综合措施

首先,作好刑事处罚与行政处罚的有机衔接。

随着时代的进步和司法改革的深入,刑事诉讼证据的规则越来越严格,刑事证据的证明标准无论在实体上还是在程序上越来越高。而在行政法领域,其证据证明标准与刑事诉讼显然不同。从行政法证据的角度讲,行政行为具有公定力,在没有相反证据的情况下,被推定为合法,则行政执法机关调取的证据也应当被推定为合法。行政执法与刑事司法对证据证明标准的不同使因证据排除不构成刑事处罚的行为应做好与行政处罚的衔接,对一些难以证明的轻罪进行分流,以确保法网的严密。

其次,建立有效的受害人保障机制。

犯罪作为一种社会现象存在,不单纯是一种个人行为,对于被害人的赔偿不应当简单地归责于罪犯。司法实践中,一旦非法证据被排除,导致案件延宕甚至真凶逍遥法外,必然激化矛盾,增加被害人对诉讼不公的反感。对于因犯罪者未被追究刑事责任而导致受(被)害人权益落空的问题,必须及时启动防范应对机制,充分利用近年来建立的受(被)害人救助机制,配合民政、劳动、社保等部门,做好安抚、救助工作。这样可以使被害人一方得到必要的抚慰,缓和矛盾,理性面对诉讼结果。

五、结语

非法证据排除规则的适用必然是一个磨合、博弈、较量、重新塑造的过程,诚如培根所言:"对于一切事物,尤其是最艰难的事物,人们不应期待播种与收获同时进行,为了使它们逐渐成熟,必须有一个培育的过程。"未来中国刑事司法的现代化仍然充满着诸多未知因素,在实践层面上,它不可能是单一地借鉴经验,也不可能是一味地维系传统,而相反,更可能是一个以推进程序制度建设为主导的试错过程,所需面对并亟须解决好的核心议题也主要有三:第一,必须进一步加强保障程序正义的制度建设,以维系程序正当与实体真实之间的价值均衡;第二,必须走渐进式的改革道路,注重传统实践机制与司法模式的科学调整;第三,也是最重要的,必须协调好宏观法治型(西方制度经验)与微观机制调整(本土司法语境)之间的关系,以形成合力,实现程序层面与实体层面的整体效益最优化。

域外司法

消费者权益保护与民事诉讼架构[*]
——以第69届德国法学家大会为契机

任 重[**]

消费者权益保护是2012年第69届德国法学家大会有关民事诉讼的中心议题。以此为契机,民事诉讼与消费者权益保护的关系也被重新加以反思。在案件事实探知方面,德国现行民事诉讼依然以辩论原则为主导,这种认识是否能够满足加强消费者权益保护的整体诉求?消费者与经营者之间的实力差别,特别是判断能力的不同以及信息的不对称是否会产生与辩论原则不可调和的紧张关系,并且在现行民事诉讼体制下产生不公正的结果?民事诉讼是否会以第69届德国法学家大会为契机迎来新的架构?这些都是第69届德国法学家大会有关民事诉讼的中心论题,同时也是未尽之议题。

由于消费者权益保护与民事诉讼架构涉及民事诉讼的性质、目的和基本原则等根本问题,因此其并未在第69届德国法学家大会召开之前达成广泛的统一,并且这一核心论题也不可能仅仅通过会场讨论达成一致。但通过明确这一议题的讨论起点和发展脉络还是能够大致了解有关德国民事诉讼和消费者权益保护的基本方向,并对我国具有比较法意义。

一、消费者与经营者之间的实质不平等

消费者与经营者之间的实质不平等构成了消费者权益保护和民事诉讼架构讨论的理论起点。正是因为存在着实质不平等,才应该在民事实体法中对消费者给予更多的关怀,另一方面对经营者加以更为严格的要求,从而以一种社会性

---

[*] 本文以笔者在第69届德国法学家大会与德国萨尔大学联合举办的"消费者权益保护研讨会"中的报告和讨论为基础。

[**] 作者系德国萨尔大学(Universität des Saarlandes)法学博士生,清华大学法学硕士,法学学士。

保护模式(das soziale Schutzmodell)补充甚至代替以私法自治(das Privatautonomie)为内核的调节机制,这亦构成了消费者权益保护法律的根本特点。与此相适应,民事诉讼也被要求对消费者与经营者之间的实质不平等作出回应,甚至以此为起点构建新的诉讼架构,以法院的积极干预平衡消费者与经营者在民事诉讼中的实质不平等,进而保证诉讼结果的公平和公正。

然而,在消费者权益保护与诉讼新架构讨论之前,对消费者与经营者之间的实质不平等进行反思是不可或缺的,特别是考虑到现代通讯技术的发展和互联网贸易的盛行,都可能对判断能力和信息平衡问题产生影响,从而可能改变消费者与经营者之间的力量对比。

(一)一般消费者的初始形象

在人们眼中,消费者与经营者相比总是处于弱势地位,这种印象也构成了一般消费者的初始形象,无论法学研究还是司法实践也都以此作为判断基础。在法律分析中,消费者总是被认为是草率的、粗心的和没有评判能力的,任何逻辑推理和专业知识对消费者而言都是苛求。① 同时,消费者作出的声明既不准确也不完整,并且不能够以批判性眼光对其进行评价。② 与此相反,经营者总是能够熟练和积极的追求自身利益。这样看来在消费者和经营者之间自然存在着实质不平等,实体法上对消费者的特殊保护也是不可或缺的。但问题在于,一般消费者的初始形象是否依然被目前的法学研究和司法实践所认可。

(二)对一般消费者(Durchschnittverbraucher)和经营者(Unternehmer)的新理解

经验主义的消费者初始形象在"东方地毯样式"判决(Orient-Teppichmuster-Urteil)③之后就已经被抛弃了。④ 自此以后,德国联邦最高法院(BGH)接受了欧洲一般消费者模型(das europäische Modell des Durchschnittsverbrauchers)。欧盟法院(EUGH)认为一般消费者应该是具有一般信息获取能力的和明智的、在不同环境下具有相应的注意力的消费者。⑤ 根据《关于不正当交易行为的指令》(UGP-Richtlinie)(以下简称《指令》)第2条,消费者是任何不以有关交易活动为事业或者职业的自然人。因此,无论在欧盟法院还是欧盟立法者看来,都不应该再用初始消费者形象来定义消费者,而应该把消费者视为市场当中文

---

① BGH *GRUR* 1957, 128, 130.
② BGH *GRUR* 1959, 365, 366; BGH *GRUR* 1984, 457, 459; BGH *GRUR* 1992, 450, 452f.; BGH *GRUR* 1993, 127, 128.
③ BGH *GRUR* 2000, 619, 621; stündige BGH-Rspr.: *GRUR* 2004, 244, 245; *GRUR* 2005, 877, 879; *GRUR* 2007, 805, 807.
④ Micklitz/Kessler, Funktionswandel des UWG, *WRP* 2003, 919 f.
⑤ Micklitz/Kessler, a. a. O., 919, 922.

明和进步的一员。① 《指令》第 18 项立法理由（Erwägungsgrund 18）也印证了这一判断：一般消费者是具有合理的信息获取能力和注意力并且具有批判性的市民的体现。②

尽管根据《指令》第 5 条第 3 款，在一般消费者之外同时也提及了具有特殊保护必要的消费者，但是这并不能够使"仓促、粗心和不具有批判性"的消费者形象死灰复燃。③ 因为《指令》第 5 条第 3 款并不具有普遍意义，即便消费者在具体情况中确实是社会或者经济上的弱者，但只要其弱势地位并未对交易行为产生影响，就不能够认为存在这种特殊保护的必要。

与消费者的初始形象相比，当今一般消费者形象与经营者之间的实质不平等已经被大幅缩小。而在天平的另一端，经营者也并非总是等同于强者，欧盟调查结果显示，99.8％的欧洲企业都是所谓中小企业（KMU）。④ 但尽管如此，一般消费者与经营者之间依然存在较大的实力差距，特别体现在判断能力和信息不对称方面。虽然这种差别因为新的消费者形象被大幅缩小，但却并未因为《指令》和"东方地毯样式"判决而在欧盟层面和德国法层面被否认。消费者与经营者之间的不平等依然是消费者权益保护的理论起点，亦构成了民事实体法中社会性保护模式的重要论据。

二、民事诉讼中消费者与经营者的实质不平等

虽然民事实体法中消费者与经营者之间的不平等得到了欧盟法和德国法的认可，但并不能够因此直接推导出在民事诉讼中，特别是案件事实探知过程中也存在消费者与经营者之间的实质不平等。这源于德国法学对民事实体法与民事程序法的基本认识。

（一）民事实体法与民事程序法的区分

德国法学通说认为民事实体法与民事程序法规制完全不同的生活领域。民事实体法使民事法律关系得以产生，并使当事人获得民事实体权利。在大多数

---

① Vgl. EUGH *NJW* 1998, 3183 ff. - Gut Springenheide; EUGH *Slg*. 2000, I - 135 ff. Tz. 27 - Lifting; EUGH *Slg*. 2001, I - 7945 ff., Tz. 52 - Toschiba/Katun.

② Scherer, *WRP* 2008, 563, 567; Seichter, *WRP* 2005, 1087 ff., 1091; Glöckner/Henning-Bodewig, *WRP* 2005, 1311 ff., 1329.

③ Glöckner/Henning-Bodewig, a. a. O., 1311, 1330; Henning-Bodewig, *WRP* 2006, 621 ff., 625; Scherer, a. a. O., 563, 567; Leistner, *ZEuP* 2009, 57, Fn. 94.

④ http://ec.europa.eu/enterprise/newsroom/cf/_getdocument.cfm?doc_id=3428，下载日期：2012 年 7 月 6 日。

案件中民事实体权利的实现都无须借助于民事诉讼。① 与此相反,民事程序法规制民事司法的机构和前提条件,民事程序的种类、形式和权利保护的实现及其程序。② 德国通说认为民事实体法和程序法的区分不仅具有学术价值,并且同样具有实践意义。③ 因此,民事实体法中的观念和法律条文原则上不能够直接嵌入民事程序法。消费者与经营者在判断能力上的差别以及信息不对称并不能够直接导出民事诉讼中以及案件事实探知当中当事人之间的实质不平等。有关消费者与经营者之间的平等问题必须在民事诉讼法层面独立进行讨论和再检验。

(二)民事诉讼当事人的平等问题

民事诉讼中当事人的平等问题并不是一个新课题,传统辩论原则恰恰以当事人之间的平等为理论起点,从而构建出民事诉讼事实探知中当事人自我负责的基本架构。根据传统辩论原则只有当事人有权提出民事诉讼的裁判基础,它的反面构成了职权探知原则,据此法官得以依职权查明案件事实。辩论原则以以下观念作为理论起点:当事人在民事诉讼中总是追求彼此相反的利益,因此他们会对对方的事实陈述进行检查。④ 辩论原则一般而言是一条适当的途径,得以最短的路程发现和确定案件事实。通过辩论原则可以使当事人的切身利益与事实阐明联系起来,从而在实践中并不会逊于职权探知原则下法院对事实的探明,⑤ 而在另一方面,辩论原则还避免了公共资源的浪费,因为在辩论原则看来案件事实探知原则上是当事人的事情,如若以作为公共资源的法院职权探明替代当事人的事实探知,则构成公共资源的浪费和对公众利益的损害。⑥ 因此,辩论原则意味着当事人对案件事实的自我负责,与此相反,职权探知原则将这种责任放在了法官的肩上。⑦ 此外,传统辩论原则并不承认普遍存在于案件事实探

---

① Häsemeyer, Prozessrechtliche Rahmenbedingungen für die Entwicklung des materiellen Privatrechts, *AcP* 188 (1988), 140, 145.

② Henckel, *Prozessrecht und materielles Recht*, 1988, S. 7 ff., 21 ff.; Konzen, *Rechtsverhältnisse zwischen Prozessparteien*, 1976, S. 53; Rosenberg/Schwab/Gottwald, *Zivilprozessrecht*, 17. Auflage, 2010, § 1 Rn. 22.

③ Rosenberg/Schwab/Gottwald, a. a. O., § 1 Rn. 23.

④ Cahn, *AcP* 198 (1998), 35 (58).

⑤ Thoma/Putzo-Reichold, § 138 ZPO Rdn 3; Rosenberg/Schwab/Gottwald, a. a. O., § 77 VIII Rdn 3; Stürner, *Aufklärungspflicht*, 1976, S. 51; Gaul, *AcP* 168 (1968), 27 (49 f).

⑥ Welzel, *Die Wahrheitspflicht im Zivilproze?*, 1935, S. 11; Blomeyer, *Deutsches Recht*, 1934, 473 (475).

⑦ Welzel, a. a. O.

知中的公共利益,因为案件事实以民事实体法律关系为基础,而对此当事人具有处分自由。① 以此为基础,辩论原则认为法官应当专注于并且被限定在法律适用方面。② 而辩论原则的重要理论支点之一便是民事诉讼当事人之间的平等假定。

(三)社会性诉讼观与协动主义

虽然按照德国法学通说,民事实体法的观念和概念不能够直接套用在民事程序法中,但通过比较研究还是可以发现社会性诉讼观与实体法中社会性保护模式具有相同的社会背景和理论起点。社会性诉讼观可以被看做民事实体法社会性保护模式在民事诉讼法中的反映。

与实体法中的社会性保护模式一致,社会性诉讼观也源于19世纪末欧洲和世界范围内长时间的经济危机和市场失灵。经济的萧条和社会的紊乱使学者反思原有的自由市场经济和市场调节手段。而作为社会反思的重要一环,法律制度不仅难逃干系,而且首当其冲。在市场调节之外引入政府干预,通过政府干预解决自由经济和市场调节中产生的主体不平等和社会不公,这种趋向直接体现在民事实体法的法律修订中。民事实体法中禁止权利滥用,对合同自由以及所有权的必要限制成为共识。社会性诉讼观进一步要求民事诉讼中的国家干预。法院作为国家的代表同样应该对民事诉讼加以干预,民事诉讼不应该再被视为当事人自己的事情,法院应当对案件的真相和当事人的实质平等负责,因为事实真相与当事人的实质平等事关民事诉讼中公共利益的维护。据此,辩论原则被批评是"过于自由主义"的诉讼观并且是不恰当的。③

社会性诉讼观最先由奥地利法学家安东·蒙格尔(Anton Menger)所倡导,但弗兰茨·克莱恩(Franz Klein)却被认为是社会性诉讼观最重要的倡导者和代表人物。由于弗兰茨·克莱恩时任奥地利司法部长,并且是1898年奥地利《民事诉讼法》的制定者,因此他的社会性倡导也充分体现在这部《民事诉讼法》中,并深刻影响了1877年德国《民事诉讼法》制定之后的修改进程。社会性诉讼观的重要理论起点是对辩论原则中当事人平等假定的批判和社会现实中当事人实质不平等的强调,而消费者与经营者的关系正是社会性诉讼观的具体例证:在传统辩论原则看来,消费者和经营者之间甚至都是平等的,这种对社会现实的曲解和对实质不平等的忽视将导致不公正的诉讼结果。为了扭转这一局面,法官不

---

① Hartmann, in: Baumbach/Lauterbach/Albers/Hartmann, § 138 ZPO Rdn 2.

② v. Craushaar, *Zivilprozess und Zwangsvollstreckung*, 1979, Rn. 123 (S. 99); Gilles, Verfahrensfunktion und Legitimationsprobleme richterlicher Entscheidungen im Zivilprozess, in: *Festschrift für G. Schiedermair*, 1976, S. 190 Fußn. 33.

③ Jauernig/Hess, *Zivilprozessrecht*, 30 Aufl., § 1 Rn. 10.

应该再被看做是消极和中立的第三人;相反,法院应该被视为不可或缺的国家福利机构,民事诉讼是社会救助的一环。① 民事诉讼不能再以根本不存在的当事人平等作为理论起点,而是恰恰相反,民事诉讼应当保障当事人不会因为其社会地位在民事诉讼中遭受不利益。② 为了实现这一构想,需要通过法官的积极干预来保障民事诉讼中当事人的实质平等。

在社会性民事诉讼提出近一个世纪之后,德国法学家卡尔·奥古斯特·贝特曼(Karl August Bettermann)率先在其 1972 年关于社会性民事诉讼的论文中使用"协动主义"(die Kooperationsmaxime)这一术语。贝特曼在论文中认为协动主义是社会性诉讼观在民事案件事实探知中的具体体现,它不同于以往任何一种诉讼基本原则,而是辩论原则与职权探知原则的折中,③进而既可以解决社会性诉讼观对辩论原则的指责,又能够防止民事诉讼再次陷入职权探知原则。但几年之后,贝特曼就修正了自己关于协动主义的理解,他认为协动主义并不是辩论原则和职权调查主义的混合或者折中,它仅仅是辩论原则的修正形态(eine Modifikationsform)。④ 除了贝特曼,协动主义的代表人物还有皮特·吉勒斯(Peter Gilles)和鲁道夫·瓦瑟曼(Rudolf Wassermann)。以贝特曼最初的观点为基础,吉勒斯认为德国法学通说对德国《民事诉讼法》第 138 条第 1 款真实义务以及第 139 条释明义务和发问权的理解并不符合协动主义的要求,因为协动主义倡导的是实体真实原则与民事诉讼真正的融合。⑤ 瓦瑟曼通过专著《社会性民事诉讼》详细阐述了其关于社会性民事诉讼和协动主义的主张。瓦瑟曼认为第 138 条第 1 款和第 139 条清楚地标示出一种协动主义的趋向。⑥ 鉴于 1877 年德国《民事诉讼法》制定时的经济、社会以及思想基础都发生了深刻的变化,德国立法者应当对此作出回应,从而放弃自由主义民事诉讼和辩论原则。民事诉讼不应该再是"没有红十字会的诉讼战争"(Prozesskrieg ohne Rotes Kreuz),民事诉讼不应当像国际象棋比赛一样,让那些更加聪明和熟练的当事人获得诉讼的胜利。⑦ 不仅如此,自由主义民事诉讼观和辩论原则关于当事人的平等假定

---

① Henckel, a. a. O. , S. 64, 98.
② Wassermann, *Der soziale Zivilprozess: zur Theorie und Praxis des Zivilprozesses im sozialen Rechtsstaat*, 1978, S. 85.
③ Bettermann, Verfassungsrechtliche Grundlage und Grundsätze des Prozesses, *JBl* 1972, 63.
④ Ders. , Hundert Jahre Zivilprozeßordnung—Das Schicksal einer liberalen Kodifikation, *ZZP* 91 (1978), 391.
⑤ Gilles, *AcP* 177 (1977), 204 Fußn. 39.
⑥ Wassermann, a. a. O. , S. 109.
⑦ Wassermann, a. a. O. , S. 9 ff.

是自始错误的,因为在社会现实当中并不存在抽象的当事人,具体案件中往往是实力较强的一方当事人更有机会赢得诉讼。① 因此,未来的德国民事诉讼应当以客观存在于社会现实中的具体当事人之间的实质不平等作为理论出发点。而恰恰因为当事人之间的不平等,才要求由法官和当事人组成诉讼工作组(die Arbeitsgemeinschaft)一起完成案件事实的探明工作,并最终发现民事诉讼中的客观真实。法院判决只能够建立在与实体法律关系相一致的案件事实基础上。因此,协动主义将不仅仅代表着辩论原则名称的更替,这同样是多余的。相反,协动主义将标志着民事诉讼与辩论原则的诀别,其途径是法官权力的加强和民事诉讼中实体真实的强调。② 而当事人与法官之间的诉讼工作组可以被视为协动主义的核心要求。

(四)平等问题的困境

无论是自由诉讼观和辩论原则的基本理念,还是来自社会性诉讼观与协动主义的指责,都指向民事诉讼的根本问题之一,即诉讼当事人之间的平等问题。如若民事诉讼中当事人之间的不平等得到一般肯定,无疑将构成对现行民事诉讼制度的重大挑战。从这个意义上看,消费者权益保护与民事诉讼架构并非新课题,而是对民事诉讼当事人平等问题的再次反思。

不仅消费者与经营者之间,即便在全世界范围内也难以找出两个完全相同的人,从这个意义上看社会性诉讼观和协动主义的主张具有合理性,自由诉讼观和辩论原则建立在不存在的理论假定之上,因此,未来民事诉讼应当以当事人之间的实质不平等为基础形成新的诉讼架构。但当我们更深入地追问平等问题标准时,平等问题的讨论就会陷入困境和僵局。

世界上没有两个完全相同的人,这一论断是以所有既存标准作为参照系。但如果只选取单一标准还是可以找到相同的人群,比如男人和女人,中国人和德国人。那么,在对民事诉讼平等问题进行评价时应当选取哪一种或者哪些标准呢?身高和体重是否会构成重要标准?这在现代民事诉讼看来是荒诞的,但在远古时期身高和体重却是权利实现与否的重要标准,因为个体只能够通过暴力来要求自身的权利以及帮助家庭和氏族实现权利。③

在众多评价标准当中,财产状况和知识水平对当事人之间的实力对比产生较大影响,也是在这个基础上,我们认为消费者一般而言处于弱势地位,因为经营者相对于消费者而言具有更多的财力和专业知识,它甚至有企业专职律师为它提供法律咨询和进行诉讼。而这种差别不仅仅存在于观念中,也确实存在于

---

① Wassermann, a. a. O., S. 49.
② Wassermann, a. a. O., S. 109.
③ Jauernig/ Hess, a. a. O., §1 Rdn. 1, S.1.

社会现实当中。然而以财产状况和知识水平作为平等问题的主要标准依然会遇到困境。一方面,法官难以在诉讼开始之前查明当事人之间财力和知识的差别,除非法官在诉讼开始之前命令当事人提交财产状况说明和学历证明,并将这些差别进行量化比较,比如律师与中小企业之间的诉讼,律师具有较强的法律知识水平,而中小企业虽然具有较强的财力,却没有雇佣企业律师,但这种量化比较可能会产生新的不公正。此外,在诉讼开始前要求当事人申报自身财产和知识水平的做法也是不切合实际的。另一方面,如果以具体的强弱关系为基础,社会性诉讼观和协动主义的理论假定也并非完全正确,因为在社会现实中也存在着消费者实力强于经营者的情形,比如律师与家庭作坊之间的诉讼。不仅如此,具体当事人实力的对比结果还将与社会性诉讼观产生无法调和的矛盾:律师在财力状况和知识水平上都优于家庭作坊,但在身份上他依然是消费者,那么按照社会性诉讼观的主张,法官究竟应该站在律师一方还是家庭作坊一方?如果认为应该站在具体案件中实力较弱的一方,那么消费者权益保护这一概念也将被"弱者权益保护"所架空。因此,采用具体当事人实力对比的办法也将使消费者权益保护讨论陷入困境,并且使社会性诉讼观和协动主义的理论前提产生紊乱,一方面它批判自由诉讼观和辩论原则的平等假定不符合社会现实,从而要求对消费者给予更多的保护;但另一方面,社会性主张又不完全符合社会现实,因为社会现实中不乏消费者客观实力强于经营者的情形。社会性诉讼观和协动主义因此陷入两难境地,如果完全依照具体案件中的强弱对比将无法提出消费者权益保护的主张;如果按照消费者权益保护重构诉讼架构又将像它所批判的自由诉讼观和辩论原则一样忽视现实生活中的当事人强弱对比,甚至加剧具体案件中的实质不平等。

平等问题讨论的困境并非只是社会性诉讼观和协动主义的难题。自由诉讼观和辩论原则也将会面临平等问题讨论,只是它们采用了与社会性诉讼观和协动主义不同的处理方法。在自由诉讼观和辩论原则看来,当事人在财力状况和知识水平上的差异对平等问题并无决定性影响,因为民事诉讼中的平等并非结果平等(die Gleichheit im Ergebnis),而是机会平等(die Chancengleichheit)或称武器平等(die Waffengleichheit),这被规定在德国《基本法》(GG)第 3 条和《欧洲人权公约》(EMRK)第 6 条。① 《基本法》中规定的社会法治国家(der soziale Rechtsstaat)也要求民事诉讼能够保障社会机会平等(die soziale Chancengleichheit)。机会平等或武器平等也恰恰是自由诉讼观和辩论原则的核心目标。因此,以机会平等或者武器平等看来,诉讼当事人之间并不像民事实体法观

---

① BVerfGE 52,131 = NJW 1979,1925,1926;BGH NJW 1999,363;1998,306; EuGHMR FamRZ 2003,149.

念一样存在着实质不平等。尽管如此,民事诉讼中依然存在着一系列法律制度,其旨在平衡当事人之间包括消费者与经营者之间在财力状况和知识水平上的差异。而这些相关制度不仅事关当事人之间财力状况和知识水平的差别可能对民事诉讼产生的影响,也直接涉及消费者权益保护与民事诉讼新架构问题的回应。

三、当事人武器平等的保障措施

尽管辩论原则的核心目标是武器平等或机会平等,而并非结果平等,但依然有一系列诉讼制度旨在消除当事人在财力和知识水平上的差异,从而切实保障武器平等与程序公正。在这些诉讼制度当中,律师强制(Anwaltszwang)与诉讼费用救助(Prozesskostenhilfe)具有重要意义。①

(一)律师强制

根据德国《民事诉讼法》第78条第1款之规定,任何在州法院(Landgericht)、州高等法院(Oberlandesgericht)和联邦最高法院(Bundesgerichtshof)前的民事程序都必须由律师代理进行。在家事案件中(Familiensachen)则将律师强制制度延伸到了地方法院前进行的民事诉讼,对此只有极少例外情形。此外,律师强制贯穿几乎所有民事程序,它不仅在言辞辩论中发挥作用,同样作用于所有程序中诉讼行为的实施。② 律师程序中的当事人一般情况下并不能够自己实施诉讼行为,因为当事人欠缺辩论能力(Postulationsfähigkeit)。律师程序的这一限制并不违背《基本法》第2条第1款所规定的行为自由(Handlungsfreiheit)。③ 但也不能就此认为当事人在事实探知方面不发挥作用。当当事人出席言辞辩论时,他不仅可以对律师作出的自认以及其他事实说明进行即时撤回和更正,而且可以自己提出主张和作出自认。④ 根据第286条,当事人的事实陈述将构成法官心证的基础,⑤因为并非律师,而是当事人本人经历了诉讼争议的事实片段。

但不可忽视的是,律师强制制度并不是诉讼程序的普遍现象,在劳动诉讼

---

① *BVerfGE* 35, 348 = *NJW* 1974, 229; *BVerfGE* 56, 139 = *NJW* 1981, 1011; Rosenberg/Schwab/Gottwald, a. a. O., § 1 Rdn 28.

② BGH *NJW* 1984, 1465; 1988, 210; Rosenberg/Schwab/Gottwald, a. a. O., § 53 Rn. 16.

③ BVerfG *NJW* 1993, 3192; *BVerfGE* 35, 63 = *NJW* 1973, 1315; BGHZ 111, 339, 342 = *NJW* 1990, 3085; Musielak/Weth, § 78 Rn. 2; Sein/Jonas/Bork, § 78 Rn. 5.

④ *BGHZ* 8, 235, 237 = *NJW* 1953, 621; BGH VersR 1966, 269, 270; MünchKomm/v. Mettenheim, § 78 Rn. 20; a. A. Zöller/Greger, § 288 Rn. 3 c; offen gelassen in *BGHZ* 129, 108 = *NJW* 1995, 1432, 1433.

⑤ BGH *ZZP* 71 (1958), 104.

(Arbeitsgerichtsprozess)、非讼事务(freiwillige Gerichtsbarkeit)、行政诉讼(das verwaltungsgerichtliche Verfahren)和财政诉讼(das finanzgerichtliche Verfahren)的第二审程序均不存在律师强制要求。只有到第三审级时,这些诉讼程序才普遍规定律师强制。即便在联邦宪法法院(Bundesverfassungsgericht)前的书面程序也并不要求律师强制,其只适用于联邦宪法法院的言辞程序。①

对于民事诉讼程序和其他诉讼程序中对律师强制制度的不同处理应该得到足够重视:与其他程序相比民事诉讼的特点何在?为什么律师强制程序在民事诉讼中有较其他程序更为重要的作用?以上问题的关键点在于民事诉讼中律师强制的制度目的。在1877年《帝国民事诉讼法》的原始文本中就已经出现律师强制的相关规定。但这一规定却并不能像其他规定一样回溯到共同诉讼(der gemeine Prozess)和普鲁士诉讼(der altpreußische Prozess)。此外,律师强制规定还出现在1877年《民事诉讼法》的所有草案中,并且在立法过程中鲜有挑战和非议。② 通说认为律师强制并非为了律师的利益,而是为了保护当事人以及司法程序的有序和迅速。③ 罗尔夫·施蒂尔纳(Rolf Stürner)对此提出不同意见:或许律师强制的客观目的是值得赞同的,但它最初的和主观的目的却并非如此。事实上,1877年《民事诉讼法》规定律师强制受到了律师协会的实质影响,因为律师强制对律师行业的维持有重要意义,特别是考虑到同样规定在1877年《民事诉讼法》的本地原则(Lokalisationsprinzip),以此使在某个法院登记的律师在此辖区内享有特权。④

尽管如此,律师强制的客观目的对民事诉讼发挥着不可替代的积极作用,其可归纳为四个方面,即减轻法院负担,保证诉讼的公平和客观,加强当事人自我责任以及维护当事人之间的武器平等。⑤ 律师强制对于维护当事人之间的武器平等无疑具有重要意义:其不仅可以使当事人免受因为欠缺法律知识而产生的败诉风险,更可以防止法院的越权和权力滥用,因为在律师强制程序中法官没有理由以当事人之间的实质不平等对民事诉讼进行干预。⑥

对于律师强制的客观效果,施蒂尔纳也同样提出质疑。⑦ 施蒂尔纳认为,当

---

① Stürner, Die Stellung des Anwalts im Zivilprozess, JZ 1986, 1089.
② Vollkommer, Die Stellung des Anwalts im Zivilproze?, 1984, S. 14 und 15.
③ Levin, Die rechtliche und wirtschaftliche Bedeutung des Anwaltszwanges, 1916, S. 102, 105; Ostler, Die deutschen Rechtsanwälte 1871 - 1971, 2. Aufl., 1982, S. 78; Stürner, Die Stellung des Anwalts im Zivilprozess, a. a. O.
④ Stürner, a. a. O.
⑤ Vollkommer, a. a. O., S. 17 ff.
⑥ Vollkommer, a. a. O., S. 21, 22.
⑦ Stürner, a. a. O., 1089 f.

事人之间可能存在的不平衡无法通过律师强制被解决,因为不仅当事人之间存在不平衡,这种不平衡同样存在于律师之间:一方面,当事人之间的不平衡取决于不同的生活和职业经验以及不同的智力水平,但同样不可忽视的是承受能力的差异,这并不能够通过律师强制制度解决;另一方面,当事人之间的不平衡会因为律师之间的差异被加剧,因为经济实力较强的当事人更有机会聘请更为优秀的律师,比如辛普森聘请的律师"梦之队"。

此外,施蒂尔纳也并不否认律师强制可以通过弥补当事人法律专业知识的不足而有效保障当事人之间的武器平等:民事诉讼给予当事人以明示或者可推断的方式放弃权利的自由,此外,当事人或许也并不清楚上诉及其时限的规定。对此,民事诉讼的处理方法使其与刑事诉讼和行政诉讼区别开来:刑事诉讼或行政诉讼中不懂法律的当事人会获得法官和法律的特别照顾,而民事诉讼中并非通过法官或者法律的特别照顾,而是通过律师来弥补当事人法律知识上的欠缺和不足。

尽管如此,施蒂尔纳的质疑却指出了律师强制带来的副作用。虽然律师强制的客观目的之一是消除当事人之间可能存在的不平衡,但它的建立会同时带来两个新问题:一方面,律师的经验和知识水平也存在差异,那么律师间的差别是否反而会加强当事人之间的不平衡?这在消费者和大企业之间的诉讼中尤为常见,因为大企业自身就可能有专职律师团队,甚至还可以再针对具体案件聘请更为资深的律师加入企业的律师团。然而这种质疑又将平等问题带入了未解的哲学课题,即实质平等和形式平等。与当事人武器平等的认识相一致,律师之间的平等问题也应该以形式平等而非实质平等为标准,即凡是通过国家司法考试和专业实习获得职业资格的律师均具有作为律师所必需的专业知识和职业能力。因此,律师之间实质能力的差别并不能构成非议律师强制制度作用的充分理由。另一方面,律师强制制度伴随着巨大的律师费用支出,这也构成了律师维系的经济基础。在一般人看来,这笔费用无疑太过于巨大:据统计,一个经历了所有审级的诉讼所引起的所有费用将达到诉讼争议额的80%。[1] 以此,律师强制制度确实会通过当事人不同的承受能力加剧当事人之间的不平衡。这个问题同时引出了保障当事人武器平等的另两项重要制度,即规定在《咨询救助法》(BerHG)中的咨询救助制度和规定在《民事诉讼法》第114条到第127a条的诉讼费用救助制度。

(二)咨询救助和诉讼费用救助(Beratungshilfe und Prozesskostenhilfe)

与诉讼外纠纷解决程序相比,民事诉讼一般会伴随更多费用支出。尽管律

---

[1] Schreiber, Effizienz des Rechtsschutzes im Zivilprozess, *Jura* 1991, 617; Musielak, *Grundkurs ZPO*, 10. Aufl., 2010, S. 9.

师强制制度客观上可以保障当事人之间的武器平等,但却使当事人承受不可忽视的费用负担,这包括诉讼费用(die Prozessgebühr)、辩论费用(die Verhandlungsgebühr)和证明费用(die Beweisgebühr)以及协商费用(die Erörterungsgebühr)和和解费用(die Vergleichgebühr)。从这个意义上看,律师强制将成为当事人实力不均的新诱因,毕竟当事人对这些费用的承受能力并不相同。缺少资金的当事人会因此陷入两难境地:如果他想聘请律师,那么无论诉讼结果如何他都必须承受巨大的费用负担,因为根据《联邦律师法》(Bundesrechtsanwaltsordnung),无论当事人是否获得诉讼的胜利都必须自己支付律师的费用。如果他不想聘请律师,[①]又必须自己承担因为欠缺法律知识而增加的败诉风险。不仅如此,诉讼前景还与费用风险紧密相关,因为根据《民事诉讼法》第91条,败诉方原则上承担因为诉讼产生的费用。在此背景下,当事人可能不敢通过民事诉讼维护自身权利。这种结果违反了由《基本法》第103条第1款"法定听审权"(das richtliche Gehör)所衍生出的司法请求权(der Justizanspruch)或司法保障请求权(der Justizgewährungsanspruch)以及《基本法》第3条第1款和第20条第1款"社会法治国家原则"(der soziale Rechtsstaatsprinzip)。[②] 根据"法定听审权"和"社会法治国家原则",不应使任何人因为欠缺资金而必须放弃律师的咨询和律师对诉讼进行的支持。对于这一目标的实现,咨询救助制度和诉讼费用救助制度具有重要作用。

在一个人提起诉讼之前,他无论如何应该尝试确定自己的胜诉前景和费用风险。在大多数案件中都有必要委托律师对诉讼进行准备。而在律师强制程序中,当事人无论如何都必须聘请律师。在诉讼准备和诉讼外纠纷解决方面,咨询救助制度发挥重要作用,它也是国家司法社会救助的一部分。咨询救助制度集中规定在《咨询救助法》中。据此,在满足该法第1条第1款所规定的前提条件时,任何人都可以获得咨询救助和诉讼外纠纷解决的律师支持:(1)根据当事人个人和经济状况其无法负担必要的费用;(2)对当事人而言不存在获得其他救助的可能;(3)权利的行使并不是草率的。

与咨询救助规定不同,诉讼费用救助制度规定在《民事诉讼法》第114条到第127a条。第114条所规定的前提条件可以归纳为以下三个方面:(1)根据当事人的个人和经济状况其无法负担诉讼费用或者只能够部分以及通过分期支付的方式负担费用;(2)有充分的胜诉前景;(3)权利的实现或者捍卫并不是草

---

① 根据《民事诉讼法》第78条第1款之规定,这种可能只在地方法院前进行的民事诉讼才存在。

② BVerfG *NJW* 2008;*BVerfGE* 9, 124, 130 f. = *NJW* 1959, 715;*BVerfGE* 81, 347 = *NJW* 1991, 413.

率的。

通过咨询救助和诉讼费用救助制度可以有效地解决律师强制产生的费用负担问题,然而其不可能成为免费的社会福利。咨询救助和诉讼费用救助带有浓重的社会救助色彩,这也决定其只能够解决最极端的情况。而在极端情况之上的所谓"夹心层"在咨询救助和诉讼费用救助制度作用下成为新的弱者。对此,权利保护保险制度(Rechtsschutzversicherung)发挥着重要的补充作用。

(三)权利保护保险(Rechtsschutzversicherung)

根据《关于权利保护保险的一般规定》(ARB 2008),权利保护保险可以提供给机动车的所有人、持有人和驾驶人(第 21 条到 23 条),可以提供给零售商和自由职业者应对因为职业活动引发的损害赔偿请求权的权利保护保险(第 24 条),可以以家庭权利保护或者以家庭—交通权利保护联合的方式(第 25 条、第 26 条)保障针对个人的赔偿责任请求权,以及作为农业权利保护,作为协会或者土地所有人针对因为使用租赁和用益租赁关系(第 27 条到第 29 条)的权利保护保险。但家事程序中的费用保险原则上根据第 4 条第 1 款第 1 项被排除。[①]

权利保护保险也应当被同时视为诉讼费用救助制度的消极要件。如果当事人此前购买了权利保护保险,那么保险公司具体的承保就证明当事人能够负担诉讼费用,因此不满足关于诉讼费用救助的第一项要件。[②] 尽管权利保护保险公司也会因为欠缺胜诉前景而拒绝承包,但当事人也会因为同样的理由无法获得诉讼费用救助,因为充分的胜诉前景也是获得诉讼费用救助不可或缺的前提条件。

虽然权利保护保险可以一定程度上解决"夹心层"问题,但鉴于权利保护保险制度较小的适用范围,它的作用依然相当有限,特别是消费者对经营者提起的民事诉讼很难归入《一般规定》中的任何一个类别,这一问题的解决有赖于将权利保护保险的适用范围扩展到消费者保护范畴,但这是立法论问题,并非通过解释论可以解决;另一方面,投保费用本身又构成了新的负担。[③] 不仅如此,权利保护保险制度还可能引发其他问题,特别是诉权滥用。权利保护保险可能会刺激当事人针对最好搁置的争议提起诉讼。但鉴于权利保护保险公司的充分制约,德国通说认为这种潜在的副作用并没有实质影响。[④]

(四)《民事诉讼法》第 29c 条

虽然律师强制制度、咨询救助和诉讼费用救助以及权利保护保险制度都对消费者与经营者之间的武器平等发挥着重要作用,但这些制度却并非仅针对消

---

① Rosenberg/Schwab/Gottwald, a. a. O., § 115 Rn. 20.
② BGH *NJW* 1991, 109, 110; Rosenberg/Schwab/Gottwald, a. a. O., § 87 Rn. 2.
③ Musielak, a. a. O., S. 11.
④ Musielak, a. a. O.

费者与经营者制定,而是民事诉讼中的一般制度。除此之外,在民事诉讼制度中还存在一系列专门针对消费者与经营者的法律制度,比如《民事诉讼法》第29c条有关上门销售案件管辖的特别规定(Besonderer Gerichtsstand für Haustürgeschäfte)、《德国民法典》第476条消费者商品交易的证明责任倒置(die Beweislastumkehr)以及根据《不作为之诉法》(UKlaG)的团体诉讼(Verbandsklage)。

第29c条自2002年1月1日起生效,旨在通过使消费者免于远离住所地的权利行使实现对消费者的特别保护。① 这一规定包含两类情形,一种情况是经营者对消费者提起的诉讼。根据第29c条第1款第2句之规定,经营者只能够在消费者的住所地或者经常居住地法院提起诉讼。这也恰恰是"原告就被告"的具体主张,因为"原告就被告"在这种情形下事实上有利于消费者。另一种情况是消费者对经营者提起的诉讼。这种情况下消费者可以选择是按照第12条、第13条和第17条关于管辖的一般规定还是按照例如第21条、第23条和第29条之特别规定提起诉讼,抑或按照第29c条之规定在自己的住所地或者经常居住地法院提起诉讼。②

但与权利保护保险制度一样,第29c条只是针对上门销售这一具体样态的特别规定,并不能够被适用于所有消费者与经营者之间的民事诉讼。而在德国民事诉讼法学目前的讨论中,也几乎没有在将来的立法中将这一规定推广到所有消费者与经营者的民事诉讼中的主张。这主要考虑到上门销售的特殊性,其对消费者造成了答应购买的心理压迫,并且容易造成对消费者的突然袭击,使消费者在没有充分衡量和考虑的情况下缔结合同。另一方面,上门销售的情况下消费者可能并不能够明确经营者的住所地,基于以上特性,法律对上门销售的经营者加以更为严苛的要求。

(五)《民法典》第476条

《民法典》第476条特别针对消费者商品交易的情形,并通过证明责任倒置的规定实现对消费者区别与《民法典》第434条的特殊保护。根据第476条,法律假定在风险转移(der Gefahrübergang)之后六个月内出现的物的瑕疵在风险转移时就已经存在。

另一个方面,第476条也是关于证明责任倒置的规定。如果消费者在风险转移之后才发现存在物的瑕疵时,根据一般证明责任,他必须证明所发现的物的瑕疵在根据第434条第1款发生风险转移时就已经存在。然而这往往是难以证明的。因此,在现实生活中消费者只能够主张免费维修。为了加强消费者权益

---

① Thomas/Putzo/Hüßtege, *Komm-ZPO*, 33. Aufl., 2012, § 29c, Rd. 1.
② Stein/Jonas/Roth, *Komm-ZPO*, 22. Aufl., § 29c, Rd. 1.

保护，《民法典》发展出了消费者商品交易情况下的特别证明规则，这也正是《民法典》第476条的立法目的。

然而，消费者权益保护并非是唯一的立法目的，促进快速的日常商品交易也是立法目的之一。① 从商品交易的迅速性要求观察，在这种情况下对消费者的特别保护会引起消费者在风险转移时的疏忽和懈怠，从而不会仔细和及时检查商品是否存在瑕疵，以此使两个目的产生紧张关系。② 联邦最高法院认为《民法典》第476条只是在时间方面的推定，即根据第476条在事后发现的物的瑕疵被推定为在风险转移时即已存在，而并不是对抽象的物的瑕疵（die Sachmangelhaftigkeit）的推定。当经营者可以证明消费者所发现的具体的物的瑕疵是在风险转移之后才出现的，那么根据联邦最高法院的观点，第476条的推定就被驳倒了。之后消费者必须继续证明，还存在其他可能的瑕疵，然后再运用第476条推定该具体瑕疵在风险转移时就已经存在。③ 因此，《民法典》第476条虽然没有完全沦为装饰条款，却丧失了立法者所意图实现的大部分效力。④

联邦最高法院的观点受到了法律政策上的批评：根据第476条的文义解释可以清楚了解立法者的意图，然而联邦最高法院的观点和做法并未遵循立法者明确的立法目的。消费者在证明物的瑕疵方面的艰难处境并没有通过第476条得到解决甚至缓解，而经营者更有可能了解是否存在物的瑕疵也并未被联邦最高法院纳入考虑范围之内。⑤

联邦最高法院之所以采用较为保守的观点还与《欧盟消费者商品交易指令》（VerbrGK-RL）相关。《指令》第5条第3款推定相关物的瑕疵在风险转移时就已经存在。然而根据《民法典》第476条文义可知，立法者意图推定在风险转移时就已经存在抽象的物的瑕疵，而并非具体的物的瑕疵。可见德国法在消费者保护方面较《指令》第5条第3款更加先进。⑥《民法典》和《指令》相关表述的区别是显而易见的：《指令》第5条第3款的法律推定只涉及物的瑕疵所出现的时间点。与此相反，《民法典》第476条的法律推定针对抽象的物的瑕疵。因此，联邦最高法院的理解是将第476条的适用范围限缩在《指令》第5条第3款的文义范围之内。

根据《指令》第8条第2款之规定，第5条第3款只应该被视为最低标准，因

---

① Lorenz, in: *Münch-Kommentar BGB*, 6. Aufl., 2012, § 476, Rn, 4.
② Lorenz, a. a. O.
③ *BGHZ* 159, 215, 217 = *NJW* 2004, 2299; BGH *NJW* 2005, 3490, 3491 f.; 2006, 434, 436; 2006, 1195, 1196; 2006, 2250; 2009, 580; Lorenz, a. a. O.
④ Lorenz, a. a. O.
⑤ Lorenz, a. a. O.
⑥ Lorenz, a. a. O.

此即便在《指令》看来,任何有利于消费者的不同规定都显然是被允许的。可见《指令》第5条第3款并不能成为联邦最高法院对《民法典》第476条适用范围进行狭义理解的论据。① 此外,尽管《指令》第5条第3款规定了较窄的适用范围,但并不能排除通过目的解释从具体的物的瑕疵扩展到抽象的物的瑕疵,并且这种做法也在欧盟其他成员国的司法实践中获得了支持。②

为了实现立法者本来的立法目的,即缓解甚至解决消费者与经营者在了解和证明物的瑕疵方面存在的不平衡,应该努力将目前较窄的适用范围扩展到《民法典》第476条的文义范围。以此第476条的法律推定将不仅针对具体的物的瑕疵,即在之后发现的物的瑕疵被推定为在风险转移时即已存在,更应该包含抽象的物的瑕疵,即被主张和事后发现的物的瑕疵即便在风险转移之后才产生,但它却是由风险转移时即已存在的基础瑕疵(Grundmangel)所引起的。③

(六)《不作为之诉法》

《不作为之诉法》于2001年11月26日颁布,它原本是《一般交易条款法》(ABGB)的一部分,因为《一般交易条款法》的实体法规定被纳入《民法典》第305条以下,其中诉讼法规定被单独作为《不作为之诉法》重新公布。《不作为之诉法》第3条规定,只有第4条所规定的在联邦管理局的有效名册中或者根据欧共体98/27/EG《消费者保护指令》在欧共体委员会名册中登记的团体,有权利能力的经营利益促进会以及工商业联合会或手工业联合会才有权根据《不作为之诉法》对经营者提起不作为之诉。由此可见,《不作为之诉法》并不能够成为消费者以自身名义对经营者提起不作为之诉的法律基础,这种处理方法与《反不正当竞争法》(UWG)第13条第1款一致。《不作为之诉法》中的团体诉讼有三项适用前提:其一,根据第2条第1款,消费者的整体利益受到了违法行为的影响;其二,虽然没有明确规定,但通过立法目的可知,违法行为的影响存在重复的危险;④其三,根据第2条第3款不作为请求权的主张不是权利滥用。根据《不作为之诉法》第12条之规定,团体诉讼只能够在协商无果后才提起。⑤

此外,《不作为之诉法》所认可的团体诉讼(Verbandsklage)还是德国民事诉讼中少数以公共利益保护为目的的法律规定。根据德国通说,民事诉讼只能针对公

---

① Lorenz, a. a. O., Rn. 4 (453).

② Lorenz, a. a. O.

③ Lorenz, a. a. O., Rn. 4 (453, 454).

④ Walker, Die Verbandsklage nach dem Unterlassungsklagengesetz (UKlaG), in: Dauner-Lieb/Heidel u. a., *Das neue Schuldrecht*, 2002, S. 206, 210.

⑤ Baetge, Das Recht der Verbandsklage auf neuen Wegen, ZZP 112 (1999), 329, 346 f.

共利益保护进行个别和有限制的规定,①因为承认民事诉讼中普遍存在的公共利益无疑是危险的,它可能使民事诉讼重新陷入纠问原则和职权原则。这一制度起点也决定了《不作为之诉法》的团体诉讼目的并不是私权保护,而是维护消费者的集体利益,这与消费者诉讼的一般情形相区别。与此相联系,与其他欧洲国家不同,德国迄今为止没有认可团体诉讼的损害赔偿请求权,②因此,消费者无法通过《不作为之诉法》满足其针对经营者的损害赔偿请求。但这一限制已经在《反不正当竞争法》领域得到了缓解。根据该法第 10 条第 1 款之规定,不仅是竞争者,还包括竞争团体(Wettbewerbsverbände)、消费者保护团体以及工商联合会都可以要求故意进行不公平竞争的经营者返还因此获得的收益。同样的规定也出现在《反限制竞争法》(GWB)第 34a 条违反禁止卡特尔(Kartellverbote)的情形。

尽管如此,《不作为之诉法》所规定的团体诉讼依然对消费者权益保护具有积极意义:一方面,《不作为之诉法》所认可的请求权主体是有权利能力的消费者保护团体、有权利能力的经营利益促进会以及工商联合总会,相比作为个体的消费者,这些团体有更强的影响力和协商能力,以此进一步缓解消费者与经营者在财力和知识上的不平衡;另一方面,虽然个别消费者在针对经营者的损害赔偿请求中无法获得《不作为之诉法》的协助,但通过不作为之诉可以抑制不公平的一般交易条款和其他有损消费者整体利益的经营者行为,并以此产生示范效应。通过这种方式,《不作为之诉法》还起到了预防具体消费者损害产生的积极作用。

四、协动主义:民事诉讼有关消费者权益保护的新架构

消费者与经营者之间的实质不平等既是实体法中社会保护模式的理论起点,也是民事程序法中社会性诉讼观和协动主义要求的根本论据。但即便在民事实体法范畴内,一般经营者与一般消费者形象之间的实质不平等也已经在欧盟法层面和德国法层面上得到大幅度缓解,特别是在"东方地毯样式"案件之后。而在民事程序法领域,从武器平等或机会平等的视角出发,消费者与经营者在民事诉讼中的实质不平等并未获得广泛认同。而现行民事诉讼法律规范中已经存在一系列法律制度,旨在消除消费者与经营者在财力状况和法律知识水平方面的差异可能对诉讼结果产生的消极影响。虽然任何一项制度都无法单独实现以上目标,但它们之间却相互补充,融合成为不可分割的整体,并且以此保障消费者与经营者在民事诉讼中的武器平等。以此观察,消费者权益保护并不能成为要求德国民事诉讼以社会性诉讼和协动主义为导向进行架构重建的充分理由。

---

① Rosenberg/Schwab/Gottwald, a. a. O., §47 Rn. 1.
② Baetge, a. a. O., 345 f.

此外，社会性诉讼观和协动主义还存在着重大风险，民事诉讼可能因此陷入"国家慈善"（autoritative Mildtätigkeit）或者"社会浪漫主义"（Sozialromantik）。①

在社会性诉讼的思考方式中，法官的中立地位以及作为民事诉讼最重要目标的私权保护很容易被忽视。法官的中立地位是程序公正和裁判权威最重要的基础。因此，无论如何法官都应当以中立第三人的身份对案件进行裁决。② 但法官的这一核心要求却难以在社会性诉讼和协动主义中得到保证。而一旦法官的中立性被放弃，潘多拉盒子也将在民事诉讼中被打开。在世界范围内观察，无论是由弗兰茨·克莱恩在奥地利所贯彻的诉讼模式改革，还是他的追随者在其他地方所进行的努力都可以看到，法官的积极性太容易转变为法官的管束和专制（die richterliche Bevormundung）。③ 如果法官不再是中立的第三人，而是像协动主义所要求的那样成为社会工程师（der Sozialingenieur）和社会医生（der Sozialarzt），那么法官将不再是对当事人当时的权利和义务作出判断，而是重新塑造未来的当事人关系。而塑造的标准只可能是个别法官眼中的公平和正义。④ 因此，将法官视为社会公益工作者的想法是危险的，这很容易导致以程序法掏空民事实体法的结果，以此民事实体权利将不再是判决的法律基础。此外不可忽视的是司法实践的状况，社会现实中的法官并不可能像法学案例中一样可以轻松确定他需要调查什么，当事人的哪些事实陈述是诉讼谎言。因为法官并不是案件事实的亲历者，当事人无疑比法官更了解也能够更好地阐明案件事实。⑤

德国民事诉讼法学通说认为20世纪70年代提出的协动主义在德国并未取得成功，这种情况到目前为止也并未得到改变。《民事诉讼法》第138条第1款真实义务和第139条第1款第1句阐明义务并未证明协动主义代替了辩论原则，其只应当被视为辩论原则的修正。而以第69届德国法学家大会为契机，在消费者权益保护范畴内以协动主义代替辩论原则形成民事诉讼新架构的主张也不可能取得成功。有关消费者权益保护和民事诉讼架构的讨论不会超越辩论原则的范畴，即便对于消费者而言，提供案件裁判基础也一如既往是他的责任，原则上只有消费者和经营者可以提出事实主张，法官不能主动依职权查明案件事实，且无论如何法官都应该以中立第三人的身份对案件进行审理和作出裁判。

---

① Stahlmann, *Zur Theorie des Zivilprozessrechts*, 1979, S. 76.
② Gottwald, Einführung in: *Zivilprozessordnung*, Deutscher Taschenbuch Verlag, S. X.
③ Jauernig, *Zivilprozessrecht*, 29. Auflage, S. 3.
④ Jauernig, a. a. O.
⑤ Jauernig, a. a. O., § 25 VIII. 1.

大法官为何能说了算：
司法权威的真正由来
——读《大法官说了算：美国司法观察笔记》

王 聪*

> 我们说了算并不是因为我们正确，我们正确是因为我们说了算
>
> ——[美]罗伯特·H.杰克逊

> 自由的精神，就是对何谓正确不那么确定的精神
>
> ——[美]勒尼德·汉德

一、美国最高法院的神秘面纱

美国最高法院历来被视为神圣的殿堂，而备受各国研究者关注。人们常常陷入疑惑，在美国，为何九个大法官能拥有说了算的权力？[①] 这种疑惑有时甚至会演变为羡慕，以至于法国学者托克维尔在考察美国的民主后留下的那句话至今仍让人念念不忘：在美国，几乎所有政治问题迟早都会变成司法问题而得到解决。托克维尔当然不是故作夸张之词，2000年美国总统大选就证明此言非虚。在总统选举陷入计票争议时，一个由人民选举总统的政治问题最终竟然转化为平等保护的宪法问题，最高法院的大法官们在布什诉戈尔一案中，以五比四的合议裁决将小布什送上总统宝座，而中间派大法官肯尼迪的最关键一票，甚至被人们称为是"一个法官挑选了总统"[②]。面对这一奇特局面，戈尔本人也不得不表

---

* 作者系西南政法大学司法制度专业硕士研究生。

① 美国最高法院在1789年成立之初，只设置了6名大法官，其后一直在6~10人之间浮动，为了形成少数服从多数的最佳局面，直至1869年起才固定为9人。

② 当然，尽管我们总认为布什诉戈尔案的结果从一个侧面昭示了美国最高法院的司法权威，但事实上其所遭遇的批评也让大法官们惊骇不已。甚至有学者认为，经历该案后，过去备受尊崇的司法权威被大幅度削弱。大法官几乎一步错一步，将这一群体与最高法院都带入了困窘之境地。很多人怀疑大法官们的动机与公正，"判决被称作一件赝品、一次政治操作、一场政变"。参见[美]杰弗里·图宾：《九人：美国最高法院风云》，何帆译，上海三联出版社2010年版，第127页及第161页。

示完全尊重和服从最高法院的判决。对于域外观察者而言,人们常常迷惑,美国最高法院为何拥有如此权威,最高法院的权力究竟是谁给的?在这样一个充满活力的年轻国家,为何在重大争议问题上,却总能由九个老人说了算?

这些疑问使得美国最高法院蒙上了一层神秘的面纱。尽管已经有不少研究最高法院的作品,但遗憾的是,既有研究往往只是使最高法院的神秘色彩更加浓厚,而没有深入到制度背后,挖掘其深层的发生学原理。令人欣慰的是,最高人民法院何帆法官在翻译完《九人:美国最高法院风云》后,又推出力作《大法官说了算:美国司法观察笔记》以一种轻松、优美的笔调为我们带来了美国最高法院的最新动态。与既有研究不同的是,作者没有宏大叙事,没有空发议论,而是从具体案件事实甚至从大法官很多不为人知的生活与工作细节出发,向读者娓娓道来,在专业性与趣味性之间,给读者留下大量想象与思考的空间。而在案例的选取上,作者也独具匠心,比如对限制堕胎、政教关系、枪支政策、同性恋婚姻、种族平等措施等在美国非常重大的宪法问题作者着墨不多,而是选取诸如校园安全、法官伦理、司法公开、网络言论、自由死刑裁判中的民意因素等与中国当下现实隐约对应的问题细细展开,流露出作者对中国司法现实的关怀和司法未来的期许。在这本书中,作者从事实的角度为我们揭开了最高法院九人的神秘面纱,从作者所选取的鲜活素材中,我们可以看到大法官究竟是如何说了算的,大法官为何能说了算,司法权威的来源于何处。

二、筚路蓝缕的岁月:最高法院的权力从何处来

人们一致认为,最高法院能有今天的地位,与当年首席大法官马歇尔在1804年马伯里诉麦迪逊一案中的创举具有莫大的联系。在该案中,马歇尔法官巧妙地运用其政治智慧与司法技能,表面上驳回了马伯里的诉讼,暗地里却对行政权与立法权暗捅一刀,通过该案不仅确定了由法院宣布违宪法律无效的司法审查原则,更重要的是,经过大法官和法学家后来的不断阐释,司法机关成为"宪法的最终解释者",确立了司法机关独立于行政机关与立法机关的制衡权力,该案也因此被学者称之为"美国最高法院的独立宣言",[①]更有学者称之为历史上的一次"伟大的篡权"。[②] 当然,我们并不能夸大认为,自马伯里诉麦迪逊案之后,大法官们就马上拥有了说了算的权力。"制度形成的逻辑,并不如后来学者所构建的那样是共时性的,而更多是历时性的。制度的发生、形成和确立都在时

[①] 强世功:《司法审查的迷雾——马伯里诉麦迪逊案的政治哲学》,载《环球法律评论》2004年第4期。

[②] [美]比尔德等:《伟大的篡权——美国19、20世纪之交关于司法审查的讨论》,李松锋译,上海三联书店2009年版。

间流逝中完成,在无数人的历史活动中形成",①司法审查制度也是如此。事实上,在此后马歇尔担任首席法官之后的 30 多年里,最高法院几乎没有对国会立法进行司法审查,对州立法的司法审查也次数甚少。个中原因毋宁说,当时的司法权仍然十分羸弱。对此,我们稍稍回过头,就可以从美国开国元勋、制宪先贤汉密尔顿等人的口中得到印证,其在所著《联邦党人文集》中坦言:"行政部门不仅具有荣誉、地位的分配权,而且执掌社会的武力。立法机关不仅掌握财权,且制定公民权利义务的准则。与此相反,司法部门既无军权、又无财权,不能支配社会的力量与财富,不能采取任何主动的行动。故可正确断言:司法部门既无强制、又无意志,而只有判断;而且为实施其判断亦需借助于行政部门的力量……司法机关为分立的三权中最弱的一个,与其他二者不可比拟。司法部门绝对无从成功地反对其他两个部门;故应要求使它能以自保,免受其他两方面的侵犯。"②汉密尔顿的这番肺腑之言确实倒出了最高法院肚子里的苦水。也难怪,在最高法院开张 3 年多的时间里,几乎无案可审,而首任首席大法官自己都承认那是一个"缺乏活力、价值与尊严"的地方,因此他只干了四年就不顾挽留离开最高法院。而联邦最高法院也历来被人们称之为是"最小危险的部门"③。

事实就是如此,在最高法院最初筚路蓝缕的日子里,几乎一切都是空白。最高法院的组成、运作、权限,制宪先贤们都没有说清楚,那又该如何履行职责呢?对此,作者在书中说得很清楚,"规矩没有自己定","权力不足自己争"。④ 在之后 200 多年的岁月里,凭借大法官们的卓越智慧,在遵循先例的司法传统下,终于形成了一套行之有效的规则与惯例,使得最高法院终于成为众人仰慕的有价值、有尊严的地方。在不知不觉间,"既无权又无剑"的最高法院终于在三权之中站稳了脚跟。1974 年,羽翼开始丰满的最高法院终于等到了一个昭示自己权威的机会,在那起由"水门事件"政治丑闻而引起的"美国诉尼克松"(U. S. vs. Nixon)案中,在案件尚处于联邦上诉法院时,最高法院就迫不及待地发出了"调卷令"审理该案,庭审中,尼克松总统的律师提出,三权分立使总统在刑事诉讼中不受传票制约,总统有绝对特权,其交谈可以保密,最高法院毅然驳回了总统特权的抗辩,判决尼克松败诉,并要其交出与该案有关的录音带。判决作出不久,尼克松就发表声明称,其对法院判决结果深表失望,但他尊重并接受法院决定,

---

① 苏力:《制度是如何形成的》,北京大学出版社 2007 年增订版,第 53 页。
② [美]汉密尔顿、杰伊、麦迪逊:《联邦党人文集》,商务印书馆 1980 年版,第 391~392 页。
③ 亚历山大·M. 比克尔:《最小危险的部门——政治法庭上的最高法院》,姚中秋译,北京大学出版社 2007 年版。
④ 何帆:《大法官说了算:美国司法观察笔记》,法律出版社 2010 年版,第 3~7 页。

按照法院的命令交出了录音带。尼克松也因此而遭到国会弹劾,失去了总统宝座。在美国诉尼克松案中,最高法院确立了影响深远的判例规则:总统享有案件保密特权,但此特权不是绝对的。作为三权之一的代表,总统在任职期间也不得凭借其总统特权,回避法院的诉讼或拒不执行法院的判决。这一规则给之后也是因政治丑闻陷入诉讼的总统带来了不少麻烦,如里根政府违法秘密向伊朗出售武器的"伊朗门事件",克林顿总统与莱温斯基的"桃色门事件"。①

当然,作者并没有就此打住。我们对美国最高法院的认知也不能只停留在马伯里诉麦迪逊案上,不能仅停留在历史上。在书中作者通过大量鲜活案例为我们展示了最高法院是如何说了算的。比如当有人焚烧十字架歧视黑人,发表不雅言论时,当有人在市政厅门口焚烧国旗,政府官员指控新闻媒体诽谤名誉时,大法官们小心翼翼地权衡着言论自由的限度;当面临处死强奸犯是否违宪,到底该不该判处未成年人终身监禁等重大争议问题时,大法官们在激烈地争吵中判断何谓"举国共识"、谁代表着民意;当公民遭遇冤假错案而法律限制公民"洗冤"时,大法官们慎重地为其打开了救济之门;当企业资金介入政治选举被讥讽为花钱"买总统"时,尽管遭遇总统奥巴马的强烈不满和批评,大法官们还是毅然宣布解除对企业资金介入选举的限制。当连续询问嫌犯的时间间隔是多少、法医出庭质证有无必要性、被告与控方证人的对质权如何保障、强制证人出庭有无必要等问题陷入争议时,大法官们一如既往地表现出了果敢而独立的判断。

三、大法官说了算不等于说了正确:自由之精神,独立之思想

然而,我们必须注意的是,大法官说了算并不代表大法官说的就正确。比如在对强奸犯判处死刑的案件中,最高法院所援引的"举国共识"、"民意支持"遭到民众及政府议员的强烈质疑,以至于司法部重新提起动议要求最高法院重审此案,推翻原判,虽然大法官们最终没有听命,但其后首席大法官罗伯茨也不得不补充说,民意对这个问题的立场根本与大法官们的多数方判决无关,"如果最高法院说什么事不能接受,什么犯罪就不能给予相应处罚,那么,第八修正案就将沦为笑柄"。大法官自己也承认,"世道变了,大家的想法也在更新。我们明白,我们有时是在错误中吸取教训"。② 世事变迁之后,昨日正确之事在今天看来或许也就变得不那么正确了。正如作者在书的扉页写下的那句汉德法官名言所昭示的:"自由的精神,就是对何谓正确不那么确定的精神。"现实中大法官的判决

---

① 关于"水门事件"、"伊朗门事件"、"桃色门事件"的相关介绍可参见朱伟一:《美国经典案例解析》,上海三联书店2007年版,第14~37页。

② 斯蒂文斯法官所言。参见何帆:《大法官说了算:美国司法观察笔记》,法律出版社2010年版,第200页。以下所引用的大法官们的经典言论,如无特别注明出处,皆出自该书。

并不是每一份都是"正确的",即便如此人们都得接受这种最终并"不正确"的结果,因为个案不可能永无休止地争执下去,而只能留待之后的判例去纠正。而且,在大法官们看来,法律中所涉及的价值判断根本就没有德沃金所宣称的"唯一正确的答案",正如德沃金的论敌哈特所批评的,那只是一个"高贵的梦"。著名学者波斯纳曾言,"我们很少有可能直接判定最高法院一个宪法性判决的是非对错,因为宪法性案件的判决只能依靠政治判断,至于政治判断孰对孰错,根本与法律规范无关"。① 正是因为这样,最高法院大法官杰克逊才会说,"我们说了算并不是因为我们正确,我们正确是因为我们说了算";正是因为这样,斯卡利亚大法官才会说"就算我们这么判,明天天也不会塌下来"。

大法官们"自由之精神,独立之思想"常常是通过司法不同意见书所体现出来的。在大陆法系,合议庭奉行"秘密评议原则"。对外,合议庭不公开司法不同意见书,而必须用一个声音说话,用一个鼻孔出气,判决按照合议庭多数方意见以法院名义宣告,持少数方意见的法官也必须在判决书上签字,以维护合议庭审判的和谐性与整体性,维护人民对于司法的信任,同时亦可以保护法官的安全,使其在评议案件时能畅所欲言,这因此被认为是"法官独立的守护神"。与大陆法系不同,美国最高法院的判决虽然依循多数方意见作出并撰写其理由,但同时也允许少数方大法官们发表独立的不同意见书,②大法官们对此当然乐此不疲,动辄撰写出数百页的反对意见书,因为这些异议在该案中虽是少数意见,但在后世的案件中却可能被当做多数意见而加以援引,甚至成为经典判例使该法官青史留名。对此,大法官卡多佐曾颇有感触地说道:"一个法官的工作,在一种意义上将千古流芳,而在另一种意义上又如白驹过隙。那些好的将千古流传,而那些错误的则肯定会死去。好的得以保留并成为基础,在其之上将建成新的结构。那坏的将在岁月的实验室中被拒绝并抛弃。"③

大法官们之所以可以并乐意提出不同意见,从根本上来讲,源自美国社会的多元化价值观,源自人们对"终极真理"的怀疑。事实上,这一观念本身也是社会变迁的产物。在19世纪70年代直至20世纪初期之前,美国法律的传统思想一直被"法律形式主义"所主导,该思想强调法律的普适性、确定性与科学性。但20世纪20年代以来,这种思想便遭到了以霍姆斯为代表的"法律实用主义"的

---

① [美]杰弗里·图宾:《九人:美国最高法院风云》,何帆译,上海三联出版社2010年版,第299页。
② 不同意见书分为两种,一种为反对意见(dissenting opinion),即少数法官不赞同判决结果而提出的意见;一种为协同意见(concurring opinion),即认同判决结果,但不赞同判决理由而提出的意见。关于大法官不同意见书的一个分析,参见[美]马克·图什内特:《反对有理:美国最高法院历史上的著名异议》,胡晓进译,山东人民出版社2010年版。
③ [美]本杰明·卡多佐:《司法过程的性质》,苏力译,商务印书馆1998年版,第112页。

挑战,以及之后继承其思想的"法律现实主义"运动的冲击,而后者强调法律的历史性、不确定性、相对性、能动性、实效性,其深深地影响了美国的法律传统。① 这一点,在霍姆斯大法官于1919年艾布拉姆斯(Abrams v. U. S.)一案的反对意见中体现得淋漓尽致,在该案中,霍姆斯提出了著名的"思想自由市场理论":"我们所追求的至善,唯有通过思想的自由交流才能更好地实现,检验真理的最佳办法就是在市场竞争中,让思想自身的力量去赢得受众,这是一场实验,就如同人生也是一场实验。我们的宪法理论也是一场实验,我们得救的希望寄托在那个并不完美的认知上,当这样的实验是我们制度的一部分时,我们应该永远警惕。"② 而霍姆斯的同僚布伦南大法官(Brennan)也曾提出过"司法意见市场理论":法院的多数意见与少数意见交织成一种司法意见市场,从这市场中可找出最佳的产品,而且这些意见具有为社会进步播种的功能,经此可以为将来法律社会之改善作准备,布伦南进而指出"全体一致本身绝非一项司法美德"(Unanimity is not in itself a judicial virtue)。③ 霍姆斯、布伦南大法官的这番论述深刻地体现了其怀疑主义和自由主义的精神,这种精神深受英国自由主义传统"真理怀疑论"思想的影响,英国哲学家密尔在其《论自由》第二章就曾指出,"使一项意见不能发表的特殊祸害,在于它是对于整个人类的剥夺,对于后代和现在的一代都是一样;对于那些与该意见不合的人而言,甚至要比对那些持有该意见的人更甚。如果该意见是正确的,那么他们便是被剥夺了用谬误换取真理的机会;如果它是错误的,那么他们便失去了由它与谬误相碰撞而产生出更加清晰的认识和更加生动的印象的机会,或者是有着差不多同样重要的益处的机会"。④ 因此,在大法官们看来,决定宪法真正含义的,不是一时的多数,而是从长远来看的社会公共选择。大法官们都忠于自己所理解的宪法,他们都相信自己的理解能最终会获得社会公众或者后世人民的认同与接受。大法官们对宪法理解的个体差异,通过不同意见书呈现出来,使民众也能够听到少数方法官的声音,让人们真正了解到法律的时空性与相对性,让人们认识到判决是经过深思熟虑的;同时又确保了大法官基于良知的内心确信与自由,在强化了大法官个人特质的同时,也

---

① 当然在实践层面,美国最高法院的判决并不是只来自其中任何一种理论,而是来自"法律形式主义"的古典正统理论与"法律实用主义"、"法律现实主义"理论传统之间的并存与拉锯。参见黄宗智:《过去和现在:中国民事法律实践的探索》,法律出版社2009年版,第3页。
② Abrams v. United States, 250 U. S. 630(1919).
③ William J. Brennan, Jr. , In Defense of Dissent, *the Hastings Law Journal*, Vol. 37, 1986, pp. 427~432. 转引自王金寿、魏宏儒:《法官的异议与民主可责问性》,载《政大法学评论》2011年第119期。
④ [英]约翰·密尔:《论自由》,于庆生译,中国法制出版社2009年版,第22~23页。

无形中加重了其个人的神圣责任感;并且也使得多数方法官意见与少数方意见相互碰撞,通过相互沟通,检视自己的不足,多数方意见也因此更加重视少数方意见,提高其判决的说服力,这极大地促进了法律的进一步发展。① 而这种异议正体现了司法民主的精髓,体现了"和而不同、以理服人的法律理性与公平竞争精神",② 大法官道格拉斯就曾精炼地指出"不同意见是民主的捍卫者"(The Dissent: A Safeguard of Democracy),因为公布不同意见书使司法过程透明化,"透明是民主的颜色",经此人民能够监督司法,司法便具有了"民主可问责性"(democratic accountability)。③ 在这里,我们看到司法独立从来都不排除民主,相反,司法独立及其权威恰恰来自通过民主机制而获得的人民信任,而非以独立为掩饰的司法神秘主义。正是因为这样,大法官们在判决中总是敢于袒露心声,在多数方意见中仍然坚决地、针锋相对地表明自己的不同立场。尽管如今的最高法院已被人们称为派系林立、意见分裂的政治性法院,④ 而且这种分裂状态越来越明显,⑤ 但这未必不是一件好事。事实上,民主党与共和党、自由派与保守派、形式主义与现实主义等意识形态之间虽截然对立、相互争吵、相互拉锯,但谁也无法永远占据主导地位,谁也无法永远控制最高法院,这种内部制衡状态正使得其他两权对司法的干预变得愈加困难起来。正如布兰代斯大法官当年所言:"国家生活的和谐,是两种政治抗争力量斗争的结果。坦诚表达针锋相对的观

---

① 大陆法系对于公开不同意见书历来持谨慎态度,在德国仅有联邦法院具有公布不同意见书的权利,在我国台湾地区,只有司法院大法官可以公布不同意见。大陆法系有关是否应该将公开法院判决不同意见书扩展至其他法院的争论,参见陈淑芳:《法院判决之不同意见书——德国法学界对此一问题之讨论》,载《政大法学评论》1999 年第 62 期。

② 胡晓进:《美国最高法院判决中的异议》,载《南京大学法律评论》2010 年秋季卷,法律出版社 2010 年版,第 308 页。

③ 王金寿、魏宏儒:《法官的异议与民主可责问性》,载《政大法学评论》2011 年第 119 期。

④ 波斯纳就认为当最高法院决定宪法性案件时,它不可避免是一个宪法性法院,而且其认为政治性争议不可能依靠中立法官解决,而是力量的考验。参见理查德·波斯纳:《法官如何思考》,苏力译,北京大学出版社 2009 年版,第 245~295 页。

⑤ 如今,最高法院的内部分化已达到前所未有的地步,2006—2007 年,最高法院的判决中,33% 的判决意见都是以 5 比 4 的投票结果达成。到了 2008—2009 年,将近 50% 以上的判决是以 5 比 4 或 6 比 3 的票数作出判决,而此前 3 年仅 30% 左右的案件是如此。而马歇尔时代的最高法院十分团结,多数判决意见是大法官们一致达成的,很少持有异议意见。这使得以马歇尔大法官为偶像的首席大法官罗伯茨十分羡慕与怀念,其正欲扮演新时期的马歇尔的角色,推动最高法院的团结一致,减少对立,但似乎最高法院的分裂状态已经是不可逆转的趋势,看来罗伯茨的理想要实现将十分艰难。参见何帆:《大法官说了算:美国司法观察笔记》,法律出版社 2010 年版,第 214~216 页。

点,才会最大可能地以智慧引导政府行为。"

四、大法官为何能说了算:司法权威的真正由来

回到开始提出的问题,大法官们为什么能说了算,司法权威从何而来?答案就变得清晰起来。今日,大法官们来之不易的司法权威首先是自己努力争取与精心呵护的结果,其次是高薪制(尽管现在的大法官们仍然觉得不够)[①]、终身制下法官们对自身权力珍惜的结果;但更为重要的是,大法官的至上权威实质上是社会公共选择的产物。美国社会作为一个"大熔炉",在种族、文化、价值观、信仰等问题上所呈现出的观点越来越多元化,而社会分歧也越来越大,对任何一个问题都有可能引起人们的争议。而此时面对这些问题,必须由一个人员相对稳定、思想与时俱进、内部相互制衡、不受强权干涉的机构来作出解释和回答,而且很多情况下,这一机构还必须超越现实,以长远目光去作审视或判断。[②] 马伯里案之后,人们便逐渐把这一重任交给了最高法院的九人。大法官们的共同义务就在于:"对简单案件的猜疑,对普遍公理的质疑,对既往先例的谦抑,以及不受现实环境约束,勇敢挑战权威真理的勇气。"[③]最高法院果然不负众望,它已经用自身的努力,赢得了人们的信任和认同。正如2009年辞职的大法官苏特所言,"无论最高法院如何判决,绝大多数人都会接受判决结果。这种信任,建立在过去上百位大法官孜孜努力的基础之上。事实上,我们因为继承了前人的荣誉、正直与良知才受到信赖。没有美国人民的信任,最高法院就没有权威"。这也恰恰印证了卢梭的那句名言,"法律既不是刻在大理石上,也不是铭刻在铜表上,而是铭刻在公民的心里"。因此,不得不承认,正是在一个民主与自由的、多元化的开放社会里、在一个懂得服从多数、尊重少数的国度里,通过不同政治、社会、经济、文化、传统等力量的角力与妥协,最高法院的判决才真正完成了对其自身合法性/正当性(legitimacy)的证成,而判决本身也就是法官对各种社会价值加以界定和权衡的社会过程。也正是因为这样,大法官们总是在争议中成长,最高法院总是在争议中缓缓地推动社会变革与进步,最高法院的权威也正是在这些争议判决的缓慢叠加中形成并潜移默化地影响着人们的观念。正如欧文·费斯教授所言,"法官的权威,不是来自任何独特的道德和技能知识,而是来自他们对自己行

---

① 首席大法官罗伯茨上任以来,在最高法院每年(2006—2009)的年度工作报告中都呼吁国会要为大法官们涨工资。参见何帆:《大法官说了算:美国司法观察笔记》,法律出版社2010年版,第293~306页。

② 何帆:《大法官说了算:美国司法观察笔记》,法律出版社2010年版,第14页。

③ 苏特大法官语,转引自[美]杰弗里·图宾:《九人:美国最高法院风云》,何帆译,上海三联出版社2010年版,第218页。

使的权力施加了何种限制。我相信,法官赢得尊重是因为他们与政治隔离开来,并参与到了与公众特殊形式的对话之中。法官被要求倾听那些他们所可能忽视的社会不公,为他们自己的判断承担个人责任,在公众理性所接受的基础上证明判决的正当性"。在这个充满悖论的岁月里,"法官应当被视为两个世界永恒的杠杆:应然的世界和实然的世界,公共价值的世界和主观偏好的世界,宪法的世界和政治的世界。法官在其中之一寻求合法性,但必须在另一个中认识自身"。①

五、司法能够在多大程度上过问政治

然而,尽管司法权威的理由显而易见,但是它却常常受到挑战,而且很多挑战恰恰来自司法权自身的不当行使,来自法官不能正确地认识自身。毕竟,当局者迷。大法官不是圣人,也有犯错的时候。

在过去的岁月里,最高法院既被广为称颂,又被大肆批评。争议从来就未停止过。以本文开始所提及的"布什诉戈尔案"为例,也许大法官们太爱慕虚荣,太急于展示最高法院的权威,以至于在政治问题上走得太远,因而被人们批评为是一场"司法政变"。人们对最高法院正当性的质疑,可以从斯蒂文斯大法官的异议意见中找到依据,"我们或许无法百分之百确定,到底谁是今年总统大选的赢家,但最终输家却是确定无疑的,那就是这个国家对法官作为法治公正的守护神的信任"。② 这也正好印证了德国著名宪法学者施密特的那句话:"司法如果介入政治,非但对政治一无所获,反而会使司法全盘皆输。"③ 正是因为这样,苏特大法官才看透最高法院,决意远离政治性法院。对于最高法院的这种表现,美国当代著名法学家德沃金进行了无情的批判,近年来陆续在《纽约书评》上发表文章批评最高法院的急剧右转倾向,认为最高法院现在正成为一个被"党派的、文化的、宗教的忠诚"所驱使,蔑视传统,蔑视先例,蔑视法律推理,甚至偷偷摸摸地"推翻几代大法官们建构起来的宪法核心原则",而布什诉戈尔案就是这一转向的开始,它"预示了最高法院温和时期的终结"。④

当然,批判法学宣言早就指出"法律不过是政治的晚礼服",要让法院坚持"政治无涉原则"只能是一个"高贵的梦"。大法官之诞生就是一个政治过程的产

---

① [美]欧文·费斯:《如法所能》,师帅译,中国政法大学出版社 2008 年版,序言第 3 页,以及第 60 页。
② [美]杰弗里·图宾:《九人:美国最高法院风云》,何帆译,上海三联出版社 2010 年版,第 177 页。
③ 王玄玮:《司法能够在多大程度上过问政治》,载《读书》2009 年第 7 期。
④ 罗纳德·德沃金:《最高法院的阵形——最高法院中的新右翼集团》,中国法制出版社 2011 年版,第 4、74~115 页。

物,民主党与共和党所代表的各派政治势力,在大法官选任程序中绞尽脑汁,其最终目的就是要在这个位置上安插自己的代言人,尽管有时他们也会看走眼。在这样一个政治过程中诞生的大法官,不可避免会受到意识形态、政治分歧与政党偏见的影响,而使得最高法院在关键问题上成为党派斗争的延伸场域。从根本上来看,这与最高法院自身在三权分立政治架构中的功能定位和地位有关,其所处理的宪法问题,本身就是政治领域的核心问题,因此司法与政治永远不可能完全割裂开来。这也正是为什么在很多重大争议问题上,大法官们总是不自觉地按照意识形态站队。

过去的经验表明,最高法院在事实上拥有受理案件的极大自由裁量权,其一直都是"择案而审",而且其选择受理的案件数量极为有限,在所有寻求其审理的案件中实际受理的不足5%。有学者指出"重大的政治和经济问题的真相,正是隐藏在决定联邦法院管辖权的表面技术性细节之下"。① 受理还是拒绝某一案件,这需要大法官们抵住权限不当扩张的诱惑,发挥"有所为、有所不为"的智慧。因为权限的扩张,表面上提高了司法权威,但实际上也暗藏着损害权威的可能。而布什诉戈尔案留给美国最高法院的最大教训是,"维护司法权的底线远比盲目扩张司法权重要得多。司法权只能承担有限的政治使命,负担过重,可能会引发'过劳死'的恶果"。② 值得一提的是,最高法院似乎仍有些"死不悔改",于2010年1月22日,最高法院在公民联盟组织诉联邦选举委员会(Citizens United v. Federal Election Commission)一案中,又一次以5∶4的投票作出判决,宣布解除对美国企业在联邦选举中进行政治献金的限制。③ 对此,斯蒂文斯大法官在反对意见中立场鲜明地批评多数意见是"用锤子而不是手术刀去摧毁国会试图管制政治程序的最重要立法",是对遵循先例制度的违反;著名自由派法学家德沃金的批评则更为尖刻,认为本案和2000年的布什诉戈尔案一样,是"一个毁灭性的判决"(devastating-decision),其背后是"赤裸裸的党派利益"。④ 在判决作出还不到一个星期,美国总统奥巴马就在其就任以来于国会发表的第一次国情咨文中,当着大法官们的面,不留情面地公开谴责最高法院的这份判决,并

---

① [美]H. W. 佩里:《择案而审:美国最高法院案件受理议程表的形成》,傅郁林等译,中国政法大学出版社2010年版,第21页。
② 董茂云:《从废止齐案'批复'看司法改革的方向》,载《法学》2009年第3期。
③ 关于Citizens United v. Federal Election Commission案的一个中文介绍和评析,可参见左亦鲁:《钱能讲话?——Citizens United v. Federal Election Commission》,载强世功主编:《政治与法律评论》2010年卷,北京大学出版社2010年版,第270~286页。
④ 关于罗纳德·德沃金的批评,可参见左亦鲁:《钱能讲话?——Citizens United v. Federal Election Commission》,载强世功主编:《政治与法律评论》2010年卷,北京大学出版社2010年版,第271~272页。

扬言"希望民主党人和共和党人联手通过一部法案来纠正这一错误",企图以立法形式推翻这一判决,这使得在场的大法官显得颇为尴尬。①

代结语:"九头鸟"的飞行方向

有人将美国最高法院比作一只"九头鸟",它以简单多数为导航,飞行的方向东南西北皆有可能。② "九头鸟"飞行的姿态与方向决定了最高法院如何继续保持自己的良好形象和司法权威。从目前来看,"九头鸟"的飞行方向处于保守偏中的位置,尽管何帆博士不无遗憾地感慨,如今的最高法院是一个"没有英雄的法院",不会出现像沃伦、布伦南、奥康纳这样秉持司法能动主义的领军人物,③但笔者认为,这未尝不是一件好事,靠着这些保守派大法官,怀着司法克制的理念谨慎地发挥司法能动性,正是司法权威的必要保证。

法律人常常有一种浪漫主义的理想情怀,希望建构起一个法律帝国,在那里,"法官除了法律,没有别的上司",然而,在美国最高法院,一旦涉及重大敏感的政治议题,而且这常常会涉及,"判决结果从来都不取决于言词辩论的质量,而是大法官的立场……导致他们立场对立的,是不同的司法理念,在最高法院,意识形态的差异高于一切"。因此,法律人唯一需要认真对待的问题只有一个,那就是时刻提醒自己处于意识形态的分裂之中。④ 正如图宾所言,"最高法院本身就是民主过程的产物,用句或许有些冷酷的话说,它既代表着最好的人的利益,也代表着最坏的人的利益。对我们的最高法院,我们无须寄予太多期望,也不能完全不抱希望"。⑤

---

① 据说,大法官们在当面遭受批评后的激动情绪被记者的镜头敏锐地捕捉到,成为第二天传媒争相报道的噱头,而这也被视为是奥巴马总统与最高法院的对抗之势初现端倪的一个信号。参见何帆:《大法官说了算:美国司法观察笔记》,法律出版社 2010 年版,第 219 页。

② 朱伟一:《美国经典案例解析》,上海三联书店 2007 年版,第 9 页。

③ 何帆:《在没有英雄的年代》,载[美]杰弗里·图宾:《九人:美国最高法院风云》,何帆译,上海三联出版社 2010 年版,序言第 10 页。

④ 刘星:《有产阶级的法律》,北京大学出版社 2007 年版,第 46 页。

⑤ [美]杰弗里·图宾:《九人:美国最高法院风云》,何帆译,上海三联出版社 2010 年版,第 300 页。

图书在版编目(CIP)数据

司法改革论评.第15辑/张卫平,齐树洁主编.—厦门:厦门大学出版社,2012.12
ISBN 978-7-5615-4494-5

Ⅰ.①司… Ⅱ.①张…②齐… Ⅲ.①司法制度-体制改革-文集 Ⅳ.①D916-53

中国版本图书馆 CIP 数据核字(2012)第 312834 号

厦门大学出版社出版发行

(地址:厦门市软件园二期望海路 39 号 邮编:361008)
http://www.xmupress.com
xmup @ xmupress.com

厦门集大印刷厂印刷

2012 年 12 月第 1 版 2012 年 12 月第 1 次印刷
开本:787×1092 1/16 印张:26 插页:2
字数:496 千字 印数:1~1 500 册
定价:49.00 元

本书如有印装质量问题请直接寄承印厂调换